CHRISTIANO CASSETTARI
COORDENAÇÃO

PAULO ROBERTO GAIGER **FERREIRA**
FELIPE LEONARDO **RODRIGUES**
AUTORES

TABELIONATO DE NOTAS

2024 © Editora Foco
Coordenador: Christiano Cassettari
Autores: Paulo Roberto Gaiger Ferreira e Felipe Leonardo Rodrigues
Diretor Acadêmico: Leonardo Pereira
Editor: Roberta Densa
Coordenadora Editorial: Paula Morishita
Revisora Sênior: Georgia Renata Dias
Capa Criação: Leonardo Hermano
Diagramação: Ladislau Lima e Aparecida Lima
Impressão miolo e capa: META BRASIL

Dados Internacionais de Catalogação na Publicação (CIP) (Câmara Brasileira do Livro, SP, Brasil)

R696t Rodrigues, Felipe Leonardo
Tabelionato de Notas / Felipe Leonardo Rodrigues, Paulo Roberto Gaiger Ferreira ; coordenado por Christiano Cassettari. – 7. ed. - Indaiatuba, SP : Editora Foco, 2024.

552 p. ; 17cm x 24cm. – (Coleção Cartórios)

Inclui índice e bibliografia.

ISBN: 978-65-6120-092-9

1. Direito. 2. Direito notarial e registral. 3. Tabelionato de Notas. I. Ferreira, Paulo Roberto Gaiger. II. Cassettari, Christiano. III. Título. IV. Série.

2024-1209 CDD 341.411 CDU 347.961

Elaborado por Vagner Rodolfo da Silva - CRB-8/9410

Índices para Catálogo Sistemático:

1. Direito notarial e registral 341.411
2. Direito notarial e registral 347.961

DIREITOS AUTORAIS: É proibida a reprodução parcial ou total desta publicação, por qualquer forma ou meio, sem a prévia autorização da Editora FOCO, com exceção do teor das questões de concursos públicos que, por serem atos oficiais, não são protegidas como Direitos Autorais, na forma do Artigo 8º, IV, da Lei 9.610/1998. Referida vedação se estende às características gráficas da obra e sua editoração. A punição para a violação dos Direitos Autorais é crime previsto no Artigo 184 do Código Penal e as sanções civis às violações dos Direitos Autorais estão previstas nos Artigos 101 a 110 da Lei 9.610/1998. Os comentários das questões são de responsabilidade dos autores.

NOTAS DA EDITORA:

Atualizações e erratas: A presente obra é vendida como está, atualizada até a data do seu fechamento, informação que consta na página II do livro. Havendo a publicação de legislação de suma relevância, a editora, de forma discricionária, se empenhará em disponibilizar atualização futura.

Erratas: A Editora se compromete a disponibilizar no site www.editorafoco.com.br, na seção Atualizações, eventuais erratas por razões de erros técnicos ou de conteúdo. Solicitamos, outrossim, que o leitor faça a gentileza de colaborar com a perfeição da obra, comunicando eventual erro encontrado por meio de mensagem para contato@editorafoco.com.br. O acesso será disponibilizado durante a vigência da edição da obra.

Impresso no Brasil (05.2024) – Data de Fechamento (05.2024)

2024
Todos os direitos reservados à
Editora Foco Jurídico Ltda.
Rua Antonio Brunetti, 593 – Jd. Morada do Sol
CEP 13348-533 – Indaiatuba – SP
E-mail: contato@editorafoco.com.br
www.editorafoco.com.br

Sumário

APRESENTAÇÃO XV

NOTA DOS AUTORES XVII

1. ANTECEDENTES HISTÓRICOS 1

   1.1   Uma instituição pré-jurídica 1

   1.2   Império romano 2

   1.3   Surgimento da fé pública notarial 2

   1.4   Código de Justiniano – Os requisitos dos atos notariais 5

   1.5   Evolução em Portugal 5

2. FONTES DO DIREITO NOTARIAL 7

   2.1   Fontes constitucionais 7

        2.1.1   Fontes constitucionais diretas 7

        2.1.2   Fontes constitucionais indiretas 8

   2.2   Fontes legais da atividade notarial 9

3. FUNÇÃO NOTARIAL 13

   3.1   A função como profissão 15

        3.1.1   Notariado de base judicial e administrativa 16

        3.1.2   Notariado de tipo anglo-saxão 16

        3.1.3   Notariado de tipo latino ou da *Civil Law* 16

            3.1.3.1   O notário e a função notarial 17

            3.1.3.2   Os documentos notariais 17

            3.1.3.3   A instituição notarial 18

            3.1.3.4   A deontologia notarial 18

   3.2   O notariado no Brasil 19

   3.3   Direitos e deveres dos notários 22

   3.4   Substitutos – Perda ou extinção da delegação 24

3.5	Deveres dos notários...	25
3.6	Responsabilidade administrativa, civil e criminal............................	29
3.7	Incompatibilidades e impedimentos...	30

4. PRINCÍPIOS DA ATIVIDADE NOTARIAL 33

4.1	Princípios aplicáveis aos serviços notariais....................................			33
	4.1.1	Princípios atípicos		34
		4.1.1.1	Princípios constitucionais da administração.....	34
			4.1.1.1.1 Princípio da legalidade..............	34
			4.1.1.1.2 Princípio da impessoalidade	37
			4.1.1.1.3 Princípio da moralidade............	37
			4.1.1.1.4 Princípio da publicidade............	39
			4.1.1.1.5 Princípio da eficácia..................	41
4.2	Princípios de direito privado...			42
	4.2.1	Liberdade de contratar ou autonomia da vontade..............		42
	4.2.2	Princípio da obrigatoriedade – *pacta sunt servanda*...........		43
	4.2.3	Supremacia da ordem pública		43
	4.2.4	Princípio da probidade e boa-fé..		44
	4.2.5	Função social do contrato		45
4.3	Princípios do direito registral..			46
4.4	Princípios típicos do direito notarial..			47
	4.4.1	Princípio da segurança jurídica...		47
	4.4.2	Princípio da economia..		48
	4.4.3	Princípio da forma..		49
	4.4.4	Princípio da imediação		49
	4.4.5	Princípio da rogação...		50
	4.4.6	Princípio do consentimento		50
	4.4.7	Princípio da unidade formal do ato...................................		51
	4.4.8	Princípio da notoriedade ou fé pública		52
	4.4.9	Princípio da matricidade		53
4.5	Outros princípios notariais			53

5. CLASSIFICAÇÃO DOS ATOS NOTARIAIS 55

- 5.1 Atas notariais 55
- 5.2 Escrituras públicas 56

6. FORMA NOTARIAL 59

- 6.1 Documento e instrumento 60
- 6.2 Documento público notarial 61
- 6.3 Aspectos da forma notarial 62
  - 6.3.1 Aspectos extrínsecos 62
  - 6.3.2 Aspectos intrínsecos 69
    - 6.3.2.1 Partes e demais intervenientes da escritura pública 70
    - 6.3.2.2 Tempo do ato notarial 76
    - 6.3.2.3 Local dos atos notariais 77
    - 6.3.2.4 Objeto do ato notarial 77
    - 6.3.2.5 Fundamentação legal e motivos 79
    - 6.3.2.6 Outros requisitos 79

7. SERVIÇOS NOTARIAIS ELETRÔNICOS 85

- 7.1 Assinaturas digitais 85
- 7.2 Ato notarial digital (Prov. CNJ n. 100/2020, integrado ao Código Nacional de Normas) 90
- 7.3 Certidões e traslados notariais digitais 97
- 7.4 E-not assina (reconhecimento de firma eletrônica) 99
- 7.5 Materialização e desmaterialização de documentos 100
- 7.6 Lei n. 14.382/2022 – Registros eletrônicos 102

8. CORREÇÃO DE ERROS NOS ATOS NOTARIAIS 105

- 8.1 Erros comuns 107
- 8.2 Retificação por ata notarial 108

9. OBRIGAÇÕES ADMINISTRATIVAS E FISCAIS DO NOTÁRIO 111

- 9.1 Fiscalização de tributos 112

10. DEVER DE COMUNICAÇÃO DOS TABELIÃES 117

    10.1   Conselho Nacional de Justiça – CNJ 117

    10.2   Corregedoria permanente e Corregedoria-geral de São Paulo 117

    10.3   Secretaria da Fazenda do Estado de São Paulo 121

        10.3.1   Comunicação de escrituras públicas de inventário, de partilha e de doações 121

        10.3.2   Comunicação de transferência de propriedade de veículos 121

    10.4   Junta Comercial 123

    10.5   Prefeituras 123

        10.5.1   Comunicação das escrituras imobiliárias com isenção de ITBI 123

        10.5.2   Comunicação das notas fiscais eletrônicas 123

    10.6   Conselho de controle de Atividades Financeiras – COAF 124

    10.7   Carteira de previdência das serventias notariais e de registro 134

    10.8   Sindicato dos Escreventes e Auxiliares Notariais e Registrais do Estado de São Paulo – Seanor 134

11. COMUNICAÇÃO ÀS CENTRAIS 137

    11.1   Central Notarial de Serviços Eletrônicos Compartilhados – CENSEC 138

    11.2   Declaração sobre Operações Imobiliárias – DOI 141

    11.3   Cadastro Único de Clientes do Notariado – CCN, O Cadastro Único de Beneficiários Finais – CBF e o Índice Único de Atos Notariais, nos termos do Provimento n. 88/2019, da Corregedoria Nacional de Justiça 142

12. ATOS EXTRA NOTARIAIS 145

13. EMOLUMENTOS 147

14. AUTENTICAÇÃO DE CÓPIAS E RECONHECIMENTO DE ASSINATURA OU FIRMA 149

    14.1   Autenticação de cópias 150

        14.1.1   Casuística 153

    14.2   Reconhecimento de assinatura ou firma 158

        14.2.1   Caracteres da assinatura 159

        14.2.2   Modalidades de reconhecimento de firma 160

            14.2.2.1   Reconhecimento por autenticidade 160

		14.2.2.2	Reconhecimento por autenticidade por videoconferência..	161
		14.2.2.3	Reconhecimento por semelhança...	161
		14.2.2.4	Reconhecimento de assinatura digital remotamente...........	162
		14.2.2.5	Reconhecimento de assinatura digital por videoconferência	162
		14.2.2.6	Reconhecimento por abono	162
	14.2.3	Técnica do reconhecimento de firma, letra ou sinal		162
	14.2.4	Cartão de firmas ou ficha-padrão...		167
		14.2.4.1	Outras cautelas...	170
		14.2.4.2	Efeitos do depósito da ficha-padrão.................................	170
		14.2.4.3	Situações atípicas..	172
	14.2.5	Qualificação notarial dos documentos para reconhecimento de firma		173
	14.2.6	Casuística do reconhecimento de firmas...		174
		14.2.6.1	Reconhecimento de firma em documento assinado por pessoa semianalfabeta	174
		14.2.6.2	Reconhecimento de firma de dirigente em representação da empresa..	174
		14.2.6.3	Reconhecimento de firma em título de crédito	174
		14.2.6.4	Reconhecimento de firma em documento de transferência de veículo	174
		14.2.6.5	Reconhecimento de firma de pessoa já falecida	175
		14.2.6.6	Reconhecimento de firma de pessoa menor......................	175
		14.2.6.7	Reconhecimento de firma de pessoa incapaz.....................	175

15. CARTA DE SENTENÇA NOTARIAL 177

16. ATA NOTARIAL 189
  16.1 Distinção entre ata notarial e escritura pública... 189
  16.2 Classificação das atas notariais.. 191
    16.2.1 Quanto ao agir do tabelião 191
    16.2.2 Quanto ao objeto 192
    16.2.3 Quanto à forma 192
    16.2.4 Quanto ao meio 193
  16.3 Objeto da ata notarial.. 194

16.4	Estrutura e requisitos da ata notarial	195
	16.4.1 Redação em língua nacional	196
	16.4.2 Requerimento ou solicitação	196
	16.4.3 Capacidade para solicitar	197
	16.4.4 Qualificação das partes	198
	16.4.5 Tempo do fato e da ata	200
	16.4.6 Local do fato e da ata	201
	16.4.7 Fundamentação legal	202
	16.4.8 Declaração de leitura	203
	16.4.9 Assinatura das partes e do tabelião	203
	16.4.9.1 Recusa da parte em assinar	204
16.5	Espécies de atas notariais	205
	16.5.1 Ata de notoriedade	206
	16.5.2 Ata de declaração	206
	16.5.3 Ata de certificação sobre documentos e exibição de coisas	207
	16.5.4 Ata de presença	208
	16.5.5 Ata de notificação	209
	16.5.6 Ata de autenticação eletrônica	210
	16.5.6.1 Ata com gravação de diálogo telefônico	210
	16.5.6.2 Ata da internet	212
	16.5.6.3 Ata de verificação de mensagem eletrônica (e-mail, SMS, App, voz e dados)	214
	16.5.7 Ata para usucapião	214
	16.5.7.1 Modalidades da usucapião e seus requisitos	215
	16.5.7.2 Procedimento	217
	16.5.7.3 Ata notarial para a usucapião	228
	16.5.8 Ata para Adjudicação	239
	16.5.9 Ata de Arrematação	250
	16.5.10 Ata notarial de cláusulas negociais	251
	16.5.11 Ata de subsanação	262
16.6	Limites do tabelião na ata notarial	264
16.7	Jurisprudência selecionada	271

17. PROCURAÇÃO 273

17.1 Capacidade ativa e passiva 275

17.2 Aceitação do mandato 278

17.3 Obrigações do mandatário 279

17.4 Obrigações do mandante 280

17.5 Substabelecimento 280

17.6 Procuração em causa própria 282

17.7 Irrevogabilidade revogável 283

17.8 Procurações e seus reflexos empresariais 283

17.9 Revogação e renúncia 284

17.10 Extinção do mandato 285

17.11 Jurisprudência selecionada 285

18. ESCRITURAS PÚBLICAS 287

18.1 Escrituras públicas – Requisitos gerais 287

18.2 Escrituras imobiliárias – Requisitos especiais 291

18.3 Escrituras de homologação de penhor legal 298

18.4 Escrituras de cessão de direitos creditórios de precatórios ou reconhecidos em sentença 299

19. IMÓVEIS RURAIS 303

19.1 Caracteres gerais 303

19.2 Imóveis rurais e a presença de estrangeiros 306

20. COMPRA E VENDA 313

20.1 Jurisprudência selecionada 315

21. DOAÇÃO 317

21.1 Jurisprudência selecionada 320

22. PERMUTA 321

22.1 Jurisprudência selecionada 323

23. ALIENAÇÃO FIDUCIÁRIA DE COISA IMÓVEL 325

    23.1   Extensão da alienação fiduciária de coisa imóvel 331

    23.2   Jurisprudência selecionada.. 333

24. HIPOTECA 335

    24.1   Execução extrajudicial dos créditos garantidos por hipoteca 338

25. PACTOS PATRIMONIAIS 341

    25.1   O pacto patrimonial para o casamento 341

    25.2   Os regimes de bens 341

    25.3   Os pactos antenupciais.. 345

    25.4   Alteração do regime de bens 349

            25.4.1   Os pactos patrimoniais nas relações afetivas não matrimoniais 349

    25.5   União estável 350

            25.5.1   Jurisprudência selecionada 354

    25.6   O contrato de namoro 354

    25.7   União estável ou pacto de convivência homoafetiva............................. 356

26. TESTAMENTO PÚBLICO 359

    26.1   Testamento 360

            26.1.1   Testamento público 361

                    26.1.1.1   Capacidade testamentária 362

                    26.1.1.2   Testemunhas 365

                    26.1.1.3   Objeto do testamento e disposições testamentárias 366

                    26.1.1.4   Espécies de disposições testamentárias 368

                    26.1.1.5   Substituições hereditárias 368

                    26.1.1.6   Deserdação 369

                    26.1.1.7   Efeitos da deserdação 371

                    26.1.1.8   Revogação do testamento 371

                    26.1.1.9   Rompimento do testamento 371

                    26.1.1.10   Cláusulas restritivas 372

                    26.1.1.11   Testamenteiro 372

    26.2   Testamento cerrado 373

    26.3   Codicilo 374

26.4	Planejamento patrimonial societário – Breve nota	374
26.5	Jurisprudência selecionada	375

27. DIRETIVA ANTECIPADA DE VONTADE OU TESTAMENTO VITAL 377

27.1	Conteúdo do ato	379

28. O TABELIÃO DE NOTAS COMO AGENTE DE GARANTIA (*ESCROW ACCOUNT*)... 381

29. O TABELIÃO DE NOTAS COMO ÁRBITRO, MEDIADOR OU CONCILIADOR 385

30. SEPARAÇÃO E DIVÓRCIO, INVENTÁRIO E PARTILHA 389

30.1	As polêmicas sob a égide da Lei n. 11.441/2007	392
30.2	Jurisprudência selecionada	393

31. INVENTÁRIO E PARTILHA 395

31.1	Consenso entre as partes	395
31.2	Inexistência de testamento	395
31.3	Advogado	397
31.4	Tempo do falecimento e da sucessão	398
31.5	O pedido	398
31.6	A qualificação e os dados do autor da herança	399
31.7	Nomeação de inventariante	400
31.8	O reconhecimento de união estável no inventário	401
31.9	Bens	402
31.10	Partilha de bens	403
31.11	Sobrepartilha, partilha parcial e correção de partilha judicial	404
31.12	Adjudicação	405
31.13	Documentos necessários	405
31.14	Declarações especiais	406
31.15	Inventário negativo	406
31.16	Recusa do tabelião	407
31.17	Questão tributária	407
31.18	Considerações finais	409
31.19	Jurisprudência selecionada	410

32. DIVÓRCIO E EXTINÇÃO DE UNIÃO ESTÁVEL 411

    32.1   Qualificação 412

    32.2   Inexistência de filhos incapazes, nascituro e do consenso entre as partes 413

    32.3   Advogado 413

    32.4   Apresentação dos documentos 414

    32.5   Caracteres genéricos do ato notarial 414

    32.6   Recusa do tabelião 415

    32.7   Restabelecimento da sociedade conjugal 415

    32.8   Considerações finais 416

    32.9   Jurisprudência selecionada 416

33. MODELOS 417

    33.1   Traslado e certidão eletrônicos 417

        33.1.1   Traslado Notarial Digital (e-notariado) 417

        33.1.2   Traslado Notarial Digital (ato em papel) 417

        33.1.3   Certidão Notarial Digital 417

        33.1.4 Certidão Notarial em Resumo Digital 418

    33.2   Materialização (autenticação de cópia de documento eletrônico) 418

        33.2.1   Impresso no tabelionato 418

        33.2.2   Impresso pela parte 418

        33.2.3   Assinado digitalmente 419

    33.3   Atos de autenticação de cópias e de assinaturas 419

        33.3.1   Autenticação 419

        33.3.2   Reconhecimento de firma por semelhança 419

        33.3.3   Reconhecimento de firma autêntica 419

        33.3.4   Reconhecimento de firma autêntica (Termo de confirmação de Identidade, Capacidade e a Autoria para Reconhecimento de Firma por Autenticidade – TEC) 420

        33.3.5   Reconhecimento de sinal público 420

        33.3.6   Reconhecimento por abono 420

    33.4   Carta de sentença notarial 420

        33.4.1   Divórcio 420

        33.4.2   Inventário e partilha 422

	33.4.3	Autenticação das peças da carta de sentença................................	424
33.5	Atas notariais...		424
	33.5.1	Ata de autenticação eletrônica – Internet..	424
	33.5.2	Ata de mensagens em aplicativo WhatsApp....................................	425
	33.5.3	Ata de autenticação eletrônica – *E-mail*	426
	33.5.4	Ata de autenticação eletrônica – SMS...	428
	33.5.5	Ata de declaração..	429
	33.5.6	Ata de presença, com assistente técnico...	430
	33.5.7	Ata para usucapião	431
	33.5.8	Ata para adjudicação compulsória	436
33.6	Procurações		441
	33.6.1	Procuração Pública (Geral)	441
	33.6.2	Procuração Pública (Bancária)	444
	33.6.3	Procuração Pública (*Ad Judicia*)	445
	33.6.4	Procuração Pública (Administrar Empresa)....................................	446
	33.6.5	Procuração Pública (Venda de Imóvel)	448
33.7	Escrituras públicas		450
	33.7.1	Escritura Pública de Compra e Venda (Apartamento)	450
	33.7.2	Escritura Pública de Compra e Venda (Multipropriedade)..............	453
	33.7.3	Escritura Pública de Compra e Venda (Imóvel Rural)	457
	33.7.4	Escritura Pública de Compra e Venda de Imóvel, com Transação e Pacto Adjeto de sua Alienação Fiduciária em Garantia)	459
	33.7.5	Escritura Pública de Hipoteca	471
	33.7.6	Escritura Pública de Doação (residencial).......................................	477
	33.7.7	Escritura Pública de Permuta (com reposição)	480
	33.7.8	Escritura Pública de Instituição e Cessão Onerosa de Direito Real de Laje	483
	33.7.9	Escritura de Pacto Antenupcial (Regime da Separação de Bens)	486
	33.7.10	Escritura Pública de União Estável (Regime da Comunhão Parcial de Bens)..	488
	33.7.11	Escritura de União Estável (Homoafetiva)	490
	33.7.12	Escritura de Namoro	492
	33.7.13	Escritura de Testamento (com herdeiro necessário)	493

33.7.14 Escritura Pública de Diretivas Antecipadas de Vontade e Outras Disposições 494

33.7.15 Escritura Pública de Diretivas Antecipadas de Vontade e Outras Disposições 499

33.7.16 Escritura de Inventário e Partilha do Espólio de (nome do falecido) . 502

33.7.17 Escritura de Indicação e Compromisso de Inventariante do Espólio de (nome do espólio) 509

33.7.18 Escritura de Inventário Negativo do Espólio de (nome do falecido) .. 512

33.7.19 Escritura Pública de Restabelecimento de Sociedade Conjugal 515

33.7.20 Escritura de Divórcio Consensual com Partilha de Bens..................... 516

33.7.21 Escritura de Extinção de União Estável 521

33.7.22 Ata Retificativa 522

33.7.23 Escritura Pública de Retificação e Ratificação..................................... 523

REFERÊNCIAS.. 525

Apresentação

A Coleção Cartórios foi criada com o objetivo de permitir aos concurseiros, tabeliães, registradores, escreventes, juízes, promotores, advogados, defensores públicos, procuradores, analistas, assessores, bem como todos os profissionais do Direito ou não, mas que trabalhem com a temática, acesso a estudo completo, profundo, atual e didático de todas as matérias que compõem o Direito Notarial e Registral.

A coleção é composta de um volume para cada especialidade de notas e registro, bem como um livro que aborda a parte geral, comum a ambos os temas, mais um que trata das peças práticas que são feitas em todas as serventias, que ajuda, não apenas os escreventes, mas também quem se prepara para a 2ª fase do concurso de cartório, que nunca teve contato com tal conteúdo prático.

A obra sobre o Registro de Imóveis contém, dentre outros temas, a parte geral do registro imobiliário, os atos ordinários e os procedimentos especiais que tramitam no ofício imobiliário. O livro de Tabelionato de Notas trata da teoria geral do Direito Notarial e dos atos praticados neste cartório, como as escrituras, os reconhecimentos de firma e a autenticação dos documentos. A parte de Registro Civil se divide em dois livros, que tratam de assuntos antagônicos, um dedicado à pessoa natural e outro à pessoa jurídica. O volume que aborda o Registro Civil das Pessoas Naturais, trata da parte geral dessa especialidade, bem como a especial, onde temos o registro de nascimento, a habilitação e o registro de casamento, o óbito e o Livro "E", dentre outros temas. Já o volume que se refere ao Registro Civil de Pessoas Jurídicas, trata dos atos em que se registram as pessoas jurídicas que não são de competência das juntas comerciais estaduais.

No livro sobre o Tabelionato de Protestos encontram-se todas as questões referentes ao protesto de títulos e documentos da dívida, estabelecidas nas leis extravagantes, dentre elas a de protesto. O livro sobre Registro de Títulos e Documentos, reúne e explica todas as atribuições desse importante cartório e, ainda, analisa outros pontos importantes para serem estudados.

Há, ainda, um volume dedicado a quem se prepara para a 2ª fase do Concurso de Cartório, contendo os modelos dos atos praticados em todas as especialidades, de maneira comentada.

A coleção ganhou esse ano o tão esperado volume sobre Teoria Geral do Direito Notarial e Registral, que aborda os aspectos da Lei dos Notários e Registradores (Lei 8.935/94).

Escolhemos um seleto grupo de autores, reconhecidos no cenário jurídico nacional, palestrantes no Brasil e no exterior, que possuem vasta experiência e vivência na área cartorial, aliando teoria e prática, bem como possuem titulação acadêmica que atesta a preocupação em estudar cada vez mais os temas dos quais escrevem.

Em todos os livros houve a preocupação em trazer ao leitor informações sobre a SERP, criada pela Lei 14.382/2022, que trouxe grandes inovações à atividade, colocando-a, definitivamente, no mundo virtual da prática de atos eletrônicos.

Outra inovação desse ano foi a inclusão de um selo dentro da coleção chamado "Prática Notarial e Registral", que levará ao público livros excepcionais de temas relevantes, objetivando aprofundar certos temas que precisam ser estudados mais a fundo, bem como os que possam ter correlação com os cartórios, ainda que de outras disciplinas, com o pensamento de trazer praticidade ao mesmo. Esse selo é inaugurado com o livro sobre "Procedimento de Dúvida no Registro de Imóveis", de autoria de Lamana Paiva, um dos mais festejados registrador imobiliário do país.

Por tais motivos esperamos que esta Coleção possa ser referência a todos que necessitam estudar os temas nela abordados. Preocupamo-nos em manter uma linguagem simples e acessível, para permitir a compreensão daqueles que nunca tiveram contato com esse ramo do Direito, reproduzindo todo o conteúdo exigido seja no dia a dia do exercício das profissões que já citei, bem como nos concursos públicos e cursos de especialização em Direito Notarial e Registral, além de exemplificar os assuntos sob a ótica das leis federais e com as posições dominantes das diversas Corregedorias-Gerais de Justiça dos Estados e dos Tribunais Superiores.

Minhas homenagens aos autores dos livros desta Coleção, que se empenharam ao máximo para que seus livros trouxessem o que de mais novo e importante existe no Direito Notarial e Registral, pela dedicação na divulgação da Coleção em suas aulas, palestras, sites, mídias sociais, *blogs*, jornais e diversas entidades que congregam, o que permitiu que ela se tornasse um sucesso absoluto em todo o país, logo em suas primeiras edições. Gostaria de registrar os meus mais sinceros agradecimentos a todas as instituições que nos ajudaram de alguma forma, especialmente a ANOREG BR, ENNOR, ARPEN BR, COLÉGIO NOTARIAL DO BRASIL, IRIB, IEPTB e IRTDPJ, na figura de seus presidentes e diretores, pelo apoio irrestrito que nos deram, para que esta Coleção pudesse se tornar um grande sucesso. Qualquer crítica ou sugestão será bem-vinda e pode ser enviada para o meu direct no Instagram @profcassettari.

Salvador, abril de 2023.

Christiano Cassettari
www.professorchristiano.com.br
Instagram: @profcassettari

Nota dos Autores

Um manual para estudos é uma ferramenta que deve ser precedida de suas próprias instruções de uso.

A grande dificuldade do estudo do Direito Notarial no Brasil é a falta de normas legais e a grande quantidade de procedimentos que decorrem dos costumes da prática notarial e de normas administrativas lançadas pelas Corregedorias de Justiça dos tribunais estaduais. Com isso, há uma diversidade de procedimentos que podem variar de um Estado para outro.

Não raro, também, as normas administrativas contêm desajustes graves, como a inconformidade com a lei ou com os princípios de direito notarial.

Este livro foi pensado para ser um resumo do Direito Notarial, disponível para estudos de concursos públicos em todos os Estados do Brasil, bem como para a rotina do dia a dia dos notários e prepostos. É importante alertar que os fundamentos normativos são os legais e quando houver necessidade de referência a normas estaduais serão utilizadas as Normas de Serviço dos Cartórios Extrajudiciais da Corregedoria-Geral da Justiça de São Paulo.

Outro alerta é sobre a confusão existente entre Direito Notarial e os registros públicos, problema que aflige os operadores do Direito e as comissões de concursos. Nos editais, é frequente a indicação do tema "registros públicos" e, dentro dele, as matérias de direito notarial. Assim, se as próprias comissões não têm clareza de distinções tão essenciais, toda prudência é indicada ao candidato.

Optamos por apresentar este trabalho em tópicos curtos, feitos para uma primeira abordagem da matéria, ou para uma revisão de quem já a estudou. A bibliografia sugerida contém obras que permitem aprofundar os temas aqui expostos.

É importante que o candidato faça e refaça as perguntas de concursos passados. Nesta edição incluímos novos modelos de atos notariais.

Uma última sugestão: o candidato deve buscar conhecer as normas administrativas do Estado que organiza o concurso, os membros da banca, seus artigos e suas origens (use a internet para buscas). Este conhecimento pode definir a decisão a tomar em questões controversas que, com frequência, são apresentadas aos candidatos.

Bom estudo!

1
ANTECEDENTES HISTÓRICOS

A origem do notariado é muito remota. A Bíblia, em inúmeros versículos, cita o papel de escribas que eram incumbidos da redação, da instrumentação, dos atos na Antiguidade.

Em Deuteronômio, 16, 18, temos a seguinte ordem divina:

"Estabelecerás juízes e notários em todas as cidades que o Senhor, teu Deus, te tiver dado".

A primeira compra e venda que narra a Bíblia está relatada no Gênesis, capítulo 23, quando Abraão comprou de Efrom uma terra para poder sepultar a sua mulher, Sara[1].

1.1 UMA INSTITUIÇÃO PRÉ-JURÍDICA

É provável que a atividade notarial seja uma instituição que antecede a própria formação do Direito e do Estado[2]. A necessidade de documentar e registrar certos fatos da vida, das relações e dos negócios deve ter propiciado o surgimento de pessoas que detinham a confiança dos seus pares para redigir os negócios. Surgia assim o notário.

Há registros deste profissional desde as **civilizações suméria** (de 3.500 a 3.000 a.C.) e **egípcia** (de 3.200 a 325 a.C.).

Existem contratos imobiliários de terras da Suméria cuja formalização foi feita em uma espécie de pele animal. Posteriormente, quando a região foi conquistada pelos gregos, foi necessária a legalização destes contratos por um profissional com atividade semelhante à notarial.

Os egípcios do Império Antigo e do Império Médio (entre 3.100 e 1.770 a.C.) possuíam uma forma documental conhecida como "documento caseiro", que servia para regular os convênios privados. Após a sua lavratura, o escriba mencionava o nome de três testemunhas. O documento era então conduzido a um sacerdote – funcionário da hierarquia egípcia – que colava um selo de encerramento, de modo que nada mais se poderia alterar no documento caseiro[3].

Enquanto os hebreus possuíam os escribas do rei, da lei, do Estado e do povo, na Grécia havia a figura do *mnemon*, que se caracterizava por ser um técnico da memori-

---
1. Versículo 20: Assim o campo e a caverna que nele há foram transferidos a Abraão como propriedade para a sepultura.
2. ERPEN, Décio Antonio. A atividade notarial e registral: uma organização social pré-jurídica. *Revista de Direito Imobiliário*, São Paulo, Revista dos Tribunais, n. 35/36, p. 37-39, jan./dez. 1995.
3. Eduardo Pondé, na obra *Origen e historia del notariado*. Buenos Aires, Depalma, 1967, citado por Juliana Follmer, *A atividade notarial e registral como delegação do poder público*. Porto Alegre: Norton Editor, 2004, p. 27.

zação, encarregado de formalizar e registrar os tratados, os atos públicos e os contratos privados[4].

Até este estágio da história, esse profissional que redigia e conservava os contratos não tinha ainda as feições do notário como o conhecemos hoje.

Foi durante o Império Romano que os contornos atuais se formaram.

1.2 IMPÉRIO ROMANO

As conquistas que conformaram o Império Romano impuseram alguns desafios para Roma e seus cidadãos. Como as campanhas militares eram prolongadas, o direito preocupou-se em integrar os povos conquistados, documentar as conquistas e os negócios que se efetivavam e permitir a circulação controlada de pessoas e documentos.

Roma conhecia alguns profissionais com características do atual tabelião, ou seja, pessoas que desempenhavam atividades conhecidas sob mais de 20 denominações, dentre as quais destacamos *tabellios, notarius, argentarius, tabullarius*. A seguir, um sumário de cada uma destas profissões.

Tabullarius: era o oficial público que se encarregava do censo e da guarda de documentos oficiais. Teria precedido o *tabellio*, profissional que realizava as solenidades para a validade dos atos jurídicos, como é exemplo a entrega da coisa no contrato de direitos reais.

Notarius: era o profissional que escrevia notas e sinais em forma gráfica de modo tão rápido quanto pronunciadas as palavras, o equivalente ao nosso atual taquígrafo. Fazia as atas das assembleias e reuniões políticas.

Argentarius: era um "banqueiro" que, ao fornecer o crédito, encarregava-se de redigir os seus contratos e demais instrumentos.

Tabellio: era o profissional que redigia e conservava testamentos e outros instrumentos privados, o que mais se assemelha ao notário, ou tabelião de hoje.

1.3 SURGIMENTO DA FÉ PÚBLICA NOTARIAL

Vista como atributo humano, a fé é a evidência ou credibilidade de algo em decorrência da razão e sua percepção da realidade[5]. A fé é a certeza dos fatos da vida e de além dela.

No Estado de Direito, fé pública é crença imposta pela lei[6]. A subjetividade pessoal é afastada pela abstração da objetividade legal. Não importa a crença do indivíduo, se a lei atribui fé, o documento (ou qualquer coisa) está dotado de certeza jurídica.

---

4. FOLLMER, Juliana. *A atividade notarial e registral como delegação do poder público*, p. 28.
5. NERI, I. Argentino. *Tratado teórico y práctico de derecho notarial*: instrumentos. Buenos Aires: Depalma, 1980, v. 2, p. 446.
6. GATTARI, Carlos Nicolás. *Práctica notarial*: donación dación en pago el notario, creador de derecho. 2. ed. Buenos Aires: Depalma, 1996, v. 4, p. 76.

A fé pública decorre da administração. O serviço notarial é uma delegação da fé pública do Estado a um particular, o notário, para que ele, intervindo nos atos e negócios privados, revista-os da qualificação técnica e da fé pública estatal.

A fé notarial decorre de um processo cuja meta é a autenticidade, destinada a resguardar a veracidade, a segurança e a eficácia social e jurídica.

A fé pública notarial não é *imperium*. É um atributo que reveste o procedimento notarial e seu resultado, o instrumento público (ata ou escritura).

São elementos da fé pública:
1) lei autorizadora;
2) competência do profissional;
3) valor social.

A história é imprecisa quanto ao surgimento da fé pública notarial. Parece-nos que estamos diante de uma prolongada construção pragmática, de usos e costumes do povo tendentes à documentação de seus atos privados e em busca da adequada eficácia probatória.

Esta construção parece ter se iniciado após o Código de Teodósio II, no ano 450, já que lá não há qualquer referência ao *tabellio* romano.

É, portanto e provavelmente, no reinado de Justiniano I a época em que podemos situar o nascimento do notariado atual. O Código de Justiniano regulamenta o documento notarial por meio das Novelas XLIV, do ano 536, e 47, do ano 537, e dispõe sobre o valor documental na Novela LXXIII, do ano 538.

Segundo o Código de Justiniano (C.J. 4-21-17, ano 528), "os outros contratos que se haja convencionado fazer por escrito – assim como as transações que devam fazer por escrito –, não sejam válidos, a não ser que o documento se passe a limpo e seja subscrito com as firmas das partes e, se o fizerem por meio do tabelião, que seja por ele completado e, ao final, a absolvição das partes".

Podemos concluir, daí, que o tabelião era uma alternativa para as partes que poderiam a ele recorrer para os contratos que necessitassem da forma escrita, que era, em alguns casos, requisito de validade das transações.

Portanto, entre os anos 450 (Código de Teodósio) e 528, surge a figura do *tabellio* no direito romano. Parece certo que o profissional já existisse antes dessa época, mas é fato que as Novelas são os primeiros textos que regulamentam a sua atividade.

Pela Novela XLIV do Código de Justiniano, do século VI (ano 536), sabemos do caso de uma mulher analfabeta que informa e reclama que a escritura que lhe foi lavrada não reflete a sua vontade. A Novela trata, na verdade, de norma destinada aos tabeliães, que na época já se valiam de escreventes para lhes auxiliar, determinando-lhes que estivessem presentes ao menos no instante em que se finalizasse o ato.

Ainda que não se fale da fé pública, há menção explícita das causas e efeitos dos atos notariais, ou seja, do que se esperava dos instrumentos notariais.

No prefácio, lemos que se não houvesse testemunhas se "correria certamente o perigo de se perder por completo o conhecimento do negócio", o que nos permite deduzir que, nesta época, era causa e efeito dos atos notariais dar a conhecer os termos dos atos e negócios privados cuja instrumentação fosse requerida ao tabelião.

O capítulo I da Novela refere que os tabeliães devem dispor de "meios para conhecer o negócio, e quando interrogados por juízes possam saber o que aconteceu e responder", principalmente quando se tratar de partes analfabetas.

Este trecho demonstra que o documento notarial não tinha ainda a fé pública intrínseca, *per se*. Dependia da confirmação de testemunhos e relatos do tabelião, das partes ou das testemunhas.

Adiante, lemos que os documentos "se façam eles mesmos excelentes, e justos", passagem que demonstra a expectativa e o zelo com a qualidade do documento (redação e memória), e que também exige que sejam justos. Sem dúvida, parece-nos que naquele tempo já eram esperados do tabelião os conhecimentos das leis para que ele pudesse, ao redigir os documentos, afeiçoá-los a elas (o justo).

No parágrafo IV do capítulo I, diz a norma que "então ficará sujeito à pena o tabelião, que tem a autoridade por nós antes definida, sem que, entretanto, tenham de ser invalidados os documentos por razão de conveniência dos contratantes".

Isso indica que os atos lavrados pelo tabelião que viesse a ser apenado permaneceriam válidos, para preservação dos interesses dos contratantes, para a segurança jurídica. Vê-se que há aí um princípio de autenticidade, este efeito esperado do instrumento notarial, que faça prova por si, sem a necessidade de testemunhos ou quaisquer outras provas de convalidação.

Nesta época, a autenticidade engatinhava nos documentos notariais, mas já tinham eles **autoridade**, posto que eram lavrados por funcionários públicos que o Estado indicava para o exercício da função. Mereciam fé dessas autoridades e do povo, pois redigiam documentos que tinham, na época, a máxima presunção de legalidade e justiça: "Possuir conhecimentos de direito lhe permitia atuar como assessor em negócios exclusivos entre particulares, redigindo os documentos; a eventualidade de ser depositário da documentação para conservá-la, e também, estar totalmente desvinculado da administração pública, permite-nos considerar o tabelião como antecessor do que ao longo dos séculos veio a ser o notário"[7].

Mais tarde, a Novela LXXIII encerra a evolução valorativa do documento notarial, destinando-lhe força probatória especial. Os instrumentos lavrados por tabelião distinguem-se dos contratos de mútuo – e de quaisquer outros –, pois têm força probatória equivalente à do ato público. Surge a fé pública notarial, como a temos hoje.

Houve aí radical mudança da presunção probatória dos negócios privados formalizados perante o tabelião, com o nascimento da presunção de autenticidade do documento notarial.

---

7. PONDÉ, Eduardo Bautista. *Tríptico notarial*: naturaleza jurídica de la fe notarial, fe de individualización, y no fe de conocimiento el notario no es funcionario público. Buenos Aires: Depalma, 1977, p. 231.

1.4 CÓDIGO DE JUSTINIANO – OS REQUISITOS DOS ATOS NOTARIAIS

O Código de Justiniano contém as primeiras normas tipicamente notariais. Nele se fixam o acesso à função, a obrigação de prestar um serviço profissional, a permissão e a forma como os tabeliães deveriam se auxiliar por colaboradores (escreventes), o lugar onde poderiam exercer seu trabalho, as características dos papéis nos quais deveriam ser lançados os atos, a necessidade de haver uma solicitação da parte ao tabelião sobre o serviço a prestar, as anotações prévias captadoras das vontades, a redação do documento, a subscrição e a autorização, o número de testemunhas e as declarações indispensáveis ao ato válido.

Desde o Código de Justiniano, estão fixados os requisitos extrínsecos dos atos notariais, normas que seguem – com poucas alterações! – orientando os notários no mundo inteiro.

O caso descrito na Novela XLIV gera normas que fixam a estrutura do ato notarial até hoje seguidas. Vejamos.

A lavratura do ato tinha as seguintes fases:

Rogatória: momento em que as partes solicitam ao tabelião a prestação do serviço, indicando suas necessidades e informando-o quanto à situação fática a motivar o ato.

Initium e Speda: o tabelião deve orientar as partes, anotando o resultado dessa consulta inicial. Após, escreve a *speda*, uma minuta do ato para aprovação das partes.

Protocolum: aprovada a *speda* pelas partes, o tabelião deve então redigir o texto final em seu protocolo, isto é, no livro de seus atos, que deve ser encadernado (aparentemente já naquela época não havia confiança em folhas soltas). Era a lavratura do ato notarial nas folhas próprias.

Completio: a assinatura final do tabelião, encerrando o ato.

Segundo a Novela XLVII, os documentos deveriam começar assim: "No ano tal do Império, de tal sagrado Augusto Imperador, e de tal nome do cônsul que rege no ano, no mês tal e no dia tal, na cidade tal (...)", seguindo-se o nome das partes e os demais elementos do ato.

A presença do tabelião era indispensável, ao menos encerrando o ato.

1.5 EVOLUÇÃO EM PORTUGAL

No século XIII, D. Diniz edita o primeiro estatuto com atribuições específicas destinadas ao tabelião português. As disposições foram baseadas na compilação denominada Lei das Sete Partidas (ano de 1263) feita por D. Afonso X, na Espanha, que, por sua vez, muito pouco acrescia às disposições de Justiniano.

Após, seguiram-se as Ordenações Afonsinas (Dom Afonso V, "O Africano", ano de 1446), as Ordenações Manuelinas (Manuel I, ano de 1521) e, finalmente, as Filipinas (Felipe II, Rei de Espanha e Portugal, ano de 1603), textos que reproduzem o estatuto de D. Diniz, acrescentando ao longo dos séculos poucas modificações. Resume este longo período, a edição de leis que penalizam o notário por falta de fiscalização da "sisa"[8] do reino.

---

8. Sisa vem do dente siso. É a mordida do monarca.

2
FONTES DO DIREITO NOTARIAL

São poucas as leis que tratam da atividade notarial, situação que dificulta a compreensão de uma matéria largamente fundada em costumes e perigosamente confundida ou relegada a apêndice dos registros públicos.

A seguir, compilamos as fontes atuais do direito notarial brasileiro.

2.1 FONTES CONSTITUCIONAIS

Dentre as fontes constitucionais, temos as fontes diretas e indiretas. As fontes diretas são aquelas que tratam especificamente da atividade notarial. As indiretas informam princípios de grande influência na atividade. Vamos relacioná-las conforme esta classificação, pois esta é a sequência no texto constitucional.

2.1.1 Fontes constitucionais diretas

Direito de receber informações e certidões:

Art. 5º, inc. XXXIII – todos têm direito a receber dos órgãos públicos informações de seu interesse particular, ou de interesse coletivo ou geral, que serão prestadas no prazo da lei, sob pena de responsabilidade, ressalvadas aquelas cujo sigilo seja imprescindível à segurança da sociedade e do Estado.

Este inciso, que trata das certidões, foi regulamentado pela Lei n. 12.527/2011.

Art. 5º, inc. XXXIV – são a todos assegurados, independentemente do pagamento de taxas: (...) b) a obtenção de certidões em repartições públicas, para defesa de direitos e esclarecimentos de situações de interesse pessoal.

É vedado recusar fé aos documentos públicos:

Art. 19. É vedado à União, aos Estados, ao Distrito Federal e aos Municípios:

(...) II – recusar fé aos documentos públicos;

Competência para legislar é privativa da União:

O direito notarial é um sub-ramo do direito civil. Não se confunda a previsão do inciso I com a previsão do inciso XXV do mesmo art. 22, que trata de registros públicos.

Art. 22. Compete privativamente à União legislar sobre:

I – **direito civil**, comercial, penal, processual, eleitoral, agrário, marítimo, aeronáutico, espacial e do trabalho; (destaque nosso)

Poder fiscalizatório do Conselho Nacional de Justiça:

> Art. 103-B. (...)
>
> § 4º **Compete ao Conselho** o controle da atuação administrativa e financeira do Poder Judiciário e do cumprimento dos deveres funcionais dos juízes, cabendo-lhe, além de outras atribuições que lhe forem conferidas pelo Estatuto da Magistratura: (...)
>
> III – **receber e conhecer das reclamações contra** membros ou órgãos do Poder Judiciário, inclusive contra seus serviços auxiliares, **serventias e órgãos prestadores de serviços notariais** e de registro que atuem por delegação do poder público ou oficializados, sem prejuízo da competência disciplinar e correicional dos tribunais, podendo avocar processos disciplinares em curso e determinar a remoção, a disponibilidade ou a aposentadoria com subsídios ou proventos proporcionais ao tempo de serviço e aplicar outras sanções administrativas, assegurada ampla defesa; (destaques nossos)

Previsão constitucional da delegação estatal, da lei orgânica, da lei geral de emolumentos, da fiscalização pelo Poder Judiciário e do ingresso na atividade mediante concurso público:

> Art. 236. Os serviços notariais e de registro são exercidos em caráter privado, por delegação do Poder Público.
>
> § 1º Lei regulará as atividades, disciplinará a responsabilidade civil e criminal dos notários, dos oficiais de registro e de seus prepostos, e definirá a fiscalização de seus atos pelo Poder Judiciário.
>
> § 2º Lei federal estabelecerá normas gerais para fixação de emolumentos relativos aos atos praticados pelos serviços notariais e de registro.
>
> § 3º O ingresso na atividade notarial e de registro depende de concurso público de provas e títulos, não se permitindo que qualquer serventia fique vaga, sem abertura de concurso de provimento ou de remoção, por mais de seis meses.

A Lei n. 8.935/94, sobre a estrutura orgânica do notariado e dos registros públicos, e a Lei n. 10.169/2000, que estabelece normas gerais para a fixação de emolumentos, regulamentam o art. 236.

2.1.2 Fontes constitucionais indiretas

A atividade notarial é exercida em caráter privado por delegação do Poder Público. Assim, há dois artigos que são complementares, um informando a ampla liberdade de ação dos particulares que pode ser formalizada nos atos notariais e outro impondo ao notário os princípios gerais que norteiam a administração pública. Trata-se dos arts. 5º, II, e 37, *caput*, da CF.

Segundo o art. 5º, é permitido aos particulares fazer tudo o que a lei não vede:

> Art. 5º Todos são iguais perante a lei, sem distinção de qualquer natureza, garantindo-se aos brasileiros e aos estrangeiros residentes no País a inviolabilidade do direito à vida, à liberdade, à igualdade, à segurança e à propriedade, nos termos seguintes: (...)
>
> II – ninguém será obrigado a fazer ou deixar de fazer alguma coisa senão em virtude de lei;

Ainda no art. 5º, outro princípio tem reflexos importantíssimos na atividade notarial. Segundo o inciso X, são invioláveis a intimidade, a vida privada, a honra e a imagem das pessoas. Como a atividade notarial destina-se primordialmente às pessoas e suas relações e negócios, autenticando fatos e formalizando juridicamente a vontade delas, obviamente os atos notariais devem resguardar a intimidade e a vida privada das partes. Esta proteção está consagrada na Lei n. 8.935/94, art. 30, VI.

Em face do poder público, o notário está adstrito aos princípios da administração pública:

> Art. 37. A administração pública direta e indireta de qualquer dos Poderes da União, dos Estados, do Distrito Federal e dos Municípios obedecerá aos princípios de legalidade, impessoalidade, moralidade, publicidade e eficiência (...)

2.2 FONTES LEGAIS DA ATIVIDADE NOTARIAL

São poucas as fontes legais do direito notarial. Não existe no Brasil um Estatuto Notarial, como existe na Espanha e França há mais de 100 anos. É importante salientar que a Lei n. 6.015/73 não é fonte de direito notarial, pois trata de registros públicos. São raros os preceitos da lei que se aplicam ao notário[1] e estas são apenas fontes subsidiárias do labor notarial.

Dentre as fontes legais da atividade notarial, podemos citar:

- **Lei n. 7.433/85** e seu regulamento, o **Decreto n. 93.240/86**: tratam dos requisitos das escrituras públicas. A lei e o regulamento informam que se aplicam a toda e qualquer escritura pública, mas o espírito é o de regular as escrituras imobiliárias.
- **Lei n. 8.935/94**: apesar de se tratar de uma lei orgânica notarial e registral, inclui diversos dispositivos sobre a competência notarial, direitos e deveres profissionais.
- **Lei n. 11.441/2007**: está tacitamente revogada pelo novo Código de Processo Civil (Lei n. 13.105/2015). Disciplinava a separação, o divórcio, o inventário e a partilha por escritura pública. Era uma lei sucinta que foi regulamentada pelo Conselho Nacional de Justiça, pela Resolução CNJ n. 35/2007, e por provimentos de diversas corregedorias das justiças estaduais (em São Paulo, o Prov. CGJ n. 33/2007, revogado pelo Prov. n. 40/2012, atualizado pelo Prov. n. 56/2019).
- **Lei n. 13.105/2015**: o novo Código de Processo Civil, em vigor desde 18-3-2016, contém regras de direito probatório de relevância para a atividade notarial. Ademais, pela primeira vez, tipifica a ata notarial, em nosso direito.

A presunção de autenticidade dos documentos notariais se insere na previsão do art. 374, pois os fatos com presunção legal de existência ou veracidade independem de prova (inciso IV). Em outras palavras, fazem prova plena, a mais sólida em nosso direito.

A prova decorrente do reconhecimento de firma está prevista no art. 411, I. Também importa conhecer que o documento particular de cuja autenticidade não se duvida prova

---

1. Arts. 3º, parágrafo único, 192, 216-A, I, 222, 224, 225, 276 e 292.

que o seu autor fez a declaração que lhe é atribuída (art. 412). Ao inverso, se houver controvérsia, adquire relevo a autenticação notarial da firma.

A fé pública notarial aplicada às cópias de documentos está prevista no art. 422: "Qualquer reprodução mecânica, como a fotográfica, a cinematográfica, a fonográfica ou de outra espécie, tem aptidão para fazer prova dos fatos ou das coisas representadas, se a sua conformidade com o documento original não for impugnada por aquele contra quem foi produzida".

Quanto a traslados, cópias e certidões, temos o art. 425, incs. II e III.

Concluindo o arcabouço probatório do documento particular, que pode receber o aporte da fé pública notarial pela autenticação da cópia ou pelo reconhecimento de firma, é importante conhecer as disposições dos arts. 428 e 429.

Como dissemos, a ata notarial agora está tipificada como meio de prova em nosso direito: "Art. 384. A existência e o modo de existir de algum fato podem ser atestados ou documentados, a requerimento do interessado, mediante ata lavrada por tabelião. Parágrafo único. Dados representados por imagem ou som gravados em arquivos eletrônicos poderão constar da ata notarial".

O novo Código de Processo Civil permite, ainda, a demarcação e a divisão imobiliária, bem como o penhor legal por escritura pública (arts. 571 e 703).

- **Lei n. 13.140/2015**: trata da mediação entre particulares como meio de solução de controvérsias. O art. 42 informa que suas disposições se aplicam, no que couber, às outras formas consensuais de resolução de conflitos, tais como aquelas levadas a efeito nas serventias extrajudiciais.
- **Lei n. 10.257/2001 (Estatuto das Cidades)**: contém alguns dispositivos que exigem a escritura pública.
- **Código Civil**: inúmeros dispositivos tratam dos requisitos dos atos notariais ou da obrigatoriedade da forma pública. O Código Civil contém normas de direito objetivo e direito adjetivo. A totalidade das normas são fontes da atividade notarial. Destacamos algumas:
- Arts. 5º, I, 62, 107, 108, 109, 166, IV, 215, 217, 223, 226, parágrafo único, 288, 292, 490, 541, 655, 657, 807, 842, 911, parágrafo único, 923, §§ 1. e 2º, 998, § 1º, 1.128, parágrafo único, 1.334, § 1º, 1.361, § 1º, 1.369, 1.417, 1.418, 1.438, 1.448, 1.452, 1.453, 1.458, 1.494, 1.536, II, 1.537, 1.542, § 4º, 1.609, II e III, 1.640, parágrafo único, 1.649, parágrafo único, 1.653, 1.711, 1.729, parágrafo único, 1.793, 1.801, IV, 1.806, 1.818, 1.848, 1.857, 1.864, 1.865, 1.866, 1.867, 1.868, 1.869, 1.870, 1.871, 1.872, 1.873, 1.874, 1.875, 1.893, 2.015, 2.042.
- **Lei 14.711/2023**: conhecida como o Marco Legal das Garantias, pois trata da alienação fiduciária, da hipoteca, da execução. A lei cria a ata notarial de arrematação (art. 9º, § 11), destinada a concluir o leilão de execução extrajudicial da hipoteca. A seguir, expande as atribuições notariais, alterando os arts. 6º e 7º da Lei 8.935/94. São novidade as seguintes competências: a) uma comunicação entre notários e juízes a propósito da negociação de precatórios, b) certificar o

implemento ou a frustração de cláusulas contratuais, c) atuar como árbitro, e d) permite ao notário a atividade de *escrow*, isto é, o recebimento de valores de uma das partes para repassar à outra parte assegurando à parte alienante o adimplemento do preço e, à parte adquirente a outorga da propriedade. Finalmente, os tabeliães são legitimados a apresentarem extratos eletrônicos dos atos relativos a bens móveis (nova redação para o art. 8º da Lei 14.382/22).

implemento ou a frustração de cláusulas contratuais. O atuar como árbitro, em permitir ao notário atividade de escrow, isto é, o recebimento de valores de uma das partes para repassar à outra parte assegurando à parte alienante o adimplemento do preço e, a parte adquirente a outorga da propriedade. Finalmente, os tabeliães são legitimados a apresentarem extratos eletrônicos dos atos relativos a bens imóveis (nova redação para o art. 8º da Lei 11.383/22).

3
Função Notarial

A filosofia do direito, por meio da teoria da justiça reguladora, sustenta a necessidade de o Estado deter uma função que se dedique à aplicação do direito para os fins da normalidade. O fulcro dessa teoria é a necessidade social de dar ao direito uma atuação que facilite a sua evolução natural e normal.

Para tanto, o Estado tem de dispor de uma função diferente da judicial, destinada à conservação, ao reconhecimento e à garantia do direito em estado normal: a função notarial.

A função notarial tem os seguintes caracteres:

1. A **autenticação** e a **legitimação notarial** referem-se ou aplicam-se aos atos que se realizam na esfera das **relações de direito privado**. O tabelião autentica, apondo sua fé pública a fatos de interesse das partes, mas o foco da atividade notarial é mais amplo: busca legitimar um negócio privado em face não somente destes interesses, mas também para certeza do Estado e da sociedade.

2. A atuação notarial desenrola-se na fase de **normalidade do direito**, ficando fora de seu âmbito as relações que se manifestam em fase contenciosa ou de perturbação. A **vontade das partes** e o **acordo** entre elas compõem o elemento primordial. Por isso, nem mesmo uma decisão judicial pode obrigar ao ato notarial. O elemento volitivo não pode ser suprido[1].

Por vezes, a atividade notarial envolve perfazer o consenso entre as partes, de modo a realizar a escritura pública. A Lei de Conciliação e Mediação, que permite aos notários estes atos bem destaca as funções de busca de consenso pelos notários para a composição do litígio que, afinal, redundará na escritura de transação, aí sim, com expressa vontade de todas as partes.

3. Os documentos notariais têm natureza **declaratória** e **autenticatória**. Por vezes, podem ter também natureza **constitutiva**, **modificativa** ou **extintiva**.

O documento notarial é sempre uma declaração do tabelião que autentica fatos, como a data, a hora, a presença das partes, a identidade e a capacidade delas, a vontade manifestada etc.

Quanto à natureza constitutiva, podemos citar a realização do negócio pretendido, por exemplo, uma compra e venda, uma doação, o mandato.

---

1. Exceto quando houver supressão judicial do consentimento de uma das partes (p. ex.: outorga marital, adjudicação compulsória etc.).

A natureza modificativa resulta da retirratificação de um ato notarial, pelo qual as partes modificam os termos de um negócio anteriormente feito.

Finalmente, é extintiva a ação do tabelião quando partilha os bens e direitos do inventário ou extingue o casamento por meio do divórcio ou a união estável por meio da dissolução.

4. **Função assessora.** O tabelião funciona como assessor, instruindo as partes sobre as possibilidades legais, requisitos e consequências de seus atos, bem como sobre os meios jurídicos mais adequados para os fins lícitos que se propõem a atingir. Nesta assessoria, o tabelião deve adequar a vontade dos interessados ao ordenamento jurídico e redigir um documento público que cumpra os requisitos exigidos pela legislação vigente, a fim de lograr os efeitos desejados.

O assessoramento é decorrência do princípio da legalidade a que está adstrito o fazer notarial. O controle da legalidade no assessoramento, ressalte-se, tem duplo significado: primeiro, a consecução do interesse público de conservar os direitos na normalidade jurídica e a estabilidade jurídica dos direitos adquiridos; segundo, garantir que as partes cumpram todos os requisitos legais e tributários no ato que realizam, para que obtenham seus efeitos jurídicos plenos.

O assessoramento (também a consultoria) jurídico deve ser prestado por meio de informações e de esclarecimentos objetivos, particularmente sobre o melhor meio jurídico de alcançar os fins desejados pelas partes, os efeitos e as consequências dos fatos, dos atos e dos negócios jurídicos a serem documentados, e visar à tutela da autonomia privada e ao equilíbrio substancial da relação jurídica, de modo que minimize as desigualdades materiais e proteja os hipossuficientes e os vulneráveis, como as crianças e os adolescentes, os idosos, os consumidores, as pessoas com deficiência e as futuras gerações[2].

5. **Função legitimadora.** Ao documentar os atos dos particulares submetidos ao seu ofício, o tabelião trabalha com a qualificação notarial em três momentos: inicialmente, admite o ato dando-se por requerido; após, verifica a identidade e capacidade das partes para o ato solicitado, bem como todos os demais elementos substantivos das partes, do objeto e do próprio ato; e, finalmente, dota-o de uma forma reconhecida pelo direito, redigindo o instrumento público adequado.

6. **Função autenticatória.** O tabelião, como delegado estatal, impõe aos atos nos quais intervém a presunção de veracidade, convertendo-os em documentos fidedignos com a característica de prova plena sobre as relações jurídicas ali descritas (CPC/2015, art. 405 e CC, art. 215).

A função autenticatória tem aspectos decorrentes do *imperium* do Estado, muito além da certeza de fatos.

O ato notarial envolve e ampara a necessidade ritualística da sociedade. Ele é dramático, é litúrgico, ele existe para legalizar um ato ou um fato no mundo jurídico, como exige o Estado. As técnicas notariais, as formalidades até hoje existentes, as minutas anciãs que teimam em repetir o mantra "nos melhores termos de direito", dentre outras

---

2. Normas de Serviço de São Paulo, Cap. 16, item 2.2 (Prov. CGJ-SP n. 32/2016).

fórmulas. A abertura dos atos notariais, um clássico aliás universal: Saibam todos os que virem esta escritura pública... Saibam todos os desta cidade, deste Estado, deste país. O tabelião poderia extrapolar e dizer, sem erro, saibam todos os do planeta Terra, inclusive os extraterrestres, não deixem de respeitar o que aqui escrevo e proclamo!

O ritual, a liturgia, visando a conferir a maior certeza prevista pelo direito para as pessoas, as relações e os objetos da vida.

Acostumamo-nos ao espírito científico e não o conjugamos com rituais e liturgias; os juristas disfarçam e se envergonham de admitir que o Direito, muitas vezes, se escora exatamente nisso.

Após a sua constituição, o documento notarial circula, produzindo seus efeitos *inter partes* e em face de terceiros e entes do Estado.

O tabelião segue adstrito ao ato porque deve conservá-lo perenemente. Busca-se da autenticação notarial a máxima eficácia, presente ou futura, sempre que necessária.

A conservação do instrumento público, com todas as garantias, provê também a autenticidade corporal, isto é, o instrumento notarial tem existência no protocolo em poder do tabelião. Assim, podem ser expedidas ao longo do tempo, quando requeridas, certidões[3] do conteúdo do ato (art. 6º, II, parte final, Lei n. 8.935/94).

3.1 A FUNÇÃO COMO PROFISSÃO

No planeta, existem três sistemas de notariado: 1) notariado de base judicial e administrativa; 2) notariado de tipo latino; 3) notariado de tipo anglo-saxão.

Antes de distinguir cada um deles, é importante ressaltar alguns caracteres que permeiam os três:

1. **Acesso livre ou restrito:** o acesso à profissão pode ser livre, dependendo somente de uma solicitação à autoridade delegante. Em geral, ocorre nos sistemas de direito anglo-saxão, no qual basta ao interessado solicitar ao secretário da justiça, demonstrando ter bons antecedentes. Em alguns países, além do requerimento, exige-se curso superior de Direito.

O acesso restrito se caracteriza por duas situações: primeira, as delegações notariais são em número restrito (*numerus clausus*); segunda, a lei prevê certas condições para o acesso, por exemplo, curso superior de Direito, aprovação em concurso público ou certo tempo de experiência em profissões jurídicas.

2. **Preços prefixados por lei ou preços livres:** Normalmente, nos sistemas de base judicial e administrativa e no notariado de tipo latino, os emolumentos dos serviços notariais são prefixados em lei ou por tabela da autoridade judiciária. No notariado de direito anglo-saxão e dos países nórdicos, os preços são, em geral, de livre competição.

Vamos, agora, distinguir cada um dos notariados existentes.

---

3. Sobre este tema, leia os arts. 99 a 111 do Código Nacional de Normas.

3.1.1 Notariado de base judicial e administrativa

O notariado de base administrativa é constituído por funcionários do Estado, exercendo as funções após acesso à carreira pública. A profissão é exercida por funcionários públicos que atendem em repartições administrativas ou mesmo em cartórios específicos da atividade. Exemplos: Cuba; e o notariado da extinta União Soviética, que também se revestia desta característica. Hoje, as repúblicas do leste europeu optaram pelo notariado do tipo latino.

O notariado de base judicial é composto por membros da magistratura. Exemplos: Estado de Baden, na Alemanha, e Estado da Bahia, no Brasil, até 2011. Neste caso nacional, os notários não eram juízes, mas funcionários concursados do Tribunal de Justiça.

3.1.2 Notariado de tipo anglo-saxão

Os notários que atuam nos países de direito anglo-saxão, notadamente os do Reino Unido (exceto Londres), Estados Unidos, Canadá (exceto Quebec), Austrália, Nova Zelândia e alguns países da África, têm características bem modestas. Não há requisito de conhecimento jurídico ou de qualquer curso superior. O interessado comparece perante uma autoridade, usualmente o secretário de estado ou da casa civil, apresenta seu requerimento e atestado de boa conduta pregressa, obtendo assim autorização para atuar.

A função notarial é usualmente restrita à autenticação de firmas e de cópias de documentos. É frequente que funcionários de bancos, prefeituras e hospitais sejam notários, vez que é nestes ambientes que a limitada atuação profissional é requerida pela lei. O notário de tipo anglo-saxão não redige documentos, ainda que disponha das minutas de atos mais usuais, para comodidade de seus clientes; estes são sempre os autores dos documentos que, por isso, são particulares.

Como a atuação profissional é livre, os notários desses países podem cobrar livremente os preços de seus serviços, bem como podem atuar em qualquer localidade do âmbito estadual sob cujo império atuam. Por isso, os EUA têm o maior número de profissionais do planeta e criaram o *notary to go*, ou seja, o notário itinerante, que comparece onde seja requerido.

3.1.3 Notariado de tipo latino ou da *Civil Law*

De início, é importante esclarecer que a expressão "tipo latino" não se refere aos povos latinos, e sim às instituições jurídicas oriundas do Direito Romano. Este tipo de direito e notariado está presente, hoje, em 91[4] países do mundo. É o sistema notarial presente no Brasil e nos seguintes países:

Europa (41 países): Albânia, Alemanha, Andorra, Armênia, Áustria, Bélgica, Bielorússia, Bósnia e Herzegovina, Bulgária, Croácia, Eslováquia, Eslovênia, Espanha, Estônia, França, Grécia, Geórgia, Hungria, Itália, Kosovo, Letônia, Lituânia, Londres (Inglaterra), Luxemburgo, Malta, Moldávia, Mônaco, Montenegro, Países Baixos,

---
4. Atualização disponível em https://www.uinl.org/member-notariats.

Polônia, Portugal, República Tcheca, Macedônia, República de São Marino, Romênia, Rússia, Sérvia, Suíça, Turquia, Ucrânia e Vaticano.

América (22 países): Argentina, Bolívia, Brasil, Quebec (Canadá), Chile, Colômbia, Costa Rica, Cuba, República Dominicana, El Salvador, Equador, Guatemala, Haiti, Honduras, México, Nicarágua, Panamá, Paraguai, Peru, Porto Rico, Uruguai e Venezuela.

África (19 países): Argélia, Benin, Burkina Faso, Camarões, República Centro-Africana, Chade, Congo, Costa do Marfim, Gabão, Guiné, Madagáscar, Mali, Marrocos, Ilhas Maurício, Mauritânia, Nigéria, Senegal, Togo e Tunísia.

Ásia (7 países): China, Cazaquistão, Coreia do Sul, Indonésia, Japão, Líbano, Mongólia, Uzbequistão e Vietnã.

O notariado de tipo latino está congregado na União Internacional do Notariado, que estatui princípios institucionais e profissionais que caracterizam este profissional[5].

3.1.3.1 O notário e a função notarial

O notário é um profissional do direito titular de uma função pública nomeado pelo Estado para conferir autenticidade aos atos e negócios jurídicos integrantes dos documentos que redige, assim como para aconselhar e assessorar as partes que lhe requerem os serviços.

A função notarial é uma função pública e, portanto, o notário tem autoridade de Estado. É exercida de forma imparcial e independente, sem estar hierarquicamente entre os funcionários do Estado.

Esta função notarial se estende a todas as atividades não contenciosas, confere ao usuário segurança jurídica, evita possíveis litígios e conflitos, que podem ser resolvidos por meio do exercício da mediação jurídica. É um instrumento indispensável à administração de uma justiça eficaz.

3.1.3.2 Os documentos notariais

Os documentos redigidos pelo notário podem ter por objeto formalizar atos e negócios de qualquer espécie, ou autenticar fatos. Sua autenticidade compreende a autoria, as assinaturas, a data e o conteúdo[6]. Devem ser conservados pelo notário e classificados por ordem cronológica.

Ao redigir os documentos notariais, o notário deve atuar sempre conforme a lei, interpretando a vontade das partes e adequando-a às exigências legais. Dá fé da identidade e qualifica a capacidade e legitimidade dos outorgantes em relação ao ato ou negócio jurídico que *in casu* pretendem realizar. Controla a legalidade e deve assegurar-se de que a vontade das partes, que é expressa na sua presença, é livremente declarada, sem importar o suporte em que conste o documento notarial.

---

5. Princípios da União Internacional do Notariado.
6. Tudo o que ocorre em sua presença, percepção e, inclusive, dedução.

O notário é o único responsável pela redação de seus documentos. Tem autonomia para aceitar ou recusar qualquer texto ou minuta [7] que lhe seja apresentado ou sugerido, podendo sugerir e introduzir, em acordo com as partes, as modificações que entenda pertinentes (art. 6º, II, Lei n. 8.935/94).

Os outorgantes de um documento notarial têm direito a obter cópias do original, que fica em poder do notário. As cópias autênticas têm o mesmo valor que o original. O notário pode também expedir cópias para pessoas que, segundo cada legislação nacional, tenham legítimo interesse em conhecer o conteúdo do documento.

Os documentos notariais gozam de uma dupla presunção de legalidade e certeza de seu conteúdo e somente podem ser atacados pela via judicial. Estão revestidos de plena força probatória e executiva.

A atuação notarial se estende também ao reconhecimento de firmas de particulares postas em documentos privados, assim como à declaração de autenticidade de fatos e cópias de quaisquer documentos e demais previsões de sua respectiva legislação nacional.

Os documentos notariais que contenham tais princípios devem ser reconhecidos em todos os Estados e produzir neles todos os mesmos efeitos probatórios executivos e constitutivos de direitos e obrigações previstos para o seu país de origem.

3.1.3.3 A instituição notarial

A lei nacional determina a área de competência de cada notário, bem como o número de profissionais, que deve ser suficiente para a eficaz prestação do serviço notarial. A lei determina também o lugar de instalação de cada delegação notarial, garantindo uma distribuição adequada em todo o território nacional.

Os notários devem pertencer a um organismo colegiado único, composto exclusivamente por notários, que representará o notariado de cada país.

A lei de cada país determina as condições de acesso à profissão notarial e de exercício da função, estabelecendo para tanto provas e concursos convenientes, exigindo sempre o título de graduação em direito e uma alta qualificação jurídica.

3.1.3.4 A deontologia notarial

A lei determina o regime disciplinar dos notários, que devem estar sob fiscalização das autoridades públicas e dos colégios notariais.

O notário está obrigado à lealdade e à integridade frente às partes que lhe solicitam os serviços, frente ao Estado e frente aos seus colegas de profissão.

O notário, conforme o caráter público de sua função, está obrigado a guardar segredo profissional.

---

7. Algumas normas vedam, no ato notarial, a expressão sob minuta ou qualquer alusão no sentido de que foi lavrado sob minuta. Veja as normas do seu Estado. O testador pode oferecer minuta do testamento (ver art. 1.684, I, CC).

O notário deve ser imparcial. Esta imparcialidade se expressa por meio de uma assistência adequada à parte que se encontre em situação de inferioridade perante a outra, para assim obter o necessário equilíbrio no contrato.

A eleição do notário deve ser uma escolha exclusiva das partes[8].

O respeito às regras deontológicas da profissão deve ser integral, tanto no âmbito nacional como no internacional.

A União Internacional do Notariado adotou, em 1965, o seguinte Decálogo:

1. Honra o teu Ministério.
2. Abstenha-te se sentires que a mais leve dúvida opaca a transparência da tua atuação.
3. Renda culto à verdade.
4. Trabalhe com prudência.
5. Estude com paixão.
6. Assessore com lealdade.
7. Inspira-te na Equidade.
8. Vincule-se à lei.
9. Exerça com dignidade.
10. Recorda que a tua missão é evitar conflito entre as pessoas.

3.2 O NOTARIADO NO BRASIL

Em nosso país, o notariado nasceu e cresceu à margem do poder judicial. Antigamente, "cartórios" eram dados aos amigos dos governantes e, depois, negociados por seus "proprietários" ou legados aos filhos. Com isso, a profissão atrofiou-se, situação que somente se alterou no século XX, com o aperfeiçoamento dos concursos públicos judiciais e, finalmente, específicos para as delegações notariais.

A Constituição Federal de 1988 fixou os princípios institucionais atuais:

1) Exercício em caráter privado, por delegação do Poder Público.
2) Lei federal que regula as atividades e disciplina a responsabilidade civil e criminal dos notários e de seus prepostos.
3) Fiscalização pelo Poder Judiciário.
4) Lei federal que fixa normas gerais de emolumentos pelos atos praticados.
5) Necessidade de concurso público de provas e títulos para ingresso na função.

A Lei federal n. 8.935/94 regulamentou a atividade e a Lei n. 10.169/2000 fixou os emolumentos de modo geral. Há leis estaduais e distrital que tratam dos concursos públicos[9] e fixam os emolumentos para cada Estado e para o Distrito Federal.

---

8. A Lei n. 14.711/23, quanto à ata para arrematação, prevê a distribuição destes atos, em exceção ao art. 8º da Lei n. 8.935/94.
9. Ver Resolução CNJ n. 81, de 9 de junho de 2009.

Segundo a Lei n. 8.935/94, o notário, ou tabelião[10], é o profissional do Direito, dotado de fé pública, a quem é delegado o exercício da atividade notarial (art. 2º). Esta definição implica autonomia no exercício profissional (art. 3º) – obedecendo aos ditames legais e submetendo-se à fiscalização do Poder Judiciário – e responsabilidade civil, administrativa e penal pelos atos que realiza.

O serviço notarial é uma organização técnica e administrativa destinada a garantir a publicidade, autenticidade, segurança e eficácia dos atos jurídicos (art. 1º).

Não somente os atos notariais provêm tais requisitos. Há outras formas no direito brasileiro para obter a publicidade, ou a autenticidade, bem como a segurança e a eficácia dos atos jurídicos. O objetivo da lei foi tipificar uma intervenção estatal, a serviço dos particulares e da sociedade, que tem por finalidade o atendimento de todos estes caracteres.

A lei também fixa a competência notarial. Compete aos tabeliães, **em geral**, segundo o art. 6º:

I – formalizar juridicamente a vontade das partes;

II – intervir nos atos e negócios jurídicos a que as partes devam ou queiram dar forma legal ou autenticidade, autorizando a redação ou redigindo os instrumentos adequados, conservando os originais e expedindo cópias fidedignas de seu conteúdo;

III – autenticar fatos.

A Lei 14.711/23 incluiu o art. 6º-A e seus §§ 1º e 2º, inovando a cessão de precatórios.

Os tabeliães de notas devem comunicar ao juízo a existência de negociação entre o credor do precatório ou de crédito reconhecido em sentença (transitada em julgado) e terceiro. A negociação constará das informações ou consultas que o juízo emitir e serão consideradas ineficazes eventuais cessões realizadas para pessoas não identificadas na comunicação notarial, se a escritura de cessão de crédito for lavrada no prazo de 15 dias corridos da comunicação.

Lavrada a escritura de cessão de crédito, o tabelião deverá informar o juízo em até 3 (três) dias úteis (§ 1º).

Buscando controlar a cessão dos precatórios, a lei prevê que os tribunais deverão informar exclusivamente aos tabeliães o nome e identificação fiscal (CPF ou CNPJ) do credor e os demais dados do crédito. Estas informações devem ser providas por meio de uma central notarial de âmbito nacional, que também conterá as comunicações notariais das cessões dos precatórios (§ 2º).

O art. 7º relaciona as atribuições que **somente podem ser exercidas por tabeliães**, aqueles serviços cuja competência é exclusiva do notário. São elas:

I – lavrar escrituras e procurações, públicas;

II – lavrar testamentos públicos e aprovar os cerrados;

III – lavrar atas notariais;

---

10. Notário e tabelião são sinônimos.

IV – reconhecer firmas;
V – autenticar cópias.

A Lei 14.711/23, também inclui o art. 7º-A, seus incisos e os §§ 1º, 2º e 3º:

Aos tabeliães de notas também compete, sem exclusividade, entre outras atividades: (Art. 7º-A)
I – certificar o implemento ou a frustração de condições e outros elementos negociais, respeitada a competência própria dos tabeliães de protesto;
II – atuar como mediador ou conciliador;
III – atuar como árbitro.

O preço do negócio ou os valores conexos poderão ser recebidos ou consignados por meio do tabelião de notas, que repassará o montante à parte alienante ao constatar a ocorrência das condições negociais aplicáveis. Ou, se estas condições forem frustradas, o tabelião devolverá a quantia à parte compradora.

O depósito será feito em conta vinculada de instituição financeira credenciada por entidade de classe de âmbito nacional. O valor segregado não poderá ser constrito por autoridade judicial ou fiscal em razão de obrigação do depositante, de qualquer parte, ou do tabelião de notas, por motivo estranho ao próprio negócio (§ 1º).

Em outra nova atribuição, o tabelião de notas poderá lavrar ata notarial para constatar a verificação da ocorrência ou da frustração das condições negociais aplicáveis, certificando ainda o repasse dos valores devidos e a eficácia, ou a rescisão, do negócio celebrado. Esta ata notarial, quando certificar o negócio, constituirá título para fins do art. 221 da Lei nº 6.015, de 31 de dezembro de 1973 (Lei de Registros Públicos). O tabelião de notas, ressalva a norma, não poderá invadir a competência própria dos tabeliães de protesto (§ 2º).

No § 3º, temos regra de remuneração para a mediação e a conciliação extrajudicial, que serão remuneradas na forma estabelecida em convênio, nos termos dos §§ 5º e 7º do art. 7º da Lei, ou, na falta ou na inaplicabilidade do convênio, pela tabela de emolumentos estadual aplicável para escrituras públicas com valor econômico.

No exercício profissional, os tabeliães de notas podem realizar toda e qualquer gestão ou diligência, necessárias ou convenientes ao preparo dos atos notariais. O profissional tem uma representação legal para atuar no interesse do usuário, requerendo o que for necessário, sem, porém, poder cobrar[11] emolumentos por este trabalho. Somente tem direito ao preço devido pelo ato.

A lei fixa também dois princípios basilares do notariado de tipo latino:
- a liberdade de escolha do tabelião de notas, qualquer que seja o domicílio das partes ou o lugar de situação dos bens objeto do ato ou negócio (art. 8º);
- o limite territorial da competência, vedando ao tabelião a prática de atos fora do Município para o qual recebeu a delegação (art. 9º).

---

11. A lei estadual pode autorizar a cobrança pelos serviços extra notariais, como faz a Lei 11.331/02, do estado de São Paulo.

A garantia de escolha do tabelião pelas partes limita o poder da autoridade pública, seja federal, estadual ou municipal, que não pode impor em suas leis o monopólio para os tabeliães de seus limites. É raro, porém, que um tabelião seja chamado para lavrar atos de negócios em território diverso do seu. Veja que a Lei n. 8.935 não informa a sanção para o tabelião que lavra o ato fora do município para o qual recebeu a delegação. Sem sanção, essa norma coexiste com o sistema legal. Assim, entendemos que se aplica o art. 407 do novo Código de Processo Civil, sem prejuízo da averiguação de ilícito administrativo. Aliás, não podemos tratá-lo como ato nulo, pois o elemento defeituoso é atinente à autoria do ato; *ipso facto*, incide sobre a forma, e não sobre os elementos substanciais e volitivos do ato.

Para os atos notariais eletrônicos, o Prov. 100/2020, do CNJ, hoje substituído pelo Prov. 149/2023, disciplinou como se opera a escolha prevista no art. 9º, pois o mundo digital não tem fronteiras. O tema será tratado adiante, no capítulo do ato notarial digital.

Segundo o Código Civil, art. 490, salvo cláusula em contrário, as despesas de escritura e registro ficam a cargo do comprador, e a cargo do vendedor, as da tradição. Em outras palavras, se o contrato não dispuser diversamente, o comprador tem o direito de escolher o notário que lavrará a escritura, pagando também pelo registro.

3.3 DIREITOS E DEVERES DOS NOTÁRIOS

A lei é muito sumária quanto aos direitos de notários, mas garante o principal: independência, **autonomia** no exercício de suas atribuições. Têm eles, também, direito à percepção dos emolumentos integrais pelos atos praticados na serventia e só perderão a delegação nas hipóteses previstas em lei.

Além disso, podem: I – exercer opção, nos casos de desmembramento ou desdobramento de sua serventia, e II – organizar associações ou sindicatos de classe e deles participar.

A autonomia notarial é plena quanto ao gerenciamento administrativo e financeiro de seu tabelionato, sendo de sua responsabilidade exclusiva as despesas de custeio, investimento e pessoal. Compete exclusivamente ao tabelião estabelecer normas, condições e obrigações relativas à atribuição de funções e de remuneração de seus prepostos de modo a obter a melhor qualidade na prestação dos serviços (art. 21).

É importante salientar, porém, que os tribunais de justiça estaduais fazem desta norma "letra morta". Não a cumprem, ou a cumprem parcialmente, imiscuindo-se e pretendendo fiscalizar a administração do serviço notarial. Portanto, cuidado! **Quando as perguntas versarem sobre o poder fiscalizatório do tribunal, acredite mais nas normas administrativas peculiares do que na lei.**

Para exercício de suas funções, o notário pode contratar auxiliares e escreventes, dentre estes escolhendo os substitutos, como empregados, com remuneração livremente ajustada e sob o regime da legislação do trabalho (art. 20).

Em cada tabelionato haverá tantos substitutos, escreventes e auxiliares quantos forem necessários, a critério do tabelião titular.

O tabelião contrata, em verdade, auxiliares, dentre eles autorizando, por portaria interna, a prática de atos de escrevente. O auxiliar que se torna ou, como se diz habitualmente, é elevado a escrevente pode, assim, praticar somente aqueles atos para os quais recebeu autorização, por norma, a autenticação de fatos e a redação de escrituras e procurações públicas.

Em alguns Estados, o notário pode ainda indicar escreventes autorizados, ou seja, escreventes que têm também a autorização para subscrever atos, traslados e certidões. Tal autorização parece-nos excesso, vez que somente o tabelião ou seus substitutos devem deter tais atribuições.

A autorização de um escrevente pode ser suspensa ou mesmo revogada, a critério do tabelião. É ato de confiança de total e ampla discricionariedade do titular.

Dentre os escreventes, o tabelião pode escolher substitutos, quantos quiser, para simultaneamente com ele praticar todos os atos que lhe sejam próprios, inclusive lavrar testamentos[12]. Apenas para efeito de controle da administração judiciária, os notários devem encaminhar ao juízo competente os nomes dos substitutos.

Um dos substitutos é designado pelo notário para responder pelo respectivo serviço nas ausências e nos impedimentos do titular. Este é o profissional[13] eleito para responder em caso de ausências temporárias (doenças, viagens, reuniões externas) ou impedimentos, ou, ainda, afastamentos prolongados (como tratamento de doenças, férias, candidatura ou diplomação em cargo eletivo ou posse em qualquer cargo, emprego ou função pública, ainda que em comissão)[14]. Isso não significa que os demais substitutos não possam também, ordinariamente, praticar atos e responder eventualmente pelo tabelionato. Todos os substitutos têm iguais atribuições; um deles tem a representação plena.

Os notários, oficiais de registro, escreventes e auxiliares são vinculados à Previdência Social, de âmbito federal, e têm assegurada a contagem recíproca de tempo de serviço em sistemas diversos.

Os tabeliães têm direito a férias e podem fixar livremente o período de trabalho a que se submetem. Têm a obrigação de se vincularem à previdência oficial, podendo obter os benefícios previdenciários previstos em lei (seguros e pensões por doença, invalidez, morte, aposentadoria etc.).

Outro direito dos notários permite-lhes praticar, independentemente de autorização, todos os atos previstos em lei necessários à organização e execução dos serviços, podendo adotar sistemas de computação, microfilmagem, disco ótico e outros meios de reprodução (art. 41). Exige-se que os papéis referentes aos serviços notariais sejam arquivados mediante utilização de processos que facilitem as buscas. Há normas do CNJ regulando temas de arquivamento e, igualmente, as Corregedorias estaduais também têm as suas. **Por isso, prefira as respostas que se coadunem com as normas administrativas do Estado que realiza o concurso.**

---

12. A parte final do art. 20, § 4º, está revogada pelo Código Civil, art. 1.864, inciso I.
13. Lei n. 8.935/94, art. 20, § 5º.
14. Em São Paulo, o tabelião deve comunicar à Corregedoria-Geral da Justiça e à Corregedoria Permanente.

Finalmente, os livros, fichas, documentos, papéis, microfilmes e sistemas de computação devem permanecer sempre sob a guarda e responsabilidade do tabelião, que zelará por sua ordem, segurança e conservação (art. 46). Se houver necessidade de serem periciados, o exame deve ocorrer na própria sede do serviço, em dia e hora adrede designados, com ciência do titular e autorização do juízo competente (art. 46, parágrafo único).

3.4 SUBSTITUTOS – PERDA OU EXTINÇÃO DA DELEGAÇÃO

A delegação é extinta pelas causas citadas no art. 39 da Lei n. 8.935/94: morte, aposentadoria facultativa, invalidez, renúncia e perda, nos termos do art. 35. Ocorrendo a extinção da delegação, o substituto mais antigo na data da declaração de vacância deve responder pela delegação. Caso o cartório tenha mais de um substituto, deverá ser esgotada a lista de substitutos antes da aplicação do Código Nacional de Normas (Provimento CNJ 149/2023)[15]. Por esta nova decisão do CNJ, a nova ordem preferencial de nomeação de interinos de serventias vagas passa a ser a seguinte:

a) a designação deverá recair sobre o substituto mais antigo (art. 66, do Código Nacional de Normas – Prov. CNJ n. 149/2023);

b) se o substituto mais antigo for parente do antigo titular e incorrer na regra do nepotismo ou em qualquer das proibições estabelecidas no art. 67, do Código Nacional de Normas , terá que ser esgotada a lista de substitutos da serventia[16] ou poderá ser indicado pelo interino um escrevente que tenha exercido a interinidade esporadicamente;

c) não havendo substituto mais antigo e esgotada a lista de substituição ou de escrevente que tenha exercido a interinidade, temporariamente, aí sim, se aplicaria o Código Nacional de Normas , designando delegatário em exercício no mesmo município ou em município contíguo que detenha uma das atribuições do serviço vago.

Até o julgamento da ADI 1183[17] (STF), o indicado respondia pelo expediente até o provimento da titularidade por concurso público de provas e títulos ou de remoção. Segundo o § 2º do art. 39 da Lei n. 8.935/94, extinta a delegação, a autoridade competente deve designar o substituto mais antigo para responder pelo serviço.

A ADI 1183 (STF), se declara inconstitucional a interpretação que extraía do art. 20 da Lei n. 8.935/1994 a possibilidade de prepostos não concursados, indicados pelo titular ou mesmo pelos tribunais de justiça, exercerem substituições ininterruptas por períodos maiores que seis meses, em caso de vacância da serventia. Declara, ainda, que, caso essas substituições de vacância ultrapassem seis meses, a solução constitucional deve ser a indicação de outro notário ou registrador, observadas as leis locais de organização do serviço notarial e registral. O Supremo ressalva também a possibilidade de os

---
15. CNJ, Processo n. 0009640-90.2019.2.00.0000.
16. CNJ, PCAs 0007971-65.2020.2.00.0000, 0002720-32.2021.2.00.0000 e 0009640-90.2019.2.00.0000.
17. Ainda se aguarda julgamento de embargos de declaração.

tribunais de justiça indicarem substitutos ad hoc, quando não houver, entre os titulares concursados, interessado que aceite a substituição, mas deve haver a imediata abertura de concurso público para preenchimento da(s) vaga(s). Em qualquer caso, o titular designado interinamente tem a remuneração limitada ao teto constitucional (CF, art. 37, XI). Estas regras integram, agora, o Código Nacional de Normas da Corregedoria Nacional de Justiça do CNJ.

Segundo a norma, a designação de substituto para responder interinamente pelo expediente deverá ser realizada pelos Tribunais Estaduais e não poderá recair sobre cônjuge, companheiro ou parente em linha reta, colateral ou por afinidade, até terceiro grau do antigo delegatário ou de magistrados do tribunal local.

Esta vedação, sem claro amparo legal, impede uma tradição das notas e registros públicos brasileiros de terem, como empregados, familiares na estrutura de sua operação que, com a morte do titular, o sucediam, precariamente, até a posse do novo concursado.

A designação não pode recair também sobre pessoa condenada em decisão com trânsito em julgado ou proferida por órgão jurisdicional colegiado em hipóteses como atos de improbidade administrativa, crimes contra a administração pública, contra a fé pública, eleitorais, entre outros.

Também polêmica foi a imposição de um teto remuneratório ao interino designado, que não poderá receber mais do 90,25% dos subsídios de ministro do Supremo Tribunal Federal. O excedente deverá ser recolhido aos cofres dos Tribunais Estaduais.

3.5 DEVERES DOS NOTÁRIOS

O art. 30 relaciona os deveres a que estão obrigados os tabeliães. Sobre eles, fazemos alguns comentários.

O tabelião deve manter em ordem os livros, os papéis e os documentos de sua serventia, guardando-os em locais seguros. O arquivo deve manter-se em ordem e organizado, e o acesso deve ser franqueado somente aos colaboradores responsáveis por tais tarefas. É de se ressaltar que o arquivo eletrônico deve espelhar fielmente as informações do arquivo físico, inclusive a reciprocidade das anotações entre um e outro.

Também é dever dele atender as partes com eficiência, urbanidade e presteza, em especial as pessoas com deficiência, os idosos com idade igual ou superior a 60 (sessenta) anos[18], as gestantes, as lactantes, as pessoas com crianças de colo e os obesos (art. 1º da Lei n. 10.048/2000). O atendimento prioritário da pessoa com deficiência é extensivo ao seu acompanhante ou atendente pessoal[19].

Deve haver prudência no atendimento e na lavratura de atos notariais com a participação de idosos (art. 108 da Lei n. 10.741/2003 – Estatuto do Idoso e Recomendação

---
18. Dentre os idosos, os maiores de 80 anos têm prioridade especial – Lei n. 13.466/2017.
19. Normas de Serviço de São Paulo, Cap. 13, item 80.1 e Lei n. 14.364/2022.

CNJ n. 46/2020[20]) e de pessoas com deficiência[21] (arts. 83 e 95 da Lei n. 13.146/2015 – Estatuto da Pessoa com Deficiência).

A Lei n. 10.741/2003, art. 15, § 5º, prevê, ainda, que é vedado exigir o comparecimento do idoso enfermo perante os órgãos públicos, hipótese que impõe o seguinte procedimento: I – quando de interesse do poder público, o agente promoverá o contato necessário com o idoso em sua residência; ou II – quando de interesse do próprio idoso, este se fará representar por procurador legalmente constituído.

O tabelião deve atender prioritariamente as requisições de papéis, documentos, informações ou providências que lhes forem solicitadas pelas autoridades judiciárias ou administrativas para a defesa das pessoas jurídicas de direito público em juízo[22].

O tabelião deve proceder de forma a dignificar a função exercida, tanto nas atividades profissionais como na vida privada, hipótese de grande subjetividade[23].

O dever de guardar sigilo sobre a documentação e os assuntos de natureza reservada de que tenham conhecimento é, infelizmente, grandemente temperado em nosso País. O princípio do sigilo profissional do notário, expresso claramente nesta norma, é praticamente *letra morta*. O princípio que impera é o da ampla publicidade dos atos notariais.

Por força de nossa tradição cartorial, cuja gênese se confunde com a atividade jurisdicional, notários, registradores, juízes e demais operadores do direito simplesmente não garantem o sigilo da vida privada das partes que recorrem ao tabelião para formalizarem os seus negócios. Confunde-se a feição pública da atividade com a publicidade.

Em consequência, somente quanto ao testamento público há o sigilo, enquanto vivo o testador. Esta situação foi inicialmente recepcionada pelas normas das Corregedorias de Justiça dos Estados do Rio Grande do Sul, Santa Catarina, Paraná, Minas Gerais, Rio de Janeiro, Ceará e Pernambuco. Nos demais Estados, não havia norma. Em São Paulo, houve ato da presidência do Tribunal de Justiça declarando a ampla publicidade dos testamentos públicos, mesmo enquanto vivo o testador. Contudo, o Processo n. 162132, que atualizou, em 2012, as Normas de Serviço da Corregedoria-Geral da Justiça do Estado de São Paulo para os tabeliães de notas, alterou a postura anterior e restringiu a publicidade dos testamentos públicos. Enquanto vivo, somente ao testador pode se fornecer cópia do ato; após a morte, há publicidade ampla do testamento.

Com a edição do Provimento CNJ n. 134/2022, integrado ao atual Código Nacional de Normas, o regramento passou a ser uniforme para todo o país, informando

---

20. Dispõe sobre medidas preventivas para que se evitem atos de violência patrimonial ou financeira contra pessoa idosa, especialmente vulnerável no período de Emergência em Saúde Pública de Importância Nacional (ESPIN), no âmbito das serventias extrajudiciais e da execução dos serviços notariais.
21. O Conselho Nacional de Justiça publicou a Resolução n. 230/2016, que orienta a adequação das atividades dos órgãos do Poder Judiciário e de seus serviços auxiliares às determinações exaradas pela Convenção Internacional sobre os Direitos das Pessoas com Deficiência e seu Protocolo Facultativo e pela Lei Brasileira de Inclusão da Pessoa com Deficiência por meio – entre outras medidas – da convolação em resolução à Recomendação CNJ n. 27, de 16-12-2009, bem como da instituição de Comissões Permanentes de Acessibilidade e Inclusão. Em especial, estudar os arts. 8º, parágrafo único, 14, 17, 20, 21 e 33.
22. Art. 30, III, da Lei n. 8.935/94.
23. Art. 30, V.

que a certidão de testamento somente poderá ser fornecida ao próprio testador ou mediante ordem judicial (art. 32). Após o falecimento, a certidão de testamento poderá ser fornecida ao solicitante mediante a apresentação da certidão de óbito do testador (parágrafo único).

As provas de concursos passados têm utilizado como gabarito da publicidade notarial o previsto na Lei de Registros Públicos, art. 17, segundo o qual qualquer pessoa pode requerer certidão do registro sem informar ao oficial ou ao funcionário o motivo ou interesse do pedido. Uma lamentável confusão de registros públicos com notas e suas respectivas normas ocorreu, por exemplo, no primeiro concurso do Maranhão.

Em São Paulo, o Prov. CG 23/2020 que regulamentou o tratamento e proteção de dados pessoais pelos responsáveis pelas delegações dos serviços extrajudiciais[24], dispõe que na expedição de certidão ou informação restrita ao que constar nos indicadores e índices pessoais dos tabelionatos e registros poderá ser exigido o fornecimento, por escrito, da identificação do solicitante e da finalidade da solicitação. O pedido poderá ser negado, se for o caso, expedindo a nota de recusa fundamentada.

A mudança de paradigma da sociedade brasileira, a partir da multiplicação de bases de dados eletrônicas configurada, especialmente, nas redes sociais, consagra-se em 2022, com a aprovação da EC n. 115/2022, que incluiu o inciso LXXIX ao artigo 5º da Constituição Federal. É assegurado a todos, nos termos da lei, o direito à proteção dos dados pessoais, inclusive nos meios digitais.

A Lei n. 13.709/2018, Lei Geral de Proteção de Dados (LGPD), impôs critérios mais rígidos para o tratamento dos dados pessoais, obrigando também os notários e registradores a adotá-los (art. 23, § 4º). Desde então, o notariado tem agido com maior cautela quanto à divulgação dos dados constantes em escrituras, por vezes vedando o conhecimento integral ou parcial de informações dos participantes do ato[25].

A Comissão de Proteção de Dados da Corregedoria Nacional de Justiça do Conselho Nacional de Justiça (CPD/CN/CNJ), aprovou[26] em 23/11/2023, a seguinte diretriz para os tabelionatos de notas:

1. Requerimento

O pedido de certidão notarial deverá ser realizado, preferencialmente, em formato digital, do qual deverá constar a identificação do solicitante, assim como a motivação, exceto quando o requerente for o próprio titular dos dados, mantendo-se, assim, um prontuário que poderá ser solicitado por este, a fim de cumprir a autodeterminação informativa.

O tempo de guarda do requerimento pelos cartórios de Notas deverá ser de 1 (um) ano, com o posterior descarte, nos moldes do Provimento CNJ n. 50/2015.

---

24. Lei 13.709, de 14.08.2018.
25. Um caso paradigmático foi relativo à certidão de escritura de compra de imóvel pelo filho do presidente da República. O tabelião forneceu a certidão, mas obliterou dados que considerou sensíveis. O assunto foi analisado pela Corregedoria do Distrito Federal, que considerou legal e prudente o critério do tabelião.
26. Processo 06604/2023. 23/11/2023. 11ª Sessão Ordinária da Comissão de Proteção de Dados (CPD/CN/CNJ).

2. Certidões

2.1. Quando for solicitada certidão notarial por pessoa diversa do integrante do ato, seu representante legal ou mandatário com poderes especiais, o tabelião deverá informar ao solicitante sobre a existência de dado sensível no documento, conforme definido no art. 5º, II, da Lei n. 13.709/2018.

Assim, o tabelião poderá, conforme o contexto e motivação do solicitante, acatar o requerimento e lavrar a certidão requerida com tarja no dado sensível quando não for necessário, conforme a finalidade indicada pelo solicitante da certidão.

No caso de tarjamento, deverá constar da certidão: "Esta certidão é cópia fiel e integral do ato notarial, com exceção do elemento considerado dado sensível, nos termos do art. 5º, II, da Lei 13.709/2018".

2.2. No caso de o requerente solicitar certidão na modalidade de cópia reprográfica, serão utilizados os mesmos critérios definidos no item anterior.

3. Controle do Tabelião no Instrumento Notarial

O tabelião, no momento da confecção dos instrumentos notariais, deverá evitar a inclusão de dados sensíveis, a não ser quando essenciais à constituição do ato.

O tabelião deve afixar em local visível, de fácil leitura e acesso ao público, as tabelas de emolumentos em vigor e observar os emolumentos fixados para a prática dos atos do seu ofício e dar recibo dos emolumentos percebidos[27].

O inciso X determina que o tabelião deve observar os prazos legais fixados para a prática dos atos do seu ofício. É importante ressaltar que não há tais prazos na atividade. Como a Lei n. 8.935/94 destina-se tanto a notários como a registradores, esta norma, hoje em dia, somente é recepcionada pela Lei n. 6.015/73 e outras leis com caracteres registrais, que fixam prazos para os registradores.

Em suma, não há prazo para fazer uma autenticação, um reconhecimento de firma, lavrar uma procuração, uma ata, uma escritura ou um testamento. O tabelião deve ter em conta que seus serviços devem ser prestados de modo eficiente e adequado (art. 4º). Portanto, prolongar o tempo de um ato como o reconhecimento de firma, levando a existência de filas e demora no atendimento permite a ação do poder fiscalizador.

Via de regra, os atos autenticatórios (de cópias ou firmas) são feitos na hora, exceto quando a parte comparece com grande volume de documentos. Os atos de procuração são feitos na hora ou para o dia seguinte. As atas de constatação interna (no cartório) são feitas na hora, as de constatação externa (diligência externa) para o dia seguinte e as de usucapião e adjudicação dependem da entrega da documentação pelo usuário. As escrituras dependem grandemente do preenchimento da legalidade (certidão da matrícula, apresentação de certidões fiscais, pagamento de tributos), podendo levar dias para serem lavradas.

Os testamentos devem ser lavrados com o prazo de dias, permitindo ao tabelião e ao testador e seu advogado a indispensável reflexão sobre seu conteúdo. Se o testador,

---

27. Art. 30, VII e VIII.

porém, correr risco de vida, o tabelião deve buscar atendê-lo prioritariamente e com urgência, deslocando-se, caso necessário, ao hospital ou à residência para a lavratura do testamento.

Em testamentos e atas notariais urgentes, não há período vedado para a prática dos atos, que podem ser lavrados em quaisquer horários, mesmo que o tabelionato esteja fechado.

O tabelião deve fiscalizar o recolhimento dos impostos incidentes sobre os atos que praticar. Lembramos a jurisprudência pacífica do STF e do STJ, segundo a qual a transmissão do imóvel somente ocorre com a transferência efetiva da propriedade no cartório de registro de imóveis, quando se consuma o fato gerador do ITBI[28].

Deve ele facilitar, por todos os meios, o acesso à documentação existente às pessoas legalmente habilitadas, por exemplo, peritos, desde que devidamente autorizados pelo corregedor permanente[29].

O inciso XIII prevê que o tabelião deve encaminhar ao juízo competente as dúvidas levantadas pelos interessados, obedecida a sistemática processual fixada pela legislação respectiva. É importante notar que a lei não prevê a suscitação de dúvida pelo tabelião de notas. Somente os registradores e os tabeliães de protestos têm tal previsão nas Leis ns. 6.015/73 e 9.492/97, respectivamente.

Em São Paulo, o Provimento CG n. 14/2013 possibilita a participação do tabelião de notas no procedimento de dúvida, mas sua utilização é rara.

O tabelião deve observar as normas técnicas estabelecidas pelo juízo competente. Este juízo é o definido pelas normas estaduais, sempre a Corregedoria Geral e, na maioria dos Estados, um Corregedor Permanente ou Especial, um dos juízes da Comarca ou de uma vara especializada (como Notas e Registros Públicos, por exemplo). Além desses, a Corregedoria Nacional do CNJ pode vir a ser provocada, caso em que remeterá ao juízo corregedor local, acompanhando o assunto até a decisão final.

3.6 RESPONSABILIDADE ADMINISTRATIVA, CIVIL E CRIMINAL

Os notários respondem civilmente pelos danos que, pessoalmente ou por seus prepostos, causem a terceiros, na prática de atos notariais. O notário tem assegurado o direito de regresso no caso de dolo ou culpa dos prepostos (art. 22).

A Lei n. 13.286/2016 alterou substancialmente os efeitos do art. 22 da Lei n. 8.935/94[30]:

a) a responsabilidade decorrente da atividade típica do notário passa a ser **subjetiva**, ou seja, a vítima terá que provar o dolo ou a culpa;

---
28. STF: AgRg no AgI 448.245/DF, rel. Min. Luiz Fux; STJ: REsp 1.066, 253.364, 12.546, 264.064, 57.641; AgRg no Ag 448.245; ROMS 10.650.
29. Art. 46, parágrafo único, da Lei n. 8.935/94.
30. Havendo relação de consumo entre o notário e o usuário, parece-nos que se aplicam as regras do Código de Defesa do Consumidor (por exemplo, o usuário cai da cadeira e se machuca dentro do tabelionato).

b) o prazo de prescrição é de **3 (três) anos** a partir da data de lavratura do ato notarial;

c) retirou interinos ou designados e interventores de unidades vagas como agentes responsáveis pelos danos causados a terceiros[31];

d) retirou os danos decorrentes de direitos e os encargos trabalhistas[32], em especial aqueles não contratados pelo notário;

e) permanece o direito de regresso do notário contra o preposto causador do dano.

A responsabilidade civil independe da criminal, que será individualizada, aplicando-se a legislação relativa aos crimes contra a administração pública (art. 23).

Além da responsabilidade civil e criminal, os notários estão sujeitos às penalidades administrativas fixadas pela lei, que podem ser: I – repreensão; II – multa; III – suspensão por noventa dias, prorrogável por mais trinta; IV – perda da delegação. As penas são aplicadas pelo juízo competente, independentemente da ordem de gradação, conforme a gravidade do fato.

A pena de repreensão será aplicada no caso de falta leve. A lei não indica o que é falta leve, ou grave, de modo que isto fica sob a discricionariedade do juízo competente.

A pena de multa é aplicada em caso de reincidência ou de infração que não configure falta mais grave. A pena de suspensão, em caso de reiterado descumprimento dos deveres ou de falta grave.

A pena de perda da delegação depende de sentença judicial transitada em julgado ou de decisão decorrente de processo administrativo, instaurado pelo juízo competente e assegurado o amplo direito de defesa (art. 35).

3.7 INCOMPATIBILIDADES E IMPEDIMENTOS

A atividade notarial é incompatível com o exercício da advocacia, com a intermediação dos próprios serviços notariais ou com o exercício de qualquer cargo, emprego ou função públicos, ainda que em comissão. Nestes casos, a diplomação, do mandato eletivo, ou a posse, nos demais casos, implica no afastamento da atividade.

O notário pode ser sócio e administrador de empresa, desde que não seja atividade de advocacia ou que implique em intermediação dos próprios negócios. **Em concursos, porém, tenha cautela sobre isso, verificando as disposições normativas estaduais.**

O que é, afinal, a intermediação dos próprios serviços? Entendemos que se trata de agir em negócios relacionados com a atividade, como exemplos a corretagem imobiliária, ou o serviço de despachante de atos de autenticação ou, ainda, de documentos necessários às escrituras públicas.

A lei não é clara se o impedimento pode ser temporário ou se é definitivo. Parece-nos que é temporário, pois a hipótese não está elencada entre os motivos para extinção

---

31. Redação da Lei n. 13.137/2015, revogada e posteriormente modificada pela Lei n. 13.286/2016.
32. Redação da Lei n. 13.137/2015, revogada e posteriormente modificada pela Lei n. 13.286/2016.

da delegação. Assim, se o tabelião se candidatar a cargo eletivo, observará os prazos de desincompatibilização divulgados pela Justiça Eleitoral, bem como na hipótese de diplomação ou posse para o exercício de cargo, emprego ou função pública, ainda que em comissão, informará ao juízo competente (Corregedoria) seu afastamento temporário, com indicação do substituto para responder pela delegação enquanto durar o afastamento. Cessado o exercício do cargo eletivo ou público, reinicia o exercício da delegação, com a comunicação aos referidos órgãos correcionais. Seria uma hipótese de suspensão da delegação.

No serviço onde é titular, o notário não pode praticar, pessoalmente, qualquer ato de seu interesse, ou de interesse de seu cônjuge ou de parentes, na linha reta ou na colateral, consanguíneos ou afins, até o terceiro grau. Bem assim, quanto aos prepostos, sejam auxiliares ou escreventes.

Esta é outra *letra morta* da lei. Notários e seus juízos competentes para fiscalizar toleram e aceitam que, desde que não haja assinatura do notário como parte e como delegado, o ato seja lavrado. Neste caso, um escrevente lavra o ato que é subscrito por um substituto. Parece-nos uma incoerência, pois a delegação é atribuída ao notário que, autorizado pela lei, delega-a em certos atributos para seus prepostos. Assim, todos os prepostos contratados detêm a fé pública do tabelião delegado e não poderiam atuar em qualquer ato com interesse deste ou de qualquer preposto, inclusive parentes até o terceiro grau.

4
Princípios da Atividade Notarial

Os princípios funcionam como alicerce e revelam o conjunto de preceitos que traçam a conduta a ser tida em qualquer operação jurídica. Assim, os princípios exprimem e têm mais relevância do que a própria norma ou regra jurídica. Mostram a razão de ser das coisas jurídicas, convertendo-as em perfeitos axiomas[1].

Princípios não se confundem com normas jurídicas, mas podem consagrar-se nelas. Mesmo quando são normas, os princípios são superiores a elas, pois são preceitos fundamentais. Os princípios são a causa e o fim do direito. Do mesmo modo, não se confundem com procedimentos técnicos: o operador do Direito não deve confundir ou denominar princípios meros procedimentos técnicos.

Os princípios também não se confundem com a natureza ou com os efeitos jurídicos. A identificação da natureza jurídica, muitas vezes, deriva do princípio, mas não se trata dele. Os efeitos jurídicos do ato realizam o princípio, mas são menos que ele: são a sua manifestação concreta.

4.1 PRINCÍPIOS APLICÁVEIS AOS SERVIÇOS NOTARIAIS

O tabelião é um delegado do Estado operando em caráter privado a serviço dos particulares. O tabelião é o Estado a serviço dos particulares. O tabelião não trabalha para o Estado. Essa dualidade, similar ao mitológico deus romano Jano, pode ser representada por duas faces unidas com olhares opostos: uma fixando o interesse do Estado e outra buscando realizar o interesse do particular.

O fundamento da atividade notarial, bem como do direito, é a segurança jurídica. É por conta desse objetivo que o Estado impõe a profilaxia notarial. A profilaxia é uma prevenção em face do potencial, mas concreto, mal. Se a prevenção não for feita, o mal se realizará. O tabelião é, pois, o Estado protegendo os interesses particulares com relevância e reflexos para a sociedade e para o próprio Estado.

Como ente estatal, o tabelião está sujeito aos princípios da administração. E, como agente a serviço dos particulares, o tabelião deve operar em obediência aos princípios do direito privado.

Não há contradição: as duas faces da atividade harmonizam princípios oriundos do direito público em face daqueles do direito privado. Ademais, a própria atividade notarial constitui princípios sob os quais o tabelião deve operar.

---

1. DE PLÁCIDO E SILVA, O. J. *Vocabulário jurídico*. 21. ed., atual. por Nagib Slaibi Filho e Gláucia Carvalho. Rio de Janeiro: Forense, 2003, p. 639.

Classificamos os princípios notariais em atípicos – decorrentes de outras áreas – e típicos – aqueles que são próprios da natureza da atividade.

4.1.1 Princípios atípicos

Os princípios atípicos da atividade notarial classificam-se em: a) princípios constitucionais da administração pública; b) princípios de direito privado; e c) princípios de direito registral.

4.1.1.1 Princípios constitucionais da administração

O tabelião deve observar os princípios constitucionais da administração, que estão condensados no art. 37 da Constituição Federal, quais sejam: legalidade, impessoalidade, moralidade, publicidade e eficiência.

4.1.1.1.1 Princípio da legalidade

O princípio da legalidade, para o tabelião, significa agir conforme a lei e fiscalizar rigorosamente o cumprimento da lei nos atos que instrumentaliza. Os requisitos formais dos atos estão claramente previstos – ainda que incompletos – no art. 215 do Código Civil. A Lei n. 7.433/85 e seu regulamento acrescem requisitos documentais somente para os atos relativos a imóveis, apesar de pretenderem ir além.

É frequente, na atividade, o tabelião enfrentar situações em que a lei está descumprida e os usuários buscam o ato notarial para sanar a ilegalidade ou irregularidade, no todo ou em parte. Entendemos que é possível a intervenção nestes casos, cumprindo e buscando atender justamente ao princípio da legalidade e à segurança jurídica, base de todo o direito.

Profissionalmente, o tabelião não pode fazer qualquer coisa. Mas pode e deve agir no estrito cumprimento das competências previstas na Lei Notarial e Registral, a Lei n. 8.935/94 (arts. 6º e 7º).

A forma dos atos é de responsabilidade exclusiva do tabelião, profissional do Direito com competência e autonomia (art. 3º) para escolher o instrumento adequado dentre aqueles previstos no art. 7º da Lei n. 8.935/94. Mesmo vinculado ao princípio da legalidade, o tabelião tem ampla discricionariedade para a escolha da forma mais adequada (art. 6º, II) de instrumentalizar o ato. O tabelião não está restrito aos atos e negócios tipificados no Código Civil ou nas demais normas postas, podendo formalizar atos ou negócios atípicos.

Usualmente, os atos notariais são praticados sobre o papel. A lei não determina, porém, que assim seja; logo, entendemos possível ao notário adotar o suporte eletrônico. Aliás, o revogado Código de Processo Civil de 1973, em seus arts. 383 e 384, já previa a possibilidade de qualquer espécie de reprodução.

O novo Código de Processo Civil é mais enfático e, no art. 193, informa que *os atos processuais podem ser total ou parcialmente digitais, de forma a permitir que sejam produzidos, comunicados, armazenados e validados por meio eletrônico, na forma da lei*[2], o que se aplica à prática de atos notariais e de registro.

A Lei n. 8.935/94 permite a execução dos serviços listados nos arts. 6º e 7º, em sistemas de computação, microfilmagem, disco óptico e outros meios de reprodução (art. 41).

Há, portanto, ampla liberdade e sólida previsão legal para a execução de qualquer ato notarial em meio eletrônico[3].

O Conselho Nacional de Justiça, em ação correicional das atividades notariais no Espírito Santo, caracterizou as imagens constantes de atas notariais como "irregularidades técnicas"[4]. Finalmente, em maio de 2012, o CNJ, na revisão do relatório inicial, considera as atas como imagens regulares porque foi editada norma local autorizando-as[5].

O fato é que são lavradas, mensalmente, centenas de atas notariais contendo imagens em todo o País. Estas atas têm sido levadas à apreciação jurisdicional e estão consagradas como um meio de prova legítimo por inúmeros juízes e tribunais.

Tanto é assim que, em decisões inteiramente opostas a esta do CNJ, ata de nossa autoria contendo imagens dos sítios eletrônicos verificados na internet foi considerada válida e plenamente eficaz pelo juiz que a apreciou judicialmente e, posteriormente, pelo juízo corregedor. Segundo este, "não obstante a lacuna legal e normativa, tenho que não há óbice para a lavratura das atas notariais na forma concebida nos autos, de sorte que a reprodução fotostática das imagens não se reveste de ilegalidade"[6]. As normas de São Paulo, Provimento n. 40/2012, atualizado pelo Provimento n. 56/2019, admitem a impressão de imagens nas atas notariais (itens 50.1 e 140).

Esta polêmica está sepultada pelo novo CPC que dispõe (art. 384, par. único): Dados representados por imagem ou som gravados em arquivos eletrônicos poderão constar da ata notarial.

O princípio constitucional da legalidade, aplicado à atividade notarial, implica também no respeito à delimitação territorial (Lei n. 8.935/94, art. 9º). O tabelião não pode agir fora dos limites de sua jurisdição, ou seja, do território para o qual recebeu a competência. Tal princípio, muito desrespeitado em vista da concorrência existente,

---

2. Já há previsão legal: Medida Provisória n. 2.200-2/2001 (perenizada pela EC n. 32/2001) e Lei n. 8.935/94, art. 41.
3. Inclusive testamento público.
4. "Não há como transformar o livro de notas num álbum fotográfico ou de imagens, que são meios de provas diversos, que não se inserem na atividade notarial. A competência dos notários está inscrita no art. 6º, I, II e III, da Lei Federal 8.935, de 18 de novembro de 1994, que não contempla a reprodução de imagens para que sejam impressas nos livros de notas" (CNJ, Corregedoria, Auto Circunstanciado de Inspeção Preventiva, Justiça Estadual do Espírito Santo, Portaria n. 127, de 5 de junho de 2009).
5. CNJ, Relatório da Revisão de Inspeção n. 0002449-43.2009.2.00.0000 (200910000024490): "(...) 2) Itens do serviço mencionados na inspeção anterior: 2.1) Atas notariais: na inspeção anterior realizada pelo CNJ foi mencionada a existência de atas notariais contendo reprodução de imagens. Foi verificado que, após a referida inspeção, a matéria veio a ser regulamentada pela CGJES por meio da inserção de norma a respeito no art. 670 do Código de Normas local (conforme cópias anexas a esta ata). Assim, continuam a ser lavradas atas notariais contendo imagens juntamente com o respectivo texto, de modo a reproduzir situações fáticas concretas constatadas pelo tabelião".
6. 2ª Vara de Registros Públicos de São Paulo, juiz Márcio Martins Bonilha Filho, processo CP 06/04-TN, 26-3-2004.

pode, de fato, ser mitigado quando o objeto ou o sujeito do negócio ou ato tem um vínculo com o território do tabelião.

Uma situação paradoxal do princípio da legalidade pode ocorrer quando o tabelião, ao proceder à verificação de um fato para narrá-lo por meio da ata notarial, depara-se com a prática de um ilícito pelo usuário ou por terceiro[7]. Não há dúvidas de que ao tabelião não é dado participar ou apoiar qualquer infração legal. Nesse caso, o tabelião deve assessorar, informando os efeitos cominatórios da ação ilícita. Porém, nada impede que a ata notarial contenha a descrição de um ilícito presenciado pelo tabelião. Ao contrário, o tabelião deve descrever minuciosamente o que presencia, sem prejulgar e sem valorar. A competência para julgar é do juiz. O notário não deve se configurar num juízo sumário, oficioso, devendo limitar a sua qualificação ao que lhe compete. As normas de São Paulo preveem expressamente esta possibilidade, permitindo a lavratura de ata notarial quando o objeto narrado constitua fato ilícito (Normas da Corregedoria-Geral, item 141.1, Capítulo 16).

Os atos notariais não podem retratar ilícitos, em tese. Isto porque o tabelião é o autor do instrumento e não pode captar e instrumentalizar vontades que constituam atos ou negócios não admitidos pelo direito. É possível, porém, que o ato contenha ações e declarações tendentes à regularização ou legalização de situações, como é exemplo a escritura de transação.

O princípio da legalidade tem uma função econômica tão importante quanto a profilaxia legal que visa a segurança jurídica. A atividade notarial previne litígios e, desta forma, assegura os investimentos.

O tabelião tem o dever de informar às partes sobre as leis incidentes nos atos ou negócios que realizam. Por isso, é conveniente lançar no ato a indicação da lei quando as partes queiram ressaltá-la, bem como indicar as orientações notariais dadas, como é exemplo um alerta sobre uma ação potencialmente arbitrária, ou até mesmo ilegal, que a parte realiza.

Neste sentido, a qualificação legal da ata é bem distinta da qualificação legal da escritura pública. Esta não pode ser lavrada se, a critério do tabelião, há um ilícito ou, até mesmo, alguma irregularidade administrativa (por exemplo, a parte que apresenta documento de identidade replastificado[8]). A ata notarial, ao contrário, deve ser lavrada, até mesmo, para se constituir em prova do ilícito.

Por isso, ocorrendo uma infração perante o tabelião, esta deve, necessariamente, integrar o ato notarial, posto que a ata é típico instrumento pré-constitutivo de prova e pode servir, como tal, para a imposição legal.

Por vezes, em sua atividade, o tabelião ouve informações das partes que podem configurar ilícito, como é o caso de negócio simulado ou o pagamento a maior ou menor do que o declarado na escritura pública. No primeiro exemplo, parece evidente

---

7. Não se trata de ilícitos penais de ação pública incondicionada de competência da Polícia Judiciária e do Ministério Público, p. ex., crimes contra a vida (homicídio), o patrimônio (roubo, furto) etc.
8. Vedado pela melhor técnica notarial e por algumas normas administrativas. Em São Paulo, Normas de Serviço da Corregedoria-Geral da Justiça, Cap. XVI, item 180.2.

que o tabelião deve se recusar a lavrar o ato, pois a simulação provoca a nulidade (CC, art. 167, § 1º). Quanto à diferença de valor, o tabelião deve lavrar o ato, mas a situação pode configurar hipótese de comunicação da operação ao COAF, por suspeição de lavagem de dinheiro.

Outras vedações legais, essas decorrentes do princípio da impessoalidade, estão no art. 25 da Lei Notarial, que impede o exercício da advocacia, da intermediação dos próprios serviços ou o de qualquer cargo, emprego ou função públicos, seja em comissão, seja por sufrágio popular[9]. Disso já falamos (item 3.7).

4.1.1.1.2 Princípio da impessoalidade

O princípio da impessoalidade está previsto no art. 27 da Lei n. 8.935/94. O tabelião não pode praticar, pessoalmente, qualquer ato de seu interesse, ou de interesse de seu cônjuge ou de seus parentes, em linha reta ou colateral, consanguíneos ou afins, até o terceiro grau.

O vocábulo "pessoalmente" causa confusão. Ocorre que a fé pública é delegada ao tabelião, que, por sua vez, como permitido desde o Império Romano, contrata e subdelega a funcionários a execução das tarefas. O tabelião, ou seu substituto, deve completar o ato, ao final, com a sua assinatura[10].

A fé pública notarial é exclusiva do tabelião de notas, admitindo a lei, excepcionalmente, que o substituto autorize os atos com a sua assinatura. A prática corrente de alguns tabeliães realizarem atos em que eles próprios são parte, por intermédio de funcionários, ofende o princípio da impessoalidade e da moralidade[11].

4.1.1.1.3 Princípio da moralidade

O princípio da moralidade também sofre mácula com a prática anteriormente descrita. Por este princípio, os agentes públicos devem buscar, além da própria lei, fundamentos morais e éticos para a sua atuação. O tabelião deve agir e demonstrar a boa-fé de sua conduta em relação aos próprios atos.

Definir a moral e sua aplicação concreta no direito é um desafio. Toda norma jurídica tem um conteúdo moral, mas nem todo preceito moral integra o direito.

A moral é o conjunto de costumes e regras de convívio que podem estar tipificadas em normas concretas, mas seu espectro é muito mais amplo. Ademais, a moral muda no espaço e no tempo, bem como envolve a subjetividade individual e de certos grupos.

---

9. A lei não veda a participação em sociedades empresarias, exceto se tiverem como objeto uma das atividades vedadas pelo art. 25.
10. Também o substituto tem competência para encerrar o ato (Lei n. 8.935/94, art. 20, § 4º). A vedação para o substituto lavrar testamentos foi revogada tacitamente pelo art. 1.864, I, do Código Civil.
11. Em sentido contrário, as Normas de Serviço de São Paulo, item 40: "Nos serviços de que são titulares, o notário e o registrador não poderão funcionar nos atos em que figurem como parte, procurador ou representante legal nem praticar, pessoalmente, qualquer ato de seu interesse, de seu cônjuge, ou de parentes, na linha reta ou colateral, consanguíneos ou afins, até o terceiro grau". E subitem 40.1: "O ato incumbirá ao substituto legal do titular da delegação quando este ou algum parente seu, em grau que determine impedimento, for o interessado".

Há um século, escarrar em público era um costume aceito; hoje, esse hábito demonstra pouca educação. Há países em que arrotar após uma boa refeição é o melhor elogio ao anfitrião. Não no Brasil, hoje.

Assim, o tema é tormentoso: é difícil distinguir o moral e o imoral. É questão de senso comum, aferida pela sensatez do tabelião.

O princípio da moralidade tem muitos reflexos na atividade tabelioa. Desde a postura pessoal e profissional até o dever de resguardo e respeito à intimidade dos fatos e coisas que ouve dos usuários, a moralidade e a subjetividade de sua compreensão são deveres do tabelião e da instituição notarial. Segundo o art. 30, V, da Lei n. 8.935/94, é dever do tabelião proceder de forma a dignificar a função exercida, tanto nas atividades profissionais como na vida privada.

Esse preceito legal impõe ao tabelião o respeito à moral de seus concidadãos e de sua região, sob risco de pena disciplinar a ser imposta pelo juízo competente.

Contudo, o tabelião não deve arvorar-se em ser o dono ou defensor da moral e dos bons costumes, especialmente quando se tratar de atas notariais. Se o fato a ser constatado é contra a moral vigente, mais uma razão para o tabelião lavrar a ata, não devendo negar-se ao mister sob esse pretexto. Isso porque a ata pode ser o instrumento de prova da conduta imoral constatada e, nesse sentido, recusar-se a lavrar o ato significa omitir-se[12] em face da violação.

Tomemos como exemplo a pornografia. Com frequência, ouvimos tabeliães dizerem que os livros notariais não podem conter imagens pornográficas. A pornografia é, certamente, um aspecto imoral de nossa sociedade. O comércio e o uso de objetos pornográficos devem ser feitos com discrição, no âmbito da intimidade. No entanto, quando chamado a documentar fatos com tais conteúdos, o tabelião não deve negar seu trabalho posto que, mesmo tendo âmbito restrito, a pornografia é admitida como meio de expressão.

Quanto aos livros, esses não têm qualquer vergonha, o tabelião não deve tratá-los como filhos sensíveis e castos. O problema é a publicidade decorrente deles. É natural, portanto, que o solicitante de uma ata notarial que retrate seus momentos íntimos requeira ao tabelião que preserve a ata reservada, fornecendo cópias somente a ele, ou, por ordem judicial, a quem mais deseje saber do conteúdo da ata.

Em São Paulo, o Prov. CG nº 44/2021, disciplinou o fornecimento de informações e a expedição de certidões de atas notariais que contenham a descrição ou a reprodução de imagem de ato de sexo ou cena pornográfica envolvendo criança ou adolescente. Veremos o tema no capítulo das atas notariais.

Esse paradoxo, o ato público reservado, trataremos a seguir.

---

12. O Tabelião de Notas, cuja atuação pressupõe provocação da parte interessada, não poderá negar-se a realizar atos próprios da função pública notarial, salvo impedimento legal ou qualificação notarial negativa (item 1.2, Cap. XVI das Normas de Serviço de São Paulo).

4.1.1.1.4 Princípio da publicidade

O princípio da publicidade indica que todo ato realizado pela administração deve ser de conhecimento geral, ou seja, deve ser público. Esta publicidade, porém, não é ilimitada. O Estado e os particulares têm seus segredos, e esses não devem ser revelados.

A lei garante ao Estado o sigilo de certas informações[13]. Também ao particular se garante o direito à intimidade e à vida privada. Este é um direito constitucionalmente previsto[14]; mas, ainda assim, falar em confidencialidade e proteção dos direitos individuais quando tratamos de atos notariais parece uma afronta que gera opiniões adversas e iradas.

O tabelião, no exercício de sua atividade, recepciona informações e documentos de natureza reservada dos usuários. Essas informações não podem ser públicas, ainda que formalizadas por instrumento público.

Há que se distinguir a forma pública da publicidade. A forma pública é solenidade que a lei exige, ou faculta, para garantir ou ampliar a segurança jurídica dos atos ou negócios. A forma pública decorre da intervenção do notário com sua fé pública (art. 7º da Lei n. 8.935/94).

A publicidade *inter partes* é efeito da lavratura do ato notarial. Ela pode ser mitigada quando envolva a intimidade do usuário ou para proteger sua família[15]. O fundamento legal, neste caso, não é o art. 189 do novo Código de Processo Civil, que somente se aplica aos processos judiciais. O direito à intimidade e à vida privada tem amparo na Constituição Federal (art. 5º, X) e também merece guarida quando as pessoas elegem a forma pública para alcançar maior segurança jurídica para os seus interesses. Ao Estado, bem como a terceiros, estará assegurada a informação, seja pelos meios legalmente previstos, seja por ordem judicial.

A Lei n. 12.527/2011, que regula o acesso a informações previsto no inciso XXXIII do art. 5º, no inciso II do § 3º do art. 37 e no § 2º do art. 216 da Constituição Federal, prevê o sigilo de determinados atos. As informações pessoais relativas à intimidade, vida privada, honra e imagem das pessoas, bem como às liberdades e garantias individuais: I – terão seu acesso restrito, independentemente de classificação de sigilo e pelo prazo máximo de 100 (cem) anos a contar da sua data de produção, a agentes públicos legalmente autorizados e à pessoa a que elas se referirem; e II – podem ter autorizada sua divulgação ou acesso por terceiros diante de previsão legal ou consentimento expresso da pessoa a que elas se referirem[16].

Há quem argumente que quem deseja preservar a intimidade não deve formalizar seus atos por instrumento público. Tal argumento equivale a negar o direito à forma

---

13. Lei n. 8.159/91, art. 23, regulamentada pelo Decreto n. 4.553, de 27-12-2002.
14. Constituição Federal, art. 5º, inciso X.
15. Assim, entendemos que o testamento, enquanto vivo o testador, somente pode ser divulgado ao próprio testador, bem assim as atas notariais com conteúdo pornográfico ou pedófilo etc. Dessa forma, também com os assuntos decorrentes de separações, divórcios, inventários e partilhas, assuntos de exclusivo interesse dos interessados e, portanto, somente a eles se deve prestar informações sobre os atos.
16. Lei n. 12.527/2011, art. 31.

pública; ele implica em impedir que certas pessoas possam eleger o instrumento público como o mais adequado à proteção de seus direitos, o que se agrava quando sabemos quão sensíveis podem ser os assuntos de família, de sucessão, do direito à própria imagem e da proteção da honra.

É vedado negar a prestação do serviço público notarial, salvo quando seja negativa a qualificação. O interessado tem direito à forma pública, ressalvada a publicidade do ato, como previsto pela lei.

Segundo a lei, o acesso aos documentos sigilosos referentes à honra e à imagem das pessoas será restrito por um prazo máximo de cem anos, a contar da sua data de produção.

A despeito de o notariado brasileiro atual desconhecer este fundamental papel na proteção dos direitos individuais e as autoridades públicas, incluídos juízes e promotores, igualmente recusarem a ideia da publicidade restrita dos atos notariais, defendemos a mudança do paradigma da publicidade pura e simples, buscando a proteção da vida privada do cidadão.

As hipóteses de publicidade dos atos notariais são exclusivamente aquelas previstas em lei, que, diga-se, são raras. Para o Estado, o notário está obrigado, em âmbito federal, a enviar a Declaração de Operações Imobiliárias, a DOI, instituída pela Lei n. 10.426/2002, art. 8º, por exemplo.

Há hipóteses também da publicidade do ato notarial ser possível pela renúncia expressa ou tácita da parte. O exemplo mais claro da renúncia tácita é o ingresso do ato notarial no registro, o que pode ser feito pela própria parte ou pelo notário, a seu pedido. Como o efeito do registro público é a publicidade *erga omnes* geral e irrestrita, não há por que o notário manter reserva sobre o ato.

Evidentemente, também o Poder Judiciário pode determinar a exibição reservada de qualquer documento sigiloso, sempre que indispensável à defesa de direito próprio ou esclarecimento de situação pessoal da parte em qualquer instância, inclusive administrativa[17].

Assim, entendemos que a publicidade dos atos notariais está condicionada à proteção da intimidade, da honra e da vida privada das pessoas, somente podendo ocorrer a publicidade quando haja expressa previsão legal, ordem judicial ou pedido motivado, neste caso, a critério do tabelião.

O Prov. CNJ n. 134, de 24.08.2022, integrado ao Código Nacional de Normas do CNJ, de 2023, ressalta a independência e qualificação do notário e registrador ao fornecer as certidões de seus atos. Em primeiro lugar, o profissional deve verificar a adequação da informação solicitada informando o conteúdo "adequado e proporcional" ao pedido feito (art. 21)[18].

---

17. Lei n. 12.527/2011, art. 31, § 3º, inciso III.
18. O tema iniciou-se com polêmica nacional em razão de uma certidão solicitada por um jornal pedindo cópia de uma compra e venda do filho do presidente. O tabelião, verificando os critérios da LGPD, omitiu itens que considerou privativos das partes, o que foi criticado pela imprensa. O assunto foi para a Corregedoria do DF e, posteriormente, ao Conselho Nacional de Justiça resultando na decisão seguinte: Processo n. 0703690-47.2021.8.07.0015. Consulta – Expedição de Certidão Notarial – Dados Pessoais – LGPD – Interpretação sistêmica que busque priorizar a

Também se preconiza que o notário e o registrador verifiquem a adequação, necessidade e proporcionalidade do conteúdo em relação à finalidade da certidão solicitada por via telemática, mandamento de complexa interpretação (art. 22).

O provimento baliza o tráfego de informações entre os tabeliães e registradores e as novas centrais de serviços, sugerindo limites para o compartilhamento, uso de criptografia e canais protegidos de invasão e, finalmente, o intercâmbio de informações com outros órgãos públicos. Em complemento, o provimento prevê a geração de estatísticas dos atos e sua divulgação à sociedade e ao Estado, ação que pode impulsionar os agentes privados em seus investimentos e os governos nas suas políticas públicas (arts. 23 a 26).

Um assunto polêmico há tempos recebeu tratamento normativo, qual seja, o fornecimento de certidão da ficha de firmas e dos documentos depositados para a abertura de firma nos cartórios de notas. Agora, definiu-se que eles somente podem ser fornecidos ao titular ou seus representantes ou, ainda, mediante decisão judicial (art. 28).

O provimento inova quando informa quais são os itens de qualificação pessoal para os atos notariais: o nome completo de todas as partes, o documento de identificação, ou, na sua falta, a filiação, o número de CPF, a nacionalidade, o estado civil, a existência de união estável, a profissão e o domicílio, sendo dispensada a inserção de endereço eletrônico e número de telefone.

Parece-nos, então, revogado o art. 20 da Res. CNJ n. 35, que exige, nas escrituras de inventário, partilha, separação e divórcio, a indicação da idade das partes, exigência esdrúxula seguida por poucos.[19]

Ao final, o ato da Corregedoria Nacional de Justiça informa que as Corregedorias de Justiça estaduais poderão editar normas complementares, o que nos parece uma brecha à segurança jurídica, posto que poderão ser editadas normas que dificultem ao cidadão e operadores do Direito o conhecimento destas particularidades locais. Melhor seria termos um entendimento uniforme em todo o território brasileiro.

> **ATENÇÃO:** trate com cautela este **assunto** em concursos. Veja o que dizem as normas administrativas estaduais sobre o assunto e, na dúvida, crave a publicidade dos atos como prevista na Lei de Registros Públicos, art. 17.

4.1.1.1.5 Princípio da eficácia

O princípio da eficácia também se aplica aos atos notariais. Somente com atos eficazes juridicamente, é evidente, obter-se-á pretendida segurança jurídica.

Todavia, o ato notarial pode ser apenas válido com sua eficácia pendente de outra providência, situação presente em muitos atos notariais[20].

---

norma constitucional, como fundamento a dignidade da pessoa humana – Tema sensível que gera interpretações diversas – Necessidade de regulamentação por parte da Corregedoria Nacional de Justiça. DJe: 25 de agosto de 2021.
19. Resolução CNJ n. 35/2007, art. 20.
20. Como acontece no caso da propriedade imóvel, que no Brasil somente é atribuída com o registro. A escritura pública relativa a direito real constitui apenas direito obrigacional, ou seja, é válida e eficaz *inter partes*, mas sua eficácia real, *erga omnes*, somente é obtida após o registro.

A escritura pública, ou outro ato notarial, não ofende o princípio da eficácia pelo fato de estar no plano da validade, pendente de providência extra para a eficácia. O tabelião de notas é responsável pela qualificação eficaz, ressalvada a alteração de situação fática ou legal ocorrida após a lavratura do ato.

O princípio da eficácia significa também, para o notário, buscar a via mais econômica, seja para a administração da serventia, para consecução do ato notarial, ou, ainda, para os usuários que buscam o seu serviço.

4.2 PRINCÍPIOS DE DIREITO PRIVADO

Os princípios clássicos do direito privado são a liberdade e a autonomia da vontade e a obrigatoriedade do contrato ou *pacta sunt servanda*. Temos, no direito atual, mais alguns princípios: o da supremacia da ordem pública, o da probidade e da boa-fé, e o da função social do contrato. Nessa outra face da atuação notarial, o tabelião atende aos interesses privados dos usuários trabalhando em face do direito material contratual, *in casu*.

A ampla liberdade de contratação privada foi mitigada ao longo do século XX para, em rápida e concisa conclusão, equilibrar as partes, protegendo o consumidor, ou a parte mais frágil. O crescimento exponencial das relações e dos contratos e o surgimento da economia de serviços, em substituição à economia de produtos, criaram o contrato de adesão, peça unilateral.

O instrumento notarial não permite tais desvios. O tabelião é um agente imparcial, a serviço da paz contratual e social. O tabelião deve ter em vista todos os princípios de direito privado para assegurar, no ato notarial, o equilíbrio contratual.

4.2.1 Liberdade de contratar ou autonomia da vontade

Esse princípio está constitucionalmente previsto e é um dos pilares do Estado Democrático de Direito. Segundo a Constituição Federal, em seu art. 5º, II, ninguém será obrigado a fazer ou deixar de fazer alguma coisa senão em virtude de lei.

Em outras palavras, é permitido fazer qualquer coisa que não seja proibida. As pessoas maiores e capazes são soberanas para decidir sobre seus desejos, consolidando-os em contratos privados, quando queiram, até o limite da lei. O tabelião, igualmente, pode recepcionar essas vontades, redigindo os instrumentos adequados (art. 6º, II, da Lei n. 8.935/94).

Esses contratos podem ser típicos ou atípicos[21]. A criatividade, fomentada pelo saber jurídico e pelo espírito prático, é um instrumento indispensável ao bom notário. Dentre a liberdade das partes e os caminhos legais, o tabelião deve saber escolher o melhor, mais eficaz e mais econômico para os usuários.

---

21. Típicos ou nominados são aqueles negócios jurídicos que têm um tipo previsto e regulado por lei, e atípicos ou inominados são aqueles não disciplinados, que normalmente resultam de uma mistura de tipos. De acordo com Marcos Bernardes de Mello em *Teoria do fato jurídico:* plano da existência. 12. ed. São Paulo: Saraiva, 2003, p. 212.

Nesse sentido, a despeito de estar vinculado ao princípio da legalidade quanto aos atos que pode praticar, o tabelião pode formalizar a vontade das partes em consonância com a ampla liberdade contratual basilar de nosso Estado de Direito.

4.2.2 Princípio da obrigatoriedade – *pacta sunt servanda*

O contrato faz lei entre as partes. Esse é o princípio que dá segurança às relações contratuais e que, portanto, proíbe a retratabilidade pura e simples de uma das partes, e mesmo a revogação unilateral das obrigações contraídas nas cláusulas estipuladas.

Inicialmente atenuado pela teoria da imprevisão, que possibilita a revisão do contrato e suas cláusulas em face de fato imprevisto, o princípio da obrigatoriedade está hoje abrandado por novos princípios, como o da boa-fé e o da função social dos contratos.

Além disso, as normas do direito do consumidor preveem, expressamente, a possibilidade de revisão das cláusulas contratuais quando contenham prestações desproporcionais ou em decorrência de fatos supervenientes que tornem o contrato excessivamente oneroso para uma das partes.

O legislador protege o consumidor, buscando o equilíbrio contratual. O tabelião deve fazer o mesmo, recusando-se a redigir cláusulas que imponham excessos a um dos usuários. Nessa atuação, os tabeliães não podem prejulgar as relações contratuais, vedando a lavratura ou impondo cláusulas ou a supressão de outras. Entendemos que o liame jurisdicional notarial é a própria jurisprudência. Em outras palavras, quando haja decisões de tribunais superiores a respeito de um dado tema, elas devem orientar a atividade notarial.

4.2.3 Supremacia da ordem pública

A supremacia da ordem pública é outro fator limitador do princípio da autonomia da vontade. As convenções dos particulares devem respeitar a moral, a ordem pública e os bons costumes, interesses que a sociedade e o Estado prezam e têm como essenciais.

A lei prevê esses limites tratando de temas específicos em leis próprias, sendo exemplos a Lei do Inquilinato e o Código de Defesa do Consumidor[22].

Quanto aos serviços notariais, a supremacia da ordem pública impõe também uma limitação: ao delegado do serviço é vedado negar a prestação do serviço. A doutrina denomina esta situação "contrato coativo"[23], pois o tabelião é obrigado a prestar o ser-

---

22. Nas relações de consumo de massa, a supremacia da ordem pública e a existência de uma parte mais forte e outra mais fraca (o prestador de serviço e o consumidor, respectivamente) criaram o contrato de adesão. Nessa nova realidade, o contrato terá as vontades da parte mais forte dispostas de modo unilateral, limitadas pelos preceitos da ordem pública, sejam legais, sejam os da entidade fiscalizadora setorial. Ao consumidor resta somente aderir, contratar como oferecido ou negar-se a ter o serviço ou produto quando a parte apresentar-se com as condições legais para tanto.
23. VENOSA, Sílvio de Salvo. *Direito civil:* teoria geral das obrigações e dos contratos. São Paulo: Atlas, 2004, v. 2, p. 386. É de ressaltar que há doutrinadores administrativistas que entendem não haver relação contratual (contrato) diante da prestação de um serviço público.

viço[24]. A discricionariedade do tabelião limita-se a verificar a identidade e a capacidade das partes, bem como as condições legais para o ato. A identidade deve ser aferida pelos documentos oficiais de identidade, podendo, em caráter excepcional, o tabelião dispensá-los quando conheça pessoalmente o usuário (CC, art. 215, § 5º)[25].

As condições legais para o ato são impostas pela lei ou pelos costumes notariais. O tabelião de notas não pode, por capricho, negar-se a prestar o serviço; situação que pode configurar, até mesmo, crime de prevaricação, previsto no Código Penal, em seu art. 319.

A responsabilidade pela redação do ato notarial, escritura, ata ou certidão é do tabelião, que pode se recusar a adotar o texto de uma minuta e, assim, recusar a prestação do serviço público. Dessa forma, o notário não está adstrito às minutas que lhe são apresentadas[26].

Inconformado com a recusa da lavratura, o interessado pode solicitar e receber prova dela. Ao contrário da atividade registral, na atividade notarial não há nota devolutiva. Para transparência e esclarecimento do usuário e de terceiros, porém, é importante que, quando solicitado, sejam revelados e escritos em ofício os motivos da recusa, sempre fundamentados legalmente[27].

4.2.4 Princípio da probidade e boa-fé

Embora as partes estejam, normalmente, em posição dialeticamente oposta, os interesses são convergentes; de forma que deve prevalecer a confiança e o espírito de colaboração para que cada um dos contratantes obtenha do contrato o que espera.

O Código Civil define que "os contratantes são obrigados a guardar, assim na conclusão do contrato, como em sua execução, os princípios de probidade e boa-fé" (art. 422). Para Rogério Marrone de Castro Sampaio, o princípio da boa-fé é a evolução da regra de interpretação segundo a qual a expressão literal da linguagem não deve prevalecer sobre a intenção manifestada na declaração de vontade; como, aliás, estabelece o art. 112 do diploma civilista[28].

A opção pela forma pública, seja facultativa ou legal, indica o respeito pelo princípio da boa-fé subjetiva, isto é, que indica quais usuários têm conhecimento dos direitos e deveres que assumem e dos efeitos que o contrato produzirá. A assessoria notarial, os esclarecimentos prestados pelo tabelião, bem como a leitura integral do ato aos usuários, impedem que haja, no futuro, refutação do conteúdo por uma das partes[29].

---

24. Nesse sentido, item 1.2, Cap. XVI, das Normas de Serviço de São Paulo: "O tabelião de notas, cuja atuação pressupõe provocação da parte interessada, não poderá negar-se a realizar atos próprios da função pública notarial, salvo impedimento legal ou qualificação notarial negativa".
25. A capacidade da parte é aferida com a verificação da idade legal e o senso ordinário do homem comum. O tabelião somente pode negá-la à vista de claros indícios da falta de sanidade ou aptidão para o ato. A verificação é objetiva quanto à idade e subjetiva quanto à capacidade.
26. A previsão do art. 1.864, I, parte final, do Código Civil é uma faculdade.
27. O tabelião de notas presta serviço público e é um profissional do Direito. Suas decisões são, pois, vinculadas e devem ser fundamentadas, sempre com a base legal.
28. SAMPAIO, Rogério Marrone de Castro. *Direito civil*: contratos. 5. ed. São Paulo: Atlas, 2004, v. 2, p. 29.
29. Aliás, a Novela XLIV do Código de Justiniano, de 537 d.C., primeiro texto conhecido que positiva a autenticidade notarial, é fruto de um caso em que as partes refutam o documento notarial: "Mas se contra isso se fizer alguma

O princípio da boa-fé objetiva implica deveres anexos, ou seja, o respeito e a atenção aos reflexos das normas contratuais, previsíveis e identificáveis em cada caso concreto, para cada um e ambos os contratantes, segundo um padrão de conduta estimado para eles pelo aplicador da lei. A malícia e os argumentos de captura do contratante, típicos da fase de negociação, devem ser revelados e expostos com clareza no momento da formalidade notarial.

O tabelião deve buscar prever os deveres anexos e lançá-los no ato, como normas contratuais, sempre que possível, reduzindo a possibilidade de controvérsia entre os contratantes, buscando a paz contratual e evitando dissabores e surpresas.

O ato notarial recepciona declarações das partes e, portanto, a formação do título está sujeita à boa-fé dos declarantes. Eles têm, neste momento, o dever de probidade não somente entre si, mas também com a sociedade, posto que a escritura pública se destina, também, à publicidade notarial (*inter partes*).

As declarações das partes, recepcionadas pelo tabelião e lançadas no título, fazem a verdade notarial. As exigências documentais, quando possíveis, devem ser feitas para maior segurança, mas deve haver razoabilidade a esse respeito[30].

Dentre os deveres tradicionalmente previstos pela boa-fé está o de responder pela evicção e vícios redibitórios.

4.2.5 Função social do contrato

Determina o art. 421[31] do Código Civil que a liberdade de contratar será exercida em razão e nos limites da função social do contrato.

Os contratos civis e empresariais presumem-se paritários e simétricos até a presença de elementos concretos que justifiquem o afastamento dessa presunção, ressalvados os regimes jurídicos previstos em leis especiais, garantido também que: (Art. 421-A[32]) I – as partes negociantes poderão estabelecer parâmetros objetivos para a interpretação das cláusulas negociais e de seus pressupostos de revisão ou de resolução; II – a alocação de riscos definida pelas partes deve ser respeitada e observada; e III – a revisão contratual somente ocorrerá de maneira excepcional e limitada.

Essa mudança de paradigma privilegia a autonomia da vontade das partes, buscando conferir segurança jurídica aos negócios privados e limitando a cognição judicial, em oposição à "socialização" do contrato advinda do princípio da supremacia da ordem pública. Os limites e a função social serão aferidos pelo operador da lei, *in casu*, mas atento ao que foi contratado pelas partes.

---

coisa, e fosse outro delegado, então ficará sujeito à pena o tabelião, que tem a autoridade por nós antes definida, sem que, entretanto, tenham de ser invalidados os documentos por razão de conveniência dos contratantes. Porque sabemos que por medo à lei guardarão também eles no sucessivo o que por nós foi decretado, e farão com cautela os documentos".

30. A Lei n. 7.433/85 serve de pouca referência, ficando ao talante do tabelião ou das normas administrativas de cada Estado, quando haja, a discriminação pormenorizada dos documentos indispensáveis.
31. Redação dada pela Lei n. 13.874/19.
32. Incluído pela Lei n. 13.874/19.

O tabelião de notas não deve impor cláusulas ou condições antecipando e buscando estabelecer limites, ou impor a função social do contrato.

4.3 PRINCÍPIOS DO DIREITO REGISTRAL

O notário também deve operar com respeito aos princípios do direito registral, visto que os direitos reais sobre imóveis somente se constituem com o registro.

A propriedade imobiliária e os direitos a ela conexos constituem uma complexa cadeia de direitos com reflexos econômicos.

Para a segurança jurídica e social dos direitos, o Estado impõe como regra a forma pública do título (CC, art. 108) e o registro, para plenamente constituir o direito real e dar publicidade.

Há interesse do Estado em controlar e fiscalizar a propriedade imobiliária, seja para cumprimento de preceitos constitucionais (como a função social da propriedade ou a defesa do meio ambiente), seja para arrecadar tributos.

Os serviços notariais e registrais constituem um sistema público de garantia da propriedade e segurança jurídica, cujo fim é a estabilidade e o desenvolvimento econômico.

O sistema notarial e o registral brasileiro têm problemas, e talvez não pudesse ser diferente. Somos um país-continente, de constituição recente e atribulada, um país fundado no desleixo dominial e na obstinação extrativista. Capitanias hereditárias e sesmarias foram doadas com fins geopolíticos, sem planejamento e preocupação com o bem-estar da população e com o desenvolvimento autossustentável.

O notariado ressente-se, até hoje, de política semelhante: cartórios eram doados e, depois, negociados por pessoas, muitas vezes, desprovidas de interesse ou talento profissional. Somente nos últimos cem anos, em virtude de um tardio efeito da revolução burguesa e a par da criação dos ofícios de registro, buscou-se especializar notários e registradores para o qualificado cumprimento de suas atribuições e, portanto, a eficácia da segurança jurídica nos negócios imobiliários.

O subsistema de registros tem melhores instrumentos para tanto. A Lei n. 6.015/73, de registros públicos, é um marco instituidor de princípios para a atividade registral. Esta lei foi, e é até hoje, apesar de alguma senilidade, uma lei instituidora e principiológica.

Ao contrário, a Lei n. 7.433/85, que trata dos requisitos para a escritura pública, é norma composta por cinco artigos que buscam a desburocratização e pouco acrescentam à complexa atividade notarial. O próprio mercado imobiliário – e, porque não falar, também o mercado notarial – se encarregou de disciplinar, com os regramentos administrativos dos Tribunais de Justiça, o necessário para a segurança jurídica.

Assim, os princípios registrais se solidificaram, ao passo que os princípios notariais estão esquecidos e são desconhecidos até mesmo pelos tabeliães. É natural, portanto, que haja um desprezo solene, por parte de oficiais de registro, aos princípios de direito notarial e até mesmo à própria fé pública notarial.

O princípio de maior relevância registral é comum à atividade notarial e é da gênese e razão de ser do notariado e dos registros: o princípio da segurança jurídica. Esse princípio orienta cada um e todos os princípios do registro predial: a) o da instância e recepção do título; b) o da qualificação jurídica; c) o da inscrição; e d) o da publicidade[33].

O tabelião de notas está vinculado a esses princípios e deve trabalhar para respeitá-los, conferindo eficácia plena às suas escrituras.

Os conflitos existentes entre notários e registradores devem ser resolvidos pelo princípio da economia. Para Ricardo Dip, "a economia de tempo, esforços e gastos é princípio que deve presidir todos os procedimentos, quer aqueles em que se vise à distribuição heterônoma do justo, quer os que têm por escopo a administração dos interesses privados, a concessão de segurança jurídica, em antecipação acautelatória de conflitos"[34].

Esse princípio reflete também o mesmo objeto do princípio da eficiência, previsto na Constituição. É lógico que a administração deve pautar-se pela economia de tempo, esforços e gastos dela própria e dos particulares interessados. Portanto, o tabelião e o registrador devem operar em sintonia complementar: os atos e formalidades já atendidos perante o tabelião para lavrar a escritura não necessitam ser repetidos perante o oficial de registro. Da mesma forma, tudo que o tabelião atestar que ocorreu em sua presença, inclusive e especialmente quanto a documentos apresentados, têm fé pública. Não tem qualquer sentido impor ao particular a repetição de procedimentos ou a entrega de petições já feitas, expressa ou tacitamente, na escritura pública.

4.4 PRINCÍPIOS TÍPICOS DO DIREITO NOTARIAL

A atividade notarial é fruto de uma evolução histórica que antecede o período romano e chega aos nossos dias como um pequeno ramo do direito, com fundamentos científicos. A evolução do instrumento público procura firmar o direito das partes e a segurança da prova de sua existência[35]. O fazer notarial atende às partes nessa busca, sempre enfrentando as imperfeições e limitações da vida e conformando-a em instrumentos.

Essa evolução criou alguns princípios ou axiomas que veremos a seguir.

4.4.1 Princípio da segurança jurídica

Conforme referido, trata-se de princípio comum às atividades notarial e registral, constituindo a estrutura de todo o sistema notarial e registral. O notário existe por e para a segurança jurídica, seja pelo ângulo particular e privado das partes, seja para proteção da sociedade.

Instrumentos hígidos, redigidos por um especialista e com respeito à lei, permitem a executividade dos direitos e impedem litígios judiciais, sempre custosos, desgastantes

---

33. Esta é a classificação do Professor Ricardo Dip. Dela derivam outros princípios adotados e tratados pela doutrina registral, como o da legalidade, da continuidade, da prioridade, da especialidade etc.
34. DIP, Ricardo. Certidões integrais do registro imobiliário: da prevalência do meio reprográfico, *Revista de Direito Imobiliário*. Disponível em: <www.irib.org.br/rdi/rdi21-037.asp>. Acesso em: 1º jun. 2012.
35. NERI, I. Argentino. *Tratado teórico y práctico de derecho notarial*: parte general, v. 1, p. 370.

e demorados. A segurança jurídica é a meta do tabelião na formação do ato, nas técnicas notariais, no atendimento, na relação pessoal com as partes, na boa redação instrumental, na guarda de documentos e no próprio ato.

O fazer notarial deve, portanto, utilizar técnicas que assegurem certeza sobre elementos subjetivos e objetivos das partes e do negócio que realizam, lançando-os num fiel resumo documental no ato.

A qualificação notarial é carregada de subjetividade: a) da relação *inter partes*; b) da relação de cada parte com o notário; c) da relação das partes com o notário; e d) pelo caráter transformador e criativo da realidade em um documento escrito.

Assim, o notário deve agir como conselheiro das partes sobre o negócio que pretendem formalizar, bem como sobre os efeitos consequentes. Não é costume que o notário lance no ato estes aconselhamentos feitos, limitando-se à objetividade de suas conclusões.

Nada impede, porém, e em muitos casos pode ser de extrema importância para aclarar situações futuras, que o ato contenha as dúvidas, as decisões e os aconselhamentos feitos pelo tabelião.

A vontade das partes deve ser sempre foco da atenção do notário, até mesmo após a lavratura. Não é possível conceber um ato que não atenda à vontade das partes. É possível, contudo, que mesmo após as assinaturas das partes, o notário o encerre com a menção de que o ato não atendeu ao que se buscava[36].

O notário deve operar pensando nas duas faces: a particular e a pública. A segurança a buscar é para as partes, para a sociedade e para o Estado. Essa segurança é instrumental, ou seja, o notário não responde pelo fracasso de um negócio, tampouco fiscaliza tributos devidos por outros atos extra notariais anteriores, presentes ou futuros[37]. A cognição notarial é concentrada e limitada ao ato ou negócio que formaliza.

É possível que o ato seja lavrado ainda quando haja elementos suscitadores de dúvida? Sim, entendemos que é possível. Como exceção e confirmação do princípio da segurança jurídica, pode ocorrer que as partes desejem sacramentar negócio quando falte algum elemento material ou formal. São exceções que devem ser tratadas com extrema cautela, mas que devem ser admitidas, também, sob o princípio da segurança jurídica.

4.4.2 Princípio da economia

O fazer notarial deve buscar a opção mais econômica para as partes desde a escolha do ato a realizar, conformando-o às necessidades e às condições das partes, inclusive quanto aos aspectos tributários. O notário tem o dever de buscar escolher a forma pública tributariamente menos gravosa para as partes.

---

36. Nesse caso extremo, as partes devem assinar novamente. Se apenas uma das partes assinou o ato e a outra se opõe a assiná-lo por discordar do conteúdo (ou ter mudado de ideia, ou ter desistido do negócio), também neste caso o notário deve declará-lo insubsistente por não corresponder à vontade das partes.
37. Apesar de as leis tributárias de alguns municípios e Estados pretenderem e exigirem que o tabelião fiscalize tributos sobre atos particulares mencionados na escritura, situação que precisa ser evitada.

Não se trata de buscar elidir-se da tributação, mas, sim, de oferecer às partes as alternativas, quando existentes. É o caso, por exemplo, das leis tributárias que oferecem a alternativa de pagar o tributo relativo ao usufruto na sua constituição ou na sua extinção.

4.4.3   Princípio da forma

A forma é inerente a todo fato ou ato jurídico. A lei determina a forma exigida para o ato, e a forma que atende à segurança do ato notarial é a escrita. A forma é um anteparo da segurança e, muitas vezes, não se concebe conteúdo sem forma. Na forma, os direitos adquirem solidez.

O art. 108 do Código Civil impõe a escritura pública notarial para os negócios jurídicos relativos a imóveis, salvo exceções previstas em leis próprias. O art. 215, por sua vez, dispõe sobre os requisitos técnicos da forma notarial.

Argentino Neri sintetiza a forma como uma consequência do princípio ativo que se traduz em ato, em realização. Consagrada pela experiência, é um elemento de rigor e precisão em toda a instrumentação jurídico-notarial. É, assim, um princípio real de direito notarial[38].

Em decorrência da forma, a lei confere eficácia e autenticidade ao documento notarial. Não dependem de prova os fatos em cujo favor milita presunção legal de existência ou veracidade (novo Código de Processo Civil, art. 374, IV). A força probante do ato notarial é a maior do ordenamento, tendo o efeito de "prova plena" *iuris tantum* (novo Código de Processo Civil, art. 405; Código Civil, art. 215).

4.4.4   Princípio da imediação

Imediação significa proximidade, o fato de estar imediato[39].

A imediação é a garantia do adequado e correto fluxo de ideias, segundo o qual o notário, próximo das partes, compreenderá a vontade delas e poderá oferecer-lhes o aconselhamento e os instrumentos adequados.

Como já dissemos, há grande subjetividade na qualificação notarial, decorrente da percepção e da cognição do notário e das partes e suas relações. O conceito de imediação se desenvolve sobre estas relações e também entre as partes e o instrumento público.

A atividade notarial sempre ocorreu com imediação. A captação da vontade das partes, a elaboração, a crítica e a reedição contínua de minutas para leitura, assim como a presença pessoal das partes perante o tabelião, exemplificam a ocorrência da imediação.

O contato, a imediação, não implica, nos dias de hoje, na presença física. As partes e os notários podem se relacionar por videoconferência, telefone, correio eletrônico e, até mesmo, por um sítio na internet que possibilite o fluxo de informações.

---

38. NERI, I. Argentino. *Tratado teórico y práctico de derecho notarial:* parte general, p. 377.
39. FERREIRA, Aurélio Buarque de Holanda. *Novo Aurélio século XXI:* o dicionário da língua portuguesa. 3. ed., totalmente revista e atualizada. Rio de Janeiro: Nova Fronteira, 1999.

Hoje, as partes assinam qualquer ato notarial remotamente, sem a presença física delas, conforme prevê o Prov. CNJ n. 100/2020 (integrado ao Código Nacional de Normas, de 2023).

A imediação pode ocorrer, também, por meio dos prepostos, nos limites de sua autorização, como previsto no art. 20 da Lei n. 8.935/94. Não é essencial ao princípio que o próprio notário tenha contato com a parte, sendo bastante o atendimento dos prepostos que operam como uma *longa manus* do tabelião.

4.4.5 Princípio da rogação

O tabelião não atua de ofício. A prestação do serviço notarial depende sempre de uma rogação, de um pedido. A rogação pode ser, e é, tradicionalmente, tácita e verbal. Alguns casos merecem cautela, e o tabelião deve pensar em solicitar um pedido formal, uma rogação assinada.

É conveniente a apresentação de pedido, assinado por uma das partes, em casos de atas notariais. Ocorre que a ata, uma vez solicitada e feita, prevalece, permanece válida, mesmo que o solicitante se recuse a assiná-la (no Estado de São Paulo, as normas preveem que a coleta da assinatura do solicitante, nas atas, é facultativa[40]). Nesse caso, o tabelião deve completá-la com a declaração de recusa e motivo, se for indicado pela parte, e assiná-la.

A rogação pode ser um ato complexo quando as partes compareçam para aconselhamento e postulações que podem não se conformar com a lei. O tabelião e as partes vão se aproximando – princípio da imediação – até o momento em que há convicção da vontade de formalizar o ato ou negócio jurídico.

4.4.6 Princípio do consentimento

O princípio do consentimento não diz respeito ao requisito essencial do contrato, mas à faculdade de concordar com o autor do ato notarial. Não se admite ato notarial sem consentimento, salvo a exceção dos atos extra protocolares e à ata notarial, como já dito. O consentimento se aperfeiçoa com a assinatura da parte abaixo de todo o texto do ato notarial. É desnecessário, mas é praxe em alguns Estados que as partes assinem, ou rubriquem em cada folha do livro, ou assinem também as folhas do traslado.

Parece excessivo lembrar, mas é indispensável que o consentimento seja livre dos defeitos do negócio jurídico, especialmente de coação. É presunção legal que a atuação notarial elide a existência de erro ou ignorância, dolo, lesão ou manifesto estado de perigo nos atos jurídicos formalizados perante o tabelião.

A assinatura implica consentimento para o ato e o que nele contém, na sua totalidade, sem exceções ou condições. A leitura integral do ato, o questionamento às partes sobre sua compreensão e eventuais dúvidas, a cautela de esclarecê-las, mesmo que sejam

---

40. Entendemos que a assinatura do solicitante, nas atas notariais, é requisito obrigatório. O CPC/2015, art. 384, informa que deve haver um requerimento do interessado. Admitir que o pedido seja tácito é prática temerária, contrária à segurança jurídica, um dos princípios basilares do Direito Notarial.

tímidas ou banais, resguardam o ato notarial de ataques posteriores de quem consente com dúvidas ou má compreensão do ato.

4.4.7 Princípio da unidade formal do ato

O mais controvertido dos princípios notariais é o da unidade formal do ato. De acordo com ele, o ato notarial deve ter uma unidade de contexto, de tempo e de lugar. O atendimento do tabelião se inicia com a audiência notarial e prossegue com um encadeamento de procedimentos, visando o fim jurídico proposto.

A realidade cotidiana da atividade notarial demonstra justamente o oposto da unidade do ato, ao menos quanto ao tempo. A audiência é um primeiro contato – de aconselhamento, de esclarecimento de dúvidas e de conhecimento da lei e dos efeitos que decorrerão do ato ou negócio jurídico. A ela se segue um ritual de confirmação que, para muitos, pode prolongar-se por dias, ou até mesmo meses.

Após a lavratura, a atribulação da vida cotidiana tem imposto limitações também para a assinatura. Exceto para o testamento, ato que envolve um ritual solene e conjunto, os demais atos notariais podem ser assinados segundo a conveniência das partes quanto ao tempo e ao local, ideia que encontra resistência dos profissionais mais antigos, mas cuja prática é frequente[41].

Em São Paulo, as Normas de Serviço da Corregedoria preveem o prazo de até 30 dias para a coleta das assinaturas das partes, após a lavratura do ato notarial. Nessa hipótese, as partes deverão apor ao lado de sua firma a data e o local (o mesmo da lavratura ou o endereço completo se for diverso) onde foram coletadas[42].

A lavratura da ata notarial depende do desenrolar dos fatos. Eles podem ser sequenciais, mas também podem ocorrer em momentos distintos. O princípio da unidade formal do ato deve inspirar, portanto, o momento da redação do ato, quando os diversos fatos verificados devem ser lançados num único instrumento, com a caracterização de tempo e local pertinentes.

Por outro lado, é possível que o tabelião decida, a seu critério ou a pedido da parte, lavrar diversas atas independentes, narrando os fatos cada qual a seu momento ou circunstância.

A ata notarial tem requisitos próprios. Não há unicidade de ato nem de redação. É possível que mais de um fato, ou um mesmo fato ocorrendo em momentos distintos, inspire um único ato notarial ou mais. O tabelião pode também, por conveniência instrumental, produzir atos distintos desses fatos, ou mesmo de um fato só.

Qual seria o prazo-limite para que a constatação de um fato fique pendente de lavratura? Não há, não pode haver. Se o tabelião constatou fatos e deles tem memória ou anotações que permitam a sua fiel narrativa, poderá, no futuro, lavrar ata notarial de interesse do solicitante.

---

41. E constitui um desafio impor limites a estas conveniências: quanto tempo um ato pode ficar pendente da assinatura das partes, todas elas, ou apenas uma? É possível que uma das partes assine em local diverso, fora do município de competência do tabelião?
42. Normas de São Paulo, item 53.2, Cap. XVI.

Há casos em que o solicitante aprova a minuta e aguarda o momento de utilização do documento notarial, ocasião em que o tabelião procederá à lavratura da ata. Optando pela lavratura, o tabelião deve consignar as datas de constatação e fazer expressa menção de que a lavratura decorre de fatos constatados e preservados no tabelionato.

O princípio da unidade, portanto, deve ser compreendido como elemento formal do instrumento. Em outras palavras, o ato é unitário porque a descrição daquilo que o tabelião verificou se conforma em um único instrumento.

4.4.8 Princípio da notoriedade ou fé pública

A fé pública, como princípio e como efeito do ato notarial, ou princípio da notoriedade, implica em reconhecer que os fatos que o tabelião presencia e também os que não presencia, mas pela cognição indireta decide declarar no ato notarial como verdadeiros, têm a presunção de veracidade.

A notoriedade advém da convicção do notário sobre determinado fato ou situação jurídica. Decorre de um juízo de ciência ou valor que faz e assume como verdadeiro para o ato que redige. Independente dos meios utilizados para chegar a essa convicção, é um juízo de responsabilidade exclusivo do notário, que cria uma presunção de verdade somente suscetível de impugnação judicial.

Tal é o teor das conclusões 9 e 10 da Declaração de Princípios do Sistema de Notariado Latino, aprovadas pelo Conselho Permanente da União Internacional do Notariado (UINL) – entidade que congrega os notários do mundo todo –, em março de 1986, em Haia, Holanda:

> 9. Os documentos notariais gozam de uma dupla presunção: de legalidade e exatidão. A presunção de legalidade implica em que o ato ou negócio jurídico que o documento formaliza reúne as condições requeridas para sua validade e, em particular, que o consentimento das partes contratantes foi declarado livre e conscientemente em presença do notário. A presunção de exatidão significa que os fatos que o documento relata que tenham ocorrido em presença do notário ou que ele conheça por notoriedade são reputados verdadeiros.
>
> 10. As presunções de legalidade e de exatidão às quais se refere o artigo precedente não podem ser contestadas senão por via judicial.

O princípio da notoriedade no Brasil está expresso nos arts. 373, IV, 405 e 406 do novo Código de Processo Civil. Não dependem de prova os fatos em cujo favor milita a presunção legal de existência ou da veracidade, lançados na escritura ou na ata notarial sob fé pública e responsabilidade do notário. Ademais, o documento público faz prova dos fatos que o tabelião declarar que ocorreram em sua presença.

A fé do notário a propósito das declarações recebidas é absoluta quanto à existência delas e relativa quanto ao conteúdo. De todo modo, qualquer contestação a elas – existência ou conteúdo – somente pode ser feita na via judicial por parte com legitimidade ativa.

Temos, no Brasil, o defeito de desacreditar de terceiros. Construímos a nação dos suspeitos, condenados a provar com papéis, autenticações e reconhecimentos as suas situações de estado e de direito. É fato que a sanidade é regra e a patologia é exceção, mesmo numa sociedade com moral e ética fragmentada e esfacelada como a nossa. Não age mal ou é ingênuo o notário que aceita como verídicas certas situações de fato, independentemente de prova documental, escorado nas declarações das partes. Essas declarações devem ser creditadas à parte emissora, que terá o ônus de prová-las se eventualmente contestadas.

4.4.9 Princípio da matricidade

O princípio da matricidade indica que todo ato notarial é conservado nos livros, nos protocolos notariais. No Brasil, constituem exceções a esta regra o auto de aprovação de testamento cerrado, as atas notariais extra protocolares, as cartas de sentenças notariais e os atos de autenticação de cópias e reconhecimento de firma[43]. A conservação dos atos garante a segurança jurídica e permite a consulta a qualquer tempo sobre a exatidão do conteúdo notarial. Os atos podem ser consultados pelo próprio tabelião, pela parte, por terceiros interessados ou pelo Estado, por meio de certidões. De atos não são extraídas cópias, somente certidões.

O arquivamento incumbe ao tabelião, que pode utilizar sistemas de computação, microfilmagem, disco óptico ou qualquer outro meio de reprodução, buscando processos que facilitem as buscas (Lei n. 8.935/94, arts. 41 e 42).

Os livros de papel que forem armazenados em outra mídia podem ser levados ao arquivo público, ficando o tabelião responsável pela guarda, conservação, autenticidade e integridade dos bancos de dados eletrônicos.

A Lei n. 8.159/91, que dispõe sobre a guarda e conservação de documentos públicos e privados, aplica-se aos serviços notariais e registrais. Ela está regulamentada pelo Decreto n. 4.073/2002, que considera arquivo público o conjunto de documentos produzidos e recebidos por agentes do Poder Público, no exercício de seu cargo ou função, ou deles decorrentes (art. 15, II). Cumpridos os requisitos previstos no Decreto, o tabelião de notas pode encaminhar os livros para o Arquivo Nacional.

O art. 46 da Lei n. 8.935/94, por outro lado, impõe que livros, fichas, documentos, papéis, microfilmes e sistemas de computação devem permanecer sempre sob a guarda e a responsabilidade do titular de serviço notarial ou de registro, que zelará por sua ordem, segurança e conservação.

4.5 OUTROS PRINCÍPIOS NOTARIAIS

A doutrina enumera e classifica os princípios de formas distintas. Sem maior aprofundamento, citamos a existência de outros princípios da atividade notarial, que estão presentes sempre.

---

43. No Estado de São Paulo é permitida a formação de cartas de sentenças notariais extraídas de decisões judiciais, dentre as quais os formais de partilha, as cartas de adjudicação e de arrematação, os mandados de registro, de averbação e de retificação (Provimento n. 31/2013).

O **princípio da autoria** indica que o tabelião é o autor e responsável único pelo documento notarial. A menção de ser escrita sob minuta não o exime de responsabilidade, indicando apenas que ao menos uma das partes ofereceu minuta que foi aceita e subscrita pelo notário.

Há também o **princípio da independência**, previsto em nosso ordenamento por meio do art. 28 da Lei n. 8.935/94[44]. Os notários gozam de independência no exercício de suas atribuições, não se concebe tabelião a serviço de uma das partes. O tabelião, mesmo contratado por apenas uma das partes do negócio, está a serviço de todas, devendo orientar imparcialmente cada uma delas, alertando-as sobre os reflexos e efeitos do ato que pretendem realizar.

Finalmente, o **princípio do dever de exercício** importa na obrigação do tabelião exercer o seu *munus*, sem qualquer tipo de discriminação, exceto a decorrente e impeditiva da qualificação notarial (ato a que falte algum elemento essencial).

---

44. "(...) Por fim, não me posso compadecer, *data venia*, com as ablações de competências legalmente demarcadas. A de primeiro grau, no registro público, é do registrador (*ou do notário*); segue-se, no Estado de São Paulo, em grau para-hierárquico imediato, a do juiz-corregedor permanente; por fim, a do Tribunal, segundo corresponda às disposições regimentais: em regra, a do Corregedor-Geral; nos recursos de dúvida, a do Conselho. Ao proferir-se o adendo de recomendação, orientação ou determinação, guardado o tributo de minha reverência ao entendimento da douta Maioria, malfere-se a ordem sobreposta de independências jurídicas (cf., a propósito, o art. 28 da Lei n. 8.935, de 18-11-1994: 'Os notários e oficiais de registro gozam de independência no exercício de suas atribuições'" (Conselho Superior da Magistratura de São Paulo, Apelação Cível 0000350-67.2015.8.26.0614-SEMA, rel. Des. Ricardo Dip).

5
Classificação dos Atos Notariais

Nossa classificação dos atos notariais funda-se na distinção do ato em tipicamente autenticatório ou formalizador dos atos e negócios das partes. Este critério está previsto na Lei n. 8.935/94, art. 6º, dispondo que compete aos notários:

I – formalizar juridicamente a vontade das partes;

II – intervir nos atos e negócios jurídicos a que as partes devam ou queiram dar forma legal ou autenticidade, autorizando a redação ou redigindo os instrumentos adequados, conservando os originais e expedindo cópias fidedignas de seu conteúdo;

III – autenticar fatos.

Assim, os atos notariais classificam-se em: a) autenticatórios de fatos, ou seja, atas notariais, ou b) formalização da vontade das partes em atos e negócios jurídicos, ou seja, escrituras públicas.

Seguimos no estudo destes dois instrumentos notariais.

5.1 ATAS NOTARIAIS

As atas notariais configuram todo e qualquer ato do tabelião cuja finalidade seja simplesmente autenticar certo fato, pré-constituindo prova (Lei n. 8.935/94, art. 6º, III). Podem ser subdivididas em:

Atas notariais *lato sensu*[1]. Por sua vez, subdividem-se em:

- **Autenticações**: atos que determinam a identidade entre documentos ou entre uma assinatura e uma manifestação de vontade.
- **Autenticações** *stricto sensu*[2]: ato que determina a identidade entre um documento e sua cópia fiel. Dois atos podem realizar esta finalidade. A pública-forma é a cópia fiel e integral de um documento que é, posteriormente, concertada por outro tabelião. Este ato caiu em desuso, pois a fotocópia de um documento substitui com vantagens a cópia de seus caracteres, possibilitando inclusive a impressão de imagens, o que não é possível com a pública-forma. A autenticação de cópia

---

1. Inclui-se a Carta de Sentença Notarial e o Apostilamento.
2. No Estado de São Paulo, o Provimento n. 22/2013 regulamentou a materialização e a desmaterialização de documentos. Materialização é a autenticação de **cópia em papel** de um **documento eletrônico**, que significa declarar que a cópia em papel está igual ao documento eletrônico apresentado. Já a desmaterialização é a autenticação de **cópia eletrônica** de um **documento em papel**, que significa declarar que a cópia eletrônica está igual ao documento em papel apresentado.

de documento é a declaração do tabelião de que a cópia corresponde ao original que lhe foi apresentado e com o qual conferiu.

- **Reconhecimento de firma:** ato que determina a autoria de uma assinatura, vinculando-a a certo e determinado documento particular. No reconhecimento de firma, ou assinatura, o tabelião afirma que o documento está assinado por certa e determinada pessoa. Subdivide-se em:

a) **Reconhecimento por autenticidade**[3]: o tabelião declara que o documento foi firmado na sua presença[4]. É frequente, porém, que assim não seja, pois muitas vezes as partes comparecem com o documento já assinado, forçando o tabelião a solicitar que a parte assine novamente, em sua presença, um cartão de assinaturas que fica depositado no tabelionato. Alguns Estados exigem que o tabelião recolha em um livro de presenças a assinatura do signatário.

b) **Reconhecimento por semelhança:** o tabelião declara que a assinatura constante em um documento é semelhante a outra presente em uma ficha de assinaturas previamente depositada no tabelionato pela parte signatária. O tabelião, neste caso, não dá certeza da autoria, mas somente da semelhança da assinatura. É o reconhecimento de firma mais popular no Brasil, pois apresenta elevada confiabilidade ao tempo em que oferece conforto para as partes signatárias, que não necessitam comparecer perante o tabelião (apenas o documento é apresentado por portador).

c) **Reconhecimento por abono:** ato em vias de extinção, por oferecer pouca segurança. O reconhecimento da assinatura é feito pela cognição e fé de um terceiro, alheio ao tabelião, que declara, sob responsabilidade civil e penal, a autoria de certa e determinada assinatura em um documento. Admite-se ainda, excepcionalmente, para pessoas presas. O diretor da casa prisional funciona como abonador das assinaturas daqueles sob sua custódia.

- **Atas notariais** *stricto sensu*: são instrumentos que verificam e autenticam ou atestam a ocorrência de certo fato, pormenorizando-o com a finalidade de pré-constituir[5] ou constituir[6] prova jurídica.

5.2 ESCRITURAS PÚBLICAS

Formalizam juridicamente a vontade das partes. O notário intervém nos atos e negócios jurídicos a que as partes devam ou queiram dar forma legal e autenticidade, redigindo o instrumento adequado para propiciar a plena eficácia (Lei n. 8.935/94,

---

3. No Estado de São Paulo, dentre outros, é permitida a formação de cartas de sentenças notariais extraídas de decisões judiciais, as quais são instrumentalizadas por atas notariais extra protocolares (art. 6º, III, da Lei n. 8.935/94).
4. O Código de Processo Civil atual não mais exige que a assinatura seja firmada na presença do tabelião (art. 411, inciso I), como fazia o código anterior. O tabelião tem autonomia para adotar o seu critério, mas **a melhor técnica exige a presença da parte.**
5. Destinada ao crivo judicial ou extrajudicial.
6. Destinada a provocar um efeito esperado pela lei. São exemplos: usucapião, adjudicação e a certificação de eventos em negócios jurídicos.

art. 6º, I e II). Algumas escrituras, por sua relevância e frequência na vida civil, podem subdividir este grupo:

- **Procurações:** formalizam o mandato, propiciando a representação para atos ou negócios.
- **Negociais:** formalizam atos exigidos por lei e atos e negócios em geral, via de regra imobiliários.
- **Não Negociais:** formalizam atos exigidos por lei e atos em geral, via de regra não negociais, como o reconhecimento de paternidade.
- **Testamentos:** ato de disposição da totalidade dos bens, ou de parte deles, ou de declarações de caráter não patrimonial, para produzir efeitos depois da morte da pessoa.

6
Forma Notarial

A vida se apresenta aos nossos sentidos pela forma. O som, o cheiro, a palavra, o gesto, o toque, a visão, são todos elementos de expressão e de cognição dos fatos da vida.

Forma dat esse rei, o brocardo latino para "a forma dá existência à coisa", demonstra que necessitamos, na vida jurídica, das formas, para que a cognição se faça perfeita e para que delas decorram efeitos.

O direito se vale da forma para prever e regular as relações jurídicas. A forma pode ser solene, se a lei prever e exigir o cumprimento de certos requisitos, ou não solenes, quando aceitar como bastante apenas a manifestação das partes. São aceitas as formas verbal ou oral, a forma escrita particular ou a forma pública.

A lei exige a solenidade apenas excepcionalmente. A validade da declaração de vontade não dependerá de forma especial, senão quando a lei expressamente a exigir (CC, art. 107).

A regra geral para a escritura pública é a prevista no art. 108: a escritura pública é essencial à validade dos negócios jurídicos que visem à constituição, transferência, modificação ou renúncia de direitos reais sobre imóveis de valor superior a trinta vezes o maior salário mínimo vigente no País, se a lei não disser o oposto. Você sabe quanto são 30 salários mínimos? **Saiba para o concurso.**

Há outros atos para os quais é indispensável a escritura pública. Os principais são a emancipação do menor, os pactos antenupciais, a instituição de fundação, as constituições de renda ou de bem de família[1], a cessão de direitos hereditários. Há outros atos em que a forma pública é facultada e cujo uso está consagrado pela sociedade: o testamento público, o reconhecimento de firmas em documentos de relativa importância, o mandato para fins bancários e, mais recentemente, a separação e o divórcio, o inventário e a partilha, a mediação e a conciliação.

A forma notarial reveste-se de aspectos de grande subjetividade, decorrentes da necessidade e do reconhecimento social da fé pública.

A atuação do tabelião é **ritualística**. As técnicas que utiliza compõem o seu próprio rito, derivado de sua autonomia e prudência. Os ritos podem envolver inclusive a tergiversação da realidade (em contrariedade à estrita descrição dos fatos que se deve esperar de um ato notarial). Damos alguns exemplos: o tabelião pode informar que todas as partes comparecem juntas, mas, na verdade, podem

---

1. Execuções preexistentes não obstam a instituição. As dívidas anteriores à instituição são ineficazes. Nesse sentido, o Processo n. 0030394-64.2012.8.26.0100, da 1ª Vara de Registros Públicos de São Paulo.

comparecer em horários diversos, até em dias diversos[2]. O tabelião pode informar, como padrão, que os valores foram pagos em "moeda corrente nacional", o que não significa pagamento em dinheiro, no ato, mas sim, pagamento em reais, seja em espécie, depósito bancário, TED, PIX ou outro meio de pagamento. Finalmente, um terceiro exemplo neste rol exemplificativo, é o das declarações das partes que, quase sempre, não são feitas pelas partes, mas são, deveras, expressão da verdade e visam a cumprir as cautelas legais[3].

Há também uma **liturgia**, seja na narrativa, seja nos sinais exteriores lançados pelo tabelião, como rubricas, sinais, selos, carimbos. Tome-se como exemplo a expressão "saibam todos", que implica num anúncio que é, por um lado, específico ao leitor do ato e, por outro lado, generalista e ambicioso, clamando a todos da comunidade, ou mesmo a qualquer ser do universo, a existência e a fé pública do ato notarial.

Finalmente, a atuação notarial é **dramática**. Ela envolve o interesse das partes com sua humana subjetividade. Por trás das frias linhas da escritura ou da ata há emoções, a alegria de quem adquire a casa própria ou a dor de quem se divorcia da pessoa antes querida.

6.1 DOCUMENTO E INSTRUMENTO

Documento e instrumento são expressões utilizadas como sinônimas, mas não são idênticas no quanto definem. Ambas as palavras são oriundas do latim: instrumento vem de *instruere*, *instruo*, *instruis*, ou seja, algo que nos informa do passado, instrui-nos. Instrumento, hoje, serve para definir desde utensílios e ferramentas de trabalho até, genericamente, para denominar tudo aquilo que é apto para nos permitir alcançar uma determinada finalidade[4].

Para o direito, na definição de Paulo, instrumento é tudo aquilo com que se pode provar uma causa[5].

Documento deriva de *doceo*, *doces*, *doceres*, palavras que designam ensinar[6]. Documento é toda a representação de um fato[7]. Por seu turno, instrumento é uma espécie de documento constituído com a intenção deliberada de fazer prova no futuro[8], como a exigência da lei pátria para a compra e venda de bem imóvel, negócio que necessita da escritura pública.

---

2. As normas da CGJ de São Paulo determinam que, no caso de assinatura em dia diverso do indicado no ato, a data da efetiva assinatura deve ser aposta ao lado desta. Também, proíbem que esta dilação da assinatura se prolongue além de 30 dias.
3. Como para cumprir o Decreto n. 93.240/1986, art. 1º, § 3º: "A vendedora declara, sob responsabilidade civil e penal, que não existem ações reais e pessoais reipersecutórias relativas ao imóvel, assim como inexistem outros ônus reais incidentes sobre o objeto deste negócio.
4. PELOSI, Carlos A. *El documento notarial*. Buenos Aires: Astrea, 1997, p. 13-14.
5. Lei Primeira do Digesto, Livro 22, Título IV ou V, apud PELOSI, Carlos A. *El documento notarial*, p. 14.
6. PELOSI, Carlos A. *El documento notarial*, p. 14.
7. LOPES, João Batista. *A prova no direito processual civil*. 3. ed., rev., atual. e ampl. São Paulo: RT, 2007.
8. LOPES, João Batista. *A prova no direito processual civil*, p. 112.

Para Carnelutti, o documento é prova histórica real, visto que representa fatos e acontecimentos pretéritos em um objeto físico, servindo, assim, de instrumento de convicção[9].

Segundo Pontes, documento, como fonte de prova, é todo ser composto de uma ou mais superfícies portadoras de símbolos capazes de transmitir ideias e demonstrar a ocorrência de fatos[10].

É idêntica a visão de Dinamarco, para quem o documento, como meio de prova, é toda coisa em que se expressa por meio de sinais o pensamento[11].

Quanto à origem, os documentos podem ser públicos ou particulares, conforme seu autor seja um particular ou um ente público. Pontes classifica os documentos, quanto ao conteúdo, em constitutivos (por exemplo, a escritura de hipoteca, as folhas de contrato por instrumento particular) ou probatórios. Tanto os documentos constitutivos quanto os probatórios se prestam como meio de prova. Os constitutivos porque são a forma com a qual se revestem os atos jurídicos. Os probatórios porque são aqueles que refletem o conteúdo de um documento constitutivo e, portanto, provam-no. São exemplos: as certidões, as atas, os atestados e os jornais[12].

João Mendes Júnior leciona que o Código Civil distingue o instrumento do documento. Instrumento é a forma especial, dotada de força orgânica para realizar ou tornar exequível um ato jurídico; documento é a forma escrita, apenas dotada de relativa força probante, contribuindo para a verificação dos fatos[13].

O Código de Processo Civil, porém, abandona esse critério, fazendo largo uso da expressão "documento" para abranger também os que se constituam em instrumento de prova pré-constituída.

Assim, temos, na lei brasileira, certa confusão semântica, o que se reflete no tratamento dado à atividade notarial. Ora o resultado do ato notarial é tratado como documento (arts. 215 do CC e 405, 407 e 411 do CPC/2015, por exemplo), ora como instrumento (arts. 109 do CC e 406 do CPC/2015, por exemplo).

6.2 DOCUMENTO PÚBLICO NOTARIAL

Documento público é o documento expedido pelo Estado por meio de agente público no exercício de sua competência, fixada por lei ou regulamento[14].

---

9. Apud MARQUES, José Frederico. *Instituições de direito processual civil.* 1. ed., rev., atual. e comp. por Ovídio Rocha Barros Sandoval. Campinas: Millennium, 2000, v. 3, p. 355.
10. PONTES DE MIRANDA, F. C. *Comentários ao Código de Processo Civil*: arts. 282 a 443. 3. ed., rev. e aum. por Sergio Bermudes. Rio de Janeiro: Forense, 1997, t. IV, p. 357.
11. DINAMARCO, Cândido Rangel. *Instituições de direito processual civil.* 5. ed. São Paulo: Malheiros Editores, 2006, v. 3, p. 564.
12. PONTES DE MIRANDA, F. C. *Comentários ao Código de Processo Civil*: arts. 282 a 443, t. IV, p. 357.
13. MENDES JÚNIOR, João. *Direito judiciário brasileiro.* Rio de Janeiro: Freitas Bastos, 1918, p. 217 e 228, apud MARQUES, José Frederico. *Instituições de direito processual civil.* 1. ed., rev., atual. e comp. por Ovídio Rocha Barros Sandoval. Campinas: Millennium, 2000, v. 3, p. 358.
14. AMARAL, Sylvio do. *Falsidade documental.* 4. ed., rev., atual. e comp. por Ovídio Rocha Barros Sandoval. Campinas: Millennium, 2000, p. 10.

Todo documento lavrado por tabelião no exercício de sua competência é um documento público notarial ou, simplesmente, documento notarial.

Quando o documento for elaborado por agente sem a legal competência, ou sem as formalidades legais, e estiver subscrito pelas partes, terá a mesma eficácia probatória do documento particular (art. 407 do CPC/2015).

Por outro lado, quando faltar a forma exigida por lei, o negócio será inquinado de nulidade, o que é insanável (art. 166, incs. IV e V do Código Civil).

O Estado tem o dever de expedir o documento público quando haja sido regularmente solicitado por parte legítima, desde que preenchidas as condições de fato e de direito exigidas pela lei para a emissão do documento. O documento público não é favor ou arbitrária liberalidade do agente público competente; sua lavratura é direito que o Estado não pode deixar de atender, de nenhum modo, quando atendidos os requisitos da lei[15].

6.3 ASPECTOS DA FORMA NOTARIAL

A forma notarial obedece aos costumes decorrentes da secular liturgia profissional e a requisitos legais, em especial os fixados no art. 215 do Código Civil.

Podemos distinguir estes aspectos em extrínsecos ou intrínsecos.

6.3.1 Aspectos extrínsecos

Os aspectos extrínsecos se relacionam com a forma como se materializa o ato notarial, que pode ser:

1) **Protocolar ou extra protocolar:** *protocolum* é livro. O ato notarial pode ser lançado no livro de notas do tabelião (protocolar) ou em documento apartado, que é apresentado pela parte e no qual o tabelião realiza seu ato (extra protocolar).

O livro notarial pode ser de folhas soltas ou de folhas fixas encadernadas. Já não há mais livro de folhas fixas (ou presas) na atividade notarial brasileira, sendo importante ressaltar que o tabelião recebe o livro em folhas soltas e, depois da lavratura de todos os atos, o livro é encadernado[16].

É costume que os livros sejam padronizados contendo sempre o mesmo número de folhas, geralmente 200 ou 300, que podem ser impressas em ambas as faces. As folhas são numeradas e insubstituíveis e devem ser mantidas no livro e, ao final, encadernadas, ainda que inutilizadas.

Em alguns Estados, a Corregedoria da Justiça impõe um determinado padrão de folhas, contemplando alguns itens de segurança, como a numeração indicativa do tabelião, a sequência de páginas, um código de barras, marcas d'água, dentre outros. Todos

---

15. AMARAL, Sylvio do. *Falsidade documental*, p. 13-14.
16. No Estado de São Paulo, o livro de comparecimento de reconhecimento de firmas por autenticidade permanece em folhas fixas, encadernadas.

estes elementos, junto com outros, em especial as rubricas e assinaturas, integram o sinal público notarial.

Os atos devem ser lançados no livro em ordem sequencial cronológica, vedada a infração a esta regra. É vedado também manter livro aberto sem escrituração desde longa data, enquanto novos são abertos e escriturados, pois esta situação possibilita e até indica a prática de atos com datas anteriores à sua efetivação.

Quando for impossível concluir no mesmo livro um ato que se inicie nas últimas páginas, o tabelião pode deixar de utilizá-las, cancelando-as com a declaração "em branco". Assim, evita-se infração à unidade formal do ato notarial.

O espaçamento entre linhas deve ser rigorosamente igual, até o encerramento do ato; as entrelinhas, rasuras e ressalvas devem ser evitadas.

2) **Escrituração**: em geral, a escrituração e a assinatura são feitas exclusivamente em cor azul ou preta, sempre indelével. Algumas Corregedorias, escoradas na melhor técnica notarial, vedam a utilização de fitas corretivas, o uso de borracha, detergente ou raspagem por qualquer meio, mecânico ou químico. Como o tabelião e seus escreventes não são infalíveis, em algum momento devem fazer uso de algum expediente de correção, posto que os erros cometidos devem ser corrigidos.

O tamanho da fonte nos atos notariais não pode ser inferior ao corpo doze, de modo a facilitar sua compreensão[17].

O espaçamento entre as linhas deve ser cuidado para que o ato seja de leitura agradável, mantidas as tabulações iguais, até o encerramento do ato. Lembremos sempre: os atos notariais circulam servindo ao povo, do ministro ao cidadão iletrado ou não familiarizado com documentos legais. Facilitar a leitura significa ampliar a compreensão do instrumento notarial.

A frente e o verso dos papéis devem ser aproveitados para a escrituração dos atos, certidões e traslados. Na página não utilizada será apostada a expressão "em branco". Nos atos digitais e híbridos, o notário deve reservar uma página ou folha para a impressão do manifesto de assinaturas.

O texto dos atos deve ser corrido, mas é possível que o tabelião deixe espaços em branco em vista da utilização de estilos, por exemplo, títulos, subtítulos ou capítulos da estrutura do ato notarial.

Quando fotos integram o ato notarial, é possível e recomendável que sejam impressas em cores, buscando plena identidade com a imagem que reproduzem.

A escrituração dos atos deve ser feita sem abreviaturas nem algarismos, evitando-se erros, omissões, rasuras ou entrelinhas, e, caso ocorram, devem ser ressalvadas no final do instrumento, antes das assinaturas e subscrições, de forma legível e autenticada. São admitidas abreviaturas previstas no idioma, como a designativa dos Estados brasileiros ou de moedas, ou ainda de abreviaturas consagradas (como Ltda., Cia., CPF ou RG).

---

17. Lei n. 11.785/2008: destinada aos contratos de adesão atinentes ao Código de Defesa do Consumidor, na falta de outra norma, conveniente sua aplicação aos atos notariais.

A indicação de datas pode ser feita também no formato admitido pelo vernáculo, com dois algarismos para o dia, dois para o mês e dois ou quatro para o ano. **Em concursos**, é melhor que o candidato evite este formato. A numeração de documentos de identidade e CPF pode ser feita por algarismos, sem necessidade de sua colocação por extenso.

As novas Normas de São Paulo andaram bem neste aspecto, determinando claramente que os números relativos à data da escritura e ao preço devem ser escritos por extenso (item 48, Capítulo 16). Logo, os demais números e datas podem ser expressos em algarismos.

Devem ser evitadas entrelinhas que afetem elementos essenciais do ato, por exemplo, o preço, o objeto, as modalidades de negócio jurídico, dados inteiramente modificadores da identidade das partes e a forma de pagamento. Há Corregedorias, como a de São Paulo, que vedam tais modificações integralmente.

Na última página, o ato será assinado pelas partes e demais pessoas que compareceram, pelo escrevente que redigiu o ato e pelo tabelião, ou seu substituto, encerrando o ato.

Se o ato for digital, as partes, o escrevente e o tabelião, ou seu substituto, assinam digitalmente. Se o ato for hibrido, algumas partes assim digitalmente, as outras partes, o escrevente e o tabelião, ou o substituto, assinam de punho, com a caneta.

Em alguns Estados, as partes devem assinar ou rubricar cada uma das folhas do ato[18] e, por vezes, também do traslado, mas essas práticas não são generalizadas. É conveniente que o tabelião solicite às partes cujas assinaturas são ilegíveis que aponham o seu nome de modo legível ao lado da respectiva assinatura (em São Paulo o próprio tabelião pode lançar ao lado das assinaturas o nome correspondente das partes de forma legível).

Se alguma das partes não puder ou não souber assinar, outra pessoa capaz assinará por ela, a seu rogo. Algumas normas administrativas impõem ou recomendam que seja colhida a impressão digital, com coletores próprios. Em torno de cada impressão poderá ser indicado o nome da pessoa.

As assinaturas devem ser apostas ao final do ato, não se admitindo espaços em branco. Se houver, devem ser inutilizados com traços horizontais ou com uma sequência de traços e pontos.

O tabelião não deve permitir a prática, por seus escreventes, de permitir às partes a assinatura dos livros em branco, total ou parcialmente, ou em confiança, seja qual for o motivo alegado.

Após as assinaturas e o encerramento do ato, não são admitidas ressalvas, adições e emendas. É possível que se façam correções pelo denominado "Em tempo", mas as partes devem novamente assinar o ato após esta adição. Este tipo de correção, utilizada desde sempre por notários do mundo inteiro – afinal, somos imperfeitos –, em São Paulo, foi alterada: as normas admitem a cláusula "Em tempo" somente se exarada **antes** da assinatura das partes e demais comparecentes e da subscrição da escritura pública pelo tabelião ou pelo seu substituto, e desde que não afete elementos essenciais do ato, como

---

18. Em São Paulo, por exemplo, no testamento público, a norma local exige que todas as páginas sejam rubricadas pelo testador.

o preço, o objeto e a forma de pagamento[19] ou que derive de manifestação de vontade das partes.

3) **Sinal público:** o sinal público do tabelião é a respectiva assinatura revestida dos demais itens que "marcam" a sua identidade profissional, como carimbos, selos, etiquetas, rubricas e arabescos.

Sinal raso designa a assinatura pura e simples do tabelião. É consagrada na atividade a expressão "assino em público e raso", significando a aposição da assinatura e dos demais signos de identidade profissional.

O tabelião deve enviar o seu sinal público para o Colégio Notarial do Brasil – Conselho Federal (CNB-CF), por meio da Central Notarial de Serviços Eletrônicos Compartilhados – CENSEC, que mantém imagem dos cartões com os autógrafos do tabelião e seus prepostos autorizados a subscrever traslados e certidões, reconhecer firmas e autenticar cópias reprográficas, para o fim de confronto com as assinaturas lançadas nos instrumentos que forem apresentados (algumas normas exigem ainda o envio para os oficiais de registro, como é o caso de São Paulo). Com o tempo, seus atos devem circular em muitos outros municípios e o seu sinal público será requerido por tabeliães. Daí, para que seja reconhecido e seus atos possam ter o *exequatur* fora de sua competência territorial, o tabelião deve remeter o sinal público para esses colegas.

Quando um tabelião necessita verificar o sinal público de outro tabelião, acessa a CENSEC, onde poderá visualizá-lo.

A União Internacional do Notariado criou um selo – para ser aposto nos atos notariais – chamado de Selo Notarial de Segurança (SNS), que possui marca e elementos de segurança e numeração própria que pode ser consultada no endereço www.uinlsns.com. O objetivo é agregar maior segurança aos atos notariais oriundos do estrangeiro. Participam do projeto Argentina, Bélgica, Colômbia, Espanha, França, Itália, Lituânia, Macedônia, Mali, Portugal, Senegal, Suíça, Turquia, dentre outros[20].

O fundamento primordial do sinal público é agregar segurança aos atos notariais, é distinguir a origem e a autoria do instrumento. Não fosse assim, a falsificação e a adulteração dos atos notariais seriam facilitadas – é bom ressaltar que a segurança plena é inatingível –, o que ocorre desde sempre.

O costume da aplicação do sinal público faz com que o tabelião rubrique cada uma das páginas do ato e assine a última. Pode acrescer outros elementos de seu sinal público junto a estas rubricas e deve fazê-lo junto à assinatura.

4) **O apostilamento ou o reconhecimento do sinal público:** tecnicamente, reconhecer o sinal público é apostilar o documento, isto é, aplicar os meios necessários para legalizar um documento que necessita circular em regiões estranhas à competência do oficial que é autor do documento público. O apostilamento é uma técnica universal, reconhecida em todos os países do mundo, seja nos países de direito romano-germânico ou nos países do direito da *Common Law*.

---

19. Provimento n. 40/2012, atualizado pelo Provimento n. 56/2019, item 50.1.
20. Lista atualizada disponível em www.uinlsns.com.

Um ato notarial somente produz efeitos em cidade diversa da delegação do tabelião quando se haja reconhecido o seu sinal público por um tabelião da localidade onde deva produzir seus efeitos[21].

Há outras exigências de apostilamento quando se tratar de documento do estrangeiro (Convenção da Apostila). Se se tratar de documento que deva produzir efeitos no Brasil, o rito é o seguinte:

a) Se documento particular, a assinatura das partes deve ser reconhecida (autenticada) pelo notário do país onde se tiver produzido o documento; **a.1**) Se documento público não notarial, a assinatura do agente deve ser confirmada pelo notário do país onde se tiver produzido o documento; **a.2**) Se documento público notarial, já constará a assinatura do notário.

b) Em todos os casos acima, a assinatura do notário deve ser apostilada, conforme a Convenção da Apostila, ou reconhecida (autenticada) pelo cônsul ou representante diplomático brasileiro, caso o país não integre a referida Convenção. Ao chegar ao Brasil, o sinal público do ente apostilante, do cônsul ou do diplomata não necessita de qualquer reconhecimento ou legalização[22].

c) Se o documento não estiver redigido em português, deve ser traduzido por tradutor público juramentado. É preciso ressaltar a dispensabilidade de tradução de documentos provenientes de países que integram a Comunidade dos Países de Língua Portuguesa (CPLP). Este tema (tão curioso e inusitado) foi objeto do Pedido de Providências n. 0002118-17.2016.2.00.0000, no CNJ, onde se recomendou a não exigência de tradução de documentos estrangeiros redigidos em língua portuguesa, conforme os arts. 224 do Código Civil brasileiro e 162 do Código de Processo Civil, bem como da jurisprudência dos Tribunais Superiores.

d) O documento e sua tradução juramentada são levados ao ofício de registro de títulos e documentos, para registro. Após, está apto a produzir efeitos no Brasil, ou seja, pode ser apresentado e produzir efeitos perante qualquer autoridade do País.

Para exemplificar, citamos uma procuração de uma pessoa estrangeira residente em um país que não exija a forma pública. Escrita e assinada de modo particular pelo interessado terá reconhecida a firma pelo notário local. Logo após, apostila-se ou consulariza-se a firma do notário, ou seja, o consulado brasileiro reconhece que o notário tem autoridade para o reconhecimento feito. O documento é remetido para o Brasil, onde é traduzido para o português[23] e levado, com a tradução, para o registro no ofício de títulos e documentos. Após o registro, o documento e sua tradução são apresenta-

---

21. As Normas de São Paulo contêm permissão sem lógica: permitem que o reconhecimento do sinal público seja feito pelo tabelião da localidade de origem do documento (item 154, Cap. XVI). Entendemos que o *exequatur* somente pode ser dado pela autoridade do local onde o ato deve produzir os seus efeitos.
22. Com o apostilamento conforme a Convenção, o item "b" estará dispensado.
23. Atenção: o documento redigido em português, em outro país, não necessita tradução. Apesar de parecer absurda, a hipótese já foi objeto de consulta aos órgãos corregedores (Pedido de Providências n. 0002118-17.2016.2.00.0000, CNJ).

dos ao tabelião para a lavratura da escritura em nosso país[24]. Se, por outro lado, o país exigir a forma pública, a procuração será feita em notário público, seguindo o rito do apostilamento ou consularização do sinal público (do notário), tradução e registro. O cidadão brasileiro residente ou em trânsito no exterior pode solicitar o ato notarial no consulado, ou embaixada, ou no notário público local.

Há tratados e acordos que **dispensam** qualquer formalidade para o *exequatur*[25] dos atos notariais oriundos dos respectivos países aqui no Brasil. Apesar dos tratados dispensarem a tradução juramentada, ela pode ser exigida pelo notário que não domine o idioma estrangeiro, para a exata compreensão do documento.

Os instrumentos públicos emanados dos países abaixo terão no outro a mesma força probatória que seus próprios instrumentos públicos:

- Argentina, Paraguai e Uruguai: Decreto n. 2.067/96, art. 25, c/c o art. 103-B, III, da EC n. 45/2004 e art. 5º do Decreto n. 8.742/2016 (exige trâmite pela autoridade central).
- Bolívia e Chile: Decreto n. 6.891/2009, art. 25, c/c o art. 103-B, III, da EC n. 45/2004 e art. 5º do Decreto n. 8.742/2016 (exige trâmite pela autoridade central).
- Espanha: Decreto n. 166/91, art. 28, c/c o art. 103-B, III, da EC n. 45/2004 e art. 5º do Decreto n. 8.742/2016 (exige trâmite próprio).
- França: Decreto n. 3.598/2000, art. 23, e art. 5º do Decreto n. 8.742/2016 (não exige trâmite pela autoridade central, exceto se houver sérias e fundadas dúvidas sobre o documento).
- Itália: Decreto n. 1.476/95, art. 11, c/c o art. 103-B, III, da EC n. 45/2004 e art. 5º do Decreto n. 8.742/2016 (exige trâmite pela autoridade central).

O Decreto n. 8.742, de 4 de maio de 2016, considera válidas as cópias dos atos notariais e de registro civil escriturados nos livros do serviço consular brasileiro no exterior, quando elas contenham a etiqueta ou a folha de segurança da repartição consular emitente, que leva o nome e a assinatura da autoridade consular brasileira responsável.

As assinaturas originais das autoridades consulares brasileiras têm validade em todo o território nacional, ficando dispensada sua legalização.

Havendo dúvida quanto à autenticidade ou à validade dos atos emitidos pelas autoridades consulares brasileiras, as consultas poderão ser dirigidas diretamente aos Consulados e às Embaixadas brasileiras que escrituraram esses atos em seus livros.

---

24. De notar que a Resolução n. 35/2007, da Corregedoria do CNJ, fixa o prazo máximo de 90 dias contados da data da procuração para a sua utilização em cartório de notas. O prazo não tem fundamento legal e não se repristina com novo registro ou nova certidão do ofício de títulos e documentos, como costumam fazer alguns tabeliães (Pedido de Providências, Processo n. 0020934-19-2013.8.26.0100, 2ª Vara de Registros Públicos, Foro Central, São Paulo, SP). Nos casos de procurações lavradas nos consulados brasileiros, o notário poderá solicitar a confirmação de vigência do ato por correio eletrônico (*e-mail*); tal prática tem se mostrado eficaz.
25. Os tratados e acordos exigem que os referidos documentos tenham o trâmite feito por intermédio da Autoridade Central, no Brasil, geralmente atribuído ao Ministério da Justiça ou das Relações Exteriores.

São dispensados de legalização consular, para terem efeito no Brasil, os documentos expedidos por autoridades estrangeiras encaminhados por via diplomática ao Governo brasileiro.

Igual tratamento têm os documentos expedidos por países com os quais a República Federativa do Brasil tenha firmado acordos bilaterais ou multilaterais de simplificação ou dispensa do processo de legalização de documentos.

5) **Redação em língua nacional:** a redação dos atos notariais se fará em português. Não está vedada a eventual utilização de expressões estrangeiras consagradas, ou outras sem palavra correspondente em português, ou, ainda, consagradas e aceitas usualmente. Exs.: internet, webmail, garage.

Se qualquer comparecente não souber a língua nacional e o tabelião não entender o idioma em que se expressa, deve comparecer tradutor público para servir de intérprete, ou, não o havendo na localidade, outra pessoa capaz que, a juízo do tabelião, tenha idoneidade e conhecimento bastantes (CC, art. 215, § 4º).

6) **Traslados e certidões:** fazem a mesma prova plena do documento público notarial os traslados, as certidões extraídas dos instrumentos ou documentos lançados pelo tabelião em suas notas e as reproduções dos documentos públicos, desde que autenticadas pelo oficial público. O vocábulo *traslados*, ou *translados*, tem origem no latim *translatus*. É o instrumento produzido pelo oficial público que descreve tal e qual o documento original, para que seja entregue às partes e circule, permitindo a eficácia jurídica em face de terceiros[26].

Certidão deriva do latim *certitudo*, de *certus*, ou seja, certeza. É o documento no qual o oficial público descreve e dá certeza de fatos que constam de seus livros.

Traslado e certidão têm sentido igual, visto que ambos representam a reprodução do ato feito e conservado pelo oficial, com a declaração de fé deste, para que produza seus efeitos perante a sociedade ao circular[27]. O traslado é emitido logo após a finalização do ato, a certidão é emitida sempre após a emissão do traslado. A certidão notarial difere do traslado, pois pode ser parcial ou conter um extrato ou conjunção de dois ou mais atos notariais. Visa a instrumentar o ato para circulação, como o traslado. O traslado é sempre integral.

A reprodução, como o traslado e a certidão, é uma cópia do ato público ou de documento particular, para multiplicá-los instrumentalmente, permitindo a circulação e a produção de seus efeitos perante terceiros. A reprodução é uma fotografia que clona um documento; é conhecida popularmente como fotocópia ou "xerox". Autenticada pelo oficial público, produzirá os mesmos efeitos do original.

---

26. Até hoje, há debate entre os tabeliães sobre assunto tão singelo. Há quem defenda ser traslado somente o primeiro instrumento copiado, os demais seriam certidões; há quem sustente que devem ser extraídos tantos traslados quantos sejam solicitados, mas somente no momento da entrega do serviço.
27. DE PLÁCIDO E SILVA, O. J. *Vocabulário jurídico*. 21. ed., atual. por Nagib Slaibi Filho e Gláucia Carvalho. Rio de Janeiro: Forense, 2003, p. 165.

Os traslados, as certidões e as reproduções dos atos públicos e demais documentos arquivados pelo oficial fazem a mesma prova que os originais e têm a mesma força probante[28].

Como são documentos que representam o ato e circularão em face de terceiros, os papéis de traslados e certidões devem ter itens de segurança e a aposição do sinal público, dificultando a adulteração e falsificação do instrumento. No Estado de São Paulo, norma da Corregedoria obriga a utilização de papéis de segurança, que são controlados pelo Colégio Notarial do Brasil e pela Corregedoria-Geral da Justiça. Em alguns Estados, o traslado também é assinado pelas partes, mas isso não é regra, tampouco essencial em face da técnica notarial.

Há Estados, como Rio de Janeiro e Santa Catarina, que exigem do oficial registrador a confirmação do traslado alienígena, ou seja, de outro Estado. **Em concursos**, atente para isso.

As certidões ou os traslados podem ser fornecidos em papel e mediante escrita que permitam a sua reprodução por fotocópia ou outro processo equivalente ou sob a forma eletrônica[29].

A certidão somente é expedida dos atos que constem dos livros notariais. Excepcionalmente, podem ser fornecidas certidões de documentos arquivados, mas o melhor é que estes documentos sejam fornecidos por cópia autenticada[30] ou pela própria autoridade autora do ato.

7) **Chancela mecânica e selos de autenticidade**: o tabelião pode utilizar em seus sinais públicos a chancela mecânica, método de autorizar e assinar documentos com o uso de uma máquina que contém o *fac-símile* da assinatura.

Muitos tabeliães, de modo espontâneo ou por determinação das respectivas Corregedorias da Justiça, utilizam também selos, em papel ou meio eletrônico. Tais selos fazem parte do sinal público e prestam-se para segurança dos atos e controle e fiscalização por parte do juízo corregedor. Os selos não atribuem autenticidade; constituem-se em mero atributo do sinal público. Importante ressaltar, porém, que certas normas administrativas que obrigam ao uso do selo cominam a sua falta ou uso irregular com a nulidade do ato. **Em concursos**, atente para isso.

6.3.2 Aspectos intrínsecos

Os aspectos intrínsecos do ato notarial envolvem a presença e correção de elementos indispensáveis do ato, como a identidade das partes, capacidade, manifestação da vontade, objeto do negócio ou o próprio negócio etc. Para melhor compreensão do tema, lembramos os elementos do *lead* jornalístico: quem, quando, onde, o que, como e por quê.

Comecemos por *quem*, ou seja, as partes e demais intervenientes.

---
28. PONTES DE MIRANDA, F. C. *Comentários ao Código de Processo Civil*: arts. 282 a 443, t. IV, p. 360.
29. Em São Paulo, o documento eletrônico deve ser em PDF/A, ou como informação estruturada em XML (*Extensible Markup Language*), assinados com Certificado Digital ICP-Brasil, tipo A3 ou superior.
30. Exceto para os documentos em cópia autenticada ou simples.

6.3.2.1 Partes e demais intervenientes da escritura pública

São partes os interessados no ato notarial. São outorgantes, se conferem direitos, ou outorgados, se recebem tais direitos.

A escritura pode conter também a presença de intervenientes, ou seja, pessoas que não fazem parte do negócio, mas cuja presença seja necessária para perfectibilizar a outorga como anuentes ou testemunhas. São exemplos de comparecentes: o cônjuge que comparece para simplesmente anuir (concordar) com a venda do bem imóvel de propriedade do outro, ou o credor hipotecário que se declara ciente do negócio, ou, ainda, as testemunhas instrumentais ou probatórias presentes em certos atos[31].

O tabelião, ou o escrevente, não é parte; é autor do ato. Nem o advogado nos atos de inventário e divórcio ou nem o presentante da pessoa jurídica.

É requisito essencial da atividade notarial o reconhecimento da identidade e capacidade das partes e de quantos tenham comparecido ao ato, por si, como representantes, intervenientes ou testemunhas (art. 215, II).

Além de verificar a identidade das partes, o tabelião deve realizar a sua qualificação jurídica.

No sentido processual, qualificação é tomada no conceito de identificação com os demais atributos que demonstrem as qualidades relevantes da pessoa para o ato a ser realizado[32]. Integram a qualificação o nome completo, o estado civil, a nacionalidade, a profissão, o domicílio, o número da carteira de identidade e seu órgão expedidor e o número do Cadastro de Pessoas Físicas do Ministério da Fazenda (CPF). Se a parte é uma empresa ou associação, a razão social, o nome fantasia, a origem nacional, o domicílio, o número no Cadastro Nacional de Pessoas Jurídicas do Ministério da Fazenda (CNPJ) e o número de inscrição na junta comercial ou no cartório de registro civil das pessoas jurídicas[33].

A pessoa jurídica é presentada por seu administrador, ressalvadas as hipóteses em que o contrato social disponha uma presentação qualificada para todos ou certos atos, o que costuma ocorrer para a alienação de bens imóveis. Esses presentantes devem ser qualificados como pessoas físicas, indicada sempre a cláusula contratual de mandato ou autorização especial societária que os legitima.

Muitos contratos sociais são mal redigidos, com cláusulas confusas, dificultando a compreensão da presentação qualificada para certos atos, em especial os de alienação de imóveis.

É indispensável o exame do objeto social e dos poderes de administração diante do ato que pretende praticar o administrador (art. 1.015 do Código Civil).

Se o contrato for silente quanto aos poderes ou houver cláusulas conflitantes, o tabelião deve exigir a adequação do contrato social ou o comparecimento de sócios

---

31. Art. 7º, § 2º, Lei n. 8.935/94: É vedada a exigência de testemunhas apenas em razão de o ato envolver pessoa com deficiência, salvo disposição em contrário.
32. DE PLÁCIDO E SILVA, O. J. *Vocabulário jurídico*, p. 664.
33. Veja o art. 111 do Código Nacional de Normas.

com maioria do capital social. Se o ato é estranho ao objeto social, também dependerá do comparecimento de sócios com maioria do capital social, e o tabelião pode solicitar especial aprovação em assembleia ou autorização dos sócios.

Nos incisos II e III, o art. 215 do Código Civil dispõe que o tabelião, ao lavrar escrituras públicas, deve reconhecer a identidade e a capacidade das partes e de todos quantos compareçam ao ato, por si, como representantes ou intervenientes, e qualificá-las.

Não é imprescindível que sejam reconhecidas as identidades e capacidades, ou requerida a qualificação, seja do solicitante, seja de terceiros presentes na ata notarial, mas na escritura pública é indispensável.

A identidade das partes é aferida pela apresentação do documento de identidade civil. Há inúmeros documentos oficiais de identidade em nosso ordenamento e qualquer um deles pode e deve ser aceito se previsto em lei. Dentre estes, destacam-se os documentos expedidos pelas secretarias da segurança pública ou pelos DETRANs de cada Estado, ou ainda os expedidos pelas ordens profissionais, como a OAB e o CREA.

Já houve discussão sobre se o documento de identidade com data de validade vencida pode ser aceito como identificação. Uma só decisão do STJ resolveu o assunto: pode sim[34].

O concurseiro deve optar "sim" em face desta questão. O assunto foi controverso, mas hoje há consenso. Verifique, de qualquer modo, a regulamentação do Tribunal de Justiça local[35].

O nacional pode ser identificado pelo passaporte, que é documento de identidade destinado ao exterior. O estrangeiro também pode ser identificado por seu passaporte, que será apresentado com o visto de trânsito ou permanência válido. Excepcionalmente, pode o tabelião, a seu exclusivo juízo, identificar o estrangeiro por documentos oficiais de identidade de seu país de origem, hipótese que somente deve ser admitida para atos indispensáveis à cidadania (como um pedido de visto, de permanência, de asilo, o reconhecimento de filho, o testamento)[36].

A capacidade das pessoas é atestada pelo tabelião e eventuais testemunhas em função da percepção ordinária dos fatos da vida. Idade avançada ou dificuldade de se expressar não diminuem a capacidade de ninguém. Age mal o tabelião que se amedronta em face disso e deixa de atender as partes. A exigência de atestados médicos para estes casos é temerária. Em primeiro lugar, é uma condição não prevista em lei, logo, arbitrária. Em segundo lugar, a verificação da capacidade no âmbito da tutela notarial é

---

34. STJ, 1ª Turma, RMS 48.803, Relator Min. Napoleão Nunes Mais Filho. No mesmo sentido, o REsp 1.805.381, sob a relatoria do ministro Gurgel de Faria (1ª Turma) já havia firmado o entendimento de que o prazo de validade da CNH "deve ser considerado estritamente para se determinar o período de tempo de vigência da licença para dirigir, até mesmo em razão de o artigo 159, parágrafo 10, do Código de Trânsito Brasileiro condicionar essa validade ao prazo de vigência dos exames de aptidão física e mental".
35. As Normas de Serviço do Estado de São Paulo preveem a aceitação de CNH vencida (item 180, Cap. XVI).
36. O estrangeiro não residente no território nacional será identificado à luz de seu passaporte, salvo quando houver tratado internacional permitindo a aceitação do documento civil de identificação de seu país (Normas de Serviço do Estado de São Paulo, item 180.5, Cap. XVI).

feita exclusivamente pelo juízo do tabelião[37], que não age com culpa se uma apreciação judicial posterior concluir que a parte era incapaz ou não estava lúcida no momento do ato. Finalmente, a exigência de um atestado médico pode indicar para um futuro juiz que aprecie a regularidade do ato que havia dúvida quanto à capacidade das partes, antecipando uma suspeição futura que pode ferir de morte o ato.

Contudo, há decisões administrativas que privilegiam a apresentação de atestado médico como medida de cautela e prudência do tabelião[38].

Outro assunto em voga é a entrada em vigor da Lei n. 13.146, de 6 de julho de 2015, que instituiu a Lei Brasileira de Inclusão da Pessoa com Deficiência, chamada de Estatuto da Pessoa com Deficiência.

Este Estatuto visa a assegurar e a promover, em condições de igualdade, o exercício dos direitos e das liberdades fundamentais da pessoa com deficiência, visando à sua inclusão social e cidadania.

Segundo a nova lei, pessoa com deficiência é aquela que tem impedimento de longo prazo de natureza física, mental, intelectual ou sensorial, a qual, em interação com uma ou mais barreiras, pode obstruir sua participação plena e efetiva na sociedade em igualdade de condições com as demais pessoas (art. 2º). A lei não faz mais distinção entre deficiência física ou psíquica.

Foram revogados os seguintes dispositivos do Código Civil, Lei n. 10.406, de 10 de janeiro de 2002:

- os incisos I, II e III do art. 3º;
- os incisos II e III do art. 228;
- o inciso I do art. 1.548;
- o inciso IV do art. 1.557;
- os incisos II e IV do art. 1.767;
- os arts. 1.776 e 1.780.

Ao modificar as regras sobre capacidade civil, temos mudanças fundamentais nas relações familiares e negociais, especialmente sobre a curatela.

Exige, dos profissionais do Direito, estudo sobre a nova teoria da incapacidade em harmonia com os princípios da dignidade da pessoa humana. E mais, a sensibilidade e a lucidez para mudar velhas fórmulas sobre a capacidade civil.

Como a doutrina e os tribunais tratarão doravante o **art. 166, I** (é nulo o negócio jurídico quando celebrado por pessoa absolutamente incapaz), o **art. 171, I** (além dos casos expressamente declarados na lei, é anulável o negócio jurídico por incapacidade relativa do agente), ou, ainda, o **art. 1.860** (além dos incapazes, não podem testar os que, no ato de fazê-lo, não tiverem pleno discernimento) sob a perspectiva do Estatuto da Pessoa com Deficiência?

---

37. No caso do testamento público, também de duas testemunhas.
38. Nesse sentido: Processo CG n. 2014/121895, Corregedoria-Geral da Justiça do Estado de São Paulo, e Processo n. 0026342-20.2015.8.26.0100, 2ª Vara de Registros Públicos de São Paulo.

O art. 6º da Lei n. 13.146/2015 disciplina que a deficiência **não afetará a plena capacidade civil da pessoa**, inclusive para:

I – casar-se e constituir união estável;

II – exercer direitos sexuais e reprodutivos;

III – exercer o direito de decidir sobre o número de filhos e de ter acesso a informações adequadas sobre reprodução e planejamento familiar;

IV – conservar sua fertilidade, sendo vedada a esterilização compulsória;

V – exercer o direito à família e à convivência familiar e comunitária; e

VI – exercer o direito à guarda, à tutela, à curatela e à adoção, como adotante ou adotando, em igualdade de oportunidades com as demais pessoas.

A pessoa com deficiência tem direito a receber atendimento prioritário, sobretudo com a finalidade de atendimento em todas as instituições e serviços de atendimento ao público (art. 9º), incluindo os serviços notariais e de registro.

Os serviços notariais e de registro não poderão negar ou criar óbices, ou condições diferenciadas à prestação dos serviços notariais e registrais em razão de deficiência do solicitante, **devendo reconhecer sua capacidade legal plena**, garantida a acessibilidade (art. 83).

O descumprimento do disposto anteriormente constituirá discriminação em razão de deficiência, e as penalidades estão tipificadas nos arts. 88 e seguintes.

A pessoa com deficiência **tem assegurado o direito ao exercício de sua capacidade legal** em igualdade de condições com as demais pessoas (art. 84).

Quando necessário, a pessoa com deficiência será submetida à curatela, conforme a lei. Será facultada à pessoa com deficiência a adoção de processo de tomada de decisão apoiada[39].

O art. 85, por sua vez, menciona que a curatela afetará tão somente os atos relacionados aos **direitos de natureza patrimonial e negocial**.

A curatela não alcança o direito ao próprio corpo, à sexualidade, ao matrimônio, à privacidade, à educação, à saúde, ao trabalho e ao voto. Constitui **medida extraordinária**, devendo constar da sentença as razões e as motivações de sua definição, preservados os interesses do curatelado.

Parece-nos que o tabelião deverá atuar com cautela e prudência. Deve fazer uma leitura sistêmica entre os arts. 83, 84, §§ 1º e 2º, 85, §§ 1º e 2º, do Estatuto da Pessoa com Deficiência c/c os arts. 3º, 4º, 215, II, e 1.767, I, do Código Civil. Assim, se presentes os requisitos, os tabeliães deverão reconhecer capacidade plena às pessoas com deficiência **quando elas puderem exprimir a sua vontade sobre o ato notarial solicitado**, por força dos arts. 84, § 1º, e 85 do Estatuto e 215, II, do Código Civil.

Se a pessoa não conseguir exprimir a sua vontade, será necessária a figura do curador (art. 1.767 do CC) ou do apoiador – pessoa para a tomada de decisão apoiada

---

39. A sentença que decretar a tomada de decisão apoiada será registrada no Registro Civil de Pessoas Naturais (Prov. CGJ-SP n. 32/2016).

prevista no art. 1.783-A do Código Civil. Caso contrário, **o ato deverá ser negado** (art. 5º do Estatuto e art. 1.767, I, do CC).

Em conclusão: se o tabelião não tiver certeza a respeito da capacidade da parte, deve recusar-se a lavrar o ato, sejam escrituras ou atas. Exigir prova extra da capacidade constitui indício antecipado de que as partes podem não estar capazes.

Em alguns Estados, como o Rio de Janeiro, há norma administrativa que exige a apresentação de uma certidão do distribuidor do cartório de interdições e tutelas. Com isso, sendo negativa a certidão, o tabelião tem a certeza de que a parte ou os intervenientes não estão interditados (ou são partes de processo tendente à interdição).

As pessoas jurídicas podem comparecer como partes ou intervenientes em atos notariais (nunca como testemunhas), presentadas ou representadas pelas pessoas físicas legitimadas. Para tanto, é indispensável a apresentação dos seguintes documentos: contrato empresarial ou estatuto, ata da assembleia ou reunião que indicou os presentantes registrada no órgão próprio[40] e, quando houver, o instrumento de mandato do representante.

A lei não exige que a documentação seja atualizada, isto é, recente, com prazo fixo limitado, como 30, 90 dias, ou qualquer outro prazo. As Normas de São Paulo determinam que a documentação das pessoas jurídicas não poderá ser de prazo superior a um ano, permitindo que se obtenha a ficha cadastral atualizada da Junta Comercial, via internet, se possível. Há normas administrativas estaduais que fixam esses prazos, *ad cautelam*. Parece-nos que essa disciplina deve ser interpretada como recomendação ao fazer notarial, em respeito aos princípios de liberdade e legalidade insculpidos no art. 5º, II, da Constituição Federal. Cabe ao notário, no âmbito de sua autonomia profissional, adotar as cautelas pontualmente, sob sua responsabilidade[41]. **Em concursos**, a questão deve ser respondida à luz das normas administrativas do Estado onde se realiza o certame.

A procuração para representar pessoas físicas ou jurídicas deve atender ao princípio da atração da forma (art. 657 do CC)[42], devendo conter os poderes gerais de administração ou os poderes expressos e especiais para o ato notarial que se requer. Igual cuidado merecem as procurações oriundas do estrangeiro.

Não há prazo para a procuração, mas algumas normas administrativas requerem que seja apresentada uma certidão recente (90 dias ou menos), exigência sem suporte legal, mas de boa cautela. Para tanto, alguns tabeliães, antes de lavrar atos baseados em procurações, costumam consultar os colegas autores das procurações para se certificarem de que ainda estão vigentes[43].

---

40. Excepcionalmente, pode estar pendente de registro. Nesse caso, o tabelião deve indicar tal fato no ato notarial. O tabelião deve fazer uma análise técnica da documentação para verificar sua registrabilidade. Não é sua competência, mas vícios evidentes podem indicar querelas ou irregularidades insanáveis que podem comprometer a legitimidade da presentação ou representação.
41. Nesse sentido, em São Paulo, decisão da Corregedoria-Geral da Justiça, Processo 000.02.004824-6, publicada no *DOE* em 9-4-2002: "Aliás, a melhor leitura das Normas indica que o prazo não pode ser impositivo, sendo mera recomendação aos notários."
42. "Art. 657 do CC: A outorga do mandato está sujeita à forma exigida por lei para o ato a ser praticado. Não se admite mandato verbal quando o ato deva ser celebrado por escrito."
43. Essa consulta de vigência é obrigatória no Estado de Santa Catarina, por exemplo.

O inciso III do art. 215 do Código Civil exige para a qualificação o nome, a nacionalidade, o estado civil, a profissão, o domicílio e a residência. Quando necessário, também o nome do cônjuge e o regime de bens do casamento ou a filiação[44].

O nome, a filiação, a nacionalidade e o casamento com o respectivo regime de bens são atestados pelo tabelião de acordo com os documentos de identidade e certidão de casamento apresentados. Esses dados da qualificação e a fé da capacidade civil das partes e demais comparecentes fazem prova plena.

A apresentação de carteira de identidade emitida por órgão profissional (como as da Ordem dos Advogados e dos Conselhos Profissionais), quando legalmente previstas, confere presunção de autenticidade notarial também a este respeito[45].

A certidão de casamento dá certeza do casamento ou da separação, ou do divórcio, se estiverem averbados. Caso contrário, escrituras ou sentenças de separação, ou divórcio podem ser aceitas, ainda que pendentes de registro, ressalvado o fato no ato notarial.

O óbito é provado pela certidão própria ou por outra em que conste a sua averbação. É importante o tabelião consignar no ato se a parte é casada em únicas núpcias ou em segundas núpcias, ou mais, pois significa que houve uma análise notarial criteriosa da certidão, rechaçando qualquer dúvida sobre este aspecto. A viuvez é provada pela apresentação da certidão de óbito do cônjuge falecido. O estado civil indicado pelo tabelião à vista das certidões tem a presunção legal de autenticidade.

O estado civil de solteiro é provado pela certidão de nascimento atualizada ou decorre de declaração da parte, devendo a parte provar seu estado se houver contestação. O tabelião não é responsável pela declaração falsa e por seus efeitos, mesmo que eles causem prejuízos a terceiros de boa-fé, posto que o sistema não prevê outro tipo de certeza.

A nacionalidade é provada pelo documento de identidade ou registro empresarial. O CPF é provado com a mera indicação do número de inscrição perante a Secretaria da Receita Federal do Brasil, que será conferido pelo tabelião no sítio do órgão[46]. A situação irregular perante o CPF não obsta a lavratura do ato; a inexistência do número ou o seu cancelamento, sim, devem obstar a lavratura[47].

A residência e o domicílio das partes e demais comparecentes são declarados, segundo o princípio da boa-fé[48]. Não se requer a apresentação de uma conta de consumo para prová-los, posto que não há previsão legal[49]. É conveniente, mas não há obrigatoriedade legal, que o tabelião agregue também o Código de Endereçamento Postal (CEP) das partes e comparecentes.

---

44. O Provimento CNJ n. 61 de 17-10-2017, integrado ao Código de Normas Nacional, exige constar a existência de união estável, filiação e endereço eletrônico (e-mail). A normativa é destinada aos atos judiciais, mas se expande para os atos notariais, causando dúvida na sua aplicação.
45. Simples carteiras classistas ou funcionais, cuja emissão e equivalência identificatória não tenham fundamento legal, não podem ser aceitas para identificação.
46. O cartão de CPF foi extinto pela SRF. Não deve mais ser exigido.
47. Em especial, as escrituras que versam sobre imóveis.
48. De acordo com o art. 1º da Lei n. 7.115/83, a declaração destinada a fazer prova de residência presume-se verdadeira.
49. Para os atos notariais digitais a comprovação é necessária: verificação do título de eleitor, ou outro domicílio comprovado.

Apesar de o inciso III exigir a indicação da filiação das partes e demais comparecentes, esta norma caiu em desuso, pois a identidade é especializada à vista do número do documento, não mais por meio da filiação. Há casos, porém, em que a indicação pode ser indispensável, quando seja necessário identificar uma pessoa em face de sua descrição em antiga transcrição imobiliária.

A atividade profissional pode ser autenticada pela apresentação de documento de identidade oficial expedido pelo órgão de classe ou ser meramente declarada pela parte ou comparecente, também conforme o princípio da boa-fé. Aposentado não é profissão, mas indica a inatividade e presta-se para a qualificação.

A seguir, trataremos do momento do ato notarial, o *quando* do *lead* jornalístico.

6.3.2.2 Tempo do ato notarial

Os atos notariais devem conter a data e, se possível, a hora de sua realização (art. 215, I, do CC), conforme o calendário oficial do local[50]. O tempo deve ser preciso, às vezes até quanto aos segundos, quando se tratar de atas notariais. Para escrituras, basta indicar o dia, constituindo preciosismo a indicação da hora do testamento em vista da possibilidade de o testador morrer no dia em que realiza o ato.

Os atos notariais sempre se prolongam no tempo. São solicitados, preparados, revisados, sopesados, refletidos, agendados e, finalmente, assinados, no mesmo momento ou em instantes diferentes.

Há, portanto, a incidência de inúmeras ações e seus respectivos tempos. Nas escrituras, não se exige a descrição pormenorizada destes momentos, nem mesmo quando se trata de precisar a data da assinatura. A melhor técnica notarial impõe que sejam os atos assinados na mesma data da lavratura, mas as atribuições e conveniências de nosso tempo permitem tolerar a assinatura em momento posterior. Quão posterior? Um ou dois dias, no máximo[51]. Além disso, ou mesmo dentro deste prazo, sujeita o tabelião à penalidade imposta pelo juízo corregedor. **Em concursos**, esta questão deve ser respondida ortodoxamente: o ato deve ser assinado no mesmo dia e na mesma hora por todas as partes e comparecentes.

Nas atas que verificam fatos que se prolongam no tempo, a redação deve mencionar com exatidão o dia e a hora de cada ação. Se a constatação ficar arquivada em notas, apontamentos, minuta ou na memória do tabelião, não há prazo, pode-se lavrar a ata consignando as datas das constatações e a de lavratura.

Os desenvolvedores de programas de informática têm uma expressão cuja aplicação sugerimos ao tabelião: *wysiwyg* ou *what you see is what you get*; em português, "o que você vê é o que você tem". Assim deve ser a narrativa do tabelião na ata.

Parece-nos dificultar a leitura e compreensão a indicação "aos dezesseis dias do mês de junho do ano de dois mil e doze da era de nosso Senhor Jesus Cristo".

---

50. A data e a hora legal do Brasil são divulgadas pelo Observatório Nacional.
51. Como dito anteriormente, no Estado de São Paulo o ato notarial pode ficar pendente de assinatura até 30 dias após sua lavratura.

É importante notar que, se o tabelião dispuser de sistema eletrônico de edição dos atos e a hora for lançada automaticamente pelo sistema, não prejudica o ato se a redação declarar um horário em que o cartório estava fechado ao público, mas os escreventes já trabalhavam, imprimindo os atos que seriam assinados pelas partes durante o dia[52].

Essas situações devem ser mencionadas expressamente no ato notarial (escrituras e atas), indicados os motivos do atendimento extraordinário.

Veremos, a seguir, *onde* são lavrados os atos notariais.

6.3.2.3 Local dos atos notariais

A regra é a lavratura do ato notarial no endereço do tabelionato, onde é assinado pelas partes e demais comparecentes.

O ato pode ser previamente lavrado no tabelionato e levado para outro local, onde são conduzidas as formalidades (leitura do ato e declaração de que todos estão concordes com o conteúdo) e o ato é assinado. Neste caso, o ato é "em diligência" e deve declarar como local o endereço onde é assinado[53].

Em São Paulo, as folhas dos livros não podem permanecer fora da serventia, de um dia para outro, ressalvadas as hipóteses de atos em diligência realizados fora do horário e dos dias estabelecidos para o atendimento ao público, mediante prévia autorização do Tabelião de Notas.

Excepcionalmente, o ato pode ser lavrado no local da diligência, quando as circunstâncias impuserem. Tal é o caso do testamento, ata notarial, escritura imobiliária etc.

O tabelião não pode deslocar a lavratura para área externa do município para o qual recebeu a delegação (Lei n. 8.935/94, art. 9º).

O que declaram e fazem as partes no ato notarial, a seguir.

6.3.2.4 Objeto do ato notarial

O objeto do ato notarial é autenticar um fato (ata notarial) ou formalizar um ato ou negócio jurídico (escritura pública).

---

52. Nesse sentido, em São Paulo, o eminente Juiz Corregedor Permanente da 2ª Vara de Registros Públicos, Dr. Márcio Martins Bonilha Filho, assim decidiu no processo CP 06/04-TN: "Por fim, a questão do alegado horário inusitado na lavratura das atas não configura, igualmente, conduta irregular, sujeita à adoção de providência censório-disciplinar em relação à unidade, em quadro onde o Tabelião demonstrou ter acessado os sítios eletrônicos nos respectivos horários indicados. Pese embora a disciplina reinante (art. 4º da Lei n. 8.935/94 e Portaria CP 419/98), no tocante à jornada de trabalho e ao atendimento ao público, nada impede que o acesso aos sítios eletrônicos, como ocorreu na espécie, ocorra em horário diverso, sobretudo diante da natureza da ata, a justificar tal comportamento, devidamente transposto nos instrumentos públicos, traduzindo a efetiva realidade do fato". Após atualização das Normas de Serviço, passou a constar expressamente: "4.1. É facultado-lhe lavrar os atos notariais fora do horário e dos dias estabelecidos, na portaria, para o atendimento ao público, salvo expressa proibição motivada do Juiz Corregedor Permanente, a ser submetida à Corregedoria-Geral da Justiça".
53. Em São Paulo, os locais de coleta da assinatura devem ser expressamente lançados no ato notarial e as partes deverão apor ao lado de sua firma a data e o local (o mesmo da lavratura ou o endereço completo se for diverso) onde feita a subscrição.

Segundo o art. 215, IV, do Código Civil, é requisito do ato notarial a manifestação clara da vontade das partes e dos intervenientes. O tabelião deve narrar os fatos constatados com clareza e objetividade, com acuidade e precisão fática, linguística e gramatical. A escritura ou a ata deve distinguir com clareza o que é atestado pela fé do notário do que é percebido e declarado pelas partes ou por terceiros intervenientes.

Se o tabelião compreender os sinais e a forma como se manifestam os cegos, surdos, mudos ou pessoas portadoras de deficiências que dificultem a comunicação, não há obstáculo para que as atenda, redobrando o cuidado com o que fala ou comunica e o que percebe.

Se qualquer dos comparecentes não souber a língua nacional e o tabelião não entender o idioma em que ele se expressa, deve comparecer tradutor público ou, se não houver, qualquer outra pessoa que entenda o estrangeiro e, a juízo do tabelião, tenha idoneidade para servir de intérprete para a realização do ato (art. 215, § 4º, do CC).

Recepcionada a vontade das partes, o tabelião deve identificar o negócio mais adequado que as atenda, traduzindo esta manifestação em linguagem jurídica que produza os efeitos pretendidos.

Para tanto, deve ser claro na expressão, deve escrever com objetividade, utilizando-se da ordem direta (sujeito, verbo e predicado), evitando expressões e jargões inúteis (como é exemplo o clichê "nos melhores termos de direito").

Que negócio realizam as partes? Quem vende? Quem compra? Quem vende deve declarar na escritura que vende, e quem compra deve declarar que compra. O objeto do negócio deve ser especificado claramente, sem margem de dúvida, bem como o preço e a forma de pagamento.

Aspecto importante do fazer notarial é a análise da certidão imobiliária (matrícula ou transcrição), a qual deve ser feita com extrema acuidade e atenção, verificando o encadeamento dos atos registrais, os ônus e as partes envolvidas, na sua integralidade.

Se há condição ou termo, a narrativa deve indicar com clareza a quem cumpre observar estes requisitos e como se resolve o inadimplemento.

Os intervenientes devem declarar o que fazem no ato, não basta assinarem. Se compareceu um cônjuge para anuir, a escritura deve conter, indispensavelmente, a declaração de que concorda com a venda segundo as condições ali descritas[54].

A escritura deve ser lida para ou pelas partes e demais comparecentes, devendo ser declarado que foi lida perante todos ou que todos a leram.

O tabelião deve consultar e declarar, dando fé, que as partes concordaram com todo o teor do instrumento. Ao final, as partes e demais comparecentes devem assinar.

O ato se perfectibiliza com a assinatura final do tabelião ou de um de seus substitutos.

Se algum comparecente não puder ou não souber escrever, outra pessoa capaz pode assinar por ele, a seu pedido (rogo).

---

54. Por sinal, é frequente que o cônjuge seja indicado erroneamente como assistente. Não o é; é anuente.

Finalmente, a escritura deve indicar *por que* as partes comparecem ao ato, o que veremos adiante.

6.3.2.5 Fundamentação legal e motivos

Não se deve confundir a fundamentação legal do ato notarial com a do negócio ou ato jurídico que produzem as partes.

É indispensável que o tabelião informe o fundamento legal de sua atuação (CC, art. 215, V), que pode ser simplesmente indicado pela dação da fé pública notarial ou pela menção aos artigos de lei que preveem o ato (por exemplo, Lei n. 8.935/94, art. 7º, III, para as atas notariais).

Quanto às partes, é importante indicar o fundamento legal do negócio e, quando tiver relevância, a motivação.

6.3.2.6 Outros requisitos

A lei exige também que o tabelião declare se há o cumprimento das exigências legais e fiscais inerentes à legitimidade do ato.

Estas exigências estão indicadas na Lei n. 7.433/85, regulamentada pelo Decreto n. 93.240/86.

Na escritura pública de imóveis urbanos, a descrição e a caracterização do objeto devem indicar o que contém a certidão do Cartório do Registro de Imóveis, repetindo apenas o número do registro ou da matrícula e a completa localização, com indicação do logradouro, número, bairro, da cidade e do Estado[55].

O tabelião deve consignar no ato notarial a apresentação do documento comprobatório do pagamento do Imposto de Transmissão *Inter Vivos* ou Imposto sobre Transmissão *Causa Mortis* e Doação de Quaisquer Bens ou Direitos, quando incidente sobre o ato, ressalvadas as hipóteses em que a lei autorize a efetivação do pagamento após a sua lavratura.

Deve indicar também a apresentação das certidões fiscais, dos feitos ajuizados e de ônus reais.

As certidões fiscais são as que atestam a situação do imóvel perante os órgãos da administração responsáveis pela imposição tributária. Trata-se de declaração da secretaria da Fazenda do município, para os imóveis urbanos, ou da secretaria do patrimônio da União, para os imóveis foreiros. Finalmente, a situação fiscal dos imóveis rurais é controlada pela Secretaria da Receita Federal do Brasil, que expede a certidão.

Ações reais são as que versam sobre o domínio, propostas pelos proprietários ou por detentores de direito real (art. 1.225 do CC). Ações pessoais reipersecutórias são as que podem afetar o imóvel levando-o a garantir a execução do autor. Citado por Sérgio

---

55. Em São Paulo, também os imóveis rurais **georreferenciados** podem ser descritos pelo número da matrícula, exceto quando se trate de transcrição; neste caso, o imóvel deve ser descrito de forma integral e pormenorizada (item 60, *a*, *1*, cap. XVI).

Jacomino, Aureliano de Gusmão considera ações pessoais reipersecutórias as que, derivando de uma obrigação, têm uma direção real, recaindo sobre uma coisa certa (*rem sequuntur*) e podendo ser propostas ou contra a pessoa obrigada ou contra o possuidor da coisa[56].

A Lei n. 13.097/2015 disciplinou que os negócios jurídicos sobre imóveis somente têm eficácia em relação aos atos jurídicos precedentes nas hipóteses em que não tenham sido registradas ou averbadas na matrícula do imóvel as seguintes informações: a) registro de citação de ações reais ou pessoais reipersecutórias; b) averbação, por solicitação do interessado, de constrição judicial, de que a execução foi admitida pelo juiz ou de fase de cumprimento de sentença, procedendo-se nos termos previstos no art. 828 da Lei n. 13.105, de 16 de março de 2015 (Código de Processo Civil)[57]; c) averbação de restrição administrativa ou convencional ao gozo de direitos registrados, de indisponibilidade ou de outros ônus; e d) averbação, mediante decisão judicial, da existência de outro tipo de ação cujos resultados ou responsabilidade patrimonial possam reduzir seu proprietário à insolvência, nos termos do inciso IV do *caput* do art. 792 da Lei n. 13.105, de 16 de março de 2015 (Código de Processo Civil)[58].

A lei 14.825/24, inseriu ainda mais uma hipótese de averbação para prevenção dos negócios jurídicos, prevendo que qualquer tipo de constrição judicial incidente sobre o imóvel ou sobre o patrimônio do proprietário, bem como os oriundos de ação de improbidade administrativa ou de hipoteca judiciária, devem ser averbadas para conhecimento público. Decisões judiciais que importem em restrições aos direitos reais, como o usufruto, também devem ser informadas.

Não poderão ser opostas situações jurídicas não constantes da matrícula no registro de imóveis, inclusive para fins de evicção, ao terceiro de boa-fé que adquirir ou receber em garantia direitos reais sobre o imóvel, ressalvados o disposto nos arts. 129 e 130 da Lei n. 11.101, de 9 de fevereiro de 2005, e as hipóteses de aquisição e extinção da propriedade que independam de registro de título de imóvel[59].

E para a validade ou eficácia dos negócios jurídicos a que se refere o *caput* deste artigo ou para a caracterização da boa-fé do terceiro adquirente de imóvel ou beneficiário de direito real, não serão exigidas[60]: I – a obtenção prévia de quaisquer documentos ou certidões além daqueles requeridos nos termos do § 2º do art. 1º da Lei n. 7.433, de 18 de dezembro de 1985; e II – a apresentação de certidões forenses ou de distribuidores judiciais.

O escopo do ordenamento é garantir segurança nos negócios imobiliários, informando claramente as situações que podem afetar os bens e como as informações devem estar registradas ou averbadas centralizadamente no registro imobiliário competente.

---

56. In: PAIVA, João Pedro Lamana. Disponível em: <http://registrodeimoveis1zona.com.br/>. Acesso em: 12 jun. 2016.
57. Redação dada pela Lei n. 14.382, de 2022.
58. Redação dada pela Lei n. 14.382, de 2022.
59. Redação dada pela Lei n. 14.382, de 2022.
60. Incluído pela Lei n. 14.382, de 2022.

O comprador de boa-fé não pode ser atingido por ação que desconheça, que não esteja inscrita no registro predial.

Isso significa que, se houver uma demanda e o autor não noticiar (averbar) a demanda na matrícula e o réu vier a vender o bem, esse negócio jurídico terá preferência sobre eventual demanda favorável, impossibilitando o autor de buscar a anulação do negócio por fraude contra credores ou à execução.

Assim, não poderão ser opostas situações jurídicas não constantes da matrícula do registro de imóveis, inclusive para fins de evicção, ao terceiro de boa-fé que adquirir ou receber em garantia direitos reais sobre o imóvel. São exceções a essa regra: a) em relação à massa falida, são ineficazes os atos de registro de direitos reais e de transferência de propriedade realizados após a decretação da falência, salvo se houver prenotação[61]; e b) as hipóteses de aquisição e extinção da propriedade que independem de registro, como a usucapião e a aquisição por acessão (art. 1.238 e 1.248 do CC)[62].

A alienação ou oneração de unidades autônomas integrantes de incorporação imobiliária, parcelamento do solo ou condomínio edilício, devidamente registrada, não poderá ser objeto de evicção ou de decretação de ineficácia, mas eventuais credores do alienante ficam sub-rogados no preço ou no eventual crédito imobiliário, sem prejuízo das perdas e danos imputáveis ao incorporador ou empreendedor, decorrentes de seu dolo ou culpa, bem como da aplicação das disposições constantes da Lei n. 8.078, de 11 de setembro de 1990. É uma garantia para o adquirente de unidade autônoma que registra o seu título e contrata com o incorporador/loteador o pagamento parcelado do imóvel. Os credores do alienante (incorporador, loteador, condomínio edilício) não alcançarão o imóvel, mas somente as prestações faltantes do contrato[63].

A averbação na matrícula do imóvel será realizada por determinação judicial e conterá a identificação das partes, o valor da causa e o juízo para o qual a petição inicial foi distribuída[64]. A averbação recairá preferencialmente sobre imóveis indicados pelo proprietário e se restringirá a quantos sejam suficientes para a satisfação do direito. A quantidade de registros averbados deve ser razoável, guardando relação de valor para satisfazer o objeto da demanda. Eventual abuso poderá ensejar indenização.

Após realizar a averbação, o oficial do registro deve comunicar o juízo no prazo de até dez dias. A qualificação registral, admitindo a averbação ou inadmitindo por nota devolutiva, será feita no prazo de 5 dias.

O disposto na Lei n. 13.097/2015 não se aplica a imóveis que façam parte do patrimônio da União, dos Estados, do Distrito Federal, dos Municípios e de suas fundações e autarquias.

O art. 59 alterou a Lei n. 7.433/85, e o § 2º do art. 1º passou a ter a seguinte redação:

---

61. Lei n. 13.097/2015, art. 56.
62. Nesse sentido, Comunicado CG n. 276, de 13-3-2015.
63. PAIVA, João Pedro Lamana. Disponível em: http://registrodeimoveis1zona.com.br/. Acesso em: 12 jun. 2016.
64. JACOMINO, Sérgio. Processo e registro – a forma além do conteúdo, *Boletim Eletrônico*, n. 2.834, de 8-2-2007. Acesso em: 21 jun. 2016.

"§ 2º O Tabelião consignará no ato notarial a apresentação do documento comprobatório do pagamento do Imposto de Transmissão *Inter Vivos*, as certidões fiscais e as certidões de propriedade e de ônus reais, ficando dispensada sua transcrição".

O novo texto excluiu a menção "feitos ajuizados" e incluiu "certidões de propriedade e de ônus reais". Isso significa que os credores deverão ser diligentes na averbação de seus créditos ou direitos com relação às matrículas dos imóveis, pois sua desídia acarretará a sanção do § 1º do art. 54 da Lei n. 13.097/2015.

Os tabeliães de notas não necessitam exigir a apresentação de certidões dos distribuidores judiciais para a lavratura de escrituras relativas à alienação ou oneração de bens imóveis[65], à luz da nova redação do § 2º do art. 1º da Lei n. 7.433/85 e dos incisos I e II do § 2º, do art. 54 da Lei n. 13.097/2015[66]. Essa é uma cautela do comprador, se desejar. Em vista da possibilidade de haver alguma ação proposta pela Fazenda Pública, o que poderia levar à desconsideração do negócio, com reversão do bem para o Estado, segue importante solicitar as certidões das ações judiciais.

Como dissemos, as empresas em processo de falência ou recuperação judicial têm tratamento especial. Por isso, para maior segurança dos adquirentes de imóveis comercializados por pessoa jurídica ou pelo sócio de empresa, é importante solicitar certidão que ateste a existência ou não de processo de recuperação judicial ou falência[67].

Os registros e as averbações relativas a atos jurídicos anteriores à Lei n. 13.097/2015 deveriam ser ajustados aos seus termos até o dia 7 de novembro de 2016.

Como bem leciona Melhim Namem Chalhub, a disposição do art. 792, IV, do novo CPC, fomenta insegurança jurídica em relação ao sistema normativo de proteção do terceiro adquirente de boa-fé anteriormente consolidado e já vem dando causa à divergência jurisprudencial sobre a matéria. É com a atenção voltada para o princípio da segurança jurídica que se espera que os incisos do art. 792 do novo CPC venham a ser interpretados, em conformidade com as normas de proteção do terceiro adquirente de boa-fé.

As certidões fiscais são distintas conforme o imóvel seja urbano ou rural. Em relação aos imóveis urbanos, estas certidões são referentes aos tributos que incidem sobre o imóvel. Em relação aos imóveis rurais, devem ser apresentados o Certificado de Cadastro emitido pelo Instituto Nacional de Colonização e Reforma Agrária (INCRA) e o comprovante de quitação do último Imposto Territorial Rural lançado. Se o prazo para o seu pagamento ainda não estiver vencido, a parte vendedora deve apresentar a quitação do Imposto Territorial Rural correspondente ao exercício imediatamente anterior.

As certidões fiscais podem ser dispensadas pelo adquirente que, neste caso, responderá, nos termos da lei, pelo pagamento dos débitos fiscais existentes.

A certidão de ações reais e pessoais reipersecutórias, relativas ao imóvel, e a de ônus reais são expedidas pelo Registro de Imóveis competente. O Decreto n. 93.240/86 fixa o

---

65. Também em relação às empresas em recuperação judicial ou liquidação.
66. Redação dada pela Lei n. 14.382, de 2022.
67. PAIVA, João Pedro Lamana. Disponível em: http://registrodeimoveis1zona.com.br/. Acesso em: 12 jun. 2016.

prazo de validade para esta certidão em 30 dias, limite que a lei não fixa. Em São Paulo, a Corregedoria-Geral da Justiça já decidiu que este prazo é meramente indicativo, não sendo obrigatório[68].

De qualquer modo, o alienante deve declarar na escritura, sob pena de responsabilidade civil e penal, se existem ou inexistem outras ações reais e pessoais reipersecutórias relativas ao imóvel ou outros ônus reais incidentes sobre ele (Decreto n. 93.240/86, art. 1º, § 3º).

Além destas certidões, quando o outorgante vendedor for empregador ou equiparado está sujeito às exigências da Lei n. 8.212/91, art. 47, I, b.

Persiste a obrigatoriedade da apresentação da Certidão Conjunta Negativa de Débitos Relativos aos Tributos Federais e à Dívida Ativa da União, da Procuradoria-Geral da Fazenda Nacional e Secretaria da Receita Federal do Brasil (Portaria Conjunta PGFN/RFB, n. 1.751, de 2-10-2014).

O art. 17 da referida Portaria dispensa a apresentação de comprovação da regularidade fiscal nos seguintes casos:

I – na alienação ou oneração, a qualquer título, de bem imóvel ou direito a ele relativo, que envolva empresa que explore exclusivamente atividade de compra e venda de imóveis, locação, desmembramento ou loteamento de terrenos, incorporação imobiliária ou construção de imóveis destinados à venda, desde que o imóvel objeto da transação esteja contabilmente lançado no ativo circulante e não conste, nem tenha constado, do ativo permanente da empresa;

II – nos atos relativos à transferência de bens envolvendo a arrematação, a desapropriação de bens imóveis e móveis de qualquer valor, bem como nas ações de usucapião de bens móveis ou **imóveis nos procedimentos de inventário e partilha decorrentes de sucessão *causa mortis*** [69-70];

III – nos demais casos previstos em lei.

---

68. Nesse sentido, em São Paulo, decisão da Corregedoria-Geral da Justiça, Processo n. 000.02.004824-6, publicada no *DOE* 9-4-2002: "Aliás, a melhor leitura das Normas indica que o prazo não pode ser impositivo, sendo mera recomendação aos notários". Lembramos que, em contradição, as Normas do Estado de São Paulo impõem o prazo de 30 dias para a certidão do Registro de Imóveis competente, bem como a de ações reais e pessoais reipersecutórias e de ônus reais (item 59, letra *c*).
69. As Normas de Serviço da Corregedoria do Estado de São Paulo, item 118, letra *i*, do Cap. XVI, está contrária à referida Portaria, art. 17, II, merecem revisão. Em boa hora, houve a revogação dessa exigência (certidão negativa conjunta da Receita Federal do Brasil e PGFN) pelo Provimento n. 08/2021.
70. Após reiteradas decisões administrativas, o Provimento n. 40/2012 (atualizado pelo Provimento n. 56/2019), inseriu nas Normas de Serviço do Estado de São Paulo, o item 60.2 com o seguinte teor: "Nada obstante o previsto nos artigos 47, I, *b*, da Lei n. 8.212, de 24 de julho de 1991, e no artigo 257, I, *b*, do Decreto n. 3.048, de 6 de maio de 1999, e no artigo 1. do Decreto n. 6.106, de 30 de abril de 2007, faculta-se aos Tabeliães de Notas, por ocasião da qualificação notarial, dispensar, nas situações tratadas nos dispositivos legais aludidos, a exibição das certidões negativas de débitos emitidas pelo INSS e pela Secretaria da Receita Federal do Brasil e a certidão conjunta negativa de débitos relativos aos tributos federais e à dívida ativa da União emitida pela Secretaria da Receita Federal do Brasil e pela Procuradoria-Geral da Fazenda Nacional, tendo em vista os precedentes do Conselho Superior da Magistratura do Tribunal de Justiça de São Paulo no sentido de inexistir justificativa razoável para condicionar o registro de títulos à prévia comprovação da quitação de créditos tributários, contribuições sociais e outras imposições pecuniárias compulsórias". Em que pese referido teor normativo, não podemos desconsiderar a plena vigência do art. 47, I, *b*, da Lei n. 8.212/91. Enquanto não vier decisão sobre a constitucionalidade do referido artigo, é temerária a dispensa pelo tabelião, que pode sofrer a sanção inscupida no art. 48 da Lei n. 8.212/91. Há de se ressaltar decisões do Tribunal de Justiça de São Paulo ora provindo e ora não provindo mandados de segurança para a dispensa de tal certidão. A jurisprudência não é unânime sobre o assunto.

As Corregedorias dos Estados, inclusive o CNJ[71], têm proferido decisões sobre a não obrigatoriedade da exigência das certidões negativas nas transações imobiliárias. Contudo, o item b, inciso I, do art. 47, da Lei n. 8.212/91, não foi declarado inconstitucional, permanece a sua vigência. De um lado, o tabelião está resguardado no âmbito administrativo; por outro lado, está sujeito às penalidades do art. 48 e §3º. Cabe ao tabelião analisar o caso concreto e decidir se autoriza ou não que a parte dispense a certidão.

Se as partes não estiverem sujeitas a contribuições devidas à Seguridade Social, será indispensável a declaração dessa circunstância, sob as penas da lei.

É dispensada a transcrição do teor das certidões, que devem ser arquivadas, em original ou cópia autenticada, no tabelionato.

---

71. Pedido de Providências CNJ n. 0001230-82.2015.2.00.0000.

7
SERVIÇOS NOTARIAIS ELETRÔNICOS

7.1 ASSINATURAS DIGITAIS

Hoje vivemos na era digital, uma realidade que se difundiu em todo o mundo.

51% da população mundial, ou seja, 3,8 bilhões de pessoas já estão conectadas na internet[1]. No Brasil, já temos 156 milhões de pessoas conectadas, mais de 84% de nossa população[2].

A partir de 2020, a pandemia do Coronavírus obrigou o cadastramento de milhões de pessoas para receberem os auxílios emergenciais do governo, fazendo crescer o acesso digital.

É um caminho sem volta. O papel vai diminuir drasticamente, e toda a sociedade, inclusive os tabeliães, deverá se adequar a essa nova realidade.

Há séculos os atos notariais são feitos em papel e parece inimaginável a escritura sem o papel. Isso mudou. O desenvolvimento tecnológico fez surgir um "novo" tipo de instrumento público: o ato notarial eletrônico, em especial a escritura pública eletrônica.

A intervenção do tabelião para dar valor jurídico pleno e consequente proteção legal às partes envolvidas segue necessária no novo suporte.

O documento notarial, como regra, deve estar assinado (manuscritamente) como forma de confirmar a manifestação de vontade das partes. A assinatura, no caso dos documentos eletrônicos, deve – logicamente – ser digital, para que tenham plena validade e segurança, ajustando-se ao Direito.

O início da operação com o documento eletrônico trouxe a questão da "insegurança" desse tipo de suporte que representa o futuro da documentação. Um inovador arcabouço legal ter permitido segurança para o uso das novas tecnologias.

Duas leis recentes merecem destaque:

— Lei 14.063/2020, que dispõe sobre o uso de assinaturas eletrônicas em interações com entes públicos, em atos de pessoas jurídicas e em questões de saúde e sobre as licenças de softwares desenvolvidos por entes públicos.

---

1. Relatório anual da Broadband Comission, em https://broadbandcommission.org/Documents/StateofBroadband19.pdf, acessado em 26.04.2020, às 17h35.
2. Nic.br, em https://www.infomoney.com.br/consumo/brasil-alcanca-marca-de-156-milhoes-de-pessoas-conectadas-a-internet/, acessado em 20.01.2023, às 17h.

– Lei 14.129/2021, que é o marco legal para o novo governo eletrônico, dispondo sobre princípios, regras e instrumentos para o Governo Digital e para o aumento da eficiência pública.

A Lei 14.063/2020 regulamenta a manifestação de vontade em meio eletrônico, somando-se à MP 2.200-2/2001. Ela tem um âmbito restrito de aplicação, limitado às relações com entes públicos e atos de pessoas jurídicas (as pessoas físicas podem atender aos requisitos, mas não estão obrigadas).

A principal novidade da lei, em relação à MP 2.200, é a definição de três tipos de assinaturas digitais, quais sejam:

I – assinatura eletrônica simples:

a) a que permite identificar o seu signatário;

b) a que anexa ou associa dados a outros dados em formato eletrônico do signatário;

II – assinatura eletrônica avançada: a que utiliza certificados não emitidos pela ICP-Brasil ou outro meio de comprovação da autoria e da integridade de documentos em forma eletrônica, desde que admitido pelas partes como válido ou aceito pela pessoa a quem for oposto o documento, com as seguintes características:

a) está associada ao signatário de maneira unívoca;

b) utiliza dados para a criação de assinatura eletrônica cujo signatário pode, com elevado nível de confiança, operar sob o seu controle exclusivo;

c) está relacionada aos dados a ela associados de tal modo que qualquer modificação posterior é detectável; e

III – assinatura eletrônica qualificada: a que utiliza certificado digital, nos termos do § 1º do art. 10 da Medida Provisória nº 2.200-2, de 24 de agosto de 2001.

Os três tipos de assinatura caracterizam o nível de confiança sobre a identidade e a manifestação de vontade de seu titular, sendo a assinatura eletrônica qualificada a que possui nível mais elevado de confiabilidade a partir de suas normas, de seus padrões e de seus procedimentos específicos.

Em outra perspectiva, a assinatura simples destina-se a manifestações de vontade de menor importância ou de impacto econômico pouco expressivo. As assinaturas avançadas, aceitas pelas partes, e as qualificadas segundo critérios da Infraestrutura de Chaves Públicas brasileira, ICP-Brasil, são mais fortes em termos tecnológicos e jurídicos. A lei, porém, peca em não informar se estas assinaturas se reputam autênticas, nos termos da legislação processual. Parece-nos que sim, são autênticas e, portanto, fazem prova plena.

A Lei 14.129/2021 é o marco normativo do governo digital. É uma lei robusta, ambiciosa e transformadora da governança de dados e da relação do Estado com os cidadãos e empresas. O artigo 3º, indica os princípios e diretrizes do Governo Digital e da eficiência pública, assim destacados:

I – a desburocratização, a modernização, o fortalecimento e a simplificação da relação do poder público com a sociedade, mediante serviços digitais, acessíveis inclusive por dispositivos móveis;

II – a disponibilização em plataforma única do acesso às informações e aos serviços públicos, observadas as restrições legalmente previstas e sem prejuízo, quando indispensável, da prestação de caráter presencial;

III – a possibilidade aos cidadãos, às pessoas jurídicas e aos outros entes públicos de demandar e de acessar serviços públicos por meio digital, sem necessidade de solicitação presencial;

IV – a transparência na execução dos serviços públicos e o monitoramento da qualidade desses serviços;

V – o incentivo à participação social no controle e na fiscalização da administração pública;

VI – o dever do gestor público de prestar contas diretamente à população sobre a gestão dos recursos públicos;

VII – o uso de linguagem clara e compreensível a qualquer cidadão;

VIII – o uso da tecnologia para otimizar processos de trabalho da administração pública;

IX – a atuação integrada entre os órgãos e as entidades envolvidas na prestação e no controle dos serviços públicos, com o compartilhamento de dados pessoais em ambiente seguro quando for indispensável para a prestação do serviço, nos termos da Lei 13.709, de 14 de agosto de 2018 (Lei Geral de Proteção de Dados Pessoais), e, quando couber, com a transferência de sigilo, nos termos do art. 198 da Lei nº 5.172, de 25 de outubro de 1966 (Código Tributário Nacional), e da Lei Complementar 105, de 10 de janeiro de 2001;

X – a simplificação dos procedimentos de solicitação, oferta e acompanhamento dos serviços públicos, com foco na universalização do acesso e no autosserviço;

XI – a eliminação de formalidades e de exigências cujo custo econômico ou social seja superior ao risco envolvido;

XII – a imposição imediata e de uma única vez ao interessado das exigências necessárias à prestação dos serviços públicos, justificada exigência posterior apenas em caso de dúvida superveniente;

XIII – a vedação de exigência de prova de fato já comprovado pela apresentação de documento ou de informação válida;

XIV – a interoperabilidade de sistemas e a promoção de dados abertos;

XV – a presunção de boa-fé do usuário dos serviços públicos;

XVI – a permanência da possibilidade de atendimento presencial, de acordo com as características, a relevância e o público-alvo do serviço;

XVII – a proteção de dados pessoais, nos termos da Lei 13.709, de 14 de agosto de 2018 (Lei Geral de Proteção de Dados Pessoais);

XVIII – o cumprimento de compromissos e de padrões de qualidade divulgados na Carta de Serviços ao Usuário;

XIX – a acessibilidade da pessoa com deficiência ou com mobilidade reduzida, nos termos da Lei nº 13.146, de 6 de julho de 2015 (Estatuto da Pessoa com Deficiência);

XX – o estímulo a ações educativas para qualificação dos servidores públicos para o uso das tecnologias digitais e para a inclusão digital da população;

XXI – o apoio técnico aos entes federados para implantação e adoção de estratégias que visem à transformação digital da administração pública;

XXII – o estímulo ao uso das assinaturas eletrônicas nas interações e nas comunicações entre órgãos públicos e entre estes e os cidadãos;

XXIII – a implantação do governo como plataforma e a promoção do uso de dados, preferencialmente anonimizados, por pessoas físicas e jurídicas de diferentes setores da sociedade, resguardado o disposto nos arts. 7º e 11 da Lei 13.709, de 14 de agosto de 2018 (Lei Geral de Proteção de Dados Pessoais), com vistas, especialmente, à formulação de políticas públicas, de pesquisas científicas, de geração de negócios e de controle social;

XXIV – o tratamento adequado a idosos, nos termos da Lei nº 10.741, de 1º de outubro de 2003 (Estatuto do Idoso);

XXV – a adoção preferencial, no uso da internet e de suas aplicações, de tecnologias, de padrões e de formatos abertos e livres, conforme disposto no inciso V do caput do art. 24 e no art. 25 da Lei 12.965, de 23 de abril de 2014 (Marco Civil da Internet); e

XXVI – a promoção do desenvolvimento tecnológico e da inovação no setor público.

Merecem atenção especial e imediata as disposições sobre digitalização de documentos e arquivos, a prestação de serviços públicos digitais, os direitos dos usuários, o governo como plataforma, a interoperabilidade de dados entre os órgãos públicos, os controles de risco e as auditorias.

Apesar das Leis 14.063/2020 e 14.129/2021 não se referirem expressamente a notários e registradores, entendemos que são plenamente aplicáveis aos serviços, quando mencionam a abrangência quanto ao Poder Judiciário, que é o ente delegante da atividade. Assim, é de se esperar que o Poder Judiciário regulamente os seus múltiplos aspectos de aplicação aos serviços notariais e registrais.

Vamos comparar as características do documento em papel, fadados ao desaparecimento, e dos documentos digitais, em ascensão.

A confidencialidade e a autenticidade são as características mais importantes do documento eletrônico. A primeira refere-se à possibilidade de manter um documento eletrônico inacessível a todos, exceto a uma lista de indivíduos autorizados. A autenticidade, por sua vez, é a capacidade de se determinar se um ou vários indivíduos o reconheceram como seu e se comprometeram com o conteúdo do documento eletrônico.

O problema da autenticidade num documento tradicional se soluciona mediante a assinatura de próprio punho. Com a assinatura feita de próprio punho, um indivíduo (ou vários) manifesta a sua vontade de reconhecer o conteúdo de um documento e, se for o caso, cumprir com as obrigações que o documento fixa.

Dúvidas relacionadas com a confidencialidade, a integridade e a autenticidade em um documento eletrônico se resolvem mediante a tecnologia de criptografia. Existem dois tipos de criptografia: a simétrica e a chave pública (assimétrica).

Os algoritmos da chave pública utilizam duas chaves distintas: a chave privada e a chave pública. Essas chaves são geradas simultaneamente e relacionadas entre si, o que possibilita reverter a operação feita por uma através da outra. A chave privada fica em poder da parte e a chave pública fica disponibilizada e acessível a qualquer pessoa (p. ex., numa lista pública).

A assinatura digital nos documentos eletrônicos mediante esse sistema de chave pública pode garantir de forma segura, efetiva e pormenorizada a validade desses documentos. Os algoritmos criptográficos da chave pública permitem garantir tanto a confiabilidade quanto a autenticidade das informações.

O procedimento de assinatura de um documento digital ocorre por meio de um programa de computador, no qual a parte prepara o documento, assina com sua chave privada (em tese, somente ela conhece a senha de acesso) e o programa envolve o documento de tal forma que produz como resultado um resumo criptográfico denominado assinatura eletrônica, também conhecida como função *hash*. Juntos, o documento e a assinatura constituem o documento eletrônico, com plena validade e eficácia jurídica[3].

Cada documento eletrônico possui um valor único de resumo, até uma pequena modificação no documento, como a introdução de um ponto (.) ou uma vírgula (,), resulta em resumo (algoritmo) totalmente distinto – via de consequência, tornando o documento "inválido" e sem valor jurídico.

Assim, se um documento assinado corresponde com a chave pública de uma pessoa, então o documento será tido como autêntico, autorizado por ela.

Em razão disso, a parte deve cuidar de manter a sua chave privada totalmente secreta e não a revelar a ninguém, pois, se revelar, poderá ser responsável pelo seu mau uso. O sistema jurídico não permite o repúdio[4], ou seja, o usuário não pode negar a realização daquela operação.

Entendemos ser possível o repúdio de parte do conteúdo de um documento, por exemplo, uma cláusula abusiva, o que não pode ocorrer, em tese, nos atos e negócios jurídicos feitos por instrumento público, pois o tabelião faz a verificação e o controle da legalidade do ato.

O instrumento público eletrônico, com assinatura digital, tal como ocorre com o instrumento público tradicional, em papel, contém os mesmos atributos de presunção de veracidade e autenticidade (CPC/2015, art. 405 e inciso IV do art. 374).

O tabelião, como protetor e fiador da segurança jurídica, cumpre um papel estratégico na sociedade dotando de certeza as relações entre os particulares ao brindar-lhes com autenticidade, assessoria técnica e legal, ajustando as vontades ao estabelecido nas leis, sob a investidura estatal.

Para alguns, estamos ante a presença de uma nova criação, a "e-fé pública", pela qual o notário cumpre o papel de terceiro certificador imparcial, como dador de uma nova classe de fé pública. Além da fé pública tradicional, que ocorre sobre a base da autenticação da capacidade de pessoas, do cumprimento das formalidades nos instrumentos notariais ou da certificação dos fatos, o notário em meio digital atesta também todo o processo tecnológico que gera o ato notarial eletrônico: de resultados digitais, aplicativos, *softwares*, códigos e assinaturas eletrônicas.

Quando certifica processos tecnológicos, resultados digitais, códigos e assinaturas eletrônicas, o notário está autenticando, conferindo veracidade e certeza a fatos, circunstâncias ou atos que têm transcendência jurídica, está dotando-os de fé pública, tradicional ou digital, não importa. Segue como função estatal peculiar exercida sob a égide da imparcialidade e legalidade. Os documentos públicos eletrônicos, na sua forma, cumprem as exigências e os requisitos para a outorga, como estabelece a lei.

Maiores inquietudes giram em torno não da natureza da fé pública, senão dos princípios que fundamentam o Direito Notarial do tipo Latino, como imediação, permanência,

---
3. Medida Provisória n. 2.200-2/2001.
4. O não repúdio não é absoluto. Certas correntes do direito eletrônico dizem que é possível repudiar uma cláusula de contrato, por exemplo, manifestamente contrária à lei.

matricidade ou protocolo, unidade de ato, que de certa forma se veem ameaçados pelo exercício de uma prática notarial eletrônica, com sua consequente repercussão.

Buscando adequar-se a esta nova realidade, algumas Corregedorias do Estado propuseram e normatizaram[5] a prestação dos serviços notariais e de registro no ambiente eletrônico, trazendo efetividade ao art. 41 da Lei n. 8.935/94 e a Medida Provisória n. 2.220-2/2001 (perenizada pela EC n. 32/2001).

7.2 ATO NOTARIAL DIGITAL (PROV. CNJ N. 100/2020, INTEGRADO AO CÓDIGO NACIONAL DE NORMAS)

Em São Paulo, por exemplo, havia o Provimento CG n. 11/2013, que introduziu a seção sobre "Serviços notariais eletrônicos". A normatização foi tímida, regulamentou traslados e certidões eletrônicas. Poderia disciplinar o próprio ato notarial eletrônico, a exemplo das Normas de Serviço de Pernambuco daquela época (arts. 516 a 528)[6]. Hoje, ambas estão revogadas pela norma do CNJ.

Enquanto não implementado o certificado de atributo[7], que autentica um conjunto de informações qualificativas da pessoa, tais como função, cargo, empresa, haverá um banco de dados centralizado (CNSIP – Cadastro Nacional de Sinais Públicos), contendo o cadastro atualizado com os dados de identificação dos titulares ou responsáveis pelas delegações, seus substitutos e prepostos autorizados a subscrever os atos notariais, com imagens dos respectivos sinais públicos.

A atualização do referido banco fica a cargo do tabelião, por meio de acesso à Central Notarial de Serviços Eletrônicos Compartilhados (CENSEC). Havendo suspensão ou extinção da delegação e de suspensão ou revogação da autorização para subscrição de atos, de substitutos e prepostos, o tabelião fará anotação no referido sistema, com a data da ocorrência, de forma que seja possível a verificação da legitimidade pretérita de atos subscritos por essas pessoas. Em nenhuma hipótese haverá exclusão das pessoas cadastradas no banco, mantendo a integridade do cadastro de ex-notários, prepostos e seus sinais públicos (ou chave pública).

Para averiguar a legitimidade da subscrição de traslados e certidões eletrônicas, os registradores de imóveis terão acesso, diretamente ou por interligação, com a Central de Registradores de Imóveis com a CENSEC, para verificar se o titular do certificado digital utilizado para assinar o traslado (ou certidão) eletrônico é do tabelião, substituto ou

---

5. Todos revogados pelo Prov. CNJ n. 100/2020, art. 38 "....ficando revogadas todas as disposições em contrário constantes de normas das Corregedorias-Gerais de Justiça dos Estados e do Distrito Federal que tratem sobre o mesmo tema ou qualquer outra forma de prática de ato notarial eletrônico, transmissão de consentimento e assinaturas remotas". Referido texto não integrou o Código de Normas Nacional.
6. Provimento CG n. 11/2023.
7. O certificado de atributo é um conjunto de informações ou estrutura de dados de segurança e identificação, constantes em campos de um certificado digital, ou anexadas a um outro certificado e assinados com a chave pública da autoridade que o emitiu. Esse certificado traz informações sobre seu titular, como cargo, função, profissão etc. O certificado de atributo também segue o padrão X.509, adotado pela ICP-Brasil na emissão de certificados de pessoa física, jurídica e de equipamentos.

preposto autorizado, ou que tinha essa condição à época da assinatura do documento, procedimento denominado verificação de atributo.

A referida consulta será dispensada caso o traslado ou a certidão eletrônica contenha o certificado de atributo, em conformidade com a ICP-Brasil.

Para registro histórico, lembramos que Santa Catarina foi inovadora para atender a necessidade de atendimento dos serviços notariais durante a pandemia. A CGJ local editou o Prov. n. 22, de 31.03.2020[8], fixando a possibilidade de os tabeliães lavrarem escrituras sem a presença física das partes.

Este expressivo avanço, foi seguido por outros Estados[9], todos baseados em dois atos normativos do CNJ, a Recomendação n. 45, de 20.03.2020, e o Prov. n. 91, de 22.03.2020, revogado pelo Prov. 136/22.

No Provimento, o Corregedor Nacional de Justiça permitiu o atendimento remoto através de meio telefônico, ou por aplicativo multiplataforma de mensagens instantâneas e chamadas de voz, ou ainda por outro meio eletrônico disponível, respeitada a regulamentação da Corregedoria local, se houver (art. 1º, parágrafo 1º).

Esses avanços puderam aproximar e aculturar o tabelião com as novas tecnologias e permitir a realização de atos à distância.

O Provimento n. 100, de 26.05.2020, hoje integrado ao Código Nacional de Normas, regulamentou de forma definitiva a prática de atos notariais eletrônicos utilizando o sistema e-Notariado, desenvolvido e operado pelo Colégio Notarial do Brasil, sob estrita supervisão e vigilância do CNJ. Este provimento revogou as normas estaduais permitindo os seguintes serviços:

– Realização de atos notariais eletrônicos;

– Emissão de certificado digital notarizado;

– Realização de reconhecimentos de firma eletrônica;

– Realização de autenticação de cópias eletrônicas;

– Emissão de certidões notariais eletrônicas;

– Reconhecimento da firma eletrônica no documento de transferência automotor (ATPV-e Digital);

– AEV (Autorização Eletrônica para Viagem) de menores e adolescentes em território nacional e internacional.

– AEDO (Autorização eletrônica de doação de órgãos.

Foi criada uma plataforma única para a prática dos atos, bem como dispõe a Lei 14.129/2021 com as seguintes características:

– Universalidade: abrange todos os atos notariais, todos os tabeliães de notas e oficiais de registro que pratiquem atos notariais, e todos os cidadãos interessados nos atos;

---

8. Revogado pelo Prov. CNJ n. 100/2020, integrado ao Código Nacional de Normas.
9. Pernambuco já admitia a escritura com assinatura remota. O Rio Grande do Norte editou uma norma semelhante (Prov. CGJ 201, de 21.03.2020).

- Compulsória: a plataforma é obrigatória, não é possível o acesso aos serviços notariais digitais por outro meio. Os tabeliães somente podem prestar os serviços digitais por ali;
- Integrada: a plataforma é uma janela única, integra todos os tabeliães de notas num mesmo local, que prestam os seus serviços conforme as suas competências. As pessoas têm facilidade de acesso, pois um só local permite localizar os serviços em todo o país;
- Padronizada: Os serviços digitais são padronizados, obedecem a protocolos técnicos uniformes e tem uma forma única para todo o território nacional;
- Onerosa: o Colégio Notarial do Brasil está autorizado a cobrar, dos tabeliães, ressalte-se, por serviços ou pela manutenção da plataforma. A população não terá custos.
- Permanente: os serviços devem estar disponíveis sempre, no jargão tecnológico, 24 x 7, todas as horas de todos os dias. Este é o princípio de uma mudança radical no atendimento, que tende a ser contínuo e ininterrupto.

O Provimento 100/2020 inovou com uma delegação de competência normativa para o Colégio Notarial do Brasil, Conselho Federal, entidade que congrega os profissionais. A partir dele, a entidade pode estabelecer normas, padrões, critérios e procedimentos de segurança referentes a assinaturas eletrônicas, certificados digitais e emissão de atos notariais eletrônicos e outros aspectos tecnológicos atinentes ao seu bom funcionamento.[10]

A plataforma provê que os dados dos atos notariais digitais sejam estruturados, ou sejam, contenham parâmetros e sintaxe técnica, para a interoperabilidade e conexão com outros sistemas, desnecessária a redigitação. Aí, reside a grande vantagem dos documentos digitais, representando economia de tempo e recursos.

Deve ser destacado que o banco de dados da plataforma é essencialmente dinâmico, tem atualização permanente com o ingresso ininterrupto dos atos notariais e seus índices. Isto permite que as buscas sejam racionalizadas e com acesso único. Por uma só porta se obtém dados atualizados de todos os serviços notariais brasileiros.

O provimento estabelece normas gerais sobre a prática de atos notariais eletrônicos em todos os tabelionatos de notas do País.

O ato notarial eletrônico possui requisitos próprios para a sua prática, são eles:

a) realizar a videoconferência notarial para captação do consentimento das partes sobre os expressos termos do ato notarial eletrônico;

b) haver a concordância expressa das partes participantes do ato notarial eletrônico;

c) conter a assinatura digital das partes (certificado digital notarial ou ICP-Brasil), apostas exclusivamente através do e-Notariado;

d) conter a assinatura do Tabelião de Notas ou seu substituto legal com a utilização exclusiva de certificado digital ICP-Brasil;

---

10. Art. 8º, § 1º, inc. III.

e) uso de formatos de documentos de longa duração (PDF/A) com assinatura digital;

O tabelião ou seu preposto na gravação da videoconferência notarial por meio da plataforma do e-Notariado deverá se atentar para os seguintes requisitos:

a) informar a data e horário da prática do ato notarial eletrônico;

b) informar a indicação do livro, página e o tabelionato onde será lavrado o ato notarial eletrônico;

c) a identificação, a demonstração da capacidade e a livre manifestação das partes atestadas pelo tabelião de notas ou seu preposto;

d) provimento indica que se informe o objeto e o preço do negócio pactuado, contudo entendemos que o tabelião ou seu preposto leia o ato notarial eletrônico as partes ou certifique que as partes leram o ato, conforme exige o Código Civil (art. 215, inciso VI);

e) ao final, obter o consentimento das partes e a concordância com o ato notarial eletrônico;

Foi instituída a Matrícula Notarial Eletrônica – MNE, que servirá como chave de identificação individualizada de cada ato notarial eletrônico, facilitando a unicidade e rastreabilidade da operação eletrônica praticada.

A Matrícula Notarial Eletrônica será constituída de 24 (vinte e quatro) dígitos, organizados em 6 (seis) campos, observada a estrutura CCCCCC.AAAA.MM.DD. NNNNNNNN-DD.

Este número da Matrícula Notarial Eletrônica integra o ato notarial eletrônico, devendo ser indicado em todas as cópias expedidas, seja digital ou em papel.

Os traslados e certidões em papel conterão, obrigatoriamente, a expressão "Consulte a validade do ato notarial em www.docautentico.com.br/valida" e o código de validação. Já os traslados e certidões digitais possuem a assinatura digital do tabelião ou seu substituto, e também há a versão destinada ao tráfego em papel, que possui o manifesto de assinatura ao final do documento.

Os atos notariais eletrônicos realizados pela plataforma do e-Notariado produzem os efeitos previstos no ordenamento jurídico quando observarem os requisitos necessários para a sua validade, estabelecidos em lei e no provimento.

As partes comparecentes ao ato notarial eletrônico aceitam a utilização da videoconferência notarial, das assinaturas eletrônicas notariais, da assinatura do tabelião de notas e, se aplicável, biometria recíprocas.

É importante que isso conste no próprio ato notarial eletrônico, em conformidade com o parágrafo segundo da MP n. 2200/01, que diz que é possível a utilização de outro meio de comprovação da autoria e integridade de documentos em forma eletrônica, inclusive os que utilizem certificados não emitidos pela ICP-Brasil, desde que admitido pelas partes como válido ou aceito pela pessoa a quem for oposto o documento.

A identificação, o reconhecimento da capacidade e a qualificação das partes, de forma remota, será feita pela apresentação de identidade eletrônica e pelo conjunto de informações a que o tabelião teve acesso, podendo utilizar-se, em especial, do sistema de identificação do e-Notariado, de documentos digitalizados, cartões de assinatura abertos por outros notários, bases biométricas públicas ou próprias, bem como, a seu critério, de outros instrumentos de segurança.

Os documentos de identidade eletrônicos disponíveis são a carteira nacional de habilitação, documento de identidade (RG), carteira expedidas por órgão de classe etc.

Caso a parte não possua documento eletrônico, o tabelião ou seu preposto podem consultar a base do CCN (Cadastro de Clientes do Notariado) e, se não localizar, pode contatar o notário detentor do cadastro do cliente (ficha e identidade) para a obtenção dos dados de identificação (documento de identidade) que será confrontado com o documento fornecido e a identificação por meio da videoconferência.

É importante que o tabelião e seus prepostos tenham cautela na identificação por videoconferência, atentando para a possibilidade de trambique por tecnologias baseadas em inteligência artificial (*deepfake*, por exemplo) ou até mesmo disfarces onde são utilizados método ou técnica que muda a aparência de alguém de modo a esconder a sua verdadeira identidade.

Em alguns países o notariado está integrando *softwares* para a detecção dessas manipulações, de modo a auxiliar o tabelião e seus colaboradores.

A competência para a prática dos atos eletrônicos é absoluta e observará a circunscrição territorial em que o tabelião recebeu sua delegação, nos termos do art. 9º da Lei n. 8.935/1994.

O provimento trouxe algumas regras definidoras da competência para a lavratura dos atos à distância. A intenção é evitar a concorrência predatória no sistema.

A primeira regra: o tabelião de notas da **circunscrição do imóvel ou do domicílio do adquirente** é competente para, de forma remota e com exclusividade, **lavrar as escrituras imobiliárias** eletronicamente, por meio do e-Notariado.

Considera-se adquirente, o comprador, a parte que está adquirindo o direito real (art. 1.225, CC) ou a parte em relação à qual é reconhecido o crédito (credor). É Importante dizer que o presentante (PJ), procurador, assistente jurídico, etc. não são partes para a fixação do critério geográfico.

Quando houver um ou mais imóveis de diferentes circunscrições no mesmo ato notarial, serão competentes para a prática de atos remotos os tabeliães de quaisquer delas. Significa dizer que havendo imóveis em três municípios localizados em qualquer estado da federação, qualquer tabeliães é competente para a lavratura do ato notarial. Esta hipótese ocorre com frequência nos casos de inventário.

Outra regra amplia a competição, informando que, estando o imóvel localizado no mesmo estado da federação do domicílio do adquirente (o comprador, a parte que está adquirindo direito real ou a parte em relação à qual é reconhecido crédito), este poderá escolher qualquer tabelião de notas desta unidade federativa para a lavratura do ato. A competência para a lavratura de escrituras imobiliárias eletrônicas é, portanto, dirigida a qualquer tabelião do Estado em que se localiza o imóvel e o adquirente.

Para as atas notariais eletrônicas, é competente o tabelião de notas da **circunscrição do fato constatado** ou, quando inaplicável este critério, ao tabelião **do domicílio do requerente**.

A lavratura de procuração pública eletrônica caberá ao tabelião do **domicílio do outorgante** ou do **local do imóvel**, se for o caso.

Os demais atos notariais eletrônicos que não possuem bem imóvel, tais como testamentos, atos declaratórios (p.ex.: união estável), divórcios (sem bens imóveis), nomeação de inventariante, inventários e partilha (sem bens imóveis), não foram tratados expressamente pelo Provimento 100.

A inovação dos limites geográficos para a competência notarial gera certa polêmica. Se por um lado, a nova norma buscou evitar a competição predatória, evitando talvez um monopólio, por outro, muitos entendem que se deveria seguir uma interpretação sistêmica, em consonância com o art. 9º da Lei n. 8.935/94, sendo competente o tabelião do domicílio das partes.

Os brasileiros (inclusive seus cônjuges) domiciliados no exterior podem solicitar e praticar atos notariais eletrônicos, já que não pode haver distinção entre os aqui e lá domiciliados. Neste caso, entendemos que qualquer tabelião do Brasil será competente para o atendimento.

As regras para a comprovação do domicílio são as seguintes:

- pessoa jurídica ou ente equiparado, pela verificação da sede da matriz, ou da filial em relação a negócios praticados no local desta, conforme registrado nos órgãos de registro competentes;
- pessoa física, pela verificação do título de eleitor, ou outro domicílio comprovado (imposto de renda, comprovante de endereço, declaração etc.).

Se não houver comprovação do domicílio da pessoa física, será observado apenas o local do imóvel, podendo ser estabelecidos convênios com órgãos fiscais para que os notários identifiquem, de forma mais célere e segura, o domicílio das partes.

Também os atos de autenticação foram regrados pelo Provimento 100. Os tabeliães poderão desmaterializar (autenticar) documentos no e-Notariado, por meio da CENAD, após conferirem a cópia digitalizada de um documento físico com o documento original físico, eletrônico ou híbrido (parte, em papel, outra parte, digital).

Os tabeliães de notas podem materializar, desmaterializar, autenticar e verificar a autoria de documento eletrônico, autenticar cópia em papel de documento original digitalizado e autenticado eletronicamente perante outro notário, reconhecer a assinatura eletrônica aposta em documentos digitais, e realizar o reconhecimento da firma como autêntica no documento físico, devendo ser confirmadas, por videoconferência, a identidade, a capacidade daquele que assinou e a autoria da assinatura a ser reconhecida.

Tratando-se de documento atinente a veículo automotor, será competente para o reconhecimento de firma, de forma remota, o tabelião de notas do município de emplacamento do veículo ou de domicílio do adquirente indicados no Certificado de Registro de Veículo – CRV ou na Autorização para Transferência de Propriedade de Veículo – ATPV.

O tabelião deverá arquivar o trecho da videoconferência em que constar a ratificação da assinatura pelo signatário com expressa menção ao documento assinado, observando: a) a data e horário da prática do ato notarial; b) indicação do livro, da página e do tabelionato onde será lavrado o ato notarial; c) a identificação, a demonstração da capacidade e a livre manifestação das partes atestadas remotamente pelo tabelião de notas; d) informar o objeto e o preço do negócio pactuado; e) o consentimento da parte e a concordância com o reconhecimento.

Será consignado em todo ato notarial eletrônico de reconhecimento de firma por autenticidade que a assinatura foi aposta no documento, perante o tabelião, seu substituto ou preposto, em procedimento de videoconferência.

O provimento permite a realização de outros atos eletrônicos com a utilização do sistema e-Notariado, devendo ser observado as disposições gerais do provimento.

O provimento elege o Colégio Notarial do Brasil – Conselho Federal para manter o Cadastro Único de Clientes do Notariado – CCN, o Cadastro Único de Beneficiários Finais – CBF e o Índice Único de Atos Notariais, nos termos do Provimento n. 88/2019, da Corregedoria Nacional de Justiça.

Os dados para a formação e atualização da base nacional do CCN serão fornecidos pelos próprios notários de forma sincronizada ou com periodicidade, no máximo, quinzenal.

Os notários ficam obrigados a remeter ao CNB-CF, por sua central notarial de serviços eletrônicos compartilhados – CENSEC, os dados essenciais dos atos praticados que compõem o Índice Único, em periodicidade não superior a quinze dias.

Os atos notariais eletrônicos, cuja autenticidade seja conferida pela internet por meio do e-Notariado, constituem instrumentos públicos para todos os efeitos legais e são eficazes para os registros públicos, instituições financeiras, juntas comerciais, Detrans e para a produção de efeitos jurídicos perante a administração pública e entre particulares.

Está permitido o ato notarial híbrido, com uma das partes assinando fisicamente e a outra assinando à distância. São lançadas no cadastro do e-notariado somente as partes que assinarão digitalmente; em seguida, o ato é impresso no livro de notas, e após são coletadas as assinaturas manuscritas das demais partes, assinando também de forma manuscrita o escrevente e o tabelião, ou o substituto. Se as partes quiserem primeiro assinar de forma manuscrita, o ato é impresso no livro, as partes assinam de próprio punho e, a seguir, as demais partes assinam digitalmente. O escrevente certifica no livro que as partes X, Y etc. assinaram de forma digital e, em seguida, o escrevente e o tabelião assinam de próprio punho.

Também se admite o arquivamento exclusivamente digital de documentos e papéis apresentados aos notários, seguindo as mesmas regras de organização dos documentos físicos, implementando o que já dizia o art. 41 da lei 8.935/94.

A comunicação adotada para atendimento à distância deve incluir os números dos telefones da serventia, endereços eletrônicos de e-mail, o uso de plataformas eletrônicas de comunicação e de mensagens instantâneas como WhatsApp, Skype e outras disponíveis para atendimento ao público.

Os dados das partes poderão ser compartilhados somente entre notários e, exclusivamente, para a prática de atos notariais, em estrito cumprimento à Lei n. 13.709/2018 (Lei Geral de Proteção de Dados Pessoais).

O provimento veda a prática de atos notariais eletrônicos ou remotos com recepção de assinaturas eletrônicas a distância sem a utilização do e-Notariado. Isto significa que os atos eletrônicos só podem ser realizados exclusivamente pela plataforma mantida pelo CNB. Os notários não podem, isoladamente, utilizarem outros sites ou meios para estes serviços.

Nos estados onde são exigidos selos de fiscalização, o ato notarial eletrônico deverá ser lavrado com a indicação do selo eletrônico ou físico exigido pelas normas estaduais locais. São considerados nulos os atos eletrônicos lavrados em desconformidade com o disposto acima. Parece-nos um excesso que ofende a segurança jurídica, pois o selo de fiscalização tem caráter administrativo e as partes não poderiam ser penalizadas por uma falta do notário ou seus prepostos.

O provimento revoga todas as disposições em contrário constantes de normas das Corregedorias-Gerais de Justiça dos Estados e do Distrito Federal que tratem sobre o mesmo tema ou qualquer outra forma de prática de ato notarial eletrônico, transmissão de consentimento e assinaturas remotas[11].

7.3 CERTIDÕES E TRASLADOS NOTARIAIS DIGITAIS

Os traslados e certidões eletrônicos podem ser emitidos em PDF/A[12] ou XML[13], assinados com certificado digital ICP-Brasil, tipo A3 ou superior.

As certidões e traslados notariais devem ser emitidos por meio da plataforma do e-Notariado. Existem dois módulos: um para a emissão de traslados e certidões digitais de atos notariais em papel, outro para a emissão de traslados e certidões digitais para atos digitais ou híbridos.

Para o primeiro módulo (traslados e certidão de atos físicos), o tabelião deve gravar o conteúdo da certidão no formato PDF/A.

Para isso, no módulo traslado e certidão de atos físicos na plataforma do e-Notariado, deve fazer o carregamento (*upload*) do traslado ou da certidão em PDF/A, selecionando a

---

11. Este texto não foi incorporado ao Código de Normas Nacional. Parece ter sido esquecido.
12. Regulamentação de São Paulo. O PDF/A, também conhecido como ISO 19005-1, foi o primeiro padrão ISO que aborda a crescente necessidade de manter as informações armazenadas em documentos eletrônicos por longos períodos de tempo.
13. XML, do inglês *eXtensible Markup Language*, é uma linguagem de marcação recomendada pela W3C para a criação de documentos com dados organizados hierarquicamente, tais como textos, banco de dados ou desenhos vetoriais. A linguagem XML é classificada como extensível porque permite definir os elementos de marcação.

pasta de armazenamento correspondente e lançando os dados do tabelião ou substituto que assinará o ato. Após, a assinatura conclui o procedimento.

Será necessário baixar a versão digital do traslado ou da certidão e enviar para o cliente. A versão para impressão contendo o manifesto de assinaturas também pode ser enviada. O primeiro é destinado ao tráfego em meio digital, o segundo é destinado ao tráfego em papel, se necessário.

O módulo traslado de atos digitais está integrado ao ato realizado no e-Notariado. Basta localizar o ato feito e clicar em "Concluir traslado". O procedimento é intuitivo, bastando localizar o arquivo correspondente na pasta de armazenamento e fazer o upload. O tabelião ou substituto confere e assina o traslado.

Os tabeliães podem enviar extratos de escrituras públicas, desde que apresentados sob a forma de documento eletrônico estruturado em XML (Extensible Markup Language), em conformidade com a Portaria n. 207/2013 da Corregedoria Geral de São Paulo e, nos termos do item 111 e seguintes do Cap. XX das NSCGJSP.

O extrato deverá estar mantido e assinado digitalmente pelo tabelião ou seu substituto, desde que essa condição possa ser verificada no Colégio Notarial do Brasil e que o extrato contenha o seguinte parágrafo: "Declaro que estes dados correspondem fidedignamente aos que constam na Escritura Pública que lhe deu origem, formalizada com todas as cláusulas obrigatórias, que se encontra em seu arquivo e que foi verificada a Identificação, capacidade e a regularidade".

Os documentos acessórios e instrutórios ao registro que acompanharem o extrato deverão, se apresentados em formato eletrônico nativo ou, se digitalizados, ter o formato PDF/A e serem assinados digitalmente pelo emissor do extrato (Item 112.1 Cap. XX das NSCGJSP).

Essa não é uma realidade frequente nos tabelionatos, diferentemente dos agentes financeiros autorizados pelo Banco Central do Brasil a funcionar no âmbito do Sistema Financeiro de Habitação (SFH), Sistema Financeiro Imobiliário (SFI) e das companhias de habitação integrantes da administração pública que utilizam extratos em larga escala.

A estrutura XML traz benefícios à rotina de tabelionatos e registros de imóveis. Só para citar um exemplo, a estruturação permite a troca de informações das notas e registros, permitindo que as informações da escritura integrem diretamente os dados da matrícula do imóvel e, num processo inverso, as informações da matrícula integrariam diretamente os dados da escritura, evitando retrabalhos tanto por parte do tabelião quanto por parte dos registradores – criando uma linha de trabalho entre sistemas, célere e eficiente.

As certidões ou traslados digitais podem ser entregues ao solicitante mediante armazenamento em mídias portáteis, por e-mail[14] ou pela plataforma do Colégio Notarial do Brasil, Conselho Federal.

---

14. O Provimento CNJ n. 100/2020, integrado ao Código de Normas Nacional, revogou a vedação das normas paulistas, que não permitiam o envio de traslados e certidões por e-mail.

As certidões e os traslados digitais podem ser apresentados ao registro imobiliário competente por meio da Central de Serviços Eletrônicos Compartilhados dos Registradores de Imóveis – Central Registradores de Imóveis, por empresas credenciadas, via API[15], ou em mídias portáteis (hoje, em desuso)

O envio por meio da Central Registradores de Imóveis é cômodo e mais célere, mas ainda não é o ideal. A necessidade de preenchimento de inúmeros campos em formulários para cada escritura inviabiliza o envio de grandes volumes.

O envio à Central de Registradores de Imóveis por meio de API evita a necessidade de preenchimento de inúmeros campos em formulários para cada escritura; tudo é feito de forma automatizada. Parece-nos o melhor meio.

Antes de gerar o traslado (ou a certidão) eletrônico em PDF/A, o tabelião deve lançar no ato a declaração:

"Este traslado (ou esta certidão) foi redigido(a) e assinado(a) digitalmente pelo (nome tabelião ou substituto), (cargo), sob a forma de documento eletrônico (Provimento CNJ n. 149/2023), devendo, para sua validade, ser conservado(a) em meio eletrônico, bem como prova de autoria e integridade".

Em seguida, o tabelião ou substituto gera o PDF/A, confere e assina, com seu certificado digital. Documentos que integram a escritura, como por exemplo, guia de pagamento do ITBI, certidões etc. devem ser digitalizados, salvos em PDF/A, conferidos e assinados pelo tabelião, substituto ou escrevente.

Apresentada a escritura eletrônica diretamente na serventia ou por meio da central de registradores de imóveis, será expedido o número do protocolo. Se houver eventual devolução, a serventia entregará a ND em papel ou eletrônica; pela central, somente eletrônica. O cumprimento da ND diretamente na serventia pode ser feito em papel ou eletrônica; na central, só eletrônica. Feito o registro da escritura, a serventia pode entregar a matrícula em papel ou digital; pela central, somente eletrônica[16].

O tabelião pode criar um classificador eletrônico de remessa e entrega de atos notariais eletrônicos para controle.

7.4 E-NOT ASSINA (RECONHECIMENTO DE FIRMA ELETRÔNICA)

E-not assina é um novo módulo de reconhecimento de firma eletrônica oferecido na plataforma e-Notariado. Cada signatário do documento deve possuir um certificado digital notarizado, emitido em um cartório credenciado.

---

15. *Application Programming Interface.*
16. Com a edição da Lei 14.382/22, as certidões extraídas dos registros públicos deverão ser fornecidas eletronicamente, com uso de tecnologia que permita a sua impressão pelo usuário e a identificação segura de sua autenticidade, conforme critérios estabelecidos pela Corregedoria Nacional de Justiça do Conselho Nacional de Justiça. É dispensada a materialização das certidões pelo oficial de registro. Hoje, os RIs remetem um código e a certidão é obtida. O papel cairá em desuso.

O documento somente pode ser assinado com um certificado digital notarizado; outros tipos de certificados ou assinaturas digitais não são aceitos, nem mesmo a ICP-Brasil, Gov.br etc.

O usuário acessa o sistema e vê a tela inicial do fluxo de assinaturas do e-Not Assina. Clica em + Novo documento e depois em e-Not Assina.

Em seguida inicia o preenchimento dos dados da criação de seu Fluxo de Assinaturas.

– Anexa o documento em formato PDF na área correspondente;

– Preenche os dados dos participantes do fluxo de assinatura;

– Posiciona as assinaturas no documento;

– Se desejar, é possível ordenar a atuação dos participantes. Por padrão, o sistema agrupa todos os participantes em uma única etapa.

O e-Not Assina permite que uma pessoa que não seja um dos signatários do documento, possa criar os fluxos de assinaturas, realizando o papel de orquestrador. Para isso, poderá acessar o sistema com seu certificado digital notarizado, ou mesmo com o ICP-Brasil, desde que não seja um dos signatários do documento.

O pagamento pelo reconhecimento de assinatura eletrônica é feito na plataforma. Após a compensação do pagamento, os participantes serão notificados para as assinaturas digitais ou aprovação do documento, se o caso.

Após a realização de cada assinatura digital, o tabelião do cartório emissor do certificado efetua o reconhecimento dela, em processo automatizado. O documento com os reconhecimentos pode ser baixado.

Esses documentos ficarão disponíveis no e-Not Assina por até 30 dias. Após este período, não será mais possível baixá-los da plataforma e-Notariado.

No documento reconhecido, são indicadas as assinaturas digitais das partes, conforme a posição indicada pelo orquestrador do fluxo, além de uma última página acrescentada ao documento, contendo as representações dos reconhecimentos das assinaturas eletrônicas e um código QR, ambos para validação.

A qualquer momento é possível validar a autenticidade dos documentos do e-Not Assina. Para isto, o usuário acessa www.docautentico.com.br/valida, faz o *upload* do arquivo PDF com as assinaturas reconhecidas pelo cartório e o sistema faz a validação.

O e-Not Assina tem sofrido críticas pois não há qualificação notarial do conteúdo do documento. O processo é automatizado, sem intervenção do tabelião, não há análise do documento, podendo ser reconhecida a assinatura em qualquer tipo de documento, contendo qualquer conteúdo.

7.5 MATERIALIZAÇÃO E DESMATERIALIZAÇÃO DE DOCUMENTOS

Com a crescente necessidade de migração de documentos em papel para documentos eletrônicos, e vice-versa, houve a necessidade de que tais documentos se revistam de atributos que lhes deem confiabilidade por meio da autenticação notarial.

A Corregedoria-Geral da Justiça de São Paulo editou o Provimento CG n. 22/2013, que regulamentou a materialização e a desmaterialização de documentos. Em 2020, o Provimento CNJ n. 100 regulou a matéria nacionalmente.

Segundo a norma, a materialização se define como a geração de documentos em papel, autenticados, a partir de documentos eletrônicos, públicos ou particulares, que apresentem assinatura digital ou outra forma de confirmação de integridade e autenticidade.

Entendemos que se o documento eletrônico não estiver assinado digitalmente ou não contiver elementos para confirmação de autenticidade e integridade, não será possível fazer a autenticação, ou seja, é condição haver um desses dois requisitos para realizar o ato.

Se o certificado digital estiver inválido, com a identidade desconhecida ou a assinatura não verificada (esses dois últimos casos indicam que a autoridade raiz não está instalada na máquina onde o documento está sendo aberto), não é possível fazer a autenticação. Com a indicação de *status* revogado, se se puder identificar que, na ocasião da assinatura do documento, o certificado era válido[17], é possível realizar a autenticação fazendo circunstância da revogação. Em relação aos elementos de confirmação da autenticidade e integridade do documento apresentado para autenticação, estes devem partir de uma fonte confiável, como os sítios de órgãos públicos ou particulares, tais como Receita Federal, Prefeituras, etc. Em qualquer caso, o notário deve atentar para não acessar sites clonados, que podem levá-lo a erro. O registro.br (https://registro.br), entidade que atribui os domínios eletrônicos no Brasil deve ser consultado para cautela.

Apto o documento, ele será integralmente impresso (mas pode ser parcial, se não comprometer a sua compreensão), de preferência na serventia. Na impressão, será lançado o texto da autenticação, com data, hora e endereço eletrônico de confirmação do documento ou, se for o caso, as informações do certificado digital, tais como nome, CPF, validade, autoridade emissora etc. O selo de autenticidade deverá ser aplicado onde for obrigatório.

Define-se como desmaterialização a geração de documentos eletrônicos, com aplicação de certificado digital, a partir de documento em papel. O processo é o inverso.

Os conceitos (materialização e desmaterialização) buscaram indicar a transformação do papel para o eletrônico e vice-versa por um autor – o tabelião –, evitando palavras do dia a dia, tais como impressão e digitalização, expressões que podem confundir.

A cópia eletrônica do original em papel deve ser assinada mediante o emprego de certificado digital por meio da Central Notarial de Autenticação Digital (CENAD), módulo de serviço da CENSEC, mantida e operada pelo Colégio Notarial do Brasil. Na cópia eletrônica, é gerado um código *hash*, que será arquivado no banco de dados da CENAD e sua autenticidade poderá ser consultada a qualquer tempo.

---

17. Há programas de armazenamento que fazem o controle e o gerenciamento da perenização de vigência do certificado.

No sítio cenad.e-notariado.org.br/, o usuário faz o *upload* da cópia eletrônica (desmaterializada) e o sistema verifica a autenticidade e a integridade da cópia eletrônica autenticada. Isso é feito mediante recálculo do *hash* por um aplicativo lá instalado.

A possibilidade de materialização da desmaterialização é controversa. Por um lado, como se trata de cópia autenticada, as normas vedam fazer cópia autenticada de outra. Contudo, a nova tecnologia impossibilita qualquer tipo de fraude, tanto é que o próprio documento desmaterializado informa ser possível a sua materialização.

As cópias eletrônicas autenticadas podem ser armazenadas em mídias ou enviadas ao usuário por meio eletrônico.

7.6 LEI N. 14.382/2022 – REGISTROS ELETRÔNICOS

A nova Lei n. 14.382/2022 vai, finalmente, interligar todos os cartórios de registros e os demais operadores, como cartórios de notas, bancos, varas judiciais etc. Ela cria o Sistema Eletrônico dos Registros Públicos (Serp) com a participação de todos os ofícios de registros, sem exceção, e com o objetivo de promover:

I – o registro público eletrônico dos atos e negócios jurídicos;

II – a interconexão das serventias dos registros públicos;

III – a interoperabilidade das bases de dados entre as serventias dos registros públicos e entre as serventias dos registros públicos e o Serp;

IV – o atendimento remoto aos usuários de todas as serventias dos registros públicos, por meio da internet;

V – a recepção e o envio de documentos e títulos, a expedição de certidões e a prestação de informações, em formato eletrônico, inclusive de forma centralizada, para distribuição posterior às serventias dos registros públicos competentes;

VI – a visualização eletrônica dos atos transcritos, registrados ou averbados nas serventias dos registros públicos;

VII – o intercâmbio de documentos eletrônicos e de informações entre as serventias dos registros públicos e:

a) os entes públicos, inclusive por meio do Sistema Integrado de Recuperação de Ativos (Sira), de que trata o Capítulo V da Lei n. 14.195, de 26 de agosto de 2021; e

b) os usuários em geral, inclusive as instituições financeiras e as demais instituições autorizadas a funcionar pelo Banco Central do Brasil e os tabeliães;

VIII – o armazenamento de documentos eletrônicos para dar suporte aos atos registrais;

IX – a divulgação de índices e de indicadores estatísticos apurados a partir de dados fornecidos pelos oficiais dos registros públicos, observado o disposto no inciso VII do caput do art. 7º desta Lei;

X – a consulta:

a) às indisponibilidades de bens decretadas pelo Poder Judiciário ou por entes públicos;

b) às restrições e aos gravames de origem legal, convencional ou processual incidentes sobre bens móveis e imóveis registrados ou averbados nos registros públicos; e

c) aos atos em que a pessoa pesquisada conste como:

1. devedora de título protestado e não pago;

2. garantidora real;

3. cedente convencional de crédito; ou

4. titular de direito sobre bem objeto de constrição processual ou administrativa; e

XI – outros serviços, nos termos estabelecidos pela Corregedoria Nacional de Justiça do Conselho Nacional de Justiça.

A lei passa a aceitar o registro ou averbação de extratos eletrônicos de atos ou negócios jurídicos. A qualificação registral fica, naturalmente, muito mitigada quanto a estes documentos, tendo o apresentante do título responsabilidade sobre a correspondência dos dados apresentados em extrato com aqueles indicados nos títulos.

Outra importante inovação da lei é possibilitar o acesso às bases de dados de identificação civil, inclusive de identificação biométrica, dos institutos de identificação civil, das bases cadastrais da União, inclusive do Cadastro de Pessoas Físicas da Receita Federal e da Justiça Eleitoral, desde que previamente pactuado, por tabeliães e oficiais dos registros públicos, com as cautelas previstas na Lei n. 13.709, de 14 de agosto de 2018 (Lei Geral de Proteção de Dados Pessoais). Esta possibilidade, se e quando implementada, permitirá combater a principal sinistralidade das escrituras públicas: o furto ou a falsa identidade das partes. Com o cotejo das bases de dados, inclusive da biometria, será possível ao tabelião e oficial de registro cruzar informações e verificar a identidade das partes mais acuradamente. Como sabemos, as falsidades com documentos de identidade, mesmo com o uso de papéis e itens de segurança que deveriam ser restritos, é frequente e é operada com relativa facilidade por criminosos.

Buscando a simplificação, uma alteração na Lei 6.015/73 dispensa o reconhecimento de firma nos documentos submetidos à registro, exceto naqueles que contenham quitação de dívida ou exoneração de obrigação (art. 130, §§ 2º e 3º).

O novo art. 161 da LRP confere forte presunção de veracidade ao documento registrado: as certidões do registro de títulos e documentos terão a mesma eficácia e o mesmo valor probante dos documentos originais registrados, físicos ou nato-digitais, ressalvado o incidente de falsidade, oportunamente levantado em juízo. Equipara-se, portanto, à autenticação notarial da cópia de documentos. É importante ressaltar que há expressiva diferença de qualificação entre a autenticação notarial e o registro, mas a presunção legal é, agora, idêntica.

O art. 216-B inova a LRP prevendo a adjudicação compulsória extrajudicial, processada perante o ofício imobiliário da localização do bem. A possibilidade é mais uma ferramenta para enfrentar o expressivo manancial de irregularidades existente no Brasil, com milhares de contratos particulares de promessa de compra e venda quitados e não regularizados no registro imobiliário. A lei prevê a realização da ata notarial para verificação dos aspectos fáticos e documentais do negócio.

A lei altera a Lei 8.935/94 prevendo que os tabeliães de notas estão autorizados a prestar outros serviços remunerados, desde que previstos em convênio com órgãos públicos, entidades e empresas interessadas, respeitados os requisitos de forma previstos no Código Civil.

A destacar, finalmente, a simplificação dos meios de pagamento com adoção até do popular parcelamento. Tabeliães e oficiais de registro devem admitir pagamento dos emolumentos, das custas e das despesas por meio eletrônico, a critério do usuário, inclusive mediante parcelamento (Lei 8.935/94, art. 30, XV).

Muitas outras alterações foram feitas aos Registros Públicos com imenso impacto nos negócios e na atividade empresarial. Prazos foram mitigados, os meios eletrônicos são fortemente impulsionados, o mercado imobiliário deverá contar com um marco legal atual e com as ferramentas tecnológicas de nosso tempo, o que deverá reduzir custos, tempo, burocracia e fomentar a atividade econômica.

O CNJ promete para março de 2024 o início da operação do sistema interligado de registros, em fase experimental, apenas para o Poder Judiciário.[18]

---

18. Disponível em: https://www.cnj.jus.br/servicos-de-registros-publicos-on-line-estarao-disponiveis-para-orgaos--do-judiciario-em-marco/, acessado em 20.01.2024, às 18h01.

8
Correção de Erros nos Atos Notariais

Erro é um juízo falso, um desacerto, um engano, uma incorreção, uma inexatidão, um desregramento, uma falta[1]. O erro é a ação, ou omissão, que nos leva para o destino que não queríamos.

Errar é humano. No tabelionato de notas, podem ocorrer erros por ato ou omissão do tabelião, dos seus prepostos, das partes ou de terceiros que de algum modo intervenham na produção do ato notarial.

Se é da natureza humana errar, é também natural possibilitar a correção do erro, seja qual for a magnitude da falha. A Lei n. 8.935/94 não contém previsão explícita sobre a correção de erros, mas informa que o serviço notarial será prestado de **modo eficiente e adequado** (art. 4º). O ato correto é certamente o primeiro degrau desta exigência. A incorreção, o seu oposto.

As escrituras públicas são atos administrativos notariais formados exclusivamente em decorrência da vontade das partes, como declarada ao tabelião. Os erros, portanto, podem advir das partes, em face do que desejam ou do que declaram, de documentos que instruem o ato ou do próprio tabelião, ao formalizar o ato.

Distinguir o agente do erro pouco interesse tem, exceto para definir quem suporta o preço da correção. Mais importante é corrigir o erro para que o serviço notarial tenha a adequação e a eficiência pretendidas e determinadas pela lei.

Os erros constantes em atos notariais em papel ou eletrônico podem ser corrigidos das seguintes formas: 1) por ressalva final; 2) pela cláusula "em tempo", também ao final; 3) por aditamento ou ata notarial; e 4) por retirratificação.

1) **Ressalva final**. A forma mais frequente de corrigir erros é pela ressalva final. Ao conferir o ato impresso durante a leitura, o tabelião percebe ou é alertado pelas partes sobre erros, rasuras, borrões ou riscaduras no ato. É possível também haver omissões ou imprecisões. Assim, antes das assinaturas, o tabelião escreve as emendas, fazendo as correções (também conhecidas por declaros e ressalvas). A ressalva deve indicar o local e a natureza do erro e será feita sempre antes da finalização do ato e, por óbvio, das assinaturas, das partes e do tabelião.

2) **Cláusula "em tempo"**. É um texto inserido ao final do ato, quando o defeito, ou omissão, for verificado após as assinaturas das partes, sem que o ato tenha sido finalizado pela assinatura do tabelião. Deve ser escrito logo abaixo da última assinatura, se houver espaço, ou na página subsequente, introduzido

---

1. FERREIRA, Aurélio Buarque de Holanda. *Novo Aurélio século XXI:* o dicionário da língua portuguesa. 3. ed., totalmente revista e ampliada. Rio de Janeiro: Nova Fronteira, 1999.

pela expressão "em tempo", no qual são declaradas as correções ou mudanças indispensáveis à correção do ato. Feito o acréscimo, deve ser lido às partes para aprovação, e, acordes quanto ao seu conteúdo, devem novamente assinar todos os participantes do ato, que será encerrado pelo tabelião com a sua assinatura.

Em tese, não há limite para as correções feitas por ressalva final ou pela cláusula "em tempo". Tudo pode ser corrigido ou alterado antes da assinatura final do tabelião[2]. Na prática, porém, quando houver alteração da natureza do ato, substituição das partes ou do objeto do negócio, parece-nos mais adequado e consentâneo com os princípios da adequação formal e eficácia do ato notarial o abandono da redação imprópria em favor de um novo ato.

3) Aditamento. Os atos notariais também podem ser corrigidos por aditamento. Neste caso, em ato distinto e subscrito apenas pelo tabelião (ou seu substituto), sem necessidade da presença e assinatura das partes, erros e omissões banais, ou evidentes e comprovadas por documentos, podem ser sanados. A pedido das partes ou de ofício, pela mera constatação do erro ou da omissão pelo tabelião, ou à vista de documentos oficiais, o ato será corrigido. Quando houver retificação, o ato será um aditamento retificativo. Quando suprir omissão, o ato será simples aditamento.

O aditamento tem limites. As correções, os acréscimos ou as supressões devem restringir-se a elementos acessórios das partes, do objeto, do negócio ou de outras declarações do ato. Exemplificando, na qualificação das partes pode ser corrigido um número de CPF trocado e a correção se comprova documentalmente. Até mesmo correções ou omissões quanto à especialização do objeto podem ser corrigidas à vista da certidão apresentada. Se, por exemplo, houve a descrição do imóvel, mas há erro na indicação do número do registro, não há problema de corrigir-se também isto, desde que se evidencie o erro banal, de digitação.

Não há limite temporal para a correção por aditamento. Em nenhuma hipótese, as correções feitas por aditamento podem alterar a substância do ato (partes, objeto e preço). Somente com a assinatura das partes pode ser alterada a respectiva vontade.

Em São Paulo, as Normas de Serviço informam que tais correções somente ocorram por ata notarial[3].

---

2. As normas de São Paulo permitem a correção de erros evidentes por declaração "Em tempo" quando, na verdade, são tecnicamente "Ressalva final".
3. "53. Os erros, as inexatidões materiais e as irregularidades, constatáveis documentalmente e desde que não modificada a declaração de vontade das partes nem a substância do negócio jurídico realizado, podem ser corrigidos de ofício ou a requerimento das partes, ou de seus procuradores, mediante ata retificativa lavrada no livro de notas e subscrita apenas pelo tabelião ou por seu substituto legal, a respeito da qual se fará remissão no ato retificado.
   53.1. São considerados erros, inexatidões materiais e irregularidades, exclusivamente: a) omissões e erros cometidos na transposição de dados constantes dos documentos exibidos para lavratura do ato notarial, desde que arquivados na serventia, em papel, microfilme ou documento eletrônico; b) erros de cálculo matemático; c) omissões e erros referentes à descrição e a caracterização de bens individuados no ato notarial; d) omissões e erros relativos aos dados de qualificação pessoal das partes e das demais pessoas que compareceram ao ato notarial, se provados por documentos oficiais".

4) **Retirratificação**. É a forma tradicional de correção de erros graves. Neste caso, temos uma nova escritura, denominada de retirratificação, para suprir ou corrigir elemento substancial, indispensável à eficácia plena do ato anterior, em vista de haver faltado ou estar errado, apesar das assinaturas das partes e do tabelião.

Esta escritura deve conter a assinatura de todos quantos compareceram ao ato, permitida a substituição em caso de falecimento, cessão de direitos ou, claro, mandato.

Não há limite temporal para a correção por retirratificação. É possível, por exemplo, a correção de uma escritura lavrada há décadas.

Também não há, em tese, limites quanto ao conteúdo do ato, indispensáveis a presença e a assinatura de todos quantos compareceram ao ato original, permitida a substituição nos casos legais. Novas declarações das partes, que não constaram no ato, só podem ser inseridas pela escritura de retirratificação.

A partir de 2013, as Normas de Serviço de São Paulo vedam as emendas, as entrelinhas, as notas marginais e as cláusulas em tempo, mesmo para correção de erros, inexatidões materiais e irregularidades sanáveis.

8.1 ERROS COMUNS

A experiência permite listar alguns erros frequentes, aqui lembrados para comunhão dos infortúnios e para prevenir a sua repetição.

Quanto às partes, erro na grafia dos nomes, erro na qualificação (divorciada, se declarou casada, p. ex.), erro nos números de CPF e carteiras de identidade etc. Evidentemente, estas situações todas devem ser consideradas em relação ao tempo do ato e, principalmente, documentadas.

Quanto aos imóveis, erro na grafia do nome ou numeração da rua, no número ou na data da certidão, em metragens, desde que a diferença seja pequena (p. ex., terreno 21 x 50,5, totalizando 1.060,60 m^2, quando é evidente, à luz da certidão, que são 1.060,50 m^2), na confrontação e todos os demais erros descritivos do imóvel que, à vista da certidão arquivada para a lavratura do ato, estejam em desacordo com as declarações da escritura.

Erros referentes ao imóvel são, por natureza, muito mais sensíveis. Portanto, ainda que evidentes, as retificações devem ser promovidas com cautela. Por exemplo, na certidão imobiliária consta "imóvel e respectiva vaga de garagem" tendo a escritura feito menção apenas ao imóvel. Como saber se o desejo das partes era realmente incluir a vaga[4]? Não basta uma delas comparecer e reclamar o erro. Neste caso, e sempre que o erro envolver substancial distinção do objeto do negócio, é imprescindível a presença das partes para a sonora retirratificação.

Há ainda erros quanto à documentação ou outras formalidades da lei.

---

4. Não obstante o teor do art. 1.331, §1º do Código Civil, conter regra de não permitir a alienação da vaga separadamente.

Quanto à documentação, o mais frequente é o desacordo de números, datas, siglas. Estes são erros evidentes que, via de regra, podem ser corrigidos de ofício pelo tabelião por meio de aditamento.

Há, contudo, uma zona cinzenta instigante. Por exemplo, a escritura foi lavrada com as certidões do INSS e da Receita Federal ou ainda com a matrícula após o prazo de validade declarado. Seria possível solicitar novas certidões e, com elas, aditar para retificar, de ofício?

Não vemos problema, pois entre a lavratura e a emissão do traslado pode ser constatada alguma imperfeição e o ato ser saneado, mas entendemos que o assunto é controverso.

Dentre as demais formalidades da lei, citamos, a título de exemplo, as declarações. A falta delas, ou o desacordo delas com a vontade do declarante, só pode ser corrigida por retirratificação. A exceção fica por conta da anuência do cônjuge que, em muitos atos, não é expressa, aceitando-se a presença e assinatura do casal como declaração de acordo. E ainda que houvesse exigência para que se suprisse, entendemos que esta seria possível mediante aditamento retificativo por solicitação das partes, com a declaração da anuência.

8.2 RETIFICAÇÃO POR ATA NOTARIAL

A ata notarial é um dos atos notariais mais antigos. Hoje, prevista na Lei n. 8.935/94, pode ser utilizada para corrigir erros materiais em escrituras?

Parece-nos que a lei pretendeu muito mais, e a doutrina já se encarrega de rechear as infindáveis possibilidades da ata como atividade notarial a serviço das necessidades da cidadania e da sociedade.

A ata notarial, contudo, não é a forma, a roupa feita sob medida para a correção de erros, ainda que em alguns notariados da América Latina e da Europa seja, por vezes, utilizada.

Vemos alguns óbices que tornam a correção de erros por ata notarial incompatível com a natureza deste ato.

Em primeiro lugar, a ata deve ter um solicitante. Se o tabelião perceber o erro ou se a parte se recusar a solicitar a correção, falta elemento essencial ao ato. E não se pense que o tabelião deve agir como solicitante, lavrando o próprio ato corretivo, pois esta solução representa infração ao princípio da impessoalidade, obstada expressamente pelo art. 27 da Lei n. 8.935/94.

Em segundo lugar, a ata notarial tem natureza de pré-constituição probatória, instrumento à disposição da sociedade. Utilizá-la para corrigir erros ou omissões parece-nos um desvio de finalidade que constitui infração ao art. 6º, II, da referida Lei n. 8.935/94.

Independentemente da titulação do ato (*nomen iuris*), cremos que o imprescindível é corrigir os erros e as omissões, quando detectados, o quanto antes e da maneira mais simples e menos custosa.

Resta lembrar novamente que, em vista do princípio da unicidade da fé pública, decorrente da delegação estatal, qualquer tabelião pode corrigir erro ou omissão constante de ato feito por outro.

As Normas de São Paulo determinam que os erros, as inexatidões materiais e as irregularidades, constatáveis documentalmente e desde que não modificada a declaração de vontade das partes nem a substância do negócio jurídico realizado, podem ser corrigidos de ofício ou a requerimento das partes, ou de seus procuradores, mediante anotação à margem do ato notarial ou, não havendo espaço para tanto, por meio de ata retificativa lavrada no livro de notas e subscrita apenas pelo tabelião, a respeito da qual se fará remissão no ato retificado.

Ainda há a obrigatoriedade de fazer remissões do ato retificativo ou escritura de retificação-ratificação no ato rerratificado. Se praticado o ato em serventia distinta, o tabelião que lavrou o ato retificativo ou a escritura de retificação-ratificação comunicará o evento ao tabelião, para a remissão devida, no ato rerratificado[5].

---

5. Normas da CGJ, Cap. 16, itens 55 e s.

9
Obrigações Administrativas e Fiscais do Notário

Ao mesmo tempo que atende aos interesses dos indivíduos, garantindo a eficácia de seus atos e negócios, o notário colabora com a sociedade e o Estado cumprindo certas obrigações administrativas e fiscais previstas na lei.

Há normas tributárias que afetam os serviços notariais nos três planos administrativos do País: o federal, o estadual e o municipal. A concorrência para legislar sobre direito tributário, inclusive quanto às obrigações acessórias, é concorrente da União, dos Estados e dos Municípios. No âmbito da legislação concorrente, a atuação da União está limitada a estabelecer normas gerais, enquanto aos Estados toca a competência suplementar, que pode ser plena nas matérias em que a União se omitir.

Apesar da Constituição prever a edição de leis complementares com normas para a cooperação entre a União e os Estados, o Distrito Federal e os Municípios, tendo em vista o equilíbrio do desenvolvimento e do bem-estar em âmbito nacional, tais normas até hoje não existem[1].

O notário, obrigado a fiscalizar os tributos incidentes sobre os negócios que formaliza em seus atos e a muitas outras determinações acessórias (especialmente comunicações), fica, muitas vezes, confuso ao interpretar o emaranhado de normas, não raro antinômicas ou em contradição aparente.

Segundo a Lei n. 8.935/94, o notário deve fiscalizar o recolhimento dos impostos incidentes sobre os atos que pratica[2] e também facilitar, por todos os meios, o acesso das pessoas legalmente habilitadas à documentação existente. Além disso, deve atender prioritariamente às requisições de papéis, documentos, informações ou providências que lhe forem solicitadas pelas autoridades judiciárias ou administrativas para a defesa das pessoas jurídicas de direito público em juízo[3].

O acesso à documentação existente também pode ser efetuado de modo sistemático e continuado, por meio do fornecimento de informações que interessem às Fazendas Públicas e aos outros órgãos da administração ou ao Poder Judiciário.

---

1. CF, art. 22, parágrafo único, e art. 23, parágrafo único.
2. Art. 30, XI.
3. Art. 30, III e XII.

9.1 FISCALIZAÇÃO DE TRIBUTOS

O Código Tributário Nacional é a norma tributária geral aplicável em todo o País. Nos casos de impossibilidade de exigência do cumprimento da obrigação principal pelo contribuinte, os tabeliães respondem solidariamente com este nos atos em que intervirem ou pelas omissões de que forem responsáveis. Somente as penalidades moratórias podem ser aplicadas[4]. Ademais, mediante intimação escrita, os tabeliães são obrigados a prestar à autoridade administrativa todas as informações de que disponham em relação aos bens, negócios ou atividades de terceiros, ressalvado o direito ao sigilo profissional[5].

Estas normas gerais federais são replicadas irrestritamente com matizes idênticas em toda a legislação tributária, seja da União, dos Estados ou dos Municípios.

Nos atos que realizam, os notários devem verificar o recolhimento dos seguintes tributos:

1) **União:**
    1.1) Imposto sobre a Propriedade Territorial Rural (ITR), incidente sobre os atos imobiliários rurais. Ademais, devem verificar a regularidade do Certificado de Cadastro dos Imóveis Rurais (CCIR);
    1.2) Laudêmio ou foro incidente sobre os imóveis da União, devido à Secretaria do Patrimônio da União (SPU);
    1.3) Contribuições devidas à Previdência Social (INSS) e demais tributos federais, inclusive da dívida ativa da União. Esta obrigação envolve a obrigação de exigir a Certidão Conjunta Negativa de Débitos Relativos a Tributos Federais e à Dívida Ativa da União;
    1.4) Efetuar a Declaração sobre Operações Imobiliárias (DOI), mensalmente, indicando os dados relevantes de todos os atos relativos a negócios imobiliários;
    1.5) Declaração sobre Operações Imobiliárias em Terrenos da União (DOITU);
    1.6) Remeter ao IBGE, por meio da CENSEC, informações de interesse estatístico presente nas escrituras de separação, divórcio, extinção de união estável, inventário e partilha.
2) **Estado:**
    2.1) Imposto sobre a Transmissão *Causa Mortis* e Doação (ITCMD) incidente sobre os atos de transmissão de quaisquer bens ou direitos nos atos de doação ou inventário e partilha não onerosa. Previsto no art. 155, I, § 1º, da Constituição Federal, permite ao ente federativo fixar as suas alíquotas em conformidade com a permissão do Senado Federal, que editou a Resolução n. 9, de 5-5-1992, estabelecendo como alíquota máxima o percentual de 8% (oito por cento). No Estado de São Paulo, por exemplo, a alíquota é de 4%;

---

4. CTN, art. 134.
5. CTN, art. 197.

2.2) No Estado de São Paulo, remeter à Secretaria da Fazenda, por meio eletrônico, cópia de todas as escrituras em que haja incidência do ITCMD;

2.3) Remeter à Secretaria da Fazenda, por meio eletrônico, cópia de todas as transferências de veículos por ocasião do reconhecimento de firma por autenticidade[6].

3) **Município:**

3.1) Imposto sobre a Transmissão de Bens Imóveis (ITBI), incidente sobre os negócios imobiliários onerosos, previsto na Constituição Federal, art. 156, II;

3.2) Demais impostos municipais, de modo indireto, por exigência da Certidão Negativa de Débitos Tributários Municipais;

3.3) Comunicar a lavratura de atos cuja tributação é imune ou isenta de tributos[7];

3.4) Emitir nota fiscal eletrônica dos serviços prestados.

Em todos os casos, o notário deve verificar e arquivar a guia de recolhimento dos tributos fiscalizados.

Há conflito entre as normas municipais e a consolidada jurisprudência do STJ e tribunais estaduais quanto ao momento da ocorrência do fato gerador do ITBI. Na cidade de São Paulo, por exemplo, a lei impõe o pagamento do imposto no momento da lavratura da escritura. O tabelião de notas não pode lavrar o ato sem antes verificar a quitação da guia respectiva.

Em outras cidades, este momento é postergado em dias após a lavratura da escritura e, finalmente, em algumas, o recolhimento do ITBI deve ser realizado no momento do registro imobiliário.

Esta posição parece a mais correta, pois o fato gerador do imposto é a transmissão da propriedade, o quê, em nosso sistema, só ocorre quando há o registro (CC, art. 1.245).

A jurisprudência do STJ é firme e repetida:

TRIBUTÁRIO – RECURSO ORDINÁRIO – MANDADO DE SEGURANÇA – ITBI – FATO GERADOR – CTN, ART. 35 E CÓDIGO CIVIL, ARTS. 530, I, E 860, PARÁGRAFO ÚNICO – REGISTRO IMOBILIÁRIO. 1. O FATO GERADOR DO IMPOSTO DE TRANSMISSÃO DE BENS IMÓVEIS OCORRE COM A TRANSFERÊNCIA EFETIVA DA PROPRIEDADE OU DO DOMÍNIO ÚTIL, NA CONFORMIDADE DA LEI CIVIL, COM O REGISTRO NO CARTÓRIO IMOBILIÁRIO. 2. A COBRANÇA DO ITBI SEM OBEDIÊNCIA DESSA FORMALIDADE OFENDE O ORDENAMENTO JURÍDICO EM VIGOR. 3. RECURSO ORDINÁRIO CONHECIDO E PROVIDO". (STJ – 2ª T.; ROMS Nº 10.650-DF; REL. MIN. FRANCISCO PEÇANHA MARTINS; J. 16/6/2000; V.U.)

Igualmente, o STF também já assentou:

AGRAVO REG. NO AGRAVO DE INSTRUMENTO AI 764432 – STF. PUBLICAÇÃO: 22/11/2013. AGRAVO REGIMENTAL NO AGRAVO DE INSTRUMENTO. IMPOSTO DE TRANSMISSÃO INTERVIVOS DE BENS IMÓVEIS. ITBI. MOMENTO DA OCORRÊNCIA DO FATO GERADOR. REGISTRO DO IMÓVEL. ESTÁ ASSENTE NA CORTE O ENTENDIMENTO DE QUE O FATO GERADOR DO ITBI SOMENTE

---

6. No Estado de São Paulo é obrigatório.
7. Na Cidade de São Paulo é obrigatório.

OCORRE COM A TRANSFERÊNCIA EFETIVA DA PROPRIEDADE IMOBILIÁRIA, OU SEJA, MEDIANTE O REGISTRO NO CARTÓRIO COMPETENTE. PRECEDENTES. AGRAVO REGIMENTAL NÃO PROVIDO.

Por cautela, o tabelião deve cumprir a lei municipal enquanto vigente. Entretanto, em vista do sólido entendimento de nossas mais altas cortes, é possível ao tabelião buscar a dispensa de exigência do recolhimento por meio de ação própria.

Sem a certidão de ações reais e pessoais reipersecutórias e de ônus reais expedida pelo cartório imobiliário, o notário não pode lavrar a escritura. A pessoa alienante também deve declarar a existência de outras ações reais ou pessoais reipersecutórias, ou de ônus reais, incidentes sobre o objeto do negócio. Isso implica em fiscalização de regularidade para toda a sociedade.

O notário também é responsável pela fiscalização do pagamento de cotas condominiais, pois deve verificar nas escrituras relativas aos bens imóveis em condomínio a quitação das parcelas ou a declaração da parte de que está quite com elas[8].

Há exigências que se referem ao aproveitamento racional da terra rural. Quando houver desmembramento de imóveis rurais, o notário deve verificar a fração mínima de parcelamento para a respectiva região, de acordo com as leis próprias.

Existem ainda diversas restrições impostas à propriedade da terra por estrangeiros.

Se o imóvel faz parte de zona de segurança nacional, é necessária uma autorização da Secretaria Executiva do Conselho de Defesa Nacional.

Para os imóveis urbanos, somente se veda a aquisição de imóvel ou terreno situado na faixa de 100 metros ao longo da costa marítima, mas o ato pode ser autorizado pelo Presidente da República ou pelo Ministro da Fazenda[9]. Essa restrição, todavia, não se aplica no caso de aquisição de unidade autônoma em condomínio, como em prédio de apartamentos situado em terreno de marinha, regulado pelo regime da Lei n. 4.591/64[10].

Quanto aos imóveis rurais, a disciplina é mais complexa e o notário desempenha papel relevante, pois é da essência do ato a escritura pública[11]. A aquisição de imóvel rural por pessoa física estrangeira não pode exceder a 50 módulos de exploração indefinida, em área contínua ou descontínua[12]. Estes módulos são definidos a partir dos critérios da Lei n. 4.504/64 (Estatuto da Terra) e fixados pelo Instituto Nacional de Colonização e Reforma Agrária (INCRA), na área média de 3 hectares. Desse modo, regra geral, a pessoa estrangeira somente pode adquirir uma propriedade rural limitada a 150 hectares.

O estrangeiro pode adquirir livremente área rural até três módulos, independente de qualquer autorização ou licença, ressalvadas as exigências gerais determinadas em

---

8. No Estado de São Paulo, a exigência da declaração de quitação dos débitos condominiais foi abrandada por decisões judiciais administrativas, cujo fundamento foi a revogação tácita do parágrafo único do art. 4º da Lei n. 4.591/1964 pelo artigo 1.345 do Código Civil.
9. Decreto-Lei n. 9.760/46, art. 205.
10. FIGUEIREDO, Ivanildo. Disponível em http://www.anoregms.org.br/index.php?p=detalhe_noticia&id=2029, acesso em 05.07.2012.
11. Lei n. 5.709/71, art. 8º.
12. Lei n. 5.709/71, art. 3º.

lei (§ 1º do art. 3º da Lei n. 5.709/71) e exceto se for a segunda aquisição[13]. A área não pode ultrapassar 1/4 da área do território do município onde o imóvel se situe, nem pessoas da mesma nacionalidade podem ser proprietárias, em cada município, de mais de 40% do limite fixado (1/4 da área do município).

Para adquirir área entre 3 e 50 módulos, a pessoa física estrangeira necessita de autorização do INCRA. Acima de 50 módulos, a autorização deve ser do Congresso Nacional. O Presidente da República, ouvida a Secretaria Executiva do Conselho de Defesa Nacional, também pode aumentar o limite da área fixado no art. 7º do Decreto n. 74.965/74. Pessoa jurídica estrangeira para adquirir área de até 100 módulos deve possuir aprovação de projeto de exploração pelo Ministério do Desenvolvimento Agrário, ouvido o Órgão Federal competente responsável pelas respectivas atividades. E acima de 100 módulos, o Congresso deve autorizar, de modo especial.

---

13. As Normas da Corregedoria-Geral da Justiça do Estado de São Paulo permitem a aquisição de mais de um imóvel rural desde que a soma das áreas não exceda a três módulos.

10
DEVER DE COMUNICAÇÃO DOS TABELIÃES

Os tabeliães fazem parte de um sistema preventivo, no qual os atos e os negócios jurídicos se submetem a um controle prévio de legalidade.

O tabelião, ao formalizar e dar forma legal à vontade das partes, assegura não só a validade e a eficácia dos direitos e das obrigações encartados no ato notarial, mas também a convicção das partes em respeitá-lo.

Para tanto, o tabelião observa os princípios da legalidade e da imparcialidade, por meio da qualificação notarial, verificando e requerendo a apresentação dos documentos exigidos por lei para o ato notarial.

Além de conferir segurança jurídica e fé pública a atos e negócios daqueles que buscam seus serviços, o tabelião – sem qualquer ônus para os cofres públicos – cumpre relevante papel colaborativo com o Estado e a sociedade, ao prestar suas informações aos órgãos públicos, o que possibilita aos governos federal, estadual e municipal fazerem estatísticas e projetarem políticas públicas.

O tabelião, com essas comunicações, coopera na arrecadação fiscal, evita fraudes tributárias e ainda auxilia na investigação em casos de corrupção e lavagem de dinheiro.

A seguir, elencamos as comunicações indispensáveis[1].

10.1 CONSELHO NACIONAL DE JUSTIÇA – CNJ

Os notários devem atualizar semestralmente o sistema "Justiça Aberta", do CNJ. Até o dia 15 dos meses de janeiro e julho devem ser informados os dados referentes à produtividade, faturamento e despesas, bem como quaisquer alterações cadastrais, em até 10 dias após suas ocorrências[2].

10.2 CORREGEDORIA PERMANENTE E CORREGEDORIA-GERAL DE SÃO PAULO

Em São Paulo, o Tribunal de Justiça criou o Portal do Extrajudicial que, desde 2007[3], tem a finalidade de divulgar os comunicados e as decisões da Corregedoria-

---
1. Especial atenção às Normas de São Paulo.
2. Provimento CNJ n. 24/2012, art. 2º, e Provimento CGSP n. 40/2012, atualizado pelo Provimento n. 56/2019, Cap. XIV, item 13.4.
3. Comunicado CG n. 1.032/2007.

-Geral da Justiça aos serviços extrajudiciais, bem como permitir o intercâmbio de informações padronizadas, em meio digital, entre a Corregedoria-Geral da Justiça e as unidades extrajudiciais do Estado de São Paulo. É um canal de comunicação eletrônica célere.

O acesso ao Portal, pelos responsáveis pelas unidades notariais e de registro, deve ser diário e obrigatório, e não desobriga o acesso ao *Diário da Justiça eletrônico*.

Cada serventia tem um código próprio que inicia a série da numeração dos papéis de segurança (fichas de assinaturas e traslados) e dos selos de autenticidade (há seis tipos de selos: firma 1 e 2 sem valor, firma 1 e 2 com valor, autenticação e autenticidade).

Os notários devem alimentar os seguintes dados dos selos e dos papéis de segurança: a) declaração de utilização de selos e papéis de segurança (exceto livros de notas); b) posição inicial no mês; c) séries de selos, papéis de segurança e cartões de assinatura que estavam em posse da unidade no início do mês a ser declarado; d) as séries de selos, papéis de segurança e cartões de assinatura que a unidade utilizou durante o mês, mesmo que entre estes existam eventuais selos extraviados, danificados, roubados etc.; e) séries de selos, papéis de segurança e cartões de assinatura que permanecem à disposição da unidade para o mês seguinte; f) declaração de ocorrência de selos e papéis de segurança; g) séries de selos, fichas e traslados incinerados, danificados, inutilizados, extraviados, furtados e roubados; h) declaração semanal de atos praticados e sua arrecadação, quando deve lançar os tipos de atos praticados na serventia, sua quantidade e valor arrecadado; i) valor do imposto municipal (ISS) e o valor destinado à Santa Casa. O sistema calcula automaticamente o valor devido ao Tribunal, bem como o valor de acréscimo, decorrente de atrasos. O valor a ser impresso na guia será a soma do valor informado no campo "Valor a recolher" com o valor de acréscimo (se houver); j) declaração mensal de despesas; k) as custas e contribuições devidas ao Estado, ao IPESP, ao Fundo do Registro Civil, ao Tribunal de Justiça, à Santa Casa, ao Ministério Público e o imposto municipal; l) despesas trabalhistas, com os valores devidos ao IPESP, ao INSS, ao IAMSPE, ao Fundo de Garantia, salários, convênio médico/odontológico, imposto de renda retido na fonte, seguro de vida e previdência, vale-transporte, vale-refeição/alimentação, verbas rescisórias e FGTS, 13. salário; m) outras despesas, como advogado e assessoria contábil, consumo de água, energia, gás, telefone e internet, aluguel de imóveis e bens móveis, assessoria, licenças de informática e manutenção, cursos e congressos, condomínio, IPTU e seguro do imóvel, conservação e reforma do imóvel, contribuição a entidades de classe, despesas com segurança e serviços terceirizados, ISS, livros e periódicos técnicos, locação de mobiliário, computadores e equipamentos, material de conservação e limpeza, material de escritório, material gráfico, selos, impressos e encadernações, postagem, intimação e publicação de edital, seguro de responsabilidade civil, tarifas bancárias, aquisição de mobiliário, computadores, equipamentos; e n) total arrecadado, recolhimentos, emolumentos líquidos do tabelião/oficial, despesas e saldo final.

O notário deve lançar informação sobre a admissão, afastamento, desligamento, alteração de salário e de função, bem como a frequência dele próprio, de prepostos não optantes pela CLT e do substituto do § 5º do art. 20 da Lei n. 8.935/94, neste último caso, mesmo que celetista.

Todo ato deverá ser enviado ao Sistema para Consulta e Controle de Selo Digital por meio do seu respectivo registro, sempre que possível de forma simultânea à prática do ato ou, então, no prazo máximo de até 24 horas a contar da sua emissão, uma vez que as informações do ato deverão estar disponíveis para a consulta e conferência do cidadão neste prazo (Prov. CGJ 30/2018 – Instituiu a implantação do Selo Digital).

O desaparecimento ou a danificação de qualquer livro deverá ser imediatamente comunicado ao Juiz Corregedor Permanente e à Corregedoria-Geral da Justiça[4].

Nos casos de ocorrências de furto, roubo ou extravio de selos, papel de segurança, cartão de assinatura e etiqueta devem ser comunicados à Corregedoria-Geral da Justiça[5].

O tabelião que, no exercício de sua atividade, vier a ter ciência de fundados indícios da efetivação de parcelamento irregular, deve informar o Juiz Corregedor Permanente, o Ministério Público e a Prefeitura Municipal. Nestes casos, deve se abster de lavrar atos notariais que tenham por objeto negócios jurídicos de alienação de frações ideais sempre que a análise de elementos objetivos revele a ocorrência de fraude à legislação disciplinadora do parcelamento do solo, inserindo no ato notarial, quando houver insistência dos interessados, expressa declaração das partes de que a transmissão de fração ideal para a formação de condomínio tradicional não implica na alienação de parcela certa e localizada de terreno[6].

Anualmente, até o décimo dia útil do mês de fevereiro, o tabelião deverá remeter ao Juiz Corregedor Permanente o livro diário de receitas e despesas[7].

Em caso de dúvida sobre a aplicação da lei e das tabelas de emolumentos, o notário ou o registrador poderá formular consulta escrita ao Juiz Corregedor Permanente[8].

O notário deverá fazer prévia comunicação ao Juiz Corregedor Permanente quanto ao tipo de sistema de informática, serviço de armazenamento e cronograma previsto para a formação das cópias de segurança[9].

Atendendo a LGPD, o plano de resposta a incidentes de segurança com dados pessoais deverá prever a comunicação ao Juiz Corregedor Permanente e à Corregedoria-Geral da Justiça, no prazo máximo de 24 horas, com esclarecimento da natureza do incidente e das medidas adotadas para a apuração das suas causas e a mitigação de novos riscos e dos impactos causados aos titulares dos dados[10].

---

4. Normas de São Paulo, Cap. XIII, item 41.
5. São Paulo, Comunicado CG n. 294/2009 – Processo n. 1.619/2004.
6. São Paulo, Processo CG n. 2.588/2000 – Parecer n. 348/2001-E.
7. Normas de São Paulo, Cap. XIII, item 52.
8. Normas de São Paulo, Cap. XIII, item 71.
9. Normas de São Paulo, Cap. XIII, item 82, letra L.
10. Normas de São Paulo, Cap. XIII, item 139.

Quando se afastar do cartório, o tabelião deve comunicar à Corregedoria-Geral da Justiça e à Corregedoria Permanente, indicando a data ou previsão de retorno e respectivo substituto[11].

Se for candidato a cargo eletivo, o tabelião deve observar os prazos de desincompatibilização divulgados pela Justiça Eleitoral, se afastará da atividade quando necessário, e comunicará à Corregedoria-Geral e ao Corregedor Permanente. Igualmente, comunicará a ambos quando do reinício do exercício[12].

Atos praticados em serventias distintas devem ser comunicados pelo tabelião que lavrou a escritura de retificação-ratificação para aquele que lavrou o ato retirratificado, para a remissão devida[13].

Quando lavrar testamento que contenha disposições favoráveis a pessoas jurídicas com objetivos altruísticos, científicos, artísticos, beneficentes, religiosos, educativos, culturais, políticos, esportivos ou recreativos, o tabelião deve consultar o testador sobre a conveniência de cientificar, por escrito, as favorecidas. Idêntica consulta será formulada nas hipóteses de escritura pública de revogação de testamento ou de cláusulas testamentárias favoráveis àquelas pessoas jurídicas. As comunicações autorizadas devem limitar-se ao nome do testador, à data, ao número do livro e às folhas da escritura pública de testamento ou de revogação[14].

Em escritura pública de restabelecimento de sociedade conjugal, o tabelião deve comunicar o restabelecimento ao tabelião que lavrou a separação para anotação no ato, ou comunicar o restabelecimento ao juízo da separação judicial, se for o caso[15].

Quando o substabelecimento, a renúncia ou qualquer ato revocatório for lavrado a respeito de ato de outra serventia, o tabelião comunicará ao tabelião que lavrou o ato original, enviando-lhe cópia da escritura pública de substabelecimento, renúncia ou revogação de procuração[16].

O extravio e a subtração de etiquetas oficiais serão comunicados à Corregedoria Permanente, com a numeração[17].

Antes, em caso de extravio, inutilização ou incineração do papel de segurança da Apostila de Haia as autoridades apostilantes deveriam informar à Corregedoria-Geral de Justiça. Tal dever **não mais subsiste**. Agora, o Prov. CNJ n. 119/2021, integrado ao Código Nacional de Normas, prevê que essas informações devem ser informadas diretamente no sistema eletrônico de apostilamento em https://apostil.org.br.

---

11. Normas de São Paulo, Cap. XIV, item 17.
12. Normas de São Paulo, Cap. XIV, itens 18 e 18.1.
13. Normas de São Paulo, Cap. XVI, item 55.2.
14. Normas de São Paulo, Cap. XVI, itens 59, 59.1 e 59.2.
15. Normas de São Paulo, Cap. XVI, item 101.
16. Normas de São Paulo, Cap. XVI, item 135.1.
17. Normas de São Paulo, Cap. XVI, item 187.2.

10.3 SECRETARIA DA FAZENDA DO ESTADO DE SÃO PAULO

10.3.1 Comunicação de escrituras públicas de inventário, de partilha e de doações

A Portaria CAT n. 21/2012 (alterada pela Portaria CAT n. 43/2013) disciplina o envio de informações de escrituras públicas com transmissão *causa mortis* e doação (ITCMD).

A Secretaria da Fazenda recebe do tabelião, por meio eletrônico, as seguintes informações:

- relacionadas aos dados de identificação do documento transmitido, tais como: a) identificação da escritura lavrada; b) data da lavratura da escritura; c) número da declaração de ITCMD; d) tipo da escritura; e) data do óbito, doação; e f) outros dados complementares;

- cópia digitalizada da escritura lavrada em formato PDF, que deverá corresponder àquela que constar no livro de notas com as devidas assinaturas.

A alteração introduzida pela CAT n. 43/2013 obriga o tabelião a digitalizar o ato com a assinatura das partes. Parece-nos desproporcional tal obrigação. As informações em notas do tabelião, ainda que em sistema, seriam suficientes para atender a norma fazendária, pois possuem presunção de veracidade (CPC/2015, art. 425, II, parte final).

O envio das informações deverá ser efetuado até o último dia útil do mês subsequente ao da lavratura da escritura.

10.3.2 Comunicação de transferência de propriedade de veículos

A Portaria CAT n. 90/2014 (alterada pela Portaria CAT n. 62/2015)[18] disciplina o envio de informações sobre transferência de propriedade de veículos, pelos tabeliães, na lavratura do reconhecimento de firma por autenticidade.

Os tabeliães do Estado de São Paulo devem enviar à Secretaria da Fazenda transações que envolvam a transferência de propriedade de veículos em decorrência do reconhecimento de firma por autenticidade.

A Secretaria da Fazenda repassa as informações ao DETRAN-SP.

O tabelião deve se cadastrar no Cadastro de Notários e Registradores da Secretaria da Fazenda e possuir certificado digital. A comunicação deve conter as seguintes informações: a) nome/identificação do cartório emissor (as informações do cartório que está fazendo a transferência serão obtidas pelo sistema por meio de seu acesso via certificação digital); b) dados do veículo; c) dados do adquirente; d) dados da transferência; e) dados do reconhecimento da firma do proprietário vendedor; f) dados do reconhecimento da firma do adquirente; e g) nome do arquivo imagem transmitido.

---

18. Obrigação estabelecida pelo Decreto estadual n. 60.489/2014.

A cópia autenticada e digitalizada, frente e verso, do Certificado de Registro de Veículos preenchido e com a firma reconhecida por autenticidade do transmitente/vendedor ou, se for o caso, do transmitente/vendedor e do adquirente, também deve ser remetida.

A comunicação é dispensada quando: a) os elementos objetivos estiverem ilegíveis no documento original em decorrência de rasura ou sobreposição de informações impressas, caso em que deverá ser arquivada cópia do documento; b) o sistema apresenta mensagem de erro para as informações digitadas corretamente, caso em que deverá ser arquivada impressão da tela com a mensagem de erro; c) o comprador indicado no CRV for loja/concessionária de veículos que apresentar decisão judicial desobrigando a realização da transferência de propriedade do veículo para seu nome, caso em que deverá ser arquivada cópia do CRV e da decisão judicial; d) o documento se referir a veículo registrado em outro Estado; e) o reconhecimento de firma do adquirente for realizado em momento anterior ao do reconhecimento de firma do transmitente.

A retificação de comunicações é permitida quando houver: a) CEP inválido, depois de esgotadas as tentativas de obter o CEP correto; b) números de RENAVAM e placa inválidos; e c) data de reconhecimento de firma inválida.

O usuário pode solicitar ao tabelião certidão do comprovante de envio das informações.

O tabelião deve enviar as informações e a cópia autenticada e digitalizada do Certificado de Registro do Veículo logo após a realização do ato de reconhecimento de firma ou em momento posterior, em lotes (em estrutura de arquivo XML), observando o prazo de até 72 horas da realização do ato de reconhecimento.

Em 2015, a Corregedoria-Geral da Justiça de São Paulo publicou o Comunicado n. 826, pelo qual o notário ou o registrador civil não pode, salvo se o serviço for solicitado, impor ao usuário a extração de cópia autenticada do Certificado de Registro de Veículos quando do reconhecimento de firma para a transferência da propriedade junto aos órgãos administrativos[19].

A comunicação realizada pelo tabelião não desobriga o adquirente de registrar o veículo em seu nome no Departamento Estadual de Trânsito – DETRAN-SP, nos termos da legislação de trânsito.

A portaria ressalva que, nos casos em que não for constatada a efetivação da comunicação de venda no portal do DETRAN-SP, permanece a obrigatoriedade estabelecida pela Lei estadual n. 13.296/2008 (IPVA) e pela Lei n. 9.503/97 (Código de Trânsito Brasileiro) de o vendedor comunicar a venda do veículo no prazo máximo de 30 dias[20].

---

19. Exceto se a parte solicitar (Processo 0043091 49.2014.8.26.0100, 2ª Vara de Registros Públicos).
20. Conflitante com o art. 4º, I e II, do Decreto estadual n. 60.489/2014.

10.4 JUNTA COMERCIAL

Não mais subsiste a obrigatoriedade de comunicação das procurações públicas às Juntas Comerciais[21].

10.5 PREFEITURAS

10.5.1 Comunicação das escrituras imobiliárias com isenção de ITBI

No âmbito da Prefeitura de São Paulo, os tabeliães estão obrigados a comunicar mensalmente ao Departamento de Rendas Imobiliárias, da Secretaria Municipal de Finanças e Desenvolvimento Econômico[22], as seguintes informações: a) a relação com a qualificação dos contribuintes beneficiados (nome, endereço, CPF); b) dados do imóvel (número do contribuinte do IPTU); e c) dados da transmissão (data e valor).

São isentos do imposto o ato transmissivo relativo à primeira aquisição de unidades habitacionais financiadas pelo Fundo Municipal de Habitação[23] e as transmissões relativas à aquisição, por pessoa física, de imóveis de uso exclusivamente residencial, cujo valor total seja igual ou inferior ao valor (atualizado e publicado no site da prefeitura)[24], na data do fato gerador, desde que o ato transmissivo[25] – seja relativo à primeira aquisição do imóvel por parte do beneficiário da isenção; ou II – esteja compreendido no Programa Minha Casa, Minha Vida – PMCMV, nos termos da Lei federal n. 11.977, de 7 de julho de 2009.

10.5.2 Comunicação das notas fiscais eletrônicas

O STF decidiu pela constitucionalidade da cobrança do ISS sobre os serviços prestados por notários e registradores. Por maioria de votos, a Suprema Corte entendeu que os serviços notariais e registrais são explorados em regime de direito privado (CF, art. 236) e, portanto, devem ISS sobre os seus serviços[26].

Há prefeituras que instituem o ISS por alíquota fixa; outras fixam por porcentagem sobre o serviço prestado. Em São Paulo, a alíquota é de 2% para os serviços tipicamente notariais e 5% para os não notariais, por exemplo, as fotocópias.

A nota fiscal eletrônica é emitida por meio eletrônico, mediante a utilização da senha ou certificado digital, conforme o caso. O tabelião deve emitir NFS-e para todos os serviços prestados.

---

21. A Instrução Normativa DREI n. 28, de 6-10-2014, que a previa, foi revogada pela Instrução Normativa DREI n. 65, de 06.08.2019. O Prov. CNJ n. 42, de 31.10.2014, que regulamentava esta comunicação pelos tabeliães de notas, foi revogado conforme Acórdão proferido nos autos do Pedido de Providências n. 0006471-95.2019.2.00.0000 do E. CNJ.
22. Decreto municipal n. 56.235/2015, art. 162, § 2º.
23. Lei n. 11.632, de 22-7-1994, c/c o art. 161 do Decreto municipal n. 56.235/2015.
24. Disponível em https://www.prefeitura.sp.gov.br/cidade/secretarias/fazenda/servicos/itbi/index.php?p=2517
25. Decreto municipal n. 56.235/2015, art. 162.
26. STF, ADI 3.089, *DOU* de 21-8-2008.

A NFS-e deve ser emitida com a data da efetiva prestação dos serviços. Os atos de autenticação e fotocópia resultam numa NFS-e por dia, facultada a emissão para cada serviço ou uma única com a totalização dos serviços. Os demais atos notariais resultam numa NFS-e para cada ato.

10.6 CONSELHO DE CONTROLE DE ATIVIDADES FINANCEIRAS – COAF

O crescimento e especialização do crime organizado em todos os países, inclusive implementando interconexão de quadrilhas que passaram a atuar em diversos países e até em âmbito intercontinental, permitiu o crescimento exponencial de crimes como o tráfico de drogas, de pessoas, de órgãos humanos – pasmem!, de recursos financeiros e, finalmente, o financiamento a grupos terroristas que não perdoam a vida cotidiana de inocentes: matam para criar terror, para tirar-nos a possibilidade da vida tranquila.

A reação da comunidade internacional foi a criação do GAFI, o Grupo de Ação Financeira contra a Lavagem de Dinheiro e o Financiamento do Terrorismo, em inglês na sigla FATF[27].

O GAFI foi criado pelo G7, na reunião realizada em Paris, em 1989. Estes países concluíram que a internacionalização dos criminosos constituía uma ameaça ao sistema bancário e às instituições financeiras. Estes sete países, a Comissão Europeia[28] e oito outros países decidiram, então, criar uma força de trabalho conjunta para defender o sistema financeiro e prevenir crimes através da lavagem de dinheiro e do financiamento ao terrorismo.

Hoje, integram o GAFI 39 países[29], dentre eles o Brasil, aqui representado pelo COAF, o Conselho de Controle de Atividades Financeiras.

O GAFI propõe e implementa uma ação e estratégia de combate aos crimes de lavagem de dinheiro e terrorismo integrada fundada nos seguinte: siga o dinheiro, ou seja, verifique as transações e seus beneficiários finais, conheça o seu cliente, monitore e informe, e finalmente, competência legal para as autoridades nacionais promoverem a persecução criminal.

No Brasil, a implementação destas diretrizes iniciou-se com a edição da Lei n. 9.613/1998, que dispõe sobre os crimes de "lavagem" ou ocultação de bens, direitos e valores, sobre a prevenção da utilização do sistema financeiro para os ilícitos previstos na lei e criou o Conselho de Controle de Atividades Financeiras – COAF.

Em 2012, a Lei n. 12.683 a lei introdutória para tornar mais eficiente a persecução penal dos crimes de lavagem de dinheiro, indicando e tipificando alguns crimes e alterando aspectos processuais do combate aos crimes.

---

27. *Financial Action Task Force on Money Laundering.*
28. Compõem o G7 a Alemanha, Canadá, Estados Unidos, Japão, França, Itália e Reino Unido. Os demais países que se integraram na fundação foram Austrália, Áustria, Bélgica, Espanha, Holanda, Luxemburgo, Suécia e Suíça.
29. Disponível em: https://www.fatf-gafi.org/about/membersandobservers/, acessado em 26.04.2020, às 19h49.

A seguir, a Lei n. 13.260/2016, veio regulamentar o disposto no inciso XLIII do art. 5º da Constituição Federal, disciplinando o terrorismo, tratando de disposições investigatórias e processuais e reformulando o conceito de organização terrorista.

A Lei n. 9.613/1998 foi inicialmente regulamentada pelo Poder Executivo no Decreto nº 2.799, de 8 de outubro de 1998. Em 2019, o novo Decreto n. 9.663, de 01.01.2019, trouxe o atual regulamento que rege a matéria.

Os serviços notariais e registrais se integraram nas ações preventivas com o Prov. CNJ n. 88/2019, integrado ao Código de Normas Nacional, que dispõs sobre a política, os procedimentos e os controles a serem adotados pelos notários e registradores visando à prevenção dos crimes de lavagem de dinheiro. O Prov. CNJ n. 161/2024, em vigor a partir de maio deste ano, atualizou a norma, incluindo como objetivo das ações a prevenção à proliferação de armas de destruição em massa.

O papel de tabeliães e registradores é, sobretudo, fazer comunicação ao COAF das operações suspeitas detectadas nos atos que realizam.

Os pontos focais da atuação do tabelião de notas são os seguintes: 1) Clientes, 2) Beneficiário final, 3) Operações suspeitas, 4) Detecção, e 5) Informação.

Vamos detalhá-los.

Clientes

Os clientes, ou partes contempladas, ou beneficiadas nos atos notariais, são distinguidos, primeiramente, em pessoas físicas ou jurídicas.

Quanto às pessoas físicas, temos:

– A pessoa Regular, ou seja, que não tem algum dos caracteres previstos em lei para a comunicação;

– As PEPs, Pessoas Expostas Politicamente, ou seja, aquelas pessoas com atuação de Estado ou política, assim definidas na Lei n. 9.613, de 3 de março de 1998, artigo 9º, e na Resolução Coaf nº 29, de 28 de março de 2017, *in litteris*:

§1º Para fins do disposto nesta Resolução, consideram-se pessoas expostas politicamente:

I – os detentores de mandatos eletivos dos Poderes Executivo e Legislativo da União;

II – os ocupantes de cargo, no Poder Executivo da União, de:

a) Ministro de Estado ou equiparado;

b) Natureza Especial ou equivalente;

c) presidente, vice-presidente e diretor, ou equivalentes, de entidades da administração pública indireta; e

d) Grupo Direção e Assessoramento Superior –DAS, nível 6, ou equivalente;

III – os membros do Supremo Tribunal Federal, dos Tribunais Superiores e dos Tribunais Regionais Federais, do Trabalho e Eleitorais;

IV – o Procurador-Geral da República, o Procurador-Geral do Trabalho, o Procurador-Geral da Justiça Militar e os Procuradores-Gerais de Justiça dos Estados e do Distrito Federal;

V – os membros do Tribunal de Contas da União e o Procurador-Geral do Ministério Público junto ao Tribunal de Contas da União;

VI – os presidentes e tesoureiros nacionais, ou equivalentes, de partidos políticos;

VII – os governadores e secretários de Estado e do Distrito Federal, os Deputados Estaduais e Distritais, os presidentes, ou equivalentes, de entidades da administração pública indireta estadual e distrital e os presidentes de Tribunais de Justiça, Militares, de Contas ou equivalente de Estado e do Distrito Federal;

VIII – os Prefeitos, Vereadores, Presidentes de Tribunais de Contas ou equivalente dos Municípios.

§ 2º Para fins do disposto nesta Resolução, também são consideradas pessoas expostas politicamente aquelas que, no exterior, sejam:

I – chefes de estado ou de governo;

II – políticos de escalões superiores;

III – ocupantes de cargos governamentais de escalões superiores;

IV – oficiais generais e membros de escalões superiores do poder judiciário;

V – executivos de escalões superiores de empresas públicas; ou

VI – dirigentes de partidos políticos.

§3º Para fins do disposto nesta Resolução, também são consideradas pessoas expostas politicamente os dirigentes de escalões superiores de entidades de direito internacional público ou privado.

– Também os familiares de PEPs são controlados: os parentes, na linha direta, até o segundo grau, o cônjuge, o companheiro, a companheira, o enteado e a enteada;

– os estreitos colaboradores de PEPs, ou seja, as pessoas naturais que são conhecidas por terem sociedade ou propriedade conjunta em pessoas jurídicas de direito privado ou em arranjos sem personalidade jurídica, que figurem como mandatárias, ainda que por instrumento particular, ou possuam qualquer outro tipo de estreita relação de conhecimento público com uma pessoa exposta politicamente;

– Também as pessoas naturais que têm o controle de pessoas jurídicas de direito privado ou em arranjos sem personalidade jurídica, conhecidos por terem sido criados para o benefício de uma pessoa exposta politicamente.

– Deve haver um controle sobre as pessoas domiciliadas em jurisdição de alto risco ou com monitoração do GAFI. Estas pessoas originárias dos países de alto risco ou com monitoração do GAFI são, hoje, as seguintes:

Alto risco: Irã e Coreia do Norte;

Monitoração do GAFI: Bahamas, Botsuana, Camboja, Gana, Iêmen, Islândia, Mongólia, Panamá, Paquistão, Síria, Trinidad e Tobago e Zimbábue;

Pessoas envolvidas em operações com países de tributação favorecida ou regime fiscal privilegiado: o tabelião deve verificar se as partes são oriundas destes países ou se há, eventualmente, ativos financeiros que sejam utilizados nos atos notariais. Os países são os seguintes países (IN SRF n. 1.037, de 04.06.2010): Andorra, Anguilla, Antígua e Barbuda, Aruba, Ilhas Ascensão, Comunidade das Bahamas, Bahrein, Barbados, Belize, Ilhas Bermudas, Brunei, Campione D' Italia, Ilhas do Canal (Alderney, Guernsey, Jersey e Sark), Ilhas Cayman, Chipre, Ilhas Cook, Djibouti, Dominica, Emirados Árabes Unidos, Gibraltar, Hong Kong, Kiribati, Lebuan, Líbano, Libéria, Liechtenstein, Macau,

Maldivas, Ilha de Man, Ilhas Marshall, Ilhas Maurício, Mônaco, Ilhas Montserrat, Nauru, Ilha Niue, Ilha Norfolk, Panamá, Ilha Pitcairn, Polinésia Francesa, Ilha Queshm, Samoa Americana, Samoa Ocidental, Ilhas de Santa Helena, Santa Lúcia, Federação de São Cristóvão e Nevis, Ilha de São Pedro e Miguelão, São Vicente e Granadinas, Seychelles, Ilhas Solomon, Suazilândia, Sultanato de Omã, Tonga, Tristão da Cunha, Ilhas Turks e Caicos, Vanuatu, Ilhas Virgens Americanas, Ilhas Virgens Britânicas, Curaçao, São Martinho, Irlanda.

Pessoas sancionadas pela ONU como terroristas: trata-se de pessoas sancionadas, investigadas ou acusadas de terrorismo, de seu financiamento ou de atos correlacionados, pela ONU, ou por designações nacionais[30].

Quanto às pessoas jurídicas temos as seguintes novas obrigações aos notários:

— Será necessário cadastrar todos os sócios das pessoas jurídicas que participarem de atos notariais;

— As mesmas restrições das pessoas físicas acima indicadas se aplicam aos sócios das pessoas jurídicas;

— O tabelião deverá observar, nos atos empresariais, quem é o beneficiário final das operações, indicando-o ao COAF

— Será necessário manter um cadastro destas pessoas, que poderá ser implementada nacionalmente pelo Colégio Notarial do Brasil;

— Em vista disso, parece-nos que o tabelião deve exigir sempre certidão atualizada da Junta Comercial.

As cautelas indicadas para o controle das pessoas físicas aplicam-se também aos demais comparecentes ao ato notarial, como representantes, procuradores, anuentes, cedentes ou cessionários, enfim, qualquer interveniente ao ato.

É importante verificar se o procurador não é, de fato, o beneficiário final da operação com os critérios a seguir indicados.

Beneficiário final

A Receita Federal do Brasil define beneficiário final como a pessoa natural em nome da qual uma transação é conduzida ou que, em última instância, de forma direta ou indireta, possui, controla ou influencia significativamente uma pessoa jurídica[31].

Operações suspeitas

Segundo o CNJ[32], seguindo orientação do COAF, presumem-se suspeitas e obrigam a comunicação as seguintes operações:

---

30. Não conseguimos obter uma relação destas pessoas.
31. CNJ, Código de Normas Nacional, art. 140, inc. V.
32. CNJ, Código de Normas Nacional, art. 156.

Número da Descrição da ocorrência[33]	Descrição da ocorrência (CNJ – Provimento 88/2019 de 1 de outubro de 2019)
	Independe de análise
	O tabelião de notas, ou seu oficial de cumprimento, comunicará à UIF, na forma do art. 151, II, qualquer operação que envolva pagamento ou recebimento em espécie, ou por título ao portador, de valor igual ou superior a R$ 100.000,00 (cem mil reais) ou ao equivalente em outra moeda, inclusive quando se relacionar à compra ou venda de bens móveis ou imóveis. (art. 171.)
	Aplicáveis aos Notários Devam ser analisadas com especial atenção
	O oficial de registro de imóveis (tabelião de notas), ou seu oficial de cumprimento, deve analisar com especial atenção, para fins de eventual comunicação à UIF na forma do art. 151, I, operações, propostas de operação ou situações relacionadas a: (art. 162)
	doações de bens imóveis ou direitos reais sobre bens imóveis para terceiros sem vínculo familiar aparente com o doador, referente a bem imóvel que tenha valor venal atribuído pelo município igual ou superior a R$ 100.000,00 (cem mil reais); (art. 162, I)
	concessão de empréstimos hipotecários ou com alienação fiduciária entre particulares; (art. 162, II)
	registro (escritura) de negócios celebrados por sociedades que tenham sido dissolvidas e tenham regressado à atividade; (art. 162, III)
	registro (escritura) de aquisição de imóveis por fundações e associações, quando as características do negócio não se coadunem com suas finalidades; (art. 162, IV)
	registro (escritura) de transmissões sucessivas do mesmo bem em período e com diferença de valor anormais; e (art. 162, V)
	registro (escritura) de título no qual conste valor declarado de bem com diferença anormal em relação a outros valores a ele associados, como o de sua avaliação fiscal ou o valor patrimonial pelo qual tenha sido considerado para fins sucessórios ou de integralização de capital de sociedade, por exemplo. (art. 162, VI)
	Ocorrendo qualquer das hipóteses previstas neste artigo, o registrador de imóveis, ou oficial de cumprimento, comunicará a operação à Unidade de Inteligência Financeira (UIF), caso a considere suspeita, no prazo previsto no art. 151. (art. 162, parágrafo único)
	Aplicáveis aos Notários e Registradores Devam ser analisadas com especial atenção
	Na hipótese do art. 151, I, envolvendo dever de análise com especial atenção (art. 141, §§ 1º e 3º), o notário e o registrador atentarão para operações, propostas de operação ou situações que, a partir dos documentos que lhes forem submetidos para a prática do ato: (art. 155-A)
	aparentem não decorrer de atividades ou negócios usuais do cliente, de outros envolvidos ou do seu ramo de atuação; (art. 155-A, I)
	II – tenham origem ou fundamentação econômica ou legal não claramente aferíveis; (art. 155-A, II)
	III – se mostrem incompatíveis com o patrimônio ou com a capacidade econômico-financeira do cliente ou de outros envolvidos; (art. 155-A, III)
	envolvam difícil ou inviável identificação de beneficiário(s) final(is); (art. 155-A, IV)
	se relacionem a pessoa jurídica domiciliada em jurisdição listada pelo Grupo de Ação Financeira (Gafi) como de alto risco ou com deficiências estratégicas em matéria de PLD/FTP; (art. 155-A, V)

---

33. Até o fechamento desta edição os códigos não foram disponibilizados

	envolvam países ou dependências listados pela RFB como de tributação favorecida e/ou regime fiscal privilegiado; (art. 155-A, VI)
	se relacionem a pessoa jurídica cujos sócios, administradores, beneficiários finais, procuradores ou representantes legais mantenham domicílio em jurisdições consideradas pelo Gafi de alto risco ou com deficiências estratégicas em matéria de PLD/FTP; (art. 155-A, VII)
	apresentem, por parte de cliente ou demais envolvidos, resistência ao fornecimento de informação ou documentação solicitada para fins relacionados ao disposto neste Capítulo; (art. 155-A, VIII)
	envolvam a prestação, por parte de cliente ou demais envolvidos, de informação ou documentação falsa ou de difícil ou onerosa verificação; (art. 155-A, IX)
	se mostrem injustificadamente mais complexas ou onerosas que de ordinário, mormente se isso puder dificultar o rastreamento de recursos ou a identificação de real propósito; (art. 155-A, X)
	apresentem sinais de caráter fictício ou de relação com valores incompatíveis com os de mercado; (art. 155-A, XI)
	envolvam cláusulas que estabeleçam condições incompatíveis com as praticadas no mercado; (art. 155-A, XII)
	aparentem tentativa de burlar controles e registros exigidos pela legislação de PLD/FTP, inclusive mediante fracionamento ou pagamento em espécie, com título emitido ao portador ou por outros meios que dificultem a rastreabilidade; (art. 155-A, XIII)
	envolvam o registro de documento de procedência estrangeira, nos termos do art. 129, 6º, combinado com o art. 148 da Lei n. 6.015, de 31 de dezembro de 1973, que ofereçam dificuldade significativa para a compreensão do seu sentido jurídico no contexto da atividade notarial ou registral de que se trate; (art. 155-A, XIV)
	revelem substancial ganho de capital em curto período; (art. 155-A, XV)
	envolvam lavratura ou utilização de instrumento de procuração que outorgue amplos poderes de administração de pessoa jurídica ou de gestão empresarial, de gerência de negócios ou de movimentação de conta bancária, de pagamento ou de natureza semelhante, especialmente quando conferidos em caráter irrevogável ou irretratável ou isento de prestação de contas, independentemente de se tratar, ou não, de procuração em causa própria ou por prazo indeterminado; (art. 155-A, XVI)
	revelem operações de aumento de capital social que pareçam destoar dos efetivos atributos de valor, patrimônio ou outros aspectos relacionados às condições econômico-financeiras da sociedade, diante de circunstâncias como, por exemplo, partes envolvidas no ato ou características do empreendimento; e (art. 155-A, XVII)
	quaisquer outras operações, propostas de operação ou situações que, considerando suas características, especialmente partes, demais envolvidos, valores, modo de realização, meios e formas de pagamento, falta de fundamento econômico ou legal ou, ainda, incompatibilidade com práticas de mercado, possam configurar sérios indícios de práticas de LD/FTP ou de infrações que com elas se relacionem. (art. 155-A, XVIII)
	Na hipótese de operações e propostas de operação, o notário e o registrador também atentarão para operações, propostas de operação ou situações que: (art. 155-A, parágrafo único)
	revelem emprego não usual de meio ou forma de pagamento que possa viabilizar anonimato ou dificultar a rastreabilidade de movimentação de valores ou a identificação de quem a tenha realizado, como o uso de valores anormalmente elevados em espécie ou na forma de título emitido ao portador ou, ainda, de ativo virtual não vinculado nominalmente a quem o movimente; e (art. 155-A, parágrafo único, I)
	apresentem algum sinal de possível relação, direta ou indireta, com práticas de terrorismo ou proliferação de armas de destruição em massa ou com seus financiamentos, inclusive em hipóteses correlatas eventualmente contempladas em atos normativos da UIF. (art. 155-A, parágrafo único, II)

Tabela de Tipo de Envolvimento do SISCOAF	
Cod. Siscoaf	Tipo de envolvimento
	Titular – São os relacionados no art. 140 do Provimento CNJ nº 149/2023: Cliente notarial (inciso I); Cliente de registro (Incisos II e III); Cliente protesto (inciso IV).
	Beneficiário Final
	Procurador / Representante Legal
	Outros

i – Qualquer referência aos notários e registradores considera-se estendida às autoridades consulares com atribuição notarial e registral.
ii – Não há menção ao RCPN com atribuição Notarial.
iii – Pagamento "em espécie", significa meio de pagamento consistente em moeda manual, ou seja, em cédulas de papel-moeda ou moedas metálicas fracionárias, também designado por expressões como "dinheiro vivo", numerário ou meio circulante, que não se confundem com expressões como "moeda corrente" ou "moeda de curso legal", referentes apenas à unidade do sistema monetário nacional, que é o Real, conforme art. 1º da Lei n. 9.069, de 29 de junho de 1995, ou à unidade do sistema monetário de outros países, independentemente do meio de pagamento pelo qual seja essa unidade veiculada (a exemplo de transferência bancária, transferência eletrônica entre contas de pagamento, PIX, cheque ou dinheiro em espécie).
iv – Moeda corrente nacional é a moeda vigente em um País. Ex.: Real, Dólar, Euro etc. Se constar desta forma no ato notarial, demandará investigação. Se as partes assim persistirem, a comunicação é obrigatória.
v – A outorga ou utilização de procuração com os poderes acima por si só não acarreta comunicação. Outros fatores devem ser considerados, tais como: existência clara de simulação ou fraude; ausência de fidúcia entre mandante e mandatário; mandatário sem iletrado etc.

Detecção

Para a detecção das operações suspeitas, os notários deverão aprimorar a qualificação notarial cuidando, especialmente do seguinte.

Os prepostos e os programas de informática de apoio da atividade devem oferecer soluções que permitam a melhor qualificação dos clientes, de modo a atender as exigências das novas normas, em especial para identificar os beneficiários finais e eventuais interesses ocultos envolvidos.

Esta "persecução" deverá inclusive buscar conhecer o propósito e a natureza da relação de negócios formalizados na escritura pública. Esta pesquisa poderá ser feita sutilmente, sem informar às partes, ou ostensivamente, consultando-as sobre os propósitos, caso em que é indicado recolher as informações por escrito, para anotação e classificação interna na serventia.

O propósito é identificar as operações ou propostas de operações suspeitas que necessitam revestir-se da forma notarial. É claro que a atividade sofrerá imenso impacto, pois os notários deverão evitar conflitos entre o interesse em lavrar a escritura e os mecanismos de prevenção.

A normativa sobre o tema mereceu ajuste para o seu aprimoramento e efetividade. 99% das comunicações que temos visto se refere ao código ocorrência COAF 991, que são lícitas, mas a normativa obrigava a sua comunicação, tirando o foco das ocorrências que realmente merecem análise.

Política de prevenção

Para a detecção das operações suspeitas, os notários deverão dispor de políticas de prevenção.

A Política de Prevenção deve ser compatível com o volume de operações e o porte do tabelionato e abranger, no mínimo, procedimentos e controles destinados à[34]:

(a) diligência razoável para qualificação dos clientes, beneficiários finais e demais envolvidos;

(b) obtenção de informações sobre o propósito e a natureza da relação de negócios;

(c) identificação de operações ou propostas de operações suspeitas;

(d) mitigação dos riscos de que novos produtos, serviços e tecnologias possam ser utilizados para a lavagem de dinheiro e para o financiamento do terrorismo;

(e) verificação periódica da eficácia da política e dos procedimentos e controles internos adotados;

(f) treinamento dos notários, empregados e colaboradores, com disseminação da política ao quadro pessoal por processos institucionalizados e contínuos;

(g) monitoramento das atividades desenvolvidas pelos colaboradores; e

(h) prevenção de conflitos entre os interesses empresariais e os mecanismos de prevenção.

O notário deverá indicar um Oficial de Cumprimento.

Informação

O notário deverá informar apenas as operações que são suspeitas pelas premissas normativas e também aquelas que, a seu critério, indiquem os suportes fáticos da lei. A norma não prevê e o COAF não deseja que os notários simplesmente informem sobre todos os atos que realizam.

O Provimento do CNJ indica que as comunicações devem ser realizadas:

– à UIF que independa de análise serão concluídos em até 30 (trinta) dias, contados da operação, proposta de operação ou situação, após os quais a comunicação deve ser efetuada em 24 (vinte e quatro) horas.

– à UIF que dependa de análise serão concluídos em até 60 (sessenta) dias, contados da operação ou proposta de operação, após os quais a comunicação deve ser efetuada em 24 (vinte e quatro) horas.

– Quando não for identificada nenhuma operação, proposta de operação ou situação que se devesse comunicar à UIF, ao longo do ano civil, será apresentada uma comunicação de não ocorrência à Corregedoria-Geral de Justiça até 31 de janeiro do ano seguinte.

– CNJ: pode requisitar informações a qualquer momento.

---

34. CNJ, Código Nacional de Normas, art. 143.

A comunicação da operação ou situação ao Coaf deve ser fundamentada, incluindo:

I – manifestação circunstanciada dos motivos que levaram a concluir pela configuração de possível indício de prática de LD/FTP ou de infração correlacionada;

II – todos os dados relevantes da operação, proposta de operação ou situação comunicada, a exemplo dos que se refiram à descrição de bens ou direitos e formas de pagamento, assim como à identificação e qualificação das pessoas envolvidas; e

III – indicação das fontes das informações veiculadas ou consideradas na comunicação, tais como documentos em que constem, declarações prestadas, observação direta, correspondências, mensagens de e-mail ou telefonemas, matérias jornalísticas, resultados de pesquisa por mecanismos de busca na internet, redes sociais em seu âmbito mantidas ou mesmo, quando for o caso, suspeitas informalmente compartilhadas em determinado âmbito local, regional, familiar, comunitário ou de praça comercial, por exemplo.

– Os elementos fornecidos para fundamentar as comunicações devem ser:

I – claros, precisos e suficientes para apoiar conclusão razoável de que a comunicação contém indício de prática de LD/FTP ou de infração correlacionada, de modo a facilitar sua compreensão por autoridades competentes; e

II – inseridos, conforme instruções disponibilizadas pelo site da UIF, no campo "Informações adicionais", em campos específicos ou em outros equivalentes que eventualmente os sucedam ou substituam no formulário eletrônico de comunicação do Siscoaf.

É importante destacar que as partes não devem ser avisadas da comunicação. Nem tabeliães, nem seus prepostos, podem indicar às partes que a comunicação foi ou será feita.

Sanções ou penas

É claro que a omissão, a negligência ou até mesmo o conluio de notários em cumprir com as determinações legais importa na aplicação de sanções. Elas são as seguintes[35]:

– advertência

– multa pecuniária variável não superior a: 1) dobro do valor da operação; 2) dobro do lucro real obtido ou que seria obtido pela realização da operação, ou 3) valor de até R$ 20.000.000,00

– Cassação ou suspensão da autorização para o exercício de atividade profissional.

Parece-nos que, primeiramente, as autoridades judiciárias deverão utilizar-se das penas previstas na Lei n. 8.935/94, art. 32, destinadas especialmente à notários e registradores que são as seguintes, pela ordem de gravidade: I – repreensão; II – multa; III – suspensão por noventa dias, prorrogável por mais trinta; IV – perda da delegação.

Em conclusão, a mal prática ou tolerância com os crimes de lavagem de dinheiro e financiamento ao terrorismo podem estragar a vida pessoal e profissional de notários. Há risco de processos criminais que podem implicar o tabelião, com

---

35. Lei n. 9.613/1998, art. 12.

abalo moral e emocional que podem dificultar, impedir ou expulsar o profissional da atividade.

Os cadastros

A lei prevê alguns cadastros que, uma vez implementados, deverão facilitar a execução do quanto previsto nas normas. São eles:

- Cadastro Único de Clientes do Notariado – CCN
- Cadastro Único de Beneficiários Finais – CBF
- Cadastro de Dados Essenciais de Atos Notariais
- Índice Único de Atos Notariais

A implementação destes cadastros, pelo Colégio Notarial do Brasil, entidade que congrega mais de 8.500 tabeliães de notas ou oficiais de registro com atribuições notariais no país, permitirá o aprimoramento da colaboração do notariado com o Estado e com a sociedade. Quando tais cadastros estiverem implementados, a consulta prévia a eles deverá ser obrigatória.

Das normas aplicáveis aos notários

Toda escritura pública de constituição, alienação ou oneração de direitos reais sobre imóveis deve indicar, de forma precisa, meios e formas de pagamento que tenham sido utilizados no contexto de sua realização, bem como a eventual condição de pessoa politicamente exposta de cliente ou usuário ou de outros envolvidos nesse mesmo contexto.

Para efeito da indicação de meios e formas de pagamento, deve-se, com base em fonte documental ou declaração das partes, observar o seguinte:

I – o uso de recursos em espécie deve ser expressamente mencionado juntamente com local e data correspondentes;

II – na menção a transferências bancárias, devem ser especificados dados bancários que permitam identificação inequívoca das contas envolvidas, tanto de origem quanto de destino dos recursos transferidos, bem como dos seus titulares e das datas e dos valores das transferências;

III – na referência a cheques, devem ser especificados os seus elementos de identificação, as informações da conta bancária de origem e de eventual conta de destino dos recursos correspondentes e dos seus titulares, bem como a data e os valores envolvidos;

IV – o emprego de outros meios de pagamento que não os indicados nos incisos I, II e III, tais como participações societárias na forma de cotas ou ações, cessões de direitos, títulos e valores mobiliários, ativos virtuais, dações em pagamento, permutas ou prestações de serviço, deve ser expressamente mencionado juntamente com local e data correspondentes e com a especificação de dados destinados a viabilizar a identificação da origem e do destino dos valores pagos; e

V – em relação a pagamentos de forma parcelada, devem ser discriminados os meios de pagamento correspondentes a cada parcela, incluindo os dados apontados nos incisos I, II, III e IV, conforme o meio de pagamento de que se trate.

No caso de pagamento que envolva contas ou recursos de terceiros, estes devem ser qualificados na escritura pública.

A recusa de partes em fornecer informações para viabilizar as indicações de que trata este artigo deve ser mencionada na escritura, sem prejuízo do disposto no art. 155, VIII, do Prov. CNJ nº 159/23.

Orientações gerais a respeito das comunicações ao COAF

Rafael Miron destaca cinco orientações a respeito das comunicações ao COAF[36]:

a) Não comunicar com objetivos defensivos;

b) Não comunicar em caso de dúvida;

c) Não comunicar operações suspeitas como se comunicações obrigatórias fossem. Não transformar meros indicativos de suspeição em casos e comunicações automáticas;

d) Não comunicar operações em espécie sem a convicção de que houve transferência física do numerário;

e) Não comunicar falta de informação do título como se fosse resistência ao prestar informações.

10.7 CARTEIRA DE PREVIDÊNCIA DAS SERVENTIAS NOTARIAIS E DE REGISTRO[37]

No âmbito da Carteira de Previdência, os tabeliães do Estado de São Paulo têm as seguintes obrigações[38]: a) comunicar mensalmente à Carteira, até o último dia do mês seguinte ao vencido, o total arrecadado das contribuições previstas no inciso IV do art. 45 da lei; b) enviar a guia de recolhimento das contribuições dos segurados (prepostos estatutários); c) informar o total das parcelas de emolumentos recolhidas ao Estado e a Carteira de Previdência das Serventias Notariais e de Registro.

10.8 SINDICATO DOS ESCREVENTES E AUXILIARES NOTARIAIS E REGISTRAIS DO ESTADO DE SÃO PAULO – SEANOR

Como empregador, o notário deve enviar ao sindicato representativo da categoria profissional mais numerosa entre seus empregados, até o dia 10 de cada mês, cópia da Guia da Previdência Social relativamente à competência anterior (art. 225, V)[39].

Em 2019, o SEANOR, Sindicato dos Empregados nos Serviços Notariais e Registrais do Estado de São Paulo comunicou o encerramento de suas atividades.

---

36. Rafael Brum Miron, Provimento 161/2024: atualização das normas de prevenção à lavagem de dinheiro para notários e registradores. Disponível em https://www.migalhas.com.br/coluna/migalhas-notariais-e-registrais/404399/provimento-161-2024. Acesso 03/04/2024.
37. Ainda administrada pelo IPESP até que seja naturalmente extinta.
38. Lei estadual n. 10.393/70, com a redação dada pela Lei estadual n. 14.016/2010, arts. 53, I e II, e 45, IV.
39. Decreto n. 3.048/99, que disciplina o Regulamento da Previdência Social.

Assim, por ora, não subsiste, em São Paulo, a obrigação de comunicar.

Nos demais Estados, existente o órgão sindical, a comunicação deve ser feita, como prevista.

11
Comunicação às Centrais

As centrais de informações sobre atos notariais, implementadas e geridas pelo Colégio Notarial do Brasil, são uma importante ferramenta de informação para o cidadão, as empresas e os órgãos públicos brasileiros, em especial os juízos e tribunais. Através delas, é possível saber da existência de algum ato notarial e onde foi lavrado, buscando junto ao tabelião que o lavrou a certidão do ato. Ganha amplitude a publicidade dos atos notariais.

Iniciadas por leis estaduais e, posteriormente, recepcionadas e aceitas pelas normas do CNJ, as centrais notariais e registrais foram abrigadas pelo art. 42-A da Lei n. 8.935/94, introduzido pelo art. 25 Lei n. 14.206/2021. As centrais de serviços eletrônicos, geridas por entidade representativa da atividade notarial e de registro, para acesso digital aos serviços e maior publicidade, sistematização e tratamento digital de dados e informações inerentes às atribuições delegadas, poderão fixar preços e gratuidades pelos serviços de natureza complementar que prestam e disponibilizam aos seus usuários de forma facultativa.

Os cartórios, no mundo inteiro, são atomizados, atendem às suas comunidades e não podem expandir os seus serviços ou coligarem-se para atender um público maior, como faria uma empresa que cresce. No mundo interconectado que vivemos não é possível que o cidadão seja obrigado a buscar atos em diversos cartórios, às vezes em cidades ou estados diferentes. As centrais vêm para possibilitar uma busca em todos os cartórios, para possibilitar atos eletrônicos em qualquer um deles, para oferecer informações e certidões das bases de dados interligadas no instante de um clique. As centrais são indispensáveis para a era que vivemos e a cobrança de um preço módico é indispensável para a sua manutenção e operação.

O Prov. CNJ n. 127, de 09.02.2022, regulamenta estas cobranças, criando o Sistema Integrado de Pagamentos Eletrônicos (SIPE), destinado aos registradores de imóveis, e permitindo às demais entidades que operam centrais a criação de sistemas semelhantes. Enquanto não vier lei emolumentar estadual, o provimento fixa critérios para a cobrança de alguns serviços, ficando os casos omissos a critério do CNJ.

O Prov. CNJ n. 134, de 24.08.2022, integrado ao Código Nacional de Normas, regulamenta o fornecimento de informação às Centrais e aos órgão de governo, informando da necessidade proteção das informações e de seu tráfego, sugerindo que se deve evitar o compartilhamento das bases de dados[1-2].

---

1. Prov. CNJ n. 134/2022, integrado ao Código Nacional de Normas.
2. O CNJ prefere que se compartilhe as informações básicas, de índice dos atos notariais, evitando que seja compartilhado o inteiro teor do ato.

O compartilhamento com órgãos públicos exige norma prévia ou, não havendo, um convênio específico de acordo com as peculiaridades do órgão (art. 24).

A seguir, veremos como operam as centrais na atividade notarial.

11.1 CENTRAL NOTARIAL DE SERVIÇOS ELETRÔNICOS COMPARTILHADOS – CENSEC

O Provimento CNJ n. 18/2012, integrado ao Código Nacional de Normas, institui e disciplina o funcionamento da Central Notarial de Serviços Eletrônicos Compartilhados – CENSEC, desenvolvida, mantida e operada pelo Colégio Notarial do Brasil – Conselho Federal (CNB-CF)[3], sem nenhum ônus para o Poder Público. Seu objetivo é: a) interligar as serventias extrajudiciais brasileiras que praticam atos notariais, permitindo o intercâmbio de documentos eletrônicos e o tráfego de informações e dados; b) aprimorar tecnologias com a finalidade de viabilizar os serviços notariais em meio eletrônico; c) implantar em âmbito nacional um sistema de gerenciamento de banco de dados, para pesquisa; d) incentivar o desenvolvimento tecnológico do sistema notarial brasileiro, facilitando o acesso às informações, ressalvadas as hipóteses de acesso restrito nos caso de sigilo; e e) possibilitar o acesso direto de órgãos do Poder Público a informações e dados correspondentes ao serviço notarial.

A CENSEC é composta dos seguintes módulos operacionais[4]: a) Registro Central de Testamentos *On-Line* – RCTO, destinado à pesquisa de testamentos públicos e de instrumentos de aprovação de testamentos cerrados, lavrados no país; b) Central de Escrituras de Separações, Divórcios e Inventários – CESDI, destinada à pesquisa de escrituras de separações, divórcios e inventários e partilhas; c) Central de Escrituras e Procurações – CEP, destinada à pesquisa de procurações e atos notariais diversos (escrituras em geral); e d) Central Nacional de Sinal Público – CNSIP, destinada ao arquivamento digital de sinal público de notários e registradores e respectiva pesquisa.

Todos os notários do Brasil devem integrar a CENSEC e alimentar seus módulos em datas pré-fixadas, sob pena de responsabilidade funcional.

a) **Módulo Registro Central de Testamentos *On-Line* – RCTO**

Os tabeliães, com atribuição pura ou cumulativa dessa especialidade, e os oficiais de registro que detenham atribuição notarial para lavratura de testamentos devem remeter ao Colégio Notarial do Brasil – Conselho Federal quinzenalmente, por meio da CENSEC, relação dos nomes constantes dos testamentos lavrados em seus livros e respectivas revogações, bem como dos instrumentos de aprovação de testamentos cerrados, ou informação negativa da prática de qualquer desses atos.

---

3. A lei paulista n. 16.918, de 28.12.2018, criou a Central de Atos Notariais Paulista, com idênticas regras a seguir elencadas. Neste caso, os tabeliães paulistas comunicam ao Colégio Notarial do Brasil, seção São Paulo, que se entende com a CENSEC mantida associação nacional.
4. Também possui a Central Notarial de Autenticação Digital – CENAD, que controla e gerencia as autenticações digitais realizadas nas serventias autorizadas no Estado de São Paulo.

Os prazos são os seguintes: a) até o dia 5 de cada mês subsequente, quanto a atos praticados na segunda quinzena do mês anterior; e b) até o dia 20, quanto a atos praticados na primeira quinzena do próprio mês.

O documento deve conter as seguintes informações: a) nome por extenso do testador, número do documento de identidade (RG ou documento equivalente) e CPF; b) espécie e data do ato; e c) livro e folhas em que o ato foi lavrado.

Na RCTO devem ser informados somente os atos referentes a testamentos (testamento cerrado, revogação, testamento público, revogação, todos com ou sem conteúdo patrimonial).

As informações positivas ou negativas serão enviadas, via internet, ao Colégio Notarial do Brasil – Conselho Federal, devendo o notário arquivar digitalmente o comprovante do envio.

b) Módulo Central de Escrituras de Separações[5], Divórcios e Inventários – CESDI

Os tabeliães, com atribuição pura ou cumulativa dessa especialidade, e os oficiais de registro que detenham atribuição notarial remeterão ao Colégio Notarial do Brasil – Conselho Federal, quinzenalmente, por meio da CENSEC, informação sobre a lavratura de escrituras de separação, divórcio e inventário e partilha contendo os dados abaixo relacionados ou, na hipótese de ausência, informação negativa da prática desses atos no período, arquivando-se digitalmente o comprovante de remessa.

Os prazos são os seguintes: a) até o dia 5 de cada mês subsequente, quanto aos atos praticados na segunda quinzena do mês anterior; e b) até o dia 20, quanto aos praticados na primeira quinzena do mesmo mês.

Devem constar as seguintes informações: a) tipo de escritura; b) data da lavratura do ato; c) livro e folhas em que o ato foi lavrado; e d) nome por extenso das partes, divorciandos, *de cujus*, cônjuge supérstite e herdeiros, bem como seus respectivos números de documento de identidade (RG ou equivalente) e CPF, e do(s) advogado(s) oficiante(s).

Na CESDI deverão ser informados os atos referentes divórcios e inventários e partilhas (conversão da separação em divórcio, divórcio direto, inventário e partilha, reconciliação, retificação, sobrepartilha, inventário negativo).

As informações positivas ou negativas serão enviadas, pela internet, ao Colégio Notarial do Brasil – Conselho Federal, arquivando-se digitalmente o comprovante do envio.

c) Módulo Central de Escrituras e Procurações – CEP

Os tabeliães, com atribuição pura ou cumulativa dessa especialidade, e os oficiais de registro que detenham atribuição notarial devem remeter ao Colégio Notarial do Brasil – Conselho Federal, quinzenalmente, por meio da CENSEC, informações constantes das escrituras públicas e procurações públicas ou informação negativa da prática

---

5. Com a tese fixada na decisão do STF, proferida em 08.11.2023, com o seguinte teor: "Após a promulgação da EC n. 66/2010, a separação judicial não é mais requisito para o divórcio nem subsiste como figura autônoma no ordenamento jurídico. Sem prejuízo, preserva-se o estado civil das pessoas que já estão separadas, por decisão judicial ou escritura pública, por se tratar de ato jurídico perfeito (art. 5º, XXXVI, da CF)". Por isso, o módulo CESDI conterá somente as separações lavradas até esta data.

destes atos, exceto quanto às escrituras de separação, divórcio e inventário (que deverão ser informadas à CESDI) e às de testamento (que deverão ser informadas ao RCTO).

Os prazos são os seguintes: a) até o dia 5 do mês subsequente, os atos praticados na segunda quinzena do mês anterior; e b) até o dia 20, os atos praticados na primeira quinzena do mesmo mês.

Constarão as seguintes informações: a) nomes por extenso das partes; b) número do documento de identidade (RG ou equivalente); c) CPF; d) valor do negócio jurídico (quando existente); e e) número do livro e folhas.

Na CEP deverão ser informados todos os atos referentes a escrituras e procurações que não se enquadram nos informes da CESDI e da RCTO (ata notarial, escrituras imobiliárias, escrituras em geral, procuração, procuração para fins previdenciários, renúncia, revogação e substabelecimento).

c.1) Módulo Central de Procurações – CENPROC

As procurações têm uma nova central. A CENPROC – Central de Procurações contempla todo o histórico de índices dos atos notariais de procurações públicas. O marco inicial das informações de procurações é 1º de janeiro de 2006, conforme informação de todos os cartórios com atribuição de Notas do Brasil na CENSEC.

Pela CENPROC é possível consultar os históricos das procurações de um determinado outorgante ou outorgado, tendo como resultado o status das procurações e de seus atos subsequentes.

O sistema apresenta o índice dos atos, informando o cartório, a data, livro e folha da lavratura do ato, além dos dados das partes envolvidas. Além disso, indica os atos subsequentes da procuração, se houver.

As consultas são liberadas para os cartórios que alimentam seus atos lavrados de procuração na CENSEC, além dos outorgantes e outorgados que podem consultar os atos de procuração que foram parte integrante. Todos os acessos são exclusivamente com o uso do certificado digital.

Se a consulta à CENPROC for positiva, o interessado pode solicitar as certidões aos cartórios. O cartório receberá a solicitação na plataforma e-Notariado e expedirá a certidão eletrônica. O pagamento dos emolumentos é feito ao tabelião de notas que expede a certidão, sem transitar pela CENPROC.

As informações positivas ou negativas serão enviadas, via internet, ao Colégio Notarial do Brasil – Conselho Federal, arquivando-se digitalmente o comprovante do envio.

A consulta de informações sobre separações, divórcios e inventários e partilhas e diretivas antecipadas de vontade (DAV ou testamento vital) é livre a qualquer cidadão no *site* da CENSEC. A consulta a escrituras públicas, testamentos, procurações e sinal público é restrita a tabeliães, corregedorias e entes conveniados.

d) Módulo Central Nacional de Sinal Público – CNSIP

Os tabeliães e oficiais de registro que detenham atribuição notarial devem remeter ao Colégio Notarial do Brasil – Conselho Federal, por meio do CENSEC, cartões com seus autógrafos e os dos seus prepostos, autorizados a subscrever traslados e certidões, reconhecimentos de firmas e autenticações de documentos, para fim de confronto com as assinaturas lançadas nos instrumentos que forem apresentados.

O sistema preserva o histórico dos sinais públicos anteriores. A consulta à CNSIP poderá ser feita gratuitamente pelos tabeliães de notas e pelos oficiais de registro que possuam atribuição notarial.

Os notários devem atualizar os dados dos prepostos quando da admissão e do desligamento.

e) Módulo Central Nacional de Cartões de Firmas

Foi criada a Central Nacional de Cartões de Firmas, que possibilita a consulta aberta dos cadastros de firmas dos tabelionatos. É possível pesquisar quais cartórios possuem cartões de firma de uma pessoa, pelas seguintes combinações: CPF; Nome completo e UF; Nome completo, UF e cidade.

Está em fase de desenvolvimento a Central de Precatórios e a Central de Escrituras de Uniões Estáveis.

11.2 DECLARAÇÃO SOBRE OPERAÇÕES IMOBILIÁRIAS – DOI

O tabelião tem a obrigação mensal de informar a DOI (Declaração sobre Operações Imobiliárias), instituída pela Receita Federal do Brasil para o controle de operações imobiliárias realizadas por pessoas físicas e jurídicas[6].

Devem ser informados os atos de compra e venda[7], permuta, transferência do domínio útil de imóveis foreiros, cessão de direitos, promessas dessas operações, adjudicação ou arrematação em hasta pública, procuração em causa própria, outros contratos afins em que haja transmissão de imóveis ou de direitos sobre imóveis.

Deverá ser emitida uma DOI para cada imóvel alienado ou adquirido. O tabelião, no ato notarial que envolva operação imobiliária, deve fazer constar expressamente a expressão "EMITIDA A DOI".

A comunicação deve ser feita a respeito de todos os atos, **independentemente de seu valor**.

O valor da operação imobiliária será o informado pelas partes ou, na ausência deste, o valor que servir de base para o cálculo do Imposto sobre a Transmissão de Bens Imóveis (ITBI) ou para o cálculo do Imposto sobre Transmissão *Causa Mortis* e Doação de Quaisquer Bens ou Direitos (ITCMD).

A falta de apresentação ou a apresentação da declaração após o prazo fixado sujeita o notário à multa de 0,1% ao mês-calendário ou fração, sobre o valor da operação, limitada a 1%, observado o valor mínimo de R$ 20,00[8].

---
6. Decreto-Lei n. 1.381/74, Lei n. 10.426/2002, art. 8º, e Instruções Normativas RFB n. 1.042/2010, 1.112/2010, 1.183/2011, 1.193/2011 e 1.239/2012.
7. Decreto-Lei n. 1.381/74, art. 2º, § 1º.
8. Lei n. 10.426/2002, art. 8º, §§ 1º e 2º, III, alterado pelo art. 24 da Lei n. 10.865/2004.

A multa terá como termo inicial o dia seguinte ao término do prazo originalmente fixado para a entrega da declaração e como termo final, a data da efetiva entrega ou, no caso de não apresentação, da lavratura do auto de infração.

A multa será reduzida a 50% do valor apurado, inclusive na hipótese de aplicação da multa mínima de R$ 20,00, caso a declaração seja apresentada espontaneamente, antes de qualquer procedimento de ofício. A multa será reduzida a 75% do valor apurado, inclusive na hipótese de aplicação da multa mínima de R$ 20,00, caso a declaração seja apresentada no prazo fixado em intimação.

11.3 CADASTRO ÚNICO DE CLIENTES DO NOTARIADO – CCN, O CADASTRO ÚNICO DE BENEFICIÁRIOS FINAIS – CBF E O ÍNDICE ÚNICO DE ATOS NOTARIAIS, NOS TERMOS DO PROVIMENTO N. 88/2019, DA CORREGEDORIA NACIONAL DE JUSTIÇA

O Colégio Notarial do Brasil – Conselho Federal mantém o Cadastro Único de Clientes do Notariado – CCN, o Cadastro Único de Beneficiários Finais – CBF e o Índice Único de Atos Notariais, nos termos do Provimento n. 88/2019, da Corregedoria Nacional de Justiça.

Os dados para a formação e atualização da base nacional do CCN são fornecidos pelos próprios notários de forma sincronizada ou com periodicidade, no máximo, quinzenal, com:

I – dados relativos aos atos notariais protocolares praticados; e

II – dados relacionados aos integrantes do seu cadastro de firmas abertas:

a) para as pessoas físicas: indicação do CPF; nome completo; filiação; profissão; data de nascimento; estado civil e qualificação do cônjuge; cidade; nacionalidade; naturalidade; endereços residencial e profissional completos, com indicação da cidade e CEP; endereço eletrônico; telefones, inclusive celular; documento de identidade com órgão emissor e data de emissão; dados do passaporte ou carteira civil, se estrangeiro; imagem do documento; data da ficha; número da ficha; imagem da ficha; imagem da foto; dados biométricos, especialmente impressões digitais e fotografia; enquadramento na condição de pessoa exposta politicamente, nos termos da Resolução COAF n. 29, de 28 de março de 2017; e enquadramento em qualquer das condições previstas no art. 1º da Resolução Coaf n. 31, de 7 de junho de 2019; e

b) para as pessoas jurídicas: indicação do CNPJ; razão social e nome de fantasia, este quando constar do contrato social ou do Cadastro Nacional de Pessoa Jurídica (CNPJ); número do telefone; endereço completo, inclusive eletrônico; nome completo, número de inscrição no Cadastro de Pessoas Físicas – CPF, número do documento de identificação e nome do órgão expedidor ou, se estrangeiro, dados do passaporte ou carteira civil dos seus proprietários, sócios e beneficiários finais; nome completo, número de inscrição no Cadastro de Pessoas Físicas – CPF, número do documento de identificação e nome do órgão expedidor ou, se estrangeiro, dados do passaporte ou carteira civil dos representantes legais, prepostos e dos demais envolvidos que compareçam ao ato, nome dos representantes legais, prepostos e dos demais envolvidos que compareçam ao ato.

Os notários remetem os dados essenciais dos atos praticados que compõem o Índice Único, em periodicidade não superior a quinze dias. Os dados essenciais são os seguintes:

I – a identificação do cliente;

II – a descrição pormenorizada da operação realizada;

III – o valor da operação realizada;

IV – o valor de avaliação para fins de incidência tributária;

V – a data da operação;

VI – a forma de pagamento;

VII – o meio de pagamento; e

VIII – outros dados, nos termos de regulamentos especiais, de instruções complementares ou orientações institucionais do CNB-CF.

12
ATOS EXTRA NOTARIAIS

A aquisição imobiliária e muitos outros atos formalizados por escritura pública são atos jurídicos complexos, ou seja, demandam outras providências para se perfectibilizarem, produzindo os seus efeitos regulares. Como exemplo, uma escritura não pode ser lavrada sem a apresentação da certidão do cartório de registro imobiliário.

Em outro momento, após a lavratura da escritura, a propriedade somente se configura com o registro imobiliário.

Nas duas hipóteses, como em tantas outras, para prestar um serviço adequado à população, o tabelião deve produzir ações além das notariais, os chamados atos extra notariais. Ao assumir essa responsabilidade, o tabelião se obriga ao resultado pretendido, qual seja, a efetiva prestação dos serviços com os efeitos pretendidos pela parte.

Em contrapartida, o tabelião terá direito ao ressarcimento das despesas necessárias a este encargo, podendo inclusive cobrar as despesas efetuadas com despachantes e pessoas terceirizadas. Em alguns Estados, a lei veda a cobrança pelos serviços extra notariais, permitindo apenas o ressarcimento de terceiros[1], obviamente tendo sido autorizado pela parte interessada.

Dentre estes atos, os mais frequentes são a obtenção de:

- certidões das matrículas imobiliárias;
- certidões do distribuidor dos foros judiciais (estadual, federal e trabalhista, que costuma ser solicitada na comarca de situação do imóvel e no domicílio do vendedor);
- certidão fiscal, usualmente do município, para verificar a regularidade dos tributos devidos;
- regularização cadastral municipal ou em face de outros órgãos de cadastro como o Serviço de Patrimônio da União (SPU) ou os institutos estaduais da terra rural;
- certidões de empresas nas Juntas Comerciais ou Registros Civis das Pessoas Jurídicas;
- certidões de atos em outros cartórios de notas, como procurações, escrituras antigas ou, ainda, cópia de documentos arquivados;
- certidões eletrônicas diversas, como a certidão negativa da Procuradoria Geral da Fazenda Nacional;

---

1. Em São Paulo, a Lei n. 11.331/2002, Tabela I, notas explicativas, item 11.1.

- verificação de gravames na Central Nacional de Indisponibilidades ou de débitos existentes na Justiça do Trabalho;
- pagamento de tributos, em especial o ITBI e o ITCMD, em face das Fazendas municipal ou estadual. Neste caso, é bom salientar que o tabelião jamais deve adiantar tais despesas, pois corre o risco de não ser ressarcido e age de forma antiética.

Lavrada a escritura e tendo, no procedimento, notado algum desacerto em face do cadastro municipal, o notário se encarrega de buscar a regularização, providenciando os documentos e os pagamentos das taxas necessárias.

É frequente que a parte solicite ao notário que leve a registro a escritura lavrada, concluindo a sucessão de atos necessários à aquisição da propriedade;

A Lei n. 14.382/2022 incluiu o § 5º, no art. 7º da Lei n. 8.935/1994, possibilitando aos tabeliães de notas prestar outros serviços remunerados, na forma prevista em convênio com órgãos públicos, entidades e empresas interessadas, respeitados os requisitos de forma previstos na Lei n. 10.406, de 10 de janeiro de 2002 (Código Civil).[2]

A generalização do novo § 5º, no art. 7º reforça a ampla liberdade de atuação notarial. Há atos em que a lei exige escritura pública, muito poucos, diga-se. Todos os demais atos a que as partes queiram a intervenção notarial, a forma pública, podem ser realizados, a pedido das partes. A novidade está em permitir, ou sugerir, convênios com órgãos públicos ou particulares.

---

2. Lei n. 14.382/2022.

13
Emolumentos

O serviço notarial é público e exercido em caráter privado. A CF prevê uma lei geral de emolumentos, editada em 2000, a Lei n. 10.169. Segundo ela, os Estados e o Distrito Federal têm competência para fixar o valor dos emolumentos relativos aos atos praticados pelos respectivos serviços notariais, segundo as normas gerais.

Temos, então, tabelas de emolumentos em cada Estado e no Distrito Federal.

O valor fixado para os emolumentos deve corresponder ao efetivo custo e à adequada e suficiente remuneração dos serviços prestados[1], enunciado inócuo por sua subjetividade plena, mas que se concretiza nos valores finalmente fixados nas leis estaduais e distrital.

A fixação dos emolumentos deve ter em vista os seguintes critérios:
- deverá corresponder ao efetivo custo e à adequada e suficiente remuneração dos serviços prestados;
- considerar a natureza pública e o caráter social dos serviços;
- os valores dos emolumentos constarão de tabelas e serão expressos em moeda corrente do País;
- os atos comuns aos vários tipos de serviços notariais e de registro serão remunerados por emolumentos específicos, fixados para cada espécie de ato;
- os atos específicos dos serviços notariais serão classificados em: a) atos sem conteúdo financeiro; e b) atos relativos a situações jurídicas com conteúdo financeiro, cujos emolumentos serão fixados mediante a observância de faixas que estabeleçam valores mínimos e máximos, nas quais será enquadrado o valor do negócio objeto do ato notarial.

É vedado fixar emolumentos em percentual incidente sobre o valor do negócio jurídico[2]. A norma tem caráter antissocial, pois, à vista das tabelas aprovadas nos diversos Estados, o rico paga menos. O critério de proporcionalidade sobre o valor do ato é comum em muitas áreas, como a intermediação imobiliária, a advocacia ou a publicidade. A falta dela, para o notariado, é injusta, pois o risco de responder civilmente por um ato de grande valor é imenso.

Apesar de a lei federal vedar a cobrança de quaisquer outras quantias, é comum, e as leis estaduais permitem, que o notário se encarregue de outros serviços convenientes às partes, como a obtenção de certidões, dentre tantas que por vezes são exigidas, o

---
1. Lei n. 10.169/2000, art. 1º, parágrafo único.
2. Lei n. 10.169/2000, inciso II do art. 3º.

pagamento de tributos, o registro de documentos indispensáveis aos atos e, finalmente, o registro das escrituras lavradas.

É evidente que os custos destas facilidades devem ser repassados aos beneficiários delas, as partes, que, por conveniência, conforto, facilidade e economia, confiam ao notário todas estas providências burocráticas. É legal, portanto, o repasse de tais custos aos usuários.

As leis estaduais sobre emolumentos, inclusive o regimento interno do CNJ, preveem a edição de atos normativos pelas Corregedorias locais, inclusive o CNJ, para o regramento de cobrança de determinado serviço não previsto nas tabelas de emolumentos.

É permitido ao notário a exigência de depósito prévio (art. 4, Prov. CNJ n. 45/2015, integrado ao Código de Normas Nacional) para a realização do ato notarial. Este procedimento é muito utilizado para as atas notariais e escrituras de inventário e partilha.

As tabelas de emolumentos devem ser afixadas em local visível ao público e devem ter acessibilidade para os portadores de cegueira e surdez. O notário é obrigado a dar recibo dos valores recebidos.

Pelo art. 784, XI, do CPC/2015, o tabelião poderá expedir certidão relativa aos valores de emolumentos e demais despesas devidas pelos atos praticados pela serventia notarial, documento que é título executivo extrajudicial, que poderá ser levado a protesto e executado.

O Provimento CNJ n. 127/2022 disciplinou o Sistema Integrado de Pagamentos Eletrônicos – SIPE para os serviços notariais e de registro, destinado a receber e repassar os valores recebidos dos usuários dos serviços notariais e de registro praticados pelos notários e registradores e solicitados por meio das centrais, adotados os seguintes meios de pagamento: I – PIX; II – cartão de crédito; III – boleto bancário; IV – faturamento; e V – outras modalidades de pagamento, crédito ou financiamento, autorizadas pelo Banco Central do Brasil, contratadas para que sejam oferecidas aos interessados na plataforma.

A Lei 14.382/2022 alterou o art. 30 da Lei 8.935/94, introduzindo o inc. XV, para admitir o pagamento dos emolumentos, das custas e das despesas por meio eletrônico, a critério do usuário, inclusive mediante parcelamento .

Como dito, a Lei n. 10.169/2000 estabeleceu normas gerais a respeito da gratuidade em seu art. 1º que dispõe ser da competência dos Estados e do Distrito Federal a fixação do valor dos emolumentos relativos aos atos praticados pelos respectivos serviços notariais e de registro. Somente lei estadual tem competência para isentar ou fixar o valor dos emolumentos para a respectiva unidade Federativa[3].

---

3. (ADI 1624, Relator(a): CARLOS VELLOSO, Tribunal Pleno, DJ 13-06-2003).

14
Autenticação de Cópias e Reconhecimento de Assinatura ou Firma

Neste capítulo, veremos os caracteres dos atos notariais mais frequentes. São eles: a autenticação de cópias de documentos e o reconhecimento de firmas.

Autenticar significa autorizar, reconhecer como verdadeiro, certificar segundo as fórmulas legais, legalizar. É o que é verdadeiro, real.

Também tem a acepção de indicar a autoria da manifestação da vontade. Autêntico é algo que é do autor a quem se atribui ser.

Autêntico vem do latim, *authenticus,* que é autorizado, válido, aprovado), significa todo ato que se faz revestido das formalidades legais ou das solenidades exigidas para que possa surtir sua eficácia jurídica[1].

A autenticação é, portanto, uma legalização de um documento, conforme previsto em lei ou socialmente requerido, por uma autoridade que tenha a competência para o ato.

No Brasil, esta competência decorre da delegação constitucional aos notários (art. 236) e da Lei 8.935/94, art. 6º, incs. II e III. O notário é, entre nós, a autoridade competente para autenticar documentos particulares.

No Direito Notarial, autenticação é um gênero que inclui duas espécies singulares de atos: 1) autenticação de cópias, e 2) reconhecimento de firmas.

São, de longe, os atos mais frequentes nos tabelionatos de notas brasileiros. "É fruto de nossa atrasada cultura lusitana, bobagem que só existe no Brasil", acusam os detratores.

O costume brasileiro de autenticar cópias e reconhecer assinaturas, em profusão, é, de fato, algo brasileiro. Contudo, estes atos notariais existem em todo o planeta, em especial nos países de direito anglo-saxão, como Estados Unidos e Inglaterra.

A popularidade destes atos aqui no Brasil se explica, em parte, por certo burocratismo dos órgãos públicos; mas também, muito mais pela necessidade do ambiente de negócios de ter certeza sobre os documentos e seus signatários, prevenindo um desgastante, caro, às vezes longo e improfícuo processo judicial. É a profilaxia dos agentes econômicos e jurídicos que previne e garante a segurança jurídica mais barata[2]. Os efeitos da autenticação são: a) legaliza o documento provendo-o da atribuição prevista em lei para executividade; b) indica a autoria da manifestação da vontade e do documento,

---
1. *Vocabulário Jurídico.* De Plácido e Silva, atualizadores Nagib Slaibi Filho e Gláucia Carvalho. Rio de Janeiro, ed. Forense, 2003.
2. Este assunto comporta um estudo mais profundo, envolvendo as previsões dos ramos civilistas, processualistas e da feição econômica do Direito. Adiante, em 1.2, discorremos mais um pouco.

quando presente; c) a cópia autenticada pelo notário, seja em papel ou meio digital, tem o mesmo valor de prova do documento original, faz prova plena para todos os efeitos legais; d) se impugnada a autenticidade do documento com autenticação notarial, inverte o ônus da prova (CPC, art. 428, inc. I), cabendo a quem ataca provar a falsidade e a falha do agente público; e) dá certeza sobre o dia em que apresentado ao notário, provendo, portanto, certeza sobre a existência do documento naquela data.

14.1 AUTENTICAÇÃO DE CÓPIAS

Inicialmente, devemos aclarar que a autenticação de cópias não se confunde com a autenticação que se refere ou se aplica aos atos que se realizam na esfera das relações de direito privado como princípio de direito notarial[3]. Esta autenticação alcança e alicerça toda a função notarial, enquanto aquela é uma espécie de ato notarial com o fim de declarar a autenticidade entre o documento original e a cópia.

Autenticação de cópia é uma espécie de ato notarial por meio do qual o tabelião de notas certifica a fiel correspondência entre o documento original e a sua cópia, extraída pelo sistema reprográfico[4] ou equivalente.

O novo Código de Processo Civil informa que as cópias, como a fotográfica, a cinematográfica, a fonográfica, a digitalizada, ou de outra espécie, têm aptidão para fazer prova dos fatos ou das coisas representadas se a sua conformidade com o documento original não for impugnada por aquele contra quem foi produzida (art. 422).

A autenticação de cópias digitais, por particulares, é aceita, pois fazem a mesma prova que os originais os extratos digitais de bancos de dados públicos e privados, desde que atestado pelo seu emitente, sob as penas da lei, que as informações conferem com o que consta na origem (art. 425, V).

O norte do novo Código de Processo Civil não é diferente dos códigos anteriores. Só tem sentido a autenticação notarial, ou por outro oficial público, quando há controvérsia sobre a exatidão da cópia em face do original.

No âmbito judicial, esse processo se dá quando ocorre a contestação. Na vida privada, a necessidade de autenticação da cópia surge da necessidade de pré-constituir prova que evite a sua contestação. Afinal, cessa a fé do documento particular quando a sua autenticidade for impugnada e enquanto não se comprovar sua veracidade (art. 428, I). A autenticação, para os particulares, é uma prevenção à contestação.

A multiplicação do documento faz-se pelos métodos hoje existentes (p. ex., o método reprográfico). Antigamente, havia a pública-forma, que era a cópia fiel e integral de um documento que, posteriormente, era concertada[5] por outro tabelião. Com

---
3. KOLLET, Ricardo Guimarães. *Manual do tabelião de notas para concursos e profissionais.* Rio de Janeiro: Forense, 2008, p. 240.
4. Reprografia: processo de reprodução que recorre às técnicas de fotocópia, xerocópia, eletrocópia, termocópia, microfilmagem, computação eletrônica, heliografia, eletrostática etc.
5. Concertar significa estar conforme, harmônico com a outra peça. O primeiro notário copiava e o segundo concertava, ou seja, declarava a conformidade da cópia com o original.

o surgimento das fotocopiadoras, as públicas-formas caíram em desuso, substituídas pelas cópias autenticadas. Por isso, alguns Estados[6], vedaram o uso da pública-forma.

A autenticação pressupõe a apresentação do documento original, sem o qual inexiste autenticação notarial. No Estado de São Paulo, não é permitida a autenticação de cópia de outra cópia, ainda que esta esteja autenticada. No Estado do Rio Grande Sul, somente será autenticada cópia de documento original, proibida a autenticação de reprodução reprográfica de cópia; no entanto permite a autenticação de cópia conferida por outro tabelião[7].

As normas de São Paulo determinam que o tabelião, quando utiliza processo de reprodução gerador de cópias coloridas, aponha na cópia o termo "cópia colorida", de modo a distingui-la do original, assim, evitando confusão em quem as verifique no tráfego ou quando as recepcione.

Ao manejarem as cópias para autenticação, os tabeliães ou seus prepostos devem conferir os textos e o aspecto da escrita, bem como verificar se o documento copiado contém rasuras, supressão de palavras ou linhas, ou outros sinais suspeitos de possíveis fraudes.

A pedido da parte, entendemos possível a autenticação de documentos com rasuras, ou até com parte faltante, desde que não afete a sua compreensão, fazendo constar minuciosamente o verificado. As normas administrativas costumam vedar tal atitude (as de São Paulo e do Rio Grande do Sul permitem essa prática), de modo que **no concurso é prudente ser ortodoxo**.

Não há vedação legal para a autenticação de cópias de documentos redigidos em língua estrangeira, nem há obrigação legal de exigir a apresentação de tradução oficial como condição para a realização do ato, pois não há qualificação notarial quanto ao conteúdo do documento e da cópia; há a autenticação de correspondência entre o conteúdo do documento e a cópia.

As reprografias emanadas e autenticadas por autoridade ou repartição pública constituem documentos originários, tendo o mesmo valor probante do documento original para fins de autenticação notarial. Como exemplo, temos as cartas de ordem, de sentença, de arrematação, de adjudicação, formais de partilha, certidões positivas de registros públicos e de protestos, certidões da Junta Comercial e *post gramas*.

As cópias dos atos notariais feitos nos livros do serviço consular, autenticadas pela autoridade consular brasileira são válidas, também constituindo documento originário. Elas não precisam ser legalizadas ou reautenticadas para produzirem os seus efeitos.

Para clareza do ato notarial, o instrumento de autenticação constará do seu anverso[8], sempre que possível, informando aos destinatários sobre a legalização realizada. No entanto, em certos casos, a cópia do documento pode não conter espaço suficiente

---

6. No Estado de São Paulo, até o Prov. n. 40/2012, atualizado pelo Prov. n. 56/2019, constava expressamente tal proibição nas Normas de Serviço da Corregedoria-Geral da Justiça (item 51.2). Tal vedação não consta nas Normas de Serviço atuais.
7. Art. 934, III, da Consolidação Normativa Notarial e Registral do Rio Grande do Sul.
8. O Anverso é a parte da frente do documento. Verso é a parte de trás.

para a aposição do instrumento autenticatório, que pode, também a pedido da parte, ter o ato no verso, desde que inutilizados os espaços remanescentes[9].

O instrumento de autenticação constará de fórmulas consagradas pelo uso[10], aposto por carimbo ou etiqueta, sempre com a identificação do tabelião ou do preposto (autorizado) que realizou o ato. O sinal público deve vincular os diversos elementos (etiqueta, carimbos, selos, assinaturas), dificultando a ação de falsários.

Na extração e autenticação de cópias reprográficas de documento de tamanho reduzido ou ampliado, os espaços em branco devem ser inutilizados, aparando a cópia, de acordo com o tamanho do documento, de modo que ali caibam somente a reprodução e a autenticação, evitando o lançamento de outras cópias de documentos na reprografia.

Há discussão sobre a possibilidade de autenticar cópia (impressão) de documento eletrônico extraído da internet, ou se isso deveria ser feito por ata notarial. Entendemos pela possibilidade da autenticação de cópia, pois os documentos eletrônicos têm similaridade com os documentos em papel, possibilitando a conferência e a circulação de um documento eletrônico em meio físico. Aliás, para o ato de autenticação, acessar um site para ver um **documento** ou ver um **documento** em papel é o mesmo procedimento. O tabelião deve cuidar que haja elementos seguros para a verificação do documento, inclusive quanto à confiabilidade do site que hospeda o documento e possibilita a sua confrontação (código de autenticidade, por exemplo). Tal ocorre com a Certidão Negativa de Débitos (CND), expedida no site de uma Prefeitura, ou com o atestado de antecedentes criminais, expedido no site da Polícia Federal, ou com os certificados de naturalização, expedidos no site do Ministério da Justiça, dentre outros[11].

Contudo, quando se trata de novidades ainda não bem aceitas, há restrições às quais o **candidato a concurso** deve atentar.

Nos documentos em que houver mais de uma reprodução, a cada uma corresponderá um instrumento de autenticação. Excetuam-se os documentos consagrados cuja forma envolve os dois lados, como a carteira de identidade[12], o CPF, a carteira de trabalho, dentre outros.

Documentos em que falte a assinatura de uma parte podem ser fotocopiados e autenticados, pois o tabelião, em tese, não faz a qualificação do quanto ali está representado, mas apenas a certificação de correspondência da fidelidade entre o documento e a cópia.

---

9. Em São Paulo, determinou-se que o instrumento de autenticação constará do anverso da cópia, obrigatoriamente (item 171.1). Parece-nos um preciosismo desnecessário que merece revisão.
10. Por exemplo: "Autentico esta cópia, que está conforme ao documento que me foi apresentado. Local e data". No Rio Grande do Sul, utilizam-se fórmulas específicas para cada tipo de cópia: i) uma para a autenticação das cópias reprográficas ou digitais extraídas no próprio tabelionato; ii) outra para a autenticação de cópias extraídas por terceiros; iii) outra para a autenticação de cópias conferidas pelo próprio ou outro Tabelião.
11. Neste sentido, em São Paulo, a eminente Juíza Corregedora Permanente da 2ª Vara de Registros Públicos, Drª. Renata Mota Maciel, assim decidiu no processo 001170688.2011.8.26.0100: "Por seu turno, usual e aceitável, na espécie, a autenticação de documentos extraídos de sites de Internet, que decorre do poder geral de conferir autenticidade de que é dotado o Tabelião, destacando que não houve emissão de juízo de valor, mas apenas descrição e reprodução de situações. Além disso, demonstrada a necessidade da autenticação por exigência do Consulado da Espanha".
12. Integra a cópia também o QR-Code, se houver, com a cobrança de apenas uma autenticação.

O notário também pode autenticar microfilmes de documentos ou cópias ampliadas de imagem microfilmada, conferidos mediante aparelho leitor apropriado e seguindo os requisitos legais de registro no Departamento de Justiça do Ministério da Justiça.

O item 177 das Normas de Serviço do Estado de São Paulo, a título de exemplo, não permite autenticar cópia de documentos nos seguintes casos:

a) os transmitidos por fac-símile, exceto os que contenham assinatura inserida após a recepção do documento;

b) parte ou partes de documentos cuja compreensão de seu conteúdo dependa de sua leitura integral;

c) documentos escritos a lápis ou outro meio de impressão delével;

d) documentos alterados com tinta corretiva, quando a correção implique substancial alteração do conteúdo do documento (nome completo, datas, valores etc.);

e) mensagens eletrônicas (e-mails).

O Tabelião de Notas, nessas situações, poderá, a seu juízo e sob sua responsabilidade, autenticar a cópia e certificar eventuais inconformidades (item 177.1).

Por outro lado, o item 178 das Normas de Serviço do Estado de São Paulo permite autenticar cópia de documentos nos seguintes casos:

a) extratos bancários, inclusive os emitidos por impressão térmica;

b) parte ou partes de um documento quando seu conteúdo for relevante e possa produzir efeitos jurídicos isoladamente, hipótese em que o Tabelião de Notas deverá apor a ressalva: "a presente cópia é parte de um documento";

c) parte ou partes de um processo judicial, formal de partilha, carta de arrematação, carta de adjudicação, dentre outros, quando contenha a rubrica do supervisor ou do coordenador de serviço, caso em que o Tabelião de Notas deverá apor a ressalva: "a presente cópia é parte de um documento judicial";

d) certidões expedidas por órgãos administrativos que contenham cópias autenticadas por estes. Veja que a letra *b* do item 178 deve ser interpretada conjuntamente com a letra *b* do item 177, em cuja situação deverá haver a compreensão integral do documento.

14.1.1 Casuística

Listamos a seguir alguns casos práticos de autenticação notarial:

a) Autenticação de cópias extraídas por terceiros

As cópias extraídas no próprio tabelionato são autenticadas com rapidez e segurança, pois não necessitam de uma conferência meticulosa. Já as cópias extraídas por terceiros devem ser conferidas minuciosamente, verificando se o documento contém montagens, supressões ou sinais indicativos de fraude, bem assim a existência de identificação do autor reprográfico.

b) **Autenticação de cópia de documento redigido em língua estrangeira**

É possível reconhecer a firma ou autenticar fotocópia de documento, no todo ou em parte, redigido em qualquer alfabeto de língua estrangeira e destinado a produzir efeitos legais no Brasil ou no estrangeiro. Algumas normas administrativas[13] determinam ao tabelião que esclareça a parte que, para validade em território nacional e em face de terceiros, o documento deve ser traduzido e registrado.

c) **Autenticação de cópia de documento redigido em língua estrangeira em outros alfabetos (ex.: japonês, árabe etc.)**

As cópias desses documentos são passíveis de autenticação desde que extraídas no próprio tabelionato após verificação da inexistência de emendas, rasuras ou sinais indicativos de fraude.

d) **Autenticação de cópia de cédulas monetárias**

É possível a autenticação de cédulas monetárias. Recomendamos que a cópia seja ampliada ou reduzida, evitando que a fotocópia tenha o tamanho natural do seu original, bem como apor carimbo padronizado com a expressão "Sem valor monetário".

e) **Autenticação em papel térmico (fax) ou por processo similar**

É possível a autenticação de cópia de documento em papel térmico com aposição de assinatura indelével. Se o documento contiver declaração de vontade, o tabelião deve orientar a parte quanto à curta duração do original.

f) **Autenticação de documento danificado**

É vedado autenticar fotocópia de documento com trechos apagados, danificados, rasurados; com supressão de linhas, letras ou palavras; com anotações a lápis; com aplicação de corretivo; ou em que haja indício de falsificação ou adulteração, de modo a conter parte ininteligível, ilegível ou de difícil leitura. Em certos casos (p. ex., documentos reconstituídos), a critério do tabelião, será possível a realização do ato, descrevendo minuciosamente o verificado.

g) **Utilização de cópia de outra cópia**

É vedada a prática de ato de autenticação em cópia de outra cópia, ainda que autenticada, seja qual for o documento[14].

h) **Autenticação de cópias certificadas por escrivão do Tribunal de Justiça ou outra autoridade pública**

É possível a autenticação de cópia atestada por escrivão, que se reveste dos caracteres de um documento originário. Assim ocorre, por exemplo, com o formal de partilha.

i) **Autenticação de cópias de boletim de ocorrência, laudos, certidão de contrato social etc., autenticadas por próprios órgãos expedidores (polícias, órgãos de trânsito, institutos médicos legais, juntas comerciais etc.)**

---

13. As normas de São Paulo, por exemplo.
14. Em São Paulo, por exemplo. Em alguns Estados, há normas que permitem.

Podem ser autenticadas mediante prévia análise dos documentos, não se sujeitando a mera conferência. Quando expedidos por esses órgãos, passam a ter a condição de documentos originários.

j) **Autenticação de cópias de extratos bancários emitidos por impressão térmica, diplomas e certificados com assinaturas digitalizadas**

Podem ser autenticadas mediante prévia análise dos documentos, não se sujeitando a mera conferência. No caso de diplomas e certificados, devem ter características externas que se originam de uma matriz, cuja impressão foi feita em escala. Se o tabelião não tiver certeza da veracidade, deve negar o ato.

k) **Autenticação de cópias de nota fiscal, traslado datilografado, documentos obtidos via impressora, em forma carbonada**

O fato de um documento estar na forma de carbono não o descaracteriza em relação ao seu original, podendo ser extraída fotocópia autenticada.

l) **Autenticação de cópia de cópia de guia do FGTS, PIS, com autenticação do banco ou órgão de fiscalização (repartições públicas etc.)**

É possível a autenticação da cópia de cópias de guias de recolhimento de tributo ou contribuição, pois esses documentos são probantes quando o órgão recebedor autentica o seu recolhimento. Desse modo, passa a ser documento probante não importando o suporte físico.

m) **Autenticação de cópia extraída de papel térmico (fax) de guias de boleto autenticado pelo banco**

Esse tipo de papel perde a qualidade com o decorrer do tempo e se exposto à luz e ao calor, permanecendo somente a autenticação bancária. No entanto, é passível de autenticação notarial em razão da autenticação bancária, obviamente enquanto forem legíveis os dados.

n) **Autenticação de cópia somente do anverso ou verso do documento de uso geral (p. ex., conta de luz, documentos em que o anverso ou o verso é apenas explicativo)**

Em regra, toda cópia deve ser autenticada conforme o seu original. Porém, há documentos subdivididos por seu conteúdo. Neste caso, é possível serem autenticados, desde que conste, ao lado da autenticação, carimbo com a expressão "anverso do original" ou "verso do original". Nesta matéria, prepondera a autonomia do tabelião, que deve analisar o documento e convencer-se de que ele não necessita da integralidade para a sua compreensão.

o) **Autenticação de cópia de parte de documentos ou quando o verso está preenchido ou em branco (p. ex., Carteira de Trabalho e Previdência Social, passaportes, livros, revistas etc.)**

Podem ser autenticados, mas é prudente que o tabelião declare junto à autenticação que é cópia parcial (por exemplo, um carimbo com a expressão "parte de documento").

p) **Autenticação de cópia de guia de recolhimento com aplicação de corretivo no valor recolhido, cuja autenticação do banco ou órgão recebedor seja o mesmo, ou seja, o valor corrigido e o recolhido são idênticos**

A prática de corrigir os valores é reprovável, mas não é motivo de anulação do documento, sendo possível a autenticação notarial. No entanto, sem autenticação do banco ou órgão recebedor, o documento não produz qualquer efeito.

q) **Autenticação de cópias distintas numa mesma página**

É vedada a autenticação de fotocópia com mais de uma reprodução em apenas um instrumento autenticatório. Cada reprodução corresponderá a uma autenticação.

r) **Autenticação de fotocópias de mensagens eletrônicas (e-mails)**

Por cautela, não é recomendável a autenticação desses documentos (nessa forma são facilmente adulteráveis). Sugerimos a realização de ata notarial para a constatação da existência e do conteúdo.

s) **Autenticação de cópia do sítio do *Diário Oficial***

O documento proveniente e expedido por órgão do Estado (Imprensa Oficial), hospedado em endereço próprio e conferidos a autenticidade e os requisitos da assinatura digital aposta no documento em meio digital, é probante em relação à sua natureza, podendo a sua impressão ser autenticada. Recomendamos que o cotejo e a impressão sejam feitos por meio de computador próprio do tabelião ou tabelionato.

t) **Autenticação de cópia digitalizada feita por escâner ou por processo equivalente**

Não há qualquer vedação nesse sentido. É permitida a autenticação de cópia escaneada em confronto com o seu original.

u) **Documento com validade restrita originária**

Por cautela, o tabelião não deve autenticar cópia de documento que contenha a expressão "válido somente no original", dentre outras expressões similares. Isso porque o documento tem restrição originária, cujo termo impresso permite a segurança do tráfego jurídico. Porém, se a parte requerer por escrito, é possível a autenticação.

v) **Autenticação de documentos atípicos (p. ex., rascunhos, envelopes com escritos, tíquetes, bilhetes, canhotos de cheques, informações bancárias etc.)**

É possível autenticar cópias de rascunhos, envelopes com escritos, tíquetes, bilhetes, canhotos de cheques, informações bancárias, informativos de tele terminais, dentre outros.

x) **Autenticação de fotografias digitais**

Não é seguro autenticar fotografias digitais em razão dos inúmeros programas informáticos que permitem alterar o suporte que as mantém. Não há segurança sobre a sua autenticidade. Quando for integrante de algum documento, um laudo por exemplo, sua autenticação é permitida.

Selos de controle de atos (ou autenticidade)

Já falamos de nossa reserva sobre a denominação "selos de autenticidade", pois a autenticidade decorre da fé pública notarial, e não do selo. Feito o alerta sobre a expressão, vejamos alguns caracteres dos selos.

Em alguns Estados, é exigido para a validade (SP) ou fiscalização (RS) de certos atos, ou de todos, a aposição de um selo holográfico em papel. Em outros Estados, este selo é digital, constando apenas de um código numérico ou alfanumérico. A norma administrativa reputa inválido o ato a que falte o selo.

No Estado de São Paulo, há requisitos específicos para os selos:

Utilização e inutilização

- A sua aposição é obrigatória e deve integrar a forma dos atos de autenticação de cópias e reconhecimento de firmas.
- Os selos de autenticidade são adquiridos e utilizados exclusivamente pelas unidades de serviço notarial e de registro civil – vedado o seu repasse para outras serventias.
- A sua falta acarreta a invalidade do ato notarial.
- Deve ser aposto ao lado da etiqueta ou do carimbo.
- A assinatura do tabelião ou seu preposto deve abranger o carimbo, a etiqueta e o selo, de modo a integrá-los como um todo.
- A aplicação do selo de autenticidade será feita na mesma face da reprodução.
- Os atos de autenticação notarial conterão, obrigatoriamente, a seguinte advertência: válido somente com o selo de autenticidade.
- Em São Paulo, sempre que substituídos os modelos dos impressos de segurança, os Tabeliães de Notas, os Registradores Civis com atribuições notariais e os responsáveis pelos serviços deverão inutilizar, por fragmentação, os remanescentes guardados consigo e informar, em seguida, à Corregedoria-Geral da Justiça, a quantidade e a respectiva numeração daqueles destruídos. Os fragmentos deverão ser enviados para reciclagem.
- O tabelionato deve manter classificadores para o arquivamento de documentos relativos à aquisição, balanço diário e mensal dos selos utilizados e seu estoque[15].
- Deve ser feita uma comunicação bimestral ao Juiz Corregedor Permanente sobre a quantidade e numeração dos selos danificados[16].

Perda, extravio, furto ou roubo

Ocorrendo uma dessas circunstâncias, o tabelião deve comunicar imediatamente ao Juiz Corregedor Permanente e à Corregedoria-Geral da Justiça sobre a quantidade e a numeração dos selos[17].

---

15. Tal obrigação não mais subsiste no Estado de São Paulo: devem possuir controle diário de utilização dos selos, com registro da série, do número inicial, do número final e do total dos utilizados e dos inutilizados, mas o tabelião pode ter para controle próprio (item 40, Cap. XVI).
16. Tal obrigação não mais subsiste no Estado de São Paulo.
17. No Estado de São Paulo: os tabeliães devem comunicar à Corregedoria-Geral da Justiça, por meio do Portal do Extrajudicial, a quantidade e a numeração de impressos de segurança subtraídos ou extraviados (item 38), bem

14.2 RECONHECIMENTO DE ASSINATURA OU FIRMA

Assinatura, ou firma, é uma marca ou um escrito em algum documento que visa identificar a sua autoria e dar-lhe validade como manifestação de vontade.

O reconhecimento de assinatura, ou firma, é ato notarial que determina a autoria de uma assinatura, vinculando-a a certo e determinado documento particular. No reconhecimento de firma, ou assinatura, o tabelião afirma que o documento está assinado por certa e determinada pessoa.

A letra ou o sinal também podem indicar a autoria, mas em face de elemento mais singelo da personalidade. Podem, igualmente, ser objeto de reconhecimento pelo tabelião.

A rubrica, ou o sinal, é a assinatura abreviada ou em cifra, podendo conjugar letras ou desenho.

A letra é um caractere de um alfabeto, cada um dos sinais gráficos com que são representados os fonemas de um idioma. Cada pessoa tem a sua maneira de grafá-las; a caligrafia revela a individualidade, até mesmo a personalidade da pessoa.

O reconhecimento de letra é o ato que atesta ou certifica a autoria de dizeres manuscritos em documento particular, lançados em presença do tabelião, ou que o autor, sendo conhecido do tabelião ou por ele identificado, declare tê-lo escrito.

O reconhecimento de firma por chancela mecânica é o ato que atesta ou certifica que a firma chancelada em documento particular confere com o padrão depositado no tabelionato[18].

O ato de reconhecer a assinatura de documentos particulares é, no Brasil, usado em excesso. Duas são as causas. A primeira decorre da força probante do reconhecimento notarial, que inverte o ônus da prova em caso de contestação. Segundo o CPC, cessa a fé do documento particular quando for impugnada sua autenticidade e enquanto não se comprovar sua autenticidade ou quando assinado em branco for impugnado o seu conteúdo por preenchimento abusivo[19].

Ademais, a parte que produz o documento tem o ônus de provar a assinatura que for contestada[20]. Como a generalidade dos documentos é produzida pela parte credora, busca-se uma pré-constituição de prova célere, fácil, eficaz e sem custo algum.

Como assim?, você deve se perguntar, se todos os tabelionatos de notas cobram pelo serviço. É que o ato está a serviço do credor, que impõe ao devedor a obrigação de

---

como os utilizados e danificados, exceto no caso de etiquetas, em que o tabelião deve comunicar por escrito à Corregedoria Permanente e esta, por sua vez, comunica à Corregedoria-Geral (item 187.2) e também no caso de desaparecimento ou danificação de qualquer livro, em que o tabelião deve imediatamente comunicar ao Juiz Corregedor Permanente e à Corregedoria-Geral da Justiça (Cap. XIII, item 41). No caso de furto, roubo ou extravio devem comunicar por ofício à Corregedoria-Geral da Justiça (Processo n. 1619/2004 – DJe de 11-4-2013).
18. Esta modalidade (chancela mecânica) contém características próprias: a) Fac-símile (cópia fiel) da assinatura ou rubrica do depositante; b) Em geral, gravado em uma peça de metal (chumbo) ou material plástico; c) Utilizado para ser aposto em certos documentos ou papéis com o fim de agilizar procedimentos.
19. CPC/2015, art. 428.
20. CPC/2015, art. 429, inciso II.

reconhecer a firma. Logo, a pré-constituição de prova buscada por um lado da relação é paga pelo outro.

O segundo motivo para a popularidade do reconhecimento de firma é a complexidade, morosidade e tolerância do judiciário e o caráter executivo da atividade notarial. Se fosse necessário um processo de conhecimento para provar uma assinatura, estaria comprometida a celeridade que necessitam certos negócios.

Também o excesso de cópias autenticadas se explica pela lei processual, pois, quando se tratar de falsidade de documento, incumbe o ônus da prova a quem o argui[21]. Logo, também neste caso, as pessoas preferem pré-constituir a prova.

É facultado ao advogado declarar (**e não autenticar**), sob responsabilidade pessoal, a autenticidade exclusivamente de cópias de documentos no processo judicial, do qual é patrono, desde que não seja impugnada a autenticidade; igualmente podem declarar a autenticidade de reproduções digitalizadas; neste caso, os originais deverão ser preservados pelo seu detentor até o final do prazo para propositura de ação rescisória.

Em decisão proferida no Proc. n. 1048601-89.2015.8.26.0100, a 1ª Vara de Registros Públicos destacou:

> "'Art. 365. Fazem a mesma prova que os originais:
> (...)
> IV – as cópias reprográficas de peças do próprio processo judicial declaradas autênticas pelo próprio advogado sob sua responsabilidade pessoal, se não lhes for impugnada a autenticidade.'

Sendo o artigo uma facilidade promovida pela lei para a validação de provas **dentro do processo judicial**, esta regra legal deve ser interpretada de forma restritiva, ou seja, não pode ser válida para valorar documentos apresentados extrajudicialmente, como as cartas de adjudicação e formais de partilha, de forma que a validade destes documentos deve seguir o disposto pelas Normas de Serviço dos Ofícios de Justiça.

Entendemos que os advogados têm competência unicamente para declarar que as cópias de peças processuais nos quais são patronos são autênticas. Ou seja, podem declarar, sob responsabilidade profissional, que as cópias de documentos juntados exclusivamente no processo – no qual é patrono – são autênticas.

14.2.1 Caracteres da assinatura

A assinatura pode ser aposta por diversas formas:
- **próprio punho**, é feita manuscritamente pela própria pessoa;
- **por representação** feita pelo mandatário ou outro representante que assina pelo autor;
- **a rogo**, feita por interposta pessoa que assina a pedido de quem não pode ou não sabe assinar;

---

21. CPC/2015, art. 429, inciso I.

- **mecânica**, feita mediante chancela mecânica (selo de metal, fac-símile da assinatura);
- **eletrônica**, mediante assinatura digital[22] (chave privada) oriunda de um processo criptográfico constante de um certificado digital armazenado em um arquivo (certificado A1[23], por exemplo), *token* criptográfico[24], *smartcard* criptográfico[25] ou servidores HSM (módulo de segurança de hardware que armazena o certificado digital na nuvem).

A assinatura tem características reconhecidas por todas as civilizações que adotam a escrita:

- **é identificadora**, ou seja, reconhece o autor do documento de forma eficaz;
- **é vinculativa**, isto é, conecta o teor do documento ao signatário, que é o autor da declaração;
- **é probante**, pois permite identificar e constitui prova de que o autor da firma é quem firmou o documento.
- Quanto à autoria, a assinatura tem os seguintes caracteres:
- **intrínseca**: baseia-se na manifestação de vontade de assumir o teor de um documento (*animus signandi*) e a consequente vontade de contratar ou declarar. A firma manuscrita expressa a autoria do documento e sua aceitação;
- **extrínseca**: é a forma utilizada para firmar o padrão gráfico da assinatura. A firma reproduz uma espécie de marca característica e pessoal, pois deve ser aposta de próprio punho pelo signatário[26].

14.2.2 Modalidades de reconhecimento de firma

O reconhecimento de firma pode ser feito por autenticidade, por semelhança ou por abono.

14.2.2.1 Reconhecimento por autenticidade

O tabelião declara que a assinatura constante em um documento em papel é autêntica por meio da identificação do signatário e coleta sua assinatura no termo de comparecimento em papel. O tabelião, neste caso, dá certeza da autoria e de que a assinatura é autêntica.

---

22. No Brasil, a infraestrutura de chaves é regulamentada pela Medida Provisória 2.200-2. Esta MP determina que qualquer documento eletrônico assinado com certificado emitido pela ICP-Brasil, ou por outra forma (neste caso, desde que as partes concordem), tem plena validade legal.
23. É um certificado inseguro do ponto de vista da possibilidade de sua replicação em cópias.
24. *Token* criptográfico é um dispositivo eletrônico que gera e armazena as chaves criptográficas (pública e privada) que compõem o certificado digital. Para ser utilizado, requer entrada USB.
25. Smart Card é um cartão criptográfico que gera e armazena as chaves criptográficas (pública e privada) que compõem o certificado digital. Para ser utilizado, requer leitora específica. O *token* criptográfico e o *smartcard* foram construídos com um princípio básico em suas arquiteturas: a chave privativa dos respectivos certificados nunca pode ser extraída deles.
26. O efeito jurídico da forma manuscrita pode ser substituído pela eletrônica (certificado digital, por exemplo).

14.2.2.2 Reconhecimento por autenticidade por videoconferência

O tabelião declara que a assinatura constante em um documento em papel é autêntica por meio da identificação do signatário por meio de videoconferência e coleta a sua assinatura digital no termo de comparecimento digital. O tabelião, neste caso, também dá certeza da autoria e de que a assinatura é autêntica.

Pelo Código de Processo Civil de 1973 (revogado), o reconhecimento por autenticidade ocorria quando o tabelião reconhecia a firma do signatário, declarando que fora aposta em sua presença (art. 369).

O Código de Processo Civil de 2015 altera o procedimento informando que o reconhecimento autêntico é aquele em que o tabelião reconhece a firma do signatário (art. 411, I).

Em outras palavras, o que o novo Código de Processo Civil informa é que o tabelião é responsável por aferir a veracidade da assinatura, sem que seja necessário ou indispensável exigir a presença do signatário[27]. Ele poderá exigir, é sua faculdade no âmbito de sua autonomia e competência. Se não exigir a presença, declarará autêntica a firma, sob sua responsabilidade.

Não há equivalência entre este ato e o reconhecimento por semelhança, que veremos a seguir. Pelo reconhecimento autêntico, o tabelião dá a certeza plena de autoria do documento. No reconhecimento por semelhança, há apenas a certeza da semelhança, não da autoria.

Em decorrência da nova sistemática, a exigência de livro de firma autêntica, existente em alguns Estados, deve ser revista.

14.2.2.3 Reconhecimento por semelhança

O tabelião declara que a assinatura constante em um documento é semelhante a outra presente em uma ficha de assinaturas previamente depositada no tabelionato pela parte signatária. O tabelião, neste caso, não dá certeza da autoria, mas somente da semelhança da assinatura. É o reconhecimento de firma mais popular no Brasil, pois apresenta elevada confiabilidade ao mesmo tempo em que oferece conforto para as partes signatárias, que não necessitam comparecer perante o tabelião (apenas o documento é apresentado, por portador)[28].

---

27. As normas de serviço das Corregedorias ainda exigem a presença do usuário e a assinatura dele no termo de comparecimento, por exemplo, no Estado de São Paulo.
28. No Estado de São Paulo, o reconhecimento de firma por autenticidade tem um valor fixo. Já no reconhecimento por semelhança, temos a subdivisão: a) em documentos com valor econômico; e b) em documentos sem valor econômico (item 4, Tabela I, Lei Estadual n. 11.331/2002). Cada um com valor próprio. Os documentos apresentados para o reconhecimento de firma por semelhança podem conter um enlaçamento de deveres e/ou direitos na relação consubstanciada na cártula documental. Segundo o juízo da 2ª Vara de Registros Públicos de São Paulo, no pedido de providências (Proc. n. 0003592-24.2015.8.26.0100): "A situação jurídica poderá ser existencial ou não patrimonial caso o interesse extraído de sua interpretação seja de cunho não econômico; ou ainda situação jurídica patrimonial na hipótese do interesse ser passível de avaliação econômica. Também correlato a isso são os negócios jurídicos patrimoniais ou extrapatrimoniais em conformidade à possibilidade de uma representação econômica ou não acerca da vontade voltada à produção de efeitos jurídicos. Nessa quadra, para a cobrança dos

14.2.2.4 Reconhecimento de assinatura digital remotamente

O tabelião declara que a assinatura digital constante em um documento digitalizado ou nato-digital advém do certificado digital do titular por ele expedido e que o mesmo não estava revogado ou invalidado desde o momento da sua assinatura.

14.2.2.5 Reconhecimento de assinatura digital por videoconferência

O tabelião declara que o documento digitalizado ou nato-digital foi assinado pelo titular do certificado digital por meio da identificação do titular por videoconferência e a coleta da assinatura digital no termo de comparecimento digital e que o mesmo não estava revogado ou invalidado desde o momento da sua assinatura.

14.2.2.6 Reconhecimento por abono

Ato em vias de extinção, por oferecer pouca segurança. O reconhecimento da assinatura é feito pela cognição e fé de um terceiro, alheio ao tabelião, que declara, sob responsabilidade civil e penal, a autoria de certa e determinada assinatura em um documento. Admite-se, ainda, excepcionalmente, para pessoas presas. O diretor da casa prisional funciona como abonador das assinaturas daqueles sob sua custódia. Neste caso, além de responder civil e penalmente, responde administrativamente.

14.2.3 Técnica do reconhecimento de firma, letra ou sinal

O ato de reconhecimento de firma inicia-se pela identificação da parte, natural ou jurídica, e pela abertura do cartão de firmas ou ficha-padrão.

A identificação das partes integra o fazer notarial e é um dever legal (art. 215, § 1º, II), bem como o reconhecimento da capacidade civil (e intelectual) das pessoas envolvidas no ato notarial, em consonância com o art. 85, da Lei n. 13.146/2015.

Identificar é estabelecer a identidade (ou individualidade) de um fato, pessoa ou coisa, diferenciando-as dos demais para que não se confundam com os da mesma espécie ou seus semelhantes.

Em matéria notarial, é o início, é a mola propulsora para realização de qualquer ato, exceto para autenticação de cópias.

A identificação relaciona-se com o princípio da imediação notarial, pelo qual há o contato direto – presencial ou a distância - do tabelião de notas com as partes. A captação da vontade das partes, a elaboração, a crítica e a reedição contínua da minuta para leitura,

---

emolumentos com ou sem valor econômico para fins de reconhecimento de firma deve ser considerado o conteúdo do instrumento no qual consta a assinatura. Se houver conteúdo patrimonial, será considerado com valor econômico; sem tal atributo, será sem valor econômico. Portanto, o diferencial não é a transferência de riqueza, a exemplo do que ocorre no âmbito dos contratos, mas sim a possibilidade de apreciação econômica do conteúdo da declaração".

assim como a presença pessoal ou virtual das partes perante o tabelião, exemplificam a ocorrência da imediação[29].

O modo seguro para identificar uma pessoa natural é o documento de identificação original. Sem a pretensão de esgotar o tema, trazemos alguns documentos que também constituem identidade:[30]

Brasil

- Carteira Nacional de Identidade[31];
- Carteira de identidade emitida pelas unidades da Federação[32];
- Carteira de identidade emitida pelos órgãos fiscalizadores de exercício profissional (OAB, CRM, CRO, CRC etc.)[33];
- Carteira Nacional de Habilitação (CNH)[34], válida ou vencida[35];
- Registro Nacional Migratório (RNM), válido e vigente[36];
- Passaporte nacional, válido e vigente;
- Passaporte estrangeiro[37], válido e vigente, com visto de permanência não expirado;
- Carteira de Trabalho e Previdência Social, modelo atual, informatizada[38];
- Salvo-conduto, o *laissez-passer*, desde que, conjuntamente, seja apresentado pelo estrangeiro um documento pessoal que permita a sua segura identificação[39];

---

29. FERREIRA, Paulo Roberto Gaiger; RODRIGUES, Felipe Leonardo. *Ata notarial*: doutrina, prática e meio de prova. São Paulo: Quartier Latin, 2010.
30. Sem indícios de adulteração ou sinais indicativos de fraude. No Estado de São Paulo, é vedada a abertura do cartão de firmas com documentos de identidade que contenham aspecto que não gere segurança, p. ex., documentos replastificados. Citamos, ainda, documentos com foto em desacordo com a aparência real da parte; documentos abertos, de modo que a foto encontra-se de forma irregular, dentre outros. Caso a fotografia gere dúvidas sobre a identidade do portador do documento, o tabelião pode solicitar outro documento de identidade para sanar tal circunstância, ou negar a execução do ato.
31. Decreto nº 10.977/2022, a nova carteira de identidade adotará o número de inscrição no Cadastro de Pessoas Físicas (CPF) como registro geral, único e válido para todo o país. Haverá validações biográficas e biométricas antes da emissão da carteira. Este Decreto foi alterado pelo Decreto nº 11.797/2023.
32. As Carteiras de Identidade expedidas de acordo com os padrões anteriores aos estabelecidos no Decreto n. 10.977/22 permanecerão válidas pelo prazo de dez anos, contado da data de entrada em vigor deste Decreto (art. 25). Na hipótese prevista acima, a Carteira de Identidade de pessoa com idade a partir de sessenta anos na data de entrada em vigor deste Decreto terá validade indeterminada (parágrafo único, art. 25).
33. Lei federal n. 6.206/75.
34. Lei federal n. 9.503/97.
35. Ofício Circular n. 2/2017/CONTRAN.
36. Lei federal n. 13.445/2017 (arts. 117 e 119) instituiu a Lei de Migração (*vide* Decreto regulamentador n. 9.199/2017), revogando a Lei federal n. 6.815/80, inclusive o Decreto regulamentador n. 86.715/81, que denominava o documento de identidade de estrangeiro Registro Nacional de Estrangeiros (RNE). Com a nova lei passou a ser denominado Registro Nacional Migratório (RNM). Enquanto não expedido o RNM, o protocolo do Departamento de Polícia Federal substitui o documento pelo prazo de cento e oitenta dias, prorrogável pela Polícia Federal (Decreto n. 9.199/2017, art. 63, § 1º). Em caso de renovação do documento de identidade, o estrangeiro poderá apresentar a cópia do documento antigo e o protocolo de renovação expedido pelo Departamento de Polícia Federal. Os estrangeiros que tenham completado sessenta anos de idade, até a data do vencimento do documento de identidade, ou deficientes físicos, ficam dispensados da renovação (Decreto n. 9.199/2017, art. 74, parágrafo único).
37. Lei federal n. 13.445/2017, Decreto regulamentador n. 9.199/2017, art. 4º, § 2º, I, e art. 65.
38. Decreto-lei n. 5.452/43, art. 40 c/c art. 14 do Decreto n. 89.250/83.
39. No Estado de São Paulo é aceito. Processo CG n. 2008/84896.

- Autorização de retorno, carteira de identidade de marítimo, carteira de matrícula consular; certificado de membro de tripulação de transporte aéreo[40];
- Documento de identidade civil ou documento estrangeiro equivalente, quando admitidos em tratado[41];
- Carteira de Identidade das Forças Armadas (Aeronáutica, Exército ou Marinha)[42];
- Cédula de identidade portuguesa[43].

A Lei 14.534/23 alterou a Lei 7.116/83, para determinar que o órgão emissor deverá, na emissão de novos documentos, utilizar o número de inscrição no CPF como número de registro geral da Carteira de Identidade. Assim, os RGs passam a ter o número do CPF como registro geral. Se a parte apresentar o RG com o número de CPF e na matrícula do imóvel estiver o número do antigo RG, o tabelião deve informar no ato notarial que fulano é portador da carteira de identidade sob o registro geral – CPF nº xxx, expedido pelo órgão emissor XX, e anteriormente era portador da carteira de identidade sob o nº YYY, expedido pelo órgão emissor XX[44].

Os documentos de identificação pessoal irão para o meio digital. A carteira de identidade (modelo nacional) e a carteira nacional de habilitação, expedida pelo Detran já são comuns e devem ser aceitos pelo notário. Há que atentar, porém, para falsidades, fazendo sempre o cotejo com as bases de dados informatizadas dos órgãos emissores.

O futuro da identificação também passa pelos dados biométricos, já presentes na carteira de identidade (modelo nacional), as CNHs, na base do Denatran e inúmeros órgãos públicos ou privados, como os tabelionatos de notas. O provimento 100/2020, do CNJ, integrado ao Código de Normas Nacional, já admite o seu uso nos atos notariais.

Se a parte possui documento de identidade digital, o tabelião faz a validação pelos meios próprios (aplicativos ou sites do órgão do emissor). Se a parte não possuir, ela remete a digitalização do documento em papel ao tabelião e ele faz a confrontação deste com os documentos arquivados nos tabelionatos ou em consulta ao CCN.

O art. 215 contém permissão hoje em desuso. Se algum dos comparecentes não for conhecido do tabelião, nem puder identificar-se por documento, devem participar do ato pelo menos duas testemunhas que o conheçam e atestem sua identidade[45]. Esta permissão expõe o ato à insegurança[46], de modo que não é mais utilizada pelo notariado.

O Provimento n. 09/2015 da Corregedoria-Geral de São Paulo incluiu, como documento de identificação e aceitação para os atos notariais, os seguintes documentos, expedidos pelos respectivos órgãos públicos:

- Carteira de identificação funcional dos Magistrados;

---

40. Lei federal n. 13.445/17, art. 5º, inciso III, V, VI e VIII.
41. Lei federal n. 13.445/17, art. 5º, inciso VII.
42. Decreto federal n. 8.518/2015.
43. Lei n. 7.116/83, Decretos ns. 10.977/2022 e 70.391/72 e Decreto n. 70.436/72.
44. Desde que o tabelião possa certificar essa situação com a apresentação do documento anterior.
45. Art. 215, § 5º, do Código Civil. Tal forma de identificação deve ser utilizada em casos especialíssimos, a juízo exclusivo do tabelião.
46. Bastariam três malfeitores para fazer um ato autêntico.

- Carteira de identificação funcional dos membros do Ministério Público;
- Carteira de identificação funcional dos membros da Defensoria Pública.
- **Argentina**[47]
- Cédula de identidade expedida pela Polícia Federal, válida e vigente;
- Passaporte, válido e vigente, com visto de permanência não expirado;
- Documento nacional de identidade, válido e vigente;
- Libreta de enrolamiento, válida e vigente;
- Libreta cívica, válida e vigente.
- **Paraguai**[48], **Uruguai**[49], **Bolívia**[50], **Chile**[51], **Colômbia**[52], **Equador**[53] e **Peru**[54]
- Cédula de identidade, válida e vigente;
- Passaporte, válido e vigente, com visto de permanência não expirado.

Da Colômbia, pode ser aceita ainda a cédula de extranjería, válida e vigente; do Equador, a cédula de ciudadanía, válida e vigente; e do Peru, o carné de extranjería, válido e vigente.

Sugere-se a máxima cautela na aceitação de documentos dos países do Mercosul, buscando conhecer os itens de segurança que permeiam cada documento no país de origem[55].

As carteiras funcionais não constituem documentos de identidade, tendo por finalidade tão somente identificar seus titulares no exercício de suas funções (por exemplo, as de assessor parlamentar, fiscal de tributos, operador de tráfego, polícias civil e militar, exceto se houver lei local autorizativa). O "carteiraço" dado por autoridades não deve intimidar o notário. Também a carteira de identidade expedida pelo DOPS (tipo livreto) é inválida, por não conter os requisitos de validade fixados na Lei n. 7.116/83.

Nos casos em que o nome divergir entre o documento e o nome escrito no cartão de firmas, a parte deve apresentar a certidão de casamento, com a prova da alteração do nome. Esta certidão não necessita ser atualizada, exceto se houver indício de fraude.

Para identificar a pessoa jurídica, o documento hábil é o estatuto ou o contrato social[56] (ato constitutivo) e sua consolidação, se houver, ou eventuais alterações (arts.

---

47. Decreto federal n. 3.435/2000 e Acordo MERCOSUL/RMI n. 01/2008.
48. Decreto federal n. 49.100/60 e Acordo MERCOSUL/RMI n. 01/2008.
49. Acordo de "*Modus Vivendi*" sobre Trânsito de Turistas, Troca de notas de Montevidéu, em 2 de abril de 1982 e Acordo MERCOSUL/RMI n. 01/2008.
50. Decreto federal n. 5.541/2005 e Acordo MERCOSUL/RMI n. 01/2008.
51. Decreto federal n. 31.536/52 e Acordo MERCOSUL/RMI n. 01/2008.
52. Acordo MERCOSUL/RMI n. 01/2008.
53. Acordo MERCOSUL/RMI n. 01/2008.
54. Decreto federal n. 5.537/2005 e Acordo MERCOSUL/RMI n. 01/2008.
55. A Corregedoria-Geral de São Paulo fez consulta aos Consulados e estes informaram os modelos (Processo n. 2014/168235), disponível em https://www.26notas.com.br/blog/wp-content/uploads/2017/09/Processo-CG-JSP-168355.pdf.
56. A não adaptação do disposto no art. 2.031 do Código Civil não obsta a realização de atos notariais. O Código Civil não prevê sanção nesse sentido, porém o tabelião deve aconselhar as partes a procederem ao previsto no Código Civil (Enunciado 394 do STJ, 4ª Jornada de Direito Civil: Ainda que não promovida a adequação do contrato social

45, 985 e 1.150, Código Civil) e a indicação da inscrição no CNPJ/MF (Decreto n. 3.000/99, art. 146). Estes atos devem ser recentes, mas se a parte informar não ter havido alteração, podem ser aceitos documentos antigos, exceto se houver indício de fraude (em São Paulo, como dissemos, o prazo não pode ser superior a um ano).

O tabelião, quando suspeitar dos documentos apresentados, pode acessar ele próprio os registros da Junta Comercial dos respectivos Estados (sociedades empresárias e empresários)[57], ou solicitar certidão expedida pelo Registro Civil das Pessoas Jurídicas (sociedades simples, firma individual, associações e fundações) para sanar a dúvida na identificação.

O tabelião deve proceder com cautela ao reconhecer firma em documentos sem data, incompletos ou que contenham, no contexto, espaços em branco[58]. Em São Paulo, é vedado proceder ao reconhecimento em documento nestas condições.

Essa interpretação deve ser moderada e razoável diante de impressos ou formulários-padrão cujo preenchimento é feito *a posteriori* pelo próprio órgão destinatário do documento.

Com relação ao reconhecimento de firma em documento com data futura, em São Paulo, dois expedientes da corregedoria, um da permanente[59] e outro da geral[60], não vislumbraram irregularidade nos atos. O ato de reconhecimento da assinatura produz efeitos tão somente em relação ao aspecto extrínseco do documento, contendo, quanto ao aspecto intrínseco, uma avaliação superficial (moral, bons costumes e lei), do ato jurídico contido no documento. A data do reconhecimento faz prova plena, enquanto a data do documento responde ao interesse das partes.

O tabelião, ou escrevente autorizado, pode reconhecer a firma de apenas uma das partes se o documento contiver todos os elementos do ato, não obstante faltem outras assinaturas.

O reconhecimento de firmas de juízes de direito, quando autenticadas pelo escrivão de justiça, somente é necessário nas hipóteses previstas em lei, ou se houver dúvida em relação à sua autenticidade.

É possível o reconhecimento de firma em escrito redigido em língua estrangeira. Nesse caso, além das cautelas normais, o tabelião pode mencionar, no próprio termo de reconhecimento ou junto a ele, que o documento, para produzir efeito no Brasil e para valer em face de terceiros, deve ser vertido em vernáculo e registrada a tradução.

---

no prazo previsto no art. 2.031 do Código Civil, as sociedades não perdem a personalidade jurídica adquirida antes de seu advento). A aceitação do ato constitutivo nessas condições é de exclusivo critério do tabelião diante do caso concreto.

57. Em São Paulo, a JUCESP possibilita a busca eletrônica da certidão em www.jucesponline.sp.gov.br.
58. Art. 654 da Consolidação Normativa Notarial e Registral do Rio Grande do Sul: O Tabelião pode recusar-se a efetuar o reconhecimento de letra ou firma em papel em branco ou parcialmente preenchido, ou, se o fizer a pedido da parte, descreverá o verificado, indicando os espaços não preenchidos.
59. Processo n. 583.00.2007.222090-4, da 2ª Vara de Registros Públicos, do magistrado Márcio Martins Bonilha Filho.
60. Processo n. 2015/41659 (191/2015-E), Corregedoria-Geral da Justiça, Gustavo Henrique Bretas Marzagão, então Juiz Assessor da Corregedoria.

Não se deve reconhecer a assinatura de pessoas que não saibam ler nem escrever. Se o signatário for analfabeto, outra pessoa deve assinar por ele, a rogo (a exceção é o contrato de prestação de serviços - art. 595, Código Civil), ou por meio de instrumento público de procuração. Podem assinar a rogo as pessoas convidadas pelo analfabeto, aquela pessoa em quem confia. O tabelião, a seu talante, pode recusar, se entender que há potencial prejuízo para a segurança jurídica do impossibilitado de assinar.

Algumas normas administrativas exigem para os atos protocolares (escrituras, procurações, testamentos) a coleta de impressão digital daqueles que não saibam ler nem escrever (p. ex.: analfabetos) ou que não possam assinar, temporariamente (p. ex.: mãos imobilizadas) ou por impossibilidade física (p. ex.: ausência de mãos ou pés, de digitais – síndrome de Nagali, ou que não saibam assinar com a boca ou pés). A medida é de cautela, mas não prevista em lei (art. 215, § 2º, CC). Não sendo possível a coleta da impressão digital, basta o notário certificar a situação, fazendo circunstanciada menção no ato notarial e qualificar a pessoa que assinará a seu rogo.

A critério do tabelião, é recomendável o reconhecimento autêntico de firma nos contratos ou documentos de natureza econômica de valor apreciável, bem como nas autorizações de viagens de menores. Na transferência de veículos automotores de qualquer valor, o órgão de trânsito exige que o reconhecimento seja autêntico.

14.2.4 Cartão de firmas ou ficha-padrão

Cartão de firmas é a cártula na qual a parte estampa o seu padrão gráfico de assinatura e que, depositado no tabelionato, serve de modelo para futuras confrontações[61] e reconhecimento da firma.

É obrigatória a utilização de cartão de assinatura para reconhecimento de firma e outros atos notariais como escrituras, procurações, atas, testamentos etc. Somente os atos de autenticação de cópias, carta de sentença e apostilamento prescindem do cartão de firmas.

A abertura do cartão de assinatura é ato singelo, mas é o momento em que o notário deve ter imensa prudência para não errar. A partir do depósito do cartão de firmas, a parte pode realizar inúmeros atos de reconhecimento (por semelhança) de sua assinatura, sem necessitar novamente ser identificada e qualificada. O preenchimento do cartão de firmas deve ser feito na presença do tabelião ou de preposto autorizado[62].

---

61. Em São Paulo, a ficha-padrão destinada ao reconhecimento de firmas conterá os seguintes elementos: a) nome do depositante, endereço, profissão, nacionalidade, estado civil, filiação e data do nascimento; b) indicação do número de inscrição no CPF, quando for o caso, e do registro de identidade, ou documento equivalente, com o respectivo número, data de emissão e repartição expedidora; c) data do depósito da firma; d) assinatura do depositante, aposta 2 (duas) vezes; e) rubrica e identificação do Tabelião de Notas ou escrevente que verificou a regularidade do preenchimento; e f) no caso de depositante cego ou portador de visão subnormal, e do semialfabetizado, o Tabelião de Notas preencherá a ficha e consignará esta circunstância.
62. É imprescindível, para a qualificação profissional, cursos e atualizações sobre grafotecnia e documentoscopia. Além disso, há instrumentos necessários à atividade, como lupas e luzes.

Apresentando o documento de identificação original, a parte preenche[63], de próprio punho, o cartão com as informações pessoais de sua qualificação. O tabelião deve fotocopiar a cédula de identidade e conferir o número do CPF junto ao Ministério da Fazenda. Esta é a sucinta qualificação do cartão de firmas.

Assunto controverso é a possibilidade de expedir certidão do cartão de assinatura e do documento de identidade que deu origem ao cartão. Entendemos que somente para as partes, seus mandatários ou por ordem judicial é possível expedir tal certidão. O notário tem o dever de proteger a intimidade e a privacidade dos usuários, seus dados de identificação que foram depositados junto ao tabelião para atendimento de seus interesses privados e particulares. Este entendimento nos parece mais consentâneo com a proteção prevista e exigida pela nova LGPD, resguardando os usuários dos serviços notariais de acessos indevidos aos seus dados.

Isso foi pacificado com o Prov. CNJ n. 134/2022, integrado ao Código Nacional de Normas (art. 106): a emissão e o fornecimento de certidão de ficha de firma e dos documentos depositados por ocasião de sua abertura somente poderão ser realizados a pedido do titular referido nos documentos, seus representantes legais e mandatários com poderes especiais ou mediante decisão judicial.

O tabelião deve ter especial cautela quando a parte apresenta documentos replastificados ou com a fotografia em desacordo com a aparência real da pessoa, ou ainda documentos abertos, de modo que a foto esteja deslocada ou de forma irregular, pois estas situações indicam fraudes[64]. O tabelião deve negar a abertura do cartão de assinatura[65] e pedir a regularização do documento de identificação. Pode causar algum desconforto ou constrangimento, mas é necessário.

O Decreto n. 10.977/22, que regulamenta a Lei n. 7.116/83 (Lei das Carteiras de Identidade), prevê que a carteira de identidade poderá ter a validade negada em razão de:

I - alteração dos dados nela contidos, quanto ao ponto específico;

II - existência de danos no meio físico que comprometam a verificação da sua autenticidade;

III - alteração de características físicas do titular que suscitem dúvidas fundadas sobre a sua identidade; ou

IV - mudança significativa no gesto gráfico da sua assinatura.

Parágrafo único. A validade da Carteira de Identidade não poderá ser negada com fundamento no disposto nos incisos III e IV quando o titular for pessoa enferma ou tiver idade a partir de sessenta anos.

Identificar uma pessoa em face de seu documento de identidade é verificar os caracteres extrínsecos do documento que, se não contiverem indícios de mácula, permitem a confrontação da foto com a aparência da pessoa presente. Igualmente, com a assinatura

---

63. Há tabeliães que fazem o preenchimento por meio de impressão, coletando apenas o padrão gráfico da assinatura; não é o mais recomendável, pois, numa eventual perícia, pode haver poucos elementos para a confrontação técnica.
64. No Estado de São Paulo, é vedado aceitar documentos replastificados, com foto muito antiga, dentre outros.
65. Nesse sentido: Corregedoria-Geral da Justiça do Estado de São Paulo, Proc. n. 2015/00112602.

que, se não condizer com a constante no documento, impossibilita a abertura da ficha[66]. O tabelião tem autonomia em todo este procedimento, mas a prudência recomenda severidade na qualificação e impiedade com os percalços burocráticos impostos à parte[67].

O preenchimento do cartão de firmas deve ser feito com caneta com tinta indelével, por costume[68] das cores preta ou azul, e de próprio punho. Caso a parte tenha alguma dificuldade motora, o tabelião pode preencher os demais campos informativos da qualificação, certificando tal circunstância no cartão.

Um dos piores crimes funcionais que um tabelião pode praticar é permitir a entrega do cartão de firmas para preenchimento fora de sua presença ou de preposto autorizado. Esta prática nefasta não oferece segurança alguma e desmoraliza a atividade.

Em São Paulo, no caso de pessoa cega ou com visão subnormal, ou semialfabetizada (que ao menos assina ou escreve o nome), o tabelião preencherá a ficha e consignará esta circunstância na ficha e no sistema informatizado.

No Rio Grande do Sul, o reconhecimento de firma em documentos firmados por pessoa cega, se capaz e alfabetizada, deve ser feito por autenticidade, observado o seguinte: a) o tabelião deve fazer a leitura do documento ao signatário, verificando as suas condições pessoais para compreensão de seu conteúdo; b) alertá-lo-á sobre as possíveis fraudes de que pode ser vítima ao assumir a autoria de um escrito; c) será anotada na ficha de autógrafo a circunstância de ser cego o autor.

Estes procedimentos destes Estados, ainda que pretendam proteger os cegos, constituem exigências claramente discriminatórias.

Os cartões de firmas não têm prazo de validade, ficando a critério do tabelião exigir a sua renovação.

É permitida a abertura de cartão de firmas para menor relativamente incapaz (entre 16 e 18 anos), desde que mencionada expressamente esta circunstância. No Estado de São Paulo, não é necessária a assistência dos pais[69-70].

A perícia nos cartões de firmas deve ser procedida somente no tabelionato e com autorização do Juiz Corregedor Permanente (Lei n. 8.935/94, art. 46, parágrafo único).

Para facilitar a busca dos cartões de firmas, é recomendável que o tabelião digitalize o acervo com o documento de identidade e faça a indexação. Isso aperfeiçoa e otimiza o atendimento ao público.

---

66. Recomendação dos peritos nos cursos de documentoscopia e grafotécnica, seguindo o regramento legal; contudo, no labor notarial, as partes geralmente lançam suas assinaturas usuais.
67. No Estado de São Paulo, o tabelião deve recusar a abertura da ficha quando o documento de identidade contiver caracteres morfológicos geradores de insegurança (documentos replastificados, documentos com foto muito antiga, dentre outros), item 180.2 das Normas de Serviço.
68. No Estado de São Paulo é obrigatório: Os atos deverão ser escriturados e assinados com tinta preta ou azul, indelével, com expressa identificação dos subscritores (item 25, Cap. XIII).
69. Processo CGJ-SP n. 1.573/98. Normas de Serviço, item 180.4. Os maiores de 16 anos podem abrir ficha-padrão, devendo o Tabelião de Notas consignar a incapacidade relativa do menor de 18 anos.
70. As Normas do Estado do Rio de Janeiro exigem a assistência dos pais e responsáveis em certos documentos: § 1º, art. 498. "Tratando-se de pessoa relativamente incapaz, o reconhecimento não será feito em documentos cuja validade exija a assistência dos pais e responsáveis".

Para agregar segurança na identificação das partes, é possível a utilização de recursos digitais que permitem a identificação do indivíduo por foto ou sistemas com sensores biométricos com base nas características de uma parte do corpo do signatário, como a palma da mão, as digitais do dedo, a retina ou a íris dos olhos. Além disso, fotografar a parte inibe a ação de falsários e de pessoas mal-intencionadas.

Nesse sentido, a Corregedoria-Geral da Justiça de São Paulo recomenda aos tabeliães que, para a prevenção de fraudes, ao colher a qualificação das partes para a lavratura de quaisquer atos notariais, façam delas uma fotografia, mediante câmeras fotográficas do tipo *webcam*, de modo a permitir eventual confrontação[71].

14.2.4.1 Outras cautelas

- **Boletim de ocorrência:** não substitui o documento de identificação, nem possibilita a abertura do cartão de firmas.
- **Protocolo da cédula de identidade (RG):** não substitui o documento de identificação para os efeitos legais.
- **Protocolo de cédula de identidade para estrangeiro (RNM):** o protocolo deve possuir a foto da pessoa e os dados de identificação[72]. Se o depositante portar o protocolo do RNM, sendo este validado no site da Polícia Federal, é possível a abertura da ficha de firma.
- **Portadores de necessidades especiais:** se o depositante utilizar os pés, a boca ou auxiliar-se de próteses para assinar a ficha-padrão, é perfeitamente possível a abertura de firma, já que tais movimentações do corpo provêm de um impulso elétrico cerebral, representando a manifestação de vontade da parte[73].

14.2.4.2 Efeitos do depósito da ficha-padrão

A parte confere ao tabelião o encargo de verificar a correspondência dos elementos gráficos entre a assinatura previamente depositada no tabelionato e aquela lançada no documento apresentado.

O trabalho notarial não se limita ao mero cotejo entre as assinaturas do cartão e do documento, mas, sim, envolve uma análise abrangente e técnica dos elementos informadores e gráficos do signatário.

Portanto, o tabelião e seus prepostos do setor de autenticações devem conhecer elementos técnicos de documentoscopia e grafotecnia. O ato de reconhecimento de

---

71. Comunicado CGJ-SP n. 272/2016, *DJe* de 26-2-2016.
72. Embora o art. 63, § 1º, do novo decreto regulamentador (n. 9.199/17) da lei de migração mencione que o portador do protocolo juntamente com um documento de identificação detém os direitos previstos na Lei n. 13.445/17, o tabelião deve ter prudência na aceitação do referido protocolo, pois não se trata de documento de identificação.
73. RODRIGUES, Felipe Leonardo; CAMPOS, José Fernando dos Santos. O reconhecimento de firma, letra, chancela e da autenticação de cópias. *Colégio Notarial do Brasil*. Disponível em: <http://www.notariado.org.br/artigos/flr02.htm>. Acesso em: 1º jun. 2012.

firma por semelhança não é uma perícia técnica, mas requer conhecimentos básicos que evitem fraudes grosseiras.

No reconhecimento da firma, se houver alguma divergência entre os padrões gráficos ou outra circunstância que motive a presença do signatário, o tabelião pode exigi-la.

Entendemos que a parte tem legitimidade para determinar a modalidade de reconhecimento (por autenticidade ou por semelhança) que os documentos com sua assinatura devem obter. As Normas do Estado do Rio de Janeiro preveem expressamente esta possibilidade[74]. Contudo, esse é um tema polêmico e envolve diferentes interpretações[75].

Uma das polêmicas envolve o reconhecimento de firma em autorização para a viagem de menores ao exterior. O Estatuto da Criança e do Adolescente exige a autorização (art. 84, inc. II) a vista dos princípios elencados naquela lei.

Segundo o Estatuto, é dever de todos prevenir a ocorrência de ameaça ou violação dos direitos da criança e do adolescente. As obrigações previstas na lei não excluem da prevenção especial outras decorrentes dos princípios por ela adotados, concluindo que a inobservância das normas de prevenção importa em responsabilidade da pessoa física ou jurídica (arts. 70 a 73).

Qualquer desídia nestes cuidados pode tipificar o crime de "promover ou auxiliar a efetivação de ato destinado ao envio de criança ou adolescente para o exterior com inobservância das formalidades legais ou com o fito de obter lucro", sujeito à pena de quatro anos a seis anos de reclusão e multa (art. 239).

É, portanto, imprescindível que o tabelião haja com o máximo zelo que sua profissão autoriza, de modo a evitar fraudes que permitam a subtração de menores para o exterior.

Mas não é somente a lei que impõe cautelas. Segundo Moisés Naim, prestigioso editor da revista *Foreign Policy* e autor do livro *Ilícito*, os fluxos de lavagem de dinheiro decorrentes do comércio de drogas, armas, pessoas e órgãos humanos já atingem a cifra estimada de 10% do PIB global! Fazem parte deste comércio "bebês para adoção, mulheres para prostituição e até mesmo corpos humanos, vivos ou mortos para a venda de órgãos"[76]. O Brasil é reiteradamente citado nesta obra como fornecedor de pessoas e órgãos. Como exemplo: "Rins humanos de doadores vivos, transportados do Brasil para a África do Sul".

O tabelião, neste ato de reconhecimento de firma autorizativa da viagem do menor deve zelar para que a proteção da criança e do adolescente seja a mais segura possível. Reconhecer tais autorizações por semelhança, por mero cotejo da assinatura, é algo ar-

---

74. Art. 498. O reconhecimento de firma é a declaração da autoria de assinatura em documento: (...) § 4º "O interessado poderá exigir, desde que por escrito, que sua assinatura somente seja reconhecida por autenticidade, assim como poderá solicitar o cancelamento da sua ficha de firma, caso em que o pedido será arquivado e anotado o cancelamento à sua margem.".
75. Em São Paulo, há decisões administrativas em sentido oposto. Em recente decisão da 2ª Vara de Registros Públicos de São Paulo, Processo 1097330-44.2018.8.26.0100, sinalizou-se pela possibilidade: (...) No mais, como também já explicitado, acaso os requerentes desejem, poderão solicitar, junto aos Delegatários, que somente se façam reconhecimentos de firmas em suas presenças, nos termos do item 188, do Capítulo XIV, das Normas de Serviço da Corregedoria Geral da Justiça (...).
76. Moisés Nahim, Ilícito, p. 8. Rio de Janeiro, Jorge Zahar Ed., 1. ed., 2006.

riscado e as consequências do ato podem ser irreparáveis. Portanto, o reconhecimento destas autorizações somente pode ser feito por autenticidade.

Segundo o Conselho Nacional de Justiça, porém, o reconhecimento por semelhança está autorizado.

Também é polêmica a possibilidade de a parte vedar o reconhecimento de sua firma, uma vez depositado o cartão de firmas perante o tabelião. Certamente, este bloqueio não poderia ser feito indistintamente; mas o tabelião pode intervir, se achar motivos relevantes para a possibilidade do bloqueio da ficha. Tal é o caso da pessoa que comunica ao tabelião, por escrito, que circula certo documento falso com a sua assinatura fraudada[77].

O depósito da ficha-padrão de assinatura não configura um ato notarial. É preparatório; o ato somente se configura quando for realizado o reconhecimento da firma.

14.2.4.3 Situações atípicas

Algumas situações atípicas que devem ser estudadas.

Segundo a Consolidação Normativa Notarial e Registral do Rio Grande do Sul, são possíveis outros atos de reconhecimento de firmas:

a) reconhecimento de firma digital em cópia física, que é a declaração, pelo tabelião de notas, de que o documento digital que deu origem à cópia física foi assinado pelo titular do certificado referido na assinatura digital e não foi alterado desde o momento da assinatura;

b) reconhecimento de firma digital em documento digital, que é a declaração, pelo tabelião de notas, de que o documento digital foi assinado pelo titular do certificado referido na assinatura digital e não foi alterado desde o momento da assinatura[78].

A Lei n. 5.589/70 autorizou utilização de chancela mecânica para autenticação de títulos ou certificados e cautelas de ações e debêntures das sociedades anônimas de capital aberto. A Lei n. 6.304/75 estendeu a autenticação mediante chancela mecânica às duplicatas. E a Lei n. 7.464/86 permitiu a autenticação mediante chancela mecânica aos documentos firmados pelas instituições financeiras.

A Circular n. 1.452/89 do Banco Central do Brasil[79] permite que as empresas com grande volume de documentos emitidos depositem a chancela mecânica em tabelião de notas, que tem o mesmo valor jurídico da assinatura do representante legal da empresa.

Os documentos necessários para o depósito da chancela são: a) requerimento ao tabelião solicitando o depósito da chancela mecânica (pessoa natural ou jurídica); b) escritura pública (que conterá a parte, a descrição pormenorizada da chancela, com especificação das características gerais e particulares do fundo artístico); c) CNPJ/MF, contrato social, suas alterações ou sua consolidação; d) cláusula de representação e

---

77. Idem.
78. Parece-nos que essa modalidade de reconhecimento pode ser feita por tabeliães de outros Estados, independentemente de autorização, por se tratar de ato típico notarial.
79. Disponível em: <http://www.bcb.gov.br>. Acesso em: 1º jun. 2012.

poderes; e) cédula de identidade e CPF/MF daquele que terá a sua assinatura na chancela; f) preenchimento da ficha-padrão destinada ao reconhecimento de firmas[80]; g) arquivamento do fac-símile da chancela no tabelionato[81]; h) declaração em folha timbrada da empresa contendo as estampas e dimensionamento do clichê[82]; i) descrição pormenorizada da chancela, com especificação das características gerais e particulares do fundo artístico[83].

A conferência da chancela aposta em documento é ato de reconhecimento de firma por semelhança[84].

14.2.5 Qualificação notarial dos documentos para reconhecimento de firma

O tabelião não deve limitar-se a reconhecer a assinatura dos documentos[85]. Deve também verificar **superficialmente** o conteúdo do documento. Não se trata de realizar uma profilaxia jurídica, mas tão somente analisar se o documento apresentado não ofende a lei, a moral e os bons costumes.

A verificação de espaços em branco, rasuras, entrelinhas ou acréscimos pode impor ao tabelião o dever de fazer tais ressalvas no ato de reconhecimento.

Há muitos documentos, como formulários bancários, que apresentam espaços em branco quando são apresentados a reconhecimento da firma. Algumas normas de serviços extrajudiciais vedam o reconhecimento nestes documentos, mas cremos que a prática notarial deve adequar-se à realidade negocial. Para nós, a requerimento escrito da parte, o tabelião pode reconhecer a assinatura. **Em concursos**, cuide o que preleciona a norma administrativa.

Se o documento contiver sinais de preenchimento abusivo, o tabelião deve negar o reconhecimento da firma (CPC/2015, art. 428, II).

É crucial constatar se a assinatura é original, de próprio punho. Hoje, com os meios tecnológicos existentes, uma assinatura pode ser copiada (escaneada) e impressa em processo de alta definição, levando o tabelião a erro.

Outra cautela que o tabelião deve impor são as canetas que apagam após a ficção da ponta emborrachada no papel escrito. Por isso, é indispensável estabelecer uma rotina preventiva para verificação de todas as assinaturas apresentadas ao reconhecimento de firma.

---

80. Normas de Serviço do Estado de São Paulo, item 192, a.
81. Normas de Serviço do Estado de São Paulo, item 192, b.
82. Normas de Serviço do Estado de São Paulo, item 192, c.
83. Normas de Serviço do Estado de São Paulo, item 192, d.
84. Normas de Serviço do Estado de São Paulo, item 192.1.
85. Nesse sentido: em pedido de providências no Processo n. 0065739-57-2013, o Juiz Corregedor da 2ª Vara de Registros Públicos entendeu que, para a realização de reconhecimento de firma por autenticidade de curador de incapaz para transferência de veículo, é necessário alvará judicial. Segundo ele, o reconhecimento de firma por autenticidade depende de prévia qualificação notarial, a qual, referentemente a venda de bem de incapazes, envolve apresentar alvará judicial autorizando a alienação, bem como o termo válido de tutela. Desse modo, consoante expressa determinação legal, não é possível o reconhecimento de firma por autenticidade sem a verificação da legitimação no campo do direito civil da pessoa que assinará o ato representando ou assistindo o incapaz. A questão extrapola a administração ordinária a cargo do curador.

Há documentos que contêm datação anterior ou posterior à data que é apresentada a reconhecimento. Como dito anteriormente, não cabe ao tabelião indagar sobre esse aspecto; o documento é das partes, refoge do âmbito notarial atinente ao reconhecimento de firma, mesmo que o intervalo seja expressivo. A data do reconhecimento da firma faz prova da existência do documento[86].

14.2.6 Casuística do reconhecimento de firmas

14.2.6.1 Reconhecimento de firma em documento assinado por pessoa semianalfabeta

É possível abrir a ficha-padrão para o reconhecimento de firma em documento assinado por pessoa semialfabetizada, com pouco discernimento, fazendo anotação de tal circunstância no verso da ficha. Para preservar o interesse da parte, é recomendável consignar no verso da ficha ou no sistema informático a menção "Reconhecer somente na presença do depositante" ou "Assessorar nos atos a serem reconhecidos", para manter a segurança jurídica e a eficiência do atendimento.

14.2.6.2 Reconhecimento de firma de dirigente em representação da empresa

No Brasil, o notariado não costuma dar fé da representação em reconhecimento de firma de pessoa jurídica. O reconhecimento é tão somente da pessoa física que assina o documento. Assim, não há certeza notarial da representação.

Não obstante, é possível o reconhecimento da firma que assegura que a assinatura lançada é de fulano que representa legalmente a empresa X. Neste caso, o tabelião arquivará o contrato social ou estatuto devidamente registrado, com as últimas alterações, se houver. O representante legal da empresa é responsável pela informação e entrega das eventuais alterações ou o tabelião pode exigir certidão atualizada para a realização de tal reconhecimento.

14.2.6.3 Reconhecimento de firma em título de crédito

É recomendável que o reconhecimento de firma em nota promissória ou em outros títulos de crédito, bem como em recibos de quitação, seja exclusivamente por autenticidade.

14.2.6.4 Reconhecimento de firma em documento de transferência de veículo

Neste tipo de documento, o reconhecimento por autenticidade é obrigatório (Resoluções CONTRAN ns. 664/86 e 310/09, no Estado de São Paulo também a Portaria

---

86. Tribunal de Justiça de São Paulo: "Ementa: Data – Impugnação – Prevalência daquela em que houve reconhecimento de firma pelo tabelião – CPC, art. 370, inciso V – Ação Improcedente – Cerceamento de defesa não caracterizado – Apelação Improvida (vistos, relatados e discutidos estes autos de apelação n. 7.091.956-5, da comarca de Auriflama)".

DETRAN n. 1.606/05). Para este tipo de reconhecimento é possível utilizar procuração pública ou particular com reconhecimento autêntico.

14.2.6.5 Reconhecimento de firma de pessoa já falecida

É possível o reconhecimento por semelhança de assinatura de pessoa já falecida (art. 5º, II e XXXVI, da Carta Magna e art. 6º da Lei de Introdução às Normas do Direito Brasileiro – Decreto-lei n. 4.657/42).

14.2.6.6 Reconhecimento de firma de pessoa menor

É possível o reconhecimento de firma com a representação dos pais. Em documentos que excedem a mera administração, o alvará judicial é de rigor.

14.2.6.7 Reconhecimento de firma de pessoa incapaz

É possível o reconhecimento de firma com a representação do curador ou apoiador. Em documentos que excedem a mera administração ou obrigacionais, o alvará judicial é de rigor.

15
Carta de Sentença Notarial

O Provimento n. 31/2013 da Corregedoria-Geral da Justiça de São Paulo inovou nosso direito, em especial a atuação notarial, ao permitir que as partes interessadas em expedição de cartas de sentença judiciais requeiram ao tabelião que as lavre.

É importantíssima essa nova visão e abertura do Poder Judiciário. Premido por tantas urgências, uma delas a demora na expedição das cartas, de sentença judiciais, a autoridade judiciária oferece às partes e a seus advogados uma alternativa de forma, a carta de sentença notarial.

Depois da inovadora solução do Tribunal Paulista, muitos outros Estados regulamentaram este instrumento notarial: Acre: Provimento nº 10/2016, Bahia: Provimento nº 03/2014, Ceará: Provimento nº 02/2015, Mato Grosso: Provimento nº 40/2016, Paraná: Provimento nº 249/2013, Rondônia: Provimento nº 14/2019, Roraima: Provimento nº 01/2017, Santa Catarina: Provimento n. 10/2014, dentre outros.

É importante fixarmos alguns conceitos e debatermos as dúvidas geradas no procedimento notarial. A seguir, nossa reflexão, em tópicos objetivos.

1) O quê

O tabelião, a pedido da parte forma...

Cartas de sentença das decisões judiciais, dentre as quais destaca o provimento:

- formais de partilha;
- cartas de adjudicação e de arrematação;
- mandados de registro, de averbação ou de retificação.

Tecnicamente, trata-se de uma **ata notarial** autenticando a carta de sentença judicial[1].

Caracteriza-se e nomina-se, pois, **Carta de Sentença Notarial** ou apenas **Carta Notarial de Sentença**.

Por que é ata notarial e não é certidão?

Segundo José Náufel, certidão é a "reprodução por escrito e autenticada, feita por escrivão, oficial do registro público ou outra pessoa que para isso tenha competência *ex lege*, de peças dos autos, livros, instrumentos, documentos e atos escritos congêneres, constantes de suas notas e em razão de seu ofício. É também o documento autêntico

---

1. Lei n. 8.935/94, arts. 6º e 7º, inciso III.

fornecido pelas pessoas acima mencionadas, de atos ou fatos de que tenha conhecimento e certeza em decorrência do ofício, por obrigação legal e de que dá fé"[2].

A certidão, portanto, decorre da reprodução com fé pública daquilo que o tabelião contém em seus livros ou em seu arquivo de documentos. Como a Carta Notarial de Sentença decorre de um procedimento judicial[3], a ação notarial é a de autenticação de um fato legal e certo, com o fim de executividade.

Essa linha foi seguida pela justiça paulista quando define a carta de sentença notarial como a atestação de que um dado conjunto de cópias foi extraído pelo próprio tabelião, de autos judiciais originais, e que assim se prestam ao cumprimento da decisão do juiz, ou se prestam à transmissão de direitos perante o registro de imóveis.

É importante que os instrumentos de executividade das ordens judiciais contenham designações precisas e corretas. Assim, os tabeliães devem denominar corretamente, conforme a tradição.

Alguns exemplos:
- **inventário e partilha** – formal de partilha;
- **inventário e adjudicação** – carta de adjudicação;
- **separação e divórcio (com partilha)** – formal de partilha;
- **separação e divórcio (sem partilha)** – carta de sentença;
- **adjudicação** – carta de adjudicação;
- **arrematação** – carta de arrematação;
- **usucapião** – carta de sentença;
- **registro** – mandado de registro;
- **averbação** – mandado de averbação;
- **retificação** – mandado de retificação, dentre outros.

2) **De onde**

Questão tormentosa é saber se podemos formar carta de sentença de processos de outros Tribunais ou ainda provenientes da Justiça do Trabalho ou da Justiça Federal. Cremos que, se a ordem judicial a ser cumprida se der no Estado de São Paulo, viável a formação da carta de sentença de processo de outro Tribunal, especialmente os cíveis.

Quanto aos processos dos Tribunais da Justiça do Trabalho e da Justiça Federal, entendemos, num primeiro momento, temerária a formação, pois, referidos órgãos não estão adstritos ao provimento paulista.

3) **Eficácia**

Outra questão a enfrentar é sobre a eficácia desta ata notarial em outros Estados da Federação. Nossa opinião é no sentido de que a carta notarial de sentença vale em qualquer parte do território nacional, pois se trata de uma ordem judicial, cuja obediência

---

2. *Novo Dicionário Jurídico Brasileiro*. 9. ed. Rio de Janeiro: Forense, 2000.
3. *DJe* de São Paulo, 23-10-2013, p. 10, Processo n. 2013/39867 – DICOGE 1.2.

é vinculativa a todos (pessoas físicas, jurídicas, órgãos administrativos etc.), ainda que a autorização para a formação do instrumento de executividade seja da órbita estadual.

Cumpre ressaltar que o tabelião de notas apenas forma a carta de sentença por meio da ata notarial. A carta de sentença intrinsecamente continua a ter natureza de título judicial.

O novo Código de Processo Civil não disciplina, nas minúcias, a forma de tais cartas de sentença. Portanto, a forma fixada pela autoridade judicial paulista deverá ser respeitada em outros Estados.

Por prudência, caberá ao tabelião alertar as partes sobre eventual negativa de acesso da Carta de Sentença Notarial. Para evitar a negativa de acesso a registros públicos, é importante que haja ampla divulgação nacional sobre o procedimento paulista.

4) **Como**

O advogado, as partes ou legítimo interessado[4] solicita a carga do processo judicial e apresenta ao tabelião de notas que:

a) Solicita ao advogado, às partes ou ao legítimo interessado um pedido expresso contendo a relação de documentos que entender indispensáveis à carta de sentença. Somente com o pedido expresso de uma dessas pessoas, o tabelião poderá extrair e autenticar cópia integral do processo.

b) Faz cópias autenticadas dos originais do processo em papel ou do processo eletrônico, neste caso faz-se a materialização[5].

Se houver fotocópia autenticada entre os documentos, **é possível** fazer novas cópias autenticadas destas (em exceção à técnica notarial tradicional, pois se trata de documentos incontroversos dentro dos autos).

c) Faz termo de abertura contendo a relação de documentos autuados.

Para simplificar, acelerar e economizar, o tabelião poderá referir-se à relação de documentos indicada na ordem judicial, apontando a sequência das peças integrativas na própria carta de sentença.

d) Faz o termo de encerramento informando o número de páginas da carta de sentença.

5) **Prazo**

A carta de sentença deverá ser formalizada no prazo máximo de 5 (cinco) dias, contados da solicitação do interessado e da entrega dos autos originais do processo judicial, ou do acesso ao processo judicial eletrônico.

6) **Vários volumes**

Quando o processo judicial contiver mais de um volume, para facilitar o manuseio, a Carta de Sentença Notarial poderá conter tantos volumes quantos forem necessários.

---

4. Um credor, um interessado no registro do título etc., por exemplo.
5. Não incide na materialização a restrição do item 171.1, ou seja, o instrumento de autenticação não precisa constar do anverso da cópia.

Ex.: um processo judicial com nove volumes poderá conter a formação de carta de sentença em quatro volumes, ou mais, se necessário.

7) A cobrança[6]

Em São Paulo, o serviço é cobrado por dois critérios, sempre conjuntamente: a) valor de tantas cópias autenticadas quantas forem as cópias feitas + b) uma certidão.

8) Justiça gratuita

A carta de sentença notarial, por ser facultativa, não contempla a possibilidade de gratuidade, ainda que deferida nos autos. Se a parte desejar a gratuidade, deverá requerer a carta de sentença judicial.

Os serviços notariais são exercidos em caráter privado e os notários têm direito aos integrais emolumentos (Leis n. 8.935/94 e 10.169/2000). A parte sem condições econômicas para obter o serviço notarial deve valer-se da via judicial, com o benefício da justiça gratuita.

No Estado de São Paulo, a decisão do E. Corregedor-Geral da Justiça, no Processo n. 2014/95686, fundada no Parecer n. 228/2014-E, publicado no *Diário Oficial* de 6-10-2014, obrigou os tabeliães à concessão da justiça gratuita na expedição de cartas de sentença notariais.

Mais tarde, em 2020, o entendimento da decisão do Processo n. 113.660/2019, fundado no Parecer n. 163/2020-E, de 24 de abril, foi diverso, permitindo a cobrança da carta de sentença, mesmo que a parte seja beneficiária da Justiça gratuita:

> "(...) A formação de tal título enseja custos, tanto assim que as Normas de Serviço, ao preverem a formação da carta de sentença notarial, estabelece o pagamento dos emolumentos correspondentes ao ato realizado (item 214.3, das NSCGJ), atendendo-se ao princípio da remuneração necessária dos serviços extrajudiciais.
>
> Ainda que se fale em situação distinta para os casos de gratuidade processual, estas não dizem respeito à formação de carta de sentença notarial, sujeita exclusivamente ao interesse da parte e ao pagamento de seu custo. Em sendo caso de carta de sentença em favor de parte beneficiária da gratuidade processual, haverá, necessariamente, a formação do título junto ao ofício judicial, sem que se transfiram tais custos, sem autorização legal, ao delegatário dos serviços extrajudiciais. (...)".

Assim, há dois pareceres que se contrapõem, sendo o favorável à cobrança mais recente.

Entendemos que os serviços notariais e registrais são exercidos em caráter privado por delegação do Poder Público. O sistema é regido por um sistema emolumentar próprio que se fundamenta em dispositivo constitucional, o art. 236:

> § 2º Lei federal estabelecerá normas gerais para fixação de emolumentos relativos aos atos praticados pelos serviços notariais e de registro.

A lei geral regulamentadora é a 10.169/2000. Nela, temos dois princípios que regem o direito do prestador do serviço e a atenção que a atividade deve ter com o aspecto social:

---

6. Depende do Estado.

- O valor fixado para os emolumentos deverá corresponder ao efetivo custo e à adequada e suficiente remuneração dos serviços prestados (art. 1º, parágrafo único).
– A Lei dos Estados e do Distrito Federal levará em conta a natureza pública e o caráter social dos serviços notariais e de registro, atendidas ainda as seguintes regras (...) (art. 2º).

Neste artigo 2º, fixador de critérios que devem ser seguidos pela lei emolumentar estadual, a lei federal outorga alguns critérios de redução, em atenção ao caráter social dos emolumentos (art. 2º, § 2º). A seguir, no art. 3º, veda-se algumas hipóteses de cobrança, também em atenção à modicidade de preços para o cidadão.

A única gratuidade prevista pela lei federal é para os atos do registro civil e a norma já prevê que haja uma compensação para os registradores civis (art. 8º).

Em resumo, a lei federal de emolumentos somente prevê gratuidade para os atos do registro civil, ressalvando que o legislador estadual poderá estabelecer uma compensação, e instituí ela própria alguns critérios de modicidade em atenção ao critério social. Ao fim, fixa prazo para edição das leis emolumentares estaduais.

Em São Paulo, a Lei 11.331/2000 regulamenta os emolumentos dos serviços notariais e registrais. Segundo ela, os valores dos emolumentos são fixados de acordo com o efetivo custo e a adequada e suficiente remuneração dos serviços prestados, levando-se em conta a natureza pública e o caráter social dos serviços notariais e de registro (art. 5º).

As hipóteses de isenção e gratuidade estão listadas nos arts. 8º a 10º.

Dispõe o art. 9º: São gratuitos:

I – os atos previstos em lei;

II – os atos praticados em cumprimento de mandados judiciais expedidos em favor da parte beneficiária da justiça gratuita, sempre que assim for expressamente determinado pelo Juízo.

Os emolumentos têm caráter tributário de taxa, como definiu o Pretório Excelso (ADI 3694, relator Min. SEPÚLVEDA PERTENCE). A lei paulista subdividiu a taxa em valores devidos a outros órgãos do Estado afetos à atividade notarial e registral, como ao Estado, à Fazenda Pública, ao Poder Judiciário, ao Ministério Público e à reparação dos atos de registro civil gratuitos previstos em lei (art. 19).

O tabelião e o registrador, portanto, estão subordinados e devem observar criteriosamente as hipóteses de gratuidade, vez que a leniência pode configurar prejuízo aos cofres públicos.

Com frequência, no processo judicial, os juízes determinam a cobrança das cópias para a expedição da carta de sentença, mesmo que a parte seja beneficiária da justiça gratuita.

Uma recente decisão do Conselho Nacional de Justiça, a propósito de gratuidade para os atos decorrentes da lei 11.441/2007, deve ser vista como um paradigma para a concessão da gratuidade.

Na Consulta nº 0004203-63.2022.2.00.0000, publicada no Diário da Justiça em 24.08.2023, o Conselho decidiu, por unanimidade, não conceder a gratuidade.

Da decisão, destacamos:

(...)3. Os emolumentos extrajudiciais possuem natureza jurídica de taxa (ADI 1624, Relator Min. Velloso, STF, Tribunal Pleno, DJ 13-06-2003) e, portanto, são espécies do gênero tributo, sujeitando-se, dessa forma, ao princípio da reserva legal.

4. A concessão de isenção deve ocorrer mediante lei oriunda do ente federado competente para a instituição do tributo, conforme o art. 236, §2º, da Constituição da República Federativa do Brasil (CRFB), bem como o art. 1º da Lei federal n. 10.169/2000 (...)[7]

Finalmente, no caso específico da carta de sentença notarial, parece não ser razoável que a parte, dispondo do meio judicial e gratuito para a expedição do documento, prefira impor ao agente delegado o custo da expedição. No foro judicial, a gratuidade é prevista. No âmbito extrajudicial, o princípio é o da adequada remuneração.

9) Documentos obrigatórios

As peças instrutórias das cartas de sentença deverão ser extraídas dos autos judiciais originais, ou do processo judicial eletrônico, conforme o caso.

A carta de sentença notarial deverá conter, no mínimo, as seguintes peças:

a) Em geral:

I – sentença ou decisão a ser cumprida;

II – certidão de transcurso de prazo sem interposição de recurso (trânsito em julgado), ou certidão de interposição de recurso recebido sem efeito suspensivo;

III – procurações outorgadas pelas partes;

IV – outras peças processuais que se mostrem indispensáveis ou úteis ao cumprimento da ordem, ou que tenham sido indicadas pelo interessado.

b) Inventário:

I – petição inicial;

II – decisões que tenham deferido o benefício da assistência judiciária gratuita;

III – certidão de óbito;

IV – plano de partilha;

V – termo de renúncia, se houver;

VI – escritura pública de cessão de direitos hereditários, se houver;

VII – auto de adjudicação, assinado pelas partes e pelo juiz, se houver;

VIII – manifestação da Fazenda do Estado de São Paulo, pela respectiva Procuradoria, acerca do recolhimento do Imposto sobre Transmissão de Bens Imóveis *Causa Mortis* e Doações (ITCMD), bem como sobre eventual doação de bens a terceiros, e sobre eventual recebimento de quinhões diferenciados entre os herdeiros, nos casos em que não tenha havido pagamento da diferença em dinheiro;

IX – manifestação do Município, pela respectiva Procuradoria, se o caso, acerca do recolhimento do Imposto sobre Transmissão de Bens Imóveis *Inter Vivos*, e sobre eventual pagamento em dinheiro da diferença entre os quinhões dos herdeiros, e sobre a incidência do tributo;

---

7. Disponível em: https://www.26notas.com.br/blog/?p=19515.

X – nos processos que tramitam sob o rito de arrolamento sumário (CPC, artigos 659 e 663) não é necessário manifestação da Fazenda Pública, bastando comprovação da intimação para o lançamento dos tributos incidentes;

XI – sentença homologatória da partilha;

XII – certidão de transcurso de prazo sem interposição de recurso (trânsito em julgado).

c) Separação ou divórcio:

I – petição inicial;

II – decisões que tenham deferido o benefício da assistência judiciária gratuita;

III – plano de partilha;

IV – manifestação da Fazenda do Estado de São Paulo, pela respectiva Procuradoria, acerca da incidência e do recolhimento do Imposto sobre Transmissão de Bens Imóveis *Causa Mortis* e Doações (ITCMD), bem como eventual doação de bens a terceiros, e sobre eventual recebimento de quinhões diferenciados entre os herdeiros, nos casos em que não tenha havido pagamento da diferença em dinheiro;

V – manifestação do Município, pela respectiva Procuradoria, se o caso, acerca da incidência e recolhimento do Imposto sobre a Transmissão de Bens Imóveis *Inter Vivos* sobre eventual pagamento em dinheiro da diferença entre os quinhões dos herdeiros e sobre a incidência do tributo;

VI – sentença homologatória;

VII – certidão de transcurso de prazo sem interposição de recurso (trânsito em julgado).

As cópias deverão ser autenticadas e autuadas, com termo de abertura e termo de encerramento, numeradas e rubricadas, de modo que assegure ao executor da ordem ou ao destinatário do título não ter havido acréscimo, subtração ou substituição de peças.

O termo de abertura deverá conter a relação dos documentos autuados, e o termo de encerramento informará o número de páginas da carta de sentença. Ambos serão considerados como uma única certidão para fins de cobrança de emolumentos.

O tabelião fará a autenticação de cada cópia extraída dos autos do processo judicial, atendidos os requisitos referentes à prática desse ato, incluídas a aposição de selo de autenticidade e cobrança dos emolumentos.

10) E quando a Fazenda não se manifesta?

Na vigência do Código de Processo Civil revogado, havíamos notado que muitos processos, apesar de terem a certidão do trânsito em julgado, não continham a manifestação da Fazenda estadual ou municipal sobre a incidência de tributo, do recolhimento ou não incidência.

Ao tabelião não é dado fiscalizar a atividade judicial, mas a qualificação notarial deste ato impõe a cautela de exigir o cumprimento das formalidades legais.

O Código de Processo Civil de 2015 informa que, pago o imposto de transmissão a título de morte e juntada aos autos certidão ou informação negativa de dívida para com a Fazenda Pública, o juiz julgará por sentença a partilha. A existência de dívida para com a Fazenda Pública não impedirá o julgamento da partilha, desde que o seu pagamento esteja devidamente garantido[8].

---

8. Art. 654 e parágrafo único.

No arrolamento (art. 659, § 2º), o Fisco será apenas intimado para o lançamento administrativo do imposto de transmissão, ou outros, eventualmente devidos[9].

As Normas do Serviço Judicial de São Paulo são claras ao obrigar a verificação da comprovação do pagamento dos impostos[10].

O CPC de 2015 é menos fiscalizador de tributos, deixando a cargo da Fazenda Pública buscar seu crédito tributário, não impedindo o julgamento da partilha e, *prima facie*, a expedição do formal de partilha ou da carta de adjudicação.

Nos casos de carta de arrematação, adjudicação, remição ou transmissões realizadas por termo judicial, o recolhimento do imposto é regido pelo ente estadual ou municipal.

Em alguns processos, a sentença determina que o imposto seja verificado por ocasião do registro imobiliário. Há casos em que a Fazenda é citada para se manifestar (em 5 dias) e simplesmente não se manifesta.

Como os notários são substitutos tributários perante a Fazenda Pública, é prudente exigir sempre a quitação dos tributos, ou despacho judicial prévio para a emissão da carta de sentença.

Quando não houver elementos para a formação da carta de sentença, o notário deve expedir nota explicativa com suas razões para negar o ato, ou fazer constar em nota interna os motivos que o levaram a negar a formação da carta. Com isso, se for necessário, será possível o resgate da informação com rapidez e precisão.

11) Forma – Papel ou meio eletrônico

É possível que a carta de sentença notarial seja feita em meio eletrônico, com assinatura digital, possibilitando ao jurisdicionado a sua multiplicação ilimitada sem qualquer despesa adicional.

Para a formação das cartas de sentença em meio eletrônico, deverá ser utilizado documento de formato multipáginas (um documento com múltiplas páginas), como forma de prevenir subtração, adição ou substituição de peças.

12) Qualificação notarial

É importante notar que a **qualificação notarial é mitigada**. O tabelião verificará tão somente os aspectos morfológicos dos documentos, atentando para alguma falsidade, supressão ou inserção documental. O tabelião não deverá verificar a correção dos atos praticados no juízo, mas se faltar algum rito processual que a lei determina (certidão do trânsito em julgado, falta de assinatura do juiz no auto de arrematação etc.), a formação da carta deve ser negada e indicar o saneamento junto ao juízo competente.

---

9. De certa forma, tal regra excepciona o art. 192 do Código Tributário Nacional ("nenhuma sentença de julgamento de partilha ou adjudicação será proferida sem prova da quitação de todos os tributos relativos aos bens do espólio, ou às suas rendas"), contudo, a Fazenda não ficará adstrita aos valores atribuídos aos bens no Inventário, conforme destacado no art. 662, § 2º.
10. Apesar de a redação normativa seguir a disposição do art. 1.031, § 2º, do CPC/73 (revogado), o art. 222 das Normas de Serviço da CGJ-SP dispõe que: "Transitada em julgado a sentença que julgou a partilha ou que homologou a partilha ou adjudicação e comprovado o pagamento dos impostos, salvo determinação judicial em contrário, os respectivos formais serão expedidos no prazo máximo de 10 (dez) dias e entregues às partes, acompanhados das peças necessárias" (alterado pelo Provimento CGJ-SP n. 17/2016).

Se houver alguma falsidade documental, o tabelião deverá obstar a lavratura da ata notarial e oficiar ao juiz responsável pelo feito para as providências devidas.

13) Aditamento à carta de sentença expedida no foro judicial ou por via notarial

Muitas cartas de sentença judicial não contêm as peças indispensáveis à sua eficácia, seja por despacho posterior do juízo ou por lapso na solicitação das peças.

Entendemos que é possível o aditamento de cartas de sentença e formais de partilha, pela via notarial, integrando novas peças ou informações (ex.: dados faltantes de qualificação subjetiva das partes, recolhimento de diferença de imposto recolhido incorretamente etc.).

Trata-se de realizar correções através de elementos objetivos que podem ser supridos pela autenticação e fé pública notarial, segundo os princípios processuais da economia e instrumentalidade das formas.

Nesse caso, temos duas situações. Se a falta decorrer do próprio tabelião, que não integrou na carta de sentença documento **requerido pelo advogado** e integrante do processo, a correção deve ser feita por **Ata de Aditamento de Carta de Sentença Judicial**, sem a cobrança de emolumentos, como expressamente previsto na Lei n. 10.169/2000, art. 3º, IV.

Se, porém, e como é mais frequente, o aditamento se der em virtude de erro de terceiros, da parte ou de ausência no processo judicial, a ata de aditamento deverá ser regularmente cobrada (uma certidão mais a multiplicação do número de cópias autenticadas necessárias à sua formação).

a) **Quando**

Quando solicitado por uma parte ao tabelião.

Condição: o processo deve ter transitado em julgado.

b) **Onde**

A ata poderá ser feita no tabelionato ou em diligência.

c) **Quem**

Quaisquer das partes do processo e seus advogados podem solicitar a carta de sentença notarial. Cremo que alguém, com legítimo interesse, também possa.

É importante o notário ter um requerimento onde constarão os dados do solicitante, do processo, as peças solicitadas, a data de entrada e a data prevista de entrega, bem como o seu arquivamento.

Nesse documento, o tabelião deverá alertar também sobre o procedimento que adota em caso de não retorno do interessado.

Sugere-se que o interessado, no requerimento, indique as peças que deseja lançar na carta de sentença, além daquelas previstas na norma. Essa cautela evita a alegação posterior de não inclusão de eventual peça processual.

14) Princípios registrais

Um dos motivos mais comuns para a devolução das cartas de sentença é a ausência da regular identificação e qualificação das partes. Para evitar a devolução do título por inobservância dos princípios registrais, o notário pode e deve certificar a correta identificação e qualificação do adquirente do imóvel, mediante a apresentação, pelo interessado, dos documentos que confirmem sua identidade e estado civil. Pode também certificar a apresentação do comprovante do pagamento do imposto devido, com a necessária identificação, juntando, se necessário, cópias das peças judiciais.

15) Quando o advogado ou a parte não retorna para retirar o processo

O tabelião de notas deve notificar o solicitante por escrito (e-mail), informando-o que o processo não poderá permanecer no tabelionato e que ficará disponível para retirada até o prazo estipulado na comunicação.

Se o processo não for retirado no prazo fixado, o tabelião deve remeter o processo à vara ou câmara judicial de origem, mediante ofício, para não ficar depositário de documentos importantes de terceiros.

16) Advogado sem procuração no processo ou terceiros

Terceiras partes ou advogados sem procuração no processo não podem solicitar a ata.

Questão a enfrentar: pode um credor com carga do processo solicitar a carta de sentença notarial para fins de impor o registro buscando a penhora?

Sim, vemos possível a formação nesses casos, se houver despacho do juiz autorizando a expedição. Trata-se de terceiro com legítimo interesse.

a) **Quantas**

É possível a multiplicação das cartas de sentença. Ao contrário do procedimento tradicional, quando somente uma carta de sentença é formada, a ata notarial pode multiplicar o processo em quantos queira o solicitante.

Não é possível, porém, fazer o que seria lógico: fracionar a carta de sentença em atenção aos interesses econômicos envolvidos. Entendemos, em respeito à tradição deste instrumento, que a ata seja do documento todo.

Quem sabe, no futuro, integrando os princípios notariais, se possa fracionar a ordem, permitindo o tráfego social e econômico mais seguro e célere.

A expedição da carta notarial de sentença judicial obedece a critérios legais e de qualificação notarial que devem ser estritamente seguidos pelos tabeliães, para preservação da qualidade do serviço público notarial e confiança do Poder Judiciário.

Não é demais lembrar: não se pode integrar documentos que não estejam juntados ao processo judicial na carta de sentença.

A executividade das cartas notariais de sentença judicial tem sido plena, notadas algumas objeções pontuais, sempre solucionadas com a apresentação do provimento à autoridade objetora.

O procedimento notarial para as atas notariais de carta de sentença judicial pode ainda ser aprimorado para dotar as partes e seus advogados de instrumentos mais concisos e econômicos, evitando a publicidade integral da sentença, ao mesmo tempo protegendo a intimidade das partes.

A via notarial é uma alternativa; não se pode excluir a possibilidade de a parte obter a carta de sentença judicial. Como dissemos, a carta de sentença expedida por tabelião não admite a gratuidade, ainda que concedida nos autos do processo, por obedecer a um critério emolumentar distinto do judicial.

A atividade notarial representa uma alternativa célere, eficaz e econômica para as partes que desejarem a expedição de cartas de sentença. Ao mesmo tempo, os serviços judiciais se desafogam, podendo concentrar-se em procedimentos específicos e indelegáveis.

16
ATA NOTARIAL

Ata notarial é o instrumento público pelo qual o tabelião, ou preposto autorizado, a pedido de pessoa interessada, constata fielmente fatos, coisas, pessoas ou situações para comprovar a sua existência ou o seu estado[1].

O novo Código de Processo Civil a prevê expressamente no art. 384, como típico meio de prova.

A definição é lapidar:

> Art. 384. A existência e o modo de existir de algum fato podem ser atestados ou documentados, a requerimento do interessado, mediante ata lavrada por tabelião.
>
> Parágrafo único. Dados representados por imagem ou som gravados em arquivos eletrônicos poderão constar da ata notarial.

Desconhecida por muitos operadores do Direito, a ata notarial recebe, com a previsão legal, destaque, estudo, familiaridade e reconhecimento como formidável ferramenta para a produção de prova, seja preventiva ou reativa.

Com objetividade, o art. 384 indica o objeto da ata notarial, a necessidade de requerimento de parte interessada e o reconhecimento do que a prática já havia consagrado: a possibilidade de que a ata contenha dados eletrônicos, imagens ou sons.

Para nós, a atividade notarial comporta apenas duas naturezas formais de ato. A ata notarial, que é autenticatória, e a escritura pública, que é constitutiva obrigacional. A seguir, vamos distinguir estas duas formas notariais e aprofundar o estudo da ata notarial.

16.1 DISTINÇÃO ENTRE ATA NOTARIAL E ESCRITURA PÚBLICA

Em vista do desconhecimento e da sua incipiente utilização pelos tabeliães, a ata notarial é, ainda, desconhecida de grande parte do mundo jurídico.

As atas e as escrituras têm objetos distintos: a ata descreve o fato no instrumento; a escritura declara os atos e negócios jurídicos, constituindo-os.

Na ata notarial, o tabelião escreve a narrativa dos fatos ou materializa em forma narrativa tudo o que presencia ou presenciou, vendo e ouvindo com seus próprios sentidos. A partir disso, lavra um instrumento qualificado com a fé pública legal e a mesma força probante da escritura pública.

---

1. FERREIRA, Paulo Roberto Gaiger; RODRIGUES, Felipe Leonardo. *Ata notarial*: doutrina, prática e meio de prova. São Paulo: Quartier Latin, 2010.

Há certos caracteres ou formalidades próprias das escrituras públicas que não são aplicáveis às atas notariais, em virtude de ambas terem objetos distintos.

Na ata não há unidade de ato nem de redação. A descontinuidade destas atuações se impõe por sua própria natureza. Na escritura, o tabelião recebe as partes, ouve suas vontades e lavra o instrumento adequado. Na ata, o tabelião recebe a solicitação, verifica os fatos e lavra o instrumento adequado.

Na escritura pública, o tabelião recebe a manifestação de vontade, qualifica essa manifestação fazendo incidir um instituto jurídico pertinente, presta assessoria, tem poder discricionário, obstando manifestações que estiverem em desacordo com o direito e, por fim, redige o instrumento jurídico adequado.

Na escritura pública, o tabelião documenta mediante atividade "ativa", ou seja, recebe a vontade das partes e molda-a com liberdade de atuação e subjetividade (de acordo com a lei). Os outorgantes são protagonistas do ato que se documenta, e o tabelião emite juízos sobre tal ato para a sua eficácia plena (atuação ativa).

Para a ata notarial ordinária, a atuação do tabelião apresenta um caráter eminentemente passivo, de situar-se como um observador, sem intrometer-se na ação ou formular conclusões. Apesar desta postura, há uma qualificação notarial, e o aconselhamento, quando necessário, pode ser exercido. Há outras atas, que vamos chamar de especiais (usucapião, adjudicação, arrematação e cláusulas negociais), nas quais o tabelião atua com o fim de atestar uma situação fática com efeitos jurídicos, impondo na qualificação notarial um juízo de valor técnico.

A natureza jurídica da escritura pública é **constitutiva obrigacional**. Os atos e negócios jurídicos que formaliza constituem direitos e obrigações para a parte ou partes.

A ata notarial ordinária tem natureza **autenticatória**. Não constitui direitos ou obrigações, apenas preserva os fatos para o futuro com a autenticidade notarial. A ata notarial especial (usucapião, adjudicação, arrematação e cláusulas negociais) também tem natureza autenticatória, mas nelas desponta um fim legalmente previsto para constituir direitos, criar, ou rescindir obrigações.

Há uma declaração do tabelião, a narrativa dos fatos que presencia a pedido da parte. O tabelião é o autor, sem atuação das partes; na escritura, as partes atuam, celebram o ato ou negócio jurídico, cabendo ao notário a qualificação legal e a redação do instrumento. Na ata, o tabelião verifica os fatos que podem ser, inclusive, declarações das partes, que ele reproduz.

A escritura relata, pois, uma relação jurídica; a ata ordinária registra fatos para a proteção de direitos e resguardo probatório e a especial constitui direitos ou cria, ou rescinde obrigações, como dito acima.

As assinaturas das partes são indispensáveis para perfectibilizar as escrituras e as atas especiais. Nas atas ordinárias, se faltar a assinatura do solicitante ou quaisquer intervenientes, o notário pode finalizar o ato, que é válido e eficaz.

Finalmente, as escrituras e as atas especiais não podem conter atos ou negócios que configurem ilícitos. O tabelião não pode lavrar uma escritura de escravidão, por exemplo. Nas atas ordinárias, ao contrário, o objeto é quase sempre a constatação de fatos potencialmente ilícitos[2] e, neste caso, como exemplo, uma ata poderia ser lavrada para constatar a situação de alguém vivendo em escravidão.

No Estado de São Paulo, as normas administrativas já reconhecem o que é pacífico na doutrina[3], que é possível lavrar ata notarial quando o objeto narrado constitua fato ilícito.

16.2 CLASSIFICAÇÃO DAS ATAS NOTARIAIS

Toda classificação é fundada nos caracteres semelhantes, bem como nos distintos. É natural, pois, que de uma classificação decorram classes com caracteres dominantes ou subordinados, constitutivos ou conexos, e que dentre as espécies classificadas haja alguma que tenha atributos que possibilitariam a sua classificação em outra classe.

Feita a ressalva, de acordo com a doutrina e legislação comparadas, podemos classificar as atas quanto: a) ao agir do tabelião; b) ao objeto; c) à forma; e d) ao meio.

16.2.1 Quanto ao agir do tabelião

Quanto ao agir do tabelião, as atas podem ser:

1. Atas notariais elaboradas mediante ação "passiva" do tabelião (verificação de fatos objetivamente). Nesse tipo de ata, o solicitante indica e instrui o tabelião sobre o que verificar e atestar.

Assim, o tabelião age conforme os pedidos que lhe são dirigidos e requeridos, buscando a precisão descritiva sobre o fato a ser constatado. Seu agir é meramente contemplativo. Exemplo disso é a ata de assembleia empresarial. O tabelião não pode selecionar o que convenha ao solicitante, excluindo elementos de prova. Deve fazer o relato integral da assembleia. Se houver alguma situação sigilosa (segredo empresarial, por exemplo) ou risco de vida que se mostre relevante, podendo causar prejuízo a partes e terceiros, o tabelião pode lançar esta informação em nota apartada e arquivar no tabelionato, a pedido do solicitante; fazendo circunstanciada menção na ata.

As atas notariais em que a ação do tabelião é "passiva", especialmente as denominadas pela doutrina de "mera percepção", necessitam indagação, percepção, interpretação, entendimento, comprovação e narração dos fatos, como método para conseguir a exata captação da realidade e a identificação do objeto. O tabelião exercerá em tais casos sua função de testemunha pública e atribuidor de fé pública e se absterá de converter-se em perito, fazer deduções, ou formular juízos, ou apreciações decorrentes de suas impressões subjetivas.

---

2. Não se trata de ilícitos penais de ação pública incondicionada de competência da Polícia Judiciária e Ministério Público, p. ex., crimes contra a vida (homicídio), patrimônio (roubo, furto) etc.
3. Exceto pela opinião de Walter Ceneviva, A ata notarial e os cuidados que exige. In: BRANDELLI, Leonardo (Coord.). *Ata notarial*. Porto Alegre: Sergio Antonio Fabris Editor, 2004, p. 94.

2. Atas notariais elaboradas mediante ação "ativa" do tabelião (verificação de fatos subjetiva e objetivamente): além da ação "passiva", nessas atas o agir notarial se caracteriza por uma multiplicação das atividades do tabelião. Em vista de sua percepção sensorial, narra, controla, qualifica, ou recepciona a informação que recebe de um fato presente e imediato, agregando à sua atuação a verificação da legalidade e o assessoramento estrito dos aspectos legais, e também quanto ao senso comum. São exemplos as atas de usucapião, adjudicação, arrematação, cláusulas negociais, sorteios ou de verificação de amostragem, nas quais o tabelião, com imparcialidade, observa a legalidade e correção dos atos para a obtenção do fim pretendido[4], ou a ata em que o tabelião verifica a situação familiar de uma pessoa para fins sucessórios ou para percepção de seguros.

16.2.2 Quanto ao objeto

Quanto ao objeto, temos os seguintes tipos de atas notariais:

1. Percepção de coisas: são aquelas atas que narram a existência material de um ou vários objetos. A mera existência ou inexistência deles num lugar e hora determinados pode ser o objeto da ata. Exemplos: quem detém a posse, a entrega da posse, o lugar em que algo se encontra, o estado ou as circunstâncias em que a coisa é mantida.

2. Percepção de documentos: as atas notariais de mera percepção de documentos podem autenticar documentos ou suas cópias, verificar a presentação ou representação de uma associação, a posse por pessoa determinada, o reconhecimento de uma assinatura ou rubrica aposta em documentos ou a negatória da aposição de assinatura ou rubrica neles.

3. Percepção de pessoas: estas atas exigem a identificação de uma pessoa, o que implica em um juízo estrito do tabelião. A variedade mais conhecida deste tipo de ata é a ata de existência ou também chamada fé de vida (no Brasil, os atestados de vida). Esta ata pode atestar, igualmente, o estado ou circunstâncias físicas da pessoa, a sua presença num determinado local ou circunstância.

4. Percepção de atos humanos: são atas que autenticam o agir humano, as ações de uma pessoa, por si ou em representação empresarial ou associativa. Podem ser objeto os atos do próprio solicitante, as respostas de outras pessoas a ele, ou mesmo situações que envolvam apenas terceiros. Igualmente, podem conter a narração de atos do solicitante ou de terceiros.

16.2.3 Quanto à forma

Quanto à forma, as atas podem ser:

1. Protocolares: a forma protocolar significa o conjunto de livros de notas formados por folhas numeradas e rubricadas, nas quais o tabelião autoriza a lavratura dos atos. Assim, a ata notarial protocolar é aquela que é lavrada em tal livro.

---

4. A Portaria n. 41, de 19-2-2008, do Ministério da Fazenda obriga a realização de uma ata em todas as promoções, concursos e sorteios realizados a título de propaganda.

Por falta de uma lei notarial institucional e técnica, temos no Brasil tratamento distinto nos vários Estados para o assunto: uns exigem o lançamento de todos os atos no livro, outros permitem certos atos fora do protocolo, outros nada dispõem. Em São Paulo, as normas administrativas da Corregedoria-Geral da Justiça determinam a lavratura de todos os atos em livros de 400 páginas.

2. Extra protocolares: a forma extra protocolar significa a realização do ato notarial sem o seu arquivamento no livro de notas, ou seja, o ato é avulso e entregue para o solicitante que lhe dá destino. Desta forma, não há a possibilidade da emissão de certidões, pois o tabelião não terá o ato em seus livros. Alguns notários, submetidos a esta forma por normas administrativas, terminam por arquivar em seu tabelionato uma via do ato, para que seja possível o resgate e a emissão de certidão em momento futuro.

A diferença entre as formas protocolar e extra protocolar é a lavratura em livro de notas e a posterior emissão de certidão do ato lavrado sob o sistema protocolar, o que não é possível no sistema extra protocolar.

Parece-nos muito mais segura a forma protocolar, pois o arquivamento evita que a prova se perca e possa ser resgatada no futuro, a parte de evitar que o documento possa ser objeto de alguma adulteração ou falsidade.

16.2.4 Quanto ao meio

Quanto ao meio em que são elaboradas, as atas notariais podem ser:

1. Em papel: é o método tradicional utilizado até hoje. O tabelião lavra o documento no livro de notas ou em folhas apartadas.

Pode utilizar-se de um sistema eletrônico de edição do texto e das imagens, trabalho que resulta na impressão em papel do instrumento que será entregue ao solicitante.

2. Eletrônicas: as atas em meio eletrônico não chegam a ser impressas. O tabelião verifica um fato (como uma reunião de sócios ou o acesso a um sítio eletrônico), podendo valer-se de notas escritas, de filme ou gravação. Após, lavra o ato mantendo todo o verificado em meio eletrônico. O ato não ingressa nos livros notariais de papel, ficando seu registro nos "livros" eletrônicos. Neste sistema, o notário deve valer-se de programas que lancem as assinaturas digitais dele, do solicitante e de quem mais necessitar assinar. O traslado e certidões do ato serão entregues em meio magnético, por remessa postal, ou em mídia que permita a gravação.

Não descaracteriza o meio eletrônico imprimir o instrumento em papel, para o traslado ou a certidão, se for o caso.

3. Mistas: as atas são lavradas nos livros, mas muitos documentos que importam à verificação e a integram, como arquivos eletrônicos contendo fotos, filmes ou sons, ficam guardados em meio magnético para eventual e futuro uso.

Recomendamos que o tabelião crie um classificador próprio com esses arquivos eletrônicos que integram as atas em papel, pois facilita a consulta futura e a emissão de eventual certidão da ata em papel juntamente com os arquivos digitais.

16.3 OBJETO DA ATA NOTARIAL

Os atos jurídicos em acepção estrita consubstanciam negócios jurídicos, dos quais é indissociável a declaração de vontade em busca de um resultado. Sob o aspecto subjetivo, certas ações da pessoa configuram atos jurídicos em sentido amplo: embora não resultem de declaração volitiva, pressupõem manifestação de vontade por outros meios que não a fala ou a escrita, como são exemplos a apropriação de um bem de dono desconhecido (postura ativa) e, em certos casos, do silêncio (postura passiva).

Na escritura pública, interessam os atos jurídicos em estrito sentido, ou seja, os atos jurídicos e os negócios jurídicos. Quando, por exigência legal ou por livre escolha dos interessados, as partes chamarem o tabelião para formalizar declarações constitutivas, modificativas ou extintivas de direito, o objeto do ato é a constituição do instrumento do negócio, a escritura pública.

Na ata notarial ordinária, os fatos jurídicos são o objeto. Um pássaro voando, a composição química das águas de um rio, a inação de uma pessoa, a publicação de um *post* nas redes sociais, todos estes fatos podem ser objeto da ata notarial.

Na ata notarial especial o objeto é atestar fatos jurídicos para a obtenção de uma finalidade prevista em lei ou no contrato. A atestação de posse na usucapião, o inadimplemento da obrigação na adjudicação, o procedimento de execução da hipoteca resultando na arrematação e o adimplemento ou frustração de cláusulas negociais.

Ações humanas também podem ser objeto de atas, por exemplo, a entrega de uma coisa de uma pessoa para outra, caso em que a vontade dos agentes não tem efeito para o ato notarial.

A verificação do ato-fato jurídico, isto é, uma atividade volitiva humana, no mundo dos fatos, que ingressa no mundo jurídico como fato, posto que para o direito, nesta situação, a vontade humana é irrelevante por não integrar o suporte fático abstrato, pode ser objeto da ata notarial. O evento é recebido pelo direito como fato do homem, desimportando assim a vontade eventualmente presente, como ocorre, *verbi gratia*, nos atos reais, dentre os quais se encontra a tradição de coisa móvel. No ato-fato jurídico, o "ato humano é da substância do fato jurídico, mas não importa para a norma se houve ou não vontade de praticá-lo"[5].

É importante distinguir a ação retratada pela ata (seu objeto) do conteúdo da ação ou sequência de ações, com ou sem declaração de vontade, que produzem efeitos no mundo jurídico, mas por outros instrumentos. É exemplo a ata notarial de uma assembleia societária, na qual um dos sócios informa que cedeu suas cotas sociais a outro dos sócios. Tal ata notarial não contém a formalização deste negócio, apenas narra a sua menção. O notário é mero observador daquelas vontades, não as recepcionando como suporte fático concreto.

É possível também que a ata narre um contrato verbal. Embora se trate de um negócio jurídico, a vontade não está endereçada ao notário, que apenas narra o acontecido.

---

5. MELLO, Marcos Bernardes de. *Teoria do fato jurídico:* plano da existência. 12. ed. São Paulo: Saraiva, 2003, p. 112.

16.4 ESTRUTURA E REQUISITOS DA ATA NOTARIAL

A lei nada prevê somente a necessidade de uma requisição da parte interessada, deixando a critério da doutrina e da prática notarial a fixação dos demais requisitos essenciais e acidentais do ato.

A própria escritura conta com poucas e limitadas previsões legais, o que provoca uma regulamentação infralegal que confere aos atos uma padronização, mas também se constitui em limitação para a autonomia profissional do tabelião.

O Brasil necessita de uma lei notarial, de um colégio de notários que, como a Ordem dos Advogados, possa legitimamente fixar as diretrizes infralegais, quando necessário. Enquanto lei não houver, o tabelião trabalha com insegurança, à mercê de que a cautela excessiva e, portanto, prejudicial à qualidade do serviço prestado à população e ao desenvolvimento da atividade, o proteja de processos administrativos e civis indenizatórios.

A ata notarial é uma espécie de instrumento público, porquanto autorizada por um notário e dotada de fé pública. É um instrumento notarial, em princípio protocolar, tal qual a escritura pública. Diante do vácuo legislativo quanto aos requisitos da ata notarial, parece adequado afirmar que devem ser observados na ata notarial, no que couber, os requisitos aplicáveis à escritura pública. Como veremos, em decorrência de sua natureza e do objeto, a ata notarial tem particularidades distintas daquelas da escritura que são, por vezes, até contraditórias (*e.g.*, a capacidade e a legalidade).

Uma primeira distinção formal com a escritura diz respeito à necessidade de o ato ser lavrado nos livros notariais; ou seja, a ata notarial pode ser extra protocolar. Normas estaduais costumam disciplinar o assunto, vedando a ata fora dos livros, como são exemplos as de São Paulo e do Rio Grande do Sul.

A nosso ver, de acordo com a Lei Federal n. 8.935/94, inexiste óbice para a prática da ata notarial na forma extra protocolar no sistema jurídico nacional. A seu juízo, o tabelião pode extrair uma fotocópia do ato e mantê-la em arquivo. Atualmente, são exemplos deste tipo, as cartas de sentença notariais.

Dentre as raras fontes legais substantivas da atividade notarial, destacamos os arts. 108 e 215 do Código Civil e a Lei n. 7.433/85 e seu Decreto regulamentador n. 93.240/86.

Somente o art. 215 dispõe sobre os requisitos para a lavratura de escrituras públicas e orienta sobre o procedimento notarial. Ressalte-se que o tabelião não está adstrito aos ditames do art. 215, quanto à ata notarial, porque ata não é escritura. Porém, na falta de qualquer previsão legal para o procedimento da ata, a prudência recomenda referenciar o estudo com o quê prevê o Código Civil para a escritura pública.

Feita a distinção, passamos a lançar os requisitos da ata notarial, relacionando-os com os previstos pelo art. 215 para a escritura pública e excepcionando o que não se aplica ao fazer da ata notarial.

16.4.1 Redação em língua nacional

Todos os atos públicos notariais devem ser redigidos em língua nacional, inclusive a ata notarial. Mesmo que uma das partes, testemunhas ou intervenientes se expresse em língua estrangeira, as suas manifestações devem ser vertidas para o português pelo tabelião, com ou sem auxílio de um tradutor. Não é necessária a presença de um tradutor para verter as declarações em língua estrangeira se o tabelião as entender.

Nenhum prejuízo tem o ato que contém expressões estrangeiras pontuais, como é o caso, por exemplo, de software, links, mouse, design etc. Por igual, a ata de constatação de um sítio eletrônico integralmente redigido em língua estrangeira não obriga o tabelião a entender o idioma ou chamar um intérprete para verter o conteúdo, a menos que a parte solicite.

É importante notar que o tabelião tem dois deveres: um público, de defesa do idioma nacional, e outro profissional, de clareza do ato. Assim, deve estar atento para sempre preferir palavras em português em detrimento das estrangeiras. Em segundo lugar, deve preocupar-se em traduzir os termos estrangeiros, sejam de uso corrente, sejam expressões técnicas, para que o juiz ou terceiros que necessitem compreender a ata notarial tenham a devida compreensão do texto.

A ata pode conter também trechos de textos ou declarações constatadas em língua estrangeira, podendo o tabelião valer-se de intérprete ou tradutor para lançá-las corretamente. Quando contiver códigos desconhecidos, o tabelião pode simplesmente lançá-los no ato notarial ou, se a parte desejar[6], descrever o que significam segundo a declaração de assistentes técnicos.

16.4.2 Requerimento ou solicitação

O art. 215 do Código Civil nada estabelece sobre o requerimento ou solicitação para a escritura pública, que existe e, quase sempre, é tácito.

A ata requer um tratamento diferenciado, pois as partes, ao contrário do que sucede quanto à escritura pública, não estão em consenso. O confronto de vontades, o choque de ações, o litígio, se não existem no momento da solicitação, quase certamente existirão no futuro. O tabelião desconhece a outra parte, ou eventuais terceiros com os quais terá que interagir para a verificação do fato.

O tabelião não age de ofício. É indispensável, pois, que haja uma solicitação da parte interessada. De início, ela pode ser feita de forma singela, pessoal e oralmente, ou via telefone. Se a parte fizer o pedido via fac-símile ou mensagem eletrônica, nenhuma outra formalidade é necessária, posto que o tabelião está com prova, ainda que singela, da solicitação.

Se houver urgência ou mesmo por conveniência, a apresentação e a entrega dos documentos de identidade das partes podem ser postergadas para momento futuro. Deve-se presumir a boa-fé do solicitante e privilegiar a tutela notarial dos interesses

---

6. Ou se valer se um especialista.

privado e social. De qualquer modo, é imprescindível a apresentação dos documentos para a finalização do ato.

Antes de lançar-se à verificação, é conveniente que o tabelião reduza a termo ou colha a assinatura do solicitante em um formulário, formalizando a contratação para a lavratura do ato. Se mais tarde o desenrolar dos fatos não agradar ao solicitante, pode haver recusa em assinar a ata notarial, ficando o tabelião sem prova da solicitação.

A solicitação deve conter o nome completo e a qualificação do solicitante, a descrição singela do objeto (sobre o que constatar), isto é, a finalidade da ata notarial.

Após a lavratura e a finalização da ata notarial, este documento pode ser desprezado, posto que a assinatura da parte configura a solicitação *apud acta*.

16.4.3 Capacidade para solicitar

O solicitante, ou requerente, deve ser pessoa capaz, física ou jurídica.

Entendemos que, por motivo justo e relevante declarado no próprio ato pelo tabelião, podem ser solicitantes também as pessoas relativamente capazes (maiores de dezesseis e menores de dezoito) e, até mesmo, os incapazes detentores de capacidade natural[7-8].

As pessoas jurídicas podem ser solicitantes, por seus administradores, prepostos ou procuradores. Os documentos empresariais devem ser apresentados, bem como eventuais atas de eleição ou procurações, para que o tabelião verifique a presentação ou representação da pessoa jurídica.

Se a parte solicitante não puder identificar-se por documentos, o tabelião pode, em caso de urgência, lavrar o ato, desde que duas testemunhas atestem a identidade e eventual representação de pessoa jurídica (art. 215, § 5º, CC). Nesse caso, entendemos que o tabelião pode se recusar a lavrar o ato, pois a previsão é excepcional e pode macular a segurança jurídica que os atos notariais devem ter.

O solicitante não pode ser o próprio tabelião ou qualquer um de seus prepostos ou, ainda, os seus cônjuges e parentes, em linha reta ou colateral, consanguíneos ou afins, até o terceiro grau.

Este impedimento consta da Lei n. 8.935/94, art. 27. Pode acontecer, porém, que durante a verificação dos fatos o tabelião se veja diante de pessoas às quais sejam aplicáveis os impedimentos.

Nesse caso, é prudente informar ao solicitante do ocorrido, oferecendo o atendimento de outro tabelião.

Se, porém, o desenrolar dos fatos for premente, o tabelião deve seguir na constatação, sob pena de perder-se o fato. Entendemos válida a ata, mesmo com a presença de pessoas cuja situação pessoal implique nos impedimentos, mas o tabelião e a parte

---

7. Neste sentido, BRANDELLI, Leonardo. Atas notariais. In: BRANDELLI, Leonardo (Coord.). *Ata notarial*. Porto Alegre: Sergio Antonio Fabris Editor, 2004, p. 52.
8. Para as atas notariais especiais, o solicitante deve ser maior e capaz.

solicitante correm riscos: o poder probatório do instrumento notarial pode ser reduzido por decisão judicial posterior que entenda relevante o impedimento e aplicável o art. 407 do CPC, ou seja, declare que o documento tenha a mesma eficácia probatória do documento particular.

Pode haver múltiplos solicitantes para a ata notarial. É conveniente que o interesse seja comum, mas nada impede que sejam divergentes. Neste caso, o tabelião extrairá tantos traslados quantos forem necessários.

Mesmo com interesses antagônicos de diversos solicitantes, a ata é única, como regra não poderá resultar em descrição distinta do que presencia. Contudo, pode ocorrer que uma parte deseje destacar algum aspecto irrelevante para a outra, hipótese rara, mas que permitiria ao tabelião lavrar instrumentos distintos para a mesma constatação dos fatos.

O solicitante, no requerimento, indicará a finalidade do pedido, demonstrando ter um legítimo interesse. O juízo do tabelião a este respeito é superficial, pois atua no campo preventivo e pode ser difícil, ou até impossível, à parte demonstrar o interesse legítimo. Melhor que o tabelião aja com liberalidade para a tutela dos interesses privados, deixando que o juiz aprecie a legitimidade oportunamente.

16.4.4 Qualificação das partes

No sentido processual, qualificação é tomada no conceito de identificação com os demais atributos que demonstram as qualidades relevantes da pessoa para o ato a ser realizado[9]. Conforme já mencionado, integram a qualificação o nome completo, o estado civil, a nacionalidade, a profissão, o domicílio, o número da carteira de identidade e seu órgão expedidor e o número do Cadastro de Pessoas Físicas do Ministério da Fazenda (CPF). Se a parte é uma empresa ou associação, a razão social, o nome fantasia, a origem nacional, o domicílio, o número no Cadastro Nacional de Pessoas Jurídicas do Ministério da Fazenda (CNPJ) e o número de inscrição na junta comercial ou no cartório de registro civil das pessoas jurídicas.

A pessoa jurídica é presentada por seu administrador, ressalvadas as hipóteses em que o contrato social disponha uma presentação qualificada para todos ou certos atos, o que costuma ocorrer para a alienação de bens imóveis. Esses presentantes devem ser qualificados como pessoas físicas, indicada sempre a cláusula contratual, de mandato ou autorização especial societária que os legitima.

Nos incisos II e III, o art. 215 do CC dispõe que o tabelião, ao lavrar escrituras públicas, deve reconhecer a identidade e a capacidade das partes e de todos quantos compareçam ao ato, por si, como representantes ou testemunhas, e qualificá-las.

Para atas notariais, o reconhecimento da identidade e capacidade da parte e sua qualificação são imprescindíveis, exceto nos casos de menores mencionados. Parte é somente o solicitante. A presença de outras pessoas, a pedido do solicitante, como

---

9. SILVA, De Plácido e. *Vocabulário jurídico*. 21. ed., atualizada por Nagib Slaibi Filho e Gláucia Carvalho. Rio de Janeiro: Forense, 2003, p. 664.

assistentes técnicos e testemunhas, implica no dever de reconhecer a identidade e a capacidade e qualificá-las para o ato notarial.

Não é imprescindível que sejam reconhecidas as identidades e capacidades[10], ou requerida a qualificação, de terceiros presentes nos fatos constatados. Se, porém, o tabelião puder, deve fazer tal constatação, que amplia o elenco da autenticação e agrega maior segurança ao ato.

A identidade das partes é aferida pela apresentação do documento de identidade civil. Sua capacidade é atestada pelo tabelião em decorrência de seu critério e experiência. Idade avançada ou dificuldade de expressar-se não diminuem a capacidade de ninguém. Age mal o tabelião que se amedronta em face disso e deixa de atender as partes.

A exigência de atestados médicos para esses casos é temerária. Em primeiro lugar, é uma condição não prevista em lei, logo, arbitrária.

Em segundo lugar, a verificação da capacidade no âmbito da tutela notarial é feita exclusivamente pelo juízo do tabelião[11], que não age com culpa[12] se uma apreciação judicial posterior concluir que a parte era incapaz ou não estava lúcida no momento do ato. Finalmente, a exigência de um atestado médico indicará para um futuro juiz que aprecie a regularidade do ato que havia dúvida quanto à capacidade das partes, antecipando uma suspeição futura que pode ferir de morte o ato.

Em conclusão: se o tabelião não estiver certo a respeito da capacidade da parte, deve recusar-se a lavrar o ato, sejam escrituras ou atas. Exigir prova extra da capacidade constitui indício antecipado de que as partes podem não estar capazes[13].

As pessoas jurídicas podem comparecer como solicitantes de atas notariais, presentadas ou representadas pelas pessoas físicas legitimadas.

É indispensável a apresentação dos documentos: contrato empresarial ou estatuto, ata da assembleia ou reunião que indicou os presentantes registrada no órgão próprio e, quando houver, o instrumento de mandato do representante.

A lei não exige que a documentação seja atualizada, isto é, recente, com prazo fixo limitado, como 30, 90 dias ou qualquer outro prazo. Há normas administrativas estaduais que fixam esses prazos, *ad cautelam*. Parece-nos que essa disciplina deve ser interpretada como recomendação ao fazer notarial, em respeito aos princípios de liberdade e legalidade insculpidos no art. 5º, II, da Constituição Federal. Cabe ao notário, no âmbito de sua autonomia profissional, adotar as cautelas pontualmente, sob sua responsabilidade.

A procuração para representar pessoas físicas ou jurídicas deve atender ao princípio da atração da forma (art. 657, CC), podendo conter apenas os poderes gerais de administração, sem necessidade de especificar poderes especiais ou de mencionar poderes para requerer ata notarial[14].

---

10. Exceto para as atas notariais especiais.
11. No caso do testamento público, também de duas testemunhas.
12. Se o tabelião agir com dolo evidentemente deve ser responsabilizado.
13. Apesar de decisões da corregedoria ver como cautela e prudência notarial pelo tabelião.
14. Art. 657 do CC: A outorga do mandato está sujeita à forma exigida por lei para o ato a ser praticado. Não se admite mandato verbal quando o ato deva ser celebrado por escrito.

O inciso III do art. 215 do CC exige para a qualificação o nome, a nacionalidade, o estado civil, a profissão, o domicílio e a residência. Quando necessário, também o nome do cônjuge e o regime de bens do casamento ou a filiação.

O nome, a nacionalidade e o casamento com o respectivo regime de bens são atestados pelo tabelião de acordo com os documentos de identidade e certidão de casamento apresentados. Esses dados da qualificação e a fé da capacidade civil das partes e demais comparecentes fazem prova plena.

A apresentação de carteira de identidade emitida por órgão profissional (como as da Ordem dos Advogados e dos Conselhos Profissionais), quando legalmente prevista, confere presunção de autenticidade notarial também a este respeito.

A certidão de casamento dá certeza do casamento ou divórcio, se estiverem averbados. Caso contrário, escrituras ou sentenças de divórcio podem ser aceitas, ainda que pendentes de registro, ressalvado o fato na ata notarial.

O óbito é provado pela certidão própria ou por outra em que conste a sua averbação. A viuvez é provada pela apresentação da certidão de óbito do cônjuge falecido.

O estado civil indicado pelo tabelião à vista das certidões tem a presunção legal de autenticidade.

O estado civil de solteiro decorre de declaração da parte ou da apresentação da certidão de nascimento, devendo a parte provar seu estado se houver contestação. O tabelião não é responsável pela declaração falsa e por seus efeitos, mesmo que eles causem prejuízos a terceiros de boa-fé, uma vez que o sistema não prevê outro tipo de certeza.

16.4.5 Tempo do fato e da ata

A ata, como a escritura, deve conter a data e a hora de sua realização (art. 215, I, CC), conforme o calendário oficial do local. O tempo deve ser preciso, tanto para o momento da solicitação como para cada uma das diligências realizadas para a consecução da verificação. A ata pode prolongar-se no tempo, às vezes até por meses, como é o caso, por exemplo, das atas para fazer prova negativa[15]. Neste caso, toda verificação deve mencionar o dia e a hora. É recomendável indicar a hora de início e fim da constatação.

Assim, em razão da própria natureza da ata notarial, a constatação do fato pode se dar em um dia e a produção da minuta e lavratura da ata em outro, fazendo circunstanciada menção no ato notarial.

O princípio da unidade do ato deve ser cumprido no momento da redação final, lavratura e assinatura das partes e do tabelião.

O notário não deve, a pretexto de respeito à unidade do ato, concentrar as ações todas em um só momento, pois a força da ata reside justamente em retratar de forma fiel a realidade.

---

15. Por exemplo, o acesso diário, por um ano, a um determinado sítio eletrônico para demonstrar que um dado conteúdo não está no sítio. Para fazer prova positiva, verificar se o conteúdo está e permanece, também há necessidade da contínua e prolongada verificação.

O tempo requer a indicação da hora e do minuto. Não exagera o tabelião que anota também os segundos, pois isto pode ser relevante, como no caso da existência de uma página na internet provada positiva pela ata de um tabelião às 16h43 minutos e também provada negativa por ata de outro tabelião às idênticas 16h43. Em todos os casos, o tabelião deve dizer a hora do início e do fim da constatação.

Esse procedimento deve ser repetido tantas quantas forem as situações de verificação, e esta cautela deve ser narrada clara e fielmente, para não causar dúvida ao intérprete futuro.

A indicação da data deve ser completa (p. ex., aos dezesseis de junho de dois mil e sete), mas pode ser abreviada na fórmula 00/00/0000, indicando dia, mês e ano, adotada em nosso país.

Pode ser relevante indicar o dia da semana em que o fato ocorre, caso em que se deve declarar o nome completo (p. ex., segunda-feira, evitando as abreviações como segunda ou 2ª feira).

Também pode ter relevância para a prova o fato de tratar-se de dia útil ou não útil.

A hora deve ser mencionada por extenso, e ajuda a compreensão também a sua indicação abreviada (p. ex., 14h30). O tabelião deve indicar o horário vigente na região da verificação do fato, ressaltando quando for horário de verão. Não é necessário indicar a hora oficial do Observatório Nacional, pois a declaração do tabelião faz prova plena.

É possível a constatação de fatos em sábados, domingos ou feriados? Sim, é plenamente válida a verificação de fatos em momentos fora do horário usual de atendimento.

Cabe ao tabelião averiguar se os fatos devem realmente ser constatados nos momentos solicitados ou podem ser verificados em outro dia, sem prejuízo do seu desaparecimento.

Da mesma forma, a verificação dos fatos pode ser realizada a qualquer hora, inclusive naquelas antecedentes e supervenientes ao expediente do cartório.

Essas situações devem ser mencionadas expressamente na ata notarial, indicando os motivos do atendimento extraordinário.

As normas de Serviço da Corregedoria do Estado de São Paulo preveem expressamente essa possibilidade: é facultado ao tabelião lavrar os atos notariais fora do horário e dos dias estabelecidos na portaria para o atendimento ao público, salvo expressa proibição motivada do Juiz Corregedor Permanente, a ser submetida à Corregedoria-Geral da Justiça (item 4.1, Cap. XIII).

16.4.6 Local do fato e da ata

A indicação do local envolve dois aspectos: o local do cartório (chamada diligência interna) e o local da verificação do fato em diligência (chamada diligência externa). Para os dois, deve-se incluir cidade, estado e endereço.

Quando a verificação for em uma região ou parte de um endereço (p. ex., as áreas sociais de um condomínio), o tabelião deve ter a preocupação de indicar precisa e claramente a localização dos fatos que verifica. Acrescentar fotos, indicando o ponto de referência do fotógrafo, pode colaborar para dirimir uma dúvida futura. É temerário fixar o local por declaração das partes. O tabelião deve aceitá-las, mas conferi-las com os dados oficiais existentes.

É sempre prudente indicar, além da designação oficial, a popular ou a dupla numeração, se houver. O local também pode variar, hipótese em que o tabelião deve descrever o deslocamento, o tempo decorrido e cada um dos locais.

Pode ocorrer de a verificação iniciar em uma cidade e terminar em outra, ou transcorrer em diversas cidades. Essa situação gera um conflito de competência territorial para o tabelião. Nesse caso, cremos aplicável o princípio da universalidade da tutela notarial para concluir pela validade da ata lavrada por um tabelião em diversos locais, desde que ao menos em um momento o fato transcorra em território de sua competência. Isso não significa viajar por aí, apenas lavrando o ato em sua cidade.

A alternativa seria uma múltipla atuação, chamando um notário competente para cada local dos fatos. Essa alternativa parece-nos irracionais, por implicar a lavratura de diversas atas; antieconômica, pois impõe à parte a multiplicação de preços; e, finalmente, pode ser inviável, uma vez que os fatos quase nunca aguardam os tabeliães.

O local da ata de internet é o da situação do acesso feito à rede. Nada impede que a verificação do sítio eletrônico do governo do Amazonas seja feita por um tabelião localizado no Rio de Janeiro.

É da própria natureza da ata notarial fazer a constatação do fato no local solicitado e produzir a minuta e a lavratura da ata no tabelionato, inclusive em dias distintos, fazendo circunstanciada menção no ato notarial.

16.4.7 Fundamentação legal

A fundamentação legal da lavratura das atas notariais decorre do disposto nos incisos III dos arts. 6º e 7º da Lei n. 8.935/94 e o art. 384 do CPC/2015, supletivamente, dos arts. 405 e 374, IV, do CPC/2015.

Para a ata notarial ordinária, não é necessário fundamentar ou exigir da parte a comprovação de seus direitos antes, depois ou no transcorrer dos fatos. Já para a ata notarial especial (usucapião, adjudicação, arrematação e cláusulas negociais), a comprovação é imprescindível.

Se a parte se diz proprietária do imóvel X e esta situação for provada à vista da certidão imobiliária, esta certeza pode ser dada na ata, sem necessidade de o ato fazer referência ao art. 1.245 do CC (aquisição da propriedade imobiliária).

A qualificação notarial quanto à legalidade das ações da parte ou de terceiros é mitigada. O tabelião não é juiz, ou um justiceiro instantâneo, que aprecia os fatos que sucedem em sua presença e saca conclusões legais imediatas. A seu critério, pode e deve orientar os presentes sobre a lei e os efeitos das ações realizadas ou que se pretende realizar, advertindo-os sobre os efeitos legais. Quem comete ilícito é o solicitante, e não o tabelião.

Deve intervir quando concluir que há infração legal, para impedir danos físicos, morais ou patrimoniais (p. ex., o solicitante agride alguém fisicamente), relatando fielmente a ocorrência.

16.4.8 Declaração de leitura

Os atos notariais lavrados, inclusive a ata notarial, devem ser lidos para as partes ou por elas. A leitura pode ser em voz alta ou silenciosa (neste caso, por cada um). Esse requisito formal tem um fundamento material robusto: a leitura serve para que as partes tenham ciência do que consta no ato, aceitem-no como está redigido, concordando que a redação notarial ao pedido feito e subscrevendo as suas declarações pessoais ou outros fatos que lhe digam respeito. A leitura e posterior assinatura significam "sim, concordamos integralmente com tudo o que aí está".

Se houver qualquer ressalva, deve integrar o texto final, antes das assinaturas, ou a narrativa deve ser refeita mediante um novo ato que atenda ao interesse das partes. Neste último caso, o ato deve ser declarado incompleto por não ter atendido às partes, de quem nada é cobrado.

A leitura é feita para o solicitante e para as testemunhas, se houver. Havendo múltiplos solicitantes ou testemunhas, embora não seja necessária a leitura simultânea, ela é muito conveniente, pois as partes podem refletir em conjunto sobre o ato.

É preferível que a pessoa surda leia pessoalmente o texto, se souber, em vez de alguém ler para ela e confiar na leitura dos lábios[16].

Ao cego e ao analfabeto, a ata, ou escritura, deve ser lida, sem qualquer distinção que menospreze a sua condição. O fundamental é que o tabelião indague das partes se entenderam o conteúdo do ato, se concordam com tudo que lá está e se desejam assinar o documento.

16.4.9 Assinatura das partes e do tabelião

Como dissemos, parte, na ata notarial, é o solicitante. Após a leitura, o solicitante e o tabelião, ou seu preposto, devem assinar a ata, perfectibilizando-a.

A ata notarial deve ter também a assinatura das testemunhas, presentes a pedido da parte ou por disposição legal[17].

É possível integrar outras assinaturas, de intervenientes ou terceiros, mas essas pessoas devem concordar com o ato integralmente. O tabelião pode exigir que outras pessoas assinem o ato, quando sua participação e suas ações tiverem ocorrido a pedido

---

16. O recente Sistema de Atendimento aos Deficientes Auditivos aos Cartórios Paulistas, disponibilizado pela ANOREG/SP, oferece acessibilidade plena aos deficientes auditivos e cumpre a Lei n. 13.146/2015, que instituiu o Estatuto da Pessoa com Deficiência.
17. Em 13-11-2014, a Corregedoria-Geral da Justiça do Estado de São Paulo expediu o Comunicado CG n. 1.374/2014, que determinou aos tabeliães de notas observarem o item 179 do Capítulo XVI das NSCGJ, quando da abertura de ficha de firma por pessoas com deficiência visual e, para os casos de lavraturas de escrituras, que não se exijam testemunhas que a lei expressamente não exija.

do solicitante, como é o caso de peritos, assistentes técnicos, autoridades policiais etc. É importante destacar que a assinatura dessas pessoas é dispensável e sua falta não prejudica o ato ou diminui a força da respectiva participação, como narrada pelo notário.

No Estado de São Paulo, basta a assinatura do tabelião encerrando o ato; a assinatura do solicitante, de testemunhas e de profissionais ou peritos é facultativa[18-19].

Impossibilitados de assinar por deficiência motora, o solicitante, as testemunhas ou os intervenientes podem solicitar que alguém assine o ato a seu rogo.

Ao cego, surdo e ao analfabeto que saiba assinar, nenhuma formalidade extra deve ser exigida, sob pena de discriminação vedada pela Constituição Federal. O tabelião deve ter certeza e dar fé da capacidade do solicitante e de que ele sabe e compreende o conteúdo e os efeitos do ato que assina.

A assinatura da parte ou do tabelião pode integrar também acessórios, como documentos ou objetos lacrados, fazendo-se a menção própria no ato. Nesses casos e nos traslados e certidões, é importante que o tabelião distinga sua assinatura também com outros traços característicos de seu sinal público, vez que não ficarão arquivados no cartório e se destinam a circular, fazendo prova ou provocando os seus demais efeitos perante outras pessoas e locais.

16.4.9.1 Recusa da parte em assinar

A possibilidade de a ata notarial ser finalizada produzindo seus efeitos sem a assinatura da parte é a sua diferença formal e material mais relevante em relação à escritura pública. Tal regra se aplica às atas notariais ordinárias. Para as atas notariais especiais (usucapião, adjudicação, arrematação e cláusulas negociais) a assinatura do solicitante é obrigatória.

A escritura em que falte assinatura é considerada sem efeito e deve ser declarada incompleta pelo tabelião, se houver recusa das partes em firmar o documento, ou se não o fizerem em prazo razoável. A publicidade do ato nesta condição é mitigada: não há.

Somente o juiz, motivadamente, pode requerer cópia do ato.

Ao contrário, a ata notarial pode ser lavrada pelo tabelião, mesmo que a parte solicitante se recuse a assiná-la. O interesse imediato tutelado pelo notário é o do solicitante, mas, em decorrência do *munus* público, sopesando o interesse social (significando o interesse de outro indivíduo ou coletivo), a seu critério, o tabelião pode decidir pela relevância de finalizar o instrumento.

Nesse caso, o tabelião deve comunicar o solicitante e fixar prazo para assinatura da ata. Não comparecendo ou silenciando, o tabelião consignará no ato a recusa ou a omissão do solicitante em assinar, com seus motivos, se conhecê-los, e poderá, se quiser, finalizar a ata com a sua assinatura.

---

18. Já ressaltamos a nossa divergência sobre a faculdade da assinatura do solicitante nas atas notariais.
19. Não se aplica à ata notarial especial (usucapião, adjudicação, arrematação e cláusulas negociais).

Se a ata tiver mais de um solicitante, a falta ou recusa da assinatura de um deles também não impede a lavratura do ato, procedendo nos mesmos termos.

A parte tem direito ao traslado, que deve ficar à sua disposição.

O tabelião pode emitir outros traslados para informar às autoridades que devam ter ciência dos fatos contidos na ata notarial.

Entretanto, a falta de assinatura não retira a eficácia do instrumento, pois a ata notarial não está submetida aos requisitos formais das escrituras públicas[20].

Outra situação que pode ocorrer: o solicitante, ignorando cientemente ou não, a solicitação feita, ou percebendo que a autenticação dos fatos irá contra o seu interesse, não informa ao tabelião que não assinará a ata, deixando o tabelião ao "abandono". Nesse ínterim, uma outra parte, até mesmo a pessoa contra quem o efeito da autenticação fática foi realizado, comparece e solicita a lavratura da ata notarial. Como sujeito de direito presente aos fatos constatados, esta pessoa tem legitimidade para requerer a lavratura do ato.

16.5 ESPÉCIES DE ATAS NOTARIAIS

A classificação das atas em espécies constitui um problema para a doutrina, em vista da heterogeneidade de conteúdo. Optamos por classificá-las pelos critérios da finalidade pretendida pela parte e da ação do tabelião.

As atas de protesto, muito frequentes em outros países, constituem no Brasil atribuição exclusiva dos tabeliães de protesto, sendo vedado ao tabelião de notas efetuá-las.

Outro tipo de ata muito comum, a ata de notificação pode e deve ser feita por tabelião de notas, resguardada a competência específica do oficial de registro de títulos e documentos quanto àquelas decorrentes do registro de instrumentos que lhe é solicitado. Nesse caso, o item diferenciador é o registro: o tabelião não pode registrar documentos, cabendo-lhe tão somente efetuar a ata de notificação[21]. Da mesma forma, sem que a parte faça um registro, o oficial de registros não tem competência para realizar a notificação, que, neste caso, é atribuição exclusiva do tabelião de notas.

Outro grupo de atas que merece um prefácio é o das atas de subsanação, ou seja, atas que são utilizadas para corrigir erros constantes em documentos públicos. Apesar de sua utilização em alguns países, entendemos que a correção de erros deve ser feita por meio de outros instrumentos, como a escritura de retificação e ratificação ou o aditamento retificativo, quando se tratar de erro evidente. Mas não poderíamos deixar de classificá-las, devido à sua corrente utilização por alguns notários.

---

20. TJ-PR, Agravo de Instrumento n. 117.765-9, processo n. 0117765-9, da 3ª Vara Cível de Maringá, Dilmar Kessler, relator designado.
21. Lei n. 6.015/73, art. 161. "O oficial será obrigado, quando o apresentante o requerer, a notificar *do registro ou da averbação* os demais interessados que figurarem no título, documento, o papel apresentado, e a quaisquer terceiros que lhes sejam indicados, podendo requisitar dos oficiais de registro em outros Municípios, as notificações necessárias. Por esse processo, também, poderão ser feitos avisos, denúncias e notificações, quando não for exigida a intervenção judicial." (Grifo nosso).

Feitas essas ressalvas, classificamos as atas notariais nos seguintes grupos específicos:

Atas notariais ordinárias

1. Ata de notoriedade, 2. Ata de declaração, 3. Ata de certificação sobre documentos e exibição de coisas, 4. Ata de constatação em diligência externa, 5. Ata de notificação, 6. Ata de autenticação eletrônica, e 7. Ata de subsanação.

Atas notariais especiais

7. Ata de usucapião, 8. Ata de adjudicação, 9. Ata de arrematação, e 10. Ata de cláusulas negociais.

A seguir, veremos as características de cada uma delas.

16.5.1 Ata de notoriedade

Notoriedade provém do latim *notorius*, aquilo que é sabido ou conhecido. Decorre de fato que se deve ter por notório, sabido de todos, de uma realidade irretorquível.

Algumas pessoas necessitam fazer prova de seu próprio nome, de sua capacidade civil, de seus apelidos ou de outras situações próprias e conhecidas de sua comunidade, mas cuja fé em outros âmbitos depende do ato notarial. Na ata de notoriedade, o tabelião constata o fato mediante verificação de documentos oficiais ou particulares, ou ainda por meio da presença e do testemunho de terceiros visando declarar uma situação notória de interesse do solicitante, podendo ser sobre pessoas e coisas.

É possível atestar alguma situação fática do interessado, como é exemplo a vida. Geralmente solicitada pelo INSS ou algum instituto de previdência ou empresa seguradora, nessa ata o tabelião verifica se a pessoa está viva com a mera presença dela perante ele.

Há casos em que seguradoras, para fazerem o pagamento de benefícios, apólices ou pecúlios, como o DPVAT, seguro obrigatório dos veículos automotores no Brasil, exigem uma ata em que o tabelião ateste a condição de herdeiro legal de um segurado falecido.

O herdeiro comparece perante o tabelião e, mediante a apresentação de documentos oficiais que comprovem o elo sucessório e, se possível, o grau de parentesco do interessado com o *de cujus*, é possível verificar e atestar a sua situação de herdeiro legal.

Essa ata pode ser complementada também com a declaração de pessoas – mas deve haver prova do encadeamento sucessório –, a parte interessada ou terceiros, de que o *de cujus* faleceu no estado civil de solteiro, não deixando convivente, filhos nem testamento. Nesses casos, consideram-se interessados os descendentes, ascendentes, conviventes, parentes colaterais e pessoas que, eventualmente, demonstrem interesse na ata, por exemplo, aquele que é beneficiário de apólice de seguro.

16.5.2 Ata de declaração

As atas de declaração servem para todo e qualquer tipo de finalidade decorrente da declaração da pessoa. Em geral, instruem pedidos administrativos, mas podem almejar produzir prova em juízo. Neste caso, configuram a ata de declaração para depoimento ou testemunho.

Nessa espécie de ata, o tabelião narra fielmente, em linguagem jurídica, a declaração do interessado sobre um fato ou acontecimento que presenciou ou soube por interposta pessoa, com o intuito de utilizá-la no âmbito administrativo ou judicial.

As declarações podem ser próprias ou impróprias. A declaração própria é a feita pelo interessado a respeito de situações peculiares, para que produza os efeitos necessários (p. ex., declaração de estado civil, de rendimento, dentre outras). As impróprias são feitas por terceiros a respeito de fatos que tomaram conhecimento indiretamente.

Essa espécie de ata é geralmente utilizada como prova pré-constituída em expedientes administrativos ou judiciais.

Em consequência, o tabelião deve identificar e qualificar a pessoa declarante, alertando-a da responsabilidade civil e penal decorrente da declaração. Não deve haver qualquer censura do tabelião ao que se deseja declarar, mas envolve a qualificação notarial averiguar a plausibilidade e o conteúdo lógico do que se declara, de modo a evitar maluquices, aleivosias e leviandades nos atos notariais.

Nessas atas, documentam-se publicamente declarações do solicitante ou de terceiros, a seu pedido. Não é essencial, mas de cautela, colher a assinatura do declarante no instrumento, além daquela do solicitante.

Podemos subdividir ainda mais as atas de declaração para depoimento ou testemunho nas seguintes espécies:

1) Declaração de interposta pessoa: nesta ata, a declaração é feita por pessoa alheia ao fato declarado. A autenticidade notarial ocorre quanto à pessoa declarante, sua qualificação, termos e momento da declaração, mas quanto ao conteúdo do que se declara trata-se de mero testemunho particular, cujo efeito probatório estará sujeito ao critério do juiz ou à autoridade que interagir com o instrumento notarial.

2) Declaração de peritos ou pessoas especializadas: algumas declarações de terceiros compreendem a apresentação de laudos periciais ou depoimentos de pessoa especializada a respeito de determinado fato. Nesse caso, é importante que, além da identificação e qualificação, o tabelião indique também a titulação do declarante, informando quem o contratou e qual a razão.

Além da responsabilidade civil e penal, o declarante deve ser advertido também a respeito de sua responsabilidade técnica, que pode provocar efeitos em seara de fiscalização profissional.

No Brasil, muitos tabeliães utilizam-se das chamadas escrituras de declaração, o que nos parece impróprio. Só será caso para a escritura se o ato declarativo manifestar vontade do interessado que gere direito ou obrigação, como é o caso da escritura declaratória de responsabilidade de manutenção de uma pessoa para outra, exigida para alguns casos de imigração de estrangeiros, ou escritura declaratória de dependência econômica.

16.5.3 Ata de certificação sobre documentos e exibição de coisas

O tabelião constata fatos decorrentes de documentos apresentados, autenticando qualquer circunstância existente no documento.

A percepção de documentos pode compreender a verificação da presentação ou representação de uma associação, os poderes que o administrador possui no contrato social; uma cláusula específica de um contrato ao qual não é conveniente dar publicidade de sua totalidade; a verificação de envelopes com propostas para uma licitação, antes, durante ou após o certame; a aposição de assinaturas ou rubrica para perícia futura; negatória da aposição de assinatura ou rubrica em documentos; existência de um projeto ou produto desenvolvido, que será lançado no mercado futuramente etc.

Na ata de exibição de coisas, o tabelião constata a existência material de um ou vários objetos. A mera existência ou inexistência deles num lugar e hora determinados pode ser o objeto da ata. Por exemplo: o lugar em que algo se encontra, o estado ou as circunstâncias em que a coisa é mantida, como as atas de exibição e descrição de coisas, de destruição ou de inutilização de coisas, em especial, documentos.

16.5.4 Ata de presença

As atas de presença compreendem situações diversas e imprevisíveis. O tabelião, a pedido do solicitante, na sede do tabelionato ou em diligência externa constata fatos ou circunstâncias, sempre respeitando a sua competência territorial.

Como as situações são tão diversas e, não raro, com assuntos que escapam ao conhecimento ordinário do tabelião, alguns procedimentos devem ser adotados para operar com eficiência. Indicamos a seguir algumas cautelas importantes:

a) o tabelião deve respeitar a intimidade e a privacidade do solicitante e de terceiros;

b) o tabelião deve abster-se de entrar em lugares privados sem autorização (verbal ou escrita);

c) o tabelião deve consignar o eventual protesto ou manifestação do solicitante ou de terceiros;

d) se o solicitante ou terceiros desejarem saber sua função e motivo da presença, o tabelião deve identificar-se e dizer a razão de estar ali[22];

e) sempre que puder, o tabelião deve reconhecer e qualificar terceiros;

f) sob nenhuma hipótese, o tabelião violará a lei, a moral e os bons costumes. Caso o solicitante ou terceiros o façam, o tabelião deve consignar a ação na ata;

g) o tabelião deve ter cautela ao interpretar o fato;[1]

h) o tabelião não é especialista, sua aferição é a do homem mediano (*homo medius*);

i) é possível a convocação de profissionais especializados (peritos e técnicos), pelo solicitante;

j) é possível fazer duas atas da mesma verificação, para idêntico ou distinto solicitante;

k) o tabelião não deve envolver-se em litígios ou argumentar em discussões;

---

22. O tabelião é obrigado a se identificar ostensivamente. Nesse sentido, o Processo n. 0031570-10.2014.8.26.0100 – 2ª Vara de Registros Públicos – MMº Juiz Corregedor Permanente Dr. Marcelo Benacchio.

l) ofensas podem ocorrer. O tabelião não deve revidar;

m) se for consultado ou entender conveniente, o tabelião deve prestar assessoria notarial.

Casos exemplares não faltam. Citamos algumas constatações de fatos já feitas por nós: a) assembleia societária; b) assembleia de condôminos; c) reunião de sócios; d) abertura forçada de cofre particular sob a guarda de um banco; e) verificação da transmissão de programas de televisão ou rádio de determinada emissora; f) demissão de funcionário; g) vacância, abandono ou condições de um imóvel; h) devolução voluntária, ou tentativa de devolver as chaves de um imóvel locado; h) entrega ou existência de mercadorias ou produtos em determinado local; i) compra de um produto em um estabelecimento comercial; j) uso de imagem de uma atriz ou modelo fotográfico em determinado local.

16.5.5 Ata de notificação

As atas de notificação podem ser realizadas pelo tabelião de notas quando não colidem com a competência atribuída aos oficiais de registro de títulos e documentos, prevista na Lei n. 6.015/73, art. 161. É somente uma a competência dos oficiais de registro: quando a parte apresentar um documento a registro, pode solicitar que o oficial notifique os demais interessados, ou qualquer pessoa, sobre o registro feito. A parte final do artigo informa que por esse processo podem ser feitos também avisos, denúncias e notificações, sem a intervenção judicial.

É preciso, então, ao conceituar a ata de notificação, distingui-la dessa notificação decorrente do registro.

Notificar vem do latim *notificare*, ou seja, dar a saber, informar.

A notificação pode ser judicial, feita nos autos do processo, ou extrajudicial, feita pelos particulares ou por tabeliães ou oficiais de registro.

A atividade notarial não se confunde com a registral. Os efeitos são distintos: resumidamente, aos registros compete a conservação e a produção da presunção de conhecimento *erga omnes*. Aos notários, compete atribuir fé pública a fatos ou negócios aos quais as partes desejem os efeitos da autenticidade. Não existe, portanto, qualquer competência residual na esfera notarial que seja de atribuição dos oficiais de registro. Aos oficiais de registro de títulos e documentos foi atribuída competência residual apenas para os registros não atribuídos expressamente a outro ofício (de registros)[23].

As notificações dos oficiais de registro devem ser precedidas ou integrar, sem exceção, o registro público, de modo que o conteúdo da notificação obtenha também os efeitos registrários: a conservação, a publicidade (irrestrita), a presunção de conhecimento *erga omnes* e a data de sua realização.

Quando a parte não desejar registrar o conteúdo, pode optar pela ata notarial de notificação. Nesse caso, estará perdida a presunção de conhecimento *erga omnes*, mas o conteúdo e a data da notificação terão idêntica proteção.

---

23. Lei n. 6.015/73, art. 127, parágrafo único.

A ata de notificação possibilita que uma pessoa informe outra de determinada situação e, se desejar, solicite ainda um determinado comportamento da parte notificada. É o caso, por exemplo, da falta de comparecimento para assinar uma escritura que pode, evidentemente, ser combatida pela ata notarial de notificação, de modo a possibilitar a prova em futura ação de adjudicação compulsória.

Na notificação notarial, é possível que o tabelião aja com instruções do notificante para agir em decorrência da reação do notificado ao conhecimento. É possível, inclusive, que em vista de uma oferta feita pelo notificante, haja a aceitação do notificado, hipótese em que a ata não se converte em escritura: apenas documentando a oferta e a aceitação, ou seja, a ata em si não constitui o direito, mas obriga as partes sobre o que declaram.

A ata de notificação deve ser lavrada no livro de notas. A assinatura do notificado pode integrar o instrumento, mas ela se perfectibiliza apenas com a assinatura do solicitante-notificante e do tabelião. Um traslado do ato pode ser entregue à parte notificada. **No concurso, para as atas de notificação, é prudente ser ortodoxo.**

16.5.6 Ata de autenticação eletrônica

As atas de autenticação eletrônica ou de constatação de fatos em meios eletrônicos merecem uma classificação própria, em decorrência da necessidade que muitas pessoas têm de fazer prova de situações ocorridas por meio de ligações telefônicas, da remessa de mensagens eletrônicas (e-mails) ou do conteúdo da internet ou qualquer outra mídia de dados digitais (CD, CD-rom, fitas magnéticas, chaveiros com memória etc.) ou a autenticação da duplicação e a transferência de dados constantes em um disco rígido (HD, *hard disk*) para outro disco rígido, com aposição de assinatura digital ou uma função *hash*, ou não[24].

16.5.6.1 Ata com gravação de diálogo telefônico

Na ata com gravação de diálogo telefônico, o tabelião constata um diálogo telefônico, em sistema viva voz ou não, transcrevendo tudo para o instrumento notarial.

O STF já decidiu que é lícita a gravação de uma comunicação por uma das partes, mesmo que a outra não tenha conhecimento[25]: "Gravação de conversa. Iniciativa de um dos interlocutores. Licitude. Prova corroborada por outras produzidas em juízo sob o crivo do contraditório. Gravação de conversa. A gravação feita por um dos interlocutores, sem conhecimento do outro, nada tem de ilicitude, principalmente quando destinada a

---

24. A assinatura digital, realizada por meio da criptografia assimétrica, e as funções *hash*, utilizadas por programas eletrônicos de informática para impor ou detectar a integridade de um documento eletrônico, podem ser usadas para garantir a integridade dos documentos verificados, de modo que, se o documento for assinado digitalmente ou a função *hash* estiver intacta, teremos certeza de que não houve qualquer alteração no documento.
25. Por diversas decisões no mesmo sentido, HC 85.206/SP – SÃO PAULO, Relator Min. JOAQUIM BARBOSA, Julgamento em 23-8-2005, 2ª T. Em sentido contrário, AP 307/DF – Distrito Federal, Relator Min. ILMAR GALVÃO, julgamento em 13-12-1994, TRIBUNAL PLENO.

documentá-la em caso de negativa. Precedente: Inq 657, Carlos Velloso. Conteúdo da gravação confirmada em juízo. AGRRE improvido"[26].

O entendimento dos tribunais brasileiros é no sentido de que somente é clandestina a gravação quando ambas as partes não têm conhecimento dela, exceto nos casos de interceptação da comunicação feita por autoridades munidas da indispensável ordem judicial, conforme previsto pela Constituição Federal.

É lícito, pois, que uma das partes grave o conteúdo de suas próprias conversas telefônicas com terceiros, inclusive com a presença de um tabelião para constatar o conteúdo da conversa.

Não é necessário que o tabelião ou a parte informe ao interlocutor de sua presença e do objetivo dela. Isso é possível, mas, via de regra, pode inviabilizar a naturalidade da conversa e a prova que se pretende produzir. Também não é necessário gravar a conversa, mas recomendável, para que o tabelião possa se reportar a ela para a fiel descrição da conversa, bem como para uma eventual prova judiciária. Aliás, em vista do império do contraditório, se a gravação existir, a outra parte pode e deve ter acesso a ela.

Nessa ata, o tabelião deve, ao transcrever o conteúdo, narrar as interjeições e demais expressões onomatopeicas, ou omiti-las, se preferir e se isso não for significativo para a constatação. Nada impede também que ele corrija os erros de português dos interlocutores, bem como lance as expressões estrangeiras utilizadas.

Se o diálogo ocorrer em língua estrangeira conhecida do tabelião, ele pode transcrevê-la como ouviu, evitando verter para o português. Se o tabelião desconhece o idioma, pode comparecer tradutor público juramentado para verter a conversa, no momento ou após, se houver gravação. A presença do tradutor não diminui a fé do ato, mas se o tradutor não for público, o juiz deve qualificar a prova a seu critério.

Em processo administrativo, a 2ª Vara de Registros Públicos de São Paulo, em averiguação da conduta profissional em ata notarial cujo objeto era a constatação de um diálogo telefônico, consignou o seguinte:

"Na essência, houve uma certificação que acabou desencadeando meio de prova pré-constituída, cuja valoração merecerá a oportuna e competente aferição, cuja atribuição não é desta Corregedoria Permanente.

Longe de configurar falha ou incúria funcional, a lavratura do ato traduz prática lícita, ao menos na ótica notarial, sem margem para se cogitar de indevida interceptação telefônica, ao menos no âmbito desta Corregedoria Permanente.

Dessa forma, em não havendo vedação legal ou limitação legal ou administrativa, não sendo caso de reconhecimento de ilicitude por violação de direitos fundamentais, as partes, em princípio, podem se valer do princípio da liberdade probatória expressamente previsto no art. 332, do novo Código de Processo Civil.

---

26. RE-AgR 402.035/SP – SÃO PAULO, AG.REG. NO RECURSO EXTRAORDINÁRIO, Relatora Min. ELLEN GRACIE, Julgamento em 9-12-2003, 2ª T.

A constatação foi prestada a partir de diálogo telefônico, com regular identificação das partes e descrição de fatos, em autêntica narrativa testemunhal. A rigor, na escrituração da ata notarial, houve produção de mero elemento de informação.

Diante desse painel, forçoso é convir que não se vislumbra responsabilidade funcional para dar margem à adoção de procedimento disciplinar contra o Tabelião, certo que não se demonstraram nos autos elementos aptos a ensejar a instauração de medida censório-disciplinar"[27].

16.5.6.2 Ata da internet

A internet significa comunicação e informação ilimitada. Na internet também abrimos sites, ou seja, páginas com endereços de pessoas e empresas de todo o planeta. É possível abrir janelas, com uma empresa de cada continente, visualizá-las ao mesmo tempo, comunicar e interagir com as propostas de negócio de cada um dos sites[28].

Com o avanço da tecnologia e o crescimento da internet, há uma enorme quantidade de relações, documentos e contratos realizados por via digital. A ata notarial possibilita comprovar a integridade e veracidade de fatos em meio digital, ou atribuir a eles autenticidade.

O tabelião acessa o endereço da página ou site e verifica o conteúdo, relatando fielmente tudo aquilo que presencia. A constatação abrange não só o conteúdo existente, mas também o acesso, a data, o horário e o endereço de http[29]. Se a parte necessitar, a constatação pode incluir a indicação dos titulares dos domínios acessados, cujo registro, no Brasil, está a cargo do Comitê Gestor da Internet no Brasil (www.registro.br). A imagem da página acessada pode, a pedido do solicitante, ser impressa no próprio instrumento notarial, em preto e branco, ou nas cores de exibição.

É frequente que esses locais tenham informações que podem constituir calúnia, injúria ou difamação, ou, ainda, contenham o uso indevido de imagens, de textos extraídos de outras fontes sujeitas ao direito autoral, como livros, filmes, logotipos, marcas, nomes empresariais, músicas e infrações ao direito autoral e intelectual. A caracterização da concorrência desleal também pode ser apurada em decorrência da ata.

Outra motivação é a consulta em páginas de busca, como Google ou Yahoo, e em comunidades *on-line* de amigos, profissionais ou páginas que reúnem pessoas com afinidades (p. ex., "nós amamos o rei Pelé"). Há, com frequência, brigas ou manifestações que podem constituir ofensa à honra de pessoas, raças, nacionalidades, grupos sociais etc.

Também a consulta a sítios do poder público, como da Receita Federal, de prefeituras municipais e de governos, pode motivar a realização do ato notarial, para sacramentar

---

27. Processo n. 0038239-50.2012.8.26.0100.
28. FERREIRA, Paulo Roberto G. O papel está morto. *Revista de Direito Imobiliário*, São Paulo: RT, n. 50, 24, jan./jun. 2001, p. 26.
29. Segundo a enciclopédia Wikipédia, HTTP é a sigla em língua inglesa de *HyperText Transfer Protocol* (Protocolo de Transferência de Hipertexto), um protocolo de aplicação do modelo OSI utilizado para transferência de dados na rede mundial de computadores, a *World Wide Web*.

um determinado conteúdo, ou apenas para verificar a autenticidade de um documento impresso em papel, como é o CPF da Receita Federal. Nesse último caso, é importante destacar que não se trata do singelo ato autenticatório, que pode ser feito, se esse for o interesse da parte. Trata-se de uma ata notarial para autenticar o fato de haver ou não no sítio eletrônico do órgão um dado conteúdo.

Um dos desafios da ata de constatação na internet é a mutabilidade constante do conteúdo. O autor das informações – o webmaster – pode alterá-las a qualquer momento e, assim que carregadas ao servidor que as armazena, a mudança é instantânea.

Por isso, é importantíssimo fixar com fé pública tal conteúdo.

Ele pode não mais existir no momento seguinte, no momento do processo. Somente assim é possível fazer prova incontestável, seja para promover uma ação de reparação de danos ou para provar a cópia não autorizada de conteúdo, por exemplo.

Há casos em que a constatação necessita prolongar-se no tempo para provar a manutenção do conteúdo. Cabe ao interessado informar ao tabelião com qual periodicidade a verificação deve ser feita, pedindo atas separadas por evento ou uma integradora de toda a verificação, conforme seja o seu interesse.

A ata notarial de documentos existentes na internet tem como finalidade demonstrar, além do conteúdo, o fato de que ela se encontra disponível em ambiente público.

Entendemos imprescindível que o notário inclua as imagens das páginas verificadas na ata notarial, guardando os arquivos eletrônicos para referência futura. O tabelião deve estar atento também para eventuais desvios operados automaticamente pelos programas navegadores que remetem o interessado a outros endereços ou espaços para interoperabilidade.

A página pode conter sons, animações ou filmes. O tabelião pode descrevê-los na ata, mas é conveniente também que sejam armazenados para referência futura. Tanto melhor se a parte aceita a ata em uma mídia digital, como um disco compacto ou chaveiro de dados: o art. 41 da Lei n. 8.935/94 autoriza e permite, apenas reforçando previsão do art. 422 do CPC de 2015, segundo a qual qualquer reprodução mecânica, como a fotográfica, a cinematográfica, a fonográfica ou de outra espécie, tem aptidão para fazer prova dos fatos ou das coisas representadas.

Uma página de internet é um documento que pode se estender a critério do autor. Uma página na internet pode não corresponder a uma página de papel.

Por isso, a impressão da página pode ser total ou parcial, dependendo das circunstâncias, buscando o notário descrever somente aquilo que interessa à parte. Por exemplo, ao verificar um blog, o tabelião pode pinçar[30] somente um texto de teor ofensivo. Não é necessário imprimir a página inteira.

---

30. Não significa escolher partes isoladas do conteúdo. Deve haver compreensão e encadeamento lógico.

16.5.6.3 Ata de verificação de mensagem eletrônica (e-mail, SMS, App, voz e dados)

Nessa ata, o tabelião verifica a existência de uma mensagem eletrônica (e-mail, SMS, voz e dados) em determinado computador ou base de dados ou aparelho móvel celular, *tablet* etc.

A ata constitui prova meramente indiciária, uma vez que é possível a alguém fraudar alguns caracteres de uma mensagem eletrônica (e-mail). Entretanto, as falsidades desse tipo são facilmente detectáveis por perícia técnica informática. Como, via de regra, as situações para as quais o tabelião é chamado configuram uma fase pré-processual, na qual a parte está colhendo as provas para municiar a ação, é importante a presença do tabelião para configurar a certeza de que a mensagem existia em dado disco rígido, em certa data e com determinados caracteres, fatos que devem ser todos lançados no instrumento notarial.

É fácil fraudar os caracteres de uma mensagem eletrônica (conteúdo, remetente e destinatário), mas é igualmente fácil detectar, por perícia técnica, essa fraude. É simples, também, narrar com isenção: basta afirmar que o programa de mensagens eletrônicas indica o que o tabelião constata. A realidade é o que o programa diz que é, até prova em contrário.

A ata deve conter, pois, todos os elementos indicados por um técnico em informática assistente para que, na fase processual, havendo contestação do conteúdo, o juiz indique um perito de sua confiança para fazer uma perícia sobre o equipamento verificado, cujo resultado deve demonstrar correspondência com a "perícia prévia" e a ata notarial, feitas pela parte.

Para essa verificação, o tabelião deve ter conhecimento de como operam os programas de envio, recebimento e leitura de mensagens eletrônicas e manejar com razoável naturalidade o meio eletrônico. Não é necessário, porém, ser um *expert* em assuntos de informática; basta cautela e objetividade ao relatar o que constata.

Nas atas de constatação de SMS, voz ou dados ou conteúdo em App, basta o solicitante apresentar o aparelho celular[31] ao tabelião. Quando houver diálogos gravados, troca de SMS ou mensagens de voz arquivadas, é recomendável que o interlocutor, geralmente proprietário do aparelho, compareça e figure como solicitante.

16.5.7 Ata para usucapião

A usucapião, ou o usucapião, é um instituto antigo, oriundo do Direito Romano, que visa a atribuir a propriedade pela posse mansa, pacífica e contínua por certo tempo fixado pela lei.

A usucapião é conhecida amplamente por todas as camadas sociais. Até mesmo o pobre de poucas luzes sabe que ao adentrar um terreno e nele construir a sua moradia

---

31. Importante lançar na ata notarial: o número do celular, a marca, o modelo do aparelho e o número do IMEI (fazendo uma analogia, o IMEI equivale ao número de chassis de um carro, ou seja, é único para cada aparelho celular).

e nela fizer benfeitorias, pelo decurso de prazo, se não o tirarem do local, terá direito a demandar a propriedade da área.

Com base no art. 1.238 do Código Civil, a usucapião é definida como o direito à aquisição da propriedade daquele que, pelo prazo fixado em lei, sem interrupção, detém a posse, sem oposição e com o ânimo de permanência, independentemente de título e boa-fé. A usucapião, também conhecida por prescrição aquisitiva, pois depende grandemente da inércia do proprietário por certo tempo, deve ser requerida ao juízo, cuja sentença serve de título para o registro no Cartório de Registro de Imóveis.

A usucapião, agora, além de declarada por sentença, pode ser atribuída pelo registrador imobiliário, como preceitua o novo art. 216-A da Lei de Registros Públicos[32].

16.5.7.1 Modalidades da usucapião e seus requisitos

Em breve síntese, temos no Brasil as seguintes modalidades de usucapião:

a) **Usucapião Extraordinária**

Base legal – Art. 1.238 do Código Civil.

Prazo – 15 anos de posse ininterrupta[33] e sem oposição[34], exercida com *animus domini*[35].

Tipo de posse – posse mansa, pacífica e ininterrupta, exercida com *animus domini*, ou seja, aquela que não decorre de violência[36], clandestinidade[37] ou precariedade[38].

Outra exigência – não há.

b) **Usucapião Extraordinária Moradia ou Produção**

Base legal – Art. 1.238, parágrafo único, do Código Civil.

Prazo – 10 anos de posse ininterrupta e sem oposição, exercida com *animus domini*.

Tipo de posse – posse mansa, pacífica e ininterrupta, exercida com *animus domini*, ou seja, aquela que não decorre de violência, clandestinidade ou precariedade.

Outras exigências – comprovação de moradia habitual[39] ou realização de obras ou serviços produtivos no imóvel; não há necessidade de ser o único bem do interessado nem limites sobre as dimensões do imóvel.

c) **Usucapião Ordinária**

Base legal – Art. 1.242 do Código Civil.

---

32. Lei n. 13.105/2015 (art. 1.071), que incluiu o art. 216-A na Lei n. 6.015/1973, alterada pela Lei n. 13.465/2017. Em 15 de dezembro de 2017 o Conselho Nacional de Justiça editou o Provimento n. 65, que estabelece diretrizes para o procedimento da usucapião extrajudicial nos serviços notariais e de registro de imóveis.
33. Contínua, ou seja, sem descontinuidade, suspensão ou cessação.
34. De forma mansa e pacífica.
35. Aquele que age e possui o imóvel como seu, como se fosse dono.
36. Violência é o ato pelo qual se toma de alguém, abruptamente, a posse de um imóvel.
37. A clandestinidade caracteriza-se por atuar às escondidas. A aquisição da posse é obtida sorrateiramente.
38. Posse precária é a daquele que recebe a coisa com a obrigação de restituir, e arroga-se a qualidade de possuidor, abusando da confiança, ou deixando de devolvê-la ao proprietário ou ao legítimo possuidor.
39. Ato de morar ou habitar o imóvel.

Prazo – 10 anos de posse ininterrupta e sem oposição.

Tipo de posse – posse de boa-fé[40]. O justo título presume a boa-fé.

Outras exigências – é necessária a apresentação de justo título[41].

d) Usucapião Ordinária decorrente de registro cancelado

Base legal – Art. 1.242, parágrafo único, do Código Civil.

Prazo – 5 anos de posse ininterrupta e sem oposição.

Tipo de posse – posse de boa-fé.

Outras exigências – é necessário apresentar justo título, prova do cancelamento do registro e no imóvel o interessado ter estabelecido sua moradia ou realizado investimentos de interesse social e econômico.

e) Usucapião Especial Urbano

Base legal – Art. 183 da CF, art. 9º da Lei n. 10.257/2001[42] e art. 1.240 do Código Civil.

Prazo – 5 anos de posse ininterrupta e sem oposição, exercida com *animus domini*.

Tipo de posse – posse de boa-fé.

Outras exigências – área urbana inferior a 250 m², comprovação de moradia própria ou da família, prova de que o possuidor não é proprietário de outro imóvel e prova de que o possuidor não se valeu, anteriormente, de igual benefício.

f) Usucapião Ordinária Rural

Base legal – Art. 191 da CF e art. 1.239 do Código Civil.

Prazo – 5 anos de posse ininterrupta e sem oposição, exercida com *animus domini*.

Tipo de posse – posse de boa-fé.

Outras exigências – área rural não superior a 50 hectares, comprovação de moradia e de ter tornado o imóvel produtivo por trabalho do possuidor ou de sua família e prova de que o autor não é proprietário de outro imóvel.

g) Usucapião Especial Rural

Base legal – Art. 1º da Lei n. 6.969/81.

Prazo – 5 anos de posse ininterrupta e sem oposição.

Tipo de posse – posse mansa, pacífica e ininterrupta, exercida com *animus domini*, ou seja, aquela que não decorre de violência, clandestinidade ou precariedade.

Outras exigências – área rural não superior a 25 hectares, ter tornado o imóvel produtivo por trabalho do possuidor ou de sua família e a prova de que o autor não é proprietário de outro imóvel.

---

40. A posse é de boa-fé quando o possuidor tem a convicção de que sua posse não prejudica ninguém e desconhece qualquer vício.
41. Enunciado n. 303 do Conselho de Justiça Federal: "Considera-se justo título para presunção relativa da boa-fé do possuidor o justo motivo que lhe autoriza a aquisição derivada da posse, esteja ou não materializado em instrumento público ou particular. Compreensão na perspectiva da função social da posse".
42. A Lei n. 10.257/2001 diz que o herdeiro legítimo continua a posse do antecessor, desde que resida no imóvel na abertura da sucessão.

h) Usucapião Familiar

Base legal – Art. 1.240-A do Código Civil.

Prazo – 2 anos de posse ininterrupta e sem oposição, direta com exclusividade.

Tipo de posse – posse mansa, pacífica e ininterrupta, exercida com *animus domini*, ou seja, aquela que não decorre de violência, clandestinidade ou precariedade.

Outras exigências – área urbana não superior a 250 m², bem comum (em mancomunhão), comprovação de moradia ou de sua família, prova de que o cônjuge ou companheiro abandonou o lar[43] e prova de que o autor não é proprietário de outro imóvel.

i) Usucapião Indígena

Base legal – Art. 33 da Lei n. 6.001/73.

Prazo – 10 anos de posse ininterrupta, exercida com *animus domini*.

Tipo de posse – posse mansa, pacífica e ininterrupta, exercida com *animus domini*, ou seja, aquela que não decorre de violência, clandestinidade ou precariedade.

Outras exigências – trecho de terra não superior a 50 hectares, ser índio, integrado ou não.

j) Usucapião Coletiva

Base legal – Art. 10 da Lei n. 10.257/2001.

Prazo – 5 anos de posse ininterrupta e sem oposição, onde não for possível identificar os terrenos ocupados por cada possuidor.

Tipo de posse – posse de boa-fé.

Outras exigências – área urbana com mais de 250 m², comprovação de que se trata de população de baixa renda, comprovação de moradia familiar, prova de que os autores não são proprietários de outros imóveis e intervenção obrigatória do MP.

Observação: Esta modalidade será utilizada se inviável as demais modalidades.

k) Usucapião em defesa na ação reivindicatória (art. 1.228, § 4º, do Código Civil).

Não é possível o seu reconhecimento na esfera extrajudicial.

16.5.7.2 Procedimento

Em 15-12-2017 o Conselho Nacional de Justiça – CNJ publicou o Provimento n. 65, integrado ao Código Nacional de Normas, que estabelece diretrizes para o procedimento da usucapião extrajudicial nos serviços notariais e de registro de imóveis em todo o território nacional. O procedimento de reconhecimento da usucapião foi uniformizado em todos os tabelionatos de notas e registros imobiliários do País.

Abaixo a regulação da matéria em tópicos:

Do pedido extrajudicial ou judicial da usucapião

---

43. Há quem entenda que a prova do abandono deve ser feita sob o império do contraditório.

O procedimento extrajudicial de reconhecimento da usucapião contínua sendo meio alternativo[44], cujo requerente deve estar representado por advogado ou defensor público perante o registro imobiliário competente[45].

Do objeto usucapível

O reconhecimento da usucapião pode abranger, além da propriedade, demais direitos reais, tais como:

Direitos usucapíveis	
Área comum em condomínio[46]	Sim
Área de manancial	Sim
Condôminos (condomínio comum)[47]	Sim
Direito real de habitação	Sim
Direito real de laje	Sim
Direito real de servidão	Sim
Direito real de superfície	Sim
Direito real de uso	Sim
Direito real de uso de direito público[48]	Sim
Direito real de usufruto	Sim
Domínio útil (direito privado)[49]	Sim
Enfiteuse (aforamento) (direito público)[50]	Sim
Enfiteuse (direito privado)[51]	Sim
Herança jacente	Sim
Herança vacante	Não
Imóvel arrendado[52]	Sim
Imóvel com fração inferior ao módulo mínimo[53]	Sim
Imóvel com hipoteca, penhora, arresto, sequestro	Sim
Imóvel com indisponibilidade	Sim

---

44. Ementa: Usucapião – Extinção sem julgamento do mérito – Interesse processual – Necessidade de esgotamento da via extrajudicial – Descabimento – Art. 1.071 do CPC/2015, que acrescentou o art. 216-A no Capítulo III do Título V da Lei n. 6.015/73 (Lei de Registros Públicos) – Dispositivo que admite o procedimento administrativo para o reconhecimento do domínio perante o Cartório de Registro de Imóveis, sem prejuízo da via jurisdicional – Parte que não está obrigada ao procedimento extrajudicial prévio, nem mesmo tem este como única opção para o exercício de sua pretensão – Violação ao princípio da inafastabilidade da jurisdição previsto no art. 5º, XXXV, da Constituição Federal – Interesse de agir presente – Necessidade de regular prosseguimento da ação – Recurso provido para anular a sentença (Apelação n. 1002561-34.2016.8.26.0126, Tribunal de Justiça de São Paulo, j. em 5-12-2017).
45. Registro onde estiver localizado o imóvel ou a maior parte dele.
46. Quando não houver oposição dos demais.
47. Em conjunto ou por um deles, neste caso, desde que a posse seja determinada, localizada e exclusiva.
48. Nas condições da lei e preenchidos os requisitos legais da concessão.
49. Desde que já instituída.
50. Desde que com anuência do titular do domínio útil.
51. Desde que já instituída.
52. Sugere-se, além do contrato de arrendamento, a ciência do arrendatário, se possível.
53. Se não houver fraude à Lei.

Direitos usucapíveis	
Imóvel de domínio público: COHAB/CDHU etc.[54]	Não
Imóvel em comodato[55]	Sim
Imóvel gravado com cláusulas restritivas	Sim
Imóvel locado[56]	Sim
Imóvel rural sem georreferenciamento[57]	Sim
Imóvel rural sem inscrição no CAR[58]	Sim
Imóvel rural sem reserva legal[59]	Sim
Imóvel urbano com menos de 125m[60]	Sim
Passagem forçada	Não
Servidão oculta	Não
Vaga de garagem[61] etc.	Sim

Do pedido de usucapião judicial em andamento

Caso haja pedido de reconhecimento da usucapião na via judicial em andamento, o solicitante pode solicitar ao juízo a suspensão do processo por trinta dias ou a desistência para promoção pela via extrajudicial, inclusive podendo utilizar as provas já produzidas na via judicial.

Dos bens públicos

O provimento reforça a vedação constitucional de usucapir bens públicos.

Dos dados que o requerimento deve conter

O requerimento de reconhecimento extrajudicial da usucapião deve atender, no que couber, os requisitos da petição inicial[62], bem como deve indicar:

- a modalidade de usucapião requerida e sua base legal;
- a origem e as características da posse, a existência de edificação, de benfeitoria ou de qualquer acessão no imóvel usucapiendo, com a referência às respectivas datas de ocorrência;
- o nome e estado civil de todos os possuidores anteriores cujo tempo de posse foi somado ao do requerente para completar o período aquisitivo;
- número da matrícula ou transcrição da área onde se encontra inserido o imóvel usucapiendo ou a informação de que não se encontra matriculado ou transcrito[63];

---

54. Também os financiados pelo sistema financeiro público.
55. Sugere-se, além do contrato de comodato, a ciência do comodatário, se possível.
56. Sugere-se, além do contrato de locação, a ciência do locatário, se possível.
57. Será exigido o georreferenciamento para o registro.
58. Será exigida a inscrição no CAR para o registro.
59. Será exigida a averbação da reserva legal para o registro.
60. Se não houver fraude à Lei.
61. Desde que determinada e localizada.
62. Art. 319 do CPC.
63. Por certidão emitida pelo registro imobiliário.

– o valor atribuído ao imóvel usucapiendo[64].

Dos documentos que devem acompanhar o requerimento

O requerimento deve ser assinado pelo advogado ou defensor público devidamente constituído[65] pelo solicitante, acompanhado dos seguintes documentos:

– ata notarial, ou mais de uma[66], se necessário, atestando o tempo de posse do requerente e de seus antecessores;

– planta e memorial descritivo assinados por profissional legalmente habilitado e com prova da Anotação da Responsabilidade Técnica – ART ou do Registro de Responsabilidade Técnica – RTT e pelos titulares dos direitos registrados ou averbados na matrícula do imóvel usucapiendo ou na matrícula dos imóveis confinantes ou pelos ocupantes a qualquer título;

– justo título ou quaisquer outros documentos que demonstrem a origem, a continuidade, a cadeia possessória e o tempo de posse;

– certidões negativas dos distribuidores da Justiça Estadual e da Justiça Federal do local da situação do imóvel usucapiendo expedidas nos últimos trinta dias, demonstrando a inexistência de ações que caracterizem oposição à posse do imóvel, em nome das seguintes pessoas:

a) do requerente e respectivo cônjuge ou companheiro, se houver;

b) do proprietário do imóvel usucapiendo e respectivo cônjuge ou companheiro, se houver;

c) de todos os demais possuidores e respectivos cônjuges ou companheiros, se houver, em caso de sucessão de posse, que é somada à do requerente para completar o período aquisitivo da usucapião;

– descrição georreferenciada nas hipóteses previstas na Lei n. 10.267, de 28 de agosto de 2001, e nos decretos regulamentadores;

– procuração, pública ou particular, com poderes especiais outorgado ao advogado pelo requerente e por seu cônjuge ou companheiro;

– declaração do requerente, do seu cônjuge ou companheiro que outorgue ao defensor público a capacidade postulatória da usucapião;

– certidão dos órgãos municipais e/ou federais que demonstre a natureza urbana ou rural do imóvel usucapiendo, nos termos da Instrução Normativa Incra n. 82/2015 e da Nota Técnica Incra/DF/DFC n. 2/2016, expedida até trinta dias antes do requerimento.

---

64. Vide art. 4º, § 8º, do Provimento n. 65/2017.
65. Procuração, pública ou particular, com poderes especiais e com firma reconhecida, outorgada ao advogado pelo requerente e por seu cônjuge ou companheiro, declaração do requerente, do seu cônjuge ou companheiro que outorgue ao defensor público a capacidade postulatória da usucapião.
66. Podem ser lavradas por notários distintos da mesma circunscrição territorial. A ata complementar (art. 4º, § 7º, do Provimento CNJ n. 65/2017, integrado ao Código de Normas Nacional, pode ser lavrada por notário da circunscrição territorial ou de outra. Por exemplo, na tomada de testemunhos ou declarações de confrontantes que não mais residem no município do imóvel usucapiendo.

Os documentos que acompanham o requerimento devem ser apresentados no original ou em cópia autenticada ou declarados autênticos pelo advogado ou defensor público[67].

O requerimento deve ser instruído com tantas cópias quantas forem os titulares de direitos reais ou de outros direitos registrados sobre o imóvel usucapiendo e os proprietários confinantes ou ocupantes cujas assinaturas não constem da planta nem do memorial descritivo.

O requerente e o regime de bens

Se o requerente for casado sob o regime da separação absoluta de bens o consentimento do cônjuge está dispensado.

Da dispensa da planta e memorial nos casos de condomínio edilício ou loteamento regular

Se o objeto da usucapião for unidade autônoma de condomínio edilício ou loteamento regularmente instituído, a apresentação da planta e do memorial descritivo será dispensada.

Do reconhecimento de firma na planta

A planta (e memorial) deve conter o reconhecimento, autêntico ou por semelhança, da firma dos confinantes ou ocupantes.

Mais de um pedido de usucapião sobre o mesmo imóvel

Havendo pedidos de usucapião sobre o mesmo imóvel, o segundo fica sobrestado até o acolhimento ou rejeição do procedimento anterior.

Existindo procedimento de reconhecimento extrajudicial da usucapião referente à parcela do imóvel usucapiendo, o procedimento prossegue em relação à parte incontroversa do imóvel, permanecendo sobrestada a prenotação quanto à parcela controversa.

Se o pedido versar sobre mais de um imóvel, ainda que de titularidade diversa, o reconhecimento pode ser num único procedimento, se forem contíguas às áreas.

Da desnecessidade de anuência dos condôminos nos casos de condomínio edilício regular

Para o procedimento de reconhecimento extrajudicial da usucapião de unidade autônoma integrante de condomínio edilício regularmente constituído e com construção averbada, basta a anuência do síndico do condomínio, não sendo necessária a anuência de todos os condôminos.

Da necessidade de anuência dos condôminos nos casos de condomínio edilício irregular

Se a unidade usucapienda estiver em condomínio edilício constituído de fato, ou seja, sem o respectivo registro do ato de incorporação ou sem a devida averbação de construção, é necessária a anuência de todos os titulares de direito constantes da matrícula.

---

67. Esta faculdade não se estende ao tabelionato de notas, onde os documentos deverão ser apresentados nos originais ou em cópias autenticadas.

Da composse

O reconhecimento extrajudicial da usucapião pleiteado por mais de um requerente é admitido nos casos de exercício comum da posse.

Da prenotação

O requerimento, juntamente com todos os documentos que o instruírem, será autuado pelo oficial do registro de imóveis, prorrogando-se os efeitos da prenotação até o acolhimento ou rejeição do pedido. Todas as notificações destinadas ao requerente serão efetivadas na pessoa do seu advogado ou do defensor público, por e-mail. A desídia do requerente no cumprimento de eventuais exigências acarreta o arquivamento do pedido com base no art. 205 da LRP, bem como o cancelamento da prenotação.

Da notificação do titular e dos confrontantes

Se a planta não estiver assinada pelos titulares dos direitos registrados ou averbados na matrícula do imóvel usucapiendo ou na matrícula dos imóveis confinantes ou ocupantes a qualquer título e não for apresentado documento autônomo de anuência expressa[68], eles serão notificados pelo oficial de registro de imóveis ou por intermédio do oficial de registro de títulos e documentos para que manifestem consentimento no prazo de quinze dias, considerando-se sua inércia como concordância.

A notificação pode ser feita pessoalmente pelo oficial de registro de imóveis ou por escrevente habilitado se a parte a ser notificada comparecer em cartório. Se a parte a ser notificada residir em outra comarca ou circunscrição, a notificação será realizada pelo oficial de registro de títulos e documentos da outra comarca ou circunscrição.

A notificação pode ser realizada por carta com aviso de recebimento, acompanhada de cópia do requerimento e da ata notarial, bem como de cópia da planta e do memorial descritivo e dos demais documentos que o instruíram.

Se os notificandos forem casados ou conviverem em união estável, também serão notificados, em ato separado, os respectivos cônjuges ou companheiros[69].

Deve constar expressamente na notificação a informação de que o transcurso do prazo de quinze dias sem manifestação do titular do direito sobre o imóvel consiste em anuência ao pedido de reconhecimento extrajudicial da usucapião do bem imóvel.

Se a planta não estiver assinada por algum confrontante, este será notificado pelo oficial de registro de imóveis mediante carta com aviso de recebimento, para manifestar-se no prazo de quinze dias.

---

68. A anuência pode ser apresentada em documento apartado. O consentimento expresso pode ser manifestado pelos confrontantes e titulares de direitos reais a qualquer momento, por documento particular com firma reconhecida ou por instrumento público, não necessitando da assistência de advogado ou defensor público.

    A concordância pode ser manifestada ao escrevente encarregado da intimação mediante assinatura de certidão específica de concordância lavrada no ato pelo preposto.

    Tratando-se de pessoa jurídica, a notificação deve ser entregue a pessoa com poderes de representação legal.

69. Nada impede que sejam notificados conjuntamente.

Da dispensa de anuência dos confrontantes

Se o imóvel usucapiendo for matriculado com descrição precisa e houver perfeita identidade entre a descrição tabular e a área objeto do requerimento da usucapião extrajudicial, fica dispensada a intimação dos confrontantes do imóvel, devendo o registro da aquisição originária ser realizado na matrícula existente.

Da notificação por edital

Sendo infrutíferas as notificações ou estando a parte a ser notificada em lugar incerto, não sabido ou inacessível, o oficial de registro de imóveis deve certificar o ocorrido e promover a notificação por edital,[70] publicando, por duas vezes, em jornal local de grande circulação, pelo prazo de quinze dias cada um, interpretando o silêncio da parte a ser notificada como concordância.

Da possibilidade de anuência pelos herdeiros ou pelo inventariante

Na hipótese de algum titular de direitos reais e de outros direitos registrados na matrícula do imóvel usucapiendo e na matrícula do imóvel confinante ter falecido, seus herdeiros legais podem assinar a planta e memorial descritivo[71].

A existência de justo título dispensa o consentimento

Será considerado outorgado o consentimento do titular de direito registral dispensada a notificação, quando for apresentado pelo requerente justo título ou instrumento que demonstre a existência de relação jurídica com o titular registral, acompanhado de prova da quitação[72] das obrigações e de certidão[73] do distribuidor cível que demonstre a inexistência de ação judicial contra o requerente ou contra seus cessionários envolvendo o imóvel usucapiendo.

São exemplos de títulos ou instrumentos[74]:

i) compromisso ou recibo de compra e venda;

ii) cessão de direitos e promessa de cessão;

iii) pré-contrato;

iv) proposta de compra;

v) reserva de lote ou outro instrumento no qual conste a manifestação de vontade das partes, contendo a indicação da fração ideal, do lote ou unidade, o preço, o modo de pagamento e a promessa de contratar;

vi) procuração pública com poderes de alienação para si ou para outrem, especificando o imóvel;

vii) escritura de cessão de direitos hereditários, especificando o imóvel;

viii) documentos judiciais de partilha, arrematação ou adjudicação.

Nos casos de utilização de justo título para a dispensa da anuência do titular de domínio, é necessário verificar o óbice para a lavratura da escritura, de modo a evitar o

---

70. A notificação por edital pode ser publicada em meio eletrônico, desde que o procedimento esteja regulamentado pela corregedoria local.
71. Contudo deve ser apresentada escritura pública declaratória de únicos herdeiros ou nomeação do inventariante.
72. A prova de quitação deve ser feita por escrito ou com a apresentação da quitação da última parcela do preço avençado ou de recibo assinado pelo proprietário com firma reconhecida.
73. A certidão deve ser expedida até trinta dias antes do requerimento.
74. Rol meramente exemplificativo.

uso da usucapião como meio de burla dos requisitos legais do sistema notarial e registral e da tributação dos impostos de transmissão incidentes sobre os negócios imobiliários.

Importante frisar que a qualificação legal e final dos documentos fica a cargo do oficial de registro de imóveis, que emitirá nota fundamentada, conforme seu livre convencimento, acerca da veracidade e idoneidade do conteúdo e da inexistência de lide relativa ao negócio objeto de regularização pela usucapião.

Do ônus na matrícula

A existência de ônus real ou de gravame na matrícula do imóvel usucapiendo não impede o reconhecimento extrajudicial da usucapião[75].

Da ciência à União, ao Estado, ao Distrito Federal e ao Município

O oficial de registro de imóveis dará ciência à União, ao Estado, ao Distrito Federal ou ao Município pessoalmente, por intermédio do oficial de registro de títulos e documentos ou pelo correio com aviso de recebimento, para manifestação sobre o pedido no prazo de quinze dias.

A inércia dos órgãos públicos[76] diante da notificação não impede o regular andamento do procedimento nem o eventual reconhecimento extrajudicial da usucapião.

Da impugnação pela União, Estado, Distrito Federal ou Município

Se apresentada qualquer ressalva, óbice ou oposição da União, Estado, Distrito Federal ou Município, o procedimento extrajudicial deve ser encerrado e enviado ao juízo competente para o rito judicial da usucapião.

Da ciência de terceiros por edital

O oficial de registro de imóveis expedirá edital[77-78] para ciência de terceiros eventualmente interessados, que poderão manifestar-se nos quinze dias subsequentes ao da publicação.

Estando o imóvel usucapiendo localizado em duas ou mais circunscrições ou em circunscrição que abranja mais de um município, o edital deve ser publicado em jornal de todas as localidades.

Das diligências eventualmente necessárias feitas pelo oficial

Para a elucidação de quaisquer dúvidas, imprecisões ou incertezas, poderão ser solicitadas ou realizadas diligências pelo oficial de registro de imóveis ou por escrevente habilitado.

---

75. Eventual impugnação do titular do direito poderá ser objeto de conciliação ou mediação pelo registrador. Não sendo frutífera, a impugnação impedirá o reconhecimento da usucapião pela via extrajudicial.
76. A manifestação do Poder Público será admitida em qualquer fase do procedimento.
77. O edital conterá: i) o nome e a qualificação completa do requerente, ii) a identificação do imóvel usucapiendo com o número da matrícula, quando houver, sua área superficial e eventuais acessões ou benfeitorias nele existentes, iii) os nomes dos titulares de direitos reais e de outros direitos registrados e averbados na matrícula do imóvel usucapiendo e na matrícula dos imóveis confinantes ou confrontantes de fato com expectativa de domínio, iv) a modalidade de usucapião e o tempo de posse alegado pelo requerente, v) a advertência de que a não apresentação de impugnação no prazo previsto neste artigo implicará anuência ao pedido de reconhecimento extrajudicial da usucapião.
78. O edital pode ser publicado em meio eletrônico, desde que o procedimento esteja regulamentado pela corregedoria local, dispensada a publicação em jornais de grande circulação.

Da justificação administrativa

No caso de ausência ou insuficiência de documentos, a posse e demais dados necessários poderão ser comprovados em procedimento de justificação administrativa perante o oficial de registro do imóvel, obedecendo, no que couber, ao disposto no § 5º do art. 381 e ao rito previsto nos arts. 382 e 383, todos do CPC.

Assim, caso o requerente não possua prova plena da posse e evidencie não haver outro meio capaz de configurar a verdade do fato alegado, pode requerer a justificação administrativa, procedimento com a finalidade de suprir a falta ou insuficiência de documento ou fazer prova de fato ou circunstância do seu interesse. O requerente, por seu advogado ou defensor público, apresentará ao oficial de registro imobiliário requerimento expondo, clara e minuciosamente, os pontos que pretende justificar, indicando testemunhas idôneas cujos depoimentos possam levar à convicção da veracidade do que se pretende comprovar.

Da rejeição do pedido

Se ao final das diligências persistirem dúvidas, imprecisões ou incertezas, bem como a ausência ou insuficiência de documentos, o oficial de registro de imóveis rejeita o pedido mediante nota de devolução fundamentada. A rejeição do pedido extrajudicial não impede o ajuizamento de ação de usucapião no foro competente.

Com a rejeição do pedido extrajudicial e a devolução de nota fundamentada, cessam os efeitos da prenotação e da preferência dos direitos reais determinada pela prioridade, salvo suscitação de dúvida.

Da reconsideração da rejeição

A rejeição do requerimento pode ser impugnada pelo requerente no prazo de quinze dias, perante o oficial de registro de imóveis, podendo reanalisar o pedido e reconsiderar a nota de rejeição no mesmo prazo ou sujeitar o requerimento a suscitação de dúvida registral nos moldes dos arts. 198 e seguintes da LRP.

Da impugnação[79] e da possibilidade de conciliação ou mediação

Em havendo impugnação do pedido de reconhecimento extrajudicial da usucapião pelos titulares de direitos reais e de outros direitos registrados ou averbados na matrícula do imóvel usucapiendo ou na matrícula dos imóveis confinantes, pelos entes públicos ou por terceiros interessados, o oficial de registro de imóveis tentará promover a conciliação ou a mediação entre as partes interessadas.

Sendo infrutífera a conciliação ou a mediação, o oficial de registro de imóveis lavrará relatório circunstanciado de todo o processamento da usucapião. O oficial de registro de imóveis entregará a autuação do pedido da usucapião ao requerente, acompanhada do relatório circunstanciado, mediante recibo.

Da impugnação justificada

Em caso de impugnação justificada do pedido de reconhecimento extrajudicial de usucapião, o oficial de registro de imóveis remeterá os autos ao juízo competente da

---

79. Infundada ou de caráter protelatório.

comarca da situação do imóvel, cabendo ao requerente emendar a petição inicial para adequá-la ao procedimento comum.

Da impugnação injustificada

Em caso de impugnação injustificada pelo registrador, caberá ao interessado o manejo da suscitação de dúvida nos moldes do art. 198 desta Lei.

A parte requerente pode emendar a petição inicial, adequando-a ao procedimento judicial e apresentá-la ao juízo competente da comarca de localização do imóvel usucapiendo.

O Provimento CGJ n. 51, de 19 de dezembro de 2017, publicado pela Corregedoria-Geral da Justiça de São Paulo, considera infundada a impugnação, quando:

a) já examinada e refutada em casos iguais ou semelhantes pelo juízo competente;

b) o interessado se limita a dizer que a usucapião causará avanço na sua propriedade sem indicar, de forma plausível, onde e de que forma isso ocorrerá;

c) não contém exposição, ainda que sumária, dos motivos da discordância manifestada;

d) ventila matéria absolutamente estranha à usucapião;

e) o Oficial de Registro de Imóveis, pautado pelos critérios da prudência e da razoabilidade, assim reputar.

Dos imóveis rurais

O registro do reconhecimento extrajudicial da usucapião de imóvel rural somente será realizado após a apresentação:

i) do recibo de inscrição do imóvel rural no Cadastro Ambiental Rural – CAR, de que trata o art. 29 da Lei n. 12.651, de 25 de maio de 2012, emitido por órgão ambiental competente, esteja ou não a reserva legal averbada na matrícula imobiliária, fazendo-se expressa referência, na matrícula, ao número de registro e à data de cadastro constantes daquele documento;

ii) do Certificado de Cadastro de Imóvel Rural – CCIR mais recente, emitido pelo Instituto Nacional de Colonização e Reforma Agrária – Incra, devidamente quitado;

iii) de certificação do Incra que ateste que o poligonal objeto do memorial descritivo não se sobrepõe a nenhum outro constante do seu cadastro georreferenciado e que o memorial atende às exigências técnicas, conforme as áreas e os prazos previstos na Lei n. 10.267/2001 e nos decretos regulamentadores.

Da abertura de matrícula

O registro do reconhecimento extrajudicial da usucapião de imóvel implica abertura de nova matrícula[80].

Na hipótese de o imóvel usucapiendo encontrar-se matriculado e o pedido se referir à totalidade do bem, o registro do reconhecimento extrajudicial de usucapião deve ser averbado na própria matrícula existente.

Caso o reconhecimento extrajudicial da usucapião atinja fração de imóvel matriculado ou imóveis referentes, total ou parcialmente, a duas ou mais matrículas, deve

---

80. A abertura de matrícula de imóvel edificado independe da apresentação de habite-se.

ser aberta nova matrícula para o imóvel usucapiendo, devendo as matrículas atingidas, conforme o caso, ser encerradas ou receber as averbações dos respectivos desfalques ou destaques, dispensada, para esse fim, a apuração da área remanescente.

Tratando-se de usucapião de unidade autônoma localizada em condomínio edilício objeto de incorporação, mas ainda não instituído ou sem a devida averbação de construção, a matrícula deve ser aberta para a respectiva fração ideal, mencionando-se a unidade a que se refere.

O ato de abertura de matrícula decorrente de usucapião conterá, sempre que possível, para fins de coordenação e histórico, a indicação do registro anterior desfalcado e, no campo destinado à indicação dos proprietários, a expressão "adquirido por usucapião".

Das restrições na matrícula

O reconhecimento extrajudicial da usucapião de imóvel matriculado não extingue eventuais restrições administrativas nem gravames judiciais regularmente inscritos[81]. O requerente deve formular pedido de cancelamento dos gravames e restrições diretamente à autoridade que emitiu a ordem. Os entes públicos ou credores podem anuir expressamente à extinção dos gravames no procedimento da usucapião.

Do reconhecimento da usucapião

Estando em ordem a documentação e não havendo impugnação, o oficial de registro de imóveis emite nota fundamentada de deferimento e efetua o registro da usucapião[82]. O oficial do registro de imóveis não deve exigir, para o ato de registro da usucapião, o pagamento do Imposto de Transmissão de Bens Imóveis – ITBI, pois trata-se de aquisição originária de domínio.

Em virtude da consolidação temporal da posse e do caráter originário da aquisição da propriedade, o registro declaratório da usucapião não se confunde com as condutas previstas no Capítulo IX da Lei n. 6.766, de 19 de dezembro de 1979, nem delas deriva[83].

Da cobrança dos emolumentos

Enquanto não for editada, no âmbito dos Estados e do Distrito Federal, legislação específica acerca da fixação de emolumentos para o procedimento da usucapião extrajudicial, serão adotadas as seguintes regras:

> i) no tabelionato de notas, a ata notarial será considerada ato de conteúdo econômico, tendo por base para a cobrança de emolumentos o valor venal do imóvel relativo ao último lançamento do imposto predial e territorial urbano ou ao imposto territorial rural ou, quando não estipulado, o valor de mercado aproximado;

---

81. Como a usucapião é, seja judicial ou extrajudicial, modo originário de aquisição, referidas restrições ou gravames são ineficazes perante o requerente e terceiros. O reconhecimento de usucapião objetiva a sua declaração, sendo, pois, declaratória a natureza do reconhecimento. O direito de propriedade é reconhecido no momento em que são preenchidos os requisitos exigidos por lei. Sendo a posse exercida desde certa data, o imóvel saiu da esfera patrimonial do titular do domínio não sendo mais, em tese, passível de execução.
82. Em qualquer caso, o legítimo interessado pode suscitar o procedimento de dúvida, observado o disposto nos arts. 198 e seguintes da LRP.
83. Crime contra a Administração Pública, arts. 50 a 52.

ii) no registro de imóveis, pelo processamento da usucapião, serão devidos emolumentos equivalentes a 50% do valor previsto na tabela de emolumentos para o registro e, caso o pedido seja deferido, também serão devidos emolumentos pela aquisição da propriedade equivalentes a 50% do valor previsto na tabela de emolumentos para o registro, tomando-se por base o valor venal do imóvel relativo ao último lançamento do imposto predial e territorial urbano ou ao imposto territorial rural ou, quando não estipulado, o valor de mercado aproximado.

Diligências, reconhecimento de firmas, escrituras declaratórias, notificações e atos preparatórios e instrutórios para a lavratura da ata notarial, certidões, buscas, averbações, notificações e editais relacionados ao procedimento do pedido da usucapião serão considerados atos autônomos para efeito de cobrança de emolumentos nos termos da legislação local[84].

16.5.7.3 Ata notarial para a usucapião

A ata notarial é obrigatória[85] para o procedimento de reconhecimento da usucapião. Sem ela, faltará o requisito que a lei exige, fulminando o procedimento.

A exigência de apresentação de ata notarial para instruir o procedimento decorre da interpretação literal do inciso I do art. 216 da Lei n. 6.015/73 – não há outra interpretação ou norma que imponha solução diversa.

A ata notarial para usucapião será feita, a requerimento do interessado, sem necessidade da presença de advogado, que é obrigatória no procedimento junto ao registro imobiliário.

A ata notarial[86] deve conter a qualificação, endereço eletrônico, domicílio e residência do solicitante e respectivo cônjuge ou companheiro, se houver, e do titular do imóvel lançado na matrícula objeto da usucapião que ateste:

i) descrição do imóvel usucapiendo conforme consta na matrícula ou a descrição da área nos casos de transcrição e as suas características, tais como se urbano ou rural, se residencial ou comercial, a existência de edificação, benfeitoria ou de qualquer acessão[87];

ii) o tempo e as características da posse do requerente e de seus antecessores;

iii) a forma de aquisição da posse do imóvel usucapiendo pela parte requerente;

iv) a modalidade de usucapião pretendida e sua base legal;

v) o número de imóveis atingidos pela pretensão aquisitiva e a localização: se estão situados em uma ou em mais circunscrições;

vi) o valor do imóvel;

---

84. As despesas podem ser adiantadas pelo requerente.
85. Neste sentido: Apelação n. 1002887-04.2018.8.26.0100, do Conselho Superior da Magistratura de São Paulo.
86. Doravante será lançado na ata notarial, além da qualificação do solicitante, o endereço (e-mail), se ele possuir, e qualificação do titular do domínio, nos casos de haver matrícula ou transcrição.
87. Se não houver matrícula ou transcrição, o tabelião de notas deve descrever o imóvel conforme consta na planta e memorial descritivo (atuais).

O valor do imóvel declarado pelo requerente deve ser o valor venal relativo ao último lançamento do IPTU ou ITR ou, quando não estipulado, o valor de mercado aproximado[88].

vii) outras informações que o tabelião de notas considere necessárias à instrução do procedimento, tais como depoimentos de testemunhas ou partes confrontantes[89].

O requerimento pode ser instruído com mais de uma ata notarial, seja ata complementar ou escritura declaratória, podendo ser lavradas pelo mesmo tabelião ou por outro, e ser de locais distintos.

A ata notarial será lavrada pelo tabelião de notas do município em que estiver localizado o imóvel usucapiendo ou a maior parte dele[90].

O tabelião de notas, a seu critério, poderá comparecer pessoalmente ao imóvel usucapiendo para realizar diligências necessárias à lavratura da ata notarial. A ata também pode ser lavrada em cartório, sem diligência, nos casos de unidade autônoma, por exemplo. É recomendável, e nossa experiência demonstra, que o tabelião se desloque para verificar o imóvel *in loco*[91].

Na ata notarial podem constar imagens, documentos e vídeos gravados em arquivos eletrônicos, além do depoimento de testemunhas, ocupantes, locatários etc.[92].

A ata deve conter alerta expresso de que não é o meio de reconhecimento da usucapião, sendo um dos requisitos do procedimento de reconhecimento da usucapião perante o registro imobiliário.

Cabe ressaltar que o tabelião não tem condições de atestar **continuamente** a posse de um imóvel durante a prescrição aquisitiva para fins de usucapião. O que a lei deseja é cumprir uma liturgia legal e confiou ao tabelião o sacramento.

É objeto das atas de presença a exibição de documentos para que, examinados, o notário descreva-os minuciosamente, como eles resultam de sua percepção, como é o caso da ata para usucapião. O tabelião, com sua percepção técnica e diante de elementos probatórios, atesta e dá certeza sobre determinada situação (indiretamente). O que a lei busca com a ata, em síntese, são os vestígios de certeza e segurança sobre a situação fática duradoura, ou seja, sobre o tempo prolongado e os atributos fixados em lei para a prescrição aquisitiva.

A ata notarial para usucapião deve conter elementos que configurem, para o registrador, a segurança dos requisitos legais para atribuir a propriedade ao interessado. Em decisão proferida no Proc. n. 1004203-52.2018.8.26.0100, em 16-3-2018, a 1ª Vara de Registros Públicos de São Paulo destacou:

---

88. Ou o valor venal de referência, nos municípios que o possuírem.
89. Inclusive exigir a apresentação de documentos outros que manifestam a convicção do notário sobre a posse *ad usucapionem*.
90. O tabelião de outro local não pode lavrar a ata notarial para a usucapião, exceto a complementar. O tabelião, na ata, alertará o requerente e as testemunhas que as declarações feitas são sob responsabilidade civil e penal.
91. Buscando retratar a fiel situação real do imóvel e a sua descrição no registro imobiliário.
92. A ata notarial não pode basear-se apenas em declarações do requerente, conforme Prov. CNJ n. 65/2018, integrado ao Código de Normas Nacional.

"(...) E não é só. A exigência da ata notarial, como dito acima, é garantia do Oficial de Registros de Imóveis e de terceiros de que as informações dadas pelo requerente são verdadeiras. Ou seja, não basta a palavra deste para que o registrador reconheça a prescrição aquisitiva, sendo necessário outro meio de prova apto a demonstrar a veracidade das informações.

Tal meio, escolhido pelo legislador, é a ata notarial. Corrobora este entendimento a previsão do § 2º do art. 5º do já mencionado Provimento n. 65, no sentido de que o Tabelião não pode basear-se apenas na declaração do requerente para lavrar o documento.

Tudo isso a fortalecer o entendimento de que, dada a natureza da usucapião, não é suficiente o mero requerimento do possuidor e o silêncio do proprietário tabular para seu reconhecimento. São necessários elementos externos, que no caso judicial se dão pela inquirição de testemunhas, perícia judicial e pela própria autoridade do juiz ao utilizar seu convencimento motivado para atestar a posse. Já no caso extrajudicial, este elemento externo é a ata notarial, que, caso afastada, retiraria essa garantia de que os fatos alegados pelo requerente são verdadeiros (...)".

Neste mesmo processo decidiu-se que a ata notarial é inafastável e é requisito obrigatório no procedimento de reconhecimento da usucapião extrajudicial:

"(...) Destarte, também na usucapião administrativa esta comprovação deve ser feita. E a forma para tal não é livre: estando em jogo o direito de propriedade, a prova há de observar as exigências legais, sob pena de haver uma simplificação excessiva que coloque em risco a propriedade de terceiros.

Em outras palavras, a observância dos preceitos legais é essencial para a segurança jurídica esperada do procedimento administrativo, não sendo possível ao requerente optar pela forma em que demonstrará a posse e o justo título, quando o caso.

Assim, ainda que se discorde dos meios exigidos pelo legislador (como a ineficácia da ata notarial para atestar a existência da posse e seu tempo), são eles garantias de que a usucapião foi reconhecida de modo legítimo, declarando-se a propriedade do usucapiente em prejuízo do proprietário tabular sem qualquer dúvida que possa contaminar a legitimidade do procedimento.

Portanto, as exigências legais devem ser observadas em sua totalidade, e sua interpretação deve ser restritiva, no sentido de limitar qualquer tentativa de se simplificar o procedimento ou alterá-lo.

(...)

No caso da ata notarial, contudo, não há exceção. Sua exigência é expressa na lei. Neste sentido, a expressão 'conforme o caso e suas circunstâncias' não vem no sentido de afastar a necessidade da apresentação da ata, mas diz respeito ao 'tempo de posse do requerente e de seus antecessores'. Ou seja, o tabelião deve atestar o tempo de posse conforme o caso e suas circunstâncias, no sentido de que não há modelo específico de como deverá fazê-lo: observadas as circunstâncias próprias de cada caso, o tabelião pode atestar o tempo de posse de diversas maneiras, como entrevistando vizinhos, analisando documentos ou utilizando-se de outros meios aptos para tanto. (...)".

A ata poderá conter as declarações do possuidor sobre a sua posse mansa, pacífica, contínua e duradoura por certo tempo do imóvel onde reside ou trabalha. Além das declarações do possuidor, sob responsabilidade civil e penal, a ata deve conter outros elementos probatórios (documentais e/ou testemunhais), como comprovantes de impostos ou de consumo, como água, luz, telefone etc. atrelados ao imóvel e no nome do possuidor. Ainda melhor, se a posse tiver um título causal, como um compromisso de compra e venda, além de testemunhas que corroboram tais fatos.

A melhor das atas para usucapião será aquela em que o tabelião possa constatar, com fulcro na base geodésica certa decorrente do memorial descritivo e da planta assinada pelos confrontantes, a presença do possuidor e eventuais confrontantes e testemunhas (vizinhos, por exemplo) que conheçam o possuidor e o tempo da posse. Nesta ata, constará a apresentação da planta, assinada pelos confrontantes, e o memorial descritivo, assinado pelo profissional responsável.

A seguir, listamos as partes e documentos indispensáveis ou convenientes:

A ata notarial e os documentos obrigatórios e facultativos

Integra, obrigatoriamente, o procedimento de reconhecimento da usucapião a apresentação de ata notarial na qual o tabelião atesta no mínimo o tempo[93] da posse e a cadeia possessória[94], conforme a modalidade da usucapião. Além disso, poderá atestar o que mais entender necessário para prova do direito pretendido, ou o que mais lhe for solicitado.

Esta é uma ata notarial com características próprias: exige-se que o tabelião **ateste** elementos que possibilitem ao registrador certeza para atribuir a propriedade. Constatar o tempo de posse é, de fato, impossível ao tabelião realizar. Por isso a lei diz atestar, certificar oficialmente. **O que a lei deseja é a autenticação notarial da demonstração dos elementos caracterizadores da posse, e não constatação presencial do tempo dela**, o que, evidentemente, seria impossível.

A ata notarial terá como fonte inicial a base geodésica da propriedade e caberá ao tabelião de notas decidir sobre a necessidade de diligência no imóvel usucapiendo, de todo recomendável. Há casos em que é prescindível a verificação *in loco* do imóvel. Ex.: Usucapião de apartamento em condomínio edilício regularmente instituído não necessita a diligência até o imóvel. Se a planta e o memorial divergirem da realidade física descrita na matrícula ou transcrição, a diligência ao imóvel para se aferir a realidade fática é necessária.

Sempre que possível, o tabelião deverá começar o trabalho com a apresentação da matrícula ou transcrição, se houver, do memorial descritivo e planta do imóvel usucapiendo. Isto permitirá atender ao princípio da especialidade objetiva (descrição do imóvel), aos limites da posse e conhecer os confrontantes que concordam com a planta apresentada, caso assinem, podendo também colher as suas declarações e anuências na ata.

Identificamos dois tipos para a ata de usucapião:

1) Ata para usucapião – verificação em cartório, na qual o tabelião constata – no recinto do tabelionato – com fulcro na base geodésica certa decorrente do memorial descritivo e da planta assinada pelos confrontantes, a presença do possuidor e eventuais confrontantes e testemunhas (vizinhos etc.) que conheçam o possuidor e o tempo da posse. A apresentação de documentos que fazem prova da situação jurídica possessória que comprove o justo título, quando o caso. Nesta ata, é indispensável a apresentação da planta e do memorial descritivo assinados pelo profissional responsável. A indicada para unidades autônomas.

---

93. O requisito tempo inclui outros elementos da posse que devem integrar a ata.
94. Atentar, pois, para certas modalidades de usucapião exigem-se requisitos personalíssimos, impedindo a soma da posse de antecessores.

Para certas modalidades de usucapião, esta ata não é indicada, como, por exemplo, onde há a necessidade da comprovação do requisito de moradia ou de produção.

Presenças indispensáveis:
– Possuidor como solicitante e declarante.

Presenças convenientes:
– Confrontantes, titulares do domínio
– Confrontantes, possuidores;
– Vizinhos, que testemunham a posse mansa, pacífica e duradoura de certo tempo.

Presenças facultativas:
– Cônjuge do possuidor;
– Profissional responsável pelo memorial descritivo e planta;
– Advogado.

Documentos indispensáveis:
– RG e CPF, inclusive dos cônjuges;
– Certidão de casamento (se casado, separado, divorciado ou viúvo). Quando for de outro município, com firma reconhecida do oficial que a expediu;
– Pacto antenupcial registrado, se houver;
– Certidão de óbito (se viúvo). Quando for de outro município, com firma reconhecida do oficial que a expediu;
– Certidão do registro imobiliário, inclusive a negativa, se for o caso;
– Planta e memorial descritivo assinados pelos confrontantes. Qualificar e reconhecer as firmas dos confrontantes e do profissional competente apostas na planta;
– Contas de consumo vinculadas ao imóvel, como água, luz, telefone, TV a cabo etc.

Documentos convenientes:
– Justo título[95];
– Recibos ou guias de pagamento de tributos relativos ao imóvel;
– Cadastro na prefeitura municipal ou carnê de pagamento de tributos;
– Contratos como compromisso de compra e venda, arras etc.;
– Documentos indicativos de construções ou benfeitorias feitas no imóvel.

Documentos facultativos:
– Certidões negativas dos distribuidores. Provam que não há ações reais ou pessoais reipersecutórias o que garante ao tabelião que a posse é mansa e pacífica.

---

95. Para algumas modalidades é documento obrigatório (usucapião ordinária – art. 1.242 do Código Civil e usucapião ordinária decorrente de registro cancelado – art. 1.242, parágrafo único, do Código Civil).

Observação:

- Os possuidores que exercem a posse em nome próprio e como donos, devem figurar na ata notarial como solicitantes, inclusive os cônjuges[96] ou companheiros, conforme o caso;
- Havendo união estável ou convivência, deve ser indicado o nome dos conviventes. Em caso de posse conjunta, ambos devem figurar como solicitantes;
- Distinguir em itens diferentes as declarações de cada parte e intervenientes, para que fique claro ao registrador ou juiz o que é declarado por cada participante.

2) Ata para usucapião – verificação em diligência, na qual o tabelião constata – em diligência – a existência e características do bem usucapiendo, a presença do possuidor e eventuais confrontantes e testemunhas (vizinhos etc.) que conheçam o possuidor e o tempo da posse. Esta ata conterá ainda a apresentação de documentos que fazem prova da situação jurídica possessória. Nesta ata, é indispensável a apresentação da planta e do memorial descritivo assinados pelo profissional responsável. **Esta é a ata de usucapião padrão.**

Presenças indispensáveis:

- Possuidor como solicitante e declarante.

Presenças convenientes:

- Confrontantes, titulares do domínio;
- Confrontantes, possuidores;
- Vizinhos, que testemunham a posse mansa, pacífica e duradoura de certo tempo.

Presenças facultativas:

- Cônjuge do possuidor;
- Profissional responsável pelo memorial descritivo e planta;
- Advogado.

Documentos indispensáveis:

- RG e CPF, inclusive dos cônjuges;
- Certidão de casamento (se casado, separado, divorciado ou viúvo). Quando for de outro município, com firma reconhecida do oficial que a expediu;
- Pacto antenupcial registrado, se houver;
- Certidão de óbito (se viúvo). Quando for de outro município, com firma reconhecida do oficial que a expediu;
- Certidão do registro imobiliário, inclusive a negativa, se for o caso;
- Planta e memorial descritivo assinados pelos confrontantes. Qualificar e reconhecer as firmas dos confrontantes e do profissional competente apostas na planta;

---

96. Se a posse for conjunta, ambos figuram como solicitantes. Se a posse for só de um, o outro comparece anuindo e concordando com o pedido.

– Contas de consumo vinculadas ao imóvel, como água, luz, telefone, TV a cabo etc.

Documentos convenientes:

– Justo título[97];
– Recibos ou guias de pagamento de tributos relativos ao imóvel;
– Cadastro na prefeitura municipal ou carnê de pagamento de tributos;
– Contratos como compromisso de compra e venda, arras etc.;
– Documentos indicativos de construções ou benfeitorias feitas no imóvel.

Documentos facultativos:

– Certidões negativas dos distribuidores. Provam que não há ações reais ou pessoais reipersecutórias, o que garante ao tabelião que a posse é mansa e pacífica.

Observação:

– Os possuidores que exercem a posse em nome próprio e como donos, devem figurar na ata notarial como solicitantes, inclusive os cônjuges[98] ou companheiros, conforme o caso.
– Havendo união estável ou convivência, deve ser indicado o nome dos conviventes. Em caso de posse conjunta, ambos devem figurar como solicitantes.
– Distinguir em itens diferentes as declarações de cada parte e intervenientes, para que fique claro ao registrador ou juiz o que é declarado por cada participante.

Caracteres genéricos aplicáveis

– **Requerimento:**
– Requerimento escrito, com protocolo do pedido.
– **Pessoa Jurídica** (somente usucapião extraordinária e ordinária):
– Número do CNPJ;
– Fotocópia autenticada do contrato social, última alteração e alteração em que conste modificação de diretoria, ou consolidação do contrato social. Se estatuto social, sua fotocópia autenticada e a ata de eleição da diretoria;
– RG, CPF, profissão, estado civil e residência do diretor(es), sócio(s) ou procurador(es) que assinará(ão) a ata;
– Certidão da junta comercial de que não há outras alterações e confirmação, se o contrato tiver mais de um ano.
– **Confrontantes tabulares, de fato e testemunhas:**
– Certidão de matrícula ou transcrição atualizada dos imóveis confrontantes;

---

97. Para algumas modalidades é documento obrigatório (usucapião ordinária – art. 1.242 do Código Civil e usucapião ordinária decorrente de registro cancelado – art. 1.242, parágrafo único, do Código Civil).
98. Se a posse for conjunta, ambos figuram como solicitantes. Se a posse for só de um, o outro comparece anuindo e concordando com o pedido.

- Fotocópia de contrato, se confrontantes forem ocupantes (ex.: locação, comodato etc.);
- Fotocópia do RG e CPF (e apresentação do original);
- Fotocópia da certidão de casamento (se casado, separado, divorciado ou viúvo). Quando for de outro município, com firma reconhecida do oficial que a expediu;
- Fotocópia da certidão de óbito com firma reconhecida no original do oficial que a expediu (se viúvo);
- Informar se conhece o possuidor e há quanto tempo;
- Informar se tem conhecimento de quanto tempo o possuidor está na posse (de modo manso, pacífico e contínuo);
- Informar profissão;
- Informar endereço.

Observação: Na ata que tenha por objeto unidade de condomínio edilício, o confrontante será o próprio condomínio na pessoa do síndico. Funcionários ou proprietários/ocupantes de unidades vizinhas podem comparecer na ata como testemunhas, se necessário.

Profissional responsável: Engenheiro ou arquiteto:
- Cópia da carteira profissional – ART/CREA (e apresentação do original);
- Registro de responsabilidade técnica;
- Informar nacionalidade, estado civil e endereço profissional;
- Telefone e e-mail.

Planta/Croqui e memorial descritivo da posse:
- Planta/croqui e memorial descritivo da posse devem ser feitos de forma técnica. Devem ser lançados o maior número de informações possíveis, sobre as dimensões do imóvel, sua localização, seus confrontantes, e as matrículas ou transcrições atingidas.

Certidões de feitos ajuizados da situação do imóvel e do domicílio do(s) solicitante(s):

1. Certidão dos distribuidores cíveis estadual e federal em nome:

a. do(s) solicitante(s);

b. do(s) antecessor(es) na posse, se o(s) autor(es) requerer(em) que o tempo deles seja computado com o seu, para atingir o prazo de usucapião;

c. dos titulares de domínio.

2. Quanto aos titulares de domínio, a certidão de distribuição tem de abranger, também, inventários e arrolamentos.

3. Trazer certidão de objeto e pé, se em alguma certidão constar:

a. ação referente à posse ou à propriedade;

b. ação de despejo;

c. inventário ou arrolamento de titular de domínio.

Outros documentos:

– A procuração para requerer a usucapião deve conter poderes especiais para este objeto.

– Se houver procurador, ou qualquer outro representante, é necessário apresentar RG, CPF, informar estado civil, profissão e residência.

– Procuração atualizada (prazo de 90 dias a partir da expedição do traslado ou da certidão) com firma reconhecida no original do tabelião que a expediu (o reconhecimento deve ser feito na cidade do tabelião);

– Para o substabelecimento, aplicam-se as mesmas regras.

b) Elementos da posse que devem integrar a ata notarial

Além de constatar a cadeia possessória, o tabelião deve constatar o tempo da posse e isso não significa tão somente o tempo. A lei contém outros requisitos da posse que obrigatoriamente deverão integrar a ata notarial. São eles:

Configuração da posse

O tabelião deve buscar elementos de configuração da posse – deve haver corpus e *animus domini*[99].

Pode haver um outro tipo, a ata cujo objeto é a comprovação da posse de bem imóvel ou móvel. Ela não é destinada exclusivamente ao procedimento de reconhecimento de usucapião, mas para a pré-constituição de prova em geral, com fundamento no art. 384, do CPC, e não no inciso I do art. 216 da Lei n. 6.015/73.

Ocupação indevida

A ocupação indevida gera mera detenção, à qual a lei não atribui proteção. A detenção é um estado de fato, onde o detentor não ostenta a qualidade de possuidor, ou porque não tem a intenção de ser dono, ou porque não pode ser dono, ou por agir em nome e por conta do proprietário ou do possuidor. Exemplo típico é o caseiro.

Origem e tempo

O tabelião deve buscar elementos sobre a origem da posse, se advém por sucessão hereditária[100] ou testamentária[101] ou por sucessão de fato, com soma de posse[102]. Nesta, o possuidor deve esclarecer como a posse primitiva se iniciou e a que título foi conquistada ou adquirida (neste caso, os antigos possuidores que transferiram a posse não precisam figurar como solicitantes, mas devem ser citados na ata; podem também ser testemunhas). Naquela, os herdeiros que exerceram/adquiriram a posse como donos, devem figurar como solicitantes. Os possuidores, confrontantes e eventuais testemunhas devem

---

99. Em algumas modalidades de usucapião não é requisito essencial.
100. Art. 1.207, CC. O sucessor universal continua de direito a posse do seu antecessor; e ao sucessor singular é facultado unir sua posse à do antecessor, para os efeitos legais (*sucessio possessionis*).
101. Art. 1.206, CC. A posse transmite-se aos herdeiros ou legatários do possuidor com os mesmos caracteres.
102. *Accessio possessionis*, permite que o possuidor junte a sua posse com a de seu antecessor, para fins de contagem do lapso temporal exigido para a implementação da usucapião.

informar, sob responsabilidade civil e penal, a data ou época em que teve início a posse, informando dia ou mês certo ou aproximado. Deve ser indicado o tempo total de posse.

Posse "*ad interdicta*" e posse "*ad usucapionem*"

O tabelião deve buscar elementos da posse se é "*ad interdicta*" ou "*ad usucapionem*".

A posse "*ad interdicta*"[103] é a posse que dá direito ao possuidor de utilizar os denominados interditos possessórios, ou ações possessórias: manutenção de posse, reintegração de posse e interdito proibitório (art. 1.210 do Código Civil). Ex.: locatário, mutuário, arrendatário etc. (há desmembramento da posse).

A posse "*ad usucapionem*" é a posse em que o possuidor tem condições de adquirir a propriedade ou outro direito real pela usucapião. Ocorre quando o possuidor, após posse mansa e ininterrupta durante determinado lapso de tempo, tem a possibilidade de se tornar proprietário do bem. Ex.: invasor (não há desmembramento da posse).

Destinação do bem

O tabelião deve buscar elementos sobre a destinação dada ao imóvel. **Exemplos:**

– Moradia habitual ou realização de obras ou serviços produtivos no imóvel (art. 1.238, parágrafo único, do Código Civil);

– Moradia ou realização de investimentos de interesse social e econômico (art. 1.242, parágrafo único, do Código Civil);

– Moradia própria ou de sua família (art. 183 da CF, art. 9º, da Lei n. 10.257/2001 e art. 1.240 do Código Civil);

– Moradia e ter tornado o imóvel produtivo por seu trabalho ou de sua família (art. 191 da CF e art. 1.239 do Código Civil);

– Ter tornado o imóvel produtivo por trabalho seu ou de sua família (art. 1º da Lei n. 6.969/81);

– Moradia do cônjuge ou de sua família (art. 1.240-A do Código Civil);

– Moradia familiar (art. 10 da Lei n. 10.257/2001); ou

– Outra destinação (art. 1.238 do Código Civil, art. 1.242 do Código Civil e art. 33 da Lei n. 6.001/73).

Forma e modo de exercício da posse

O tabelião deve verificar elementos que caracterizam a posse: é exercida diretamente pelo possuidor de modo manso, pacífico e contínuo?

Atos de posse

O possuidor deve informar se fez acessões e benfeitorias no imóvel e atos de conservação ou manutenção, com referência às datas respectivas, mesmo que aproximadas, atos de habitualidade etc.

---

103. Em princípio não dá direito ao reconhecimento da usucapião.

O direito usucapido

O tabelião deve enquadrar na ata notarial o direito usucapido[104]. **Ex.**: propriedade, usufruto, direito de superfície, servidão etc.

Cadeia possessória

Cadeia possessória é a demonstração cronológica do exercício da posse no decorrer do tempo. **Ex.**: é quando se comprove que A transfere para B que transfere para C. Deve constar o nome dos antigos possuidores, suas identificações e o período da posse de cada um, quando for o caso. A qualificação completa não é necessária, mas recomendável, se possível obtê-la.

Justo título

Segundo o Enunciado n. 303 do Conselho de Justiça Federal: "Considera-se justo título para presunção relativa da boa-fé do possuidor o justo motivo que lhe autoriza a aquisição derivada da posse, esteja ou não materializado em instrumento público ou particular. Compreensão na perspectiva da função social da posse".

Alguns exemplos:

a) compra e venda;

b) promessa ou compromisso de compra e venda; ou

c) cessão de direitos feita pelo compromissário comprador ou por herdeiros;

d) contrato verbal, comprovado pelos recibos de pagamento ou quitação;

Obs.: Em todas as hipóteses, apresentar os comprovantes de pagamento, se existentes;

e) contrato verbal de aquisição, sem comprovação de pagamento, com testemunhas que atestem esta circunstância;

f) contrato verbal ou escrito de aquisição dos direitos inerentes à posse.

Sem justo título: Informar se a posse decorre de:

a) ocupação de terreno, lote ou imóvel abandonado ou sem dono;

b) demais formas admitidas em direito.

Descrição do imóvel

A área usucapida deve ser descrita com todos os detalhes possíveis. Neste sentido, devem ser disponibilizadas todas as informações descritivas possíveis, em especial as seguintes:

a) localização da posse (rua e número);

b) se há construção;

---

104. Há quem entenda que a usucapião extrajudicial somente pode ser da propriedade matriculada, excluídos direitos reais menores.

c) nome dos confrontantes de fato, informando a localização de seus imóveis (nome da Rua e numeração);

d) fotos, Google Earth, Google Street View, Drones etc. Todos esses meios são representações indiretas da situação fática constatável, os quais o tabelião de notas, a seu critério, pode utilizar para sua percepção e autenticação dos fatos. Respeitados os posicionamentos contrários, tal procedimento não ofende o princípio da imediação notarial, que, nos dias atuais, fora mitigado em face da dinâmica da vida moderna e das novas tecnologias. Exemplo disso são os atos notariais eletrônicos e a edição do Provimento CGJ-SP n. 08/2015, que possibilitou a coleta da assinatura das partes em até 30 dias após a lavratura do ato.

Obs.: Se a planta/croqui e memorial descritivo forem apresentados previamente ao notário, tais informações constarão na ata. É importante salientar que as informações constantes na ata e na planta e memorial descritivo não podem ser divergentes.

c) Breve síntese das etapas do procedimento no tabelionato

1. É prudente que o tabelião receba o pedido da ata por formulário impresso (requerimento com protocolo);

2. Entrega dos documentos solicitados ao tabelião;

3. Agendar a presença no local, na hora indicada, quando for o caso. Conveniente também agendar com confrontantes e terceiros;

4. Remeter uma minuta para conferência do solicitante;

5. Agendar a data da lavratura e assinatura.

16.5.8 Ata para Adjudicação

A ata notarial para a adjudicação compulsória é instrumento previsto pela Lei 14.382/2022, em artigo que altera a Lei 6.015/73, introduzindo a possibilidade do procedimento de adjudicação compulsória ser realizado perante o oficial do registro de imóveis. Foi regulamentada pelo Provimento CNJ 150/2023, hoje integrado ao Código Nacional de Normas. A exemplo da usucapião judicial, quando se introduziu o art. 216-A na lei registral, temos, agora, o art. 216-B, com a adjudicação. Trata-se de mais uma medida de extrajudicialização, movimento que atribui funções do Poder Judiciário para autoridades administrativas.

Neste caso, e no da usucapião extrajudicial, o Judiciário não perde a competência; permite-se ao cidadão a opção pela via extrajudicial que, se espera, seja mais célere, menos burocrática e módica.

Em setembro de 2023 houve regulamentação da Corregedoria Nacional de Justiça do CNJ, publicando o Provimento CNJ n. 150, de 11/09/2023, que alterou o Código Nacional de Normas, sobre o qual falaremos mais adiante.

Urbanização e irregularidade imobiliária formal

Todos sabemos que a irregularidade imobiliária é uma mazela brasileira com números de pouca certeza. Para as moradias insalubres, sem infraestrutura de água e esgoto, como favelas, temos uma pesquisa séria, informando um déficit de 5,8 milhões de unidades[105].

Existem também as irregularidades formais, ou seja, aquelas decorrentes da falta de documentação que, por sua vez, impedem o registro e o exercício pleno da propriedade por nossos cidadãos. Este número é desconhecido, é um mistério.

Desde o Decreto-lei 58, de 1937, que atendeu à crescente urbanização que tivemos naquele período, regulando os loteamentos e a compra e venda de terrenos em prestações, tivemos o crescimento exponencial das grandes cidades escorado nesses documentos. Os contratos – compromisso ou promessa de compra e venda "em caráter irrevogável e irretratável" – viraram uma instituição jurídica nacional, se prolongavam por anos, as pessoas morriam, empresas loteadoras faliam ou seus proprietários desapareciam e, com isso, ao final do pagamento, as partes não lavravam a escritura. Em consequência, não obtinham a propriedade com o registro.[106]

Podemos estimar a grandeza do problema com as estatísticas. Em 1940, havia 31% de brasileiros residindo na área urbana, aproximadamente 12,4 milhões de pessoas. O processo de industrialização e desenvolvimento econômico encheu as cidades: em 2010, segundo o IBGE, éramos 196 milhões de brasileiros, 84% vivendo em áreas urbanas, no total 160 milhões de pessoas.[107]

Os números demonstram que foram construídas moradias para mais de 150 milhões de pessoas nos centros urbanos brasileiros. Quantas dessas estão regularizadas formalmente é um mistério. Podemos imaginar, por esta realidade e por nossa natureza à informalidade, que a grande maioria dessas moradias é irregular, foram adquiridas por promessas de compra e venda a prazo e não estão regularizadas. A adjudicação compulsória extrajudicial deverá colaborar para a regularização formal desses imóveis.

A ação para a adjudicação compulsória está prevista em nosso Código Civil, art. 1.848, in verbis: O promitente comprador, titular de direito real, pode exigir do promitente vendedor, ou de terceiros, a quem os direitos deste forem cedidos, a outorga da escritura definitiva de compra e venda, conforme o disposto no instrumento preliminar; e, se houver recusa, requerer ao juiz a adjudicação do imóvel.

Segundo Credie, a adjudicação compulsória é a ação pessoal que o compromissário comprador, ou o cessionário de seus direitos à aquisição, ajuíza contra o titular do domínio do imóvel (que prometeu vendê-lo através de um contrato de compromisso de venda e compra) e se omite ou recusa a outorgar a escritura definitiva. A ação busca

---

105. Fundação João Pinheiro, em https://www.gov.br/mdr/pt-br/assuntos/habitacao/RelatorioDeficitHabitacionalno-Brasil20162019v1.0.pdf, acesso em 21.02.2023, às 18h45.
106. Há mais uma razão para esta situação: as partes não tinham condições ou prefeririam postergar a regularização para evitar o pagamento do imposto de transmissão. O conluio entre a malandragem do cidadão e a desídia das Fazendas Públicas trouxe-nos ao atual momento.
107. Disponível em: https://g1.globo.com/brasil/noticia/2010/11/censo-aponta-1907-milhoes-de-brasileiros-em-2010.html. Acesso em 21.02.2023, às 18h48.

o suprimento judicial para a outorga, mediante sentença constitutiva com a mesma eficácia do ato não praticado[108].

Processo extrajudicial de adjudicação

Instrumento contratual

Podem dar fundamento à adjudicação compulsória quaisquer atos ou negócios jurídicos que impliquem promessa de compra e venda ou promessa de permuta, bem como as relativas cessões ou promessas de cessão, contanto que não haja direito de arrependimento exercitável.

Assim, não importa a nomenclatura dada ao instrumento contratual. Buscam-se os requisitos de fundo que caracterizam a intenção de transferir a propriedade, seja a promessa de compra e venda, a permuta ou outra feição negocial.

Arrependimento

Arrependimento exercitável significa vigente, que pode ser exercido. O direito de arrependimento exercitável não impede a adjudicação compulsória, se o imóvel houver sido objeto de parcelamento do solo urbano ou de incorporação imobiliária, com o prazo de carência já decorrido.

Legitimidade

Possui legitimidade para a adjudicação compulsória qualquer adquirente ou transmitente nos atos e negócios jurídicos de promessa de compra e venda ou promessa de permuta, bem como quaisquer cedentes, cessionários ou sucessores. A cadeia de cessões deve estar quitada.

Advogado

Durante o processo, o requerente deve estar assistido por advogado ou defensor público, constituídos mediante procuração específica.

Cumulação de Pedidos

O requerente pode cumular pedidos referentes a imóveis diversos, contanto que, cumulativamente:

I – todos os imóveis estejam na circunscrição do mesmo ofício de registro de imóveis;

II – haja coincidência de interessados ou legitimados, ativa e passivamente; e

III – da cumulação não resulte prejuízo ou dificuldade para o bom andamento do processo.

Competência registral

A atribuição para o processo e para a qualificação e registro da adjudicação compulsória extrajudicial é o ofício de registro de imóveis da situação do imóvel. Se o registro do imóvel ainda estiver na circunscrição de ofício de registro de imóveis anterior, o requerente deve apresentar a respectiva certidão.

---

108. Ricardo Arcoverde Credie. *Adjudicação Compulsória* – Legislação, doutrina e jurisprudência atualizados. São Paulo: Malheiros, 2000, p. 34.

Especialidade objetiva e subjetiva

É admitido o processo de adjudicação compulsória ainda que estejam ausentes alguns dos elementos de especialidade objetiva ou subjetiva, se, a despeito disso, houver segurança quanto à identificação do imóvel e dos proprietários descritos no registro.

Existência de processo judicial

A pendência de processo judicial de adjudicação compulsória não impede a via extrajudicial, caso se demonstre a suspensão daquele por, no mínimo, 90 (noventa) dias úteis.

Qualificação notarial e registral

A qualificação notarial ou registral será negativa sempre que se verificar, em qualquer tempo do processo, ilicitude, fraude à lei ou simulação.

Inércia do requerente

A inércia do requerente, em qualquer ato ou termo, depois de decorrido prazo fixado pelo oficial de registro de imóveis, leva à extinção do processo extrajudicial.

Requerimento inicial

O interessado apresentará, para protocolo, ao oficial de registro de imóveis, requerimento de instauração do processo de adjudicação compulsória. Os efeitos da prenotação prorrogar-se-ão até o deferimento ou rejeição do pedido.

O requerimento inicial atenderá, no que couber, os requisitos do art. 319 da Lei Federal n. 13.105, de 16 de março de 2015 – Código de Processo Civil, trazendo, em especial:

I – identificação e endereço do requerente e do requerido, com a indicação, no mínimo, de nome e número de Cadastro de Pessoas Físicas – CPF ou de Cadastro Nacional de Pessoas Jurídicas – CNPJ;

II – a descrição do imóvel, sendo suficiente a menção ao número da matrícula ou transcrição e, se necessário, a quaisquer outras características que o identifiquem;

III – se for o caso, o histórico de atos e negócios jurídicos que levaram à cessão ou sucessão de titularidades, com menção circunstanciada dos instrumentos, valores, natureza das estipulações, existência ou não de direito de arrependimento e indicação específica de quem haverá de constar como requerido;

IV – a declaração do requerente, sob as penas da lei, de que não pende processo judicial que possa impedir o registro da adjudicação compulsória, ou prova de que tenha sido extinto ou suspenso por mais de 90 (noventa) dias úteis;

V – o pedido de que o requerido seja notificado a se manifestar, no prazo de 15 (quinze) dias úteis; e

VI – o pedido de deferimento da adjudicação compulsória e de lavratura do registro necessário para a transferência da propriedade.

O requerimento inicial será instruído, necessariamente, pela ata notarial e pelo instrumento do ato ou negócio jurídico em que se funda o pedido. É permitida a apresentação direta ao ofício de registro de imóveis ou por meio do Sistema Eletrônico dos Registros Públicos – Serp.

O oficial de registro de imóveis pode digitalizar o requerimento inicial e os documentos que o acompanhem, para que o processo tramite em meio exclusivamente eletrônico.

Caso o requerimento inicial não preencha os seus requisitos, o requerente será notificado, por escrito e fundamentadamente, para que o emende no prazo de 10 (dez) dias úteis.

Decorrido esse prazo sem as providências, o processo será extinto, com o cancelamento da prenotação.

Notificação por edital

Caso seja incerto ou desconhecido o endereço de algum requerido, a sua notificação por edital será solicitada pelo requerente, mediante demonstração de que tenha esgotado todos os meios ordinários de localização.

Cônjuge e companheiros

Também se consideram requeridos e deverão ser notificados o cônjuge e o companheiro, nos casos em que a lei exija o seu consentimento para a validade ou eficácia do ato, ou negócio jurídico que dá fundamento à adjudicação compulsória.

Notificação

Aceito o requerimento inicial, o oficial de registro notificará o requerido. A notificação conterá:

I – a identificação do imóvel;

II – o nome e a qualificação do requerente e do requerido;

III – a determinação para que o requerido, no prazo de 15 (quinze) dias úteis, contados a partir do primeiro dia útil posterior ao dia do recebimento da notificação:

a) anua à transmissão da propriedade; ou

b) impugne o pedido, com as razões e documentos que entender pertinentes;

IV – a advertência de que o silêncio do requerido poderá implicar a presunção de que é verdadeira a alegação de inadimplemento;

V – instruções sobre a forma de apresentação da impugnação.

O instrumento da notificação será elaborado pelo oficial do registro de imóveis, que o encaminhará pelo correio, com aviso de recebimento, facultado o encaminhamento por oficial de registro de títulos e documentos.

Notificação por e-mail

Sem prejuízo dessas providências, deverá ser enviada mensagem eletrônica de notificação, Se houver indicação de endereço eletrônico do requerido, o oficial enviará mensagem eletrônica de notificação.

Requerido pessoa jurídica

Se o requerido for pessoa jurídica, será eficaz a entrega da notificação à pessoa com poderes de gerência geral ou de administração, ou ainda, a um funcionário que receba as correspondências.

Em caso de pessoa jurídica extinta, a notificação será enviada ao liquidante ou ao último administrador conhecido. Se forem desconhecidos o liquidante ou o último administrador, ou se estiverem em lugar incerto ou desconhecido, a notificação será feita por edital.

Nos condomínios edilícios ou outras espécies de conjuntos imobiliários com controle de acesso, a notificação será válida quando entregue a um funcionário responsável pelo recebimento de correspondência.

Requerido falecido

Se o requerido for falecido, poderão ser notificados os seus herdeiros legais, contanto que estejam comprovados a qualidade destes, o óbito e a inexistência de inventário judicial ou extrajudicial. Havendo inventário, bastará a notificação do inventariante.

Tentativas infrutíferas

Se forem infrutíferas as tentativas de notificação pessoal, e não sendo possível a localização do requerido, o oficial de registro fará a notificação por edital, que será publicado por duas vezes, com intervalo de 15 dias, em jornal impresso ou eletrônico.

Será considerado em lugar desconhecido, para fins de notificação por edital, o requerido cujo endereço não conste no registro de imóveis nem no instrumento do ato ou negócio jurídico em que se fundar a adjudicação compulsória, contanto que o requerente declare e comprove que esgotou os meios ordinários para sua localização.

Também se fará a notificação por edital quando o requerido residir fora do país e não houver procurador com poderes para a outorga do título de transmissão.

Anuência e impugnação

A anuência do requerido poderá ser declarada a qualquer momento por instrumento particular, com firma reconhecida, por instrumento público ou por meio eletrônico idôneo, na forma da lei. A anuência também poderá ser declarada perante o oficial de registro de imóveis.

A anuência desacompanhada de providências para a efetiva transmissão da propriedade, implicará o prosseguimento do processo extrajudicial.

O requerido poderá apresentar impugnação por escrito, no prazo de 15 (quinze) dias úteis. Neste caso, o oficial de registro notificará o requerente para que se manifeste em igual prazo. Com ou sem a manifestação, o oficial decidirá em de 10 (dez) dias úteis.

Conciliação e Mediação

Se entender viável, antes de proferir decisão, o oficial de registro de imóveis poderá instaurar a conciliação ou a mediação dos interessados.

Impugnação infundada

A impugnação será indeferida quando:

I – a matéria já houver sido examinada e refutada em casos semelhantes pelo juízo competente;

II – não contiver a exposição, ainda que sumária, das razões da discordância;

III – versar matéria estranha à adjudicação compulsória;

IV – for de caráter manifestamente protelatório.

Possibilidade de recurso em caso de rejeição da impugnação

Rejeitada a impugnação, o requerido poderá recorrer no prazo de 10 (dez) dias úteis, e o oficial de registro de imóveis notificará o requerente para se manifestar, em igual prazo.

Se acolhida a impugnação, o requerente será comunicado para manifestação

Acolhida a impugnação, o oficial de registro notificará o requerente para que se manifeste em 10 (dez) dias úteis. Se não houver oposição do requerente contra a impugnação, o processo será extinto e a prenotação cancelada.

Remessa ao juízo corregedor permanente

Após, com ou sem manifestação ou havendo manifestação contrária do requerente contra o acolhimento, os autos serão encaminhados ao juízo para exame sobre a procedência da impugnação.

Acolhida a impugnação, o juiz determinará ao oficial de registro a extinção do processo e o cancelamento da prenotação.

Rejeitada a impugnação, o juiz determinará a retomada do processo perante o oficial de registro.

Em qualquer caso, a decisão do juízo esgota a instância administrativa acerca da impugnação.

Qualificação e registro

Não havendo impugnação, afastada a que houver sido apresentada, ou anuindo o requerido ao pedido, o oficial de registro de imóveis, em 10 (dez) dias úteis:

I – expedirá nota devolutiva para que se supram as exigências que ainda existirem; ou

II – deferirá ou rejeitará o pedido, em nota fundamentada.

Especialidade objetiva e subjetiva

Se for necessário, os elementos de especialidade objetiva ou subjetiva que não alterem elementos essenciais do ato ou negócio jurídico poderão ser complementados por documentos. Se se tratar de manifestação de vontade, podem ser aceitas declarações dos proprietários ou dos interessados para viabilizar o registro.

Suscitação de dúvida

Em caso de exigência ou de rejeição do pedido, caberá dúvida (art. 198, da Lei 6.015/73).

Direitos reais, ônus e gravames

Os direitos reais, ônus e gravames que não impeçam atos de disposição voluntária da propriedade não obstam a adjudicação compulsória. A indisponibilidade não impede o processo de adjudicação compulsória, mas o pedido será indeferido, caso não seja cancelada até o momento da decisão final do oficial de registro.

Comprovação fiscal

Não é condição para o deferimento e registro da adjudicação compulsória extrajudicial a comprovação da regularidade fiscal do transmitente, a qualquer título.

Comprovação de débitos condominiais

Para as unidades autônomas em condomínios edilícios não é necessária a prévia prova de pagamento das cotas de despesas comuns.

Massa falida e recuperação judicial

É passível de adjudicação compulsória o bem da massa falida, ou da empresa em recuperação judicial, contanto que o negócio jurídico seja anterior ao reconhecimento judicial da falência, ressalvado o disposto nos arts. 129 e 130 da Lei 11.101/05, que tratam da ineficácia de atos praticados para prejudicar credores.

Imposto de transmissão

O pagamento do imposto de transmissão será comprovado pelo requerente antes da lavratura do registro, dentro de 5 (cinco) dias úteis. Não havendo pagamento do imposto, o processo é extinto.

Ata Notarial

A ata notarial será lavrada por tabelião de notas de escolha do requerente, salvo se envolver diligências no local do imóvel, respeitados os critérios dos arts. 8º e 9º da Lei 8.935/94, e observadas, no caso de ata notarial eletrônica, as regras de competência territorial.

A regra de competência para as atas notariais estabelece que é competente o tabelião da circunscrição do fato constatado[109]. Quando inaplicável este critério, será o tabelião do domicílio do requerente a lavrar as atas notariais eletrônicas, de forma remota e com exclusividade por meio do e-Notariado, com a realização de videoconferência e assinaturas digitais das partes.

Se a constatação da ata para adjudicação não necessitar visita ao local, é livre a escolha do tabelião, que cuidará da verificação da autenticidade dos documentos apresentados oriundos e enviados de outras localidades.

Requisitos

Além de seus demais requisitos, para fins de adjudicação compulsória, a ata notarial conterá:

– a referência à matrícula ou à transcrição, e a descrição do imóvel com seus ônus e gravames;

– a identificação dos atos e negócios jurídicos que dão fundamento à adjudicação compulsória, incluído o histórico de todas as cessões e sucessões, bem como a relação de todos os que figurem nos respectivos instrumentos contratuais;

O tabelião deve analisar os aspectos intrínsecos do contrato, como partes, objeto e preço, nos termos dos arts. 104, 462 e 481, CC, bem como a ausência da cláusula de arrependimento (art. 1.417, CC), buscando aplicar o princípio da conservação dos negócios jurídicos, de modo a preservar a função social do contrato e a essência da ma-

---

109. Código de Normas Nacional, art. 303.

nifestação das partes, aceitando a complementação de dados, documentos e eventuais elementos faltantes ao título.

Quanto aos aspectos extrínsecos, como a autenticidade do instrumento, o tabelião deverá atentar para o controle de autenticidade, verificando existência de indícios de falsificação ou adulteração, a temporalidade do instrumento, a originalidade da autoria (assinaturas), bem como outros itens complementares, como o reconhecimento de firmas, se existente, ou a apresentação de documentos complementares que corroborem a autenticidade, etc. A ata deverá conter também a prova do adimplemento integral do preço ou do cumprimento da contraprestação à transferência do imóvel adjudicando;

Quando as partes possuem a prova do pagamento do preço, o tabelião recepciona, qualifica e lança a informação na ata notarial. Contudo, s vezes, as partes não possuem a prova escrita do adimplemento do preço. Entendemos que a prova pode ser feita com a declaração da parte quanto a isso, desde que tenha o contrato a provar o seu direito. A declaração, com a inexistência de ação de cobrança ou resilição em face do promitente comprador, dá a certeza do adimplemento. Ademais, entendemos que se aplicam ao procedimento da adjudicação extrajudicial as presunções de pagamento constantes dos artigos 322 a 324 do Código Civil, que tratam da presunção de pagamento.

– identificação das providências ignoradas pelo requerido para a transmissão de propriedade e a verificação de seu inadimplemento;

Se as partes possuírem alguma prova da recusa, o tabelião qualifica e lança na ata. Caso não possuam, o tabelião comunica o requerido no endereço constante no contrato, matrícula ou em outro documento, pedindo o comparecimento ao tabelião para a outorga da escritura definitiva. Se o devedor não estiver mais no endereço indicado ou não comparecer, o tabelião certificará o não comparecimento na ata, permitindo ao oficial a certeza da procura e ciência da parte compelida a outorgar a escritura definitiva.

– o valor venal atribuído ao imóvel adjudicando, na data do requerimento inicial, segundo a legislação local.

Orientação prévia

O tabelião de notas orientará o requerente acerca de eventual inviabilidade da adjudicação compulsória pela via extrajudicial. Igualmente, informará a parte sobre documentos indispensáveis e outros convenientes ao sucesso do pedido perante o oficial de registros.

Declaração do tabelião

A norma do CNJ exige que o tabelião de notas informe que a ata não tem valor de título de propriedade, que se presta à instrução de pedido de adjudicação compulsória perante o cartório de registro de imóveis, e que poderá ser aproveitada em processo judicial.

Especialidade objetiva

A descrição do imóvel urbano matriculado poderá limitar-se à identificação ou denominação do bem e seu endereço. O tabelião de notas poderá incluir informações que se prestem a aperfeiçoar ou a complementar a especialidade do imóvel, se necessário.

Prova extra

Poderão constar da ata notarial imagens, documentos, gravações de sons, depoimentos de testemunhas e declarações do requerente. As testemunhas deverão ser alertadas de que a falsa afirmação configura crime.

Hipóteses de quitação

Para fins de prova de quitação, na ata notarial, poderão ser objeto de constatação, além de outros fatos ou documentos:

a) ação de consignação em pagamento com valores depositados;

b) mensagens, inclusive eletrônicas, em que se declare quitação ou se reconheça que o pagamento foi efetuado;

c) comprovantes de operações bancárias;

d) informações prestadas em declaração de imposto de renda;

e) recibos cuja autoria seja passível de confirmação;

f) averbação ou apresentação do termo de quitação de que trata a alínea 32 do inciso II do art. 167 da Lei n. 6.015, de 31 de dezembro de 1973; ou

g) notificação extrajudicial destinada à constituição em mora.

Este rol é exemplificativo, podendo o requerente apresentar outros documentos ou solicitar a constatação de fatos relacionados. Como dissemos, a prova da quitação do preço do imóvel pode ser feita pela apresentação dos recibos, notando-se que se presume a quitação integral com apresentação da prova da última parcela (CC, art. 322).

Ainda se sem esta prova da quitação, entendemos ser possível a declaração da parte quanto a isso, desde que tenha o contrato a provar o seu direito. A declaração, acrescida da inexistência de ação de cobrança ou resilição em face do promitente comprador, dá a certeza do adimplemento. Neste sentido, a norma fluminense, que informa ser presumida a quitação pela inexistência de ação de cobrança ou resilição contratual (NRJ, 1.257, § 2º).

Atestação das assinaturas

O tabelião de notas pode dar fé às assinaturas, com base nos cadastros nacionais dos notários (art. 301 deste Código Nacional de Normas), se assim for viável à vista do estado da documentação examinada.

Conciliação e Mediação

O tabelião de notas pode instaurar a conciliação ou a mediação dos interessados, desde que haja concordância do requerente, nos termos da regulação da conciliação e mediação.

Resumo – Ata para Adjudicação

1. Assessoramento Notarial

O Tabelião informa ao interessado o procedimento notarial (e registral), os requisitos legais e documentos necessários.

2. Entrega da Documentação

O interessado (ou seu advogado, ou procurador) entrega a documentação contratual, prova do pagamento e demais elementos fáticos e caracterizadores do inadimplemento da obrigação (se houver) ao Tabelião.

– Se na matrícula ou transcrição recai algum ônus, ou gravame;
– Se o imóvel necessita de retificação quanto a identificação;
– A identificação do negócio (imóvel e partes), eventual cadeia de cessões (quitadas) e sucessores;
– A prova ou conjunto probatório do pagamento do preço, ou do cumprimento da contraprestação (permuta);
– Se o interessado tomou alguma providência para a efetiva transmissão da propriedade e a eventual inércia do requerido;
– Eventual inviabilidade da adjudicação na via extrajudicial.

3. Preparação e Redação

(i) Notificado e não comparecendo, ou

(ii) havendo prova robusta das providências, a caracterização do inadimplemento da obrigação é constatada pelo Tabelião, prosseguindo na preparação da redação e submetendo a minuta da ata ao interessado.

4. Competência para Lavratura

É livre a escolha do tabelião. Se houver diligência, a competência é do tabelião do local do imóvel. No ato digital, a competência é do tabelião do local do fato constatado ou do domicílio do interessado.

5. Qualificação Notarial

O Tabelião constatará:

– Se há indícios de ilicitude, fraude à lei ou simulação (se houver, nega-se o prosseguimento do procedimento notarial);
– A temporalidade do instrumento, indícios de falsificação ou adulteração, originalidade da autoria > possibilidade de consulta no CCN;
– Se presente os requisitos dos arts. 104, 462, 481, 1.417, CC.
– Se há cláusula de arrependimento exercitável = vigente (enquanto não adimplido o preço);

6. Constatação do Inadimplemento

– Caso não tenha tomado providência ou ela for insuficiente, o Tabelião comunicará (com AR) o requerido para comparecer no Tabelionato a fim de outorgar a escritura pública definitiva[110].

7. Ok do interessado e autorização do tabelião

Aprovada a minuta do ato, o tabelião lavra a ata notarial.

---

110. A comunicação deve informar a razão, os efeitos, a data e hora para comparecimento e indicar o escrevente a procurar. Se o requerido comparecer, lavra-se a escritura, caso contrário, certifica a ausência em ata.

8. Registro Imobiliário

Com a ata, requerimento e documentos necessários, o interessado, representado por seu advogado, apresentará ao Oficial de Registro de Imóveis competente e o procedimento registral segue seu rito.

Observação

A comunicação deve informar a razão, os efeitos, a data e hora para comparecimento e indicar o escrevente a procurar. Se o requerido comparecer, lavra-se a escritura; caso contrário, certifica a ausência em ata.

STJ – Súmula e Teses

A seguir, concluímos apresentando a Súmula e duas teses do Superior Tribunal de Justiça que dizem respeito ao tema.

Súmula 239

O direito à adjudicação compulsória não se condiciona ao registro do compromisso de compra e venda no cartório de imóveis.

Tema 886

Havendo compromisso de compra e venda não levado a registro, a responsabilidade pelas despesas de condomínio pode recair tanto sobre o promitente vendedor quanto sobre o promissário comprador, dependendo das circunstâncias de cada caso concreto.

(Tese julgada sob o rito do art. 543-C do CPC/73)

Tema 122

O promitente comprador do imóvel e o proprietário/promitente vendedor são contribuintes responsáveis pelo pagamento do IPTU.

(Tese julgada sob o rito do art. 543-C do CPC/73)

16.5.9 Ata de Arrematação

A Lei n. 14.711/2023 criou uma nova espécie de ata notarial para o processo de execução extrajudicial dos créditos garantidos por hipoteca: a ata notarial de arrematação.

Assim, concluído o procedimento e havendo lance vencedor, os autos do leilão e o processo de execução extrajudicial da hipoteca serão distribuídos a um tabelião de notas com competência territorial para o local do imóvel. A ata notarial de arrematação conterá os dados da intimação do devedor e do garantidor, bem como dos autos do leilão, e constituirá título hábil para o registro da propriedade ao arrematante.

O procedimento ainda pende de regulamentação, em especial quanto à distribuição. Parece-nos que o leiloeiro contratado remeterá, via e-Notariado, o processo de execução extrajudicial da hipoteca e os autos do leilão, este assinado pelo leiloeiro e pelo arrematante. O sistema fará a distribuição aos tabeliães de notas com sede no local do imóvel arrematado, com moderação do princípio legal de livre escolha do tabelião (art. 8º, Lei n. 8.935/94).

A ata notarial de arrematação deverá conter obrigatoriamente, dentre outros elementos:

– os dados da intimação do devedor;

– os dados da intimação do garantidor;

– os dados dos autos do leilão de arrematação;

– a descrição do imóvel, com remissão à sua matrícula ou individuação e aos seus registros

– prova de pagamento do imposto de transmissão;

– indicação da existência de eventual ônus real ou gravame.

A qualificação notarial deve verificar a lisura do processo quanto aos requisitos legais:

– se foi realizada a intimação pessoal do devedor e, se for o caso, do terceiro hipotecante ou seus representantes legais, ou procuradores para purgação da mora no prazo de 15 (quinze) dias, observado o disposto no art. 26 da Lei n. 9.514/97, no que couber.

– se foi realizado o procedimento de excussão extrajudicial da garantia hipotecária por meio de leilão público previamente à averbação na matrícula do imóvel.

– se no prazo de 60 (sessenta) dias, contado da averbação, o credor promoveu o leilão público do imóvel hipotecado.

– se o devedor e, se for o caso, o terceiro hipotecante foram notificados por meio de correspondência dirigida aos endereços constantes do contrato ou posteriormente fornecidos, inclusive ao endereço eletrônico sobre as datas, os horários e os locais dos leilões.

16.5.10 Ata notarial de cláusulas negociais

A Lei n. 14.711/23, a Lei de Garantias, foi generosa com o Notariado brasileiro, afirmando inéditas atribuições e reforçando outras.

Brevemente, elencamos:

1. Inclui na Lei n. 8.935/94 o art. 7º-A e nele se reforça a possibilidade de o notário operar nas áreas de conciliação e mediação, atribuição já prevista na Lei n. 13.140/15, art. 42;

2. No mesmo art. 7º-A, inc. III, se reforça a possibilidade de o tabelião atuar como árbitro, reforçando o disposto na Lei de Arbitragem (Lei n. 9.307/96, art. 13);

3. Cria uma ata notarial de arrematação para o processo de execução extrajudicial dos créditos garantidos por hipoteca (art. 9º, § 11);

4. Inclui na Lei n. 8.935/94 o art. 6º-A, criando uma interoperabilidade entre os tabeliães chamados a lavrarem escrituras de cessão de precatórios e os juízos que os fixaram por sentença;

5. A conta *Escrow*, instituto oriundo do direito anglo-saxão para garantir o implemento recíproco das obrigações de cada parte contratual, é introduzida em nosso ordenamento,

com a possibilidade inserida no art. 7º-A, § 1º, da Lei n. 8.935/94, o que, nos parece, pode ser feito por ata notarial ou no seio da escritura pública que formalizar o negócio;

6. Também na Lei nº 8.935/94, no art. 7º-A, inc. I e § 2º, há a especificação de uma ata notarial para atestar o implemento ou a frustração de condições e outros elementos negociais.

Veremos, a seguir, esta última inovação, a ata notarial de constatação da implementação ou da frustração de condições contratuais. Começamos pelo conceito e evolução do instrumento e, ao final, elencamos algumas possibilidades de uso desta ata.

Natureza jurídica dos instrumentos notariais

É importante relembrar, em primeiro lugar, a natureza jurídica dos instrumentos notariais, que são apenas duas: a) ata notarial; e b) escritura pública.

A ata notarial, na lapidar definição do CPC/2015 é o documento notarial destinado a atestar a existência e o modo de existir de algum fato[111].

A lei não dispõe sobre os requisitos da ata notarial, exceto de que necessita de um solicitante. À míngua disso, os tabeliães orientam-se pelo disposto no Código Civil, art. 215, que indica os requisitos para as escrituras públicas. A adaptação deve ser feita com moderação e técnica, pois são atos bem distintos[112].

A escritura pública é o instrumento notarial que formaliza juridicamente a vontade das partes nos atos e negócios jurídicos em que se exija, ou que as partes queiram, a forma pública[113].

Resumidamente, as duas principais distinções entre ata e escritura são: a) a ata contém uma narrativa do tabelião sobre a constatação de um fato; a escritura formaliza um ato ou negócio jurídico; b) a ata pode constatar ilícitos[114] enquanto a escritura jamais pode ter por objeto ato ou negócio ilícito[115].

Uma observação importante sobre a redação da lei, com certa polêmica.

Quantas atas novas a Lei 14.711/23 criou? Seriam duas, a ata de arrematação (art. 9º, § 11) e a ata de ocorrência ou frustração das condições negociais (art. 7º-A, inc. I e §§ 1º e 2º? Ou três, destacando-se a ata de (constatação) do recebimento do preço e entrega da posse (Escrow, art. 7º-A, § 1º)?

Defendemos que são três, as novidades. Parece-nos que a lei especializou a ata de Escrow, cuidando de dar-lhe até mesmo um rito básico (§ 1º).

Por outro lado, a ata de ocorrência ou frustração das condições negociais parece ser um canivete suíço, uma ferramenta de mil utilidades posta à disposição da comunidade jurídica para constatar fatos, fazer prova e, com isso, desobstruir, no que for possível, o Poder Judiciário.

---

111. CPC, art. 384.
112. Não há como, por exemplo, qualificar as partes intervenientes que se recusarem a ser identificadas.
113. Lei 8.935/94, art. 6º, incs. I e II.
114. Somente as atas notariais ordinárias.
115. Ferreira e Rodrigues. *Ata Notarial* – Doutrina, prática e meio de prova. São Paulo: Ed. JusPodivm, 4. ed., 2023, p. 151.

A quebra de um paradigma: o wysiwyg segue, mas será menor

Em nossa obra[116], sugerimos muitas técnicas para a redação das atas notariais, duas delas expomos a seguir.

A primeira delas é agir segundo o acrônimo wysiwyg, de What You See Is What You Get[117], e além de ver, também ouvir, cheirar, tocar e sentir, em suma, usar todos os sentidos para apreender a realidade que o tabelião está a constatar.

A segunda técnica explora o lide jornalístico, que guarda boa semelhança não só com a ata, mas com a construção de textos jurídicos. Quem, o quê, onde, quando, como e, possivelmente, o porquê.

Quem envolve a indicação das partes, no caso da ata, o solicitante ou requerente e eventuais terceiros participantes da constatação. Onde é a indicação do lugar, ou lugares, do fato. Quando é o momento ou sequência de momentos em que a ação transcorre. Como indica o modo como ocorre a verificação e os fatos. Finalmente, o porquê teria um peso menor, pois não toca ao tabelião, na constatação dar as razões pelas quais o solicitante e terceiros operam, bastaria descrevê-las.

O porquê costumava estar implícito nas atas notariais. "Quero a aprovação de um testamento cerrado?", claro, porque não quero revelar em vida algum segredo que precisar aparecer após a minha morte. "Quero constatar o recebimento da intimação do protesto?", claro, porque quero receber o pagamento no tríduo ou ter a ata de protesto para os efeitos legais. Ou, final exemplo, "Verifique as mensagens deste celular", posto que elas indicam uma profanação de meu direito e quero tomar a ação cabível.

O porquê estava condenado ao oculto. Dizia-se, "Não, a ata não terá jamais um juízo de valor"[118]. Simplificava-se um instrumento que tinha em suas nuances o juízo. Há qualificação valorativa no protesto do título cambial após o terceiro dia: após constatar dois fatos, um positivo, o recebimento da intimação, outro negativo, a ausência de pagamento e, logo, concluir (valorar), e lavrar o instrumento do protesto. Há também no singelo reconhecimento de firma por semelhança, quando em duas verificações, o cotejo gráfico com o cartão depositado e uma variada qualificação do documento (objetiva, buscando encontrar indícios de falsidade material, e subjetiva, avaliando se o documento não contém ilícito ou lhe falta algum caráter indispensável) e, logo, concluir (valorar), e lavrar a ata de autenticação.

Na simplificação do "sem juízo de valor", estivemos alheios até mesmo aos documentos históricos. A ata de descobrimento da América, de lavra do notário Rodrigo de Escobedo, uma verdadeira ata de posse *ad usucapionem*, na qual o notário ouviu as declarações de Cristóvão Colombo para que a ata servisse de título constitutivo para

---
116. Ata Notarial, Doutrina, prática e meio de prova.
117. *Wysiwyg* é uma frase aplicada aos processadores e editores de texto, como, por exemplo, HTML, que possibilitam escrever um documento digital mostrando diretamente o resultado, como se estivesse impresso.
118. Nós mesmos assim dissemos, em *Ata Notarial, Doutrina, prática e meio de prova*, 1. ed., em 2010. Também, Leonardo Brandelli, em Teoria Geral do Direito Notarial, Saraiva Ed., 2011.

estabelecer a soberania daquele terreno, a América, para a rainha de Castela e o rei de Aragão, financiadores da expedição[119].

Foram justamente as atas imobiliárias que mudaram tudo, reverteram a percepção de que as atas não devem conter juízo de valor.

O que se requer numa ata para a usucapião é justamente o juízo de valor do tabelião para que ele ateste a posse mansa e pacífica, prolongada e ininterrupta, avaliando diversos outros aspectos como, por exemplo, a interrupção da prescrição, ou a posse ad *sucesiones* etc.

Não há wysiwyg nas atas especiais (imobiliárias); evidente que o tabelião não tem como verificar 5, 10, 15 anos de formação da posse *ad usucapionem*. A lei busca a atestação da sua exteriorização pela prática dos atos possessórios comprováveis e o preenchimento dos requisitos de cada modalidade.

A ata de usucapião transformou o notário em investigador. Ele deve avaliar o conjunto probatório, documental, declarações, verificação in loco, e o que mais entender necessário para convencer-se da presença dos requisitos legais para a aquisição da propriedade por usucapião. Se o juízo for positivo, documenta todo o processo e conclui a atestação reconhecendo que estão presentes todos os requisitos legais para a usucapião pretendida atestando este fato[120].

Convencido disso, ele deve lavrar um documento minucioso, técnico e objetivo com uma só finalidade: convencer o registrador de que ele acertou em seu juízo de valor e, portanto, as partes têm direito ao registro da propriedade.

A ata de adjudicação compulsória, introduzida pela Lei n. 14.382/2022, impõe a mesma avaliação, criando um rito de verificação documental e convocação da parte inadimplente para a outorga da escritura ou, não havendo a presença, a lavratura da ata para a obtenção da adjudicação pelo oficial de registro de imóveis.

Em ambas há uma qualificação jurídica notarial complexa e a provocação de ações do tabelião tendentes a investigar e convencer-se a atestar a existência dos requisitos legais tendentes à obtenção do direito.

A partir da objetividade técnica, o tabelião é obrigado a uma conclusão subjetiva: esta pessoa, de fato, mora aqui há 30 anos? Eu devo atestar isso ou não estou convencido?

Estas atas são autenticatórias no sentido de proverem uma autorização estatal, a qual o tabelião fornece com a fé pública, como um sacramento.

Quebrou-se o paradigma: algumas atas têm, sim, juízo de valor. Por isso, data máxima vênia, com respeito às opiniões já publicadas[121-122], é fundamental para o trato da

---

119. Do Diário de bordo de Cristovão Colombo: "El Almirante llamó (...) a Rodrigo de Escobedo, escribano de toda la armada y a Rodrigo Sánchez de Segovia, y dijo que le diesen por fe y testimonio como él por ante todos tomaba, como de hecho tomó, posesión de la dicha Isla por el Rey y por la Reina sus señores, haciendo las protestaciones que se requerían, como más largo se contiene en los dos testimonios que allí se hicieron por escrito."
120. O notário atesta que a posse ocorre há 10 anos, por exemplo, sem ter presenciado esta posse. Há uma dedução lógica, escorada em juízo de valor.
121. Ivan Jacopetti do Lago, In https://www.migalhas.com.br/coluna/migalhas-notariais-e-registrais/399099/a-ata--notarial-deconstatacao-do-implemento-das-condicoes. Acesso em 24.01.2024, às 15h07.
122. Alexandre Junqueira Gomide, in https://www.migalhas.com.br/coluna/migalhas-notariais-e-registrais/399099/a--ata-notarial-deconstatacao-do-implemento-das-condicoes. Acesso em 24.01.2024, às 15h08.

nova ata de ocorrência ou frustração das condições negociais, alinharmos a premissa da indispensável qualificação jurídica e juízo de valor do tabelião nesses atos que configuram uma evolução da ata notarial.

Primórdios e viabilidade da ata de constatação do implemento ou frustração de condições negociais

A possibilidade da lavratura de atas é ampla, sem limite de objeto, exceto quanto aos atos privativos do tabelião de protestos e do oficial de registro de títulos e documentos, cuja competência é exclusiva.

Antes mesmo da previsão expressa da Lei de Garantias, já seria possível lavrar uma ata com este objeto, o de constatar o implemento de uma condição ou a sua frustração[123].

O advento da expressa previsão legal demonstra a mens legis de provocar a desjudicialização de muitos eventos probatórios que são usualmente processados perante os juízes. Busca-se a sinapse probatória, oferecendo às partes uma ferramenta cujo efeito será acelerar o processo e permitir que os juízes estejam focados no julgamento da ação.

Infelizmente, a lei não declarou expressamente que as partes munidas de uma ata estariam satisfazendo certas provas judiciais. Vige a ampla liberdade probatória em nosso Direito, mas há procedimentos já tipificados e outros que são de uso frequente nos tribunais. A nova lei poderá se impor aos arraigados procedimentos judiciais, possibilitando às partes[124] e aos juízes[125] que optem pela ata notarial como meio probatório.

O texto da lei é repetitivo e de pobre técnica redacional:

> Art. 7º-A, inc. I: certificar o implemento ou a frustração de condições e outros elementos negociais, respeitada a competência própria dos tabeliães de protesto;
>
> Art. 7º-A, § 2º: O tabelião de notas lavrará, a pedido das partes, ata notarial para constatar a verificação da ocorrência ou da frustração das condições negociais aplicáveis e certificará o repasse dos valores devidos e a eficácia ou a rescisão do negócio celebrado, o que, quando aplicável, constituirá título para fins do art. 221 da Lei n. 6.015, de 31 de dezembro de 1973 (Lei de Registros Públicos), respeitada a competência própria dos tabeliães de protesto.

Opinamos que os dois textos tratam da mesma ata, uma cujo objeto seja, alternativamente um desses: a) atestar o adimplemento (implemento) de algum elemento negocial, ou b) atestar o não adimplemento de algum elemento negocial, ou c) atestar o pagamento de valores devidos com o exaurimento da prestação (eficácia do negócio celebrado), ou d) atestar o inadimplemento dos valores devidos declarando a rescisão do negócio celebrado.

Comecemos o trato da matéria pelas exceções. Na primeira delas, a lei repete duas vezes, o tabelião de notas não poderá invadir a competência própria dos tabeliães

---

123. Como exemplo, a ata de certificação de documentos, quando prevíamos a possibilidade de o tabelião verificar "uma cláusula específica de um contrato", in *Tabelionato de Notas*, 6. ed., p. 195.
124. Art. 369. As partes têm o direito de empregar todos os meios legais, bem como os moralmente legítimos, ainda que não especificados neste Código, para provar a verdade dos fatos em que se funda o pedido ou a defesa e influir eficazmente na convicção do juiz.
125. Art. 370. Caberá ao juiz, de ofício ou a requerimento da parte, determinar as provas necessárias ao julgamento do mérito.

de protestos (Lei n. 9.492/97). Logo, as atas notariais não poderão tratar de intimar, notificar, ou lavrar um instrumento de protesto de um documento de dívida. Podem atestar o cumprimento de uma obrigação para a finalidade de constatar e declarar o cumprimento contratual, podendo ser o pagamento integral do preço, ou o seu inadimplemento à vista do instrumento de protesto lavrado, para o oposto. Também podem, como veremos, indicar o não adimplemento contratual, em face do contrato e evidências que verificar.

Outra exceção, esta implícita, é de que, igualmente, os tabeliães de notas não deverão invadir a competência dos oficiais de registro de títulos e documentos, com suas atribuições indicadas na Lei n. 6.015/73 e outras esparsas, inclusive na Lei de Garantias[126].

A solicitação da ata deve ser pormenorizada, juntando cópia do contrato objeto da constatação, outros documentos necessários ou convenientes, e indicando com exatidão aquilo que deseja ter provado. Deve indicar, também, a conclusão buscada, seja a prestação positiva ou negativa, e os fundamentos fáticos e legais para que o tabelião faça a qualificação notarial e faça seu juízo de valor, lavrando a ata nos termos pretendidos, ou se recuse, expondo os motivos.

A parte ou o tabelião podem solicitar ações ou documentos adicionais, como por exemplo, a visita a um local ou o depoimento da contraparte contratual, ou notificá-la para uma determinada ação.

O solicitante pode emendar o pedido, alterando-o por orientação do tabelião ou para atender circunstâncias não previstas.

Ocorrendo demora do solicitante em providenciar documentos, o tabelião poderá devolver a documentação, encerrando o dossier. Por outro lado, se a demora ocorrer por circunstâncias alheias, o tabelião poderá sobrestar o ato indefinidamente, indicando motivo razoável[127].

A solicitação pode ser múltipla, ou seja, envolver uma, diversas ou todas as partes do contrato. Se os objetivos forem distintos, uma só constatação poderá dar origem a várias atas notariais.

O requerente pode ser representado por procuração, particular ou pública, ou até se fazer representar por empregado, neste caso com a carta de preposição.

Com a solicitação e os documentos, o tabelião poderá qualificá-los verificando a sua higidez formal e material.

A ata notarial deverá conter, sem prejuízo de outras específicas constatações: a) a identificação, qualificação e o pedido do solicitante; b) indicação do elemento negocial que se quer constatar; c) indicação dos documentos ou fatos que necessitam ser constatados e como eles se constituem no suporte fático do implemento ou da frustração; d) eventuais procedimentos realizados (como notificações, transferências bancárias,

---

126. Como é a intimação prevista na nova redação do art. 26, § 3º, da Lei 9.514/97.
127. Em São Paulo, o órgão corregedor não aprecia esta situação. Na prática, há dossiers de escrituras que ficam parados nas gavetas por anos, aguardando certa providência das partes, às vezes os recursos econômicos para fazer frente ao custo dos impostos, escritura e registro.

entrega de documento ou coisa); e) os efeitos constatados pelo tabelião; e) atestação da ocorrência do implemento ou da frustração da cláusula contratual.

Lavrada a ata, é essencial que seja assinada pelo solicitante, pelo escrevente e subscrita pelo tabelião. As outras partes do contrato podem assinar, se requererem, o que será feito com a permissão do solicitante. Se houver recusa, resta às demais partes do contrato solicitar a lavratura de uma ata notarial idêntica.

Se a ata se destinar a produzir efeito no ofício imobiliário, ela constituirá título apto a ingressar no registro (art. 7º-A, § 2º, parte final). Ocorrendo nota devolutiva, o tabelião poderá atender, conforme o caso, com uma ata retificativa e ratificativa.

A lavratura de outra ata como complemento da primeira, ou de uma nova ata notarial, também podem ser feitas, a critério do tabelião, que é o autor do ato.

Visão interpretativa: prolegômenos

As atas notariais para constatação do implemento ou frustração de cláusulas negociais demandam que os tabeliães compreendam bem a parte geral do Código Civil, no que toca às declarações de vontade, interpretação e condições dos negócios, e da parte especial quanto às nuances do direito obrigacional e contratual.

A primeira regra de interpretação informa que nas declarações de vontade se atenderá mais à intenção buscada do que ao sentido literal da linguagem[128].

A interpretação do negócio jurídico deve lhe atribuir o sentido que: I – for confirmado pelo comportamento das partes em momento posterior à celebração do negócio; II – corresponder aos usos, costumes e práticas do mercado relativas ao tipo de negócio; III – conter boa-fé; IV – for mais benéfico à parte que não redigiu o dispositivo, se identificável; e V – identificar qual seria a razoável negociação das partes sobre a questão discutida, inferida das demais disposições do negócio e da racionalidade econômica das partes, consideradas as informações disponíveis no momento de sua celebração.

As partes podem pactuar regras de interpretação, de preenchimento de lacunas e de integração dos negócios jurídicos diversas daquelas previstas em lei, resguardadas as normas de ordem pública[129].

Os contratos, com frequência, contêm condição, a cláusula que subordina o efeito do negócio jurídico a evento futuro e incerto[130]. A condição suspensiva é a que submete a eficácia do negócio jurídico a evento futuro que, enquanto não se verificar, não se tem adquirido o direito a que ele visa[131].

A condição resolutiva é aquela disposição contratual que, enquanto não se realizar, mantém vigente o negócio jurídico, cujo exercício obrigacional pode ser exercido desde o seu início[132].

---
128. Código Civil, art. 112.
129. Código Civil, art. 113.
130. Código Civil, art. 121.
131. Código Civil, art. 125.
132. Código Civil, art. 127.

Termo é a indicação do momento em que a prestação deve ser satisfeita. Pode ser fixado numa data futura determinada, ou por acontecimento futuro e certo[133]. Nos contratos, presume-se o prazo em proveito do devedor, salvo se do teor do instrumento, ou das circunstâncias, resultar que se estabeleceu a benefício do credor, ou de ambos os contratantes.

Se não houver indicação do prazo, a lei presume que são exequíveis imediatamente, exceto se a execução tiver de ser feita em lugar diverso ou depender de tempo[134].

Os defeitos dos atos jurídicos, como o erro ou ignorância, o dolo, a coação, o estado de perigo, a lesão ou a fraude contra credores, também podem motivar a ata de frustração do contrato, devendo o tabelião verificar a ocorrência deles. Eles poderão atuar para verificar elementos que caracterizam a simulação, como é exemplo, a ante ou pós-datação de um contrato particular (art. 167, inc. III).

Os contratos têm por objeto certas prestações obrigacionais.

Pontes divide o objeto da prestação em bem dável, bem fazível e bem abstencional. O resultado da obrigação de dar é sobre coisa (propriedade, uso, fruição, posse). O da obrigação de fazer é a coisa a ser feita, como o chapéu, a caminhada, a construção[135].

Na obrigação de não fazer temos como resultado a abstenção de certa ação, como a de não construir em certa área.

A mora do devedor resulta do não adimplemento. Há violação de dever e de obrigação. O devedor havia de prestar, e não prestou no tempo, lugar e forma devidos[136]. O não adimplemento no termo pode resultar em multa, juros, cláusula penal e perdas e danos. O devedor, se entender não devido o pagamento que o credor exige tem a via do depósito em consignação para o adimplemento[137].

Nas obrigações de dar coisa incerta, destacamos a possibilidade da constatação notarial para fixar o que foi dado e a sua adequação ao previsto no contrato (CC, arts. 243 a 246).

A obrigação se resolve se a prestação do fato se tornar impossível, sem que haja culpa do devedor (CC, art. 248)[138]. O mesmo ocorre com a obrigação de não fazer, se a abstenção for impossível sem culpa do devedor (CC, art. 250). Nestes casos, o tabelião pode ser chamado para verificar se houve ação ou omissão, por parte do devedor, constituindo um documento probatório da situação.

O capítulo do Código Civil que trata do adimplemento e extinção das obrigações (art. 304 e seguintes) deverá nortear a prudência notarial nas atas de verificação do implemento ou frustração das cláusulas negociais. O tabelião poderá ser chamado para verificar quem deve pagar ou a quem deve ser paga a dívida.

---

133. Código Civil, arts. 131 a 135.
134. Código Civil, art. 134.
135. *Tratado de Direito Privado*, tomo 23, p. 71.
136. *Tratado de Direito Privado*, tomo 23, p. 171.
137. *Tratado de Direito Privado*, tomo 24, p. 204.
138. Pontes de Miranda dá o exemplo da locação de uma certa zona em uma exposição promovida pelo governo que, após o contrato, cancela a exposição (tomo 25, p. 255).

Havendo dúvida sobre a identificação do objeto do pagamento ou necessidade de provar o seu implemento, também se poderá utilizar a certificação notarial.

O art. 317 prevê ação judicial para verificar a imprevisibilidade que gerar desproporção entre o valor da prestação e o momento de sua execução. Será que as partes, em conjunto, podem chamar o tabelião para decidir? A pretensão assemelha-se mais ao objeto de uma escritura de transação ou a uma arbitragem[139].

O inadimplemento da obrigação, ou sua prestação deficiente ou insuficiente, caso de frustração do negócio, são tratados nos arts. 389 e seguintes. É sempre difícil constatar a prova do inexistente, mas há muitos casos cuja constatação é possível, como o das obrigações de dar ou fazer algo em dado momento. Será necessário que o credor antecipe que haverá o não adimplemento e chame o tabelião para constatar no momento apropriado.

A nova ata notarial como ferramenta da atividade imobiliária

Na seara imobiliária são inúmeras as situações fáticas que podem indicar a frustração, como por exemplo, a utilização de material inferior ao contratado, o atraso na obra ou liberação, a inação do credor quanto a algo.

Ivan Jacopetti do Lago, em primordial artigo sobre o tema, informa que a nova Lei das Garantias amplia o escopo de eventos futuros e incertos que podem ser carreados ao Registro de Imóveis sem necessidade de recurso ao Poder Judiciário. Para ele, o tabelião de notas certificará o implemento ou a frustração de condições apostas a negócios jurídicos na ata notarial e exemplifica:

"Assim, havendo, por exemplo, condição suspensiva, tornou-se possível a prática do ato da averbação que confirma a eficácia do ato com base na apresentação a registro e qualificação positiva da respectiva ata notarial; por outro lado, havendo condição resolutiva, a ata foi agora erigida em "documento hábil" a autorizar o cancelamento a requerimento do interessado, nos termos do artigo 250, III, da lei 6.015/1973."[140]

Alexandre Junqueira Gomide segue na mesma linha, relacionando os avanços da Lei de Garantia com a promessa de compra e venda, contrato preliminar que contém, quase sempre, a cláusula resolutiva expressa (CC, art. 474), ou a condição resolutiva (CC, art. 128). Para ele, é necessário que ocorra a desjudicialização da resolução desses contratos, pois a ata notarial possibilita que o credor notifique o devedor e, não havendo a satisfação do crédito, opera-se a resilição contratual[141].

O inadimplemento contratual é uma condição resolutiva inata a todo contrato: se a outra parte descumprir a sua obrigação, a outra poderá resolver o contrato (arts. 474 e 475, CC)[142]. Carlos Eduardo Elias de Oliveira entende que, ainda assim, quando houver

---

139. Art. 317. Quando, por motivos imprevisíveis, sobrevier desproporção manifesta entre o valor da prestação devida e o do momento de sua execução, poderá o juiz corrigi-lo, a pedido da parte, de modo que assegure, quanto possível, o valor real da prestação.
140. Ivan Jacopetti do Lago, In https://www.migalhas.com.br/coluna/migalhas-notariais-e-registrais/399099/a-ata--notarial-deconstatacao-do-implemento-das-condicoes. Acesso em 24.01.2024, às 15h07.
141. Alexandre Junqueira Gomide, in https://www.migalhas.com.br/coluna/migalhas-notariais-e-registrais/399099/a--ata-notarial-deconstatacao-do-implemento-das-condicoes. Acesso em 24.01.2024, às 15h08.
142. Carlos Eduardo Elias de Oliveira, in https://www.migalhas.com.br/arquivos/2023/11/62F8456B964A81_Resolucaocontratualedesnecessi.pdf, acessado em 24.01.2024, às 17h32.

condição resolutiva expressa, consistente no inadimplemento do preço, é necessária a notificação do devedor, a fim de permitir-lhe purgar a mora. A notificação indicará também que a parte lesada não fez a opção por exigir o cumprimento forçado do contrato com base no art. 475 do CC[143].

Nos contratos com cláusula resolutiva expressa, o credor poderá apresentar o documento de dívida protestado, ou, se preferir, notificar o devedor sobre a resolução, via oficial de registro de títulos e documentos. Se, no primeiro caso, não houver contraprotesto ou, no segundo caso, o devedor quedar-se inerte ou aceitar a resolução, o contrato e esta documentação serão apresentados ao tabelião para a ata notarial resolutiva do contrato.

Este entendimento tem amparo tanto na nova lei como nas decisões judiciais. Carlos Eduardo Elias de Oliveira destaca:

"A interpretação que ora defendemos vem sendo chancelada pelo Superior Tribunal de Justiça (STJ) e também pelo legislador, notadamente com o supracitado art. 251-A da LRP (acrescido pela Lei n. 14.382/2023). Por um lado, o STJ analisou caso de condição resolutiva expressa consistente em inadimplemento e satisfez-se com a notificação extrajudicial previamente enviada pelo credor, conforme já expusemos acima, citando Carlos E. Elias de Oliveira e João Costa-Neto (STJ, REsp 1.789.863/MS, 4ª Turma, Rel. Min. Marco Buzzi, j. 10/08/2021). Por outro lado, o art. 251-A da LRP não exige qualquer decisão judicial para o cancelamento extrajudicial do registro da promessa de compra e venda de imóveis no caso de inadimplemento do preço pelo promitente comprador. E assim o legislador o fez, porque já parte do pressuposto de que a cláusula resolutiva tácita não depende de qualquer intervenção judicial. De fato, o cancelamento do registro obrigatoriamente pressupõe que o contrato preliminar tenha sido resolvido pelo implemento da cláusula resolutiva tácita. É idêntico o raciocínio com a ata notarial de que trata o art. 7º-A, I e § 2º, da Lei n. 8.935/1994."

Em outra decisão, esta da 3ª Turma do STJ, foi decidido que "não se vislumbra razão para exigir manifestação judicial para a rescisão de contrato de compra e venda de imóvel que contenha cláusula resolutiva expressa"[144].

Esta mudança também é reverberada por Victor Bosa Paulim, dizendo que "com o Marco Legal das Garantias, independentemente da espécie do contrato de compra e venda, a interpelação do comprador em mora e a consumação da cláusula resolutiva poderão ser realizadas de maneira completamente extrajudicial. Nesse caso, com a certificação da inadimplência do comprador, o Tabelião expedirá ata notarial com força de título capaz de ensejar registro na matrícula do imóvel (em procedimento muito parecido com aquele previsto pela lei 14.382/22)[145].

---

143. Idem.
144. REsp n. 2.044.407/SC, relatora Ministra Nancy Andrighi, Terceira Turma, julgado em 21/11/2023, DJe de 23/11/2023.
145. Victor Bosa Paulim, in https://www.migalhas.com.br/depeso/401114/necessaria-superacao-da-velha-opiniao--sobre-contratos-de-imoveis, acessado em 01.02.2024, às 17h05.

Nos contratos com cláusula resolutiva tácita, não é pacífica a aceitação da ata notarial. Segundo o art. 474, ela depende de interpelação judicial. Porém, no espírito da desjudicialização, se o credor notificar o devedor via oficial de registro de títulos e documentos, aviso que deve ser entregue inequivocamente ao devedor, sem haver oposição ou resposta, estará configurada a aceitação da resilição. Levados os documentos ao tabelião, a ata poderá ser lavrada e ensejar o registro. Segundo Carlos E. de Oliveira, a matéria deve ser regulamentada pelo CNJ, o que reforçaria a desjudicialização pretendida pela lei[146].

Entendemos que o silêncio do notificado, ultrapassado o prazo para manifestação, importará na verificação da ocorrência ou não do evento, resultando na atestação pelo tabelião.

Por isso, é importante inserir claramente nas escrituras e contratos particulares como as cláusulas devem operar seus efeitos, seja uma condição suspensiva, resolutiva, ou de elementos do negócio. Assim, é facilitada a conclusão da ocorrência ou não dos efeitos, evitando-se a insegurança no procedimento interpretativo.

Tomamos, como exemplo, que a condição seja o pagamento do preço ou a resolução pelo não término de uma obra. O contrato pode prever que o implemento da condição será feito pela constatação da transferência bancária ou a diligência e a constatação in loco do estado da obra pelo tabelião, dispensada a notificação. É necessário que um profissional técnico, como um engenheiro ou arquiteto, também apresente o seu laudo, pois o tabelião não possui conhecimento técnico especializado para verificar a ocorrência do evento, a depender do caso.

A verificação da eficácia ou da rescisão do negócio celebrado decorre da ocorrência e dos efeitos da cláusula estipulada, determinando ou não a ineficácia ou a rescisão do negócio.

Alexandre Junqueira Gomide ressalta que o tabelião não pode declarar a resolução do contrato. Segundo ele, o tabelião apenas lavra a ata notarial, atestando a existência dos requisitos que autorizam a resolução contratual, tal como as partes contrataram[147].

Esta conclusão, a qual endossamos, deixa a resolução contratual em abstrato, ou seja, ninguém a declara. A atestação notarial do implemento ou frustração das condições contratuais se assemelha àquela do instrumento do protesto, na qual o tabelião declara simplesmente que, intimado o devedor, não houve o pagamento. Os efeitos são operados pela mera publicidade ou pela eventual interposição da ação judicial. No caso da nova ata notarial, teremos o registro imobiliário, quando cabível.

Para finalizar, cito outros exemplos de fatos que podem ensejar a ata notarial de verificação contratual.

A indenização por benfeitorias necessárias pode ser solicitada pela parte, buscando o tabelião para atestar a existência da benfeitoria e do valor despendido no tempo de sua realização.

---

146. Carlos Eduardo Elias de Oliveira, in https://www.migalhas.com.br/arquivos/2023/11/62F8456B964A81_Resolucaocontratualedesnecessi.pdf, acessado em 24.01.2024, às 17h32.
147. Alexandre Junqueira Gomide, in https://www.migalhas.com.br/coluna/migalhas-notariais-e-registrais/399099/a-ata-notarial-deconstatacao-do-implemento-das-condicoes. Acesso em 24.01.2024, às 15h08.

Da mesma forma, o confinante que necessita demarcar e cercar a sua área. O proprietário tem o direito de cercar, murar, valar ou tapar seu imóvel, e pode constranger o seu confinante a promover junto com ele a demarcação entre os dois imóveis[148]. O tabelião poderá, de preferência junto ao profissional habilitado, verificar a realização da demarcação e dos custos despendidos para cobrança do valor devido pelo confinante.

Na proposta de contrato, que obriga o proponente, o tabelião poderá verificar se ocorreu uma das situações previstas no CC, art. 428, como, por exemplo, a entrega tempestiva da retratação (inc. IV). Também, quanto a eventos que impliquem na suspensão da prestação, como uma pandemia, podem ser objeto da ata.

Conclusão

A incerteza e a burocracia de procedimentos judiciais são fonte de insegurança e prejuízos. As relações privadas estão cada vez mais dinâmicas e o dispêndio de tempo, energia e capital para evidenciar e provar situações contratuais precisa ser o essencial.

A ata notarial de verificação contratual instituída pela nova Lei de Garantias abre um amplo leque de possibilidades probatórias disponível ao mercado, em especial o imobiliário e à advocacia. Deverá servir para aumento da produtividade privada e desafogamento do Poder Judiciário.

16.5.11 Ata de subsanação

O ato notarial, assim como o ato administrativo, não pode subsistir com erro material. Não pode haver pacto com o errado, olhos desviados da evidência ou sujeira varrida para baixo do tapete.

O erro deve ser corrigido, sob qualquer pretexto, sob qualquer forma.

Como já dito, entendemos que os instrumentos adequados para a correção de atos notariais são a escritura de retificação e ratificação, que exige a presença de todas as partes, ou o aditamento retificativo[149] ou aditamento[150], lavrado pelo tabelião somente com a presença de alguma das partes, para corrigir ou suprir certos erros evidenciados por declaração das partes ou por documentos.

Narciso Orlandi Neto[151] explica que "não há possibilidade de retificação de escritura sem que dela participem as mesmas pessoas que estiveram presentes no ato da celebração do negócio instrumentalizado. É que a escritura nada mais é que o documento, o instrumento escrito de um negócio jurídico; prova pré-constituída da manifestação de vontade de pessoas, explicitada de acordo com a lei. Não se retifica manifestação de vontade alheia. Em outras palavras, **uma escritura só pode ser retificada por outra escritura**, com o comparecimento das mesmas partes que, na primeira, manifestaram sua vontade e participaram do negócio jurídico instrumentalizado".

---
148. Melhim Namem Chalhub – *Curso de Direito Civil* – Direitos reais, p. 109.
149. Aditamento retificativo corrige algum erro evidente no ato, que independe da manifestação de vontade da parte.
150. Aditamento supre algum elemento faltante no ato, que independe da manifestação das partes.
151. *Retificação do Registro de Imóveis*. São Paulo: Juarez de Oliveira, p. 90.

Para Pontes de Miranda[152], "falta qualquer competência aos Juízes para decretar sanações e, até, para retificar erros das escrituras públicas: **escritura pública somente se retifica por outra escritura pública**, e não por mandamento judicial". Inúmeras são as decisões administrativas da Corregedoria de São Paulo nesse sentido. Contudo, o Provimento n. 40/2012, atualizado pelo Provimento n. 56/2019, da Corregedoria-Geral da Justiça, elegeu a ata retificativa como instrumento para a correção de erros, inexatidões materiais e irregularidades, constatáveis documentalmente e desde que não modificada a declaração de vontade das partes nem a substância do negócio jurídico realizado, podendo ser corrigidos de ofício ou a requerimento das partes, ou de seus procuradores, mediante ata retificativa lavrada no livro de notas e subscrita apenas pelo tabelião ou por seu substituto legal, a respeito da qual se fará remissão no ato retificado (item 54).

São considerados erros, inexatidões materiais e irregularidades, exclusivamente:

a) omissões e erros cometidos na transposição de dados constantes dos documentos exibidos para lavratura do ato notarial, desde que arquivados na serventia, em papel, microfilme ou documento eletrônico;

b) erros de cálculo matemático;

c) omissões e erros referentes à descrição e à caracterização de bens individuados no ato notarial;

d) omissões e erros relativos aos dados de qualificação pessoal das partes e das demais pessoas que compareceram ao ato notarial, se provados por documentos oficiais.

Os erros, as inexatidões materiais e as irregularidades, quando insuscetíveis de saneamento mediante ata retificativa, podem ser remediados por meio de escritura de retificação-ratificação, que deve ser assinada pelas partes e pelos demais comparecentes do ato rerratificado e subscrita pelo tabelião de notas ou pelo substituto legal (item 55).

Em que pese nosso posicionamento, muitos notários viam na ata notarial de subsanação o instrumento para a correção de erros.

Independentemente do título do instrumento, o imprescindível é corrigir os erros e as omissões, quando detectados, o quanto antes e da maneira mais simples e menos custosa para as partes, o tabelião e a sociedade.

A ata de subsanação é o instrumento pelo qual o tabelião constata erros em documentos particulares ou oficiais e os corrige em vista de evidente descompasso entre a situação real e a documental, entre a verdade perceptível e o erro perenizado. Segundo Argentino I. Neri, a ata de subsanação tem por fim a reparação de um ato jurídico notarial no qual, *a posteriori* de sua subscrição, detectou-se uma informalidade legal, seja por omissão, seja por erro material[153].

A ata de subsanação, ou qualquer ato retificatório operado pelo tabelião, não encontra fundamento na Lei n. 6.015/73, art. 213, que trata da correção de erros evidentes perante e

---

152. Cf. R.R. 182/754 – *Tratado de Direito Privado*: Parte Geral. 3. ed. Rio de Janeiro: Borsoi, 1970, § 338, p. 361.
153. NERI, I. Argentino. *Tratado teórico y práctico de derecho notarial*: escrituras y actas. 1. ed., 2. tir. Buenos Aires: Depalma, 1980. v. 3, p. 1211.

pelo oficial de registro. O oficial de registro está adstrito aos erros evidentes e aos procedimentos retificatórios inseridos pela Lei n. 10.931/2004, que deu nova redação ao art. 213.

O fundamento para a correção de erros verificados em atos notariais está na Lei n. 8.935/94, arts. 1º e 4º, que exigem a segurança, a eficiência e a eficácia dos atos notariais.

Ainda que não houvesse tal disciplina, parece curial que a administração pública não tolere a circulação de seus atos com erros, sejam pequenos ou grosseiros.

O erro pode ser **das partes, do tabelião** ou **de outro tabelião**. Não é necessário que o erro seja evidente, mas, sim, evidenciável, presente, seja em decorrência de denúncia das partes, seja em decorrência de constatação do tabelião[154].

Os elementos de qualificação das pessoas, por exemplo, podem ser corrigidos sem nova manifestação de vontade dos contratantes, desde que não alterem a identidade das partes. É o caso do número do documento de identidade (RG), do CPF, do CNPJ, da omissão do patronímico materno, ou até, às vezes, do estado civil das pessoas.

Também alguns elementos de descrição do bem podem ser corrigidos, desde que não se altere o objeto do negócio jurídico.

João Teodoro da Silva informa que, excepcionalmente, para suprir omissões e corrigir defeitos de forma ocorridos em escritura pública, aos quais tenham dado causa, desde que não sejam afetadas as declarações de vontade das partes nem haja risco de prejuízo a terceiros, segundo o prudente arbítrio do notário e com a devida cautela, pode o notário lavrar a ata de subsanação, de ofício[155].

Resta lembrar que, em vista do princípio da unicidade da fé pública, decorrente da delegação estatal, qualquer tabelião pode corrigir erro ou omissão constante de ato feito por outro tabelião ou agente público. Porém, o tabelião autor do ato poderá corrigir a falta de expressão no documento dos seus juízos de identidade ou capacidade ou outros aspectos da sua própria atividade na autorização do ato.

16.6 LIMITES DO TABELIÃO NA ATA NOTARIAL

Segundo Walter Ceneviva, os limites do tabelião em matéria de atas podem ser objetivos ou subjetivos[156].

Os limites objetivos são aqueles que dizem respeito ao conteúdo, a atos que não devem ser, por natureza, instrumentalizados em atas. Tal é o caso dos testamentos e dos atos e negócios jurídicos, como a compra e venda, a doação etc., cujo instrumento deve ser a escritura pública[157].

---

154. Para ORLANDI NETO, Narciso. In: *Ata Notarial*, p. 163, a correção somente pode ocorrer com o erro evidente: o erro evidente é aquele cuja demonstração é feita com o simples cotejo de documentos e cuja correção a ninguém prejudica nem modifica o negócio jurídico em seus elementos essenciais.
155. SILVA, João Teodoro da. Ata notarial. In: BRANDELLI, Leonardo (Coord.). *Ata notarial*, 2004, p. 29.
156. CENEVIVA, Walter. A ata notarial e os cuidados que exige. In: BRANDELLI, Leonardo (Coord.). *Ata notarial*. Porto Alegre: Sergio Antonio Fabris Editor, 2004, p. 94.
157. CENEVIVA, Walter. A ata notarial e os cuidados que exige. In: BRANDELLI, Leonardo (Coord.). *Ata notarial*, p. 94.

Os limites objetivos são os decorrentes de impedimentos legais.

Os limites subjetivos dizem respeito ao tabelião e seu interesse, ou também às pessoas envolvidas e seus interesses, quando possa haver em relação a eles por parte do tabelião, interesse nos efeitos. Em suma, deve ter o tabelião total isenção sobre os fatos que deve constatar, sob pena de se ter por suspeito o seu relato, ainda que provido da fé pública.

Como a Lei n. 8.935/94 se preocupa com os limites subjetivos (arts. 25 a 27), reveste-os de objetividade. Logo, preferimos tratar do tema elencando todos os limites, distinguindo quando haja a subjetividade.

Os limites objetivos e subjetivos são os seguintes:

1) Domicílio: o tabelião deve lavrar o ato nos limites territoriais de sua competência. Nada impede que as partes sejam de outras localidades ou que os fatos constatados estejam em outras localidades, inclusive no exterior. Um site de internet, por exemplo, pode dizer respeito a uma empresa francesa e seu conteúdo estar hospedado num servidor localizado nos Estados Unidos.

O tabelião, acessando-o de seu cartório, estará atendendo aos seus limites domiciliares.

O que o tabelião não pode é deslocar-se para outro município, exclusivamente para constatar o fato, retornar ao cartório e lavrar a ata.

Há uma exceção: quando o fato a ser constatado envolve uma ação contínua que percorre mais de um município, entendemos que a competência territorial é de qualquer tabelião com competência para um dos municípios envolvidos.

2) Horário de funcionamento: os serviços notariais funcionarão nos horários definidos pelo juízo competente (Lei n. 8.935/94, art. 4º). A norma impõe horário para o exercício contínuo e regular da atividade, mas comporta exceções.

Há atos que não podem deixar de ser prestados a qualquer tempo. Tal é o caso do testamento, quando a pessoa solicitante esteja em risco de vida, e das atas notariais, pois há fatos que ocorrem em momento alheio à vontade do solicitante e ao horário regular do expediente notarial.

Assim, a ata notarial, como os testamentos, não oferece limite temporal ao tabelião. Se o fato ocorrer em dia ou horário em que não haja expediente, não tem alternativa o tabelião senão atender ao chamado da parte para a constatação.

É claro que, se o fato permitir aguardar o horário regular de funcionamento, o tabelião deve informar ao solicitante e aguardar o momento apropriado. A lavratura de atos notariais fora do horário definido pelo juízo competente é exceção. No Estado de São Paulo, está facultada a lavratura dos atos notariais fora do horário e dos dias estabelecidos, na portaria, para o atendimento ao público.

Entretanto, o tabelião pode verificar o fato em horário de expediente externo, ou não, e instrumentar o ato em horário em que esteja fechado ao público. De portas fechadas, sem a presença da parte, o tabelião pode redigir o ato relativo ao fato presenciado em outro momento.

3) **Livros obrigatórios:** no Brasil, não há obrigatoriedade legal das atas serem lavradas no livro notarial. A Lei n. 8.935/94 informa que aos notários compete redigir os instrumentos adequados, conservar os originais e expedir cópias fidedignas de seu conteúdo (art. 6º, II), e isto é o mais próximo que chegamos do assunto.

Assim, se o notário preferir, pode redigi-las em folhas soltas e arquivá-las, expedindo uma cópia autêntica para o solicitante.

Não pode mais, como já fizeram alguns notários, redigir em folha solta e entregar às partes, restando sem o original do ato.

Há Estados que disciplinam a matéria administrativamente, obrigando o notário à lavratura das atas em livros notariais[158]. Outros Estados não regulam.

A tradição notarial brasileira impõe a lavratura das atas nos livros notariais. Sobre o assunto, Ceneviva é definitivo: "entre nós, não tem cabimento a ata notarial solta"[159].

Apesar de não haver vedação para a lavratura de atas extra protocolares, o notário deve ter cautela e evitar lavrar atas fora dos livros notariais. Em primeiro, porque foge de nossa tradição profissional; em segundo, porque os livros são revestidos de processos (papéis especiais, costura, rubricas) que compõem a boa técnica de requisitos de segurança notariais.

Como ata e escritura são atos notariais distintos, sugerimos que o notário adote um livro próprio somente para este ato.

4) **Formalidades próprias do título:** segundo Ceneviva, o ato notarial tem um suporte físico, o papel, que será, no futuro, o suporte virtual, pois o ato será gerado eletronicamente[160].

Como dissemos, muitas atas notariais envolvem constatação de fatos que ocorrem em meio digital. Destas, a principal é a ata de internet, pela demanda de usuários que descobriram que a ata notarial pode provar ações que, potencialmente, constituem crimes (como é o caso dos crimes contra a honra, a concorrência desleal etc.).

Uma imagem vale mais que mil palavras, diz a sabedoria popular. A ata notarial não pode furtar-se de reproduzir as imagens que o tabelião constata. A verificação de sites ou arquivos eletrônicos obriga o notário a descrever o que presencia. Neste caso, temos que a melhor descrição é a reprodução, a fotografia daquilo que vê o notário. Para que tentar narrar um fato se é possível reproduzi-lo integralmente?

O vernáculo é pobre em face da imagem[161]. A escrita serve mais à ficção que aos fatos. A ata notarial que contém imagens é uma fotografia literal.

---

158. Tal é o caso de São Paulo, Normas de Serviço da Corregedoria-Geral da Justiça, cap. XVI, item 138.2.
159. CENEVIVA, Walter. A ata notarial e os cuidados que exige, p. 96.
160. CENEVIVA, Walter. A ata notarial e os cuidados que exige. In: BRANDELLI, Leonardo (Coord.). Ata notarial. Porto Alegre: Sergio Antonio Fabris Editor, 2004, p. 94. O futuro previsto pelo autor já é realidade. Os atos notariais, em muitos cartórios, já são feitos totalmente em formato eletrônico, sendo lançados ao papel apenas para as assinaturas. Já é possível inclusive realizar atos notariais integralmente eletrônicos, pois as partes podem assinar com certificados digitais, previsão da MP n. 2.200-2, de 2001.
161. RODRIGUES, Felipe Leonardo. *A ata notarial e os arquivos digitais*. Diário das Leis Imobiliário – DLI, v. 12, p. 29, 2005.

Também as músicas são mais bem descritas quando são simplesmente tocadas. As letras, claro, podem ser reproduzidas, mas e os arranjos?

Hoje, em todo o Brasil, notários lançam imagens nos seus livros notariais, não só de sites da internet, mas também fotografias daquilo que verificam. Fazem também verificações em discos rígidos de computadores, em programas que rodam em linguagens próprias da informática, reproduzindo estes fatos em papel e, também, em meio eletrônico, com o uso da assinatura digital.

Recursos tecnológicos, portanto, não constituem impedimento à atividade notarial. Muito ao contrário, devem ser utilizados sempre que se configurem em ferramentas mais adequadas para a formalização dos documentos notariais.

5) Outorga da delegação: sem a delegação do Estado para praticar atos notariais não há tabelião (Lei n. 8.935/94, art. 19).

Quem não é notário delegado com título legitimamente outorgado não é autor de ata notarial. Por esta razão, dentre outras, sustentamos que a Carta de Pero Vaz de Caminha não se trata de ata notarial.

6) Incompatibilidades e impedimentos pessoais: o notário não pode lavrar ata notarial de seu interesse, de seu cônjuge ou de seus parentes, em linha reta ou colateral, consanguíneos ou afins, até o terceiro grau (Lei n. 8.935/94, art. 27). A regra inclui todos os prepostos do tabelião, ou seja, ele não pode solicitar a um preposto que lavre ou simplesmente assine uma ata notarial em que haja um dos impedimentos pessoais previstos na lei.

A fé pública que lhe é delegada é pessoal, estando os prepostos autorizados a realizar certos atos, mas sempre em decorrência dessa "unção" originária.

A infração a esse preceito macula a ata notarial de suspeição, por afrontar a presunção de imparcialidade do tabelião.

Quando não houver outro tabelião na localidade, para lavrar ata de interesse do tabelião ou de pessoa para a qual haja impedimento, entendemos possível a solicitação por escrito a um tabelião de cidade vizinha, para que lavre o ato, que deve conter a motivação da extraterritorialidade.

Os limites subjetivos à ação do tabelião se referem aos critérios exclusivos do autor do ato, do tabelião, ou da parte solicitante. Nenhum deles pode agir contra a lei, os bons costumes, a moralidade e a ordem pública. O tabelião não pode intervir em ato de seu interesse, ou de interesse de seu cônjuge ou de parentes, em linha reta ou colateral, consanguíneos ou afins, até o terceiro grau.

Não cabe ao tabelião o poder de polícia sobre as ações do solicitante. O tabelião deve adverti-lo sobre os efeitos de suas ações, mas não deve impedi-lo de agir. O juízo de legalidade do tabelião é preventivo e, por natureza, superficial. O tabelião não é um delegado de polícia ou um juiz e não tem competência para julgar a legalidade das ações dos solicitantes, devendo evitar sempre a participação em ações que considere ilegais ou que o constranjam como pessoa ou como profissional.

Como já dissemos, a aparência de ilegalidade do fato que verifica não é impedimento para que o tabelião lavre a ata notarial. A quase totalidade das atas é solicitada justamente para atestar fatos potencialmente tipificados como ilícitos. É possível dizer que a infração, a irregularidade, o ilícito e o litígio são as razões existenciais da ata notarial.

A pornografia e o erotismo são hoje um item da sociedade de consumo. São atividades que se entranharam nos costumes atuais. Trata-se, pois, de um aspecto normal de nossa cultura.

Com frequência, o tabelião de notas pode ser chamado para constatar fatos de conteúdo erótico ou pornográfico. Não há limites objetivos para o ato, apenas o critério subjetivo do tabelião.

Queremos dizer com isso que o tabelião pode recusar-se a presenciar fatos eróticos ou pornográficos, se isso o ofender. Contudo, antes de recusar, ele deve ter em conta a possibilidade de o interessado ficar à margem do serviço notarial, sofrendo grave prejuízo. Como um dermatologista em férias, que não pode recusar-se a atender uma pessoa que aparenta ter um ataque cardíaco, por não ser a sua especialidade médica, o tabelião deve estar sempre pronto para cumprir o seu ofício, independentemente de fatores subjetivos, como a moral e os bons costumes.

A Corregedoria-Geral da Justiça de São Paulo expediu o Provimento CG n. 44/2021, que disciplinou o fornecimento de informações e a expedição de certidões de atas notariais que contenham a descrição ou a reprodução de imagem de ato de sexo ou cena pornográfica envolvendo criança ou adolescente.

As informações, certidões e traslados de ata notarial que contenham a descrição ou a reprodução de imagem de ato de sexo ou cena pornográfica envolvendo criança ou adolescente somente poderão ser fornecidas para os seus responsáveis legais, desde que não participem dos atos e cenas retratados.

Poderão também ser fornecidas diretamente para os adolescentes nela mostrados ou referidos, independentemente de representação ou assistência, ou mediante requisição judicial, da autoridade policial competente para a apuração dos fatos, ou do Ministério Público.

O fornecimento de informações e certidões para terceiros necessita a prévia autorização do Juiz Corregedor Permanente que, para essa finalidade, poderá ser provocado pelo próprio interessado ou, a seu pedido, pelo Tabelião de Notas.

Ao lavrar ata notarial que contenha a descrição ou a reprodução de ato de sexo ou cena pornográfica com a aparente participação de criança ou adolescente, o Tabelião de Notas encaminhará, ao Ministério Público e à Autoridade Policial que for competente para a apuração do fato, uma via da ata notarial, devendo arquivar cópia da efetiva comunicação em classificador próprio, físico ou eletrônico.

Quando receber do solicitante da ata um boletim de ocorrência policial com tais circunstâncias, o tabelião de notas fará constar em sua redação, ou indicará que o fato será por ele comunicado para o Ministério Público e autoridade policial.

O tabelião de notas adotará medida de controle de acesso ao livro que contenha ata notarial com a descrição ou a reprodução de ato de sexo ou cena pornográfica, para o que poderá manter livro exclusivo para esta espécie de ato notarial.

O tabelião de notas não pode compartilhar informação que contenha a descrição ou a reprodução de ato de sexo ou cena pornográfica com a aparente participação de criança ou adolescente constatado na ata notarial, da sua certidão ou traslado, ainda que por meio de Central de Serviços Eletrônicos Compartilhados, salvo para atender requisição judicial, do Ministério Público ou da autoridade policial competente para a apuração dos fatos.

7) **Impedimentos disciplinares:** o tabelião suspenso de suas atividades para apuração, ou em decorrência, de infração disciplinar, não está no exercício do cargo (Lei n. 8.935/94, art. 32, III). Logo, não tem competência para lavrar qualquer ato notarial.

8) **Incompatibilidade em razão da matéria:** o notário que não entende a realidade não pode descrevê-la. Aqueles assuntos que, por sua natureza técnica ou científica, fujam à capacidade de percepção ou compreensão do notário, ou mesmo somente não lhe deem certeza plena dos fatos, não devem ser objeto de ata notarial.

Nada impede, porém, que o notário acompanhe os fatos ou se auxilie no momento da ata com a participação da opinião ou dos procedimentos de terceiros com as qualificações necessárias[162].

Neste caso, é muito conveniente que estes terceiros (peritos, advogados, programadores informáticos, contadores, engenheiros, etc.) assinem a ata. Em contrário à posição de Ceneviva, não temos como imprescindíveis tais assinaturas[163]. Para as normas de São Paulo, tais assinaturas são prescindíveis.

Com grande frequência somos chamados a presenciar fatos que fogem de nossa compreensão pessoal e profissional. Tal é o caso da ata de verificação de poluição em um córrego, ou da perícia de dados constantes em um programa de computador de um caixa eletrônico de onde foram desviados mais de R$ 900 mil das contas dos correntistas.

Tais atos são um desafio e envolvem certo risco profissional. Quem não estiver disposto a enfrentá-los não tem feitio de notário.

O notário não pode declarar como fato situações que terceiros dizem que são, mas deve dizer que "fulano declarou tal coisa" ou que "sicrano, diante de mim, agiu procedendo da forma 'x' e o resultado desta ação foi 'y'".

Desta forma, pode municiar o solicitante da ata, bem como um eventual e futuro juízo, da prova cabal de que certos fatos ou declarações ocorreram. A ata notarial pode ser o instrumento probatório eficaz para a verdade dos fatos.

9) **Princípio da unidade do ato**[164]: os atos notariais devem ser unos no tempo, um princípio que consideramos superado.

Por ele, os atos notariais devem respeitar uma unidade de tempo, ou seja, devem ser iniciados e terminados ao mesmo tempo.

Ora, desde o Código de Justiniano os notários trabalham em três etapas distintas que podem se prolongar no tempo: a) a **rogatória**, momento em que as partes solicitam

---
162. CENEVIVA, Walter. A ata notarial e os cuidados que exige, p. 97.
163. Idem.
164. Ceneviva denomina "A contemporaneidade". A ata notarial e os cuidados que exige, p. 97.

ao tabelião o ato e no qual o tabelião identifica a vontade das partes, propondo-lhes o instrumento adequado; b) o *initium* ou *speda*, ou seja, a redação e discussão com as partes de um primeiro texto, o que chamamos hoje de minuta; c) o *protocolum*, momento em que o ato notarial é lavrado formalmente nas folhas próprias e assinado pelas partes e eventuais intervenientes e testemunhas; e, finalmente, d) a *completio*, a assinatura final do tabelião.

Estas fases sempre se prolongaram no tempo. Por isso, sustentamos que o princípio da unidade do ato prende-se mais à sequência formal das folhas do livro do que ao interregno temporal de sua realização.

Na redação da ata notarial, o tabelião deve atentar para circunstanciar os fatos e seu desenrolar no tempo com a máxima precisão. Não é possível omitir qualquer interrupção, como é exemplo o fato de uma ação se interromper em determinada hora e seguir momentos depois. Ainda que sejam poucos minutos, qualquer distinção temporal, mesmo que pareça irrelevante no momento da lavratura, deve ser lançada ao ato.

10) Limites quanto aos fatos: o tabelião presta um serviço público, portanto universal. Todos têm o direito de receber dele a prestação do serviço notarial.

Há limites quanto aos fatos. O tabelião tem competência e autonomia profissional para decidir, soberanamente, quais fatos devem ser objeto de ata notarial. Isto porque as partes podem ter um interesse ou buscam um fim que escapa à competência notarial, como é exemplo extremo, mas ilustrativo, a atestação do óbito de uma pessoa.

Os atos notariais devem ser aptos a produzir eficácia aos atos jurídicos (Lei n. 8.935/94, art. 1º). Esta é uma disposição legal finalística e, portanto, não deve ser empecilho à prestação do serviço notarial, *a priori*. Contudo, tendo o notário, a seu juízo, certeza da inutilidade ou evidente futura ineficácia da prestação de seu serviço, deve negar-se à lavratura do ato notarial.

Outro limite quanto aos fatos diz respeito à natureza dos fatos presenciados pelo tabelião. Quando há neles um acordo de vontade, o instrumento mais adequado passa a ser a escritura pública que, por sua vez, pode conter a narrativa de certos e determinados fatos que levaram ao acordo de vontades ou à promessa própria ou de terceiros.

Ceneviva, dentre os limites subjetivos, informa que a lição do tabelião João Teodoro da Silva propõe a utilização da ata para a retificação de registro ou averbação prevista no art. 213 da Lei n. 6.015/73, a Lei dos Registros Públicos. Segundo João Teodoro, a ata notarial pode corrigir evidentes erros "para suprir omissões e corrigir defeitos de forma a que tenham dado causa, desde que não sejam afetadas as declarações de vontade das partes nem haja risco de prejuízo a terceiros, segundo o prudente arbítrio do notário e com a devida cautela"[165].

A nova redação do art. 213, decorrente da Lei n. 10.931/2004, parece dar razão ao notário mineiro, pois amplia as possibilidades de retificações promovidas *ex officio* pelo oficial de registro.

---

165. CENEVIVA, Walter. A ata notarial e os cuidados que exige, p. 99.

Apesar da posição contrária do professor Ceneviva, concordamos com João Teodoro pela possibilidade de lavrar tais atas notariais, com as ressalvas feitas por ele.

16.7 JURISPRUDÊNCIA SELECIONADA

Acesse a jurisprudência em https://www.26notas.com.br/blog/. Clique na lupa e insira o tema de interesse. Ex.: ata notarial usucapião.

17
PROCURAÇÃO

Opera-se o mandato quando alguém recebe poderes de outrem para em nome deste praticar atos ou administrar interesses (art. 653). Quem outorga os poderes de representação é denominado **mandante** e quem os recebe para praticar ou administrar é chamado **mandatário**, ou **procurador**. A procuração é o instrumento do mandato.

O mandato é uma das espécies de representação, genericamente tratadas nos arts. 115 a 120, e especialmente nos arts. 653 a 692 do Código Civil.

Dentre as espécies de representação, temos o mandato, a tutela e a curatela, os representantes empresariais (o administrador, gerente ou diretor e o franqueado), o gestor de negócios, o preposto e o político.

Estes contratos devem ser distinguidos da **autorização**, que é ato unilateral e especial para uma determinada ação; e o **núncio**, que é um porta-voz, um mensageiro, como é exemplo o núncio apostólico; não tem poderes para contratar em nome do titular da vontade.

O objeto do mandato é a outorga de poderes para a prática de atos ou negócios jurídicos. O objeto deve ser lícito, possível e determinado, ou determinável. Não comporta obrigações de não fazer. O mandato em termos gerais só confere poderes de administração. Para alienar[1], hipotecar, transigir ou praticar quaisquer atos que exorbitem da administração ordinária, a procuração depende de poderes especiais e expressos (art. 661).

Usualmente, para cumprir os fins do art. 661, §1º, do Código Civil (poderes especiais), basta inserir na procuração, a expressão "todos e quaisquer bens imóveis" ou expressão similar, sendo desnecessária a especificação do bem. Neste caso, o notário deve ter prudência e bem orientar o mandante sobre as consequências da amplitude dos poderes outorgados.

Contudo, recente precedente do STJ, Terceira Turma, decidiu, por unanimidade, que "a outorga de poderes de alienação de todos os bens do outorgante não supre o

---

1. Em São Paulo, a partir de 1º-6-2012, é obrigatória a consulta à Central de Indisponibilidades para as procurações que versem sobre alienação de bens imóveis ou de direitos a eles relativos, prevista no Prov. n. 13/2012. Assim, se a busca for negativa, deve ser inserido o seguinte texto no final da escritura imobiliária: "A consulta à Central de Indisponibilidades, exigida pelo Prov. n. 13/2012, resultou negativa para as partes envolvidas na alienação ou oneração sob o(s) código(s) 9c26.c141.7da9.ded6.bc5f.142f.6d33.1046.faea.1f47". Se for positiva a consulta, o texto que sugerimos é: "A consulta à Central de Indisponibilidades, exigida pelo Prov. n. 13/2012, resultou positiva para o(s) outorgante(s) (NOME), com ... ocorrências sob os códigos(s): 9c26.c141.7da9.ded6.bc5f.142f.6d33.1046.faea.1f47. O negócio objeto desta escritura tem o registro subordinado ao prévio cancelamento da indisponibilidade".

requisito de especialidade exigido por lei que prevê referência e determinação dos bens concretamente mencionados na procuração".[2]

A nova orientação pode impor algum embaraço ao tráfego negocial, pois há pessoas físicas que loteiam ou comercializam grande quantidade de imóveis por procuradores agindo em seu nome. Parece-nos, porém, sábia a decisão, pois limita a discricionariedade do mandatário que, por vezes, exorbita dos poderes ou trai a confiança do mandante. Não será problema grave ou excessiva burocracia indicar no instrumento da procuração os imóveis aos quais se destina, ainda que a enumeração seja elástica.

Em São Paulo, após a primeira decisão do STJ, porém antes da segunda, a CGJ do Tribunal de Justiça local editou novas *normas* para o segmento notarial. Assim, a despeito da decisão do STJ as normas indicam com clareza a possibilidade da procuração geral para a venda de imóveis, *in litteris*, "131.1. Entende-se por poderes especiais na procuração para os fins do art. 661, §1º, do Código Civil, a expressão "todos e quaisquer bens imóveis" ou expressão similar, sendo desnecessária a especificação do bem."[3]

A partir de agora, a prudência notarial indica que as procurações que contenham poderes especiais para a alienação ou oneração de bens imóveis, contenham a indicação precisa do bem, ou bens imóveis aos quais se destinam. A procuração com redação genérica simplesmente com a menção poderes gerais e especiais para vender bem imóvel do outorgante não deverá mais subsistir.

É possível outorgar mandato para atos personalíssimos, como o casamento[4], o divórcio ou a extinção de união estável, a confissão, o reconhecimento da filiação. Não é possível o mandato para o testamento.

As espécies de mandato são as seguintes:

1. *procuratio omnium bonorum*, ou seja, mandato com fins gerais de administração;

2. *procuratio unius rei*, ou seja, mandato especial, para um determinado negócio;

3. *procuratio in rem suam*, a procuração em causa própria, usada com fins de transmissão imobiliária;

4. mandato "oculto", como a comissão ou a sociedade em conta de participação;

5. procuração ao portador, ou o mandato cujo procurador é a pessoa que se apresenta com o instrumento;

6. mandato judicial.

Os principais caracteres do mandato são os seguintes:

- é negócio consensual, mas pode ser formal;
- trata-se de um contrato sinalagmático imperfeito: art. 675;
- é *intuitu personae*, mas se contiver a cláusula de substabelecimento é imperfeito;

---

2. STJ, REsp n. 1.814.643 SP (2017/0278653-3) e REsp 1.836.584 MG (2019/0266544-2), ambos da 3ª Turma, Relatora Min. Nancy Andrighi, de 22/10/2019 e 11.01.2020, respectivamente.
3. Normas da Corregedoria de São Paulo, Cap. 16.
4. Nas procurações para casamento, cada nubente outorga poderes ao seu próprio procurador, de modo que cada procurador defenda os interesses de seu constituinte. Processo n. 0032937-69.2014.8.26.0100 – São Paulo – 2ª Vara de Registros Públicos – *DJe* de 6-11-2014.

- visa à cooperação: confiança ou interesse de negócios;
- geralmente é gratuito, mas pode ser oneroso;
- é contrato preparatório;
- quanto ao instrumento, pode ser principal ou acessório.

Quanto à **forma**, o mandato pode ser:

- expresso ou verbal;
- tácito, isto é, um mandato sem procuração;
- pode revestir-se da forma pública (art. 657) ou particular (art. 654);
- o Código determina a atração de forma: a outorga do mandato está sujeita à forma exigida por lei para o ato a ser praticado (art. 657), mas admite que a forma solene seja substabelecida pelo instrumento particular (art. 655), desde que o ato final não exija a forma pública. Se o ato final é uma escritura de compra e venda, o substabelecimento deve revestir-se da forma pública.

17.1 CAPACIDADE ATIVA E PASSIVA

O mandato admite a pluralidade de mandantes ou mandatários. O art. 672 do Código de 2002 altera sutilmente o regime do Código de 1916 – mas com efeitos bem distintos – sobre o mandato distributivo, ou seja, aquele que é outorgado a mais de uma pessoa. Se não for mencionado, entender-se-á que os diversos procuradores podem exercer separadamente os poderes outorgados. A norma antiga era distinta, entendendo que os poderes seriam exercidos sucessivamente, como em uma ordem de preferência, quando não expressamente mencionado no instrumento.

Pode outorgar mandato a pessoa física com capacidade civil plena. Admite-se a outorga pelo incapaz mediante representação de seu responsável legal.

A pessoa absolutamente incapaz e o incapaz relativamente a certos atos são representados ou assistidos pelos pais, podendo ser por um deles, em situações excepcionais, como quando houver a destituição do poder familiar; ou quando estiverem ausentes ou impossibilitados de representar adequadamente o menor, ou, ainda, quando houver colisão de interesses entre pais e filhos.

A pessoa incapaz por doença demanda um cuidado ainda maior do tabelião, pois alguns atos demandam autorização judicial (arts. 1.748, 1.749 c/c com o art. 1.774, todos do CC). A pessoa incapaz por doença é representada pelo curador devidamente nomeado em processo judicial. Um exemplo que não demanda autorização judicial é a procuração ad judicia outorgada para a defesa dos interesses do incapaz.

O mandante é qualificado pelo nome, estado civil, profissão, documento de identidade (RG), CPF e domicílio.

Em São Paulo, as normativas expedidas pelo Poder Judiciário indicam cautela especial em duas situações. O tabelião deve consignar na ficha a situação do portador de deficiência visual ou de pessoas semialfabetizadas[5]. Quanto às pessoas idosas, **recomenda-se** aos tabeliães, especialmente quando insinuado risco concreto de comprometimento patrimonial do idoso[6] (no Brasil, idoso é a pessoa maior de 60 anos)[7], que lavrem as procurações com prazo de validade não superior a 1 (um) ano[8]. Já o analfabeto necessita de uma pessoa capaz que assine a seu rogo.

A pessoa jurídica também pode outorgar mandato por meio de seu representante legal. É outorgante a empresa, não o sócio ou administrador (art. 1.018). O representante somente pode outorgar os poderes que tem como diretor ou administrador para certos e específicos atos.

Podem ser outorgados todos os poderes de administração, mas sem renúncia própria[9]. Os administradores legais seguem responsáveis perante o Poder Público e terceiros. O mandato não opera uma destituição tácita ou renúncia dos representantes legais, pessoas que não podem se fazerem substituir na função.

Quanto à procuração para administrar cotas sociais, tendo em vista que os poderes não são para administrar a sociedade, temos que:

a) não podem ser conferidos poderes para representar em assembleias de sócios, porque isso seria influir na administração da sociedade, salvo se o procurador for outro sócio ou advogado (CC, art. 1.074, § 1º);

b) pode conferir poderes para alienar a cota (observadas eventuais restrições impostas no contrato social), subscrever e integralizar capital, receber lucros, dividendos ou outras vantagens, dar quitação, notificar os dirigentes ou demais sócios para a prática de quaisquer atos vinculados à administração da cota, que é um bem móvel como qualquer outra coisa móvel;

c) as pessoas presentes à assembleia deverão provar a sua qualidade de sócios ou acionistas, observadas as seguintes normas: o acionista pode ser representado na assembleia-geral por procurador constituído há menos de 1 (um) ano, que seja acionista, administrador da companhia ou advogado; na companhia aberta, o procurador pode, ainda, ser instituição financeira, cabendo ao administrador de fundos de investimento representar os condôminos (Lei n. 6.404/76 – Lei das S.A., art. 126, § 1º).

Para outorgar o mandato por escritura pública, deve ser apresentado o contrato social registrado e eventuais alterações, CNPJ, indicando o domicílio e a sede da empresa, a ata de eleição da diretoria (S/A), se houver, registrada na Junta Comercial ou ofício civil das pessoas jurídicas.

---

5. Normas da CGJ-SP, Cap. 16, item 179, "f".
6. Ver Recomendação CNJ n. 46/2020 – Dispõe sobre medidas preventivas para que se evitem atos de violência patrimonial ou financeira contra pessoa idosa, especialmente vulnerável no período de Emergência em Saúde Pública de Importância Nacional (ESPIN), no âmbito das serventias extrajudiciais e da execução dos serviços notariais.
7. Lei n. 10.741/2003, art. 1º.
8. Normas da CGJ-SP, Cap. 16, item 131.
9. Os administradores não podem fazer-se substituir nos exercícios de suas funções.

A empresa em recuperação judicial ou em processo de falência pode outorgar mandato por meio de seu representante investido pelo juiz[10].

A revogabilidade é condição da procuração empresarial. Assim, **é vedado** à pessoa jurídica outorgar mandato em caráter irrevogável.

O administrador nomeado por instrumento separado do contrato social deve averbá-lo à margem da inscrição da sociedade e, pelos atos que praticar, antes de requerer a averbação, responde pessoal e solidariamente com a sociedade (art. 1.012).

Para nomear administrador, as pessoas jurídicas devem ser assim representadas:

1) A Lei n. 14.195/2021 transformou o Empresário Individual (EIRELI), criado pela Lei n. 12.441/2011 em Sociedade Limitada Unipessoal (SLU). Assim, nos atos notariais não se deve qualificar a parte como EIRELI: doravante é SLU. Tem personalidade e patrimônios distintos de seu titular e o empresário responde pelas obrigações empresariais nos limites da subscrição. Pode constituir administrador, mas não há sentido em se auto outorgar procuração.

2) Sociedade simples – maioria de votos, segundo o valor das cotas de cada sócio (art. 1.010). O sócio não pode ser substituído por outras pessoas no exercício de suas funções de administrador, sem o consentimento dos demais sócios, expresso no contrato social (art. 1.002). É possível o mandato do sócio para o exercício das atribuições sociais (participar de reuniões, votar e ser votado etc.).

3) Sociedade limitada – votos que constituam 2/3 do capital social ou unanimidade, se não houver integralização plena (art. 1.061).

4) Sociedade limitada unipessoal – com a Lei n. 13.874/2019 segue as regras das sociedades limitadas; o patrimônio é distinto. O documento de constituição do sócio único, no que couber, segue as disposições sobre o contrato social.

5) Sociedade em nome coletivo – é vedada a representação. Não pode ter administrador estranho aos sócios (art. 1.042).

6) Sociedade Anônima – a representação é indelegável – Lei n. 6.404/76, art. 138. O mandato é possível, se o estatuto não vedar. Basta a representação do diretor. Deve informar os limites dos poderes outorgados e ter prazo determinado.

7) Sociedade em conta de participação – é representada pelo sócio ostensivo. A aferição da presentação e capacidade é deste sócio. Pode declarar, ou não, que se trata de ato em prol da sociedade em conta de participação. O sócio participante tem ação em face do ostensivo pelos atos alheios ou contrários ao contrato. Não é necessário levar a registro a procuração.

8) Sociedade estrangeira – é obrigatório que tenha um representante no Brasil (art. 1.138), admitindo-se que seja um cotista ou acionista de empresa. A Lei n. 6.404/76, art. 119, exige a nomeação de um procurador com domicílio no Brasil e com poderes para receber citação (IN 76/98 do DNRC).

---

10. Para a outorga de poderes para atos estranhos ao processo de recuperação ou falência ou que extrapolem a mera administração é necessária autorização judicial.

Em qualquer caso, o tabelião deve fiscalizar a regularidade da atuação da sociedade: esta precisa estar inscrita no registro civil das pessoas jurídicas ou na junta comercial, e o CNPJ da empresa e o CPF dos representantes e mandatário precisam estar válidos. A sociedade inscrita, mas irregular, pode outorgar procuração em certos casos (ex. para que se proceda à regularização), e a sociedade extinta pode outorgar procuração representada por seu liquidante, para cumprir obrigações ou perceber direitos do tempo em que operava.

As pessoas maiores e capazes têm capacidade para receberem procuração e serem mandatários. Excepcionalmente, pode ser mandatário o maior de 16 anos, mas o mandante não tem ação contra ele senão de conformidade com as regras gerais, aplicáveis às obrigações contraídas por menores (art. 666).

As pessoas jurídicas também podem ser mandatárias. Os documentos são os mesmos indicados para a posição de mandante.

O novo Código de Processo Civil dispõe que a procuração geral para o foro, outorgada por instrumento público ou particular assinado pela parte, habilita o advogado a praticar todos os atos do processo, exceto receber citação, confessar, reconhecer a procedência do pedido, transigir, desistir, renunciar ao direito sobre o qual se funda a ação, receber, dar quitação, firmar compromisso e assinar declaração de hipossuficiência econômica, que devem constar de cláusula específica (art. 105).

A novidade do novo Código é que esta procuração deverá conter o nome do advogado, seu número de inscrição na Ordem dos Advogados do Brasil e o endereço completo. Se o mandatário integrar sociedade de advogados, a procuração também deverá conter o nome dessa, seu número de registro na Ordem dos Advogados do Brasil e endereço completo (art. 105, §§ 2º e 3º).

A autorização para a prática de algum ato constante em alvará judicial pode ser objeto de procuração? Há controvérsia doutrinária. Alguns entendem tratar-se de representação personalíssima. Opinamos que, se o alvará não contiver ressalva, por ser um documento judicial destinado à esfera exclusivamente privada, não há impedimento para a outorga do mandato com poderes específicos. Não se trata de *munus publicum*.

Como dissemos, o curador pode outorgar procuração para representá-lo nesta qualidade. Há de analisar os poderes e limites do termo de curatela. Não é demais ressaltar que, para atos de alienação ou oneração de bens do interdito, é necessária expressa autorização judicial.

O inventariante também pode outorgar procuração para ser representado nesta qualidade, respeitando o disposto nos arts. 618 e 619 do CPC/2015.

17.2 ACEITAÇÃO DO MANDATO

A aceitação do mandato pode ser expressa ou tácita. A aceitação expressa pode constar do próprio instrumento, com a presença de mandante e mandatário, e essa é, infelizmente, prática quase inexistente nos tabelionatos de notas do Brasil. A aceitação expressa pode constar de correspondência, nota de próprio punho, ou qualquer outro escrito de autoria do procurador. O reconhecimento de firma é dispensável, mas o mandante pode ter a cautela, se preferir. A aceitação expressa é um evento raro.

A aceitação tácita decorre normalmente do exercício dos poderes, da apresentação do procurador perante terceiros, já tomando as providências das quais está investido.

Se o procurador nada fizer, se restar em silêncio, a lei não presume que o mandato foi aceito; ao contrário, a presunção é de que não aceitou a investidura. Contudo, receber e não rechaçar o instrumento presume a aceitação do mandato.

Enquanto não houver aceitação, trata-se de ato unilateral. Após a aceitação, existe um negócio jurídico.

É possível que o mandatário faça reserva ou condição de qualquer cláusula do mandato, o que deve ser feito expressamente para resguardo das partes.

A recusa não necessita de qualquer forma ou justificativa. Basta silenciar ou informar o mandante da negativa.

17.3 OBRIGAÇÕES DO MANDATÁRIO

O mandatário, ou procurador, tem o dever de portar-se com boa-fé e a diligência habitual que tem em face de seus próprios negócios.

Mesmo com vedação expressa, o procurador pode substabelecer o mandato, mas terá o dever de indenizar o mandante pela eventual negligência ou excesso do substabelecido (art. 667).

O mandatário tem o dever de prestar contas sobre a representação para o mandante. Este dever poderia ser dispensado? Certamente que sim, na procuração em causa própria (art. 685) e nas procurações outorgadas com a cláusula de irrevogabilidade por condição de um negócio bilateral. Nas demais procurações, parece-nos vedada a dispensa do dever de prestar contas.

O mandatário tem a obrigação de entregar as vantagens advindas da representação ao mandante (art. 668). Sempre que exigido por terceiros, deve provar o mandato, evidentemente apresentando o instrumento, a procuração.

Embora ciente da morte, interdição ou mudança de estado do mandante, deve o mandatário concluir o negócio já começado, se houver perigo na demora (art. 674). Os notários temem e são refratários à aplicação desta regra tão clara. Há casos em que o mandatário tinha poderes para prometer vender e ceder o imóvel. Feita a promessa com pagamento diferido no tempo, falece o mandante. Evidentemente, concluído o pagamento, antes ou após a morte, é possível a conclusão do negócio com a outorga da escritura de compra e venda[11].

---

11. Neste sentido, o Conselho Superior da Magistratura (CSM-SP) – São Paulo – Apelação n. 3000311-26.2013.8.26.0408 – Comarca de Ourinhos – Hamilton Elliot Akel, Corregedor-Geral da Justiça e Relator, DJe 30-4-2015. Ementa: Registro de imóveis – Dúvida julgada procedente – Recusa de ingresso de escritura de venda e compra com cessão de direitos – Vendedores, representados por procurador, falecidos na época da lavratura do ato – Afirmação de invalidade do ato pela cessação dos poderes outorgados – Exame que extrapola os limites da qualificação do título, restrita aos aspectos formais – Recurso provido.

17.4 OBRIGAÇÕES DO MANDANTE

O mandante está obrigado a fornecer os recursos necessários ao desempenho do mandato. É ele quem deve arcar com as despesas, não o mandatário, que, se o fizer, tem direito ao ressarcimento.

Se houver sido fixado um pagamento pelo mandato, o outorgante tem o dever de pagar a remuneração. Além disso, está obrigado a indenizar as perdas e danos eventuais sofridos pelo mandatário. O mandatário tem o direito de retenção de eventuais vantagens da representação enquanto o mandante não honrar a sua obrigação de pagar a remuneração.

Em face de terceiros, o mandante deve honrar as obrigações assumidas em seu nome pelo mandatário.

17.5 SUBSTABELECIMENTO

O substabelecimento do mandato constitui a cessão dos poderes de representação para outra pessoa. É um novo mandato com esteio no anterior e, portanto, os poderes não podem ser mais amplos ou especiais que os originários.

Mesmo vedado, o substabelecimento pode ser feito pelo procurador, mas os atos praticados não obrigam o mandante (art. 667). O mandatário será responsável pelos prejuízos ocorridos sob a nova administração, a menos que consiga provar que eles ocorreriam de qualquer modo.

Os atos praticados pelo representante do substabelecimento vedado podem, entretanto, ser ratificados expressamente pelo mandante, e seus efeitos se operam *ex tunc*, retroagindo à data do ato.

O substabelecimento pode ser feito com reserva de iguais ou parciais poderes, ou seja, o mandatário que substabelece pode reservar-se o direito de continuar com os poderes de modo integral ou parcial.

O substabelecimento sem reserva equivale à renúncia ao mandato pelo procurador[12]. O novo mandatário é o substabelecido, que deve prestar contas ao mandante.

A revogação do mandato deve ser comunicada pelo mandante ao mandatário; também assim o substabelecimento sem reservas que, segundo a doutrina, equivale à renúncia dos poderes.

Há grande debate entre os tabeliães sobre esta questão. O procurador que outorga substabelecimento sem reserva de poderes pode, posteriormente, fazer a revogação deste substabelecimento?

Alguns notários lavram a revogação, outros não; estes porque teria ocorrido a renúncia tácita do procurador ao mandato, conforme leciona parte da doutrina civilista.

---

12. Desde que o procurador proceda a comunicação do substabelecimento sem reserva ao mandante. A renúncia não se presume.

Outra corrente notarial entende que é possível lavrar a revogação, mesmo tendo o mandatário substabelecido os poderes sem reservas. Segundo eles, o substabelecimento, mesmo sem reservas, não significa renúncia ao mandato. A renúncia necessitaria ser expressa e somente produziria efeitos depois de comunicada ao mandante. Antes, não.

Esta corrente, à qual nos filiamos, entende que enquanto não houver renúncia expressa ou faltar a comunicação do substabelecimento ao mandante, o contrato de mandato está válido e eficaz. Há contrato entre o mandante, que concedeu poderes ao mandatário, não ao substabelecido. É o mandatário que responde perante o mandante e continuará respondendo, ainda que tenha substabelecido, enquanto não chegar ao conhecimento do mandante a renúncia ou comunicação do substabelecimento. É, portanto, possível a revogação do substabelecimento feito sem reserva de iguais poderes.

Outra questão controversa é a possibilidade de substabelecimento particular de procuração pública (art. 655). Esta liberdade, parece-nos, encontra limite na disposição do art. 657, que versa sobre o princípio da atração de forma: o mandato está sujeito à forma exigida por lei para o ato a ser praticado. Logo, se o ato a ser praticado exige o instrumento público, o substabelecimento não deve ocorrer por instrumento particular.

Com a instituição da CENSEC, algumas normas estaduais sobre comunicações das procurações têm, agora, abrangência nacional[13].

Nas escrituras de substabelecimento, e naquelas em que as partes se fizerem representar por procurador substabelecido, o tabelião exigirá a apresentação dos instrumentos de procuração e substabelecimento, se estes não tiverem sido lavrados nas próprias notas do cartório, arquivando-os em pasta própria, com remissões recíprocas.

Ao lavrarem escritura pública de substabelecimento, renúncia ou revogação de procuração escriturada em suas serventias, os tabeliães anotarão essa circunstância, imediatamente e sem ônus aos interessados, à margem do ato substabelecido, objeto da renúncia ou revogado.

Quando o substabelecimento, a renúncia ou o ato revocatório for lavrado em outra serventia, o tabelião, imediatamente e mediante o pagamento pelo interessado da despesa postal da carta registrada, comunicará essa circunstância ao Tabelião de Notas que lavrou o ato original, enviando-lhe cópia da escritura pública de substabelecimento, renúncia ou revogação de procuração que lavrou. Entendemos que a comunicação também pode ser feita de forma eletrônica por meio do malote digital (Prov. CNJ n. 149/2023, art. 207).

As cópias das escrituras públicas de substabelecimento, revogação e renúncia de procurações serão arquivadas em pasta própria, anotando o Tabelião de Notas, à margem do ato substabelecido, objeto da renúncia ou revogado, o número da pasta e a folha em que arquivado o documento referido, com remissões recíprocas.

O Manual de Serviço Consular e Jurídico, do Ministério das Relações Exteriores, prevê a comunicação de atos de substabelecimento, renúncia ou revogação de atos lavrados nos consulados brasileiros. Contudo, até hoje, não há regulamento ou orientação sobre isso, de modo que o tabelião deve enviar um e-mail ao consulado autor da procuração.

---

13. CNJ, Prov. n. 18/2012 (integrado ao Código Nacional de Normas).

17.6 PROCURAÇÃO EM CAUSA PRÓPRIA

A procuração em causa própria, ou *mandato in rem suam*, configura um contrato preliminar e irrevogável de transmissão de direitos sobre bens móveis ou imóveis (art. 685).

Na prática, a procuração em causa própria sempre versa sobre bens imóveis, contendo a quitação do preço e a transmissão da posse e dos direitos. Em muitas cidades, o ITBI, que é um imposto municipal, incide na outorga desta procuração. Em outras, não.

Esta procuração é irrevogável e o substabelecimento particular é vedado. Desde que contenha todos os requisitos da escritura de compra e venda, inclusive com o recolhimento do Imposto de Transmissão *Inter Vivos* (ITBI), poderá ser registrada, para o fim de transmitir o domínio[14]. Contudo, no Resp. n. 1.345.170, do RS, o Superior Tribunal de Justiça entendeu que "não pode ser atribuída a negócio jurídico unilateral a função de substituir, a um só tempo, os negócios jurídicos obrigacionais (por exemplo, contrato de compra e venda, doação) e dispositivos (v.g., acordo de transmissão) indispensáveis, em regra, à transmissão dos direitos subjetivos patrimoniais, notadamente do direito de propriedade, sob pena de abreviação de institutos consolidados e burla à regras jurídicas". Em suma, a procuração em causa própria não se equivale à escritura de venda e compra.

Ainda que falecido o outorgante da procuração em causa própria, o outorgado procurador tem o direito de continuar investido nos poderes que lhe foram conferidos em vida do outorgante, que continuam em vigor para todos os efeitos.

Outro mandato para fins imobiliários decorre da Lei n. 4.591/64, que dispõe sobre o condomínio em edificações e as incorporações imobiliárias. Os arts. 31-C e 31-F contêm também um mandato irrevogável. O mandato outorgado à comissão de representantes dos promitentes compradores ou adquirentes confere poderes para transmitir domínio, direito, posse e ação, manifestar a responsabilidade do alienante pela evicção e imitir os promitentes ou adquirentes na posse das respectivas unidades.

A procuração **em causa própria (art. 685, do Código Civil)** não se confunde com o **contrato consigo mesmo (art. 117, do Código Civil)**. Apesar de a forma representativa ser semelhante, o procurador cumpre inicialmente as instruções do mandante para tratativas com terceiros. Se lhe convier, o mandante (ou a lei) pode autorizar expressamente que o procurador celebre consigo mesmo o negócio jurídico objeto da representação[15]. As principais diferenças são: a procuração em causa própria é irrevogável, a morte do mandante não a extingue; não há prestação de contas e é feita no exclusivo benefício do mandatário. O contrato consigo mesmo é revogável, há prestação de contas e a morte do representado extingue a representação que é outorgada – inicialmente – em benefício do representado.

---

14. Neste sentido: Conselho Superior da Magistratura (CSM-SP) – São Paulo – Apelação n. 003499-0/84 – Comarca de Serra Negra – Marcos Nogueira Garcez, Corregedor-Geral da Justiça e Relator.
15. Art. 117 do Código Civil.

17.7 IRREVOGABILIDADE REVOGÁVEL

A maior novidade do Código de 2002, cremos, está contida no art. 683. Por ele, o mandato com cláusula de irrevogabilidade pode agora ser revogado pelo mandante, que pagará as perdas e danos. As exceções ficam por conta das hipóteses de ser o mandato condição de um negócio bilateral (art. 684), como é exemplo a procuração que contenha a cláusula "em causa própria" (art. 685), ou de conter poderes para cumprir ou confirmar negócios já iniciados aos quais se encontre vinculado.

A novidade em direito é sempre cercada de controvérsia. Os tabeliães que revogam os mandatos irrevogáveis têm sofrido processos administrativos[16], e o assunto ainda não é pacífico. Entendemos que é possível a revogação, pois a lei assim prevê e este tem sido o entendimento das decisões administrativas. Contudo, para o concurso, aja com cautela.

17.8 PROCURAÇÕES E SEUS REFLEXOS EMPRESARIAIS

O art. 1.011, § 2º do Código Civil indica como subsidiárias das normas para a administração social aquelas previstas no capítulo próprio do mandato.

O administrador da sociedade pode ser nomeado por instrumento em separado, que pode ser, por exemplo, uma procuração. Quando tal ocorrer, o instrumento deve ser inscrito junto ao registro próprio da sociedade.

Nos atos que impliquem em oneração ou venda de imóveis, será necessária decisão da maioria dos sócios (art. 1.015). Vamos repetir, para salientar: é somente para a oneração ou venda; a aquisição não exige tal maioria.

Outra importante alteração diz respeito ao art. 1.018, que veda ao administrador fazer-se substituir no exercício de suas funções. O que ele pode e deve fazer, se necessitar de afastamento, é outorgar procuração ao mandatário, representando a sociedade, que é, então, a mandante. Neste caso, não pode exorbitar os poderes conferidos pelo contrato social, devendo especificar no instrumento os atos e operações que o mandatário pode praticar.

Hipótese distinta é a do sócio – que tenha ou não funções administrativas – que deseja fazer-se representar por mandato no âmbito interno da empresa. Uma assembleia de sócios, por exemplo, é agendada para o momento em que o sócio está viajando. Neste caso, entendemos que a procuração pode ser outorgada com a ressalva expressa de que os poderes são limitados aos atos de gestão social. Se, eventualmente, forem abordadas, na mesma assembleia, questões administrativas, o mandatário não tem poderes para substituir o mandante.

---

16. Neste sentido, a Corregedoria-Geral da Justiça (CGJ-SP) – São Paulo – Processo CG n. 2014/157039 (389/2014-E). Parecer, Swarai Cervone de Oliveira, Juiz Assessor da Corregedoria, aprovado pelo então Corregedor-Geral da Justiça, Dr. Hamilton Elliot Akel, *DJe* 19-1-2015. Ementa: Tabelião de Notas – Instrumento público de revogação de mandato, outorgado com cláusula de irrevogabilidade – Possibilidade de revogação, na forma do art. 683 do Código Civil – Mandato, ademais, destituído de cláusula "em causa própria" – Ausência de falta funcional do Tabelião – Recurso desprovido.

Não mais subsiste o regramento do Provimento CNJ n. 42/2014, que disciplinava a obrigatoriedade dos tabeliães de notas encaminharem para averbação na Junta Comercial a cópia do instrumento de procuração quando houvesse outorga de poderes de administração, gerência dos negócios, de movimentação de conta corrente vinculada de empresa individual de responsabilidade limitada, sociedade empresarial, sociedade simples, ou cooperativa. O V. Acórdão proferido nos autos do Pedido de Providências n. 0006471-95.2019.2.00.0000 do E. CNJ, revogou o Provimento CNJ n. 42/2014.

17.9 REVOGAÇÃO E RENÚNCIA

A revogação do mandato pode ser realizada pelo mandante, que deve comunicar ao mandatário para que produza os seus efeitos.

O mandatário pode renunciar; ele não pode revogar o mandato, pois não foi quem o outorgou. Se o mandato for com a cláusula *ad judicia* (para o foro), o advogado renunciante tem o dever de manter a defesa por mais 10 dias e deve dar ciência ao juízo (art. 112, § 1º, do CPC/2015).

A irrevogabilidade do mandato é exceção, e, como dissemos, o mandato irrevogável pode ser revogado, mas o mandante pagará perdas e danos.

As hipóteses contidas nos arts. 684, 685 e 686, parágrafo único, são de revogação válida e ineficaz, ou seja, revogação que mesmo feita não produz efeitos. O tabelião não está impedido de fazê-las, pois deve atender ao pedido da parte para formalizar juridicamente a sua vontade (Lei n. 8.935/94, art. 6º, I). Apesar de válido, é ato destituído de eficácia.

Sempre que a procuração contiver a cláusula de irrevogabilidade, o tabelião deve exigir que o outorgante informe o motivo da irrevogabilidade, indicando especialmente se se trata de condição de um negócio bilateral ou se foi estipulada no exclusivo interesse do mandatário. É que, nestes casos, a revogação do mandato será ineficaz, o que garante ao mandatário certeza da irrevogabilidade permanente.

As Normas do Estado de São Paulo exigem que os tabeliães, ao lavrarem instrumento público de substabelecimento de procuração, revogação ou renúncia de mandato escriturado em suas próprias serventias, averbem essa circunstância, imediatamente e sem ônus à parte, à margem do ato substabelecido, revogado ou renunciado. A partir de 2013, as Normas da CGJ de São Paulo, quando a morte do mandante fosse comunicada ao tabelião pelo procurador ou qualquer outra pessoa, comprovada por certidão de óbito ou outro documento oficial, deve receber igual tratamento. E mais recente – em 2020 – as Normas ampliaram as hipóteses para interdição e decurso do prazo, desde que comprovado.

Quando o ato revogatório, de substabelecimento ou de renúncia, tiver sido lavrado em outra serventia, o tabelião, imediatamente e mediante o pagamento pelo interessado da despesa postal da carta registrada, comunicará essa circunstância ao tabelião que lavrou o ato original, encaminhando-lhe cópia do substabelecimento, da escritura de revogação ou renúncia de mandato que lavrou.

Ao receber cópia da escritura de substabelecimento, de procuração, revogação ou renúncia de mandato, será arquivada em pasta própria, anotando o tabelião, à margem do ato substabelecido ou revogado.

Com o Prov. n. 18/2012 (integrado ao Código Nacional de Normas), da Corregedoria Nacional de Justiça (CNJ), que instituiu a Central Notarial de Serviços Eletrônicos Compartilhados (CENSEC), os notários de todo o País estão obrigados a comunicar a lavratura de revogação de procuração e de escritura pública de rerratificação que lavrarem, ao notário que houver lavrado a procuração, ou a escritura pública do negócio jurídico objeto da rerratificação, com a realização das anotações remissivas correspondentes, em todas as escrituras, pelo remetente e pelo destinatário (art. 9º, § 4º). Compreendem-se também os atos de renúncia e substabelecimento, bem como os atos de aditamento e aditamento retificativo.

17.10 EXTINÇÃO DO MANDATO

O mandato se extingue por: I) acordo mútuo; II) revogação ou renúncia; III) morte ou interdição de uma das partes; IV) mudança de estado que inabilite o mandante a conferir os poderes, ou o mandatário a exercê-los; V) término do prazo ou conclusão do negócio.

A parte que revoga ou renuncia deve notificar a outra sobre o fim do mandato, o que somente ocorre após a notificação.

Age com cautela quem registrar a revogação ou renúncia no ofício de registro de títulos e documentos para efeitos em face de terceiros. Qualquer outra publicidade (anúncio em jornais etc.) também pode ser dada.

A morte, a interdição ou a mudança de estado que **inabilite** o mandante extinguem o mandato. A pessoa que se casa, ou enviúva, ou se divorcia, muda de estado civil, mas o Código não se refere a estas mudanças, e sim àquela que resulte na perda da capacidade do mandante.

17.11 JURISPRUDÊNCIA SELECIONADA

Acesse a jurisprudência em https://www.26notas.com.br/blog/. Clique na lupa e insira o tema de interesse. Ex.: procuração poderes especiais.

18
ESCRITURAS PÚBLICAS

A lavratura de escrituras públicas exige cuidados especiais, principalmente quanto aos requisitos legais. Dentre tantos atos, o tabelião de notas age com grande frequência a serviço do tráfego imobiliário.

A expressiva atuação notarial nos negócios imobiliários tem, agora, estatística que demonstra a sua importância. Segundo os indicadores notariais, no ano de 2019, o total dos negócios realizados por escritura pública em todo o Brasil somou 363,39 bilhões de reais[1].

Para cautela e segurança jurídica dos expressivos interesses da indústria imobiliária e de seus adquirentes, o notário deve agir com estrito cumprimento das leis e normas, devendo obstar seguimento a atos que as afrontem.

A Lei n. 7.433/85 e seu Decreto regulamentador n. 93.240/86 instituem os requisitos para a escritura pública.

Há outras leis e normas administrativas estaduais que instituem requisitos para a lavratura de escritura pública, devendo o tabelião cumprir também as exigências locais[2].

Em um primeiro plano, faremos uma abordagem genérica, procurando dar ênfase aos imóveis urbanos. Os imóveis rurais terão um prefácio próprio. Ainda neste tema, comentaremos brevemente sobre algumas escrituras mais frequentes no cartório de notas, como as de compra e venda, doação, permuta e alienação fiduciária.

Passemos aos requisitos gerais da escritura pública.

18.1 ESCRITURAS PÚBLICAS – REQUISITOS GERAIS

O tabelião deve verificar se as partes e demais interessados apresentam-se com os documentos necessários de identificação, nos respectivos originais em papel ou digital, em especial a documento de identidade[3-4].

---

1. Colégio Notarial do Brasil, seção São Paulo, em https://app.powerbi.com/view?r=eyJrIjoiNTAzNzU4MDMtM2Q-0Mi00Y2QzLTkxNjYtMDQ5ZWU3NTkyYTIyIiwidCI6IjM3MmZlMWI3LWE4YjktNDE5OC1hOThkLTBmMTMxYmM2OG ViZiJ9, acesso em 26.04.2020, às 09h05.
2. Em São Paulo, a partir de 1º-6-2012, é obrigatória a consulta à Central de Indisponibilidades, prevista no Prov. n. 13/2012. Assim, se a busca for negativa, deve ser inserido o seguinte texto no final da escritura imobiliária: "A consulta à Central de Indisponibilidades, exigida pelo Prov. n. 13/2012, resultou negativa para as partes envolvidas na alienação ou oneração sob o(s) código(s) 9c26.c141.7da9.ded6.bc5f.142f.6d33.1046.faea.1f47". Se for positiva a consulta, o texto que sugerimos é: "A consulta à Central de Indisponibilidades, exigida pelo Prov. n. 13/2012, resultou positiva para o(s) outorgante(s) (NOME), com ... ocorrências sob o(s) código(s): 9c26.c141.7da9.ded6.bc5f.142f.6d33.1046.faea.1f47. O negócio objeto desta escritura tem o registro subordinado ao prévio cancelamento da indisponibilidade".
3. Em São Paulo, há vedação sobre a apresentação destes documentos replastificados.
4. Art. 1º do Decreto n. 93.240/86.

Além do documento de identidade (RG), são aceitos os documentos de identidade com fé pública definidos em lei (registro de identidade civil, carteiras de identidade expedidas pelos órgãos fiscalizadores de exercício profissional – OAB, CRM, CRO, CRC etc.), carteira nacional de habilitação – (CNH), registro nacional migratório – (RNM), passaporte nacional, passaporte estrangeiro, documentos que, quando contenham data de vigência, devem estar válidos (exceto a CNH, com a ressalva de que a CNH vencida não permitirá a consulta de sua autenticidade na base de dados do Denatran). Quando se tratar de estrangeiros, também o visto de permanência deve estar vigente.

A autonomia e a independência do tabelião são privilegiadas pelo Decreto n. 93.240/86, que permite a dispensa dos documentos de identificação das partes, se o tabelião assim decidir (art. 1°, I), prática hoje em desuso.

Os documentos devem ser apresentados em seus respectivos originais, não podem ser aceitas cópias, mesmo que autenticadas. A identificação por cópia simples constitui grave falta, pois não alicerça a segurança jurídica que o ato requer.

O nome, a nacionalidade, o estado civil[5] e o CPF são atestados pelo tabelião de acordo com os documentos de identidade, fiscal e a certidão de casamento, óbito ou nascimento apresentados. Esses dados da qualificação e a fé da capacidade civil das partes e demais comparecentes fazem prova plena. A profissão e o endereço são declarativos.

Para a lavratura da escritura pública e demais atos notariais (procuração, ata notarial, testamento etc.) é obrigatória a abertura de ficha padrão de assinatura de todos que comparecerem ao ato notarial, servindo de padrão gráfico para análise e confrontação com a assinatura lançada na escritura e eventual perícia (art. 46 e parágrafo único, Lei n. 8.935/94).

A Instrução Normativa n. 2.172/2024, no art. 4°, II, *a* e *d*, dispõe que os participantes (pessoas físicas) de operações imobiliárias, inclusive na constituição de garantia real sobre imóvel, estão obrigadas a se inscreverem no CPF, mesmo que residentes no exterior, mas que possuam no Brasil bens e direitos sujeitos a registro público (imóveis etc.).

As entidades domiciliadas no Brasil, inclusive as pessoas jurídicas por equiparação, estão obrigadas a se inscreverem no Cadastro Nacional das Pessoas Jurídicas do Ministério da Fazenda – (CNPJ). Entidades estrangeiras, antes de iniciarem aqui as suas atividades, devem obter também a inscrição no CNPJ para todos os seus estabelecimentos localizados no Brasil[6]. Empresas com inscrição do CNPJ inaptas podem, mesmo assim, transmitir a propriedade de bens imóveis.

Caso se trate de pessoas jurídicas que vão figurar como partes outorgantes, o tabelião deve exigir os documentos comprobatórios da representação. As partes que compareçam em presentação[7] ou representação devem apresentar os atos constitutivos de sua competência ou poderes (contrato social ou estatutos, com suas respectivas alte-

---

5. As Normas de Serviço da Corregedoria do Estado de São Paulo impõem a verificação de documento comprobatório de união estável, se houver (item 42, a, Cap. XVI).
6. Instrução Normativa RFB n. 2.129/2022, art. 3°.
7. Presentação é o termo técnico para as pessoas jurídicas, segundo doutrina de Pontes de Miranda. Falamos em representação para as pessoas naturais.

rações posteriores). Os contratos sociais ou atas de assembleias devem ser fotocopiados e arquivados no tabelionato, inclusive para referência e atos futuros. As normas de São Paulo exigem que os contratos apresentados sejam comprovados por certidão com prazo inferior a um ano, ou por ficha cadastral da Junta Comercial, obtida via internet, quando possível.

Quando se tratar de pessoa jurídica, a escritura deve mencionar a data do contrato social ou outro ato constitutivo, seu número na Junta Comercial ou no Registro competente, o artigo do contrato ou do estatuto social que delega a representação legal, autorização para a prática do ato e, se exigível, a ata da assembleia geral que elegeu a diretoria.

Quando houver interesses de menores, as escrituras públicas devem fazer menção expressa à idade e por quem assistidos ou representados, ressalvada a faculdade contida nos arts. 539 e 543 do Código Civil[8].

As procurações devem obedecer à forma pública (princípio da atração das formas) e o tabelião deve conferir os poderes inerentes para a prática do ato[9]. As normas de São Paulo estipulam que o prazo de validade da certidão não poderá exceder a 90 dias.

O tabelião deve examinar com cautela a matrícula ou transcrição imobiliária (sistema antigo), verificando o histórico dominial do imóvel e se constam ações reais e pessoais reipersecutórias e de ônus reais. A análise deve compreender quem figura como titular do bem e como as pessoas e o bem estão descritos. A apresentação das certidões de ações reais e pessoais reipersecutórias e de ônus reais, expedida pelo ofício imobiliário competente, não dispensa o alienante de declarar, sob responsabilidade civil e penal, se existem ou não ações outras[10].

As certidões de ações reais têm por objeto um pedido de tutela de direito real sobre o imóvel (ações de usucapião, demarcatórias, discriminatórias etc.). A ação reipersecutória, por sua vez, objetiva a retomada de um bem que se encontra em poder de terceiro, pelo descumprimento de uma obrigação contratual, por exemplo. As certidões relativas a ônus reais dizem respeito às restrições que incidem sobre o imóvel, que acarretam uma limitação.

Mesmo que a certidão seja positiva (indicando, por exemplo, uma penhora), não há impedimento para a lavratura da escritura[11], mas o adquirente deve ser alertado sobre a existência do ônus, e consignado no ato notarial que ele aceita o imóvel nessas condições.

Para suprir a incapacidade, relativa ou absoluta, para a alienação de bens imóveis, é necessária a autorização judicial. O tabelião deve exigir os respectivos alvarás quando as partes forem espólio (judicial), massa falida, herança jacente ou vacante, empresário

---

8. Art. 539. "O doador pode fixar prazo ao donatário, para declarar se aceita ou não a liberalidade. Desde que o donatário, ciente do prazo, não faça dentro dele a declaração, entender-se-á que aceitou, se a doação não for sujeita a encargo". Art. 543. "Se o donatário for absolutamente incapaz, dispensa-se a aceitação, desde que se trate de doação pura".
9. Se a procuração for oriunda de cartório de outra comarca, deve exigir que a firma de quem subscreveu o traslado ou certidão esteja reconhecida por tabelião da sua própria comarca, onde está produzindo efeitos, ou se, passada no estrangeiro, esteja apostilada (veja o capítulo sobre procurações).
10. Decreto n. 93.240/86, art. 1º, § 3º.
11. Exceto quando a penhora for em favor do INSS, Fazenda Nacional ou União.

ou sociedade empresária em recuperação judicial, incapazes (idade ou doença) e outros que dependem de autorização judicial para dispor ou adquirir imóveis ou direitos a eles relativos, bem assim nas hipóteses de sub-rogação de gravames.

Nos casos de atos praticados por pessoa em situação de curatela ou em nome da pessoa com deficiência por eventuais apoiadores, o tabelião também deve exigir alvará, termo de curatela, ou termo de acordo de decisão apoiada.

Em regra, os alvarás trazem seus prazos de validade (geralmente, 360 dias). Se o prazo não constar no instrumento, considera-se que é indeterminado.

Os pais não podem dispor dos bens imóveis dos filhos sem autorização[12]. Igualmente, os bens dos interditos não podem ser alienados pelos curadores sem autorização judicial, bem como os dos menores sob tutela (art. 1.750, do Código Civil).

Uma questão polêmica é a compra feita pelos pais aos filhos menores, de bens imóveis cujo valor seja exclusivo do menor. Uns entendem pela necessidade de alvará, outros defendem a desnecessidade. Entendemos que o tabelião somente deve fiscalizar, ainda assim superficialmente, a continência entre o valor pago e o valor de mercado do bem, buscando evitar fraudes contra o interesse do menor, e se for o caso, proceder à comunicação ao COAF.

O tabelião deve exigir, se não dispensadas pelo adquirente, as certidões referentes aos tributos municipais que incidam sobre imóvel urbano, no caso de escritura que implique a transferência de domínio, os comprovantes do pagamento de laudêmio e a prova do pagamento do imposto de transmissão devido.

Em relação aos imóveis urbanos, são exigidas as certidões referentes aos tributos que incidam sobre o imóvel; em relação aos imóveis rurais, devem ser apresentados o certificado de cadastro de imóvel rural (CCIR), emitido pelo Instituto Nacional de Colonização e Reforma Agrária (INCRA), e a prova de quitação dos últimos cinco anos do Imposto Territorial Rural (ITR) lançado[13]. Se o prazo para o seu pagamento ainda não estiver vencido, deve ser apresentado o comprovante do pagamento do ITR do exercício imediatamente anterior.

Diferentemente das certidões negativas de tributos de imóveis urbanos, que têm previsão expressa para a faculdade de dispensa pelo adquirente, assumindo a responsabilidade por eventuais débitos, os comprovantes de ITR e o certificado de cadastro de imóveis rurais não podem ser dispensados: a apresentação é obrigatória[14].

O imposto de transmissão sobre bens imóveis pode ser estadual ou municipal, conforme competência estabelecida pela Constituição Federal. Se o ato for oneroso

---

12. Art. 1.691 do Código Civil: Não podem os pais alienar, ou gravar de ônus real os imóveis dos filhos, nem contrair, em nome deles, obrigações que ultrapassem os limites da simples administração, salvo por necessidade ou evidente interesse da prole, mediante prévia autorização do juiz.
13. Apesar de as normas dizerem o contrário, parte da doutrina sustenta que a certidão negativa de débitos supre a apresentação de prova de quitação dos últimos cinco anos.
14. Lei n. 4.947/66, art. 22, § 1º: Sem apresentação do Certificado de Cadastro, não poderão os proprietários, a partir da data a que se refere este artigo, sob pena de nulidade, desmembrar, arrendar, hipotecar, vender ou prometer em venda imóveis rurais.

(compra e venda, dentre outros), a competência é municipal; se for não oneroso (doação ou *causa mortis*, dentre outros), a competência é do Estado[15].

O comprovante do pagamento do ITBI poderá ser recolhido posteriormente, quando a lei autorizar a efetivação do pagamento após a sua lavratura. Neste caso, há um choque entre as normas do CTN e as habitualmente fixadas pelas leis municipais e estaduais.

Quando o imóvel está sujeito à enfiteuse, dispõe o art. 3º do Decreto-lei n. 2.398/87 que, nas transações onerosas, é exigido o pagamento do laudêmio, equivalente a 5% (cinco por cento) do valor atualizado do domínio pleno do terreno da União, excluídas as benfeitorias nele construídas.

A constituição de novas enfiteuses e subenfiteuses foi vedada pelo atual Código Civil, subordinando as existentes ao Código Civil anterior[16].

O tabelião é fiscal dos tributos e responde solidariamente pelo pagamento, em caso de impossibilidade de exigência do cumprimento da obrigação principal pelo contribuinte. Por isso, deve exigir da parte com direito à isenção que obtenha declaração de tal condição junto à autoridade tributária.

A redação dos atos notariais é exclusiva do tabelião, mas ele pode indicar quando utilizar uma minuta[17]. São frequentes as minutas oferecidas pelas partes. O tabelião pode adotá-las ou recusá-las[18].

Os atos notariais devem indicar clara e precisamente a natureza do negócio jurídico e seu objeto. O tabelião deve interpretar e redigir a declaração das partes em linguagem jurídica, mas clara, distinguindo as declarações de cada uma das partes.

Se alguma delas não puder ou não souber assinar, outra pessoa capaz poderá assinar por ela, a seu rogo. Certos Estados impõem ou recomendam que seja colhida a impressão digital, com a utilização de coletores com tinta especial, prática que nos parece prudente. Em torno de cada impressão, deverá ser escrito o nome do identificado.

18.2 ESCRITURAS IMOBILIÁRIAS – REQUISITOS ESPECIAIS

As escrituras imobiliárias distinguem-se pela localização do imóvel, que pode ser urbano ou rural.

Segundo a Lei n. 4.504/64, art. 4º, I, imóvel rural é o prédio rústico de área contínua, qualquer que seja a sua localização, que se destina à exploração extrativa agrícola, pecuária ou agroindustrial, quer por meio de planos públicos de valorização, quer pela iniciativa privada.

---

15. Veja os arts. 155 e 156 da CF.
16. Art. 2.038 do Código Civil: Fica proibida a constituição de enfiteuses e subenfiteuses, subordinando-se as existentes, até sua extinção, às disposições do Código Civil anterior, Lei n. 3.071, de 1º de janeiro de 1916, e leis posteriores.
17. Em São Paulo, tal indicação é vedada pelas Normas de Serviço da CGJ.
18. Art. 6º, II, da Lei n. 8.935/94: intervir nos atos e negócios jurídicos a que as partes devam ou queiram dar forma legal ou autenticidade, *autorizando a redação* ou redigindo os instrumentos adequados, conservando os originais e expedindo cópias fidedignas de seu conteúdo; (grifo nosso)

Quanto a distinguir a característica do imóvel, rural ou urbano, fixa a lei tributária aplicável: o ITR, imposto sobre a propriedade territorial rural, de competência da União, tem como fato gerador a propriedade, o domicílio útil ou a posse de imóvel por natureza, como definido na lei civil, localização fora da zona urbana do Município. Os imóveis, no Brasil, são originariamente rurais. A câmara de vereadores de cada Município define qual é o perímetro urbano, integrando, progressivamente, as áreas rurais à cidade.

O município só pode tributar o imóvel urbano se oferecer o que dispõe o art. 32 do Código Tributário Nacional. O imposto sobre a propriedade predial e territorial urbana tem como fato gerador a propriedade, o domínio útil ou a posse de bem imóvel por natureza ou por acessão física, como definido na lei civil, localizado na zona urbana do Município. É zona urbana aquela definida na lei municipal, devendo ter ao menos dois dos seguintes melhoramentos: I – meio-fio ou calçamento, com canalização de águas pluviais; II – abastecimento de água; III – sistema de esgotos sanitários; IV – rede de iluminação pública, com ou sem posteamento para distribuição domiciliar; V – escola primária ou posto de saúde a uma distância máxima de três quilômetros do imóvel considerado.

À parte isso, a lei municipal pode considerar urbanas as áreas urbanizáveis, ou de expansão urbana, constantes de loteamentos aprovados pelos órgãos competentes, destinados à habitação, à indústria ou ao comércio, mesmo que localizados fora das zonas definidas nos termos do parágrafo anterior.

A escritura pública do **imóvel rural** deve ter a localização completa do imóvel com indicação de matrícula ou transcrição do registro imobiliário, denominação, citando com precisão os característicos e as confrontações, o georreferenciamento, conforme a obrigatoriedade legal. A escritura pode ser feita sem que haja a especificação georreferenciada, mas o registro não ocorrerá.

A escritura pública do **imóvel urbano** deve indicar o número do registro ou da matrícula no Registro de Imóveis, o logradouro, número, bairro e a cidade, e, ainda, quando se tratar só de terreno, se esse fica do lado par ou do lado ímpar do logradouro, em que quadra e a que distância métrica da edificação ou da esquina mais próxima[19].

Os assentos imobiliários muitas vezes não têm a descrição completa e precisa dos imóveis, especialmente as transcrições, oriundas do sistema registral anterior à lei de registros públicos (1973). Ainda que falte a descrição completa do imóvel, é possível a lavratura da escritura, que será o documento embasador da abertura da matrícula, com os elementos do título e da transcrição anterior, desde que haja segurança na identificação do imóvel.

Em decisão oriunda da 1ª Vara de Registros Públicos de São Paulo (Proc. nº 1016191-94.2023.8.26.0100) privilegiou-se a fé pública notarial, ao decidir:

"Ainda que a solicitação de cópia autenticada do RG e do CPF da vendedora não qualificada esteja em consonância com os princípios da especialidade subjetiva e da segurança jurídica, refletidos pelas regras do artigo 176, § 1º, III, 2, "a", da Lei de Registros

---

19. Lei n. 7.433/85, art. 3º.

Públicos, e do item 61.3 do Capítulo XX das Normas de Serviço da CGJ/SP, verifica-se que os documentos de todos os vendedores foram indicados e conferidos por ocasião da lavratura da escritura de compra e venda e cessão perante Tabelião (fls. 11/14). (...) Note-se que orientação neste mesmo sentido já havia sido dada anteriormente por este juízo (processo de autos n. 1075794-69.2021), o que deverá ser melhor observado. (...)"

Se não for possível a perfeita identificação do imóvel, a parte deve proceder à retificação prevista no art. 213 da Lei n. 6.015/73.

Segundo a lei, as escrituras devem indicar o título de aquisição do alienante, mencionando-se a natureza do negócio, o instrumento, a matrícula e o registro anterior, seu número e cartório.

Quando o negócio for realizado com autorização judicial (alvará), a escritura deve trazer todos os elementos que possam identificá-lo, tais como o número do processo, o número do alvará, o Estado e juízo em que se processa e o código de autenticidade. Dispensa-se o nome do magistrado.

A apresentação da certidão de ações reais e pessoais reipersecutórias, relativas ao imóvel, e a de ônus reais, expedidas pelo Registro de Imóveis competente, cujo prazo de validade, para este fim, será de 30 (trinta) dias, não exime o alienante da declaração expressa na escritura de que o imóvel se encontra livre e desembaraçado de quaisquer ônus reais, judiciais ou extrajudiciais, e sob pena de responsabilidade civil e penal sobre a existência de outras ações reais e pessoais reipersecutórias, relativas ao imóvel, e de outros ônus reais incidentes sobre ele.

Mesmo havendo algum ônus real, judicial ou extrajudicial, é possível a lavratura da escritura pública, constando a declaração expressa sobre a sua existência e que as partes têm ciência e mesmo assim desejam realizar o negócio jurídico. Existência de hipoteca ou penhora comum não impede a lavratura do ato. Poucos ônus impedem a lavratura da escritura: as penhoras da Fazenda Nacional impedem, ou uma decisão judicial com fundamento no § 1º do art. 53 da Lei nº 8.212, de 1991, determinando a proibição de venda ou a indisponibilidade do bem, por exemplo.

A alienação ou transferência de unidades autônomas de condomínio edilício depende de prova de quitação das obrigações condominiais do alienante[20]. A Lei n. 7.433/85, art. 2º, § 2º, considera prova de quitação a declaração feita pelo alienante ou seu procurador, sob as penas da Lei, a ser expressamente consignada nos instrumentos de alienação ou de transferência de direitos. Os débitos condominiais são obrigações *propter rem*, acompanham o bem, de modo que o tabelião deve bem aclarar o risco para o adquirente que aceita a declaração prevista na Lei n. 7.433/85.

É recomendável a apresentação de quitação de débitos condominiais firmada pelo síndico. A existência de dívidas também não obsta a lavratura do ato, desde que se observem as cautelas mencionadas.

---

20. Em recente decisão, em sede de Apelação Cível n. 0019751-81.2011.8.26.0100, o Conselho Superior da Magistratura de São Paulo, de relatoria do Corregedor-Geral da Justiça, José Renato Nalini, assim decidiu: "(...) Em suma: revogada a regra do parágrafo único do artigo 4º da Lei n. 4.591/1964, a prévia comprovação de quitação dos débitos condominiais não é mais condição para transferência de direitos relativos à unidade condominial".

As certidões negativas de débitos municipais, em regra, devem ser apresentadas para os negócios jurídicos que impliquem na transmissão da propriedade. Contudo, podem ser dispensadas pelo adquirente que, neste caso, responde, nos termos da lei, pelo pagamento dos débitos fiscais existentes (Decreto n. 93.240/86, art. 1º, § 2º).

O tabelião consignará no ato notarial que cientificou as partes envolvidas de que é possível obter, nos termos do art. 642-A da Consolidação das Leis do Trabalho – CLT, a Certidão Negativa de Débitos Trabalhistas – CNDT, nas seguintes hipóteses: a) alienação ou oneração, a qualquer título, de bem imóvel ou direito a ele relativo; b) partilha de bens imóveis em razão de divórcio ou extinção de união estável[21].

O tabelião, antes da prática de qualquer ato notarial, consultará a Central de Indisponibilidade de Bens para verificar a existência de indisponibilidade em nome das partes envolvidas na alienação ou oneração, a qualquer título, de bem imóvel, de direitos a ele relativos ou quotas de participação no capital social de sociedades simples. Em todos os casos, a existência de apontamentos não obsta a lavratura da escritura, desde que conste nesta que as partes foram expressamente comunicadas da existência da ordem de indisponibilidade que poderá implicar a impossibilidade de registro do direito no Registro Imobiliário ou no Registro Civil das Pessoas Jurídicas, conforme o caso, enquanto vigente a restrição[22].

Sobre a certidão dos feitos ajuizados, tratamos dessa matéria anteriormente.

A certidão negativa de débitos municipais pode ser dispensada pelo adquirente, se responsabilizando por eventuais consequências que incidam no imóvel. É praxe imobiliária a apresentação da certidão dos tabelionatos de protesto, não prevista legalmente para a lavratura de escrituras, mas solicitada, às vezes, pelo vendedor que vende a prazo e necessita saber se o comprador é bom pagador, e quase sempre pelo comprador, pois a existência de protestos na praça pode indicar a existência ou superveniência de ações com reflexos no imóvel objeto do negócio.

A escritura deve conter o número de contribuinte dado ao imóvel pela Prefeitura Municipal ou pelo INCRA, se houver sido feito o lançamento; inexistindo este, será consignado no ato o respectivo comprovante, averbando posteriormente no registro.

A escritura também deve indicar expressamente a guia de recolhimento do imposto de transmissão, a data e, se possível, o banco recolhedor ou simplesmente informar que foi recolhido no prazo legal, ressalvadas as hipóteses em que a lei autorize a efetivação do pagamento do tributo após a lavratura da escritura. Se houver imunidade ou isenção, o tabelião deve consignar expressamente a certidão do ente competente ou a base legal no ato notarial.

Na transferência de domínio útil, as escrituras devem fazer menção ao comprovante de pagamento do laudêmio e, no caso de aforamento, ao respectivo contrato com eventuais averbações e termos de transferência, se houver. No caso de ocupação, a certidão

---

21. CNJ, Recomendação n. 3/2012.
22. Provimento CG-SP n. 13/12, Provimento CNJ n. 39/14 (integrado ao Código Nacional de Normas) e Provimento CGJ-SP n. 47/16 (este incluiu quotas de participação no capital social de sociedades simples como objeto da pesquisa).

de inscrição, fazendo remissão aos diplomas legais: Decreto-lei n. 2.398/87, art. 3º, e Decreto federal n. 95.760/88, art. 2º. O comprovante de pagamento não basta para a lavratura da escritura, as partes devem apresentar ainda a certidão de SPU autorizando a transferência. Não é possível a sua dispensa pelo adquirente; sua apresentação é cogente.

As pessoas jurídicas ou pessoas naturais empregadoras (contribuintes obrigatórias da Previdência Social), nas **transmissões** ou **onerações** de imóveis, deverão comprovar a inexistência de débitos, exceto se a pessoa jurídica (empresa) vendedora exercer exclusivamente a atividade de compra e venda de imóveis, locação, desmembramento ou loteamento de terrenos, incorporação imobiliária ou construção de imóveis destinados à venda, desde que o imóvel objeto do negócio jurídico esteja contabilmente lançado no ativo circulante, e não conste ou tenha constado do ativo permanente da empresa.

Termos genéricos como "construção civil", "indústria da construção civil" ou ainda a verificação no contrato social da existência de atividades estranhas àquelas constantes no regulamento da previdência social[23] impedem a dispensa da certidão. Se a empresa tiver entre seus objetivos a participação em outras sociedades, não necessita apresentar a certidão.

A comprovação da inexistência de débitos se faz pela certidão (conjunta) de débitos relativos a créditos tributários federais e à dívida ativa da união emitida via internet[24] pela Receita Federal do Brasil, relativa às contribuições sociais, consoante alíneas *a*, *b* e *c* do parágrafo único do art. 11, da Lei n. 8.212/91, às contribuições instituídas a título de substituição, e às contribuições devidas, por lei, a terceiros, inclusive inscritas em DAU (dívida ativa da União).

Esta prova de regularidade fiscal abrange a Fazenda Nacional e será efetuada mediante apresentação de certidão expedida conjuntamente pela Secretaria da Receita Federal do Brasil (RFB) e pela Procuradoria-Geral da Fazenda Nacional (PGFN), referente a todos os créditos tributários federais e à Dívida Ativa da União (DAU) por elas administrados[25].

A escritura deve conter os dados que identifiquem as certidões apresentadas, desnecessária a sua integral transcrição, e serão arquivadas.

Vale ressaltar que nas escrituras com o objetivo de retificar, ratificar ato anterior ou dar cumprimento ao compromisso de compra e venda feito por escritura pública ou particular registrado, nos quais tenham sido apresentadas as certidões negativas referidas, é dispensável nova apresentação, consignando no ato tal informação. Nos casos de falência, também são dispensáveis em decorrência da autorização judicial.

No caso de empresa extinta, com pendência ou obrigação a cumprir, o tabelião ou a parte pode verificar se a certidão negativa de débito foi apresentada à junta comercial para o encerramento da empresa, pois sua apresentação é obrigatória. Se foi apresentada, não há pendências.

---

23. Portaria Conjunta PGFN/RFB n. 1.751/2014.
24. Disponível em: <http://www.receita.fazenda.gov.br>. Acesso em: 30 maio 2016.
25. Portaria Conjunta PGFN/RFB n. 1.751/2014.

Se as partes forem casadas, deve o tabelião fazer menção ao pacto antenupcial e seus ajustes (comunicabilidade de bens, por exemplo), ao número de seu registro e ao registro de imóveis onde estiver registrado.

As normas estaduais costumam exigir ou evitar que os tabeliães lavrem atos relativos a imóveis sobre os quais haja títulos anteriores não registrados, mas, se o interessado conhecer a circunstância e assumir responsabilidade pelo registro dos atos anteriores, a escritura pode ser lavrada. É providência de conveniência e cautela, visto que o tabelião executa seu serviço com obrigação de fim. Quando se trata de título visando adquirir a propriedade, é indispensável que se obtenha o registro, sob pena de se frustrar o objetivo das partes.

O tabelião deve esclarecer as partes, quando for o caso, sobre a necessidade de averbação da demolição do imóvel, alteração de cadastro de contribuinte, número do prédio, nome de rua, mencionando no título a situação antiga e a atual, mediante a apresentação dos documentos comprobatórios exigíveis.

Na redação dos atos, os números relativos à data da escritura, ao preço e à metragem devem ser escritos por algarismos e por extenso. São nulas as convenções de pagamento em ouro ou em moeda estrangeira, bem como para compensar a diferença entre o valor desta e o da moeda nacional, excetuados os casos previstos na legislação especial (art. 318, CC). Quando os contratos forem exequíveis no Brasil, não poderão estipular pagamento em ouro, em moeda estrangeira[26], exceto nos casos previstos na lei[27]. Entretanto, é possível mencionar moeda estrangeira indicando que deve ser feita a sua correspondência em real na cotação do dia. A moeda estrangeira, no caso, é uma referência de preço, como também seria "o preço equivalente a tantas cabeças de gado".

Ainda que haja normas estaduais que determinam que o tabelião informe o motivo da dispensa da presença e das assinaturas de testemunhas instrumentárias (previstas nas Ordenações Filipinas e no art. 134 do Código Civil revogado), esta rotina é vetusta e não mais se justifica. As testemunhas instrumentárias foram abolidas pela Lei n. 6.952, de 1981, e o Código Civil atual, de 2002, não as exige no elenco de requisitos previsto no art. 215[28].

A Lei n. 14.382/2022, alterou a Lei n. 8.935/94, incluindo o § 2º no art. 7º, sendo vedada a exigência de testemunhas apenas em razão de o ato envolver pessoa com deficiência, salvo disposição em contrário.

O tabelião deve comunicar à Secretaria da Receita Federal, mediante preenchimento da "Declaração sobre Operação Imobiliária – DOI", todos os atos translativos de direitos reais (há exceções, *e.g.*, usufruto) até o último dia útil do mês seguinte à lavratura.

---

26. No STJ, 3.ª Turma, REsp 1.323.219-RJ, em 27 de agosto de 2013, a Rel. Min. Nancy Andrighi relatou na decisão: "(...) Diante disso, não obstante se reconheça, na hipótese, a impossibilidade de indexação à variação cambial, tal fato não implica nulidade do contrato firmado, mas impõe que, na data do pagamento, a quantia devida em Dólares seja convertida em Reais, tendo como referência a cotação do dia da contratação, e, em seguida, atualizada segundo o índice oficial de correção monetária vigente no país".
27. Decreto-lei n. 857/69, art. 2º, revogado pela Lei n. 14.286/21. Ver art. 13.
28. São exigíveis legalmente as testemunhas para o testamento ou ainda por conveniência das partes ou entes públicos (INSS) e privados (consulados).

Esta comunicação deve constar expressamente das escrituras com a menção "Emitida DOI – Declaração sobre Operação Imobiliária, conforme Instrução Normativa da Secretaria da Receita Federal vigente".

As escrituras de instituição ou de interesse de Fundação não serão lavradas sem a intervenção do Ministério Público, mas não necessitam de qualquer autorização judicial[29]. As fundações de entidade fechada de previdência privada não têm fiscalização prévia do Ministério Público.

Os tabeliães, nos atos que praticarem, farão referência ao livro e à folha do Registro de Títulos e Documentos em que trasladadas as procurações de origem estrangeira, acompanhadas das respectivas traduções, a que tenham de reportar-se[30].

Um aspecto importante é o lucro imobiliário. O tabelião deve informar ao alienante sobre a necessidade de pagamento do eventual lucro imobiliário obtido com o negócio. O lucro é a diferença positiva entre o valor de venda e o custo de aquisição (valor pelo qual o imóvel vem sendo declarado, em reais, desde 1996 ou, no caso de imóvel adquirido a partir daquele ano, o valor pago pelo bem, sem nenhuma atualização). O lucro pode ser isento ou ser diminuído por fatores de redução definidos pela Receita. As alíquotas são as seguintes, incidentes sobre o lucro[31]:

15% ganhos até cinco milhões de reais;

17,5% ganhos acima de cinco milhões de reais até dez milhões de reais;

20% ganhos acima de dez milhões de reais até trinta milhões de reais;

22,5% ganhos acima de trinta milhões de reais.

O pagamento deve ser feito, impreterivelmente, até o último dia útil do mês seguinte ao do fato gerador, ou seja, da conclusão do negócio (lavratura da escritura), mesmo que o preço não tenha sido integralmente recebido[32].

O alienante que se esquecer deste prazo, aguardando para pagar o tributo na declaração de ajuste anual, arcará com a multa e outras cominações.

Na ausência de assinatura de uma das partes, o tabelião declarará incompleta a escritura, consignando as assinaturas faltantes. É proibido o fornecimento de certidão ou traslado sem ordem judicial de escritura a que falte alguma assinatura.

Uma novidade trazida pela Lei 14.711/23 é a possibilidade do registro imobiliário de outros negócios jurídicos de transmissão do direito real de propriedade sobre imóveis ou de instituição de direitos reais sobre imóveis, ressalvadas as hipóteses de averbação

---

29. Nesse sentido: Processo n. 1010235-78.2015.8.26.0100 – São Paulo – 1ª Vara de Registros Públicos – *DJe* 27-5-2015 – Ementa: Dúvida – registro de escritura de renúncia de imóvel por Fundação – autorização expressa do Ministério Público – desnecessidade de Alvará Judicial – dúvida improcedente.
30. Normas de São Paulo, cap. XVI, item 65.
31. Base legal: art. 21, Lei n. 8.981/95, alterada pela Lei n. 13.259/2016, a partir de 1º-1-2017. Até 31-12-2016, teremos as seguintes alíquotas: 15% ganhos até um milhão de reais; 20% ganhos de um milhão até cinco milhões de reais; 25% ganhos de cinco milhões de reais até vinte milhões de reais; 30% ganhos acima de vinte milhões de reais. Base legal: art. 21, Lei n. 8.981/1995, alterada pela MP n. 692/2015. Ler o Ato Declaratório Interpretativo RFB n. 3/2016 – *DOU* 29-4-2016.
32. Solução de Consulta Subsecretaria de Tributação e Contencioso, Coordenação-Geral de Tributação – ST/CCT n. 12, de 12-2-2016 – *DOU* 8-3-2016.

previstas em lei e respeitada a forma exigida por lei para o negócio jurídico, a exemplo do art. 108 do Código Civil. Inseriu-se uma cláusula aberta, inclusive para contratos atípicos terem acesso ao ofício de registro.

Assim, os negócios acima referidos são todos os jurídico-reais, podendo ser um contrato ou ter um nome atípico.

18.3 ESCRITURAS DE HOMOLOGAÇÃO DE PENHOR LEGAL

O novo Código de Processo Civil inovou e possibilita a homologação do penhor legal pela via notarial[33].

O penhor legal poderá ser promovido pela via extrajudicial mediante requerimento do credor a notário de sua livre escolha (CPC/2015, art. 703, § 2º).

O requerimento deverá ser instruído com:

- o contrato de locação ou a conta pormenorizada das despesas;
- a tabela dos preços;
- a relação dos objetos retidos.

Recebido o requerimento, o notário promoverá a notificação extrajudicial do devedor para, no prazo de 5 (cinco) dias, pagar o débito ou impugnar sua cobrança, alegando por escrito uma das causas previstas no art. 704[34], hipótese em que o procedimento será encaminhado ao juízo competente para decisão (art. 703, § 3º).

A notificação poderá ser procedida pessoalmente, por meio de ata notarial de notificação, por AR ou, ainda, por RTD.

Havendo as causas previstas pelo art. 704, caberá ao credor remeter ao juízo competente para decisão.

Transcorrido o prazo sem manifestação do devedor, o notário formalizará a homologação do penhor legal por escritura notarial (art. 703, § 4º).

Esta é uma escritura esdrúxula, sem assinatura da parte notificada, apenas a do requerente e do tabelião, pois a assinatura do devedor e a do credor não são requisitos de validez e eficácia do ato[35].

A homologação notarial terá os mesmos efeitos do art. 706[36], ou seja, homologado o penhor legal, consolidar-se-á a posse do autor sobre o objeto.

Recomenda-se que cópias dos documentos apresentados sejam arquivadas no tabelionato.

---

33. Ver os arts. 1.467 e 1.472 do CC e art. 31 da Lei n. 6.533/78, que tratam do penhor legal.
34. CPC/2015, art. 704: "A defesa só pode consistir em: I – nulidade do processo; II – extinção da obrigação; III – não estar a dívida compreendida entre as previstas em lei ou não estarem os bens sujeitos a penhor legal; IV – alegação de haver sido ofertada caução idônea, rejeitada pelo credor".
35. Aliás, nem nos parece uma escritura pública. Apesar de o CPC/2015 denominar escritura pública, o ato tem a natureza de ata notarial.
36. CPC/2015, art. 706: "Homologado judicialmente o penhor legal, consolidar-se-á a posse do autor sobre o objeto".

18.4 ESCRITURAS DE CESSÃO DE DIREITOS CREDITÓRIOS DE PRECATÓRIOS OU RECONHECIDOS EM SENTENÇA

A recente Lei nº 14.711/2023 alterou a Lei 8.935/94 criando um procedimento de segurança para as negociações e cessões de precatórios.

Segundo Uadi Lammêgo Bulos, precatório é "o instrumento que consubstancia uma requisição judicial". Trata-se de uma carta expedida pelos juízes da execução de sentença ao presidente do tribunal, em virtude de a Fazenda Pública ter sido condenada ao pagamento de quantia certa.[37] É uma ordem de pagamento, oriunda de uma condenação transitada em julgado perante algum tribunal, obrigando um ente público a pagar certa quantia à parte vencedora da ação. Está previsto na Constituição Federal da República, no artigo 100[38].

As escrituras de cessão de precatórios são frequentes. Até a nova lei, as partes compareciam e declaravam ter os direitos, dando um valor ao crédito e formalizando a cessão por escritura pública. O tabelião não fazia qualquer verificação da existência ou valor de face do crédito, cumprindo, com base nas declarações das partes aquilo que desejavam. Tampouco, o poder originário do precatório sabia da cessão, situação que permitia abusos e fraudes às partes e à Fazenda Pública[39].

O mercado de precatórios é bilionário. Segundo o Conselho Nacional de Justiça (CNJ), o setor movimenta aproximadamente R$ 200 bilhões por ano. Isso equivale a 25% do Produto Interno Bruto (PIB) brasileiro. Empresas privadas estimam o total de 2 bilhões de reais em precatórios no mercado de cessão de créditos.[40]

Estes números demonstram a relevância econômica dos precatórios. O crescente mercado de cessão, com frequentes fraudes havidas, levou o Congresso a aprovar uma regulação da cessão com a participação do notário.

O novo art. 6º-A da Lei 8.935/94, estabelece que a pedido dos interessados, os tabeliães de notas comunicarão ao juiz da vara ou ao tribunal, conforme o caso, a existência de negociação em curso entre o credor atual de precatório ou de crédito reconhecido em sentença transitada em julgado e terceiro, o que constará das informações ou consultas que o juízo emitir, consideradas ineficazes as cessões realizadas para pessoas não identificadas na comunicação notarial se, dentro do prazo de 15 (quinze) dias corridos, contado do recebimento desta pelo juízo, for lavrada a respectiva escritura pública de cessão de crédito.

---

37. Apud Gustavo da Silva Santanna e Ramon Pinto Alves, O regime de precatórios e o (des)interesse (público) no seu pagamento. *Revista Digital de Direito Administrativo*, p. 223, in http://www.revistas.usp.br/rdda, acessado em 27.01.2024, às 12h04.
38. Art. 100. Os pagamentos devidos pelas Fazendas Públicas Federal, Estaduais, Distrital e Municipais, em virtude de sentença judiciária, far-se-ão exclusivamente na ordem cronológica de apresentação dos precatórios e à conta dos créditos respectivos, proibida a designação de casos ou de pessoas nas dotações orçamentárias e nos créditos adicionais abertos para este fim.
39. Como exemplo, https://www.nsctotal.com.br/noticias/golpe-de-r-3-milhoes-em-falsos-precatorios-em-sc-e-foco-de-operacao-no-ceara-e-rj, acessado em 27.01.2024, às 11h45.
40. Disponível em: https://valorinveste.globo.com/objetivo/hora-de-investir/noticia/2022/10/21/de-um-lado-o-investidor-de-outro-o-dono-do-precatorio-ambos-formam-um-mercado-bilionario.ghtml, acessado em 27.01.2024, às 11h45.

§ 1º O tabelião de notas deverá comunicar ao juiz da vara ou tribunal, conforme aplicável e em atenção ao pedido dos interessados, a negociação, imediatamente, e a cessão realizada, em até 3 (três) dias úteis, contados da data da assinatura da escritura pública.

§ 2º Para o fim da regular cessão dos precatórios que emitirem, os tribunais de todos os poderes e esferas darão, exclusivamente aos tabeliães de notas e aos seus substitutos, acesso à consulta ou a banco de dados, por meio de central notarial de âmbito nacional, com identificação do número de cadastro de contribuinte do credor e demais dados do crédito que não sejam sensíveis, bem como receberão as comunicações notariais das cessões de precatórios."

O pedido de uma das partes é indispensável, não é necessário que seja de ambas, ou de todos os envolvidos no precatório. O procedimento não é obrigatório, deve ser solicitado. Contudo, o tabelião tem a obrigação de alertar as partes sobre a possibilidade protetiva e preferencial que a lei oferece. O cessionário, especialmente, estará protegido de uma dupla cessão ou até mesmo de uma cessão fraudulenta, operada por terceiros, que prejudiquem o seu direito. É bom lembrar o brocardo latino, *dormientibus non sucurrit jus*, ou seja, o direito não socorre a quem dorme.

Com ele, o notário informa o juízo autor do precatório sobre a existência de negociação e solicita à central notarial os dados do crédito, obtendo a certeza de sua existência, credor, valor e demais dados importantes[41].

A comunicação do tabelião deve ser registrada pelo juízo, de modo que integrará eventuais certidões e comunicações judiciais a respeito do precatório.

Após a comunicação, as partes têm o prazo de 15 dias para lavrar a escritura de cessão e o tabelião deverá, no prazo de três dias, confirmar a lavratura ao juízo. Os prazos contam-se em dias úteis.

A comunicação notarial de negociação ao juízo do precatório gera publicidade erga omnes, sendo ineficaz qualquer outra cessão realizada no referido período. É uma proteção para as partes contratantes.

É importante salientar que as comunicações do tabelião acerca da negociação ou da cessão são juntadas aos autos para conhecimento das partes do processo e terceiros interessados.

A comunicação notarial de negociação deve informar os seguintes dados:

a) nome e CPF ou CNPJ do cedente;

b) nome e CPF ou CNPJ do cessionário;

c) número do precatório (ou ofício) requisitório e sua ordem cronológica;

d) número do processo;

e) nome e CPF ou CNPJ do autor da ação proposta;

f) valor do precatório;

g) valor da proposta de cessão.

A comunicação notarial da cessão conterá: a) identificação do tabelião; b) protocolo, livro e folhas do ato lavrado; c) data da lavratura; d) identificação do cedente com sua

---

41. Como a data do trânsito em julgado, termo que norteia o mercado quando ao deságio a pagar.

qualificação; e) identificação do cessionário com sua qualificação; e) valor da cessão realizada; f) cópia da escritura.

Até hoje (janeiro/2024), o CNJ não regulamentou como se processará essa troca de informações dos notários com os juízos. Tudo indica que será por meio de um módulo próprio no e-notariado (CENPRE – Central de Precatórios) integrado com os sistemas dos tribunais, como previsto no § 2º.

Somente podem acessar a Central de Precatórios os tabeliães ou seus substitutos.

19
IMÓVEIS RURAIS

Apesar de a maior parte da área do País ser rural, o parcelamento do solo na zona urbana faz com que as transmissões imobiliárias nestas áreas sejam muito mais frequentes do que nas rurais. Os negócios imobiliários que têm por objeto áreas rurais reúnem particularidades que merecem destaque.

O País possui pouco mais de 5 milhões de propriedades rurais, sendo cerca de 3,5 milhões com registro e 1,5 milhão em mãos de posseiros, estes tanto em terras públicas quanto em particulares[1]. 70% dos proprietários são produtores individuais. Os demais reúnem condomínios, consórcios ou união de pessoas (empresas ou parcerias).

19.1 CARACTERES GERAIS

Nas escrituras relativas a imóveis rurais, além das normas e cautelas genéricas para os atos imobiliários, devem ser observados os seguintes aspectos.

As partes devem apresentar o Certificado de Cadastro de Imóvel Rural (CCIR) (Lei n. 4.947/96, art. 22, § 1º) e a prova de quitação do imposto sobre Propriedade Territorial Rural (ITR) dos últimos cinco anos ou do ano anterior se ainda não estiver vencido (Lei n. 4.947/96, art. 22, § 3º).

A escritura deve conter o código do imóvel (constante do CCIR), o nome e a nacionalidade do detentor, a denominação e a localização do imóvel (Lei n. 4.947/96, art. 22, § 6º, redação dada pela Lei n. 10.267/2001).

Como o novo georreferenciamento implica em natural e profunda alteração da descrição do imóvel (afetando o princípio da especialidade), o regulamento da Lei n. 10.267/2001 prevê um processo simplificado de retificação. Se, no processo, as partes e os confinantes declararem **por escritura pública** que seus direitos estão preservados e inalterados, tal será uma produção antecipada de provas (o que deve acelerar o processo judicial).

O georreferenciamento necessita de memorial descritivo assinado por profissional credenciado pelo INCRA. As despesas serão custeadas pelo Poder Público em imóveis de área de até quatro módulos rurais.

Os prazos fixados para o completo georreferenciamento do território rural brasileiro são os seguintes[2]:

---

1. Censo Agropecuário, Instituto Brasileiro de Geografia e Estatística – IBGE, 2017. https://censos.ibge.gov.br/agro/2017/templates/censo_agro/resultadosagro/estabelecimentos.html, acesso em 26.04.2020, às 10 horas.
2. Decreto n. 4.449/2002, alterado pelo Decreto n. 9.311/2018.

I) Área de 5.000 ha ou mais: já é obrigatório.

II) Área de 1.000 até 5.000 ha: já é obrigatório.

III) Área de 500 a 1.000 ha: já é obrigatório.

IV) Área de 500 a 250 ha: já é obrigatório.

V) Área de 100 a 250 ha: já é obrigatório.

VI) Área de 25 a 100 ha: já é obrigatório.

VII) Área inferior a 25 ha: 20 de novembro de 2025.

O imóvel rural, em regra, não é divisível em áreas de dimensão inferior à constitutiva do módulo de propriedade rural[3]. O tabelião não poderá, sob pena de responsabilidade, lavrar escrituras de desmembramento de imóvel rural se a área a ser desmembrada e a remanescente não forem iguais ou superiores à fração mínima de parcelamento (módulo), impressa no certificado de cadastro correspondente[4].

Se a área desmembrada for contígua e unificada à outra, o ato é possível, ainda que a parte dividida seja inferior à fração mínima de parcelamento do solo, desde que a área remanescente não seja igual ou superior à fração mínima. Para fins de desmembramento de imóvel rural, deve haver autorização emitida pelo INCRA, que deve ser consignada na escritura.

Nestes casos, o tabelião deve consignar, no instrumento, o inteiro teor da autorização emitida pelo INCRA, devendo esta ser igualmente averbada à margem do registro do título no Ofício de Imóveis.

A área de reserva legal de florestas e vegetação nativa deve ser conservada com cobertura de vegetação nativa pelo proprietário do imóvel rural, possuidor ou ocupante a qualquer título, pessoa física ou jurídica, de direito público ou privado[5]. O registro da reserva legal no Cadastro Ambiental Rural (CAR) desobriga a averbação no Cartório de Registro de Imóveis.

A reserva pode ser feita em regime de condomínio, ou seja, entre mais de uma propriedade, desde que em todas seja respeitado o mínimo. Se a reserva legal estiver registrada no CAR, o tabelião deve exigir a certidão deste órgão para a correta especificação desta área nos casos de transmissão, a qualquer título, ou de desmembramento, com as exceções previstas nesta Lei[6]. A Lei n. 12.651/2012, art. 12, distingue o território do País, para fixar a reserva legal, em duas regiões: a primeira é a Amazônia Legal; a segunda são as demais áreas do País[7]. Os limites de proteção são os seguintes:

I – localizado na Amazônia Legal:

a) 80% (oitenta por cento), no imóvel situado em área de florestas;

b) 35% (trinta e cinco por cento), no imóvel situado em área de cerrado;

c) 20% (vinte por cento), no imóvel situado em área de campos gerais;

---

3. Lei n. 4.504/64, art. 65.
4. O art. 2º do Decreto n. 62.504/68 lista exceções a esta obrigação.
5. Lei n. 12.651/2012, art. 17.
6. Lei n. 12.651/2012, art. 18, § 4º.
7. Estas áreas não são tributáveis.

II – localizado nas demais regiões do País: 20% (vinte por cento).

Em São Paulo, o SICAR-SP[8] foi implantado antes do CAR, em âmbito estadual, pelo Decreto n. 59.261/2013, conforme previsão do Código Florestal. O SICAR é integrado à base de dados do sistema federal.

A obrigatoriedade da averbação do número de inscrição do imóvel rural no CAR/SICAR, a ser realizada mediante provocação de qualquer pessoa, fica condicionada ao decurso do prazo estabelecido no § 3º do art. 29 da Lei n. 12.651, de 25 de maio de 2012 (Cap. XX, item 10.4).

Poderão ser averbados (Cap. XX, item 123):

I – os termos de responsabilizabilidade de preservação de reserva legal e outros termos de compromisso relacionados à regularidade ambiental do imóvel, emitidos pelo órgão ambiental competente;

II) o número de inscrição no cadastro ambiental rural, enquanto não decorrido o prazo estabelecido no § 3º do artigo 29 da Lei n. 12.651, de 25 de maio de 2012, a partir do qual a averbação passará a ser obrigatória.

III – a informação de adesão do interessado ao Programa de Regularização Ambiental (PRA) de posses e propriedades rurais.

A averbação do número de inscrição no cadastro ambiental rural será realizada mediante provocação de qualquer pessoa ou de ofício pelo Oficial do Registro de Imóveis (Cap. XX, item 123.1).

A averbação de ofício pelo Oficial do Registro de Imóveis será feita sem cobrança de emolumentos, quando do primeiro registro e por meio do Serviço de Registro Eletrônico de Imóveis (SREI), assim que implantados os mecanismos de fluxo de informações com o órgão ambiental competente. (Cap. XX, item 123.1, II).

Os desmembramentos, as unificações e outros atos registrais modificativos da figura geodésica dos imóveis e o registro de servidões de passagem condicionam as retificações de registro.

A averbação da reserva legal florestal será feita de ofício pelo Oficial do Registro de Imóveis, sem a cobrança de emolumentos, assim que o perímetro da reserva for validado pela autoridade ambiental e implantados o fluxo de informações com o órgão ambiental competente. A notícia de compensação de reserva legal deve ser averbada nas matrículas de todos os imóveis afetados, desde que devidamente homologada ou aprovada pelo órgão ambiental competente.

Nos casos de retificações de registro, desmembramentos, unificações, outros atos registrais modificativos da figura geodésica dos imóveis e o registro de servidões de passagem, o Oficial de Registro deve verificar se foi feita a especialização da reserva legal aprovada conforme o Demonstrativo da Situação das Informações Declaradas, emitido pela Secretaria da Agricultura e Abastecimento do Estado de São Paulo, mediante o SICAR/SP.

---

8. Disponível em: <http://www.sigam.ambiente.sp.gov.br>.

O § 3º do art. 29 da Lei n. 12.651/2012 foi alterado pela Lei n. 13.295/2016, passando a ter a seguinte redação: "A inscrição no CAR será obrigatória para todas as propriedades e posses rurais, devendo ser requerida até 31 de dezembro de 2017, prorrogável por mais 1 (um) ano por ato do Chefe do Poder Executivo". Referida norma prorrogou a inscrição no CAR, independentemente do tamanho da propriedade rural.

O prazo para requerer a inscrição no Cadastro Ambiental Rural – CAR foi novamente prorrogado até 31 de maio de 2018, em decorrência da edição do Decreto n. 9.257, de 29 de dezembro de 2017. Atualmente a inscrição no CAR é obrigatória e por prazo indeterminado para todas as propriedades e posses rurais, de acordo com a Lei n. 13.887/2019.

19.2 IMÓVEIS RURAIS E A PRESENÇA DE ESTRANGEIROS

O estrangeiro, pessoa física, deve possuir residência no País para adquirir área rural[9], inclusive a pessoa jurídica. **É da essência do ato a escritura pública** (Lei n. 5.709/71, art. 8º, e Decreto n. 74.965/74, art. 3º). A matéria também é tratada na Instrução Normativa INCRA n. 76/2013, que dispõe sobre a aquisição e o arrendamento de imóvel rural por pessoa natural estrangeira residente no País e pessoa jurídica estrangeira autorizada a funcionar no Brasil.

Não é demais lembrar que, em 2015, o Conselho Nacional de Justiça (CNJ) publicou o Provimento n. 43, integrado ao Código Nacional de Normas, que trata do arrendamento de imóvel rural por estrangeiro residente ou autorizado a funcionar no Brasil, bem como por pessoa jurídica brasileira da qual participe, a qualquer título, pessoa estrangeira física ou jurídica que resida ou tenha sede no exterior e possua a maioria do capital social; seguindo os preceitos estabelecidos na Lei n. 5.709/71 e seu Decreto n. 74.965/74. As escrituras relativas a imóveis rurais devem conter:

a) a apresentação e a menção aos dados do Certificado de Cadastro do Imóvel Rural – CCIR, emitido pelo Instituto Nacional de Colonização e Reforma Agrária – INCRA, e o número fornecido pela Receita Federal do Brasil – RFB, com a prova de quitação do Imposto sobre a Propriedade Territorial Rural – ITR correspondente aos últimos cinco anos;

b) o inteiro teor da autorização emitida pelo INCRA para fins de desmembramento de bem imóvel rural, quando exigível, observadas as normas legais referentes à fração mínima de parcelamento (fmp) e à reserva legal.

Segue abaixo uma tabela com os requisitos para a lavratura da escritura:

---

9. A restrição incide sobre a propriedade, abarcando, por exemplo, o usufruto. Neste sentido, Conselho Superior da Magistratura – Apelação n. 0009584-92.2012.8.26.0189 – Fernandópolis – *DJe* 4-2-2013 – Ementa: Registro de Imóveis – Dúvida julgada procedente – Negativa de registro de escritura pública de venda e compra de imóvel rural – Aquisição de usufruto por estrangeiro – Desnecessidade da autorização expedida pelo INCRA – Princípio da legalidade estrita – Recurso provido.

REQUISITOS	IMÓVEL COM ÁREA ACIMA DE 30 HECTARES	IMÓVEL COM ÁREA IGUAL OU INFERIOR A 30 HECTARES	BASE LEGAL
Certificado de Cadastro do Imóvel Rural – CCIR	Indispensável para a escritura	Indispensável para a escritura	§§ 1º e 2º, art. 22, Lei n. 4.947/66.
Imposto sobre a Propriedade Territorial Rural – ITR, correspondente aos últimos cinco exercícios	Incide e deve comprovar o pagamento. Indispensável para a escritura.	Dispensável para a escritura. – Não incide sobre pequenas glebas rurais, quando as explore, só ou com sua família, o proprietário que não possua outro imóvel. – São isentos o imóvel rural compreendido em programa oficial de reforma agrária, caracterizado pelas autoridades competentes como assentamento, que, cumulativamente, atenda a certos requisitos; e o conjunto de imóveis rurais de um mesmo proprietário, com certos limites e requisitos.	§ 3º, art. 22, Lei n. 4.947/66. Art. 21, Lei n. 9.393/96. Arts. 2º e 3º, Lei n. 9.393/96.
Declaração do Imposto sobre a Propriedade Territorial Rural (DITR)	Declaração obrigatória	Declaração não obrigatória	Instrução Normativa RFB n. 2095/2022 (anual).
Cadastro de Imóveis Rurais – CAFIR	Indispensável para a escritura	Indispensável para a escritura	Art. 4º, instrução Normativa RFB n. 1467/2014.
Cadastro Ambiental Rural – CAR	Indispensável (ao registro de imóvel), exceto se averbada a compensação de Reserva Legal	Indispensável (ao registro de imóvel), exceto se averbada a compensação de Reserva Legal	Art. 29, Lei n. 12.651/2012. Art. 6º, Decreto n. 7.830/2012.
Georreferenciamento	Dispensável (ao registro de imóvel) até 100 hectares	Dispensável (ao registro de imóvel)	Art. 10, Decreto n. 4.449/2002.

O tabelião não pode, sob pena de responsabilidade, lavrar escrituras de desmembramento de bem imóvel rural, se a área a ser desmembrada e a remanescente não forem iguais ou superiores à fração mínima de parcelamento (fmp), impressa no CCIR correspondente[10].

Não se aplica a vedação acima à alienação que se destine, comprovadamente, à anexação a outro imóvel rural confinante e desde que a área remanescente seja igual ou superior à fração mínima de parcelamento.

Também não estão sujeitos à restrição, os desmembramentos de bem imóvel, nas situações previstas no art. 2º do Decreto n. 62.504, de 8 de abril de 1968.

O tabelião, nestes casos, deverá consignar no instrumento o inteiro teor da autorização emitida pelo INCRA, a ser averbada à margem do registro do título no Registro de Imóveis.

---

10. Corregedoria-Geral da Justiça – Proc. n. 2014/00085474 (204/2014-E) – DJe 7-8-2014 – Ementa: Escritura de venda e compra – Fração ideal – Área menor que o módulo rural – Possibilidade em caso que não configura desmembramento – Recurso provido com observação. Neste caso, não era o caso típico de desmembramento, mas de venda na forma que herdaram.

A escritura deve conter, obrigatoriamente, o documento de identidade do adquirente, a prova de sua residência no território nacional e, quando for o caso, a autorização do INCRA.

Todas as autorizações são válidas por 30 dias, ou seja, a escritura deve ser lavrada neste prazo.

O estrangeiro, pessoa física, residente no país, não pode ser proprietário de imóvel que exceda 50 módulos (MEI) em área contínua ou descontínua.

A aquisição de imóvel por estrangeiro residente no País será livre, independentemente de qualquer autorização ou licença, se o imóvel não tiver área superior a três módulos, exceto se o imóvel estiver situado em área considerada indispensável à segurança nacional, caso em que será necessária autorização da Secretaria-Executiva do Conselho de Defesa Nacional (área de fronteira de 150 km e de 100 km à margem das rodovias BRs).

Se houver a aquisição de mais de um imóvel rural com área inferior a três módulos por pessoa física estrangeira residente no País, é necessária a autorização do INCRA se a soma das áreas dos imóveis pertencentes ao estrangeiro exceder a três módulos. **Se não exceder a três módulos, é desnecessária a autorização.**

A aquisição de imóvel rural entre 3 e 50 módulos (MEI) por pessoa física estrangeira impõe haver a autorização do INCRA e, se a área exceder a 20 módulos (MEI), também é necessária aprovação do projeto de exploração pelo Ministério do Desenvolvimento Agrário, ouvido o Órgão Federal competente responsável pela respectiva atividade.

A aquisição de bem imóvel rural por pessoa física estrangeira acima de 50 módulos necessita de autorização do Congresso Nacional. A presidência da República, ouvida a Secretaria-Executiva do Conselho de Defesa Nacional, vinculado ao Ministério da Defesa, ou por autorização do Congresso Nacional, pode aumentar o limite da área fixado no art. 7º do Decreto n. 74.965/74.

Os cidadãos portugueses que tenham obtido reconhecimento de igualdade de direitos e deveres pelo Ministério da Justiça não sofrem tal restrição para a aquisição de imóveis rurais[11].

O adquirente deve declarar em todos os atos que não é proprietário de outro imóvel, o que deve estar consignado expressamente na escritura pública.

A pessoa jurídica estrangeira autorizada a funcionar no Brasil, ou mesmo nacional, que seja controlada por estrangeiro somente poderá adquirir imóvel mediante aprovação do Ministério da Agricultura.

Para a aquisição de bem imóvel rural por pessoa jurídica estrangeira até 100 módulos, é necessária aprovação do projeto de exploração pelo Ministério do Desenvolvimento Agrário, ouvido o órgão federal competente responsável pelas respectivas atividades.

A aquisição de bem imóvel rural por pessoa jurídica estrangeira acima de 100 módulos necessita autorização do Congresso Nacional.

---

11. Decreto n. 70.436/72.

Pessoa natural estrangeira

ÁREA	PESSOA	AUTORIZAÇÃO	BASE LEGAL
Imóvel rural até 3 MEI	Pessoa natural estrangeira	Não é necessária	Art. 7º, § 1º, Decreto n. 74.965/74 c/c art. 9º, § 1º, INCRA IN n. 76/2013
Imóvel rural entre 3 e 20 MEI	Pessoa natural estrangeira	Necessária autorização do INCRA	Art. 7º, § 2º, Decreto n. 74.965/74 c/c art. 9º, INCRA IN n. 76/2013
Imóvel rural entre 20 e 50 MEI	Pessoa natural estrangeira	Necessária autorização do INCRA e aprovação de projeto de exploração pelo Ministério do Desenvolvimento Agrário, ouvido o Órgão Federal competente responsável pela respectiva atividade	Art. 7º, § 4º, Decreto n. 74.965/74 c/c art. 9º, § 4º, INCRA IN n. 76/2013
Imóvel com mais de 50 MEI	Pessoa natural estrangeira	Autorização do Congresso Nacional. O Presidente da República, ouvida a Secretaria-Executiva do Conselho de Defesa Nacional, também pode aumentar o limite da área fixado no art. 7º do Decreto n. 74.965/74	Art. 7º, § 5º, Decreto n. 74.965/74 c/c o art. 5º, INCRA IN n. 76/2013

Pessoa jurídica estrangeira, ou brasileira, com maioria de capital estrangeiro

ÁREA	PESSOA	AUTORIZAÇÃO	BASE LEGAL
Imóvel rural até 100 MEI	Pessoa jurídica estrangeira, o imóvel deve ser destinado à implantação de projetos agrícolas, pecuários, industriais	Aprovação de projeto de exploração pelo Ministério do Desenvolvimento Agrário, ouvido o Órgão Federal competente responsável pelas respectivas atividades	Art. 5º, § 1º, Lei n. 5.709/71 c/c o art. 14, § 1º, INCRA IN n. 76/2013
Imóvel rural até 100 MEI	ou de colonização, vinculados aos seus objetivos estatutários		
Imóvel com mais de 100 MEI	Pessoa jurídica estrangeira	Autorização do Congresso Nacional	Art. 23, § 2º, Lei n. 8.629/93 c/c art. 6º, § 1º, INCRA IN n. 76/2013

Em São Paulo, ficou assentado "que o § 1º do artigo 1º da Lei n. 5.709/71 não foi recepcionado pela Constituição Federal de 1988. Assim, os tabeliães e os oficiais de registro estão dispensados de observarem as restrições e as determinações impostas pela Lei n. 5.709/71 e pelo Decreto n. 74.965/74, bem como do cadastramento, no Portal do Extrajudicial, em relação às pessoas jurídicas brasileiras cuja maioria do capital social se concentre em poder de estrangeiros residentes fora do Brasil ou de pessoas jurídicas com sede no exterior"[12].

A celeuma sobre a dispensa dos tabeliães e os oficiais de registro de observarem as restrições e as determinações impostas pela Lei n. 5.709/71 e pelo Decreto n. 74.965/74, oriunda do Processo n. 2010/83224 (publicados no *DJe* de 11-12-2012) que culminou no Parecer 461/12-E da Corregedoria paulista, reside no questionamento, feito pela União e pelo INCRA, que ajuizaram a Ação Cível Originária n. 2.463, perante o STF, na qual postulam a anulação do parecer. Em 9 de julho de 2014, o eminente Ministro Relator

---

12. Processo n. 2010/83224 da CGJ-SP.

Marco Aurélio havia inicialmente indeferido o pedido liminar que visava à suspensão dos efeitos do parecer.

O Parecer 461/12-E até então estava vigente, bem como o item 70.1 das Normas de Serviço da Corregedoria do Estado de São Paulo. Nessa ocasião, alertamos que, diante da incerteza jurídica quanto ao resultado do julgamento no Supremo Tribunal Federal, o mais prudente seria aguardar a decisão definitiva, uma vez que os notários (e os oficiais de registro) estão sujeitos às penalidades advindas do art. 15 da Lei n. 5.709/71. Como sabemos, é facultado ao tabelião de notas, no ato de qualificação notarial, com sua autonomia, autorizar ou negar a lavratura do ato[13], sempre adstrito ao princípio da legalidade, não podendo excepcionar norma vigente.

Em 1º de setembro de 2016, o eminente Ministro Relator Marco Aurélio, em nova análise, deferiu o pedido liminar que visava à suspensão dos efeitos do referido parecer, conforme o trecho: "(...) 3. Defiro a liminar pleiteada para suspender os efeitos do parecer n. 461/12-E da Corregedoria-Geral da Justiça de São Paulo, até o julgamento definitivo desta ação. (...)".

Em 08/03/2021, o eminente Ministro Alexandre de Moraes pediu vista dos autos após o voto do Ministro Marco Aurélio (Relator).

Em 26 de abril de 2023, foi proferida decisão liminar pelo Supremo Tribunal Federal (STF), Ministro André Mendonça, para determinar a suspensão dos processos judiciais que versem sobre a validade do §1º, artigo 1º da Lei Federal nº 5.709/1971, que trata sobre as restrições para aquisição de imóveis rurais por empresas brasileiras que tenham participação majoritária de estrangeiros. A decisão foi motivada por pedido do Conselho Federal da Ordem dos Advogados do Brasil (OAB), no âmbito da Arguição de Descumprimento de Preceito Fundamental nº 342 (ADPF) e da Ação Cível Originária nº 2.463 (ACO).

Em maio de 2023, o Plenário do Supremo Tribunal Federal (STF) não referendou a liminar do Ministro André Mendonça, que havia determinado a suspensão, até o julgamento final da Arguição de Descumprimento de Preceito Fundamental 342 (ADPF 342) e da Ação Cível Originária 2.463 (ACO 2.463), de todos os processos judiciais em curso que versem sobre a recepção do artigo 1º, §1º, da Lei n.º 5.709/1971 pela Constituição Federal.

Consequentemente, no Estado de São Paulo, seguem as restrições da Lei n. 5.709/71 até o julgamento definitivo da ação.

As limitações constantes na Lei n. 5.709/71 não se aplicam[14]: a) aos casos de sucessão legítima e às doações que importem adiantamento de legítima (art. 544 do Código Civil), exceto se o imóvel estiver situado em área considerada indispensável à segurança nacional. Ambos os casos, e também as aquisições por usucapião, em quaisquer de suas espécies, dependem do consentimento prévio da Secretaria-Executiva do Conselho de Defesa Nacional; b) às hipóteses de constituição de garantia real, inclusive a transmissão

---
13. Em conformidade com os arts. 3º e 6º, inciso II, da Lei n. 8.935/94.
14. Modificada pela Lei n. 13.986, de 2020.

da propriedade fiduciária em favor de pessoa jurídica, nacional ou estrangeira; c) aos casos de recebimento de imóvel em liquidação de transação com pessoa jurídica, nacional ou estrangeira, ou pessoa jurídica nacional da qual participem, a qualquer título, pessoas estrangeiras físicas ou jurídicas que tenham a maioria do seu capital social e que residam ou tenham sede no exterior, por meio de realização de garantia real, de dação em pagamento ou de qualquer outra forma.

Os estrangeiros, pessoas físicas ou jurídicas, não podem ser proprietários de área superior a 25% da área de um município.

As pessoas estrangeiras de mesma nacionalidade não podem ser proprietárias de mais de 40% sobre os 25% supracitados, ou seja, não podem deter mais de 10% da superfície de cada município.

Em relação à vedação de aquisição de área superior a 25% da área de um município, ficam excluídas da restrição:

- as áreas inferiores a três módulos;
- as áreas que tiverem sido objeto de compra e venda, de promessa de compra e venda, de cessão ou de promessa de cessão, mediante escritura pública ou instrumento particular devidamente protocolado no registro competente, e que tiverem sido cadastradas no INCRA, em nome do promitente comprador, antes de 10 de março de 1969;
- quando o adquirente estrangeiro tiver filho brasileiro, ou for casado com brasileira sob o regime da comunhão de bens.

As restrições previstas na Lei n. 5.709/71 e no Decreto n. 74.965/74 têm por base a fração ideal pertencente ao estrangeiro, ainda que caracterizado o condomínio *pro indiviso*.

Quando o adquirente de imóvel rural for pessoa jurídica estrangeira, ou que seja a ela equiparada, só poderá adquirir imóveis rurais quando estes se destinem à implantação de projetos agrícolas pecuários, industriais, ou de colonização vinculados aos seus objetivos estatutários. Neste caso, deve haver a aprovação pelo Ministério da Agricultura, ouvido o órgão federal competente. O prazo de validade do deferimento do pedido é de 30 dias, dentro do qual deverá ser lavrada a escritura. As sociedades anônimas rurais que se dediquem à atividade rural deverão adotar obrigatoriamente ações sob forma nominativa, situação que deve ser provada no momento da lavratura das escrituras.

Nos loteamentos rurais, a participação de brasileiros deve ser de 30%, no mínimo. O tabelião que lavrar escritura violando as normas atinentes à aquisição de imóvel rural por pessoa estrangeira e o oficial de registro de imóveis que a registrar responderão civil e criminalmente por tais atos (Lei n. 5.709/71, art. 15).

O tabelião ou o oficial de registro que permitir o desrespeito à lei está sujeito à multa de 10% sobre o valor do negócio (Lei n. 6.634/79, art. 4º), além das sanções administrativas e penais cabíveis.

20
Compra e Venda

Nesta seção, veremos alguns aspectos de maior relevância nas escrituras públicas de compra e venda.

A compra e venda de imóveis pode ser *ad corpus*, quando o comprador adquire um bem certo e determinado, independentemente da metragem do bem, ou *ad mensuram*, quando a metragem é fator essencial do negócio, ou seja, o preço é fixado com base na extensão do imóvel.

A venda de ascendente a descendente é anulável, salvo se os outros descendentes e o cônjuge do alienante[1] expressamente consintam. Esta anuência deve ser provida por todos os descendentes, não só filhos, netos e bisnetos, se houver. Todos devem ser capazes, e, se houver menores, será necessária autorização judicial para o consentimento.

As despesas de escritura e registro ficam a cargo do comprador, e a cargo do vendedor, as da tradição, salvo estipulação em contrário (art. 490 do Código Civil).

É lícita a compra e venda entre cônjuges, com relação a bens excluídos da comunhão, direito que não pode ser exercido se os bens estiverem gravados com a cláusula de incomunicabilidade (art. 499 do Código Civil).

Um condômino em coisa indivisível não pode vender a sua parte a estranhos, se outro consorte a quiser, tanto por tanto. O condômino tem o **direito de preferência** que, se não for dado, permite que o preço idêntico (ou superior) seja depositado pelo condômino interessado, que terá para si a parte vendida a estranhos. O prazo para o exercício deste direito é de 180 dias, sob pena de decadência. Por isso, nas escrituras públicas, o tabelião deve orientar os outorgantes sobre a necessidade de oferecer o direito de preferência aos demais condôminos[2].

A lei não exige que a comunicação seja expressa e seja apresentada ao tabelião. Basta a declaração, na escritura, de que o aviso foi feito e que os demais condôminos não se manifestaram. É prudente que o tabelião informe na escritura que fez tais esclarecimentos ao vendedor.

O direito de preferência previsto no artigo 504 do Código Civil não se aplica na venda de fração de imóvel entre coproprietários, ou seja, quando não há o ingresso de terceiros numa propriedade em condomínio.

Algumas cláusulas especiais da compra e venda merecem destaque:

---
1. Neste caso, exceto se o regime do casamento for o da separação de bens.
2. Entre condôminos não há direito de preferência. STJ, REsp n. 1.137.176/PR – Relator Ministro Marco Buzzi, j. em 16-2-2016.

1) **Cláusula de retrovenda:** é a cláusula pela qual o vendedor se reserva o direito de reaver, em certo prazo, o imóvel alienado, restituindo ao comprador o preço, mais as despesas por ele realizadas, inclusive as empregadas em melhoramentos do imóvel. Tem como prazo máximo três anos[3].

2) **Cláusula de preempção (ou preferência):** é a cláusula que obriga o comprador de um bem móvel ou imóvel a oferecê-lo ao vendedor caso resolva aliená-lo, a fim de que o vendedor exerça seu direito de preferência[4]. A preempção decorre, por vezes, da lei, como é o caso dos condôminos.

3) **Cláusula resolutiva:** é a disposição que prevê a extinção do contrato por inexecução das obrigações constantes do contrato. A cláusula resolutiva **expressa** opera de pleno direito, independe de sentença judicial, podendo ocorrer pela disposição das partes. A **tácita** depende de interpelação judicial[5].

4) *Cláusula constituti* (constituto possessório): as partes pactuam a alteração da titularidade na posse, por prazo determinado ou indeterminado, de modo que aquele que possuía em nome próprio passa a possuir em nome alheio. A título de exemplo: na escritura de compra e venda, as partes convencionam que o vendedor permanecerá no imóvel por determinado tempo.

O pagamento do preço pode ser à vista ou diferido no tempo. Neste caso, pode ocorrer *pro solvendo*, isto é, à medida que são pagas, as parcelas vão sendo quitadas pelos respectivos comprovantes entregues pelo vendedor, ou ainda *pro soluto*, quando, apesar de as parcelas se prolongarem no tempo (normalmente garantidas por títulos de crédito, como notas promissórias), o vendedor já dá, na escritura, plena, geral e irrevogável quitação. Nesse caso, é de se presumir que o vendedor aceitou os títulos como pagamento integral do preço e, por isso, declara seu recebimento, dando-se por satisfeito.

No pagamento *pro solvendo*, há típica cláusula resolutiva, que pode ser expressa ou tácita. A propriedade somente se transmitirá quando houver a quitação total do preço. No pagamento *pro soluto*, a propriedade transmite-se imediatamente, pois se deu a quitação.

Segundo o art. 472, o distrato faz-se pela mesma forma exigida para o contrato. Dúvida recorrente de tabeliães é quanto à incidência do imposto de transmissão na escritura pública de distrato de compra e venda. As legislações tributárias municipais, em sua maioria, não tipificam o distrato como fato gerador de tributo.

Ainda que esteja registrada, Ademar Fioranelli considera possível a rescisão do contrato de compra e venda, mesmo que registrado, desde que haja a devolução do preço e pagamento do ITBI[6].

Afrânio de Carvalho observa que o distrato da compra e venda inscrita, com devolução do preço pago, importa em compra e venda regressiva, sujeitando-se aos

---

3. CC, art. 505.
4. CC, art. 513.
5. CC, art. 474.
6. Ademar Fioranelli. *Direito Registral Imobiliário*. Porto Alegre: Safe, 2001, p. 31.

mesmos requisitos da primeira, inclusive o pagamento do imposto de transmissão e a nova inscrição[7].

Em decisão proferida na Apelação Cível n. 7.948-0/7, da Comarca de Capivari, ficou assentado o seguinte: "a hipótese é realmente, a toda evidência, de simples compra e venda do imóvel por escritura pública, que erradamente alude a 'rescisão' da compra e venda anteriormente feita entre as mesmas partes, nas posições inversas. Tendo sido registrada a primeira escritura, operou-se regularmente a transferência do domínio e a consequente exaustão do contrato de compra e venda, suscetível, desde então, da indicada 'rescisão'. É de manter-se, por isso, a determinação da sentença, de registro do título como escritura de compra e venda".

A Apelação Cível n. 067781-0/3, da Comarca de Guarulhos, teve o seguinte desfecho: "Como na venda regressiva há nova transmissão da propriedade imobiliária, incide o ITBI; assim, na espécie, a não comprovação do pagamento de tal imposto inviabiliza o registro da escritura pública de distrato, ainda que fosse interpretada como de venda inversa".

A corrente majoritária, inclusive com decisões recorrentes do Conselho Superior da Magistratura de São Paulo, entende necessário o recolhimento do imposto.

A seguir, selecionamos um rol jurisprudencial de decisões recentes que ensinam como os tribunais estão decidindo aspectos da compra e venda. **Muitas dessas decisões são utilizadas para questões de concursos.** Leia com atenção, compreenda a lógica jurídica e, se pairar dúvida, consulte o inteiro teor da decisão para seu pleno conhecimento.

20.1 JURISPRUDÊNCIA SELECIONADA

Acesse a jurisprudência em https://www.26notas.com.br/blog/. Clique na lupa e insira o tema de interesse. Ex.: compra e venda filhos menores.

---

7. Afrânio de Carvalho. *Registro de Imóveis*. 4. ed. Rio de Janeiro: Forense, 1998, p. 92.

21
DOAÇÃO

Doação é o contrato no qual uma das partes, por liberalidade, transfere bens ou vantagens do seu patrimônio para outrem, que os aceita (art. 538 do Código Civil).

Característica fundamental da doação é o *animus donandi*, ou seja, o desejo do doador de realizar a liberalidade, retirando do seu patrimônio vantagens em benefício do donatário.

A doação tem particularidades próprias. Se a doação for pura, a aceitação do donatário menor é dispensada[1].

Na atividade notarial é corriqueira a doação da nua propriedade com reserva de usufruto para os doadores, ato que normalmente é feito por pais que doam a nua propriedade aos filhos e reservam para si o usufruto.

Na **doação modal**, uma pessoa doa os recursos para que outra pessoa compre um determinado bem. De novo, a frequência é de pais comprando bens imóveis em nome de seus filhos. O valor é doado ao filho, que adquire o imóvel em seu nome. Tributariamente, é importante observar que é possível haver dois tributos, pois há dois fatos geradores: o ITCMD para a doação e o ITBI para a compra e venda.

Em São Paulo, para atender os ditames do art. 1.691 do Código Civil, a jurisprudência administrativa exige que os recursos não sejam do menor e que a aquisição do bem imóvel não lhe traga prejuízos[2].

Dessa forma, os doadores devem declarar que a doação é feita no melhor interesse do menor e que tem conhecimento do dever legal de zelo e proteção do patrimônio do donatário, assumindo a obrigação de responder por despesas oriundas do bem doado.

É possível, neste caso, que o doador se reserve o direito de reaver o bem em caso de falecimento do donatário. Se os doadores forem marido e mulher, a parte de um acresce à do outro em caso de falecimento. O notário deve atentar para inserir a cláusula de acréscimo quando as partes não forem casadas, mas vivem em união estável.

Outra questão que merece atenção é a declaração de justa causa na doação, informando se se trata de adiantamento da legítima ou não. Se o doador impõe as cláusulas de incomunicabilidade, inalienabilidade ou impenhorabilidade sobre a legítima, deve indicar a justa causa prevista pelo Código Civil[3].

---

1. CC, art. 543.
2. Apesar de o disposto legal tratar de alienação, e não de aquisição.
3. CC, art. 1.848.

A legítima é um direito pleno assegurado aos herdeiros, mas ela somente se configura com a abertura da sucessão. A doação que superar a metade do patrimônio do doador se tem por inoficiosa, limite que é observado no momento da liberalidade (CC, art. 549). Quanto à parte que exceder a legítima, no momento da doação, é nulo o ato.

O negócio jurídico nulo não é suscetível de confirmação, nem convalesce pelo decurso do tempo (CC, art. 169). Ainda assim, o STJ, Terceira Turma, no REsp 1755379/RJ, julgado em 24.09.2019 e publicado no DJe em 10.10.2019, entendeu, após acirrado debate e voto distinto de seus cinco membros, pela possibilidade de prescrição para a ação. Sugerimos a leitura integral deste REsp para aprofundar o debate sobre atos nulos e anuláveis e a possibilidade de declaração da prescrição ou decadência.

Aceito este entendimento, o prazo prescricional é de 10 anos, contados da data da celebração do negócio ou do registro do título (CC, art. 205)[4].

Em decorrência do acirrado debate, os notários, por prudência e sem imposição, devem advertir a parte de que a doação inoficiosa pode não convalescer, levando o ato a uma nulidade e insegurança jurídica. Se a doação superar a legítima, a escritura pode ser feita, mas se a situação se configurar no momento da sucessão, aquilo que exceder a legítima é nulo.

Sugere-se inserir na escritura o grau de parentesco, ou a amizade com o donatário, para, desde já, indicar o *animus donandi*. É imprescindível também que o doador declare que tem bens ou renda suficiente para a sua subsistência, evitando a nulidade do ato[5]. O Código quer evitar a penúria do doador, ainda que o donatário fique com o encargo de prover a subsistência do doador enquanto este viver (*RT* 515/87).

Por isso, a doação universal só vale se houver usufruto[6] dos referidos bens para proteger a pessoa do doador, assegurando-lhe, por conseguinte, meios de subsistência (*RT* 440/76).

O nascituro pode receber doação, desde que aceita pelos pais. Se nascer morto, caduca a doação, por ser o nascituro titular de direito sob condição suspensiva. Se tiver um instante de vida, recebe o benefício e transmite aos seus sucessores[7].

As doações feitas em contemplação de casamento futuro independem de aceitação, que se presume com a realização do casamento[8].

---

4. O caso julgado avaliou o suporte fático sob interpretação dos prazos do Código Civil de 2016, por isso as referências ao prazo vintenário. STJ – Terceira Turma–REsp 1755379/RJ, Rel. Ministro Moura Ribeiro, Rel. p/ Acórdão Ministro Ricardo Villas Bôas Cueva, julgado em 24.09.2019, DJe 10.10.2019. EMENTA: RECURSO ESPECIAL. DIREITO CIVIL. AÇÃO ANULATÓRIA. DOAÇÃO INOFICIOSA. PRAZO PRESCRICIONAL. TERMO INICIAL. REGISTRO DO ATO. 1. Recurso especial interposto contra acórdão publicado na vigência do Código de Processo Civil de 2015 (Enunciados Administrativos nos. 2 e 3/STJ). 2. O Superior Tribunal de Justiça há muito firmou entendimento no sentido de que, no caso de ação anulatória de doação inoficiosa, o prazo prescricional é vintenário e conta-se a partir do registro do ato jurídico que se pretende anular. Precedentes. 3. Na hipótese, tendo sido proposta a ação mais de vinte anos após o registro da doação, é de ser reconhecida a prescrição da pretensão autoral. 4. Recurso especial provido."
5. CC, art. 548.
6. Ou constituição de renda.
7. CC, art. 542.
8. CC, art. 546.

No caso de promessa de doação como condição para a partilha no divórcio ou extinção de união estável, pode ser exigido o contrato definitivo de doação[9].

As pessoas jurídicas de direito público podem receber doação de acordo com as restrições administrativas, e as de direito privado podem receber doações impostas pela sua natureza e pelos estatutos constitutivos.

O falido não pode fazer doações, porque se presume lesão aos credores, além de lhe faltar capacidade para o ato, pois não pode dispor de seus próprios bens, sem autorização do juízo falimentar.

A escritura de doação não exige a presença do donatário, a assinatura deste não é indispensável; é conveniente. É prática frequente nos tabelionatos de notas a presença do donatário aceitando a doação, o que agrega segurança ao negócio. O doador pode fixar prazo para que o donatário aceite ou decline da liberalidade. Se o donatário, ciente da doação, não aceitar no prazo estipulado, entender-se-á que o silêncio indica aceitação da doação, se não houver encargo.

O doador pode contratar o tabelião para, por meio de ata notarial, notificar ou chamar o donatário para que, em prazo estipulado, declare aceitar ou recusar a doação.

A doação pendente de aceitação pode ingressar no registro imobiliário, com cláusula resolutiva tácita. Quando houver prova da aceitação, esta será averbada e o bem é transferido para o patrimônio do donatário. Se houver a recusa expressa, a cláusula se resolve.

Pela **cláusula de reversão**, o doador pode estipular que os bens doados voltem ao seu patrimônio, se sobreviver ao donatário[10]. Não é possível a reversão em favor de terceiros.

O donatário pode transmitir o bem para um terceiro. Contudo, a propriedade deste terceiro adquirente será resolúvel. Por consequência, se o donatário falecer antes do doador, o bem imóvel retornará ao patrimônio do doador[11], havendo perda para o terceiro adquirente.

A **cláusula de acrescer** ocorre quando há pluralidade de donatários. Segundo ela, o doador pode dispor que a parte do donatário falecido acresce à parte do donatário sobrevivo. A regra é que a doação em comum a mais de uma pessoa entende-se distribuída entre elas por igual, exceto se o doador dispuser da forma acima.

Se os beneficiários são marido e mulher, o direito de acrescer é presunção legal, é automático; a doação subsistirá, na totalidade, para o cônjuge sobrevivente. Entende-

---

9. Civil. Promessa de doação vinculada à partilha. Ato de liberalidade não configurado. Exigibilidade da obrigação. Legitimidade ativa. A promessa de doação feita aos filhos por seus genitores como condição para a obtenção de acordo quanto à partilha de bens havida com a separação ou divórcio não é ato de mera liberalidade e, por isso, pode ser exigida, inclusive pelos filhos, beneficiários desse ato. Precedentes. Recurso Especial provido (REsp 742.048/RS, Rel. Min. Sidnei Beneti, 3ª T., j. 14-4-2009, *DJe* 24-4-2009).
10. CC, art. 547.
11. Conselho Superior da Magistratura. Apelação Cível n. 0000293-93.2012.8.26.0116. *DJe* 29-1-2013. Ementa: Dúvida registral – Doação – Cláusula de reversão – Averbação na matrícula do imóvel – Dispensa de declaração de conhecimento dos interessados – Publicidade registral – Recurso provido.

mos que é também possível o direito de acrescer quando os doadores o prescrevem para companheiros, e familiares como irmãos ou sobrinhos[12].

Muito se discute na doutrina notarial a possibilidade de distrato de doação. Para alguns, por estar o contrato perfeito e acabado, o distrato é inviável. Outros admitem o distrato na acepção do art. 112, do CC, considerando uma doação inversa, corrente à qual nos filiamos.

Num caso de doação julgado recentemente, tivemos uma decisão pragmática quanto à competência territorial do tabelião. A escritura foi lavrada e assinada pela doadora na cidade do tabelião. Contudo, a assinatura da donatária, que convalescia em hospital, foi colhida em cidade diferente daquela do tabelião. A escritura foi considerada válida, pois decorreu de situação excepcional, a internação da doadora, por motivo de saúde, em hospital fora de sua cidade.[13] A decisão do TJ de São Paulo considerou que a doadora chamou o seu tabelião de confiança, prestigiando um dos pilares da atividade notarial.

A seguir, colacionamos recentes decisões dos Tribunais que informam o status atual do doação na sociedade. Lembramos que muitas questões de concursos são fundadas nestas decisões.

21.1 JURISPRUDÊNCIA SELECIONADA

Acesse a jurisprudência em https://www.26notas.com.br/blog/. Clique na lupa e insira o tema de interesse. Ex.: doação cláusulas.

---

12. Nesta linha: Corregedoria Permanente – São Paulo – 1ª Vara de Registros Públicos. Processo n. 1110538-37.2014. *DJe* 6-2-2015. Ementa: Registro de escritura de doação – Direito de acréscimo convencional – Doação conjunta – Descaracterização de fideicomisso – Dúvida improcedente – Corregedoria Permanente – São Paulo – 1ª Vara de Registros Públicos. Processo n. 871736-3/00. J. em 22-2-2000.
13. TJSP – Apelação Cível n. 1003807-13.2019.8.26.0368 – Monte Alto – 8ª Câmara de Direito Privado – Rel. Des. Silvério da Silva – DJ 02.09.2022. Ementa: Apelação Cível – Ação declaratória de nulidade de escritura de doação – Doação que preservou a legítima – Escritura lavrada na área da delegação do Tabelião – Assinatura da Donatária em outra cidade, por estar internada, perante preposto que não invalida o ato notarial – Ausência de vícios de vontade na doação – Apelo desprovido.

22
PERMUTA

Os termos troca, permuta, escambo, barganha são sinônimos e exprimem o contrato no qual as partes se obrigam a prestar uma coisa por outra. Diferem da compra e venda, uma vez que nesta a prestação de uma das partes consiste na entrega de dinheiro, e a da outra consiste na entrega da coisa.

O escambo foi o primeiro tipo de contrato nos tempos primitivos; as pessoas, ou seu grupo, trocavam (ou permutavam) aquilo que era produzido em excesso.

Não há permuta se a obrigação de uma das partes consistir na prestação de serviços, o que caracteriza um contrato inominado. Podem ser objeto de troca todas as coisas que podem ser alienadas, não precisando haver uma correlação precisa de valores. Exemplo: um bem móvel por um bem imóvel.

Pode ainda a permuta ter por objeto coisa futura, por exemplo, a troca de um terreno por apartamento em um edifício que nele será construído pelo incorporador. Assim ocorre com um contrato muito frequente na área imobiliária: a permuta de fração ideal do terreno por futura área construída ou unidade[1] (permuta de coisa presente por coisa futura).

Os bens permutados podem ter valores diferentes, e para igualar o preço do negócio jurídico uma das partes pode cumprir uma fração da obrigação em dinheiro. Isso não muda a natureza jurídica do negócio para compra e venda, exceto se o valor em dinheiro representar mais que 50% do pagamento[2]. Entendemos que o que importa é o ânimo negocial das partes, posição seguida pela Secretaria da Receita Federal[3]. Não importa se o valor do bem "A" é 400 e o valor do bem "B" é 100, com uma torna em dinheiro de 300; se há menção ao negócio permuta, permuta é.

Um dos negócios mais frequentes na construção civil envolve a entrega de um terreno para uma construtora erguer um edifício numa incorporação imobiliária, recebendo, em retorno, unidades imobiliárias ou fração imobiliária futura. Neste caso, pode

---

1. Lei n. 4.591/64, art. 39: Nas incorporações em que a aquisição do terreno se der com pagamento total ou parcial em unidades a serem construídas, deverão ser discriminadas em todos os documentos de ajuste: I – a parcela que, se houver, será paga em dinheiro; II – a quota-parte da área das unidades a serem entregues em pagamento do terreno que corresponderá a cada uma das unidades, a qual deve ser expressa em metros quadrados. Parágrafo único. Deve constar, também, de todos os documentos de ajuste, se o alienante do terreno ficou ou não sujeito a qualquer prestação ou encargo.
2. Posição predominante na doutrina. Há quem defenda que a diferença não pode chegar a tanto; há quem defenda que a diferença pode ser maior; o que importa é o ânimo negocial das partes.
3. Consultas 113 a 116 da seção "Perguntas e Respostas". Disponível em: <http://idg.receita.fazenda.gov.br/orientacao/tributaria/declaracoes-e-demonstrativos/doi-declaracao-sobre-operacoes-imobiliarias/perguntas-e-respostas#Pergunta_113>. Acesso em 30 de março de 2016.

haver duas situações: na primeira, o proprietário do terreno segue nesta condição e a construtora, quando comercializar o imóvel, recebe o pagamento da unidade imobiliária, um ou mais imóveis, havendo ou não torna. A apuração dos ganhos e o consequente recolhimento do lucro imobiliário ocorrerão na data da comercialização da unidade, cujo valor será o dos imóveis recebidos, ajustado pela torna, se houver.

Na segunda situação, a construtora permuta unidades imobiliárias a serem construídas pelo terreno onde será feita a incorporação. A apuração ocorrerá no momento da comercialização das unidades imobiliárias permutadas, cujo valor individual a ser considerado será proporcional ao valor do terreno, ajustado pela torna, se houver[4].

É comum a lavratura de "escritura de compra e venda de imóvel com promessa de dação em pagamento", pela qual o adquirente do bem pretende cumprir o pagamento por meio de uma parcela em dinheiro, outra representada por um imóvel e ainda outra representada por lotes de um loteamento, por exemplo.

Trata-se, na realidade, de típica escritura de permuta com torna (ou reposição), na qual as partes permutam os imóveis, e o comprador, para igualar a permuta, repõe certo valor em dinheiro.

A torna ou reposição não precisa ser necessariamente em espécie, pode ser substituída por uma obrigação de fazer, por exemplo. Se houver reposição, a jurisprudência paulista a considera cessão a título gratuito, o que gera incidência do ITCMD devido à Fazenda do Estado de São Paulo[5].

A permuta tem as mesmas disposições da compra e venda, com algumas diferenças: a) na compra e venda a contraprestação é sempre em espécie; b) na permuta, a parte tem direito de pedir de volta o que trocou, caso não tenha recebido a contraprestação (o outro objeto). Na compra e venda isso não é possível: o descumprimento de uma das partes gera perdas e danos.

Também se aplica a evicção[6], quando atinge uma das coisas objeto do contrato.

Salvo estipulação das partes em contrário, as despesas com a escritura pública serão pagas pelas partes envolvidas no negócio, metade para cada uma, e os tributos incidentes no negócio e os respectivos registros serão por conta de cada uma das partes[7].

Quando as partes forem proprietárias em comum de mais de um imóvel e desejarem pôr fim ao condomínio, a natureza jurídica do ato não é divisão amigável, e sim permuta de frações ideais. Cada proprietário atribui ao outro, reciprocamente, as partes ideais

---

4. Decreto n. 3.000/99, art. 121.
5. Resposta à Consulta Tributária 21030/2019, de 06 de fevereiro de 2020. Disponibilizado no site da SEFAZ em 07/02/2020. Ementa: ITCMD – Transmissão por doação de bem imóvel urbano – Permuta – Base de cálculo. I. A permuta envolvendo imóveis de diferentes valores, realizada sem a devida compensação financeira, caracteriza uma doação. II. Por regra, a base de cálculo do imposto é o valor venal do bem, que corresponde ao efetivo valor de mercado do imóvel, não podendo ser inferior ao valor fixado para efeito de lançamento do Imposto sobre a Propriedade Predial e Territorial Urbana – IPTU. Ver também a Resposta à Consulta Tributária 15429/2017, de 25 de julho de 2017, no mesmo sentido.
6. Evicção é a perda, parcial ou total, de um bem por motivo de decisão judicial relacionada a uma causa jurídica preexistente ao contrato.
7. Em São Paulo, em caso de permuta, e pertencendo os imóveis à mesma circunscrição, serão feitos os registros nas matrículas correspondentes, sob um único número de ordem no Protocolo.

que detém em cada imóvel, de modo que cada um possa ser proprietário exclusivo de apenas um dos imóveis. Se as partes forem condôminas num único imóvel, o ato é de divisão amigável, extinguindo o condomínio civil.

Importante: a compra e venda de ascendente para descendentes é anulável, se não houver anuência dos demais descendentes. A permuta entre ascendente e descendente será anulável se o valor de troca dos bens for desigual, sem que haja o consentimento dos demais descendentes. **Para a doação, não se exige a anuência** dos descendentes, pois é obrigatória a colação na abertura da sucessão, salvo dispensa do doador.

Não havia consenso doutrinário sobre a possibilidade de registro da **promessa de permuta**, com fulcro nos arts. 533, 1.417 e 1.418, todos do CC. Nosso posicionamento sempre foi pela possibilidade.[8] A celeuma se esgotou com a Lei n. 14.382/2022, que alterou o art. 167, inciso I, item 30, da Lei n. 6015/73, permitindo o registro da promessa de permuta. A controvérsia se encerrou.

22.1 JURISPRUDÊNCIA SELECIONADA

Acesse a jurisprudência em https://www.26notas.com.br/blog/. Clique na lupa e insira o tema de interesse. Ex.: permuta.

---

8. Neste sentido: Conselho Superior da Magistratura. Apelação Cível n. 0008876-60.2011.8.26.0453. DJe 26-6-2013. Rel. Des. José Renato Nalini. Conselho Superior da Magistratura. Apelação Cível n. 0101195-0/5. DOE 18-11-2003. Rel. Des. Luiz Tâmbara.

23
Alienação Fiduciária de Coisa Imóvel

A alienação fiduciária é o negócio jurídico pelo qual o fiduciante, com o escopo de garantia de obrigação própria ou de terceiro, contrata a transferência ao credor, ou fiduciário, da propriedade resolúvel de coisa imóvel.

A alienação fiduciária pode ser contratada por pessoa física ou jurídica, não sendo privativa das entidades que operam no SFI, podendo ter como objeto, além da propriedade plena:

- bens enfitêuticos, hipótese em que será exigível o pagamento do laudêmio, se houver a consolidação do domínio útil no fiduciário;
- o direito de uso especial para fins de moradia;
- o direito real de uso, desde que suscetível de alienação;
- a propriedade superficiária.
- os direitos oriundos da imissão provisória na posse, quando concedida à União, aos Estados, ao Distrito Federal, aos Municípios ou às suas entidades delegadas, e a respectiva cessão e promessa de cessão;
- os bens que, não constituindo partes integrantes do imóvel, destinam-se, de modo duradouro, ao uso ou ao serviço deste.

Os direitos de garantia instituídos nas hipóteses do direito real de uso e da propriedade superficiária ficam limitados à duração da concessão ou direito de superfície, caso tenham sido transferidos por período determinado.

A alienação fiduciária da propriedade superveniente é suscetível de registro no registro de imóveis, tornando-se eficaz a partir do cancelamento da propriedade fiduciária anteriormente constituída.

Nas alienações fiduciárias sucessivas da propriedade superveniente, as anteriores têm prioridade em relação às posteriores na excussão da garantia. Se ocorrer a excussão do imóvel por um credor fiduciário anterior, com alienação a terceiros, os direitos dos credores fiduciários posteriores sub-rogam-se no preço obtido, cancelando-se os registros das respectivas alienações fiduciárias.

O credor fiduciário que pagar a dívida do devedor fiduciante comum fica sub-rogado no crédito e na propriedade fiduciária em garantia, nos termos do inciso I do caput do art. 346 do Código Civil.

O inadimplemento de quaisquer das obrigações garantidas pela propriedade fiduciária faculta ao credor declarar vencidas as demais obrigações de que for titular garantidas pelo mesmo imóvel, inclusive quando a titularidade decorrer de sub-rogação paga pelo fiador ou terceiro interessado. Aqui também se aplica no caso da alienação fiduciária da propriedade superveniente e deve constar do instrumento contratual.

Optando o fiduciário em exercer a faculdade de declarar vencidas as demais obrigações, deve informar o devedor e, se for o caso, o terceiro fiduciante, pelo oficial do registro de imóveis competente, a satisfazer, no prazo de 15 (quinze) dias, a prestação vencida e aquelas que vencerem até a data do pagamento, os juros convencionais, as penalidades e os demais encargos contratuais, os encargos legais, inclusive os tributos, as contribuições condominiais imputáveis ao imóvel e as despesas de cobrança e de intimação.

O crédito dos credores fiduciários, mesmo aqueles decorrentes da alienação fiduciária da propriedade superveniente não se submetem aos efeitos da recuperação judicial e prevalecerão os direitos de propriedade sobre a coisa e as condições contratuais.

A propriedade fiduciária de coisa imóvel se constitui mediante registro no competente Registro de Imóveis. Com a constituição da propriedade fiduciária, se dá o desdobramento da posse, tornando-se o fiduciante possuidor direto e o fiduciário possuidor indireto da coisa imóvel.

Ao fiduciante cabe a obrigação de arcar com o custo do pagamento do Imposto sobre a Propriedade Predial e Territorial Urbana (IPTU) incidente sobre o bem e das taxas condominiais existentes.

O contrato conterá:
– o valor da dívida, sua estimação ou seu valor máximo. A lei inova ao incluir o valor estimado ou valor máximo;
– o prazo e as condições de reposição do empréstimo ou do crédito do fiduciário;
– a taxa de juros e os encargos incidentes;
– a cláusula de constituição da propriedade fiduciária, com a descrição do imóvel objeto da alienação fiduciária e a indicação do título e modo de aquisição;
– a cláusula que assegure ao fiduciante a livre utilização, por sua conta e risco, do imóvel objeto da alienação fiduciária, exceto a hipótese de inadimplência;
– a indicação, para efeito de venda em público leilão, do valor do imóvel e dos critérios para a respectiva revisão;
– a cláusula que disponha sobre os procedimentos dos leilões, tratados nos itens "a" ao "x" a seguir.

Caso o valor do imóvel convencionado pelas partes nos termos do inciso VI do caput seja inferior ao utilizado pelo órgão competente (prefeituras e o distrito federal) como base de cálculo para a apuração do imposto sobre transmissão inter vivos, exigível por força da consolidação da propriedade em nome do credor fiduciário, este último será o valor mínimo para efeito de venda do imóvel no primeiro leilão.

Nos contratos firmados com cláusula de alienação fiduciária em garantia, cabe ao fiduciante a obrigação de arcar com o custo do pagamento do Imposto sobre a Propriedade Predial e Territorial Urbana – IPTU incidente sobre o bem e das taxas condominiais existentes.

Com o pagamento da dívida e seus encargos, resolve-se, nos termos deste artigo, a propriedade fiduciária do imóvel.

No prazo de 30 (trinta) dias, contado da data de liquidação da dívida, o fiduciário deve fornecer o termo de quitação ao devedor e, se for o caso, ao terceiro fiduciante. O não fornecimento do termo de quitação no prazo previsto acarreta multa ao fiduciário equivalente a 0,5% (meio por cento) ao mês, ou fração, sobre o valor do contrato, que se reverterá em favor daquele a quem o termo não tiver sido disponibilizado no referido prazo.

Apresentado o termo de quitação ao oficial do competente Registro de Imóveis, este efetua o cancelamento do registro da propriedade fiduciária.

Se vencida e não paga a dívida, no todo ou em parte, e constituídos em mora o devedor e, se for o caso, o terceiro fiduciante, a propriedade do imóvel será consolidada em nome do fiduciário.

Para tanto, o devedor e, se for o caso, o terceiro fiduciante serão intimados, a requerimento do fiduciário, pelo oficial do registro de imóveis competente, a satisfazer, no prazo de 15 (quinze) dias, a prestação vencida e aquelas que vencerem até a data do pagamento, os juros convencionais, as penalidades e os demais encargos contratuais, os encargos legais, inclusive os tributos, as contribuições condominiais imputáveis ao imóvel e as despesas de cobrança e de intimação.

No caso de haver imóveis localizados em mais de uma circunscrição imobiliária em garantia da mesma dívida, a intimação para purgação da mora, o fiduciário poderá requer a qualquer um dos registradores competentes e, uma vez realizada, importa em cumprimento do requisito de intimação em todos os procedimentos de excussão, desde que informe a totalidade da dívida e dos imóveis passíveis de consolidação de propriedade.

O contrato poderá estabelecer o prazo de carência, após o qual será expedida a intimação. Se não for estabelecido o referido prazo de carência no contrato, este será de 15 (quinze) dias.

A intimação do devedor e, se for o caso, ao terceiro fiduciante, será feita pessoalmente, sendo cientificados de que, se a mora não for purgada no prazo legal, a propriedade será consolidada no patrimônio do credor e o imóvel será levado a leilão. Conforme o caso, a intimação pode ser promovida por solicitação do oficial do registro de imóveis, por oficial de registro de títulos e documentos da comarca da situação do imóvel ou do domicílio de quem deva recebê-la, ou pelo correio, com aviso de recebimento.

Se, por duas vezes, o oficial de registro de imóveis ou de registro de títulos e documentos ou o serventuário por eles credenciado houver procurado o intimando em seu domicílio ou residência sem o encontrar, deverá, havendo suspeita motivada de ocultação, intimar qualquer pessoa da família ou, em sua falta, qualquer vizinho de que, no dia útil imediato, retornará ao imóvel, a fim de efetuar a intimação, na hora que designar.

Nos condomínios edilícios ou outras espécies de conjuntos imobiliários com controle de acesso, a intimação pode ser feita ao funcionário da portaria responsável pelo recebimento de correspondência.

Se o devedor ou, se for o caso, o terceiro fiduciante, o cessionário, o representante legal ou o procurador regularmente constituído se encontrar em local ignorado, incerto ou inacessível, o fato será certificado pelo serventuário encarregado da diligência e informado ao oficial de registro de imóveis, que, à vista da certidão, deverá promover a intimação por edital publicado pelo período mínimo de 3 (três) dias em jornal de maior circulação local ou em jornal de comarca de fácil acesso, se o local não dispuser de imprensa diária, contado o prazo para purgação da mora da data da última publicação do edital.

O devedor e, se for o caso, do terceiro fiduciante é responsável em informar o credor fiduciário sobre a alteração de seu domicílio.

Há a presunção quando o devedor e, se for o caso, o terceiro fiduciante encontram-se em lugar ignorado quando não forem encontrados no local do imóvel dado em garantia nem no endereço que tenham fornecido por último, observado que, na hipótese de o devedor ter fornecido contato eletrônico no contrato, é imprescindível o envio da intimação por essa via com, no mínimo, 15 (quinze) dias de antecedência da realização de intimação edilícia.

Considera-se lugar inacessível:

– aquele em que o funcionário responsável pelo recebimento de correspondência se recuse a atender a pessoa encarregada pela intimação; ou

– aquele em que não haja funcionário responsável pelo recebimento de correspondência para atender a pessoa encarregada pela intimação.

Feita a quitação do valor devido no Registro de Imóveis, o contrato de alienação fiduciária se convalesce.

O oficial do Registro de Imóveis, nos três dias seguintes ao pagamento, entregará ao fiduciário as importâncias recebidas, deduzidas as despesas de cobrança e de intimação.

Se decorrido o prazo sem o pagamento da dívida, o oficial do competente Registro de Imóveis, certificando esse fato, promoverá a averbação, na matrícula do imóvel, da consolidação da propriedade em nome do fiduciário, com a apresentação da prova do pagamento por este, do imposto de transmissão inter vivos e, se for o caso, do laudêmio.

O fiduciante pode, com a anuência do fiduciário, dar em pagamento o seu direito eventual ao imóvel em pagamento da dívida, dispensado o leilão.

Procedimentos do leilão:

a) os procedimentos de cobrança, purgação de mora, consolidação da propriedade fiduciária e leilão decorrentes de financiamentos para aquisição ou construção de imóvel residencial do devedor, exceto as operações do sistema de consórcio de que trata a Lei n. 11.795/08, estão sujeitos aos procedimentos a seguir;

b) a consolidação da propriedade em nome do credor fiduciário será averbada no registro de imóveis trinta dias após a expiração do prazo para pagamento da dívida. Até a data da averbação da consolidação da propriedade fiduciária, é assegurado ao devedor e, se for o caso, ao terceiro fiduciante pagar as parcelas da dívida vencidas e as despesas, situação que convalescerá o contrato de alienação fiduciária;

c) no segundo leilão, será aceito o maior lance oferecido desde que seja igual ou superior ao valor integral da dívida garantida pela alienação fiduciária mais antiga vigente sobre o bem, das despesas, inclusive emolumentos cartorários, dos prêmios de seguro, dos encargos legais, inclusive tributos, e das contribuições condominiais;

d) se no segundo leilão não houver lance que atenda ao referencial mínimo para arrematação, a dívida será considerada extinta, com recíproca quitação, hipótese em que o credor ficará investido da livre disponibilidade;

e) a extinção da dívida no excedente ao referencial mínimo para arrematação configura condição resolutiva inerente à dívida e, por isso, estende-se às hipóteses em que o credor tenha preferido o uso da via judicial para executar a dívida;

f) consolidada a propriedade em seu nome, o fiduciário promoverá leilão público para a alienação do imóvel, no prazo de 60 (sessenta) dias, contado da data da consolidação da propriedade;

g) se no primeiro leilão público o maior lance oferecido for inferior ao valor do imóvel, será realizado o segundo leilão nos quinze dias seguintes;

h) no segundo leilão, será aceito o maior lance oferecido, desde que seja igual ou superior ao valor integral da dívida garantida pela alienação fiduciária, das despesas, inclusive emolumentos cartorários, dos prêmios de seguro, dos encargos legais, inclusive tributos, e das contribuições condominiais, podendo, caso não haja lance que alcance referido valor, ser aceito pelo credor fiduciário, a seu exclusivo critério, lance que corresponda a, pelo menos, metade do valor de avaliação do bem;

i) as datas, os horários e os locais dos leilões serão comunicados ao devedor e, se for o caso, ao terceiro fiduciante, por meio de correspondência dirigida aos endereços constantes do contrato, inclusive ao endereço eletrônico;

j) após a averbação da consolidação da propriedade fiduciária no patrimônio do credor fiduciário e até a data da realização do segundo leilão, é assegurado ao fiduciante o direito de preferência para adquirir o imóvel por preço correspondente ao valor da dívida, somado às despesas, aos prêmios de seguro, aos encargos legais, às contribuições condominiais, aos tributos, inclusive os valores correspondentes ao imposto sobre transmissão inter vivos e ao laudêmio, se for o caso, pagos para efeito de consolidação da propriedade fiduciária no patrimônio do credor fiduciário, e às despesas inerentes aos procedimentos de cobrança e leilão, hipótese em que incumbirá também ao fiduciante o pagamento dos encargos tributários e das despesas exigíveis para a nova aquisição do imóvel, inclusive das custas e dos emolumentos;

k) nos 5 (cinco) dias que se seguirem à venda do imóvel no leilão, o credor entregará ao fiduciante a importância que sobejar, nela compreendido o valor da indenização de benfeitorias, depois de deduzidos os valores da dívida, das despesas e dos encargos, o que importará em recíproca quitação, hipótese em que não se aplica o disposto na parte final do art. 516, do Código Civil;

l) se no segundo leilão não houver lance que atenda ao referencial mínimo para arrematação estabelecido, o fiduciário ficará investido na livre disponibilidade do imóvel e exonerado da obrigação da entrega de importâncias;

m) se o produto do leilão não for suficiente para o pagamento integral do montante da dívida, das despesas e dos encargos, o devedor continuará obrigado pelo pagamento do saldo remanescente, que poderá ser cobrado por meio de ação de execução e, se for o caso, excussão das demais garantias da dívida, ressalvada a hipótese de extinção do saldo devedor remanescente com recíproca quitação;

n) para efeito de cálculo do saldo remanescente, será deduzido o valor correspondente ao referencial mínimo para arrematação do valor atualizado da dívida, incluídos os encargos e as despesas de cobrança;

o) Se o imóvel estiver locado, a locação poderá ser denunciada com o prazo de trinta dias para desocupação, salvo se tiver havido aquiescência por escrito do fiduciário, devendo a denúncia ser realizada no prazo de noventa dias a contar da data da consolidação da propriedade no fiduciário, devendo essa condição constar expressamente em cláusula contratual específica, destacando-se das demais por sua apresentação gráfica;

p) o fiduciante responde pelo pagamento dos impostos, taxas, contribuições condominiais e quaisquer outros encargos que recaiam ou venham a recair sobre o imóvel, cuja posse tenha sido transferida para o fiduciário, nos termos deste artigo, até a data em que o fiduciário vier a ser imitido na posse;

q) os leilões e a publicação dos respectivos editais podem ser realizados por meio eletrônico;

r) os direitos reais de garantia ou constrições, inclusive penhoras, arrestos, bloqueios e indisponibilidades de qualquer natureza, incidentes sobre o direito real de aquisição do fiduciante não obstam a consolidação da propriedade no patrimônio do credor fiduciário e a venda do imóvel para realização da garantia;

s) os titulares dos direitos reais de garantia ou constrições sub-rogam-se no direito do fiduciante à percepção do saldo que eventualmente restar do produto da venda;

t) nas operações de crédito garantidas por alienação fiduciária de 2 (dois) ou mais imóveis, na hipótese de não ser convencionada a vinculação de cada imóvel a 1 (uma) parcela da dívida, o credor poderá promover a excussão em ato simultâneo, por meio de consolidação da propriedade e leilão de todos os imóveis em conjunto, ou em atos sucessivos, por meio de consolidação e leilão de cada imóvel em sequência, à medida do necessário para satisfação integral do crédito;

u) na hipótese de excussão em atos sucessivos, cabe ao credor fiduciário a indicação dos imóveis a serem excutidos em sequência, exceto se houver disposição em sentido contrário expressa no contrato, situação em que a consolidação da propriedade dos demais ficará suspensa;

v) a cada leilão, o credor fiduciário promoverá nas matrículas dos imóveis não leiloados a averbação do demonstrativo do resultado e o encaminhará ao devedor e, se for o caso, aos terceiros fiduciantes, por meio de correspondência dirigida aos endereços físico e eletrônico informados no contrato;

w) na hipótese de não se alcançar a quantia suficiente para satisfação do crédito, a cada leilão realizado, o credor recolhe o imposto sobre transmissão inter vivos e, se for o caso, o laudêmio, relativos ao imóvel a ser excutido em seguida, requerendo a averbação da consolidação da propriedade e, no prazo de 30 (trinta) dias, realizará os procedimentos de leilão;

x) satisfeito integralmente o crédito com o produto dos leilões realizados sucessivamente, o credor fiduciário entrega ao devedor e, se for o caso, aos terceiros fiduciantes, o termo de quitação e a autorização de cancelamento do registro da propriedade fiduciária de eventuais imóveis que restam a ser desonerados.

A cessão do crédito objeto da alienação fiduciária implicará a transferência, ao cessionário, de todos os direitos e obrigações inerentes à propriedade fiduciária em garantia.

O fiduciante pode, com anuência expressa do fiduciário, transmitir os direitos de que seja titular sobre o imóvel objeto da alienação fiduciária em garantia, assumindo o adquirente as respectivas obrigações.

Ao fiduciário, ao seu cessionário ou aos seus sucessores, inclusive ao adquirente do imóvel por força do leilão público, é assegurada a reintegração na posse do imóvel, que será concedida liminarmente, para desocupação no prazo de 60 (sessenta) dias, desde que comprovada a consolidação da propriedade em seu nome.

Arrematado o imóvel ou consolidada definitivamente a propriedade no caso de frustração dos leilões, as ações judiciais que tenham por objeto controvérsias sobre as estipulações contratuais ou os requisitos procedimentais de cobrança e leilão, excetuada a exigência de notificação do devedor e, se for o caso, do terceiro fiduciante, não obstarão a reintegração de posse de que trata este artigo e serão resolvidas em perdas e danos.

O fiador ou terceiro interessado que pagar a dívida fica sub-rogado, de pleno direito, no crédito e na propriedade fiduciária. Nos casos de transferência de financiamento para outra instituição financeira, o pagamento da dívida à instituição credora original poderá ser feito, a favor do mutuário, pela nova instituição credora.

Na hipótese de insolvência do fiduciante, fica assegurada ao fiduciário a restituição do imóvel alienado fiduciariamente, na forma da legislação pertinente.

Na propriedade fiduciária, aplica-se no que couber, as disposições do depósito necessário (arts. 647 e 648 do Código Civil).

23.1 EXTENSÃO DA ALIENAÇÃO FIDUCIÁRIA DE COISA IMÓVEL

A Lei n. 13.476/2017, foi alterada pela 14.711/23, e permitiu a extensão da alienação fiduciária de coisa imóvel, pela qual a propriedade fiduciária já constituída possa ser utilizada como garantia de operações de crédito novas e autônomas de qualquer natureza, desde que:

– sejam contratadas as operações com o credor titular da propriedade fiduciária; e

– inexista obrigação contratada com credor diverso garantida pelo mesmo imóvel, inclusive na forma da alienação fiduciária da propriedade superveniente.

A extensão da alienação fiduciária somente poderá ser contratada, por pessoa física ou jurídica, no âmbito do Sistema Financeiro Nacional e nas operações com Empresas Simples de Crédito.

As operações de crédito garantidas pela mesma alienação fiduciária apenas poderão ser transferidas conjuntamente, a qualquer título, preservada a unicidade do credor.

São permitidas a extensão da alienação fiduciária e a transferência da operação ou do título de crédito para instituição financeira diversa, desde que a instituição credora da alienação fiduciária estendida ou adquirente do crédito, conforme o caso, seja:

– integrante do mesmo sistema de crédito cooperativo da instituição financeira credora da operação original; e

– garantidora fidejussória da operação de crédito original.

A participação no mesmo sistema de crédito cooperativo e a existência da garantia fidejussória serão atestadas por meio de declaração no título de extensão da alienação fiduciária.

A extensão da alienação fiduciária de coisa imóvel será averbada no cartório de registro de imóveis competente, por meio da apresentação do título correspondente, ordenada em prioridade das obrigações garantidas, após a primeira, pelo tempo da averbação.

O título de extensão da alienação fiduciária deverá conter:

– o valor principal da nova operação de crédito;

– a taxa de juros e os encargos incidentes;

– o prazo e as condições de reposição do empréstimo ou do crédito do credor fiduciário;

– a cláusula com a previsão de que o inadimplemento e a ausência de purgação da mora de que tratam os arts. 26 e 26-A da Lei n. 9.514/97, em relação a quaisquer das operações de crédito, faculta ao credor fiduciário considerar vencidas antecipadamente as demais operações de crédito garantidas pela mesma alienação fiduciária, hipótese em que será exigível a totalidade da dívida para todos os efeitos legais; e

– os demais requisitos previstos no art. 24 da Lei n. 9.514/97.

A extensão da alienação fiduciária pode ser formalizada por instrumento público ou particular, admitida a apresentação em formato eletrônico. É dispensado o reconhecimento de firma no título de extensão da alienação fiduciária.

A extensão da alienação fiduciária não pode exceder ao prazo final de pagamento e ao valor garantido constantes do título da garantia original.

Celebrada a extensão da alienação fiduciária sobre coisa imóvel, a liquidação antecipada de quaisquer das operações de crédito não obriga o devedor a liquidar antecipadamente as demais operações vinculadas à mesma garantia. Neste caso, permanecerão vigentes as condições e os prazos nelas convencionados. A liquidação de quaisquer das operações de crédito garantidas será averbada na matrícula do imóvel, à vista do termo de quitação específico emitido pelo credor.

Na extensão da alienação fiduciária sobre coisa imóvel, no caso de inadimplemento e de ausência de purgação da mora de que tratam os arts. 26 e 26-A da Lei n. 9.514/97, em relação a quaisquer das operações de crédito garantidas, independentemente de seu valor, o credor fiduciário pode considerar vencidas antecipadamente as demais operações de crédito vinculadas à mesma garantia, hipótese em que será exigível a totalidade da dívida.

Após o vencimento antecipado de todas as operações de crédito, o credor fiduciário deve promover os procedimentos de consolidação da propriedade e de leilão de que tratam os arts. 26, 26-A, 27 e 27-A da Lei n. 9.514/97.

A informação sobre o exercício, pelo credor fiduciário, da faculdade de considerar vencidas todas as operações vinculadas à mesma garantia, deverá constar da intimação (§ 1º do art. 26 da Lei n. 9.514/1997.

A dívida (saldo devedor da operação de alienação fiduciária, na data do leilão, nele incluídos os juros convencionais, as penalidades e os demais encargos contratuais) corresponde à soma dos saldos devedores de todas as operações de crédito vinculadas à mesma garantia.

Na hipótese de quaisquer das operações de crédito vinculadas à mesma garantia qualificarem-se como financiamento para aquisição ou construção de imóvel residencial do devedor, aplica-se à excussão da garantia o disposto no art. 26-A da Lei n. 9.514/97, que trata da consolidação da propriedade em nome do credor fiduciário.

Nos negócios jurídicos em que houver a extensão da alienação fiduciária devem ser observadas as disposições do art. 54 da Lei n. 13.097/15, que trata dos requisitos para o registro na matrícula do imóvel.

23.2 JURISPRUDÊNCIA SELECIONADA

Acesse a jurisprudência em https://www.26notas.com.br/blog/. Clique na lupa e insira o tema de interesse. Ex.: alienação fiduciária.

24
HIPOTECA

Hipoteca deriva do grego antigo, composta pelas palavras hypo (embaixo) e teka (caixa). A hipoteca, originalmente, era algo oculto, ou seja, havia a propriedade em nome de alguém que, no entanto, tinha uma dívida vinculada ao bem, que não era visível.

Pode ser um meio de garantia anterior à Civilização grega, remontando aos egípcios.[1] Recepcionada pelo Direito Romano, que tinha também a fidúcia e o penhor, operava tanto para bens móveis como imóveis.

No direito moderno, com o surgimento dos ofícios registrais, que lhe deram publicidade, superou o instituto da fidúcia, posto que esta é gravosa demais ao adquirente, que vê a propriedade alienada ao credor.

No Brasil, estava institucionalizada e era o principal meio de garantia das operações imobiliárias até que, a partir dos anos 1980, a morosidade da prestação jurisdicional e o surgimento do "direito do devedor", a desacreditaram. Para executar uma hipoteca, obtendo o bem em garantia, os credores eram submetidos ao tempo processual, enquanto o devedor, de posse do bem, pouco tinha a perder, pois ao final do processo talvez nem mesmo viesse a cumprir com o pagamento da dívida.

Junto a isso, talvez a presença oligopolista do Banco Nacional da Habitação (BNH), sucedido pela Caixa Econômica Federal, autarquia estatal que detinha 80% do mercado de crédito hipotecário, tenha contribuído para que a Justiça tenha se sensibilizado pelo devedor em detrimento do Estado, pai de todos. Sem alternativa, o sistema financeiro hipotecário buscou legitimar a alienação fiduciária, introduzindo em nosso país o sistema que funcionava na Roma antiga e hoje atende satisfatoriamente.

A nova Lei de Garantias, feito um médico com o desfibrilador na mão, dá um choque no sistema e busca reviver a hipoteca nas operações imobiliárias. Cria um novo sistema de execução, similar ao da alienação fiduciária, confiando que o Poder Judiciário vai compreender que, enquanto o devedor precisa do capital, o credor precisa da garantia e segurança de que esta vai se operar, em caso de inadimplemento do devedor.

A hipoteca vem disciplinada no art. 1.473 e seguintes do Código Civil. Podem ser objeto de hipoteca: a) os imóveis e os acessórios dos imóveis conjuntamente com eles; b) o domínio direto; c) o domínio útil; d) as estradas de ferro; e) os recursos naturais a que se refere o art. 1.230, independentemente do solo onde se acham; f) os navios; g) as aeronaves; h) o direito de uso especial para fins de moradia; i) o direito real de uso; j) a propriedade superficiária; k) os direitos oriundos da imissão provisória na posse,

---
1. PAGE apud PEREIRA, Caio Mário da Silva. *Instituições de Direito Civil*, V. IV, Direitos Reais. Rio de Janeiro: Gen Forense, 2014, p. 714.

quando concedida à União, aos Estados, ao Distrito Federal, aos Municípios ou às suas entidades delegadas e a respectiva cessão e promessa de cessão.

A hipoteca dos navios e das aeronaves obedecerá à lei especial. Os direitos de garantia quanto ao direito real de uso e da propriedade superficiária limitam-se à duração da concessão ou direito de superfície, se foram transferidos por período determinado.

A hipoteca abrange todas as acessões, melhoramentos ou construções do imóvel. Se houver ônus reais constituídos e registrados antes da hipoteca, eles subsistem sobre o mesmo imóvel, com a preferência.

É nula a cláusula que proíbe ao proprietário alienar o imóvel hipotecado. Mas se pode convencionar que o crédito hipotecário vencerá, se o imóvel for alienado.

O dono do imóvel hipotecado pode constituir outra hipoteca sobre ele, mediante novo título, em favor do mesmo ou de outro credor. O credor da segunda hipoteca, embora vencida esta, não poderá executar o crédito antes de vencida a primeira, salvo o caso de insolvência do devedor..

Não é insolvente o devedor que faltar ao pagamento das obrigações garantidas pelas hipotecas posteriores à primeira.

O inadimplemento da obrigação garantida por hipoteca faculta ao credor declarar vencidas as demais obrigações garantidas pelo mesmo imóvel.

O credor hipotecário que efetuar o pagamento, a qualquer tempo, das dívidas garantidas pelas hipotecas anteriores sub-roga-se nos direitos do credor satisfeito, tendo também os direitos existentes contra o devedor comum. Se o primeiro credor promover a execução da hipoteca, o credor da segunda deverá depositar a importância do débito e as despesas judiciais.

O adquirente do imóvel hipotecado pode se exonerar da hipoteca abandonando o imóvel aos credores, desde que não se tenha obrigado pessoalmente a pagar as dívidas. Para isso, deve notificar o vendedor e os credores hipotecários, concedendo-lhes a posse do imóvel ou o depositando em juízo. Este direito pode ser exercido em até vinte e quatro horas subsequentes à citação, com que se inicia o procedimento executivo. Um dia apenas para embalar os pertences, achar outro canto e mudar-se parece um prazo exíguo, draconiano, difícil de ser exercido, mas que poderá, talvez, ser objeto de negociação.

Se, porventura, o devedor que entregar o imóvel aos credores puder obter o valor devido dentro de trinta dias contados do registro do título aquisitivo, terá o direito de remi-lo, citando os credores hipotecários.[2] Se o preço da aquisição ou o preço proposto pelo devedor não for impugnado pelo credor, ocorre a remissão do imóvel, que ficará livre de hipoteca, vez que foi pago ou depositado o preço.

Se o credor impugnar o preço da aquisição ou a importância oferecida, será realizada uma licitação, efetuando-se a venda judicial a quem oferecer maior preço, assegurada a preferência ao adquirente do imóvel.

---

2. Remição é ato ou efeito de remir: resgatar, quitar, liberar da pena ou dívida.

Se o adquirente[3] deixar de remir o imóvel, estará sujeito a execução, ficando obrigado a ressarcir os credores hipotecários da desvalorização que, por sua culpa, o mesmo vier a sofrer, além das despesas judiciais da execução.

O adquirente tem ação regressiva contra o vendedor que ficar privado do imóvel em consequência de licitação ou penhora, o que pagar a hipoteca, o que, por causa de adjudicação ou licitação, desembolsar com o pagamento da hipoteca importância excedente à da compra e o que suportar de custas e despesas judiciais.

Os contratantes podem fazer constar das escrituras o valor entre si ajustado dos imóveis hipotecados, o qual, devidamente atualizado, será a base para as arrematações, adjudicações e remições, dispensada a avaliação.

As partes podem requerer, mediante simples averbação, prorrogação da hipoteca até 30 (trinta) anos da data do contrato. Perfazendo esse prazo, só poderá subsistir o contrato de hipoteca reconstituindo-se por novo título e novo registro; e, nesse caso, lhe será mantida a precedência, que então lhe competir.

O credor e o devedor podem autorizar a emissão de cédula hipotecária correspondente ao crédito no ato constitutivo da hipoteca, o que será feito, na forma e para os fins previstos em lei especial.

A hipoteca pode ser constituída para garantia de dívida futura ou condicionada, desde que determinado o valor máximo do crédito a ser garantido. Mas a execução da hipoteca dependerá de prévia e expressa concordância do devedor quanto à verificação da condição, ou ao montante da dívida. Havendo divergência entre o credor e o devedor, caberá ao credor fazer a prova de seu crédito. Se este for reconhecido, o devedor responderá também por perdas e danos se houver desvalorização do imóvel.

A requerimento do proprietário, a hipoteca pode ser estendida para garantir novas obrigações em favor do mesmo credor, mantidos o registro e a publicidade originais, mas respeitada, em relação à extensão, a prioridade de direitos contraditórios existentes na matrícula do imóvel.

A extensão da hipoteca não pode exceder ao prazo e ao valor máximo garantido constantes do registro original. A extensão será objeto de averbação subsequente na matrícula do imóvel, assegurada a preferência creditória em favor da: a) obrigação inicial, em relação às obrigações alcançadas pela extensão da hipoteca; b) obrigação mais antiga, considerando-se o tempo da averbação, no caso de mais de uma extensão de hipoteca. Quando houver múltiplos credores garantidos pela mesma hipoteca estendida, somente o credor titular do crédito mais prioritário pode promover a execução judicial ou extrajudicial da garantia, exceto se eles, os credores, convencionarem de modo diverso.

Se o imóvel, dado em garantia hipotecária vier a ser loteado, ou se nele se constituir condomínio edilício, o ônus pode ser dividido, gravando cada lote ou unidade autônoma. se o requererem ao juiz o credor, o devedor ou os donos, obedecida à proporção entre o valor de cada um deles e o crédito.

---

3. E devedor.

O credor poderá se opor ao pedido de desmembramento do ônus provando que o mesmo importa em diminuição de sua garantia.

Salvo convenção em contrário, todas as despesas judiciais ou extrajudiciais necessárias ao desmembramento do ônus correm por conta de quem o requerer.

O desmembramento do ônus não exonera o devedor originário de continuar obrigado pessoalmente pela totalidade, salvo anuência do credor ou convenção entre eles.

24.1 EXECUÇÃO EXTRAJUDICIAL DOS CRÉDITOS GARANTIDOS POR HIPOTECA

Os créditos garantidos por hipoteca podem ser executados extrajudicialmente, conforme art. 9º e seguintes da Lei 14.711/23.

A escritura de hipoteca deve conter expressa previsão do procedimento previsto a seguir:

1) vencida e não paga a dívida hipotecária, no todo ou em parte, o devedor e, se for o caso, o terceiro hipotecante ou seus representantes legais ou procuradores regularmente constituídos serão intimados pessoalmente, a requerimento do credor ou do seu cessionário, pelo oficial do registro de imóveis da situação do imóvel hipotecado, para purgação da mora no prazo de 15 (quinze) dias, observado o disposto no art. 26 da Lei n. 9.514/97[4], no que couber.

2) a não purgação da mora no prazo estabelecido acima autoriza o início do procedimento de excussão extrajudicial da garantia hipotecária por meio de leilão público, e o fato será previamente averbado na matrícula do imóvel, a partir do pedido formulado pelo credor, nos 15 (quinze) dias seguintes ao término do prazo estabelecido para a purgação da mora.

3) no prazo de 60 dias, contado da averbação, o credor deverá promover leilão público do imóvel hipotecado, que poderá ser realizado por meio eletrônico.

4) as datas, os horários e os locais dos leilões deverão ser comunicados ao devedor e, se for o caso, ao terceiro hipotecante por meio de correspondência dirigida aos endereços constantes do contrato ou posteriormente fornecidos, inclusive ao endereço eletrônico.

5) na hipótese de o lance oferecido no primeiro leilão público não ser igual ou superior ao valor do imóvel estabelecido no contrato para fins de excussão, ou ao valor de avaliação realizada pelo órgão público competente (prefeituras e o distrito federal) para cálculo do imposto sobre transmissão inter vivos, o que for maior, o segundo leilão será realizado nos 15 (quinze) dias seguintes.

6) no segundo leilão será aceito o maior lance oferecido, desde que seja igual ou superior ao valor integral da dívida garantida pela hipoteca, das despesas, inclusive emolumentos cartorários, dos prêmios de seguro, dos encargos legais, inclusive tributos, e das contribuições condominiais. Caso não haja lance que

---

4. Lei da alienação fiduciária em garantia.

alcance o valor, pode ser aceito pelo credor hipotecário o lance que corresponda a, pelo menos, metade do valor de avaliação do bem.

7) antes do bem ser alienado em leilão, é assegurado ao devedor ou, se for o caso, ao prestador da garantia hipotecária o direito de remir a execução, mediante o pagamento da totalidade da dívida. O valor será acrescido das despesas relativas ao procedimento de cobrança e leilões, autorizado o oficial de registro de imóveis a receber e a transferir as quantias correspondentes ao credor no prazo de três dias.

8) se o lance para arrematação do imóvel superar o valor da totalidade da dívida, acrescida das despesas, a quantia excedente será entregue ao hipotecante no prazo de 15 dias, contado da data do pagamento do preço da arrematação.

9) na hipótese do lance oferecido no segundo leilão não ser igual ou superior ao valor mínimo estabelecido para arrematação, o credor terá a faculdade de:

a) apropriar-se do imóvel em pagamento da dívida, a qualquer tempo, pelo valor correspondente ao referencial mínimo devidamente atualizado, mediante requerimento ao oficial do registro de imóveis competente. Este, registrará os autos dos leilões negativos com a anotação da transmissão dominial em ato registral único, dispensadas, nessa hipótese, a ata notarial de arrematação e a obrigação da entrega da quantia excedente;

b) realizar, no prazo de até 180 dias, contado do último leilão, a venda direta do imóvel a terceiro, por valor não inferior ao referencial mínimo. Neste caso, o credor hipotecário fica investido de mandato irrevogável para representar o garantidor hipotecário, com poderes para transmitir domínio, direito, posse e ação, manifestar a responsabilidade do alienante pela evicção e imitir o adquirente na posse.

10) nas operações de financiamento para a aquisição ou a construção de imóvel residencial do devedor, excetuadas aquelas compreendidas no sistema de consórcio, se o produto da excussão da garantia hipotecária não for suficiente para quitar a dívida e as demais despesas, o devedor ficará exonerado da responsabilidade pelo saldo remanescente. Neste caso, não ficará obrigado pessoalmente pelo restante.

Concluído o procedimento e havendo lance vencedor, os autos do leilão e o processo de execução extrajudicial da hipoteca serão distribuídos a um tabelião de notas do município para lavrar a ata notarial de arrematação. Esta conterá os dados da intimação do devedor e do garantidor e dos autos do leilão e constituirá título hábil de transmissão da propriedade ao arrematante, que será registrado na matrícula do imóvel.

Aplicam-se à execução hipotecária as regras da alienação fiduciária em garantia. Em especial, quanto à desocupação do imóvel excutido, mesmo se houver locação, e quanto à obrigação do fiduciante em arcar com taxa de ocupação e com as despesas vinculadas ao imóvel, até a desocupação.

Em qualquer hipótese de arrematação, venda privada ou adjudicação, o comprovante de pagamento do imposto sobre transmissão inter vivos ou, se for o caso, do laudêmio, deverá ser previamente apresentado ao registro imobiliário.

Finalmente, a lei excepciona as operações de financiamento da atividade agropecuária, regidas por normas especiais, às quais não se aplica a execução judicial prevista.

25
Pactos Patrimoniais

Os pactos patrimoniais podem ser feitos para o casamento, conforme as previsões legais, ou para a união estável ou para o (controverso) contrato de namoro.

25.1 O PACTO PATRIMONIAL PARA O CASAMENTO

O pacto patrimonial tradicional em nosso ordenamento é o pacto antenupcial, aquele que deve preceder ao casamento, adquirindo eficácia somente se as bodas ocorrerem.

O pacto antenupcial está inserido no Livro do Direito de Família, no título que trata do direito patrimonial do Código Civil. Em vista disso, há notários que defendem a impossibilidade de o pacto patrimonial conter qualquer outra disposição que não seja a eleição de um regime de bens diverso do legal.

De fato, dispõe a lei que é lícito aos nubentes, antes de celebrado o casamento, estipular, quanto aos seus bens, o que lhes aprouver. Entre os notários há consenso, porém, de que o pacto pode e deve regular todo e qualquer direito, aceitando liberalmente as declarações de vontade dos nubentes quanto à sua relação, desde que não violem os princípios matrimoniais e a ordem pública.

Ocorre que a lei prevê o ajuste de regime de bens no pacto antenupcial, mas o princípio da autonomia da vontade permite que os nubentes ajustem sobre a sua relação tudo o mais que não for vedado por lei. Conciliar esta liberdade de ajuste, agregando as disposições no mesmo pacto antenupcial previsto em lei, é ato de lógica instrumental.

25.2 OS REGIMES DE BENS

O regime de bens legal para o casamento no Brasil é o da comunhão parcial de bens, definido no Código Civil, art. 1.658. Há exceção: é obrigatório o regime da separação de bens no casamento das pessoas que o contraírem com inobservância das causas suspensivas da celebração do matrimônio, dos nubentes maiores de 70 anos e daqueles que dependam de suprimento judicial para casar.

Temos ainda, como opcionais aos nubentes, os regimes da comunhão universal de bens, da separação de bens e da participação final nos aquestos.

A forma de adoção do regime legal é a observação feita pelo oficial de registro no próprio assento do casamento. Nos demais casos, é indispensável o pacto antenupcial celebrado por escritura pública, sob pena de nulidade.

Os regimes estão tipificados no Código Civil e apresentam-se em quatro espécies:

a) regime de comunhão parcial (art. 1.658 ao art. 1.666, do CC);

b) regime de comunhão universal (art. 1.667 ao art. 1.671, do CC);

c) regime de participação final nos aquestos (art. 1.672 ao art. 1.686, do CC);

d) regime de separação (convencional) de bens (arts. 1.687 e 1.688, do CC).

Para certas pessoas, a lei impõe o regime da separação (legal) de bens (art. 1.641). São elas: a) pessoas que o contraírem com inobservância das causas suspensivas da celebração do casamento; b) pessoa maior de 70 (setenta) anos; e, c) todos os que dependerem, para casar-se, de suprimento judicial.

Assim, se um dos nubentes tiver 70 anos ou mais, deverão casar-se pelo regime da separação legal de bens.. Esse entendimento aplica-se também às uniões estáveis, em decorrência da jurisprudência do STJ, apesar de a lei ser silente neste caso.

Após o Código Civil de 2002, a doutrina debateu sobre a subsistência da Súmula 377 do STF, que não exigia prova de esforço comum.[1] Uns entendiam que a súmula estaria em pleno vigor; outros, no entanto, entendiam que a súmula decaíra.

As recentes decisões do STJ vêm mantendo a incidência da Súmula 377 do STF, sobre o regime da separação legal de bens, mas têm exigido prova do esforço comum.[2]

Neste sentido, a Segunda Seção do Superior Tribunal de Justiça (STJ), especializada em direito privado, aprovou, em 9 de novembro de 2022, enunciado sumular, com o seguinte teor:

Súmula 655 – Aplica-se à união estável contraída por septuagenário o regime da separação obrigatória[3] de bens, comunicando-se os adquiridos na constância, quando comprovado o esforço comum.

E como ficam as situações consolidadas pela jurisprudência anterior? Nos parece que devem seguir o entendimento da jurisprudência atual, posto que se as partes, eventualmente, litigarem, a decisão do STJ será coerente com esta posição.

Na união estável, entendida como situação fática construída pelo decurso do tempo (nas palavras da lei, relação "contínua e duradoura"), por óbvio, as pessoas não comparecem ao tabelião para declarar que estão começando uma relação que se prolongará no tempo. Elas comparecem após a consolidação do seu afeto, de sua relação, decorrido o termo legal "contínuo e duradouro", por vezes, depois de mais de uma década. As atuais decisões parecem dissociadas da realidade, como se somente o Poder Judiciário pudesse avaliar a continuidade e duração das relações, desprovendo, assim, as pessoas da administração de seus interesses privados na via extrajudicial.

Para nós, com a vigência do novo Código Civil, a Súmula 377 não mais incide sobre o regime da separação legal de bens, pois nos parece que o art. 259 do Código Civil anterior não foi recepcionado pelo atual, desaparecendo a incidência de seu comando no novo regramento civil. Nesta linha, a redação da nova Súmula 655 do STJ.

---

1. STF, Súmula 377: No regime de separação legal de bens, comunicam-se os adquiridos na constância do casamento.
2. STJ, Resp. n. 1.845.416-MS.
3. Leia-se separação legal de bens.

O STF, por unanimidade, apreciando o tema 1.236[4] da repercussão geral, negou provimento ao recurso extraordinário, nos termos do voto do Relator, Ministro Luís Roberto Barroso (Presidente). Em seguida, foi fixada a seguinte tese:

"Nos casamentos e uniões estáveis envolvendo pessoa maior de 70 anos, o regime de separação de bens previsto no art. 1.641, II, do Código Civil, pode ser afastado por expressa manifestação de vontade das partes, mediante escritura pública".

Assim, as partes, podem afastar o regime da separação legal por:

a) por escritura pública de pacto antenupcial ou por meio do procedimento legal de alteração de regime de bens (art. 1.639, § 2º, CC; art. 734 do CPC);

b) por escritura pública de reconhecimento ou alteração de união estável.

No regime da separação legal de bens, segue vigente a Súmula STF 377.

No tocante aos regimes:

O regime de comunhão parcial está disciplinado nos arts. 1.658 a 1.666 do Código Civil. O CC dispõe que estão excluídos da comunhão (art. 1.659, CC) os seguintes bens: a) os bens que cada cônjuge possuir ao casar, e os que lhe sobrevierem, na constância do casamento, por doação ou sucessão, e os sub-rogados em seu lugar; b) os bens adquiridos com valores exclusivamente pertencentes a um dos cônjuges em sub-rogação dos bens particulares; c) as obrigações anteriores ao casamento; d) as obrigações provenientes de atos ilícitos, salvo reversão em proveito do casal; e) os bens de uso pessoal, os livros e instrumentos de profissão; f) os proventos do trabalho pessoal de cada cônjuge; g) as pensões, meios-soldos, montepios e outras rendas semelhantes.

São incomunicáveis os bens cuja aquisição tenha por título uma causa anterior ao casamento (art. 1.661, CC). Ou seja, são bens particulares que devido a alguma circunstância veio a integrar o patrimônio do casal após a celebração do casamento. A aquisição foi diferida por força de condição ou termo. Casos comuns são os compromissos de compra e venda assinados antes do casamento e a outorga da escritura definitiva se deu durante o casamento.

Importante que o notário esteja atento e perquira sobre a forma de aquisição do bem, para que não gere dúvidas futuras sobre o título notarial, bem como não haja enriquecimento sem causa por parte do outro cônjuge.

Outro ponto importante é a sub-rogação, uma substituição: os bens particulares que cada cônjuge possuía antes do casamento podem ser substituídos por outros em seu lugar sem que haja confusão ou comunicação patrimonial. A sub-rogação serve para preservar a harmonia conjugal e a equação patrimonial originária.

Contudo, se o outro cônjuge contribui para a aquisição do bem sub-rogado, parece-nos que este acréscimo à sub-rogação deverá ser partilhado pelos dois (art. 884, CC). O notário e seus prepostos devem esclarecer com as partes se o produto da aquisição (ou parte dele) é advindo de sub-rogação ou não. Isso porque as partes, na sua maioria, são leigas e não têm conhecimento suficiente para preservarem os seus direitos da confusão

---

4. STF, ARE 1.309.642/SP, Pleno, Rel. Min. Luís Roberto Barroso, j. 1º/02/2024.

patrimonial. Esclarecida esta circunstância, o notário fará constar na escritura pública o assessoramento notarial prestado, evitando uma eventual retificação (reti-rati) desnecessária do ato notarial.

Por outro lado, o CC enuncia que se comunicam os seguintes bens: a) os bens adquiridos na constância do casamento por título oneroso, ainda que só em nome de um dos cônjuges; b) os bens adquiridos por fato eventual, com ou sem o concurso de trabalho ou despesa anterior; c) os bens adquiridos por doação, herança ou legado, em favor de ambos os cônjuges; d) as benfeitorias em bens particulares de cada cônjuge; e) os frutos dos bens comuns, ou dos particulares de cada cônjuge, percebidos na constância do casamento, ou pendentes ao tempo de cessar a comunhão.

Aspecto não menos importante são as doações: se feitas ao cônjuge ou ao casal. Esta circunstância também deve ser esclarecida com o doador.

Às vezes o doador deseja contemplar apenas um dos cônjuges e se a redação notarial for confusa ou dúbia, o outro cônjuge poderá ser contemplado, não atendendo a vontade do doador, podendo o ato ser anulado.

Lembre-se: para a incidência do inciso (art. 1.660, III) exige-se cláusula de comunicabilidade!

No regime de comunhão parcial, presumem-se adquiridos na constância do casamento os bens móveis, quando não se provar que o foram em data anterior (art. 1.662, CC). Neste caso o pacto antenupcial poderá ser de grande valia para fixar a data e os bens móveis adquiridos por cada cônjuge.

As dívidas contraídas no exercício da administração obrigam os bens comuns e particulares do cônjuge que os administra, e os do outro na razão do proveito que houver auferido (art. 1.663, § 1º, CC).

A anuência de ambos os cônjuges é necessária para os atos, a título gratuito, que impliquem cessão do uso ou gozo dos bens comuns (art. 1.663, § 2º, CC).

Em caso de malversação (má gerência ou dilapidação) dos bens, o juiz poderá atribuir a administração a apenas um dos cônjuges (art. 1.663, § 3º, CC).

Os bens da comunhão respondem pelas obrigações contraídas pelo marido ou pela mulher para atender aos encargos da família, às despesas de administração e às decorrentes de imposição legal (art. 1.664, CC). Ambos os cônjuges respondem com o patrimônio comum.

As dívidas, contraídas por qualquer dos cônjuges na administração de seus bens particulares e em benefício destes, não obrigam os bens comuns (art. 1.666, CC).

O regime de comunhão universal é disciplinado nos arts. 1.667 a 1.671, e importa a comunicação de todos os bens presentes e futuros dos cônjuges e suas dívidas passivas.

Enquanto durar a sociedade conjugal, a propriedade e a posse dos bens são comuns.

Somente excluem-se da comunhão: a) os bens doados ou herdados com a cláusula de incomunicabilidade e os sub-rogados em seu lugar; b) os bens gravados de fideicomisso e o direito do herdeiro fideicomissário, antes de realizada a condição suspensiva; c) as dívidas anteriores ao casamento, salvo se provierem de despesas com seus aprestos, ou reverterem em proveito comum; d) as doações antenupciais feitas por um dos cônjuges ao outro com a cláusula de incomunicabilidade; e) Os bens referidos nos incisos V a VII do art. 1.659.

Queremos abordar um ponto rapidamente. A sub-rogação no regime da comunhão universal de bens. Os bens advindos de doação ou de herança, com a cláusula de incomunicabilidade, poderão ser objeto de sub-rogação, pois o bem doado não se comunicará com o outro cônjuge.

Vale lembrar que a cláusula de inalienabilidade, nas doações ou nos testamentos, importa em impenhorabilidade e incomunicabilidade (art. 1.911, CC e Súmula 49 do STF).

Aplicam-se também às doações antenupciais feitas por um dos cônjuges ao outro.

Nestes casos o notário também deve ficar atento e esclarecer essa situação no ato notarial.

O regime de participação final nos aquestos (= nos bens adquiridos onerosamente na constância do casamento) está regulado nos arts. 1.672 a 1.686 do CC e prevê que cada cônjuge possui patrimônio próprio, conforme dispõe o art. 1.673 do CC, e que caberá a época da dissolução da sociedade conjugal ao cônjuge direito à metade dos bens adquiridos pelos dois, a título oneroso, na constância do casamento, exceto a herança e as doações por liberalidade.[5]

São bens próprios de cada cônjuge, aqueles anteriores ao casamento e os adquiridos na constância do casamento quando assim mencionados no título aquisitivo.

Os bens móveis podem livremente ser alienados pelo cônjuge titular sem a anuência do outro.

Quanto aos bens imóveis, serão de propriedade do cônjuge cujo nome estiver inscrito no Registro Imobiliário, salvo prova em contrário (art. 1.681, CC). Desejando alienar ou gravar de ônus reais, o cônjuge titular dos bens deverá ter a anuência do outro cônjuge.

Contudo, se no pacto antenupcial estiver convencionado a livre disposição dos bens imóveis, desde que particulares, não haverá necessidade de vênia conjugal (art. 1.656, CC).

No caso de bens adquiridos pelo trabalho conjunto, terá cada um dos cônjuges uma quota igual no condomínio ou no crédito por aquele modo estabelecido (art. 1.679, CC).

25.3 OS PACTOS ANTENUPCIAIS

Todas as pessoas capazes e ainda os maiores de 16 anos autorizados por seus representantes legais têm capacidade ativa para celebrar o pacto antenupcial. O juiz pode suprir a negativa dos representantes, autorizando o casamento e, portanto, também o pacto antenupcial.

---

5. Regime raramente adotado pelos nubentes.

Por óbvio, não podem pactuar regime de bens diverso as pessoas às quais a lei obriga determinado regime, como é o caso dos maiores de 70 anos de idade. Porém, é importante destacar que estas pessoas poderão realizar pacto para especificar certos direitos e deveres do regime da separação legal, desde que não infrinjam a lei, inclusive para afastar a incidência da súmula 377 do STF, podendo estabelecer pacto antenupcial mais restritivo[6].

É possível que as partes sejam representadas por procurador, que pode ser o mesmo para os dois, pois os interesses são convergentes. O instrumento deve especificar com clareza as disposições do pacto e, quando for um apenas para os dois nubentes, deve distinguir a vontade de cada um, ainda que sejam idênticas.

A procuração, em tese, não tem prazo. É prudente que o procurador não se prolongue ao formalizar o pacto, pois há normas administrativas notariais, emanadas das Corregedorias-gerais de Justiça, impondo aos tabeliães que exijam certidões atualizadas com prazo máximo de 90 dias.

O objeto do pacto antenupcial é a definição do regime de bens entre os cônjuges. Os nubentes, fundados no princípio da autonomia da vontade, podem ampliar o objeto do pacto para toda e qualquer disposição a respeito de sua vida afetiva e conjugal.

É puro o pacto antenupcial que simplesmente elege o regime de bens diverso do legal. É misto o pacto antenupcial que conjuga caracteres de vários regimes de bens ou um só, mas com disposições especiais e exclusivas. Entretanto, não se pode buscar o melhor de cada regime, desvirtuando certas normas de ordem pública. As partes podem eleger normas de um regime e acrescentar disposições que atendam à sua particular situação, aos seus interesses, almejando a harmonia do casal, sem contrariedade às disposições entre os regimes.

Nos dois tipos de pacto, puro ou misto, é indispensável indicar o local do primeiro domicílio conjugal, pois é na respectiva circunscrição registral que deve ser feito o registro do ato notarial.

É possível e frequente que os nubentes queiram fazer um pacto antenupcial no regime legal do casamento, o da comunhão parcial de bens, alterando, moderando, excluindo bens ou direitos, ou elegendo prazos ou condições para que bens particulares sejam comuns ou, ainda, prevendo que certos bens que seriam comuns sejam excluídos da comunhão.

A natureza da escritura é constitutiva *inter partes*, mas condicionada à realização do casamento. O registro produz a presunção de conhecimento *erga omnes*.

O registro é requisito para a eficácia perante terceiros e é feito no Livro n. 3 do cartório imobiliário do domicílio conjugal, sem prejuízo de sua averbação obrigatória no lugar da situação dos imóveis de propriedade do casal, ou dos que forem sendo adquiridos e sujeitos a regime de bens diverso do comum, com a declaração das respectivas cláusulas, para ciência de terceiros.

---

6. REsp 1922347-PR, Rel. Min. Luis Felipe Salomão, DJ 01/02/2022.

Os pactos antenupciais mistos são aceitos pela doutrina, mas têm alguma reserva entre os tabeliães em vista das disposições textuais do novo Código.

As partes podem dispor como "lhes aprouver", parafraseando o texto do art. 1.639 do Código Civil. Em termos de regimes, podem optar por moderações, como, por exemplo, informar que os bens adquiridos por ato oneroso em nome de ambos após o casamento celebrado no regime da separação de bens se comunicam. Em outro exemplo, podem definir a dispensa da vênia conjugal para a alienação de certos bens ou na participação final nos aquestos, em relação aos bens particulares.

A mais importante hipótese sobre a qual devem dispor os nubentes, mesmo nos pactos puros, é quando, no regime da comunhão parcial, algum deles tenha adquirido bem, móvel ou imóvel, com pagamento diferido no tempo desde antes do casamento e prolongando-se após o casamento. É necessário definir se a partir do casamento as parcelas serão suportadas por ambos os cônjuges e se, neste caso, o bem será em comum dos dois (e sobre que proporção) ou se as parcelas continuarão a ser pagas apenas pelo adquirente que, neste caso, será o exclusivo proprietário, e o bem será considerado como particular.

Dentre as regras mais frequentes sobre as quais podem dispor os nubentes, citamos a mitigação, ampliação ou renúncia, ou a imposição de limitação temporal ou condição para os direitos previstos no Código Civil, arts. 1.642 a 1.647. É importante ressaltar que, além do registro previsto na lei de registros públicos, em virtude do princípio da boa-fé, os terceiros com quem o casal ou cada um dos cônjuges contratar devem ser esclarecidos por eles sobre as peculiaridades de seu regime de bens, sob pena de anulação dos atos.

Questão tormentosa é definir quais são as disposições absolutas da lei, pois a norma reputa nulo o ato que as contrariem (Código Civil, art. 1.655). Entendemos que o interesse individual e a autonomia da vontade limitem a proteção e ingerência estatal somente aos casos em que haja litígio. Cremos possível, portanto, que as partes planejem e estruturem a sua relação matrimonial e familiar com ampla liberdade. Neste sentido, podem definir, por exemplo, que o marido cuidará apenas da educação dos filhos, enquanto a esposa proverá recursos para a manutenção da família, ou que o poder familiar será exercido exclusivamente por um dos cônjuges, enquanto o outro estiver afastado por motivos profissionais.

Não entendemos possível a renúncia aos poderes e direitos que tem disciplina fixada na lei. Contudo, o direito de exercício, a possibilidade dos nubentes ou cônjuges construírem o seu relacionamento sobre as condições subjetivas e fáticas pessoais nos parecem passíveis de acordo.

Também controversa é a possibilidade de os nubentes renunciarem à comunhão plena de vida prevista no art. 1.511. As relações afetivas e familiares são dinâmicas, a moral se encontra em mutação constante. Pessoalmente, conhecemos mais de um casal – casado civilmente – que não vive no mesmo endereço. Há quem entenda que somente a convivência sob o mesmo teto caracteriza a comunhão plena de vida.

Para alguns casais, contudo, o acordo matrimonial ideal envolve casas separadas. Tal decisão não afeta terceiros. Os filhos, pode-se dizer, terão uma educação peculiar, mas quem pode afirmar categoricamente que tal decisão os prejudica?

Também tormentoso é permitir que os nubentes tratem dos deveres recíprocos previstos no arts. 1.566 e 1.567. Será possível aos nubentes disporem sobre a fidelidade recíproca, a vida em comum, a mútua assistência, o sustento, a guarda e a educação dos filhos, a direção da sociedade conjugal e como se dá o respeito e consideração mutuamente devidos?

Se estas questões estiverem na sua prova de **concurso**, seja cauteloso, preferindo a resposta conservadora: de que os deveres recíprocos são disposições absolutas de lei, sem possibilidade de alteração pelos nubentes.

O direito de empresa tem também reflexos nos pactos patrimoniais. Os cônjuges somente podem contratar sociedade entre si ou com terceiros se casados nos regimes da comunhão parcial de bens, da separação de bens livremente pactuada ou de participação final nos aquestos. Os regimes da separação legal e da comunhão de bens não permitem sociedade entre si, ou de ambos com terceiros. A lei deseja evitar a fraude ao regime de bens, pois ações empresariais permitiriam aos cônjuges procederem a ajustes patrimoniais de seu exclusivo interesse e, pensa a lei, prejudicial a terceiros.

O empresário casado, qualquer que seja o regime de bens, pode alienar os bens da empresa sem necessidade da autorização conjugal. Importante notar, porém, que o empresário individual deve previamente afetar os bens ao acervo empresarial, e no ato de afetação, sim, é necessária a outorga conjugal. Se não ocorrer na afetação, a outorga pode ser suprida no momento da venda ou oneração.

É possível que o pacto antenupcial disponha também sobre as promessas de doação feitas por um cônjuge ao outro em contemplação do casamento. As doações antenupciais não importam em adiantamento da legítima. As doações feitas após o casamento, sim, constituem adiantamento da legítima. Se o pacto contemplar apenas a promessa e a doação se efetivar após o casamento, haverá adiantamento da legítima.

Ressalvamos, afinal, que a definição da legalidade do objeto dos pactos patrimoniais, quando avança sobre os direitos e deveres na sociedade conjugal, é altamente controversa e deve ser tratada, no **concurso**, com conservadorismo.

Quanto ao prazo, a regra é que a eleição do pacto seja feita por prazo indeterminado, mas é possível que se faça por prazo determinado, já prevendo a mutação para outro regime há certo tempo. Neste caso, é necessária a homologação judicial, como previsto no Código Civil, art. 1.639, § 2º.

Se não ocorrer o casamento, o pacto antenupcial não adquire eficácia. As partes podem, até o casamento, alterar ou revogar o pacto anteriormente firmado por nova escritura pública.

Cremos possível também a denúncia unilateral, sob o fundamento do rompimento dos propósitos matrimoniais, o que deve ser realizado por escritura pública. É cautela notificar o ex-nubente sobre a denúncia feita.

25.4 ALTERAÇÃO DO REGIME DE BENS

O Código Civil de 2002 inovou ao permitir aos cônjuges a alteração do regime de bens após o casamento. Aos interessados, exige-se: pedido motivado de ambos os cônjuges, ressalva dos direitos de terceiros e apuração da procedência das razões invocadas, tudo culminando com a autorização judicial.

O Código de Processo Civil de 2015 regula a alteração do regime de bens. O art. 734 informa que a alteração poderá ser requerida por ambos os cônjuges, motivadamente, expondo as razões que justificam a mudança, ressalvados os direitos de terceiros.

A lei não prevê forma para tal ato. Entendemos, pois, que a forma é livre, podendo ser feita por termo nos autos, na escritura pública ou no contrato particular, estes dois últimos, homologados pelo juiz.

As razões ensejadoras do pedido de alteração do regime de bens são de interesse exclusivo e particular dos cônjuges que as submeterão à discrição judicial. Talvez tenhamos que aguardar anos até que haja uma construção jurisprudencial sobre o assunto. Pode haver, por exemplo, interesse de um casal, casado sob o regime da comunhão de bens, em contrair sociedade entre si. Como o juiz pode apurar a procedência destas razões? Haveria homologação?

É importante notar que, na mudança do regime de bens, os cônjuges têm ampla liberdade para construírem regimes mistos, adotando caracteres oriundos de diversos regimes de bens, desde que sejam coerentes, ou dispondo sobre o que lhes aprouver.

Decorridos mais de quinze anos de vigência do Código Civil de 2002, apenas duas vezes elaboramos escrituras de alteração do regime de bens. A primeira vez, em decorrência de pedido do advogado das partes. Lavrada a escritura, foi homologada pelo juiz.

Na segunda escritura, ao contrário, o juiz determinou a um casal que propôs a ação tendente à mudança que previamente fizesse a escritura pública para posterior deliberação e homologação judicial.

A qualificação notarial foi a prevista pela Lei n. 7.433/85 com a apresentação de certidões imobiliárias, certidões de feitos ajuizados, certidões fiscais, e acrescida da apresentação facultativa das certidões de protesto do domicílio dos cônjuges.

A alteração do regime de bens é averbada na certidão de casamento dos cônjuges. A lógica registral impõe também a alteração junto ao registro imobiliário, em razão das repercussões patrimoniais, como previsto nos arts. 244 e 245 da Lei nº 6.015/73, no domicílio dos cônjuges e nos ofícios imobiliários onde tenham bens ou direitos reais.

25.4.1 Os pactos patrimoniais nas relações afetivas não matrimoniais

Trataremos a seguir dos pactos patrimoniais decorrentes da união estável e do namoro, verificando também as particularidades das relações afetivas homossexuais.

A união estável, como o casamento, é regulada por lei, geral e especial, com seus caracteres de ordem pública bem definidos. Quem não quer o regime da união estável e vive relação afetiva está compelido, para evitar o tratamento legal da união estável, a realizar um contrato de namoro, conforme a sua vontade.

Esta distinção é incipiente e novidade na seara familiar. É prudente que o candidato a **concurso** seja conservador, limitando-se ao trato da união estável.

25.5 UNIÃO ESTÁVEL

A união estável decorre da disciplina legal presente no Código Civil, arts. 1.723 e seguintes, complementada por lei especial, a Lei n. 9.278/96, e encontra também abrigo constitucional (art. 226, § 3º).

O Conselho Nacional de Justiça (CNJ), por meio do Provimento n. 37/2014 (integrado ao Código de Normas Nacional), autoriza o registro de união estável no Registro Civil das Pessoas Naturais.

Tem o nosso direito um fetiche pelo litígio judicial. Em detrimento da livre determinação contratualista, a lei assume presunções a respeito dos fatos e da vontade das partes, e a doutrina, ao caracterizar a união estável como uma situação fática, entende existente a relação apenas quando se verifica como tal e somente daí pode merecer o contrato ou a declaração judicial.

A família é a base da sociedade e, por isso, tem especial proteção do Estado. O Estado reconhece e protege a união estável entre o homem e a mulher como entidade familiar. Logo, à sociedade e ao Estado deve interessar que a união estável não seja apenas uma situação fática, e sim também um contrato, uma opção de pacto afetivo, além do casamento. Assim teremos segurança jurídica e prevenção de litígios.

Os caracteres fáticos da união estável são: 1) união entre um homem e uma mulher; 2) convivência pública contínua e duradoura; 3) fito de constituir família.

O objeto do contrato é a declaração de sua existência e de seus caracteres, bem como seus reflexos familiares, patrimoniais e sucessórios.

A lei trata a união estável com princípios semelhantes ao casamento. Repito de outra forma para bem distinguir: são semelhantes, portanto, diferentes.

Os companheiros não têm o dever de fidelidade, mas, sim, o de lealdade. Se você consultar um dicionário, vai concluir que as duas expressões são sinônimas.

Os companheiros têm também os deveres de respeito e assistência, e de guarda, sustento e educação dos filhos.

Comparando os dispositivos sobre a união estável com os caracteres do casamento, conclui-se que: 1) a união estável não implica comunhão plena de vida; 2) o casamento implica direção conjunta, já a união estável possibilita a estipulação contrária; 3) o casamento implica igualdade de direitos e deveres dos cônjuges, exigência que não é feita para a união estável; 4) o casamento prevê vida em comum, a união estável, não; 5) o casamento, como a união estável, exige mútua assistência moral e material, sustento, guarda e educação dos filhos.

O regime de bens, quando os companheiros não dispuserem a respeito em contrato (para o qual se exige a forma escrita), será o da comunhão parcial de bens. Os bens móveis e imóveis adquiridos por um ou por ambos os conviventes, na constância da união estável e a título oneroso, são considerados fruto do trabalho e da colaboração comum, passando a pertencer a ambos (Lei 9.278/96, art. 5º).

Para os companheiros maiores de 70 anos, impõe-se o regime da separação legal de bens. Contudo, se o início da união se deu antes do implemento dos 70 anos, é lícito aos companheiros a escolha de regime diverso, ressalvadas situações absolutamente excepcionais, em que o uso da união estável como meio de fraudar terceiros esteja às escâncaras[7].

É importante salientar que no Resp. n. 1.845.416-MS, o STJ decidiu não ser possível a retroatividade do regime de bens na união estável. Assim, se as partes iniciaram a união em 1980 e fazem a escritura de união estável elegendo regime de bens diverso do legal, os efeitos deste regime não retroagirão. Trata-se de um caso isolado, mas que pode indicar a orientação do STJ para casos semelhantes no futuro.

Outro importante precedente do STJ dispôs sobre a possibilidade dos companheiros afastarem a incidência da Súmula 377 do STF, quando um deles tenha mais de 70 anos e, portanto, sujeitos ao regime legal da separação legal de bens.[8] No Recurso Especial julgado, a 4ª Turma entendeu válida a escritura de pacto antenupcial que impedia a comunhão de aquestos, informando que a companheira não seria herdeira nem teria meação. Ademais, afastou-a da inventariança dos bens do companheiro falecido.[9]

O julgado diz respeito à união estável, mas parece-nos que o entendimento é aplicável também aos nubentes que contrairão matrimônio.

Somente têm capacidade ativa para contratar a união estável as pessoas capazes e sem os impedimentos matrimoniais. Quem tem impedimento matrimonial está condenado ao concubinato.

Há tempos, o bom senso nos obrigou a desprezar tal regra lavrando a seguinte escritura pública.

Procurou-nos uma senhora casada, cujo marido desaparecera há 27 anos, deixando-a com os dois filhos para criar. Ela construiu uma relação estável com o seu companheiro, este solteiro, e vivia com ele há 26 anos sob o mesmo teto, como se casados fossem. Eles tinham, neste período, conquistado um patrimônio expressivo, graças justamente ao apoio mútuo e recíproco, conjugal e familiar. Perguntamos: estas pessoas podem ou não contratar a união estável? Ao Estado e à sociedade interessa que uma relação tão pública e duradoura, com tantos reflexos familiares, patrimoniais e sucessórios, permaneça na informalidade?

---
7. Nesse sentido: Processo nº 1000633-29.2016.8.26.0100 – Parecer 220/2016-E, Corregedoria Geral da Justiça do Estado de São Paulo.
8. STF, Súmula 377: No regime de separação legal de bens, comunicam-se os adquiridos na constância do casamento.
9. Recurso Especial n. 1.922.347 – PR (2021/0040322-7), Relator Ministro Luis Felipe Salomão.

Entendemos que a informalidade não lhes convinha, também não à sociedade e muito menos ao Estado, e lavramos a escritura de união estável[10].

As partes podem fazer-se representar por procuração, mesmo por um só mandatário, para realizar a escritura. A procuração deverá informar com precisão o nome dos companheiros e o regime de bens que adotam, com eventuais particularidades.

Em regra, não são necessárias testemunhas. Impõe-se respeito ao princípio da boa-fé, dando crédito ao que declaram as pessoas.

É prudente e aceitável a presença de testemunhas quando se queira agregar força probante a certos aspectos da relação, como o tempo de convivência, a vida sob o mesmo teto etc. Quando as partes declararem no pacto ou na escritura de união estável data anterior ao da celebração, as testemunhas, ou outras provas documentais, podem agregar certeza quanto ao termo de início da relação.

Para a concessão de visto temporário ou permanente, ou para autorização de permanência, ao companheiro ou companheira, em união estável, sem distinção de sexo, é conveniente que a escritura tenha ao menos duas testemunhas. Assim estarão preenchidos os requisitos fixados pelo Conselho Nacional de Imigração.

É prudente ainda o comparecimento de testemunhas, que atestem as situações fáticas relatadas pelas partes, porquanto há planos de previdência privada complementar que têm regras peculiares. Assim, para a atribuição de benefícios previdenciários, pode ser necessária a presença de testemunhas.

O contrato de união estável deve contemplar os seguintes aspectos:

1. declaração das partes de que reconhecem na sua relação afetiva uma união estável, que têm convivência pública contínua e duradoura como companheiros e que desejam constituir uma família;
2. data do início da relação: quanto mais precisa, melhor;
3. declaração das partes que reconhecem para a sua relação os direitos e deveres inscritos no art. 1.724 do Código Civil e no art. 2º da Lei n. 9.278/96. Alternativamente, as partes podem moderar ou fixar disposições complementares a respeito, mas nunca, segundo pensamos, renunciar a eles;
4. a existência de filhos exclusivos anteriores à relação e de filhos comuns dos companheiros;
5. a escolha do regime de bens, de modo puro, dentre os legalmente fixados, ou híbrido, contemplando um regime especial patrimonial;
6. o endereço residencial dos companheiros;
7. a declaração da existência de bens particulares anteriores à relação e sua descrição sumária;
8. a declaração da existência e descrição de bens adquiridos por ambos os companheiros, em esforço comum;

---

10. Art. 1.723, § 1º, do Código Civil.

9. a declaração de serem mutuamente dependentes economicamente para estarem aptos aos planos previdenciários público e privado.

O contrato pode contemplar ademais:

10. a possibilidade de cada companheiro ser, em relação ao outro, responsável por providências em tratamento de saúde, inclusive para a decisão de desligar equipamentos que mantêm artificialmente a vida e doar órgãos. Também a indicação do companheiro como a pessoa de confiança para manter-se no hospital, ao seu lado, em caso de perda da consciência e impossibilidade de manifestar a própria vontade;

11. uma cláusula-mandato recíproca para os atos da vida civil, cujo termo inicial é a data da perda da consciência do companheiro;

12. o contrato de gestão patrimonial recíproco, se os companheiros administram bens próprios, ou são empresários, cujo termo inicial é a data da perda da consciência do companheiro.

É possível, na escritura pública de união estável, o acréscimo do sobrenome do companheiro ao da companheira, possibilitando, dessa forma, a adoção do sobrenome comum[11].

De resto, os companheiros têm as mesmas, ou até mais, possibilidades de contemplarem as peculiaridades de sua relação e vontade do que as pessoas que se casam. A lei é mais liberal com a união estável. A construção doutrinária e jurisprudencial deve, com o tempo, definir os limites dos pactos patrimoniais dos companheiros.

É controversa a possibilidade de os companheiros dispensarem, mitigarem ou ampliarem o direito a alimentos e o direito real de habitação inscrito na lei especial, art. 7º. Entendemos possível, mas em **concursos** a melhor alternativa de resposta é o conservador "não".

Os companheiros devem adotar cautelas na contratação de bens imóveis, vez que a disciplina imposta pela lei de registros públicos pode impor-lhes problemas de difícil solução. Assim, recomenda-se a presença dos dois companheiros em todos os atos de compra, alienação ou oneração de bens imóveis, podendo um representar o outro por meio de procuração, se necessário.

O contrato de união afetiva deve ser escrito, formalizado por instrumento particular ou por escritura pública. Já descrevemos as características da escritura pública e não é necessário reprisá-las. Lembramos que a força probante do instrumento notarial pode permitir melhor eficácia ao ato perante terceiros, bem como facilitar a prova em caso de litígio entre os companheiros.

O art. 734 do novo Código de Processo Civil não trata da alteração de regime de bens na união estável. A lei não exige a autorização judicial, por ser contrato[12], mas pa-

---
11. Neste sentido, o Provimento CG n. 15/2015, Corregedoria-Geral da Justiça do Estado de São Paulo.
12. Art. 1.725 do Código Civil.

rece-nos que sua alteração deve obedecer às mesmas regras[13-14] do casamento. Tal deve ser o entendimento, pois o Superior Tribunal de Justiça vem aplicando à união estável os mesmos caracteres do casamento (são exemplos: regime de bens para as pessoas com idade superior a 70 anos, outorga marital etc.).

Para a extinção consensual de união estável, o novo Código de Processo Civil impôs algumas regras. Não pode haver nascituro ou filhos incapazes fruto da relação, e devem ser aplicadas as disposições do art. 731, no que couber.

A escritura não depende de homologação judicial e constitui título hábil para qualquer ato de registro, bem como para levantamento de importância depositada em instituições financeiras.

O tabelião somente lavrará a escritura se os interessados estiverem assistidos por advogado ou por defensor público, cuja qualificação e assinatura constarão do ato notarial.

As Normas da Corregedoria de São Paulo (Processo n. 2012/162147 da CGJ) admitem o registro das escrituras públicas de contrato e extinção envolvendo união estável, no Livro "E", pelo Oficial do Registro Civil das Pessoas Naturais da Sede, ou, onde houver, no 1º Subdistrito da Comarca em que os companheiros têm ou tiveram seu último domicílio.

Em São Paulo a conversão da união estável não leva em conta a data de início da união constante em contrato escrito ou não[15], exceto se a união for reconhecida judicialmente[16]. Esse posicionamento, parece-nos, desprestigia a autonomia da vontade em seara que ela poderia ser privilegiada. As partes são maiores e capazes e é lícito que estabeleçam a data da união, ressalvados os direitos de terceiros.

25.5.1 Jurisprudência selecionada

Acesse a jurisprudência em https://www.26notas.com.br/blog/. Clique na lupa e insira o tema de interesse. Ex.: união estável registro.

25.6 O CONTRATO DE NAMORO

O contrato de namoro, novidade oriunda da necessidade e vontade de fugir dos efeitos da união estável, é controverso na doutrina.

Alguns o consideram um nada jurídico, porque lhe faltaria validade jurídica. Por visar o afastamento de um fato jurídico que seria inafastável, a configuração da união estável não teria validade. Há quem sustente até mesmo a ilegalidade do contrato, pois teria por objetivo fraudar lei imperativa, aparte ter objeto indeterminável.

Outros veem no contrato de namoro apenas a confluência de declarações, não bastante para criar um contrato, pois o ajuste de namoro não criaria, modificaria ou

---

13. Art. 473 do Código Civil.
14. Assim já decidiu o juízo da 2ª Vara da Família e Sucessões. Proc. n. 0009766-05.2013.8.26.0008.
15. Neste sentido, Proc. n. 0018995-04-2013, 2ª Vara de Registros Públicos.
16. Neste sentido, Apelação n. 0046326-29.2011.8.26.0100, Conselho Superior da Magistratura.

extinguiria direitos e obrigações. Segundo esta posição, as declarações de duas pessoas sobre o seu namoro não teriam o condão de afastar os efeitos da união estável.

Entendemos que o contrato de namoro é negócio jurídico válido quando celebrado por pessoas capazes. O objeto é regular a relação afetiva. As partes interessadas no contrato de namoro não têm por objetivo fraudar lei imperativa, no caso as disposições sobre a união estável. Elas claramente desejam simplesmente afastar a incidência dos efeitos previstos por esta lei. Lembramos, finalmente, que a lei permite às partes estipular contratos atípicos, observadas as normas gerais fixadas no Código Civil.

Em recente decisão, o Superior Tribunal de Justiça, Resp 1.454.643-RJ, Rel. Min. Marco Aurélio Bellizze (*DJe* 9-3-2015), delineou a distinção entre **entidade familiar** e **namoro qualificado**:

> "2. Não se denota, a partir dos fundamentos adotados, ao final, pelo Tribunal de origem (por ocasião do julgamento dos embargos infringentes), qualquer elemento que evidencie, no período anterior ao casamento, a constituição de uma família, na acepção jurídica da palavra, em que há, necessariamente, o compartilhamento de vidas e de esforços, com integral e irrestrito apoio moral e material entre os conviventes. A só projeção da formação de uma família, os relatos das expectativas da vida no exterior com o namorado, a coabitação, ocasionada, ressalta-se, pela contingência e interesses particulares de cada qual, tal como esboçado pelas instâncias ordinárias, afiguram-se insuficientes à verificação da *affectio maritalis* e, por conseguinte, da configuração da união estável. 2.1. O propósito de constituir família, alçado pela lei de regência como requisito essencial à constituição da união estável – a distinguir, inclusive, esta entidade familiar do denominado "namoro qualificado" –, não consubstancia mera proclamação, para o futuro, da intenção de constituir uma família. É mais abrangente. Esta deve se afigurar presente durante toda a convivência, a partir do efetivo compartilhamento de vidas, com irrestrito apoio moral e material entre os companheiros. É dizer: a família deve, de fato, restar constituída. 2.2. Tampouco a coabitação, por si, evidencia a constituição de uma união estável (ainda que possa vir a constituir, no mais das vezes, um relevante indício), especialmente se considerada a particularidade dos autos, em que as partes, por contingências e interesses particulares (ele, a trabalho; ela, pelo estudo) foram, em momentos distintos, para o exterior, e, como namorados que eram, não hesitaram em residir conjuntamente. Este comportamento, é certo, revela-se absolutamente usual nos tempos atuais, impondo-se ao Direito, longe das críticas e dos estigmas, adequar-se à realidade social. 3. Da análise acurada dos autos, tem-se que as partes litigantes, no período imediatamente anterior à celebração de seu matrimônio (de janeiro de 2004 a setembro de 2006), não vivenciaram uma união estável, mas sim um namoro qualificado, em que, em virtude do estreitamento do relacionamento projetaram para o futuro – e não para o presente –, o propósito de constituir uma entidade familiar, desiderato que, posteriormente, veio a ser concretizado com o casamento. 4. Afigura-se relevante anotar que as partes, embora pudessem, não se valeram, tal como sugere a demandante, em sua petição inicial, do instituto da conversão da união estável em casamento, previsto no art. 1.726 do Código Civil. Não se trata de renúncia como, impropriamente, entendeu o voto condutor que julgou o recurso de apelação na origem. Cuida-se, na verdade, de clara manifestação de vontade das partes de, a partir do casamento, e não antes, constituir a sua própria família. A celebração do casamento, com a eleição do regime de comunhão parcial de bens, na hipótese dos autos, bem explicita o termo a partir do qual os então namorados/noivos, maduros que eram, entenderam por bem consolidar, consciente e voluntariamente, a relação amorosa vivenciada para constituir, efetivamente, um núcleo familiar, bem como comunicar o patrimônio haurido. A cronologia do relacionamento pode ser assim resumida: namoro, noivado e casamento. E, como é de sabença, não há repercussão patrimonial decorrente das duas primeiras espécies de relacionamento. 4.1. No contexto dos autos, inviável o reconhecimento da união estável compreendida, basicamente, nos dois anos anteriores ao casamento, para o único fim de comunicar o bem então adquirido exclusivamente pelo requerido. Aliás, a aquisição de apartamento, ainda que

tenha se destinado à residência dos então namorados, integrou, inequivocamente, o projeto do casal de, num futuro próximo, constituir efetivamente a família por meio do casamento. Daí, entretanto, não advém à namorada/noiva direito à meação do referido bem. 5. Recurso especial provido, na parte conhecida. Recurso especial adesivo prejudicado".

O contrato de namoro regula as relações afetivas de duas pessoas fixando critérios, ou meramente impondo limites, aos reflexos familiares, patrimoniais e sucessórios. Pode ser contratado por duas pessoas capazes, de qualquer sexo.

O que já dissemos sobre as liberdades permitidas às partes no contrato de união estável se aplica ao contrato de namoro.

25.7 UNIÃO ESTÁVEL OU PACTO DE CONVIVÊNCIA HOMOAFETIVA

As escrituras afetivas de casais homossexuais são uma realidade no tabelionato de notas. A justiça preventiva que realiza o tabelião, dando guarida à vontade das partes em celebrar os seus contratos, constitui um dilema: até onde inovar e avançar sem que isso represente a antítese da atividade notarial, a insegurança jurídica?

As escrituras homoafetivas surgiram e se intensificaram desde 2001, quando as Instruções Normativas ns. 25/2000, 50/2001 e 57/2001 do INSS garantiram alguns direitos previdenciários aos companheiros homossexuais, especialmente os benefícios de pensão por morte e auxílio-reclusão. Uma das formas de provar a relação é a escritura pública na qual se declare a dependência econômica das partes.

Nossa Constituição Federal indica entre os seus objetivos fundamentais construir uma sociedade livre, justa e solidária e promover o bem de todos, sem preconceitos de origem, raça, sexo, cor, idade ou quaisquer outras formas de discriminação.

Além de objetivo, é um direito fundamental concreto. Todos são iguais perante a lei, sem distinção de qualquer natureza, garantindo-se aos brasileiros e aos estrangeiros a inviolabilidade do direito à vida, à liberdade, à igualdade, à segurança e à propriedade. Neste sentido, a decisão do Supremo Tribunal Federal nos autos da Ação Direta de Inconstitucionalidade (ADI) n. 4.277 e da Arguição de Descumprimento de Preceito Fundamental (ADPF) n. 132, que reconheceu a união estável homossexual e, inclusive, a possibilidade de sua conversão em casamento perante o oficial do registro civil.

O Conselho Nacional de Justiça (CNJ) aprovou a Resolução n. 175/2013, que dispõe sobre a habilitação, celebração de casamento civil, ou de conversão de união estável em casamento, entre pessoas de mesmo sexo. Pela resolução, é vedada às autoridades competentes a recusa de habilitação, celebração de casamento civil ou de conversão de união estável em casamento entre pessoas de mesmo sexo.

É evidente a força destes mandamentos, que devem ser respeitados e buscados por todos. Com base neles, a escritura pública de união ou de convivência afetiva é elaborada.

Os afetos do mesmo sexo, porém, padecem mais de preconceitos familiares e sociais e podem merecer também uma proteção especial quando as partes queiram ou necessitem de privacidade sobre as suas escolhas afetivas. Em outras palavras, muitas famílias ainda se opõem às opções sexuais, e muitos homossexuais ainda desejam manter-se "no armário". Em consequência, a atividade notarial deve procurar garantir aos companheiros o direito de serem reconhecidos como tal, em caso de doença, incapacidade ou morte do outro, e a privacidade.

As escrituras homoafetivas devem conter os mesmos itens das demais escrituras afetivas. Deve-se ressaltar que, quando haja oposição familiar à relação, mesmo que de colaterais, é importante incluir cláusulas que indiquem o companheiro como a pessoa eleita para acompanhar o outro em caso de hospitalização e tratamento de saúde, bem como ser responsável por toda e qualquer decisão de caráter médico, inclusive desligar equipamentos que mantêm a vida e decidir sobre a doação de órgãos. A disposição deve ser expressa também em afastar os parentes, possibilitando ao companheiro que esteja são plena autonomia na condução das ações em caso de conflito entre as suas decisões e as de familiares.

Também a cláusula-mandato recíproca se impõe, nestes casos, para que o companheiro, mesmo em caso de perda da consciência do enfermo, possa dar andamento, seja a providências comezinhas da vida cotidiana, seja a outras mais complexas, como a administração provisória dos demais interesses da pessoa.

Se os companheiros ou um deles, ou delas, for empresário ou administrador de bens, deve ser incluído também um contrato acessório de representação patrimonial, cujo termo inicial é a perda da consciência ou até mesmo da capacidade do companheiro ou companheira inabilitada.

Também a inclusão de testemunhas é conveniente para prova adicional às próprias declarações dos companheiros ou companheiras de determinados fatos da vida afetiva e social das partes.

A definição do regime de bens segue as mesmas regras já indicadas neste trabalho para as uniões estáveis. Da mesma forma, é importante incluir a obrigação de comparecimento para a rescisão da relação ou a possibilidade de denúncia unilateral em caso de falta ou recusa de um dos companheiros ou companheiras.

26
Testamento Público

No Brasil, a sucessão pode ser legítima ou testamentária.

Quando uma pessoa nada declara sobre a sua sucessão, sobre o destino de seus bens e direitos para depois de sua morte, a sucessão se regulará por previsões genéricas fixadas na lei, a denominada sucessão legítima.

Quando a pessoa deseja regular especialmente a sua sucessão, evitando a generalidade da lei, ou moderando-a para a sua situação especial, deve fazer um testamento.

As disposições legais genéricas da lei sobre a sucessão envolvem os seguintes conceitos basilares:

1. Princípio da *saisine*: o ordenamento assume que, no momento da morte de uma pessoa, a sua herança é transmitida aos herdeiros legítimos e testamentários (art. 1.784). Ainda que não detenham a posse ou possam exercer seus direitos, ou que não tenham título algum para exercer o direito, os herdeiros já têm o domínio.

2. A herança é uma universalidade imóvel: a herança, ou seja, todos os bens e direitos que compõem o patrimônio do morto, é uma universalidade imóvel (art. 80, II). Isto significa que, mesmo que haja uma atribuição testamentária individualizando a propriedade dos bens, enquanto não se executar o testamento, realizar o inventário e a partilha, o herdeiro não pode exercer domínio sobre seu bem específico. A herança defere-se como um todo unitário, ainda que vários sejam os herdeiros. Até a partilha, o direito dos coerdeiros quanto à propriedade e posse da herança é indivisível e se regula pelas normas relativas ao condomínio (art. 1.791, parágrafo único).

3. Herdeiros necessários: a lei considera que certas pessoas são herdeiras necessárias, ou seja, têm direito a receber ao menos metade da herança. Assim, se existirem herdeiros necessários, o testador só poderá dispor por testamento da metade da herança em seu testamento (art. 1.789).

São herdeiros necessários **somente** os descendentes, os ascendentes e o cônjuge (art. 1.845)[1]. Pertence a eles, de pleno direito, a metade dos bens da herança, parte que é denominada "legítima" (art. 1.846). A legítima é a metade do valor dos bens existentes na abertura da sucessão (momento da morte da pessoa), abatidas as dívidas e as despesas do funeral, adicionando-se, em seguida, o valor dos bens sujeitos a colação, ou seja, aqueles bens que foram doados em vida para os seus herdeiros necessários (filhos, netos etc.).

---

1. "Descendentes" envolve filhos, netos, bisnetos etc. "Ascendentes" envolve pais, avós, bisavós etc. A classe mais próxima exclui a seguinte, isto é, se houver filhos, herdam estes, excluídos os netos; se houver pais, herdam estes, excluídos os avós.

4. Ordem da vocação hereditária: a lei fixa uma ordem pela qual as pessoas são chamadas à sucessão. Em primeiro lugar, herdam os descendentes, em concorrência com o cônjuge sobrevivente que for casado no regime da comunhão parcial de bens (e desde que o autor da herança tenha deixado bens particulares), ou da separação convencional de bens, ou de aquestos[2]. Em segundo lugar, se não houver descendentes, a herança é deferida aos ascendentes, em concorrência com o cônjuge (seja qual for o regime de bens, não importa). Após, em terceiro lugar, se não houver descendentes e ascendentes, herda necessariamente o cônjuge sobrevivente (mais uma vez, seja qual for o regime de bens, não importa).

Se não houver descendentes, ascendentes ou cônjuges, herdam os colaterais, que, ressalte-se, não são herdeiros necessários.

Entre os companheiros, a ordem estava fixada no art. 1.790, declarado inconstitucional pelo STF (Recurso Extraordinário 878.694). Não há distinção sucessória entre cônjuges e companheiros, ambos agora sob a égide do art. 1.829.

26.1 TESTAMENTO

O testamento é o único ato pelo qual uma pessoa pode disciplinar assuntos, patrimoniais ou não, para serem eficazes após a sua morte[3]. A lei veda que se disponha sobre assuntos sucessórios por meio de outros atos, por contratos ou declarações que não contenham as solenidades do testamento. Os atos são nulos, não produzem nenhum efeito.

Dispõe o Código Civil, art. 426, que a herança de pessoa viva não pode ser objeto de contrato. Veda-se a *pacta corvina*, o contrato fundado na expectativa da morte de alguém. Controversa é a caracterização da renúncia à herança de pessoa viva. Não há doutrina sobre o assunto, mas as opiniões que colhemos, sempre muito conservadoras em questões sucessórias, são no sentido de caracterizar a renúncia de pessoa viva como ato nulo. Divergimos, entendemos possível, mas, no concurso, seja conservador.

Testamento é o ato no qual uma pessoa declara a sua vontade para destinar os seus bens e disciplinar aspectos patrimoniais e afetivos de sua sucessão. É a manifestação de última vontade de uma pessoa, para ser cumprida depois de sua morte.

O testamento é feito em vida, para regular aspectos do patrimônio e do afeto de alguém após a morte. Quando feito, é ato válido, mas ineficaz. A eficácia nasce quando ocorre a morte do testador.

O testamento é ato solene, somente é válido se seguidas as formalidades fixadas na lei.

Os caracteres principais do testamento são os seguintes:

a) é ato personalíssimo, privativo do autor da herança: não pode ser feito por procuração;

---

2. Ou seja, não é herdeiro o cônjuge casado no regime da comunhão (universal) de bens ou no regime da separação legal de bens fixado pelo art. 1.640, parágrafo único.
3. Pelo codicilo, um documento mais singelo, e sem formalidades, uma pessoa pode dispor de bens de pequeno valor, de caráter afetivo ou agradecido.

b) constitui negócio jurídico unilateral;

c) é ato solene;

d) é ato gratuito, mas pode conter condições;

e) é ato essencialmente revogável (art. 1.969);

f) é ato *causa mortis*: produz efeitos somente após a morte do testador.

Há duas classes de testamento, os ordinários e os especiais.

Os **testamentos ordinários** são: a) público; b) cerrado; c) particular ou hológrafo. Os **testamentos especiais** são: a) marítimo; b) aeronáutico; c) militar.

Neste livro, vamos tratar do testamento público e da aprovação do testamento cerrado.

26.1.1 Testamento público

O **testamento público** é aquele que se reveste das formalidades previstas em lei. São as seguintes (art. 1.864):

> I – ser escrito por tabelião ou por seu substituto legal em seu livro de notas, de acordo com as declarações do testador, podendo este servir-se de minuta, notas ou apontamentos;
>
> II – lavrado o instrumento, ser lido em voz alta pelo tabelião ao testador e a duas testemunhas, a um só tempo; ou pelo testador, se o quiser, na presença destas e do oficial;
>
> III – ser o instrumento, em seguida à leitura assinado pelo testador, pelas testemunhas e pelo tabelião.

Pensar em testamento é pensar em planejar e regular a sucessão. Todos morremos. A lei prevê efeitos para a nossa sucessão, mas permite também que nós próprios, mediante testamento, regulemos especialmente o destino de nossos afetos e de nosso patrimônio, fixando condições, protegendo os bens da herança para que beneficiem as pessoas que entendemos merecerem tal proteção.

O testamento é conhecido como ato de última vontade, mas a expressão é mais figurativa do que real. É possível testar a partir dos 16 anos, e a grande maioria dos testadores não está à beira da morte quando manifesta a chamada última vontade. O que as pessoas buscam por meio do testamento é planejar a própria sucessão.

O planejamento sucessório pode envolver situações pacíficas ou potencial ou claramente litigiosas. A função notarial busca sempre o acordo de vontades, é preventiva e pacificadora e assim deve ser exercida, mesmo nos testamentos de pessoas com situações familiares conflituosas. O tabelião está a serviço da vontade do testador, que deve traduzir, mediante disposições legítimas que evitem conflitos após a morte do testador ou, ao menos, disposições que declarem claramente a sua última vontade, sem margem para dúvidas.

O testamento é o ato notarial mais solene, pois envolve a presença do testador, do tabelião e de duas testemunhas[4], que juntas, em tempo contínuo e sem intervalos, devem cumprir os requisitos legais do ato.

---

4. Despicienda e perigosa a inclusão de mais testemunhas. A lei exige duas. Podem ser mais? Claro, mas numa eventual contestação ao ato, quanto à capacidade testamentárias, em especial o discernimento do testador, a presença de mais testemunhas do que as previstas pode indicar um conluio para afirmar o que não existe.

É possível que o testador mantenha dois ou mais testamentos, para serem interpretados em conjunto, seja no mesmo Estado ou país, seja em diversos locais, até no exterior.

26.1.1.1 Capacidade testamentária

Capacidade testamentária ativa é o conjunto de elementos que a lei exige para que alguém faça um testamento. Têm capacidade ativa para testar todas as pessoas capazes e as maiores de 16 anos, que tenham pleno discernimento das coisas, nacionais ou estrangeiras (art. 1.860).

Por exclusão, não podem testar os absolutamente incapazes, as pessoas interditas, as pessoas jurídicas, os que não tiverem pleno discernimento à época do testamento e aqueles que, por causa transitória ou permanente, não puderem exprimir sua vontade (art. 4º, III).

O maior de 16 anos tem capacidade ativa para testar, sem necessidade de estar representado, autorizado ou emancipado por seus pais. Como pode testar, pode ser admitido como testemunha do testamento de outra pessoa.

A expressão "pleno discernimento" pode ser entendida como lucidez, clareza de ideias e capacidade para, igualmente, manifestar à vontade claramente. Se o tabelião não entender o testador, não pode haver testamento. A pessoa que age de modo estranho, afetado, brincalhão, irônico, sarcástico, cínico, irritado, bravo ou alegre **tem capacidade** para testar. As características de comportamento ou o humor de uma pessoa evidentemente afetam o seu julgamento, mas não o pleno discernimento.

A Lei n. 13.146/2015 trouxe severas mudanças sobre a teoria da incapacidade. Parece-nos que para a atividade notarial, incide o art. 215 do Código Civil, em consonância com o art. 85 do referido Estatuto. Assim, o tabelião deve verificar se o testador que possui deficiência pode exprimir claramente a sua vontade para o testamento; se não exprimir, o ato deverá ser negado.

A verificação da capacidade para testar é feita pelo tabelião e pelas duas testemunhas. Se não houver certeza unânime destes três, o testamento não pode se realizar. Mesmo que o tabelião decida pela capacidade, se uma das testemunhas não estiver segura o testamento deve ser obstado.

Portanto, as testemunhas testamentárias não são meramente instrumentárias. Elas participam do ato verificando com o tabelião a identidade e a capacidade do testador, bem como o cumprimento das formalidades legais do ato.

O testamento público não precisa ser confirmado em juízo pelo tabelião ou pelas testemunhas. Ele tem plena executividade, bastando para o seu cumprimento que seja registrado em juízo após a morte do testador[5]. Mas, eventualmente, tabelião e testemunhas podem ser chamados para dizer e confirmar em juízo aquilo que presenciaram e que foi formalizado na cédula testamentária, hipótese que subverte a fé pública e por isso só tem sentido se o juízo necessitar de esclarecimento não levado à cédula testamentária.

---

5. CPC, art. 736.

O pleno discernimento envolve, além da lucidez, o livre-arbítrio. A pessoa deve ter liberdade plena sobre a sua vontade e o seu destino. Significa que não pode estar coagida ou induzida, física, intelectual ou afetivamente.

Identificar qualquer uma destas máculas é tarefa do tabelião e das testemunhas. Via de regra, é simples, pois a coação é evidente. O induzimento, contudo, é situação sutil, delicada, muitas vezes obliterada pelo afeto, pela proteção, pelas relações familiares. Quando evidenciado, o induzimento deve impedir a lavratura do testamento[6]. Não há problema que testador e beneficiário estejam presentes juntos no momento do testamento, o que, com frequência ocorre com casais. A situação é de harmonia e somente se detectarem, o tabelião e as testemunhas, sinais de subordinação ou de indução de uma parte sobre a outra, o testador deve ser separado.

A idade provecta, a velhice, não macula a capacidade da pessoa. Constitui um desrespeito à pessoa humana o preconceito sobre o discernimento e a plena capacidade de pessoas idosas.

Há tabeliães que exigem de certas pessoas idosas (acima de 70 anos, ou de 80 anos) prévio atestado médico de sanidade mental para testarem. Não é formalidade exigida pela lei tampouco indica cautela ou temperança. Pode constituir mero preconceito contra o idoso. Por outro lado, quando o testador temer a contestação posterior de seu testamento, o atestado médico recente indica uma prudência e espanca controvérsia, corroborando a capacidade intelectual do testador.

O testador que, preventivamente, mune-se de um atestado médico indicando a sua capacidade mental pode ter suas razões, e o atestado, neste caso, pode ser informado no testamento ou simplesmente entregue à pessoa de confiança do testador, para que seja apresentado em juízo se houver contestação ao testamento. As relações familiares, seus conflitos e suas implicações econômicas, nunca devem ser subestimadas.

Muitas vezes, o testador está no hospital e sob o efeito de medicamentos. Esta é uma situação comum entre testadores. A pessoa se esquece de (ou se recusa) pensar na morte e suas consequências e, quando se vê isolada em um quarto, cercada de médicos e remédios, à beira de um tratamento ou de uma cirurgia, lembra-se de que precisa testar.

O testador que está hospitalizado ou sob o efeito de medicamentos não deixa de ter, via de regra, pleno discernimento. Um bate-papo sobre generalidades, a profissão do testador, a sua data de nascimento, os eventos da semana ou as ilusões da novela, uma conversinha pequena já denuncia a pessoa medicada e alterada a ponto de não poder testar.

Negar ou temer o testamento de um enfermo é um grave atentado profissional. Atinge a pessoa interessada em um momento de fragilidade e nega-lhe um direito civil. O momento clássico do testamento é o leito de morte. Depois do tabelião, a última confissão com o capelão.

---

6. Em nossa experiência de mais de 2.000 testamentos, somente deixamos de lavrar testamentos quatro vezes por evidente falta de discernimento dos testadores. A coação e o induzimento nunca foram detectados.

O Código Civil não se expressa sobre o testamento do mudo ou do impedido de falar por problemas vocais, prevendo especialmente os testamentos dos surdos e cegos. O analfabeto somente pode testar pela forma pública, pois é a única forma ordinária de testamento que admite a assinatura a rogo (art. 1.865).

A doutrina é quase unânime em exigir que o testador se expresse de "viva voz". A lei não faz tal exigência. Nem mesmo o Código de 1916 exigia isso quando determinava que o testamento deveria ser escrito de acordo com o ditado ou as declarações do testador. A expressão "ditado" certamente refere-se à oralidade, mas declarações podem ser feitas oralmente, ou também por escrito, ou até mesmo por sinais.

O atual Código Civil é mais claro sobre a possibilidade de as declarações não serem orais, pois informa que o testador pode "servir-se de minuta, notas ou apontamentos". Esta é uma questão controversa e abordada por nós porque pode ser tema de questões objetivas ou discursivas em **concurso**. Se você tiver que optar por uma alternativa, lembre-se de que a doutrina é quase unânime em defender a necessidade de as declarações serem feitas de "viva voz". Nossa opinião, porém, é de desnecessidade.

O surdo e o cego podem fazer testamento. O inteiramente surdo, se for alfabetizado, lerá o seu testamento. Se não for, escolherá alguém para ler em seu lugar.

Ao cego somente é permitido o testamento público, que lhe será lido em voz alta duas vezes, uma pelo tabelião, outra por uma das testemunhas escolhida pelo testador.

O testador pode ser estrangeiro e expressar-se em outro idioma, desde que o tabelião compreenda e redija o ato em língua nacional. A manifestação do testador por intermédio de intérprete ou tradutor, ainda que juramentado, é controversa. Entendemos que é possível.

A incapacidade posterior do testador não invalida o testamento feito enquanto ele estava capaz, tampouco a capacidade posterior torna válido um testamento feito por um incapaz (art. 1.861).

A **capacidade testamentária passiva** é a capacidade de receber herança por testamento.

Todas as pessoas físicas, nacionais ou estrangeiras, têm capacidade de receber herança por testamento, inclusive incapazes, sejam menores ou interditos, lúcidos ou loucos, livres ou aprisionados.

Também podem herdar os ainda não concebidos ao tempo do testamento, mas devem estar concebidos ao tempo da abertura da sucessão. Se o concebido fenecer, deixar de nascer, a disposição testamentária é caduca, ou seja, não produz efeitos.

Algumas pessoas estão impedidas de receber por testamento. São elas (art. 1.801): I – a pessoa que escreveu o testamento a pedido do testador, seu respectivo cônjuge ou companheiro e os seus ascendentes e irmãos; II – as testemunhas do testamento; III – o concubino do testador casado, salvo se este, sem culpa sua, estiver separado de fato do cônjuge há mais de cinco anos; IV – o tabelião, civil ou militar, ou o comandante ou escrivão que lavrar ou aprovar o testamento.

As disposições testamentárias a favor destas pessoas são nulas, mesmo que sejam simuladas por ato oneroso, ou feitas mediante interposta pessoa. A lei presume que são interpostos os ascendentes, os descendentes, os irmãos e o cônjuge ou companheiro da pessoa proibida de suceder por testamento (art. 1.802).

É lícita a disposição a favor do filho do concubino e do testador (art. 1.803).

Também não podem suceder as pessoas indicadas no art. 1.814 do Código Civil. São excluídos da sucessão os herdeiros ou legatários que: I – houverem sido autores, coautores ou partícipes de homicídio doloso, ou tentativa, contra a pessoa de cuja sucessão se tratar, seu cônjuge, companheiro, ascendente ou descendente; II – houverem acusado caluniosamente em juízo o autor da herança ou incorrerem em crime contra a sua honra, ou de seu cônjuge ou companheiro; III – por violência ou meios fraudulentos, inibirem ou obstarem o autor da herança de dispor livremente de seus bens por ato de última vontade.

As pessoas jurídicas, nacionais ou estrangeiras, também têm capacidade de herdar por testamento, bastando que existam ou que venham a existir por disposição do testador sob a forma de fundação. Se já estiverem extintas, não há personalidade e, portanto, capacidade. A disposição testamentária a favor da empresa extinta é caduca. Enquanto não se ultimar a falência, a empresa tem capacidade.

No Brasil, os animais não têm capacidade ativa para suceder. A pessoa que quiser proteger um animal de estimação pode dispor a favor de uma pessoa com a condição de que trate e cuide do animal. O beneficiário da disposição é a pessoa, e não o animal.

O testador pode, antevendo a pré-morte ou comoriência do herdeiro ou legatário, declarar o seu substituto (CC, art. 1.799, I, II e III).

O *trust*, instrumento de planejamento sucessório largamente utilizado no exterior para grandes fortunas, pode ser também moldado no Brasil, por meio da constituição de renda (art. 803), até o limite da parte disponível.

26.1.1.2 Testemunhas

O testamento público deve ser feito com duas testemunhas. Duas: nenhuma a mais nem a menos. O ato é solene; portanto, permitir a presença de mais ou menos testemunhas no ato implica em infração à forma prevista, o que pode terminar em nulidade do ato.

O Código Civil de 2002 é omisso quanto à capacidade e aos impedimentos para as testemunhas do testamento. Assim, deve ser aplicada a regra geral das incapacidades para testemunhar prevista no art. 228, adaptando-se.

Apesar da remansosa tendência jurisprudencial de salvar as disposições de última vontade, mesmo quando haja falhas formais, o descumprimento de alguma das solenidades, a falta de taxatividade quanto aos impedimentos das testemunhas pode levar a controvérsias desnecessárias e prejudiciais à segurança jurídica. Neste aspecto, é frequente que as testemunhas testamentárias sejam amigos pessoais dos testadores e há quem entenda que isso as eivaria de suspeição. Entendemos que não, escorados na longa história do instituto que sempre permitiu a presença de amigos, desde que não beneficiados no testamento, tampouco os respectivos familiares.

Não podem ser admitidos como testemunhas: I – os menores de dezesseis anos;; II) o interessado no testamento; III – os cônjuges, os ascendentes, os descendentes e os colaterais, até o terceiro grau do testador ou de quaisquer herdeiros, por consanguinidade ou afinidade.

Estes impedimentos devem ser aferidos no momento do testamento. Se uma testemunha, posteriormente, vir a contrair matrimônio com um herdeiro ou legatário, não se invalida o ato, ou a disposição, por conta disso.

O analfabeto não pode ser testemunha, pois não sabe ler e não pode ter certeza do que está escrito no instrumento[7].

Também não devem ser testemunhas os prepostos do tabelião, pois o rompimento do contrato de trabalho pode deixar ressentimentos potencialmente ruinosos para o testamento[8].

Segundo Venosa, os impedimentos testemunhais, no que se refere aos testamentos, devem ser vistos *cum granum salis*. Não há nulidade fixada pelo novo Código, como havia no Código de 1916. Portanto, não se pode ter por irremediavelmente perdido o testamento pela participação de uma das pessoas indicadas no art. 228[9].

26.1.1.3 Objeto do testamento e disposições testamentárias

O testamento conterá disposições patrimoniais ou não patrimoniais, indicando herdeiros ou legatários.

Pode ser objeto do testamento a disposição de certo e determinado, como o imóvel, o automóvel, as disponibilidades financeiras, os depósitos em conta corrente, as cotas empresariais, os direitos, os ativos digitais, até mesmo as expectativas de direito do testador.

Não são objeto do testamento, nem devem integrar o inventário, as importâncias de seguro de vida e previdência. Estas decorrem dos respectivos planos e contratos, tendo neles a indicação dos beneficiários. Não obstante, é comum a disposição de seguros e benefícios previdenciários no testamento. Neste caso, devem ter correspondência com as disposições contratuais e, no que conflitarem, estão sujeitas à interpretação das companhias seguradoras ou previdenciárias.

As disposições patrimoniais são fixadas pela atribuição de herança ou legado para alguém.

Herança é a totalidade ou uma fração do patrimônio do testador.

---

7. Venosa, Silvio de Salvo. *Direito civil*. 4. ed. v. VII, p. 194.
8. De opinião contrária, Venosa, 2004, p. 194.
9. Venosa, Silvio de Salvo. *Direito civil*. 4. ed. v. VII, p. 193.

Legado é a atribuição de coisa certa e determinada a alguém. Assim, exemplificando, o testador pode deixar a sua herança para três sobrinhos, em partes iguais. Ou deixar, como legado, o imóvel A para o sobrinho X, o imóvel B para o sobrinho Y. Uma questão para **concurso**: o que é pré legatário ou legatário precípuo? É o herdeiro legítimo, com direito aos bens que integram o seu quinhão hereditário, e é também beneficiado com um ou mais legados.

O objeto da herança não necessita existir no patrimônio do testador no momento do testamento. É preciso que exista no momento da sucessão, e, se não existir, a disposição estará caduca.

É possível dispor sobre coisa alheia no momento do testamento, que deve constar do patrimônio do testador no momento da sucessão. Pode-se legar coisa móvel, que será determinada pelo gênero ou pela espécie ("lego o automóvel que possuir quando falecer"). Se o testador se referir à coisa da qual tenha apenas uma fração, a disposição se terá como desta quantia.

A deixa pode ser também de coisa determinada, mas incerta ("o equivalente a safra de açúcar" da fazenda X no ano Y), ou de coisa incerta, mas determinada ("os bens imóveis que eu adquirir no ano Y").

O testador pode legar créditos ou direitos presentes ou futuros, quitar as dívidas do herdeiro, ou perdoar aquelas em que seja o credor. Pode constituir renda (art. 803) a favor de alguém ou de uma instituição, ou legar alimentos.

Pode partir a propriedade, legando o usufruto para um e a nua propriedade para outrem. O prazo do usufruto pode ser determinado; mas, se não o for, será tido como vitalício.

O testador pode dar a certos herdeiros o privilégio de escolherem, por primeiro, os bens que comporão os respectivos quinhões.

O testador pode indicar os bens e valores que devem compor os quinhões hereditários de seus herdeiros, deliberando ele próprio a partilha, inclusive dos quinhões da legítima, que prevalecerá, salvo se o valor dos bens não corresponder às quotas estabelecidas (art. 2.014). Neste sentido, é importante a redação do testamento dispor com clareza os quinhões que serão oriundos da parte disponível e os que integrarão a parte legítima de cada herdeiro.

As disposições testamentárias também podem ser não patrimoniais. A mais clássica destas é o reconhecimento de filho (art. 1.609, III), mas pode haver outras: as disposições sobre o próprio corpo do testador (art. 14); as disposições sobre funeral, sepultura e atos religiosos (art. 1.998); a nomeação de tutor para filhos menores (art. 1.634, IV) e a indicação de curador especial para os bens da herança (art. 1.733, § 2º); a revogação de testamento anterior (art. 1.969); a nomeação de testamenteiros (art. 1.976); a reabilitação do indigno (art. 1.818); a instituição de bem de família (art. 1.711); a imposição de cláusulas restritivas como a inalienabilidade, incomunicabilidade ou a impenhorabilidade (arts. 1.848 e 1.911); a dispensa de colação (art. 2.006); a criação de uma fundação (art. 62); uma confissão etc.

As disposições testamentárias não podem ser objeto de retificação ou aditamento por outro ato, ainda que mero erro evidente, tais como grafia em nomes, dados numéricos de bens[10] etc.

26.1.1.4 Espécies de disposições testamentárias

As disposições testamentárias podem ser: 1) puras e simples; ou 2) condicionais; ou 3) modais ou com encargo; ou ainda 4) motivadas ou por certa causa. Vejamos:

1) **Pura e simples:** a disposição testamentária pura e simples é a que produz seus efeitos na abertura da sucessão, investindo prontamente os beneficiados em seus direitos, sem estar atrelada a qualquer condição ou encargo.

2) **Condicional:** a disposição testamentária condicional é a que exige, para sua eficácia, um evento futuro e incerto (art. 121). A condição pode ser suspensiva, se suspende a ocorrência da disposição ou o exercício do direito até que ela, a condição, se perfaça. Se ocorrer a morte do herdeiro testamentário antes do implemento da condição, haverá caducidade da disposição. Ex.: o herdeiro A recebe o legado X quando completar o curso superior.

3) **Modal ou com encargo:** é a condição que impõe ao herdeiro o cumprimento de uma obrigação. Ex.: construir uma escola com a herança. Não é possível deixar a herança para alguém, obrigando-a a deixar para uma terceira pessoa. Isso caracteriza o fideicomisso que, praticamente, é vedado no direito brasileiro[11].

4) **Motivada ou por certa causa:** é a condição na qual o testador motiva a liberalidade, em geral, a título de amizade ou agradecimento.

26.1.1.5 Substituições hereditárias

Substituição é a indicação de certa pessoa, ou várias, para recolher a herança, ou o legado, se o nomeado faltar ou recusar. Pode ocorrer em caso de premoriência, comoriência, exclusão (por indignidade ou falta de legitimação), renúncia ou não implemento da condição imposta pelo testador. Num exemplo, "deixo para meu filho José o imóvel X, e, se houver premoriência ou comoriência, devem herdar os meus netos, filhos de José, em partes iguais".

A substituição pode ser: a) vulgar ou b) fideicomissária.

A **substituição vulgar** ocorre quando o testador designa uma ou mais pessoas para ocupar o lugar do herdeiro, ou legatário, que não quiser ou recusar o benefício.

Subdivide-se em: a) simples (ou singular), b) coletiva (ou plural) e c) recíproca.

A **substituição simples (ou singular)** ocorre quando é indicado apenas um substituto. A **substituição coletiva (ou plural)** ocorre quando é indicado mais de um subs-

---

10. Corregedoria-Geral da Justiça. São Paulo. Processo CG n. 2011/126638. J. em 1º-3-2012. Ementa: Tabelião de Notas – Escritura pública (testamento) – Retificação – Impossibilidade – Necessidade da lavratura de novo ato notarial com a participação das mesmas partes – Precedentes – Negado provimento ao recurso.
11. Só se permite a favor dos ainda não concebidos (CC, art. 1.952).

tituto, que serão chamados em conjunto. A **substituição recíproca** ocorre quando são indicados dois ou mais beneficiários, determinando o testador que reciprocamente se substituam (CC, art. 1.948).

A **substituição fideicomissária** ocorre quando o testador indica uma pessoa e, desde logo, determina um substituto, a quem a primeira pessoa deve repassar a herança, ou legado, depois de certo tempo, condição ou sua morte.

Também denominada **fideicomisso**, a substituição fideicomissária somente pode ser instituída sobre a metade disponível e está praticamente extinta no Brasil, pois o Código Civil de 2002 somente a permite "em favor dos não concebidos ao tempo da morte do testador" (art. 1.952). Assim, o fideicomisso somente pode ser feito a favor da prole eventual, hipótese de maior apelo demográfico do que de paz de espírito do testador e segurança jurídica. Se ao tempo da morte do testador já houver nascido o fideicomissário, este adquire a propriedade dos bens fideicomitidos, convertendo-se em usufruto o direito do fiduciário (parágrafo único).

No fideicomisso, há o **fideicomitente**, que é o testador, o **fiduciário** (ou gravado), que é a pessoa de confiança do testador que recebe a herança ou legado em primeiro lugar, e o **fideicomissário**, o destinatário final da disposição.

Há o **fideicomisso vitalício** quando o testador determina a substituição após a morte do fiduciário. Será o **fideicomisso a termo** quando ocorrer em momento prefixado pelo testador, ou teremos o **fideicomisso condicional** se depender do implemento de condição resolutiva.

Direitos e deveres do fiduciário: é titular de propriedade restrita e resolúvel (CC, art. 1.953), detém todos os direitos inerentes ao domínio, deve conservar e repassar a coisa, proceder ao inventário dos bens gravados (art. 1.953, parágrafo único), prestar caução de restituí-los, se exigida (art. 1.593, parágrafo único).

Direitos e deveres do fideicomissário: ajuizar medidas cautelares de conservação dos bens, antes de verificada a substituição, como titular de direito eventual; exigir que o fiduciário proceda ao inventário dos bens gravados e preste caução de restituí-los (art. 1.593, parágrafo único), salvo se, dispensado pelo testador, receber a parte que o fiduciário acrescer, em qualquer tempo (art. 1.596); responder pelos encargos da herança que ainda restarem, ao sobrevir à sucessão (art. 1.957); renunciar à herança ou ao legado, o que acarreta a caducidade do fideicomisso (art. 1.955); receber a herança ou o legado se o fiduciário recusar, salvo disposição em contrário do testador (art. 1.954).

É nulo o fideicomisso instituído sobre a legítima ou que ultrapasse o segundo grau (CC, art. 1.959).

26.1.1.6 Deserdação

O testador pode deserdar, ou seja, excluir de sua sucessão o herdeiro necessário, desde que o faça por disposição testamentária fundamentada em uma das causas previstas em lei.

Somente se deserda herdeiro necessário. Não se deserda os colaterais ou qualquer outra pessoa que não seja herdeira necessária. Para deixar de contemplar essas pessoas, basta fazer testamento a favor de outras.

São requisitos da deserdação: a) haver herdeiros necessários (art. 1.961); b) ser feita em testamento válido (art. 1.964); c) que o testador declare expressamente a causa prevista em lei (arts. 1.962, 1.963 e 1.964); d) que os herdeiros proponham a ação ordinária buscando a declaração judicial da deserdação.

A deserdação pode ser motivada pelas causas previstas no art. 1.814 ou por uma das hipóteses dos arts. 1.962, 1.963 ou 1.964.

No art. 1.814 estão fixadas, *numerus clausus*, as causas de indignidade que motivam a deserdação de qualquer herdeiro necessário. São excluídos da sucessão as pessoas que: I) houverem sido autores, coautores ou partícipes de homicídio doloso, ou tentativa deste, contra a pessoa de cuja sucessão se tratar, seu cônjuge, companheiro, ascendente ou descendente; II) que houverem acusado caluniosamente em juízo o autor da herança ou incorrerem em crime contra a sua honra, ou de seu cônjuge ou companheiro; III) por violência ou meios fraudulentos inibirem ou obstarem o autor da herança de dispor livremente de seus bens por ato de última vontade.

Não basta que o testador acuse os deserdados destes fatos. Eles devem ser objeto de sentença transitada em julgado para operarem a deserdação.

Em todos os casos do art. 1.814 pode se operar a deserdação de descendentes, ascendentes ou cônjuge.

Além dessas, há outras hipóteses especiais. Os descendentes podem ser excluídos da sucessão também por: I) ofensa física; II) injúria grave; III) relações ilícitas com a madrasta ou com o padrasto; IV) desamparo do ascendente em alienação mental ou grave enfermidade (art. 1.962).

Os ascendentes podem ser excluídos da sucessão quando ajam contra o testador com: I) ofensa física; II) injúria grave; III) relações ilícitas com a mulher ou companheira do filho ou a do neto, ou com o marido ou companheiro da filha ou o da neta; IV) desamparo do filho ou neto com deficiência mental ou grave enfermidade.

Note-se que o incesto não é causa de deserdação, omissão grave do legislador.

Em nossa experiência, verificamos que os casos de deserdação são raríssimos. Todas as que fizemos foram fundadas nos arts. 1.961 ou 1.962, tendo como fundamento a injúria grave ou o desamparo dos pais pelos filhos, ou vice-versa.

Injúria é a ofensa física ou moral que atinge e fere a pessoa em desrespeito ao seu decoro, à sua honra, aos seus bens ou à sua vida. É uma ofensa à subjetividade da pessoa e deve ser considerada em face do que sente o ofendido. O testador que se declara injuriado por determinada ação de um herdeiro necessário obriga este a provar que a ação ou omissão não foi injuriosa; já, os herdeiros beneficiados com a deserdação devem provar a injúria.

O desamparo no momento da doença é o motivo mais claro e que permite ser provado com facilidade. O testador que, enfermo, no hospital ou em sua residência, clama pela presença e amparo do herdeiro, sem receber resposta, ou pior, recebendo notícia de que o herdeiro se alegra com a dor ou antecipação dos benefícios hereditários, tem prova concreta do desamor, do desprezo que motiva a deserdação.

26.1.1.7 Efeitos da deserdação

Os efeitos da deserdação são personalíssimos, atingem somente o herdeiro excluído. Os descendentes ou ascendentes do excluído herdam por direito de representação.

26.1.1.8 Revogação do testamento

O testamento é ato essencialmente revogável. O testador pode revogá-lo quando e onde quiser, sem precisar indicar o motivo. Não é necessário que a revogação seja feita pelo mesmo tabelião que lavrou o testamento. O testamento feito num lugar pode ser revogado em qualquer outro, mesmo no exterior.

Tem-se por nula a cláusula na qual alguém declare o seu testamento irrevogável, pois a liberdade de testar é de ordem pública. Há uma só exceção: é irrevogável o testamento na parte em que o testador reconhecer filho (CC, art. 1.610).

O testamento pode ser revogado pelos mesmos modo e forma como pode ser feito (CC, art. 1.969). Um testamento público pode ser revogado por outro público, mas também por um cerrado, ou por um particular, ou ainda por um testamento especial, seja marítimo, aeronáutico ou militar, e vice-versa.

A revogação pode ser:

a) plena ou total, quando retira totalmente a validade do testamento;

b) parcial, quando desconstitui somente algumas cláusulas, mantendo outras (CC, art. 1.970 e parágrafo único);

c) expressa, que resulta de declaração inequívoca do testador manifestada em ato específico de revogação ou em novo testamento;

d) tácita, quando o testador não declara que revoga o anterior, mas há incompatibilidade entre as disposições do antigo com um novo testamento;

e) em caso de dilaceração ou abertura do testamento cerrado, pelo testador ou por outrem (CC, art. 1.972).

26.1.1.9 Rompimento do testamento

Existem situações da vida, retratadas fartamente na literatura e nas artes cênicas, de pluralidade familiar ou de filhos havidos no casamento ou fora dele, às vezes sem que o próprio testador, ou testadora, saiba de sua existência. É o homem que em viagem se relaciona com uma mulher com a qual perde o contato, mas que lhe dá um filho; ou a mãe que presume o filho morto, sem que esteja.

Sobrevindo descendente sucessível ao testador, que não o tinha ou não o conhecia quando testou, rompe-se o testamento em todas as suas disposições, se esse descendente sobreviver ao testador (CC, art. 1.973). Há a presunção legal de que o testador não teria disposto de seus bens em testamento se soubesse da existência do descendente.

Portanto, não convém ao testador omitir descendentes para preservar outros (da família legítima ou não). O melhor é declarar que tem conhecimento da possibilidade de ter filhos e dispor somente da parte disponível a favor daqueles de seu interesse. Assim, o testamento se tem por salvo (art. 1.975, parte final).

É possível também que o testador, ao testar, ignore que um de seus herdeiros necessários, tais como ascendentes ou cônjuge, esteja vivo (CC, art. 1.974). Também neste caso, o testamento rompe-se, podendo o testador, se desconfiar da possibilidade de estar vivo, testar somente sobre a parte disponível.

26.1.1.10 Cláusulas restritivas

O testador pode impor as cláusulas restritivas de inalienabilidade, incomunicabilidade ou impenhorabilidade para um ou vários bens da herança, ou para a totalidade da herança, bem como para seus frutos e rendimentos e os bens que se sub-rogarem no lugar dos bens herdados.

As cláusulas podem ser impostas por prazo certo ou em caráter vitalício. A cláusula de inalienabilidade implica impenhorabilidade e incomunicabilidade (art. 1.911).

A imposição das cláusulas sobre a legítima exige a indicação de uma justa causa (art. 1.848). A doutrina é ainda incipiente e incerta sobre o que constitui uma justa causa, pois este requisito é inovação do Código de 2002. Entendemos que o testador pode querer proteger os seus herdeiros de negócios ou relações que dilapidem o patrimônio, proteger seu tronco familiar e os negócios tipicamente familiares (incomunicabilidade e impenhorabilidade). A inalienabilidade, porém, requer mais: requer o intuito de proteger um herdeiro sem discernimento das coisas, um incapaz, o filho com problemas com drogas, jogos ou gastador contumaz.

Importante ressaltar que a imposição das cláusulas sobre a parte disponível não exige a indicação da justa causa. Somente o quinhão legítimo impõe a indicação da justa causa.

Somente por autorização judicial e havendo justa causa, podem ser alienados os bens gravados, convertendo-se o produto em outros bens, que ficarão sub-rogados nos ônus dos primeiros (art. 1.848, § 2º). A extinção ou o cancelamento é possível excepcionalmente e diante do caso concreto por decisão judicial[12].

26.1.1.11 Testamenteiro

Testamenteiro é quem tem o dever de executar o testamento, fiscalizando que a vontade do testador seja fielmente cumprida.

---

12. STJ. REsp 1158679-MG. Rel. Min. Nancy Andrighi. 3ª Turma. DJe 15-4-2011. Ementa: Direito das Sucessões. Revogação de cláusulas de inalienabilidade, incomunicabilidade e impenhorabilidade impostas por testamento. Função social da propriedade. Dignidade da pessoa humana. Situação excepcional de necessidade financeira. Flexibilização da vedação contida no art. 1.676 do CC/16. Possibilidade.

O testamenteiro é uma pessoa física indicada pelo testador, no ato ou posteriormente, até mesmo por codicilo. Pessoa jurídica não pode ser testamenteira. Se o testador não indicar, o juiz deve fazê-lo (art. 1.984). Podem ser indicadas uma ou várias pessoas para que ajam em conjunto ou separadamente, uma na falta da outra.

O testamenteiro não precisa estar presente ao ato, mas pode ser pessoa que esteja. Podem ser testamenteiros uma das testemunhas do testamento ou o advogado do testador, sem problema se estiver presente ao ato, ou o próprio tabelião[13]. Também podem ser testamenteiros, e é conveniente que sejam, um dos herdeiros legítimos ou instituídos ou todos eles.

O testamenteiro tem direito a uma remuneração, livremente fixada pelo testador, que pode também dispensar tal benefício. Se a remuneração não for fixada pelo testador, o juiz deve fazê-lo, com limite de 5% da herança, levando-se em conta o valor da herança e o trabalho de execução do testamento, o que se denomina **vintena**. A vintena é prevista no art. 1.987 do Código Civil.

O testador pode conferir a posse dos bens da herança ao testamenteiro, mas somente se não houver cônjuge sobrevivente, descendentes e ascendentes, ou se estes não a quiserem ou não puderem exercê-la. Toca a estes, preferencialmente, a posse e a administração da herança (art. 1.977).

26.2 TESTAMENTO CERRADO

O testamento cerrado é uma forma testamentária em extinção. É conhecido como **testamento secreto**, pois a ninguém, nem mesmo ao tabelião que o aprova, é dado conhecer o seu conteúdo.

O testamento cerrado só pode ser feito por quem saiba e possa ler; é escrito e assinado pelo testador, em português ou qualquer outro idioma, ou por alguém a seu rogo. Pode ser escrito mecanicamente desde que o redator e o testador rubriquem todas as páginas.

Tem como requisitos: I) o testador deve apresentar a cédula ao tabelião na presença de duas testemunhas; II) o testador declara que aquele é o seu testamento e quer que seja aprovado pelo tabelião; III) o tabelião deve lavrar, no mesmo momento, o auto de aprovação, na presença das duas testemunhas, e lê este auto de aprovação ao testador e testemunhas; IV) o auto de aprovação deve ser assinado pelo tabelião, pelas testemunhas e pelo testador. Ao conferir o testamento, o tabelião não deve ler o seu conteúdo, mas deve ressalvar a existência de eventuais rasuras no auto de aprovação, inutilizando na cédula os eventuais espaços em branco.

Após o auto de aprovação, o tabelião lacra a cédula em um envelope e o costura, furando-o em quatro ou cinco pontos. Sobre a costura deve apor um lacre.

O testamento é entregue para o testador. O tabelião não fica com cópia, nem pode arquivar o testamento.

---

13. A lei não veda.

Depois, o tabelião lançará no seu livro uma nota com o nome do testador e sua qualificação, o lugar, dia, mês e ano em que o testamento foi aprovado e entregue, dando fé. Esta nota pode ser feita sem a presença do testador e das testemunhas e será subscrita apenas pelo tabelião.

Falecido o testador, o testamento será apresentado ao juiz, que o abrirá e o fará registrar, ordenando que seja cumprido, se não achar vício externo que o torne eivado de nulidade ou suspeito de falsidade (art. 1.875). O testamento cerrado somente pode ser aberto na presença do juiz[14]. Se for rompido o lacre do tabelião, ainda que por alguém de boa-fé, será nulo.

O testamento cerrado está em extinção, pois hoje se admite o sigilo do testamento público, enquanto vivo o testador. Em suma, se o testador pretende revelar no testamento algum fato que prefere esconder até a sua morte, ou fará disposição que lhe causará dissabores perante seus familiares, essas disposições somente serão reveladas após a sua morte. Ademais, o testamento cerrado era rompido com frequência, inadvertidamente, por pessoas que desconheciam que ele somente poderia ser aberto por um juiz.

26.3 CODICILO

Codicilo é qualquer documento escrito que disponha sobre bens de pequena monta do testador para a sua sucessão. Tem por objeto, em geral, destinar bens afetivos, joias de pequeno valor, cartas, móveis etc. para determinadas pessoas.

O valor do bem será aferido pelo valor total do patrimônio. Assim, um milionário que deixe o carro para o seu motorista, dispõe sobre bem, para ele, de pequena monta. Para uma pessoa que não tenha muito patrimônio, o valor de um automóvel é expressivo e não permite a deixa em codicilo.

Por codicilo é possível também fazer disposições importantes, como substituir o testamenteiro, reabilitar o indigno e reconhecer filho.

O testamento, sob qualquer forma, revoga o codicilo quando disponha sobre os bens ali indicados. O codicilo não revoga o testamento válido.

26.4 PLANEJAMENTO PATRIMONIAL SOCIETÁRIO – BREVE NOTA

Uma importante decisão do Departamento Nacional de Registro Empresarial e Integração – DREI (Recurso n. 14022.116144/2022-57) considerou válida a cláusula de contrato social da empresa que dispõe sobre a destinação das quotas empresariais na ocorrência do falecimento de um sócio.

Escorada na DREI n. 81/2020, item 4.5, o Departamento considerou acertado o entendimento do Plenário da Junta Comercial do Rio de Janeiro que entendeu válida a cláusula que previa a alienação automática de quotas após a morte de um dos sócios,

---

14. CPC, art. 1.125.

interpretando que o art. 1.028, I, do Código Civil, permite a forma própria para a liquidação das quotas do sócio falecido.

Esta possibilidade permite um planejamento sucessório quanto às quotas sociais, dando segurança e estabilidade às empresas.

No testamento, é conveniente que o testador informe sobre o acordo de quotistas ou acionistas, sem necessidade de revelá-lo, para que os herdeiros conheçam como serão pagos estes direitos. Prevalece a autonomia e liberdade privada no âmbito empresarial, reforçada pela Lei n. 13.874/2019 (Lei da Liberdade Econômica), o que se coaduna com as disposições de última vontade.

26.5 JURISPRUDÊNCIA SELECIONADA

Acesse a jurisprudência em https://www.26notas.com.br/blog/. Clique na lupa e insira o tema de interesse. Ex.: testamento.

27
Diretiva Antecipada de Vontade ou Testamento Vital

Por acidente ou por debilitação da saúde, milhares de pessoas, todos os anos, submetem-se aos desígnios do destino. Inconscientes, por vezes em estado de coma prolongado, não são hábeis para manifestar a vontade. Uma vida, os afetos, suas ramificações de relações e direitos e deveres, bens, negócios, planos, tudo fica suspenso.

Nestes períodos, a vontade da pessoa submetida a tratamento, quanto a sua própria vida e saúde, é substituída pelas decisões técnicas médicas. Quando estes profissionais enfrentam algum dilema moral ou ético, consultam a família. O paciente não tem voz e vontade.

Essa realidade afeta os tabeliães, que são chamados a responder a questões angustiantes as quais não estão habituados: o tratamento de saúde, as ações médicas permitidas e as vedadas, as possibilidades de prolongamento da vida ou de atenção e mitigação da dor e do sofrimento.

Uma dessas soluções é um instituto novo, o testamento vital, agora implementado no Brasil por meio de norma do Conselho Federal de Medicina, que preferiu denominar de Diretivas Antecipadas de Vontade (DAV)[1].

As diretivas antecipadas de vontade, ou testamento vital, caracteriza-se como um contrato unilateral, gratuito ou oneroso, personalíssimo, *intuitu personae*, consensual e essencialmente revogável.

O limite da liberdade da pessoa é o dever que tem o médico de usar todos os meios disponíveis de diagnóstico e tratamento, cientificamente reconhecidos e a seu alcance, em favor do paciente[2]. É vedado ao médico abreviar a vida do paciente, ainda que a pedido deste ou de seu representante legal. Mas, nos casos de doença incurável e terminal, deve o médico oferecer todos os cuidados paliativos disponíveis sem empreender ações diagnósticas ou terapêuticas inúteis ou obstinadas, levando sempre em consideração a vontade expressa do paciente ou, na sua impossibilidade, a de seu representante legal[3].

O novo Código de Ética Médica permite, portanto, a ortotanásia, ou seja, a morte digna, sem o sofrimento decorrente de medicamentos ou procedimentos médicos que

---

1. Código de Ética Médica aprovado pela Resolução CFM n. 2.217/2018, de 01 de novembro de 2018, que dispõe sobre as diretivas antecipadas de vontade dos pacientes (Dos Princípios Fundamentais, incisos XXI e XXII), e ainda nos artigos 31 e 41. Esta norma (*soft law*), do Conselho Federal de Medicina, normatiza os procedimentos médicos, possibilitando ao paciente vetar aqueles contrários à sua vontade.
2. Res. CFM n. 1.931/2009, art. 32.
3. Res. CFM n. 1.931/2009, art. 41.

podem prolongar a vida por mais tempo, mas sem qualidade, sem prazer de viver ao paciente, sem dignidade.

A compreensão de alguns conceitos médicos é essencial ao entendimento do tema[4]:

- **Ortotanásia:** nos casos de doença incurável e terminal, o tratamento médico oferece todos os cuidados paliativos disponíveis, sem empreender ações diagnósticas ou terapêuticas inúteis ou obstinadas, levando sempre em consideração a vontade expressa do paciente ou, na sua impossibilidade, a de seu representante legal.
- **Distanásia:** quando o médico adota todos os meios disponíveis de diagnóstico e tratamento, cientificamente reconhecidos e a seu alcance, em favor do paciente, mantendo-o vivo, ainda que com uso de aparelhos e quaisquer procedimentos a seu alcance.
- **Eutanásia:** a morte boa, em geral se refere à morte provocada a alguém, que a requer por padecer de uma enfermidade incurável e que provoca grande dor física ou moral, com a finalidade de abreviar o seu sofrimento (FARIAS, 2007).

Ao contrário do testamento tradicional e como sugere a etimologia, o testamento vivo, ou testamento vital, ou testamento em vida, é um documento com as decisões de uma pessoa a respeito de seu tratamento médico e seus eventuais efeitos para valer na oportunidade em que esta pessoa não possa mais manifestar a vontade, mas ainda e enquanto viva estiver.

Em São Paulo, a pioneira Lei Estadual n. 10.241/99, conhecida como Lei Mário Covas, pois foi editada quando o governador sofria do câncer que veio a matá-lo, dispõe sobre os direitos dos usuários dos serviços e das ações de saúde no Estado. Por ela, é permitido ao paciente recusar tratamentos dolorosos ou extraordinários para tentar prolongar a vida, bem como optar pelo local de morte (art. 2º, XXIII e XXIV), alternativa que permite inclusive a remoção do paciente para local onde a eutanásia seja permitida.

No Brasil, o testamento é ato solene e revogável pelo qual uma pessoa dispõe de seus bens para depois de sua morte. O ato deve obedecer criteriosamente à forma prevista no CC/2002 (arts. 1.862 e s.). Não há no direito pátrio o testamento para valer em vida.

Sem previsão legal, o ordenamento jurídico brasileiro aceita as disposições ou diretivas antecipadas de vontade, ou testamento vital, com base na liberdade geral de contratar, na autonomia da vontade.

Entendemos possível a realização de tais atos com fundamento nos princípios constitucionais e civis.

Dentre os princípios constitucionais aplicáveis, temos o direito à vida (art. 5º, *caput*), à liberdade de ação e ao princípio da legalidade, consubstanciados na máxima "ninguém será obrigado a fazer ou deixar de fazer alguma coisa senão em virtude de lei" (art. 5º, II), à liberdade de pensamento (art. 5º, IV), o direito à integridade física (art. 5º, III) e, finalmente, o direito à liberdade de crença e religião (art. 5º, VI). Todos estes princípios e direitos fundamentam a possibilidade de alguém precaver-se e antecipar

---

4. Deixo de contextualizar conceitos polêmicos como o suicídio assistido ou a eutanásia ativa ou passiva, pois o objeto deste estudo é mais a proteção e a garantia de direitos civis do que o trato da fronteira moral e penal.

decisões a respeito de sua saúde, vida privada e seus negócios por meio de diretivas antecipadas de vontade.

Temos também o princípio da dignidade da pessoa humana (art. 1º, III, da CF/88), o que garante, parece-nos, o direito a um tratamento compatível com as crenças e os valores individuais e também a uma morte digna.

O Código Médico visa a evitar a dor e o sofrimento, propiciando uma morte digna, que deve ser entendida sob os aspectos objetivo e subjetivo. A vida parece não ser uma escolha individual. Existente, o Direito a protege, obstando moralmente a pessoa ao suicídio, e criminalizando o auxílio a ele (art. 122 do CP). Sob este aspecto objetivo, nossa cultura protege a vida sobretudo, negando a morte e o direito a ela.

É de destacar que o Código Civil tangencia o assunto, quando permite ao enfermo ou ao portador de deficiência física requerer um curador para cuidar de todos ou alguns de seus negócios ou bens (art. 1.780). Se ele não puder se manifestar, qualquer das pessoas a que se refere o art. 1.768 também podem requerer: pais, cônjuge, qualquer parente, tutores ou curadores e o Ministério Público.

Pelo art. 107 do CC/2002, que contempla o princípio da ampla liberdade da forma dos atos jurídicos, a validade das declarações de vontade não depende de forma especial, senão quando a lei expressamente a exigir. Segundo o art. 425 do CC/2002, é lícito o contrato atípico, observadas as normas gerais fixadas pelo ordenamento.

Para a validade dos atos jurídicos, a lei exige agente capaz, objeto lícito e forma prevista ou não proibida pela lei (art. 104).

A forma pode ser pública ou particular. Dentre estas, sobressai a previsão do Conselho Federal de Medicina que aceita a disposição *ad verbis* reduzida a termo no prontuário médico do paciente.

Quanto ao tempo, pode ser fixado por prazo determinado ou indeterminado. Legislações de outros países estabelecem um prazo máximo, como Portugal, que fixou em cinco anos. Entendemos que, a exemplo do testamento tradicional, o testamento vital possa ser feito por prazo indeterminado, ressalvada a possibilidade de alteração ou revogação a qualquer tempo.

27.1 CONTEÚDO DO ATO

A maioria das normas estrangeiras somente prevê que o testamento vivo contenha disposições referentes ao tratamento de saúde e procedimentos necrológicos. Preferimos seguir o exemplo de algumas províncias do Canadá, onde o testamento vivo corresponde a um *power of attorney*, isto é, uma procuração com elenco de poderes sobre a saúde e negócios do mandante.

Isto porque as relações "médico e paciente" são apenas um dos elementos da vida de uma pessoa em tratamento de saúde. Há também que disciplinar o correr da vida, as relações ordinárias, os afetos e os negócios que prosseguem enquanto a pessoa é tratada, consciente ou inconsciente.

Por isso, o doente ou mesmo qualquer pessoa que, sadia, deseje prevenir-se quanto a fatalidades, deve dispor sobre seu tratamento, sobre as relações familiares e a continuidade de seus negócios, inclusive no tocante ao patrimônio.

Além das disposições relativas à saúde, a principal cláusula acessória que pode integrar a diretiva antecipada de vontade é o mandato. Tal disposição é essencial quando a pessoa seja empresária ou tenha negócios que demandem uma regular e contínua administração.

Quando alguém recebe de outrem poderes para, em seu nome, praticar atos ou administrar interesses, temos o mandato (art. 653 do CC/2002).

No caso das diretivas antecipadas de vontade e da cláusula mandato, é essencial observar que a perda da capacidade de manifestar a vontade é o termo inicial para a eficácia da disposição. Trata-se de um mandato atípico cuja eficácia inicia-se com a perda da capacidade de manifestar à vontade.

O Código Civil prescreve que o mandato se extingue pela interdição de uma das partes ou pela mudança de estado que inabilite o mandante a conferir os poderes, ou o mandatário para exercê-los (art. 682, II e III). A cláusula mandato de uma diretiva antecipada de vontade inicia-se justamente nestes casos, invertendo a premissa legal: o mandato cessa quando a parte tenha restabelecida a capacidade de manifestar a sua vontade.

O mandato deverá conter os poderes gerais de administração, podendo conter ainda muitos dos poderes especiais, como receber e dar quitação, prometer vender e comprar, vender ou comprar, transigir etc.

É possível que as diretivas antecipadas de vontade sejam manifestadas por quem detém a representação da pessoa. Apesar de se caracterizar como personalíssimo, entendemos possível que o menor, a pessoa que necessita de apoiador, o tutelado ou o curatelado, sejam representados por seus representantes legais, entes designados justamente para velar pelos interesses destas pessoas, dentre os quais se sobressai, sem dúvida, o direito à dignidade. Entendemos possível tal representação na diretiva antecipada de vontade, apesar de ser ato personalíssimo, posto que a sua finalidade é a proteção da saúde e cuidados médicos.[5]

---

5. A Lei Brasileira de Inclusão, Lei n. 13.146/2015, determina esse cuidado.

28
O Tabelião de Notas como Agente de Garantia (*Escrow Account*)

No momento de assinarem as suas escrituras, muitas pessoas desconhecem a contraparte, como, por exemplo, o vendedor que sempre tratou com o corretor e vê o comprador pela primeira vez.

Apesar de haver encontros e atos preliminares, que envolvem providências peculiares ao negócio e cautelares, é no momento da escritura que as partes fazem a maior parte do pagamento e transferem a posse do bem à outra. Ocorre com frequência e é, muitas vezes, embaraçoso. As partes ficam na mesma sala, por horas, aguardando a transferência bancária ser confirmada por um gerente de banco (alheio à premência do assunto...)

O vendedor não quer assinar enquanto não receber o valor; a outra parte, compradora, tem medo de assinar, pagar e não receber a posse.

No sistema anglo-saxão de transmissão da propriedade costuma haver um acordo para o uso de uma conta chamada escrow. O termo, em inglês, significa um acordo entre duas pessoas ou organizações pelo qual o dinheiro ou a propriedade é mantida por uma terceira pessoa ou organização, até que uma condição particular seja satisfeita.[1]

Neste sistema, a pessoa vendedora ou o banco que fornece o crédito para a operação, exige a garantia, que assegura que o dinheiro será entregue ao vendedor ao mesmo tempo que a propriedade é passada ao comprador.

Nos EUA, por exemplo, advogados costumam operar como agentes de escrow. Eles têm uma conta-movimento, na qual o comprador deposita o preço do negócio, e recebem do vendedor as chaves da propriedade, verificando também a correção da documentação. Se tudo estiver em ordem com o negócio, o agente repassa o preço para o vendedor e entrega as chaves para o comprador.

Este mecanismo simples e sábio foi agora importado para o Brasil.

A Lei de Garantias alterou a Lei 8.935/94, inserindo um novo artigo, o 7º-A, que comete, no parágrafo primeiro, esta nova atribuição ao tabelião de notas:

Art. 7º-A Aos tabeliães de notas também compete, sem exclusividade, entre outras atividades:

(...)

§ 1º O preço do negócio ou os valores conexos poderão ser recebidos ou consignados por meio do tabelião de notas, que repassará o montante à parte devida ao constatar a ocorrência ou a frustração

---

1. *Cambridge Dictionary*. Escrow: an agreement between two people or organizations in which money or property is kept by a third person or organization until a particular condition is met.

das condições negociais aplicáveis, não podendo o depósito feito em conta vinculada ao negócio, nos termos de convênio firmado entre a entidade de classe de âmbito nacional e instituição financeira credenciada, que constituirá patrimônio segregado, ser constrito por autoridade judicial ou fiscal em razão de obrigação do depositante, de qualquer parte ou do tabelião de notas, por motivo estranho ao próprio negócio.
(...)

Vemos que o tabelião de notas está autorizado a atuar como agente *escrow*, um agente de garantia, um fiel depositário do preço e da posse. Ele receberá o preço do negócio em uma conta bancária vinculada e de exclusivo movimento. A norma não indica a responsabilidade pela contrapartida, ou seja, o recebimento das chaves, posto que em nosso sistema a posse decorre do "justo título", a escritura pública.[2] Nada impede, porém, que o tabelião receba as chaves e a entregue ao comprador, para tranquilidade deste.

O tema ainda carece de regulamentação do CNJ e da implementação do convênio das instituições bancárias com uma entidade de classe de âmbito nacional.

Qual entidade ou entidade poderá celebrar tal convênio? O assunto deverá ser decidido pelo CNJ, mas parece-nos que a entidade dedicada com exclusividade ao notariado é o Conselho Federal do Colégio Notarial do Brasil.

Realizado o convênio, parece-nos que cada tabelião deverá ter a sua conta-movimento, para depósito dos valores decorrentes de seus atos. A lei não permite que a conta seja una, para todos os tabeliães brasileiros.

O valor depositado está blindado de constrições judiciais ou fiscais por obrigação alheia do depositante, de qualquer parte ou do tabelião de notas, em razão do regime do patrimônio de afetação instituído pela lei.

É vedado ao tabelião receber depósitos nesta conta se não houver algum ato vinculado à ela. A conta somente poderá receber depósitos de escrituras nas quais haja instrumentalização do negócio perante o tabelião.

Se o CNJ não regular as minúcias da ferramenta, parece-nos necessário que o tabelião informe às partes sobre a operação, explicando à elas os seus direitos, talvez até firmando um documento prevenindo a sua responsabilidade.

A escritura deverá informar sobre o depósito sucintamente, informando que o preço foi depositado na conta vinculada x, no valor y, recebido na data tal e liberada ao vendedor no dia tal.

O valor somente será repassado à parte credora se houver a ocorrência das condições negociais, ou seja, se o acordo de vontades se perfectibilizar. Quando isso ocorre? Ora, no momento da assinatura da escritura. Se, porventura, as partes não comparecerem ao mesmo tempo para as assinaturas, é importante que o tabelião receba a anuência expressa delas para isso, somente repassando o valor para a parte credora após a respectiva assinatura.

---

2. CC, art. 1.201, Parágrafo único. O possuidor com justo título tem por si a presunção de boa-fé, salvo prova em contrário, ou quando a lei expressamente não admite esta presunção.

Se houver divergência entre o valor esperado por uma parte e não depositado pela outra, o tabelião deverá requerer o complemento. Se a parte se recusar a pagar, teremos a frustração do negócio, impondo-se a devolução ao depositante. Se a parte depositar o restante solicitado, o tabelião deverá, por cautela, indicar que foram feitos dois depósitos, posteriormente integralmente repassados ao comprador.

A constatação ou frustração das condições negociais pode ser de responsabilidade de cada parte ou pode ser cometida ao tabelião, que lavrará a ata notarial prevista no parágrafo 2º do novo artigo 7º-A. Esta ata poderá ser independente, mas é melhor que seja inserida como ato acessório na própria escritura, se houver sucesso no negócio, obviamente.

Na outra hipótese, se o negócio se frustrar, o tabelião deverá devolver o valor depositado à parte credora, tendo a cautela de informar a ela previamente sobre a devolução e recebendo o assentimento expresso dela de que deseja o retorno.

O retorno do valor à parte depositante deve se revestir de outras cautelas. Somente deve ser feito à conta da própria parte. A falta de clareza sobre isso, impedirá o notário de retornar o depósito. Deve também ser imediato, realizar-se no mesmo dia em que obteve o assentimento para a transferência.

Se houver disputa entre as partes, o notário não é a pessoa que deve julgar tal conflito. As partes terão que se compor, pessoalmente, ou por mediação, conciliação ou arbitragem, judicial ou extrajudicial.

A lei não prevê, mas deve haver remuneração para esta nova atividade, o que deverá ser fixado pelas leis estaduais ou, provisoriamente, pelo Conselho Nacional de Justiça.

A nova lei atende um anseio social e, também, particular do notariado, que se via envolvido na desconfiança recíproca das partes no momento da assinatura da escritura.

O notário, como terceiro imparcial, receberá o pagamento e, se requerido, as chaves para entrega às partes. Com isso, a intervenção notarial pode impedir falsas indicações de pagamento, evitando fraudes e provendo segurança aos negócios.

Outra vantagem, esta para o Estado e a sociedade, é que os valores pagos serão efetivos, evitando uma prática comum de pagamentos "por fora", e declarações fraudulentas nas escrituras públicas. Como resultado, teremos o correto recolhimento dos tributos devidos, evitando a sonegação, bem como a lavagem de dinheiro e simulações.

Com isso, cumpre o notário, ainda melhor, a sua missão de prover segurança jurídica e econômica às partes, à sociedade e ao Estado.

29
O Tabelião de Notas como Árbitro, Mediador ou Conciliador

O congestionamento da Justiça brasileira é alarmante. Segundo o CNJ, em 2022 afluíram 31,5 milhões de novos casos para o Judiciário, um acréscimo de 10% sobre o ano de 2021. Ao final do ano, estão no Poder Judiciário 81,4 milhões de processos, dos quais 17,7 milhões estão suspensos, aguardando movimento das partes para uma ação futura.[1]

Apesar dos esforços da Justiça, o problema só se agrava e a perspectiva de solução passa, inevitavelmente, pelos meios alternativos de resolução de conflito, como a conciliação, a mediação ou a arbitragem.

A Lei 14.711/23 inseriu o art. 7º-A na Lei 8.935/94, indicando novas atribuições ao tabelião de notas, a atuação como mediador, conciliador ou árbitro.

> Art. 7º-A Aos tabeliães de notas também compete, sem exclusividade, entre outras atividades:
> (...)
> II – atuar como mediador ou conciliador;
> III – atuar como árbitro.
> (...)
> § 3º A mediação e a conciliação extrajudicial serão remuneradas na forma estabelecida em convênio, nos termos dos §§ 5º e 7º do art. 7º desta Lei, ou, na falta ou na inaplicabilidade do convênio, pela tabela de emolumentos estadual aplicável para escrituras públicas com valor econômico.

A mediação é o processo pelo qual uma pessoa neutra e imparcial, ajuda as partes a resolverem suas diferenças entre si. O mediador não interfere, usa a sua técnica para fazer com que as próprias partes cheguem a um consenso sobre a solução da controvérsia.

A conciliação é um meio alternativo de resolução de conflitos em que as partes confiam a uma terceira pessoa (neutra), o conciliador, a função de aproximá-las e orientá-las na construção de um acordo. O conciliador é uma pessoa que atua, de forma voluntária e após treinamento específico, como facilitador do acordo entre os envolvidos, criando um contexto propício ao entendimento mútuo, à aproximação de interesses e à harmonização das relações[2].

O mediador e conciliador devem ter a formação adequada para exercerem. O CNJ exige que tabeliães e registradores, bem como seus prepostos, tenham a formação prevista no Anexo I da Resolução CNJ n. 125/2010 e obedeçam às disposições dos Núcleos

---
1. Disponível em: https://www.cnj.jus.br/wp-content/uploads/2023/08/justica-em-numeros-2023.pdf, acessado em 28.01.2024, às 18h30.
2. Disponível em: http://portal.tjpr.jus.br/web/conciliacao, acessado em 02.12.2011, às 16h34.

Permanentes de Métodos Consensuais de Solução de Conflitos (Nupemec) dos Tribunais de Justiça estaduais e do Distrito Federal.

Conciliadores e mediadores deverão cumprir os seguintes princípios:

I – Confidencialidade – dever de manter sigilo sobre todas as informações obtidas, salvo autorização expressa das partes, violação à ordem pública ou às leis vigentes, não podendo ser testemunha do caso, nem atuar como advogado dos envolvidos, em qualquer hipótese;

II – Decisão informada – dever de manter as partes plenamente informadas quanto aos seus direitos e ao contexto fático no qual estão inseridas;

III – Competência – dever de possuir qualificação que o habilite à atuação, observada a reciclagem periódica obrigatória para formação continuada;

IV – Imparcialidade – dever de agir com ausência de favoritismo, preferência ou preconceito, assegurando que valores e conceitos pessoais não interfiram no resultado do trabalho, compreendendo a realidade dos envolvidos no conflito e jamais aceitando qualquer espécie de favor ou presente;

V – Independência e autonomia – dever de atuar com liberdade, sem sofrer qualquer pressão interna ou externa, sendo permitido recusar, suspender ou interromper a sessão se ausentes as condições necessárias para seu bom desenvolvimento, tampouco havendo dever de redigir acordo ilegal ou inexequível;

VI – Respeito à ordem pública e às leis vigentes – dever de velar para que eventual acordo entre os envolvidos não viole a ordem pública, nem contrarie as leis vigentes;

VII – Empoderamento – dever de estimular os interessados a aprenderem a melhor resolverem seus conflitos futuros em função da experiência de justiça vivenciada na autocomposição;

VIII – Validação – dever de estimular os interessados a perceberem-se reciprocamente como seres humanos merecedores de atenção e respeito;

IX – Boa-fé – a diligência dos procedimentos, a boa-fé e a lealdade das práticas aplicadas;

X – Fé pública – segurança jurídica dos procedimentos, consolidados por meio de escritura pública;

XI – Transdisciplina – a transdisciplinariedade do conhecimento, na resolução dos conflitos;

XII – Economia – a flexibilidade, simplicidade, clareza e concisão, na condução dos procedimentos, ajustando-se a diferentes contextos de atuação;

XIII – Isonomia entre as partes – as partes têm direitos e deveres iguais;

XIV – Autonomia da vontade das partes – as partes têm autonomia para buscar e decidir o que melhor atende aos respectivos interesses;

XV – Oralidade – os atos processuais são orais, reduzindo-se a termo somente quando as partes e o mediador entendam conveniente;

XVI – Informalidade – os atos são todos informais, buscando a celeridade, sem prejuízo da eficácia;

XVII – Busca do consenso – o profissional e as partes devem buscar sempre o consenso, evitando conflitos no processo.

O tabelião de notas já podia atuar como mediador e conciliador, nos termos do art. 42 da Lei 13.140/15, que autorizou notários e registradores a fazê-lo.

Muitas vezes, os notários, ao lavrarem escrituras públicas ou atas notariais, funcionam como mediadores ou conciliadores informais. O olhar imparcial para a diferença, a experiência de muitos anos e tantos casos semelhantes, o sentido do justo, a sensibilidade, são qualificações do profissional da área notarial que podem colaborar na solução de conflitos.

Até hoje, contudo, são raros os tabeliães que realizaram algum ato de mediação ou conciliação; em primeiro, porque não se interessaram, e em segundo, porque a população também não buscou os serviços. Talvez as regras do provimento CNJ 67/18, que regulamentou a matéria na época e hoje está incorporado ao Código Nacional de Normas, tenham sido desestimulantes.

A participação dos notários na conciliação ou mediação pode ocorrer sob duas formas: primeira, como mediador ou conciliador, a serviço das partes que lhes solicitam a resolução, ou, segunda, recepcionando as partes e o mediador ou conciliador, para lavrar a escritura do acordo obtido.

A arbitragem é uma forma extrajudicial de solução de controvérsias referentes a direitos patrimoniais disponíveis, em que as partes elegem um terceiro independente e imparcial – o árbitro –, para dirimir a controvérsia[3].

Foi introduzida no ordenamento pela Lei n. 9.307/96. É um meio extrajudicial de resolução de conflitos já consagrado por sua principal vantagem, a de que os árbitros são qualificados com extenso conhecimento da matéria que lhes é submetida. Por outro lado, apresenta uma dificuldade: tornou-se uma via elitista, é um meio exclusivo das pessoas e empresas com grande poder econômico, pois os preços das câmaras arbitrais são elevados.

As pessoas capazes de contratar poderão valer-se da arbitragem para dirimir litígios relativos a direitos patrimoniais disponíveis (art. 1º da lei).

As partes podem definir a escolha pela arbitragem na cláusula compromissória de um contrato ou em momento posterior, na iminência ou existente o conflito, por proposição de uma parte aceita pela contraparte.

Os principais princípios da arbitragem são:

I – Autonomia da vontade, é da essência a consensualidade em optar pela via arbitral;

II – Escolha da lei aplicável, limitada pelos bons costumes e ordem pública (art. 1º, § 1º);

III – Igualdade das partes(art. 21, § 2º);

IV – Contraditório (art. 21, § 2º);

V – Independência e imparcialidade do árbitro, visando a uma sentença justa (art. 21, § 2º);

VI – Possibilidade de decisão por equidade, de acordo com as regras da prudência e consciência, podendo mitigar os efeitos da lei;

VII – Possibilidade de uso da *Lex Mercatoria* (art. 2º, § 2º);

VIII – Possibilidade de ampliar as regras de Direito, utilizando o ordenamento jurídico nacional e outros conjuntos normativos, tais como, os princípios gerais de direito, o Direito Internacional Público, Princípios da UNIDROIT(1994) ou a Convenção de Compra e Venda Internacional de Mercadorias (UNCITRAL).

A possibilidade de operar na arbitragem era uma antiga demanda do notariado brasileiro. No Congresso Notarial Brasileiro, ocorrido em Curitiba, já no ano de 1996, quando a lei foi aprovada, a arbitragem foi um dos temas.

---

3. Selma Ferreira Lemes, em palestra proferida no Colégio Notarial do Brasil, seção São Paulo, em 16.11.2009.

Ainda que não houvesse impedimentos para a atuação de notários na área, o procedimento não foi utilizado, vez que a profissão atende a um rígido conjunto normativo que é um empecilho ao desenvolvimento de novas atividades.

A questão emolumentar é um deles, tratado na nova lei nos parágrafos 6º e 7º, que foram, todavia, vetados. Temos no § 3º previsão de cobrança para os atos de mediação ou conciliação, mas não há previsão para os atos de arbitragem.

Como a questão é importante para a sociedade e para o Poder Judiciário, que poderá desafogar-se da avalanche anual de processos com o auxílio de mais de 8.000 notários presentes em quase todos os municípios brasileiros[4], o CNJ deverá regulamentar o tema e, em especial, as lacunas legais.

---

4. São exatos 8.823 notários ou oficiais de registro com funções notariais em todo o Brasil.

30
Separação[1] e Divórcio, Inventário e Partilha

A Lei n. 11.441, de 4 de janeiro de 2007, delegou nova competência para os notários: a lavratura de inventários e partilhas e de separações e divórcios passa a ser feita por escritura notarial, desde que observados os requisitos legais. Agora, a Lei n. 13.105/2015 (Código de Processo Civil) passa a regular a matéria[2].

A lei atendeu ao anseio da população em geral, que reclama mais simplicidade e celeridade no processo de separação ou de divórcio, que era mais complexo do que o procedimento para contrair núpcias.

O processo judicial, é verdade, algumas vezes prolonga o abalo moral dos envolvidos em tais demandas, devido aos seus procedimentos e trâmites. A lei é procedimental: ela permite que os atos de separação, divórcio, extinção de união estável, inventário ou partilha sejam realizados pela via notarial. Não se aplicam, pois, as disposições do procedimento judicial. O "processo", melhor dizendo, o procedimento é, agora, notarial, sujeito às normas e costumes da atividade tabelioa.

De fato, não há justificativa para obrigar postular na via jurisdicional a extinção de pacto realizado por mera declaração de vontades (o casamento e a união estável), sem o condão de prejudicar terceiros. Tal procedimento contraria inclusive a lógica jurídica, pela qual a dissolução de um ato deve ser realizada pelos mesmos meios de sua elaboração.

A lei segue a tendência mundial de retirar do Judiciário os atos de jurisdição voluntária, para acelerá-los e simplificá-los. Trata-se da desjudicialização, termo novo que já se incorpora ao meio jurídico, no Brasil e também no exterior.

Quando houver consenso das partes, ao Estado interessa apenas a verificação da legalidade. A via notarial é mais célere, menos burocrática e com menor custo. No caso do Brasil, a lei quer, também, desafogar a Justiça, concentrando-a na jurisdição litigiosa.

Os requisitos são: as partes devem ser plenamente capazes, haver consenso mútuo, inexistência de testamento e de filhos incapazes ou nascituro e assistência de advogado. A falta de um destes requisitos impede a tutela notarial.

É de ressaltar a importante inovação decorrente da alteração das normas de São Paulo – numa interpretação consentânea (em harmonia com a *ratio legis*) da Lei n. 11.441/2007 – passou-se a admitir a lavratura de escritura de inventário e partilha nos

---

1. O Supremo Tribunal Federal – STF negou provimento ao Recurso Extraordinário – RE 1.167.478 (Tema 1.053) e, por maioria, fixou o entendimento de que, após a promulgação da Emenda Constitucional – EC 66/2010, a separação judicial não é requisito para o divórcio nem subsiste como figura autônoma no ordenamento jurídico brasileiro.
2. Art. 610, § 1º, do novo Código de Processo Civil.

casos de **testamento revogado ou caduco** ou quando houver decisão judicial, com trânsito em julgado, declarando a **invalidade do testamento**[3]. Com o advento do novo Código de Processo Civil, a Corregedoria-Geral da Justiça de São Paulo editou o Provimento n. 37/2016, que, além das hipóteses acima, autorizou a realização de inventário e partilha notarial com **testamento válido**, desde que autorizado pelo juízo sucessório.

A atuação notarial não se submete às regras do processo judicial. Permanece a possibilidade de escolha do tabelião pelas partes. Assim, pode a escritura ser lavrada no Rio Grande do Sul, ainda que o autor da herança tenha falecido em São Paulo e os bens a partilhar estejam localizados em Curitiba.

A escritura notarial é o instrumento hábil, dispensada qualquer intervenção judicial (semelhante ao formal de partilha ou mandado judicial) para atos registrais imobiliários e de registro civil das pessoas naturais, inclusive para a transferência de bens e direitos, e para a efetivação de todos os atos necessários para as transferências de bens móveis e levantamento de valores em instituições financeiras[4] (bem assim, das verbas previstas na Lei n. 6.858/80), tais como: departamentos de trânsito, junta comercial, registro civil de pessoas jurídicas, instituições financeiras, companhias telefônicas etc.

Segue também vigente e possível que os herdeiros capazes façam partilha amigável, por escritura pública, termo nos autos, ou escrito particular, homologado pelo juiz[5]. Neste caso, pode haver testamento.

Já havia aí autorização para que a partilha fosse feita por escritura pública, quando os herdeiros fossem capazes (o consenso de vontades é requisito de toda escritura) estivessem de acordo com o ato notarial.

É imperioso salientar a possibilidade de fazer a partilha amigável (art. 2.015), entre maiores e capazes, com testamento e homologada judicialmente. Procede à realização da partilha de bens do espólio com atribuição dos quinhões e valores, inclusive aqueles constantes do testamento, homologando-a judicialmente.

Este caso não é cerebrino: tivemos um caso em que a partilha amigável com testamento foi feita desta forma e foi homologada pelo juiz.

As partes ficam facultadas à opção pela via judicial ou extrajudicial. Optando pela via extrajudicial, os herdeiros podem pedir a suspensão do processo ou a desistência da via judicial, para promoção da via extrajudicial. Não é necessário o deferimento do pedido de desistência ou suspensão pelo juízo, bastando o arquivamento do protocolo do requerimento sobre a opção escolhida pelos herdeiros.

A presença de advogado ou defensor público na lavratura das escrituras de inventário e partilha, extinção de união estável ou divórcio é requisito obrigatório. O advogado constituído pelas partes não precisa apresentar a procuração de seus constituintes, já que acompanhará todo o procedimento notarial e no final assinará o ato com os herdeiros, posto que a assinatura do advogado configura a procuração *apud acta*.

---

3. Item 130 das Normas de Serviço.
4. CPC/2015, art. 610, § 1º.
5. CC, art. 2.015 (redação idêntica à do art. 1.773 do Código Civil de 1916).

O ato notarial deve consignar a qualificação do advogado e o número de registro na Ordem dos Advogados do Brasil. É recomendável que o tabelião consulte a base de dados do referido órgão para verificar se o advogado está regularmente habilitado para o exercício de suas funções e verificar a autenticidade da carteira de identidade profissional. Se houver algum impedimento ou suspensão, o advogado não pode atuar no ato.

Um advogado pode assistir todas as partes ou cada uma pode constituir seu próprio advogado. Como dissemos, não há necessidade de outorga de procuração para a constituição do assistente jurídico.

Vale ressaltar que no inventário e partilha o mandatário pode acumular a condição de assistente jurídico, por não haver impedimento legal[6]. Pode atuar também em causa própria, na qualidade de herdeiro e assistente jurídico. No divórcio, o regramento não foi alterado no CNJ, permanecendo a restrição. Em São Paulo, é permitido o mandatário acumular a condição de assistente jurídico no divórcio e na extinção de união estável[7].

Para evitar a captura predatória de mercado, é vedado ao tabelião indicar advogado às partes, as quais devem buscar profissionais de sua confiança para a assessoria no ato notarial. Se as partes não dispuserem de condições econômicas para contratar advogado, o tabelião deve recomendar-lhes a Defensoria Pública, onde houver, ou, na sua falta, a Seccional da Ordem dos Advogados do Brasil.

As partes podem ser representadas por procuração, a qual deve conter poderes expressos e específicos para serem representadas no ato notarial. Não basta a procuração com poderes gerais, pois os atos de divórcio, extinção de união estável e inventário e partilha exorbitam a mera administração, havendo a necessidade de os poderes serem expressos e especiais.

A procuração outorgada para escrituras de inventário e partilha tem alguns requisitos que devem ser observados: I) conter o nome do autor da herança; II) conter a data de falecimento; III) conter poderes para realizar a necessária partilha de bens, aceitar a inventariança com seus respectivos encargos, concordar ou não com cálculos, avaliações e a respectiva partilha, renunciar, ceder, receber, passar recibos e dar quitações etc.

Nos casos de escrituras de divórcio (e extinção de união estável), também devem constar da procuração a declaração do outorgante de que não tem filhos incapazes, não estar em estado gravídico e eventuais ajustes sobre a pensão alimentícia[8], o nome etc.

O prazo recomendável para utilização de procurações lavradas em território nacional nas escrituras de divórcio (ou separação) é de 30 dias. Se lavrada no exterior, este prazo é estendido para 90 dias[9].

---

6. Alteração promovida pela Resolução CNJ n. 179, de 3-10-2013.
7. Suprimido a vedação do item 88.2 das Normas de Serviço.
8. No Estado de São Paulo, a forma de cobrança foi exarada no Proc. n. 2014/123740, da Corregedoria-Geral da Justiça, e ficou assentado que: quando não houver fixação de prazo, multiplica-se o valor da parcela por 12. Se houver fixação de prazo, multiplica-se o valor da parcela pela quantidade de parcelas.
9. As recomendações são do CNJ.

30.1 AS POLÊMICAS SOB A ÉGIDE DA LEI N. 11.441/2007

Decorridos mais de quinze anos da lei[10], alguns temas ainda despertam dúvida no meio jurídico.

Questão controversa diz respeito à possibilidade de as partes movimentarem contas bancárias, disporem de recursos para fazer face às necessidades dos herdeiros, antes de ultimada a partilha. É natural que a viúva, ou o viúvo, necessite de recursos, às vezes para suprir as básicas necessidades alimentares.

Na via judicial é pacífica a possibilidade de mexer nos depósitos, mediante alvará do juiz. Trata-se de um ato ordinatório, permitindo aos herdeiros o exercício da disponibilidade da herança, mesmo antes da partilha.

Com frequência também, nos inventários, surge a necessidade de movimentar valores para custear despesas com a conservação de bens, com o pagamento de impostos ou mesmo para fruição da renda. Algumas heranças lastreadas em bens imóveis implicam em elevados custos de manutenção e, não raro, os herdeiros são obrigados a dispor de um ou mais bens para poderem pagar o imposto de transmissão *mortis causa*.

Optando as partes pelo inventário notarial, parece-nos possível ao tabelião, mediante pedido motivado de todos os herdeiros e de seu advogado, solicitar ao gerente do banco, por ofício, a liberação dos valores ou o pagamento de tributos incidentes no ato notarial. Tal medida deve ter caráter excepcional, até porque, com rito tão célere, o inventário e partilha por escritura pública podem ser concluídos regularmente sem a necessidade da prévia utilização dos recursos. Esta possibilidade é, ressalte-se, controversa. Em São Paulo, é admissível o inventário com partilha parcial, embora vedada a sonegação de bens no rol inventariado, justificando-se a não inclusão dos bens arrolados na partilha.

Em 22 de abril de 2022, o CNJ aprovou a Resolução n. 452, que alterou o art. 11 da Resolução n. 35/2007, possibilitando ao inventariante nomeado representar o espólio na busca de informações bancárias e fiscais necessárias à conclusão de negócios essenciais para a realização do inventário e no levantamento de quantias para pagamento do imposto devido e dos emolumentos do inventário. A nomeação de inventariante será considerada o termo inicial do procedimento de inventário. Parece-nos que esta disposição provoca também reflexos tributários em face das Fazendas Públicas estaduais, sendo a data da escritura de nomeação de inventariante o termo inicial para a contagem dos prazos tributários. Entretanto, esta é uma questão controversa, dependente da interpretação das procuradorias das Fazendas estaduais ou, finalmente, do Poder Judiciário.

Outra polêmica diz respeito à tradição perniciosa de algumas leis brasileiras impedirem, declarando nulos, os atos de alienação de bens cujos proprietários tenham dívidas com a Fazenda Pública. A existência de ônus ou gravames (como dívidas, penhoras, lançamentos das fazendas públicas) não deve impedir a disposição do bem, em especial o regular processamento do inventário e partilha.

---

10. Revogada tacitamente pela Lei n. 13.105/2015, Código de Processo Civil.

A Resolução CNJ n. 35/2007 (art. 22, g) e as Normas de São Paulo (item 118, g) exigem a certidão negativa de tributos. Mas qual ou quais?

A Portaria Conjunta PGFN/RFB n. 1.751/2014, em seu art. 17, II, dispensa a comprovação de regularidade fiscal nos atos relativos à transferência de bens envolvendo a arrematação, a desapropriação de bens imóveis e móveis de qualquer valor, bem como nas ações de usucapião de bens móveis ou imóveis nos procedimentos de inventário e partilha decorrentes de sucessão *causa mortis*.

A confusa redação deixa claro que é possível a dispensa dessas certidões.

Os provimentos ns. 08 e 13 de 2021, da Corregedoria Geral da Justiça de São Paulo, suprimiram itens das normas que impediam a lavratura da escritura pública quando houvessem débitos tributários municipais e da receita federal (certidões positivas fiscais municipais ou federais) e que exigiam a apresentação da certidão negativa conjunta da Receita Federal do Brasil e PGFN. Parece-nos melhor assim, pois o Fisco deve buscar seus créditos pela via adequada.

A certidão de tributos municipais, em tese, pode ser dispensada pelas partes com base no Decreto n. 93.240/86.

Ademais, o novo Código de Processo Civil dispõe que a existência de dívida para com a Fazenda Pública não impede a partilha, desde que o seu pagamento esteja devidamente garantido (art. 654, parágrafo único). Não há razão para tratar diversamente o inventário e partilha notarial.

A liberdade de dispor dos bens é decorrência do direito de propriedade, constitucionalmente previsto. Parecem-nos excessivas as normas que impedem o exercício do direito de propriedade, condicionando-o à existência desta ou daquela certidão.

A lavratura da escritura não prejudica direitos da Fazenda Pública, posto que, se os ônus estiverem inscritos na forma da legislação, acompanham os bens. Evidentemente, tais débitos devem ser objeto de pagamento entre os herdeiros. Assim, entendemos que os débitos tributários (certidões positivas fiscais municipais ou federais) não podem impedir a lavratura da escritura pública, mas devem ser consignados no instrumento.

Em 2022, a partir de decisão inovadora da 2ª Vara de Família e Sucessões de Taubaté, alguns Estados passaram a permitir o inventário e partilha, mesmo com herdeiros menores, desde que a partilha seja igualitária, sem prejuízo aos menores.[11] Com a decisão, notamos uma tendência dos operadores do Direito em ampliar o inventário perante tabelião, ainda que haja presença de menores, respeitados os direitos sucessórios.

30.2 JURISPRUDÊNCIA SELECIONADA

Acesse a jurisprudência em https://www.26notas.com.br/blog/. Clique na lupa e insira o tema de interesse. Ex.: divórcio.

---
11. TJSP, 2ª Vara de Família e Sucessões de Taubaté-SP, Processo n. 1016082-28.2021.8.26.0625.

31
INVENTÁRIO E PARTILHA

A seguir, tratamos das principais características dos atos notariais de inventário e partilha.

31.1 CONSENSO ENTRE AS PARTES

Para a lavratura da escritura de inventário e partilha as partes envolvidas devem ser maiores e capazes.

As partes no inventário são: a viúva ou o viúvo meeiro, os herdeiros[1] e seus eventuais cônjuges ou companheiros, os quais devem ter capacidade plena. A emancipação de algum herdeiro permite a promoção do inventário e da partilha.

O ato notarial pode ser realizado se o autor da herança era menor ou incapaz.

Sem consenso entre as partes não há, e nunca houve, ato notarial. Todos devem estar de acordo com os cálculos, as avaliações e a respectiva partilha, a eleição do inventariante e, na escritura de divórcio (ou extinção de união estável), sobre o ajuste da pensão alimentícia[2], eventual partilha de bens e o nome. Se alguma das partes esboçar alguma discordância do conteúdo do ato, a escritura não deve ser lavrada e as partes devem promover o inventário via judicial.

31.2 INEXISTÊNCIA DE TESTAMENTO

Outro requisito é a inexistência de testamento. A informação da existência de testamento é fornecida pela Central Notarial de Serviços Eletrônicos Compartilhados – CENSEC, instituída pelo Provimento n. 18, de 28 de agosto de 2012, mantida e operada pelo Colégio Notarial do Brasil – Conselho Federal e publicada sob o domínio www.censec.org.br, que emite – a pedido das partes com a apresentação da certidão de óbito e pagamento da taxa – a certidão com a informação positiva ou negativa de testamento. Se não houver tal central, é válida a declaração das partes de que desconhecem a existência de testamento.

A apresentação da certidão é obrigatória, conforme o Provimento CNJ n. 56/2016.

---

1. Incluindo os herdeiros por representação, estirpe ou cabeça ou credor.
2. Aguardaremos como os tribunais vão decidir sobre a possibilidade de prisão civil – tipificada no art. 911 e parágrafo único c/c o § 3º do art. 528, ambos do CPC/2015 – com base na escritura pública de separação, divórcio ou extinção de união estável.

Se houve testamento, mas foi revogado expressamente, é possível a realização do inventário e partilha pela via notarial. Se o testamento não foi revogado expressamente, mas caducou, por exemplo, pela morte do herdeiro ou legatário, também é possível o ato notarial. Porém, isso é controverso; no concurso, verifique o que dizem as normas de serviço do tribunal local e, na dúvida, opte pela impossibilidade de eleger a via notarial.

A Corregedoria-Geral da Justiça de São Paulo editou o Provimento n. 37/2016 autorizando a realização de escritura de inventário e partilha com testamento, desde que expressamente autorizado pelo juízo sucessório competente, nos autos do procedimento de abertura e cumprimento do testamento[3].

Diante da expressa autorização do juízo sucessório competente, nos autos do procedimento de abertura e cumprimento de testamento, sendo todos os interessados capazes e concordes, poderá ser feito o inventário e partilha por escritura pública.

O inventário e a partilha também poderão ser feitos por escritura pública nos casos de testamento revogado ou caduco, ou quando houver decisão judicial, com trânsito em julgado, declarando a invalidade do testamento, observadas a capacidade e a concordância dos herdeiros. Nessas hipóteses, o tabelião deve solicitar, previamente, a certidão do testamento e, se constatada a existência de disposição reconhecendo filho ou qualquer outra declaração irrevogável, a lavratura de escritura pública de inventário e partilha ficará vedada, e o inventário será feito judicialmente.

Muitas Corregedorias estaduais permitem o inventário notarial quando há testamento inválido ou manifestamente caduco. Por isso, tenha atenção a isso, verifique se a normas do Estado permite o inventário e a partilha pela via notarial nesses casos.

O herdeiro testamentário, por seu advogado, peticionará ao juízo sucessório requerendo[4]: i) a abertura, ou registro e cumprimento para o testamento cerrado, ou o cumprimento para o testamento público ou, ainda, confirmação, registro e cumprimento para o testamento particular (inclusive para as espécies especiais); e ii) pedido para a realização do inventário e partilha na via notarial.

Em relação ao testamento cerrado, não havendo nenhum vício externo que o torne suspeito de nulidade ou falsidade, o juiz o abrirá e mandará o escrivão ler na presença do apresentante que, em seguida, fará o termo de abertura e eventuais notas circunstanciais.

O Ministério Público será ouvido e, não restando dúvidas a serem esclarecidas, o juiz mandará registrar, arquivar e cumprir o testamento.

Feito o registro e atendidos os requisitos do art. 610, § 1º, do CPC/2015, o juiz autorizará a realização do inventário e da partilha extrajudicial, devendo o tabelião seguir as disposições testamentárias, que serão fiscalizadas pelo testamenteiro nomeado, se houver[5]. O tabelião deve arquivar o ato judicial autorizatório.

---

3. Em 15/10/2019, a 4ª turma do STJ, no julgamento do REsp 1.808.767/RJ, confirmou que o inventário pode ser feito na via extrajudicial mesmo quando houver testamento, desde que este seja registrado prévia e judicialmente.
4. Art. 1.875, CC.
5. O testamenteiro poderá ser dispensado da prestação de contas, se as partes assim acordarem.

No caso de testamento público, basta o interessado apresentar o traslado ou a certidão, solicitando ao juiz que ordene o seu cumprimento, observando-se sempre a análise de eventuais nulidades, a manifestação do Ministério Público, o cumprimento das disposições e a autorização do juízo sucessório para a realização do ato notarial.

A publicação do testamento particular será requerida pelo interessado e os herdeiros que não tiverem requerido a publicação do testamento serão intimados. Verificada a presença dos requisitos da lei e ouvido o Ministério Público, o juiz confirmará o testamento[6]. Aplicam-se esses requisitos ao codicilo e aos testamentos marítimo, aeronáutico, militar e nuncupativo.

Se o tabelião verificar alguma circunstância que indique, não obstante a autorização do juízo sucessório, eventual impossibilidade de realização do ato notarial, poderá negar sua lavratura ou submeter a questão ao juiz corregedor permanente.

31.3 ADVOGADO

A presença do advogado na escritura é obrigatória, e a sua ausência causa a nulidade do ato. As partes devem contratar advogado regularmente habilitado na OAB, segundo a sua confiança, para que lhes assista e preste todas as informações jurídicas atinentes à sucessão durante o procedimento notarial.

Como dissemos, o advogado pode atuar para uma só das partes, tendo cada uma o seu próprio causídico, ou para todas em comum.

O advogado não é mero coadjuvante no ato; tem a responsabilidade civil, penal e profissional sobre a sua atuação. Na escritura de inventário e partilha deve proceder à correção da partilha e de seus valores de acordo com a lei, verificar os aspectos legais e tributários sobre os bens imóveis e móveis, orientar os herdeiros sobre a necessidade de levar os bens recebidos à colação, exceto se houver a sua dispensa expressa. No divórcio (ou extinção de união estável), também deve assessorar e aconselhar os seus constituintes, em especial sobre os efeitos do divórcio, do ajuste da pensão alimentícia, da partilha de bens, se houver, e do nome.

Há doutrinadores que entendem que a exigência de advogado é desnecessária. Isso porque o tabelião é um profissional do direito, cuja função é regida pelos princípios da juridicidade e imparcialidade, de modo que não há razão para exigir a presença de outro profissional do direito para a realização de um ato jurídico em que todos são maiores e capazes e estão de acordo sobre o conteúdo do ato. O próprio tabelião é o profissional do direito apto a dar todo o suporte jurídico necessário para a boa realização do ato[7].

Entendemos que o advogado é indispensável para a harmonia destes interesses. O conhecimento de peças e técnicas jurídicas fica secundado pelo talento e racionalidade na defesa dos interesses de cada uma das partes e de todas elas, ao mesmo tempo. Encontrado o equilíbrio, aí sim emerge o advogado da assistência procedimental.

---

6. Art. 1.879, CC.
7. BRANDELLI, Leonardo. *Teoria geral do direito notarial*, p. 418.

Cabe ao tabelião formalizar a vontade das partes, conferindo fé pública e autenticidade aos instrumentos. Enquanto o advogado trabalha pela Justiça (Constituição Federal, art. 133), o tabelião opera com a fé pública e atendendo aos interesses das partes e do Estado (CF, art. 236). Como agente público, o tabelião também vela pela família (CF, art. 226) e tributos devidos.

Há, portanto, a união de dois profissionais em busca da segurança jurídica. Este trabalho conjunto, aliás, não é novidade. A prática demonstra que, também quanto aos testamentos, esta parceria sempre ocorreu. São raras as partes que comparecem a um tabelionato de notas para lavrarem testamento sem estarem assessoradas por um advogado. Muitas vezes, o mesmo sucede quanto às escrituras imobiliárias.

31.4 TEMPO DO FALECIMENTO E DA SUCESSÃO

A data do falecimento do autor da herança determina a aplicação da ordem de vocação hereditária, bem como o recolhimento ou a isenção de tributos. Importante salientar que a Lei n. 11.441/2007[8] tem aplicação independentemente da data do falecimento do *de cujus*. Se não foi promovido o inventário de uma pessoa falecida antes de 2007, ano da Lei n. 11.441, as partes podem – preenchidos os requisitos legais – eleger a via notarial. No entanto, estão sujeitas às eventuais penalidades decorrentes da demora, como a multa e os juros do imposto de transmissão.

A data de falecimento é importante para definir a legislação aplicável para a ordem de vocação hereditária e a partilha de bens. Se o falecimento ocorreu na vigência do Código Civil de 1916, esta é a lei aplicável à sucessão na escritura de inventário e partilha; se o óbito ocorreu na vigência do Código Civil de 2002, o tabelião deve aplicar este regramento.

Como há diferença de tratamento sucessório entre os dois códigos, isso se reflete no inventário e na partilha. Por isso, deve haver cautela e aplicação da lei correta.

Outro assunto que merece atenção é a maioridade e a capacidade dos herdeiros em relação ao tempo do falecimento do autor da herança. Se na data do óbito os herdeiros eram menores ou incapazes e na data de realização do ato notarial são maiores e capazes, deixou de existir o óbice legal, que até então havia, e a escritura de inventário e partilha pode ser realizada.

31.5 O PEDIDO

O tabelião não age de ofício. As partes devem requerer ao tabelião a lavratura da escritura de inventário e partilha. É recomendável que o advogado apresente as primeiras declarações, que conterão os dados e a qualificação do autor da herança, a qualificação dos herdeiros e eventual cônjuge ou companheiro, a relação de direitos e obrigações e o esboço da partilha, para que não haja desentendimentos e incorreções.

---

8. Leia-se Lei n. 13.105/2015.

31.6 A QUALIFICAÇÃO E OS DADOS DO AUTOR DA HERANÇA

A escritura pública de inventário e partilha deve conter[9]:

1. qualificação completa do autor da herança;
2. regime de bens do casamento;
3. pacto antenupcial e seu registro imobiliário, se houver;
4. dia e lugar em que faleceu o autor da herança[10];
5. data da expedição da certidão de óbito, livro, folha, número do termo e unidade de serviço em que consta o registro do óbito;
6. declaração dos herdeiros, sob as penas da lei, de que o autor da herança não deixou testamento e outros herdeiros;
7. idade das partes.

As partes e respectivos cônjuges devem estar, na escritura, nomeados e qualificados com indicação de nacionalidade, profissão, idade, estado civil, regime de bens, data do casamento, pacto antenupcial e seu registro imobiliário, se houver, número do documento de identidade, número de inscrição no CPF/MF, domicílio e residência.

Nos casos de união estável, algumas normas exigem que o contrato seja registrado perante o registro imobiliário. Tal exigência ocorre quando os companheiros elegem regime de bens diverso do legal, somente. Assim, se a união estável é regida pelo regime legal (comunhão parcial de bens), ou não formalizada, não há obrigatoriedade do registro.

Os cônjuges dos herdeiros devem comparecer ao ato de lavratura da escritura pública de inventário e partilha quando houver renúncia ou algum tipo de partilha que importe em transmissão, exceto se o casamento se der sob o regime da separação de bens.

O viúvo ou os herdeiros podem estar representados, no inventário e partilha extrajudicial, por procuração formalizada por instrumento público com poderes especiais.

Entendemos que o herdeiro pode ser emancipado para a realização do ato, mas esta circunstância é controversa[11].

A indicação da idade das partes é esdrúxula e letra morta nos atos notariais. Contudo, já tivemos uma escritura devolvida por zelosa registradora paulista. A norma se presta para "pegadinha" em concurso. Por isso, fique atento.

---

9. Resolução 35 do CNJ, art. 20.
10. A partir de 2020 as Normas da Corregedoria de São Paulo exigem que, para a aplicação da legislação competente, no caso de inventário extrajudicial de falecido estrangeiro (art. 10 LINDB), quanto aos bens situados no Brasil, deve ser apresentada ao Notário a certidão consular do teor e vigência da lei à época do óbito ou da própria certidão.
11. Nosso entendimento foi corroborado pela Recomendação CNJ n. 22/2016, que recomenda aos Tabelionatos de Notas que procedam a realização de inventário, partilha, separação consensual, divórcio consensual e extinção consensual de união estável, quando houver filhos ou herdeiros emancipados.

31.7 NOMEAÇÃO DE INVENTARIANTE

Nas escrituras de inventário e partilha as partes devem eleger uma pessoa para representar o espólio, com poderes de inventariante, perante entes públicos ou privados, bem como para o cumprimento de obrigações pendentes deixadas pelo *de cujus*. Não vemos impedimento legal para a nomeação de dois inventariantes, inclusive especificando os poderes de cada um (inventário uno ou conjunto), se as partes assim ajustarem e concordarem.

A nomeação não precisa seguir a ordem prevista no art. 617 do Código de Processo Civil. Como há consenso entre as partes, elas soberanamente decidem quem será designado para tal mister.

É possível, previamente à escritura de inventário e partilha, a lavratura de escritura de compromisso e nomeação de inventariante, na qual comparecem o viúvo, ou a viúva, todos os herdeiros e o respectivo advogado. Essa pode ser uma providência necessária para representar o espólio perante bancos para levantamento de saldos, cumprimento de obrigações prementes, dentre outras situações.

A Fazenda Estadual do Estado de São Paulo impõe penalidade se o inventário e a partilha não forem requeridos (protocolados) dentro do prazo de 60 (sessenta) dias da abertura da sucessão, cujo imposto (ITCMD) será calculado com acréscimo de multa equivalente a 10% (dez por cento) do valor devido; se o atraso exceder a 180 (cento e oitenta) dias, a multa será de 20% (vinte por cento), com acréscimo de multa por não recolhimento, no percentual de 0,33% por dia de atraso, limitado a 20%. Ou seja, o atraso poderá corresponder a 40% de multa.

A contagem do prazo de sessenta dias é tanto para os inventários judiciais, quanto para os extrajudiciais.

No campo judicial, é corriqueiro pedir a abertura de inventário judicial em sessenta dias da abertura da sucessão, sendo necessário, apenas, as primeiras declarações. No campo extrajudicial, esse prazo, às vezes, é muito exíguo, pois trata-se de ato único – precede a lavratura de escritura pública de inventário e partilha, a apresentação das primeiras declarações, toda a gama de documentos, a produção da minuta, sua aprovação pelas partes e advogado e, ao final, a lavratura da escritura de inventário e partilha.

No Processo n. 2016/82279, perante a Corregedoria-Geral da Justiça do Estado de São Paulo, afigurou-se possível a lavratura do ato em duas etapas. A primeira, a nomeação de inventariante, onde as partes e respectivos cônjuges devem estar, na escritura, nomeados e qualificados (nacionalidade, profissão, idade, estado civil, regime de bens, data do casamento, pacto antenupcial e seu registro imobiliário, se houver, número do documento de identidade, número de inscrição no CPF/MF, domicílio e residência). Na segunda etapa, a lavratura da escritura de inventário e partilha; inclusive editou-se o Provimento CG n. 55/2016[12] nesse sentido.

---

12. Item 106.2. A nomeação de inventariante será considerada o termo inicial do procedimento de inventário extrajudicial; item 106.3. Para a lavratura da escritura de nomeação de inventariante será obrigatória a apresentação dos documentos previstos no item 115 deste Capítulo.

A ideia era ter a data de lavratura da nomeação de inventariante como termo inicial do procedimento de inventário extrajudicial, semelhante à data de protocolização da petição inicial no inventário judicial.

Contudo, o sistema da Fazenda Estadual não dispõe de campo para o lançamento da data de protocolização para o inventário extrajudicial, deixando a norma sem aplicação prática.

Como dito anteriormente, a Resolução CNJ n 452/2022 veio reforçar que a nomeação de inventariante é considerada o termo inicial do procedimento de inventário extrajudicial. Ainda, possibilita ao inventariante nomeado representar o espólio na busca de informações bancárias e fiscais necessárias à conclusão de negócios essenciais para a realização do inventário e no levantamento de quantias para pagamento do imposto devido e dos emolumentos do inventário. Esperemos que a Fazenda estadual busque a adequação do sistema em harmonia com a nova regulamentação nacional.

31.8 O RECONHECIMENTO DE UNIÃO ESTÁVEL NO INVENTÁRIO

Quando o autor da herança e a viúva, ou viúvo, são casados, a certidão de casamento é o documento que prova o vínculo jurídico entre ambos. Tratando-se de união estável, pode ser necessário fazer prova do vínculo, se não houver outros herdeiros.

A ausência de prova documental não inibe as partes de eleger a via notarial para a realização de inventário e partilha. Havendo consenso entre os herdeiros quanto ao direito à sucessão do companheiro, ou companheira, ele será parte no inventário, no qual será reconhecida consensualmente a união estável.

O inventário de pessoa falecida que vivia em união homoafetiva pode e deve ser feito, pois, com o julgamento da ADI n. 4.277 e da ADPF n. 132, o STF estendeu os efeitos da união estável heterossexual às uniões homoafetivas. Assim, todos os efeitos da primeira união serão aplicados à segunda, e o inventário será feito sob as bases do art. 1.829 do CC, observando-se os requisitos do art. 610, §§ 1º e 2º, do CPC/2015.

Deste modo, a meação do companheiro, ou companheira, também será reconhecida na escritura pública, com todos os herdeiros e interessados na herança concordes.

Se não houver consenso, há necessidade de ação judicial, inclusive se o autor da herança não deixar outro sucessor – nos casos de inventário e adjudicação.

A celeuma encontrava-se no art. 1.790 do Código Civil, que tratava da sucessão dos companheiros na união estável. Estava em curso na Corte Especial do Superior Tribunal de Justiça incidente da inconstitucionalidade dos incisos III e IV do art. 1.790 do Código Civil, editado em 2002, que inovou o regime sucessório dos conviventes em união estável[13].

A questão gerou intenso debate doutrinário e jurisprudencial. O ministro relator Luis Felipe Salomão, em seu voto, declarou a inconstitucionalidade dos referidos incisos.

---

13. STJ – REsp 1.135.354 (registro 2009/0160051-5), Relator Min. Luis Felipe Salomão, 4ª T.

Contudo, a Egrégia CORTE ESPECIAL do Superior Tribunal de Justiça, conhecendo do incidente, por maioria, não conheceu da arguição de inconstitucionalidade. Permanecendo controverso o art. 1.790[14].

Em abril de 2015, no STF, o Ministro Luís Roberto Barroso atribuiu repercussão geral ao tratamento sucessório diferenciado pelo Código Civil, no Recurso Extraordinário n. 878.694/MG.

Em maio de 2017, o Supremo Tribunal Federal encerrou o julgamento e declarou a inconstitucionalidade do art. 1.790 do Código Civil. Assim, com a retirada do sistema do art. 1.790, o companheiro passa a figurar ao lado do cônjuge na ordem de sucessão legítima (art. 1.829).

O relator Min. Roberto Barroso, em seu voto, modulou os efeitos da decisão, conforme trecho a seguir:

> "(...)
> 68. Por fim, é importante observar que o tema possui enorme repercussão na sociedade, em virtude da multiplicidade de sucessões de companheiros ocorridas desde o advento do CC/2002. Assim, levando-se em consideração o fato de que as partilhas judiciais e extrajudiciais que versam sobre as referidas sucessões encontram-se em diferentes estágios de desenvolvimento (muitas já finalizadas sob as regras antigas), entendo ser recomendável modular os efeitos da aplicação do entendimento ora afirmado. Assim, com o intuito de reduzir a insegurança jurídica, entendo que a solução ora alcançada deve ser aplicada apenas aos processos judiciais em que ainda não tenha havido trânsito em julgado da sentença de partilha, assim como às partilhas extrajudiciais em que ainda não tenha sido lavrada escritura pública.
> (...)
> Afigura-nos razoável que a inconstitucionalidade do art. 1.790 do Código Civil aplica-se aos inventários extrajudiciais ocorridos depois da decisão, ou seja, impõe-se o art. 1.829 do mesmo Código aos inventários solicitados depois da decisão, inclusive aqueles pendentes de lavratura depois dela".

Ainda que não haja herdeiros necessários, tendo a companheira prova escrita da união estável (escritura pública ou contrato particular com firmas reconhecidas ou com registro em títulos e documentos) a via notarial é elegível, sem a necessidade do comparecimento de colaterais para o reconhecimento da união estável. Entretanto, se o tabelião entender conveniente, poderá chamá-los.

31.9 BENS

Quanto aos bens:

1. se imóveis, o tabelião deve exigir prova de domínio por certidão de propriedade atualizada;

2. se imóvel urbano, basta menção à sua localização e ao número da matrícula (art. 2º, Lei n. 7.433/85);

---

14. STF, AI no Recurso Especial 1.135.354-PB (2009/0160051-5), Rel. Ministro Teori Albino Zavascki, acórdão de 3-10-2012.

3. se imóvel rural, descrever e caracterizar tal como constar no registro imobiliário, havendo, ainda, necessidade de apresentação e menção na escritura do Certificado de Cadastro do INCRA e da prova de quitação do imposto territorial rural;

4. em caso de imóvel descaracterizado na matrícula, por desmembramento ou expropriação parcial, o tabelião deve recomendar a prévia apuração do remanescente antes da realização da partilha;

5. se o imóvel estiver em construção, ou com aumento de área construída, sem prévia averbação no registro imobiliário, é recomendável a apresentação de documento comprobatório expedido pela prefeitura e, se a lei exigir, CND do INSS;

6. se imóvel demolido, com alteração de cadastro de contribuinte, de número do prédio e de nome de rua, mencionar no título a situação antiga e a atual, mediante apresentação do respectivo comprovante;

7. se móvel, apresentar documento comprobatório de domínio e valor, se houver, e descrevê-los com os sinais característicos;

8. direitos e posse são suscetíveis de inventário e partilha e deve haver precisa indicação quanto à sua natureza, além de determinados e especificados;

9. semoventes são indicados por número, espécies, marcas e sinais distintivos;

10. dinheiro, joias, objetos de ouro e prata e pedras preciosas são indicados com especificação da qualidade, peso e importância;

11. ações e títulos também devem ter as devidas especificações;

12. dívidas ativas devem ser especificadas, inclusive com menção a datas, títulos, origem da obrigação, nomes dos credores e devedores;

13. ônus incidentes sobre os imóveis não constituem impedimento para a lavratura da escritura pública;

14. a cada bem do espólio deve corresponder o respectivo valor atribuído pelas partes, além do valor venal, quando imóveis ou veículos automotores.

31.10 PARTILHA DE BENS

A partilha de bens deve necessariamente obedecer à legislação vigente na data de falecimento do autor da herança. Se o falecido era casado, há necessidade de perquirir sobre a existência de bens particulares e comuns para distinguir o que é meação e o que é herança.

Na partilha notarial, importa o consenso das partes, mas podem ser adotados os critérios atinentes à partilha judicial, quais sejam: I – a máxima igualdade possível quanto ao valor, à natureza e à qualidade dos bens; II – a prevenção de litígios futuros; III – a máxima comodidade dos coerdeiros, do cônjuge ou do companheiro, se for o caso (CPC/2015, art. 648).

A partilha dos bens obedece aos quinhões legais, mas a qualificação dos bens fica a critério dos herdeiros. Pode ser feita de modo igual, quando os herdeiros recebem quinhões iguais e valores idênticos de cada bem, ou desigual, quando alguns herdeiros recebem quinhões e valores diferentes de uns ou de todos os bens. Quando todos os herdeiros recebem o mesmo quinhão, temos a partilha igualitária. Do contrário, ocorre a partilha desigual ou desigualitária.

Se um herdeiro receber mais que outro, há necessidade de aquele que recebeu menos ceder parte de seus direitos da herança para o herdeiro que recebeu o quinhão maior.

A cessão pode ser a título gratuito, quando não há contraprestação, havendo incidência tributária do ITCMD (competência estadual). Ou a título oneroso, quando há contraprestação, geralmente em dinheiro, e incidência tributária do ITBI (competência municipal).

O Código de Processo Civil inovou ao possibilitar a qualquer dos herdeiros o exercício antecipado dos direitos de usar e de fruir de determinado bem, desde que autorizado pelo juiz e com a condição de que, ao término do inventário, tal bem integre a cota desse herdeiro. Parece-nos que tal direito pode ser atribuído também no inventário notarial.

Pelo art. 672 do CPC/2015, continua possível a cumulação de inventários para a partilha de heranças de pessoas diversas quando houver: I – identidade de pessoas entre as quais devam ser repartidos os bens; II – heranças deixadas pelos dois cônjuges ou companheiros; III – dependência de uma das partilhas em relação à outra.

Na partilha, a base de cálculo dos emolumentos será o maior valor entre o atribuído pelas partes e o venal (em algumas cidades, o valor venal de referência). Algumas normas locais, no inventário e partilha, excluem da base de cálculo emolumentar o valor da meação do cônjuge sobrevivente.

A partilha com testamento será feita conforme a vontade do testador. Se houver herdeiros necessários, o tabelião deve verificar se a legítima foi respeitada e, se não foi, propor aos herdeiros (necessários e testamentários) a redução da disposição testamentária. Caso o testador tenha determinado o pagamento de vintena, ou se o testamenteiro não for herdeiro, antes da partilha, o inventário deverá atender a este pagamento. Se não houver consenso, o inventário será remetido para a via judicial.

31.11 SOBREPARTILHA, PARTILHA PARCIAL E CORREÇÃO DE PARTILHA JUDICIAL

O art. 669 do novo Código de Processo Civil estabelece que ficam sujeitos à sobrepartilha os bens:

1. sonegados;
2. da herança descobertos após a partilha;
3. litigiosos, assim como os de liquidação difícil ou morosa;
4. situados em lugar remoto da sede do juízo onde se processa o inventário.

Os bens litigiosos e os situados em lugar remoto serão reservados à sobrepartilha sob a guarda e administração do inventariante com autorização dos herdeiros.

Neste sentido, o art. 2.022 do Código Civil dispõe que ficam sujeitos à sobrepartilha os bens sonegados e quaisquer outros bens da herança de que se tiver ciência após a partilha.

E, segundo o art. 2.021, quando parte da herança consistir em bens remotos do lugar do inventário, litigiosos, ou de liquidação morosa ou difícil, pode-se proceder, no prazo legal, à partilha dos outros, reservando-se aqueles para uma ou mais sobrepartilhas, sob a guarda e a administração do mesmo ou diverso inventariante e o consentimento dos herdeiros.

Desse modo, nos inventários e nas partilhas, já findos com bens pendentes de partilha, as partes podem optar pela via notarial, mesmo que o herdeiro, hoje maior e capaz, fosse menor ou incapaz ao tempo do óbito ou do processo judicial.

Na escritura de sobrepartilha, o tabelião deve consignar os dados (número do livro e folhas) da escritura de inventário e partilha feita na via notarial e os dados do processo (número, juízo etc.) do inventário judicial.

Serão realizadas tantas sobrepartilhas quantas forem necessárias. Não há limite legal ou temporal.

A partilha parcial é possível em casos específicos, como no caso de liquidação difícil ou morosa. Os bens não partilhados, quando possível, devem ser indicados no ato notarial, para evitar a pecha de sonegação.

Em São Paulo, é autorizado o inventário com partilha parcial, vedada a sonegação de bens no rol inventariado, justificando-se a não inclusão dos bens arrolados na partilha.

Se houver erros ou inconsistências em partilhas judiciais, as partes podem retificar a partilha e ratificar os demais elementos do formal judicial, preenchidos os requisitos legais (Lei n. 11.441/2007[15]) e observadas eventuais incidências tributárias.[16]

31.12 ADJUDICAÇÃO

A sucessão prevê que, havendo um só herdeiro com direito à totalidade da herança, não haverá partilha, lavrando-se a escritura de inventário e adjudicação dos bens. A existência de credores do espólio não impede a realização da adjudicação por escritura pública.

31.13 DOCUMENTOS NECESSÁRIOS

Na lavratura da escritura devem ser apresentados os seguintes documentos:
1. certidão de óbito do autor da herança;
2. documento de identidade oficial e CPF das partes e do autor da herança;

---

15. Leia-se Lei n. 13.105/2015 (CPC).
16. Assim decidiu o juiz corregedor de Mairiporã, Estado de São Paulo, no Processo de Dúvida n. 0005467-28.2014.8.26.0338, no qual o oficial de registro de imóveis da comarca obstou o registro do formal de partilha por entender que a retificação do formal por escritura pública não tinha previsão legal.

3. certidão comprobatória do vínculo de parentesco dos herdeiros;

4. certidão de casamento do cônjuge sobrevivente e dos herdeiros casados[17-18] e pacto antenupcial, se houver;

5. certidão de propriedade de bens imóveis e direitos a eles relativos;

6. documentos necessários à comprovação da titularidade dos bens móveis e direitos, se houver;

7. certidão negativa de tributos;

8. certificado de Cadastro de Imóvel Rural (CCIR);

9. certidão negativa conjunta da Receita Federal e PGFN[19];

10. certidão comprobatória da inexistência de testamento[20].

Os documentos apresentados no ato da lavratura da escritura devem ser originais ou em cópias autenticadas, salvo os de identidade das partes, que sempre são originais[21].

31.14 DECLARAÇÕES ESPECIAIS

Constará do ato notarial a menção ou declaração dos herdeiros de que o autor da herança não deixou testamento e outros herdeiros, sob as penas da lei.

No corpo da escritura deve haver menção de que "ficam ressalvados eventuais erros, omissões ou os direitos de terceiros".

Há necessidade de emissão da DOI (Declaração de Operação Imobiliária).

31.15 INVENTÁRIO NEGATIVO

É admissível o inventário negativo quando o viúvo ou os herdeiros necessitam fazer prova de alguma circunstância, como quando o viúvo deseja contrair novo matrimônio e não deseja a incidência do art. 1.641, I, afastando a causa suspensiva, ou proceder a alguma providência em órgãos públicos ou, ainda, quando o herdeiro desejar limitar a sua responsabilidade à força da herança.

---

17. Em São Paulo as normas dispõem que as certidões de nascimento, casamento e óbito, destinadas a comprovar o estado civil das partes e do falecido, assim como a qualidade dos herdeiros, não terão prazo de validade, salvo em relação aos herdeiros maiores que se declararem solteiros, caso em que as certidões de nascimento deverão ser posteriores à data do óbito do autor da herança.
18. As certidões de casamento dos sucessores deverão comprovar o seu estado civil na data da abertura da sucessão, bem como o estado civil na data da escritura pública de inventário quando for promovida a renúncia, ou cessão da herança no todo ou em parte.
19. Em São Paulo, esta exigência foi suprimida das normas.
20. Exigência nos Estados onde há central de testamentos. Onde não houver, a certidão negativa pode ser substituída por declaração dos herdeiros e viúvo, ou viúva, sob as penas da Lei.
21. Quando os herdeiros não encontrarem o RG ou outro documento de identificação do *de cujus*, é possível solicitar junto ao Instituto de Identificação uma certidão contendo o número do Registro Geral (RG).

31.16 RECUSA DO TABELIÃO

O tabelião pode se negar a lavrar a escritura de inventário e partilha se houver fundados indícios de fraude ou em caso de dúvidas sobre a declaração de vontade de algum dos herdeiros, fundamentando a recusa por escrito.

Se algum dos herdeiros não estiver convicto do teor do ato notarial, o tabelião pode obstar a realização do ato até que o herdeiro manifeste claramente a concordância sobre os termos e dizeres da escritura de inventário e partilha.

Se houver divergência entre a declaração das partes e os documentos apresentados, ou suspeitas de fraudes, ou outro vício jurídico, o tabelião também pode negar-se à lavratura do ato, informando às partes os motivos.

31.17 QUESTÃO TRIBUTÁRIA

Na sucessão é devido o imposto de transmissão *causa mortis*, salvo se houver isenção na legislação estadual. O primeiro passo é saber a data do óbito para aplicar a lei estadual vigente à época do falecimento.

Com a lei, é mister verificar os procedimentos para a declaração do imposto e consequente recolhimento do tributo. Em alguns Estados, há a necessidade de homologação pela Fazenda Estadual dos valores constantes no esboço partilhável. No Estado de São Paulo, a Fazenda repassou essa tarefa diretamente ao tabelião, sendo desnecessária a homologação fazendária, exceto para tabeliães situados em outros Estados.

Em muitos Estados, é indispensável a homologação prévia da minuta notarial pela Fazenda Pública local, o que atrasa muito o ato notarial.

Normas administrativas informam que o recolhimento dos tributos incidentes deve anteceder a lavratura da escritura[22]. Contudo, o tabelião deve observar a legislação tributária estadual aplicável ao tema.

Vale lembrar que o tabelião é responsável pela fiscalização do recolhimento do tributo, arquivando a certidão ou outro documento emitido pelo fisco, fazendo-se expressa indicação a respeito na escritura pública.

Vamos seguir tratando deste tema, sob a perspectiva da legislação do Estado de São Paulo, onde para os óbitos ocorridos até 31 de dezembro de 2000 tem aplicação a Lei Estadual n. 9.591/66. Esta Lei foi alterada pela Lei n. 3.199/81.

A principal questão é a alíquota a ser aplicada. Os óbitos ocorridos entre 1º de janeiro de 1967 e 22 de dezembro de 1981 têm a alíquota de 2%.

No parágrafo único do art. 11, está estabelecido que nas transmissões *causa mortis* e doações *inter vivos*, entre ascendentes e descendentes, inclusive os filhos adotivos, ou entre cônjuges, o imposto será pago com a redução de 30% (trinta por cento).

---

22. Resolução 35 do CNJ.

Com o advento da Lei n. 3.199/81, este parágrafo único foi suprimido do artigo; portanto, não se aplica mais a redução de 30% para os óbitos ocorridos a partir de 23 de dezembro de 1981.

Em todas as situações deve-se aplicar a multa de 20%, conforme disposto no parágrafo único do art. 27 da Lei n. 9.591/66.

Até 31 de dezembro de 2000, aplica-se a Lei Estadual n. 9.591/66, alterada pela Lei n. 3.199/81. De 1º de janeiro até 31 de dezembro de 2001, aplica-se a Lei Estadual n. 10.705/2000. E a partir de 1º de janeiro de 2002, aplica-se a Lei Estadual n. 10.705/2000, alterada pela Lei n. 10.992/2001 e o Decreto Regulamentador n. 46.665, de 1º de abril de 2002.

Assim, a orientação para o recolhimento é:

1. Óbitos ocorridos entre 1º de janeiro de 1967 e 22 de dezembro de 1981 têm a alíquota de 2%, com redução de 30% se ocorrer entre ascendentes, descendentes ou entre cônjuges, e aplicação de 20% de multa.

2. Óbitos ocorridos entre 23 de dezembro de 1981 e 31 de dezembro de 2000 têm a aplicação da alíquota de 4% acrescida da multa de 20%.

3. Óbitos ocorridos entre 1º de janeiro de 2001 e 31 de dezembro de 2001 têm a aplicação da alíquota de 4% acrescida da multa de 20%.

4. Óbitos ocorridos a partir de 1º de janeiro de 2002 têm a aplicação da alíquota de 4% acrescida da multa de 20%, se o atraso exceder a 180 (cento e oitenta) dias, mais juros de 0,33% por dia de atraso, limitados a 20% (vinte por cento).

A Secretaria da Fazenda do Estado de São Paulo fixou novas regras para o lançamento da declaração e pagamento do ITCMD (Imposto de Transmissão *Causa Mortis* ou Doação) nos atos realizados nos tabelionatos de notas impondo prazos e multas. O sistema eletrônico faz todo o cálculo do tributo, sem possibilidade que o tabelião interfira.

O sistema de prazos, multa e juros no Estado de São Paulo pode ser sumarizado na seguinte tabela:

Prazo *	O que fazer?	Desconto	Atualização monetária	Multa	Juros de mora	Prazo para pagamento
Até 60 dias	Informar dados pessoais e plano da partilha Lançar e confirmar os bens a inventariar	5%	Sim, se houver mudança da UFESP – 5º dia útil do ano	Não há	Não há	Até 90 dias da data do óbito. A Fazenda decide a data
De 61 a 90 dias	Informar dados pessoais e plano da partilha Lançar e confirmar os bens a inventariar	5%	Sim, se houver mudança da UFESP – 5º dia útil do ano	10%	Não há	Até 90 dias da data do óbito. A Fazenda decide a data
De 91 a 180 dias	Informar dados pessoais e plano da partilha Lançar e confirmar os bens a inventariar	Não há	Sim, se houver mudança da UFESP – 5º dia útil do ano	10%	Não há	Até 180 dias da data do óbito. A Fazenda decide a data

31 • INVENTÁRIO E PARTILHA **409**

Prazo *	O que fazer?	Desconto	Atualização monetária	Multa	Juros de mora	Prazo para pagamento
De 181 a 210 dias	Informar dados pessoais e plano da partilha Lançar e confirmar os bens a inventariar	Não há	Sim, se houver mudança da UFESP – 5º dia útil do ano	20% + 0,33% a.d. até 20%	Sim. SELIC + 1% a.m.	Prazo é diário. A Fazenda emite a guia
De 211 dias em diante	Informar dados pessoais e plano da partilha Lançar e confirmar os bens a inventariar	Não há	Sim, se houver mudança da UFESP – 5º dia útil do ano	20% + 20%	Sim. SELIC + 1% a.m.	Prazo é mensal. A Fazenda emite a guia

* A contar da data da morte do autor da herança

31.18 CONSIDERAÇÕES FINAIS

Os eventuais erros constantes na escritura pública podem ser retificados desde que haja o consentimento de todos os interessados, podendo inclusive constituir o próprio inventariante na escritura de inventário como mandatário, prevendo tal ato. Os erros podem ser quanto às partes, aos bens, ao plano de partilha, sobre valores ou outras declarações provenientes das partes.

Os erros materiais podem ser corrigidos pelo próprio tabelião ou a requerimento de qualquer das partes (ou de seu procurador) por anotação à margem do ato notarial ou, não havendo espaço, por ato notarial autônomo e com anotação remissiva.

A participação de defensor público não isenta as partes do recolhimento de imposto de transmissão, que tem legislação própria a respeito do tema.

As escrituras de inventário e partilha e divórcio decorrentes da aplicação do novo Código de Processo Civil podem ser gratuitas na seara extrajudicial, quando a parte for hipossuficiente.

A gratuidade da justiça compreende os emolumentos devidos a notários ou registradores em decorrência da prática de registro, averbação ou qualquer outro ato notarial necessário à efetivação de decisão judicial ou à continuidade de processo judicial no qual o benefício tenha sido concedido (art. 98, § 1º, IX). Havendo dúvida fundada quanto ao preenchimento dos pressupostos para a concessão da gratuidade, o notário ou registrador, após praticar o ato, pode requerer, ao juízo competente, a revogação total ou parcial do benefício ou a sua substituição pelo parcelamento[23]. Neste caso, o beneficiário será citado para, em 15 (quinze) dias, manifestar-se sobre o requerimento.

A gratuidade é para os atos judiciais, cuja efetividade dependa de registro ou ato notarial. A solicitação da gratuidade feita diretamente ao tabelião depende de lei[24].

O cessionário de direitos hereditários pode promover o inventário extrajudicial, mesmo na hipótese de cessão de parte do acervo, desde que todos os herdeiros estejam

---

23. Para nós, há erro técnico na terminologia: "ao juízo competente para decidir questões notariais ou registrais", e o adequado, numa interpretação sistêmica, é: "ao juízo competente" – que emanou a concessão da gratuidade, requerendo o tabelião a este juízo, a revogação total ou parcial do benefício; do contrário, a disposição legal estará fadada à inaplicabilidade, diante do conflito de competência entre a esfera judicial e administrativa.
24. Art. 98, § 7º, do CPC/2015.

presentes e concordes. Se a cessão for de parte da massa, os demais herdeiros devem comparecer na escritura de inventário e partilha. Se houver a cessão integral do acervo, é possível a adjudicação para o cessionário, desde que na cessão haja poderes suficientes para a finalização do inventário e partilha do espólio em nome dos herdeiros.

É desnecessária a autorização do INCRA, na sucessão legítima, para aquisição de imóvel rural por estrangeiro (art. 2º, Lei n. 5.709/71). Se o imóvel estiver situado em área considerada indispensável à segurança nacional, que depende do assentimento prévio da Secretaria-Executiva do Conselho de Defesa Nacional (art. 7º, Lei n. 5.709/71), faz-se necessária a autorização.

É vedada a lavratura de escritura pública de inventário e partilha referente a bens localizados no exterior[25].

31.19 JURISPRUDÊNCIA SELECIONADA

Acesse a jurisprudência em https://www.26notas.com.br/blog/. Clique na lupa e insira o tema de interesse. Ex.: inventário testamento.

---

25. Resolução 35 do CNJ, art. 25.

32
Divórcio e Extinção de União Estável

A Lei n. 11.441/2007[1] trouxe a possibilidade de as partes se divorciarem ou se separarem por escritura pública. Mais recentemente, a regulação da extinção da união estável pelo novo Código de Processo Civil. A separação não é mais possível, como veremos adiante.

A Lei n. 12.874/2013 possibilita às autoridades consulares brasileiras celebrarem a separação e o divórcio consensuais de brasileiros no exterior.

Quando as partes forem maiores e capazes e não houver filhos incapazes ou nascituros, podem celebrar divórcios e extinção de uniões estáveis consensuais por escritura pública, independentemente de homologação judicial, servindo de título hábil[2] para os registros públicos (registro de imóveis ou registro civil das pessoas naturais), entes públicos (p. ex., INSS) ou privados (p. ex., bancos) etc.

Havia controvérsia quando existia nascituro: se era possível ou não a realização da escritura pública de divórcio, ou extinção de união estável[3]. Parte da doutrina entendia pela possibilidade, inclusive nós, e outra se manifestava pela impossibilidade. Recentemente, o art. 733 do CPC/2015, que trata de divórcio e extinção de união estável, vedou a realização de ato notarial se houver nascituro. Contudo, entendemos que se o nascituro for de terceiro (não o divorciando) é possível a realização do divórcio por escritura. As partes declaram o estado gravídico, mas que o nascituro não é filho do divorciando. É providência que se impõe para proteção da filha e paz social.

Não se admite separação de corpos consensual por escritura pública. Contudo, as partes podem solicitar a lavratura de ata notarial com notificação à outra parte para fixar a data da separação de fato ou aclarar outras providências, por exemplo, consignar a impossibilidade de convívio em comum, afastando consequentemente o abandono de lar.

A Lei n. 11.441/2007 nada mencionou sobre a dissolução da união estável. No entanto, nada obstava que as partes celebrassem escritura de dissolução de união estável prevendo os efeitos patrimoniais, inclusive sobre a partilha de bens. Algumas normas administrativas vinculam a aplicação dos requisitos da Lei n. 11.441/2007 às dissoluções

---

1. Leia-se Lei n. 13.105/2015.
2. CPC/2015, art. 733, § 1º.
3. As partes devem declarar ao tabelião sobre a inexistência de gravidez do cônjuge virago ou desconhecimento acerca desta circunstância. Não é dado ao tabelião exigir a apresentação de qualquer exame médico (Resolução CNJ n. 220/2016 e Provimento CGJ-SP n. 21/2016).

de uniões estáveis. O CPC/2015 regulamenta a matéria, impondo os mesmos requisitos do divórcio à extinção da união estável.

Se durante a união estável um dos companheiros adquiriu bem imóvel que consta no registro imobiliário apenas em seu nome sem a sub-rogação (seja de bem, valor ou por reconhecimento de bem particular pelo outro), haverá comunicação patrimonial com o outro companheiro, exceto se as partes viviam em regime da separação de bens. Na dissolução desta união estável, o imóvel fica em condomínio, sendo necessário o registro da partilha.

A Emenda Constitucional n. 66 trouxe robusta mudança nos requisitos para lavratura de escritura de divórcios. Os prazos para o divórcio foram extintos (a conversão da separação em divórcio exigia o prazo de um ano, o divórcio direto exigia o prazo de dois anos) e consequentemente os seus requisitos (na conversão, o prazo era comprovado por meio da certidão; no divórcio direto, por meio de duas testemunhas) também o foram.

A celeuma instaurou-se na extinção ou não do instituto da separação e do prazo. Para alguns a separação deixou de existir com a referida emenda, para outros o instituto da separação ainda persiste, pois o Código Civil não foi expressamente revogado. Havia, ainda, a dúvida sobre a necessidade de prova do prazo constante do art. 1.574, pois a emenda foi silente em relação ao prazo nas separações[4].

O CPC/2015 havia encerrado a discussão, pois previu expressamente a possibilidade da separação consensual por escritura pública. Contudo, em 2023, o Supremo Tribunal Federal negou provimento ao Recurso Extraordinário – RE 1.167.478 (Tema 1.053) e, por maioria, fixou o entendimento de que, após a promulgação da Emenda Constitucional 66/2010, a separação judicial não é requisito para o divórcio nem subsiste como figura autônoma no ordenamento jurídico brasileiro. A partir do referido julgado, não é mais possível a lavratura de escritura de separação. Pode ser restabelecida a sociedade conjugal, para as escrituras anteriormente lavradas, por se tratarem de ato jurídico perfeito. Assim, temos apenas o divórcio e a extinção de união estável.

São permitidos o divórcio direto e a conversão da separação em divórcio, dispensada a apresentação de certidão atualizada do processo judicial, bastando a certidão da averbação da separação no assento de casamento. Na conversão, as partes podem manter ou alterar as disposições originárias.

32.1 QUALIFICAÇÃO

As partes devem estar nomeadas e qualificadas na escritura com: **1**. nacionalidade; **2**. profissão; **3**. estado civil; **4**. regime de bens; **5**. data do casamento; **6**. pacto antenupcial e seu registro imobiliário, se houver; **7**. número do documento de identidade; **8**. número de inscrição no CPF/MF; e **9**. domicílio e residência.

---

4. A Resolução CNJ n. 220/2016 exige o prazo de um ano: "Art. 47. São requisitos para lavratura da escritura pública de separação consensual: a) um ano de casamento; (...)". O Provimento CGJ-SP n. 40/2012, atualizado pelo Prov. n. 56/2019 suprimiu tal exigência, e o Provimento n. 21/2016 confirmou a supressão.

A presença das partes pode ser dispensada na lavratura de escritura pública de divórcio, sendo representadas por mandatário constituído, em cuja procuração pública deve haver os poderes especiais, com a descrição das cláusulas essenciais e prazo de validade de trinta dias. É vedada a acumulação de funções de procurador e de advogado das partes. A procuração lavrada no exterior pode ter prazo de validade de até noventa dias.

Os prazos supracitados descritos constam da Resolução 35 do CNJ e estão em descompasso com a lei e com a praxe notarial. A observância desses prazos é para a utilização da procuração, e não como requisito de validade; aliás, a lei não exige tal período para a validade do ato jurídico, sendo arbitrária a exigência. No **concurso**, vale a norma estabelecida pelo CNJ.

32.2 INEXISTÊNCIA DE FILHOS INCAPAZES, NASCITURO E DO CONSENSO ENTRE AS PARTES

A existência de filhos incapazes e nascituros obsta a lavratura do ato notarial. Para a lavratura da escritura de divórcio ou extinção de união estável, as partes não podem ter filhos menores, incapazes, ou nascituro, cuja circunstância será expressamente declarada no ato.

As partes devem declarar ao tabelião sobre a inexistência de gravidez do cônjuge virago ou desconhecimento acerca desta circunstância[5]. Não é dado ao tabelião exigir a apresentação de qualquer exame médico. A emancipação viabiliza a lavratura do ato[6]. A lei veda somente se houver prole comum, ou seja, se um dos cônjuges ou companheiros tiver filhos menores, com outra pessoa, é possível o divórcio ou a extinção da união estável.

Neste tema, as normas de serviço de São Paulo seguem as normas gaúchas e permitem a lavratura de escrituras públicas de divórcio consensuais e extinção de união estável, se comprovada a resolução prévia e judicial de todas as questões referentes aos filhos menores (guarda, visitas e alimentos).

Não é demais ressaltar que os divorciandos ou companheiros devem ser maiores para a realização do ato notarial. Ambos devem estar de acordo com os termos do divórcio ou da extinção da união estável; a falta de consenso obsta a lavratura da escritura.

32.3 ADVOGADO

Igualmente nas escrituras de inventário e partilha, no divórcio ou na extinção de união estável, exige-se a presença do advogado, que pode ser comum, inclusive com o dever de assessorar e aconselhar os envolvidos no ato sobre o firme propósito do divórcio ou extinção da união estável, seus efeitos e demais termos.

A escritura deve conter a declaração expressa das partes de que foram cientificadas das consequências do divórcio e da extinção da união estável, inclusive no firme

---

5. Resolução CNJ n. 220/2016 e Provimento CGJ-SP n. 21/2016.
6. Ressaltamos que os temas são polêmicos e merecem cautela.

propósito de pôr fim à sociedade conjugal ou ao vínculo matrimonial sem hesitação, ou possibilidade de reconciliação.

32.4 APRESENTAÇÃO DOS DOCUMENTOS

Para a lavratura da escritura pública de divórcio consensuais e extinção de união estável, devem ser apresentados: 1. certidão de casamento ou contrato de união estável, se houver; 2. documento de identidade oficial e CPF/MF; 3. pacto antenupcial, se houver; 4. certidão de nascimento ou outro documento de identidade oficial dos filhos maiores e capazes, se houver; 5. certidão de propriedade de bens imóveis e direitos a eles relativos; e 6. documentos necessários à comprovação da titularidade dos bens móveis e direitos, se houver.

32.5 CARACTERES GENÉRICOS DO ATO NOTARIAL

As partes devem declarar ao tabelião, no ato da lavratura da escritura, que não têm nascituro, filhos comuns, ou, havendo, neste caso, que são maiores e capazes, indicando seus nomes e as datas de nascimento, podendo inclusive tratar da pensão alimentícia ou da sua dispensa, da partilha de bens e do uso do nome.

A fixação da pensão deve trazer regras claras, tais como o valor mensal, o prazo, se houver, a forma de reajuste, a data e forma de pagamento. Conforme mencionado, a pensão também pode ser convencionada para o filho maior.

Posteriormente é permitida, por consenso das partes, a alteração ou retificação das cláusulas de obrigações alimentares ajustadas no divórcio, ou na extinção de união estável por escritura pública.

As partes podem pactuar sobre o uso do nome. Podem continuar a utilizar o nome de casado (ou incluído na união estável), ou passar novamente a utilizar o nome de solteiro. Se optarem pela utilização do nome de casado (ou incluído na união estável), posteriormente, podem unilateralmente, por escritura pública, com assistência de advogado, voltar a usar o nome de solteiro. Assim, um dos cônjuges ou companheiros pode, após o divórcio ou extinção da união estável, a qualquer tempo, alterar o nome, retirando o sobrenome familiar oriundo do outro cônjuge, sem necessidade da presença e anuência do outro.

Havendo bens a serem partilhados na escritura, distinguir-se-á o que é do patrimônio individual de cada cônjuge, ou companheiro, se houver, do que é do patrimônio comum do casal, conforme o regime de bens, constando isso do corpo da escritura. As regras da partilha no divórcio e na extinção de união estável seguirão as regras da partilha em inventário, no que couber.

As partes podem divorciar ou extinguir a união estável sem necessidade de partilharem os bens. É facultado às partes optarem partilhar os bens, ou resolverem sobre a pensão alimentícia, em momento posterior, em escritura autônoma.

Pendente a partilha, os ex-cônjuges e os ex-conviventes passam de meeiros para condôminos, podendo, neste caso, alienar conjuntamente os bens sem a necessidade de realizarem a partilha.

Na partilha em que houver transmissão de propriedade do patrimônio individual de um cônjuge ao outro, ou na partilha desigual do patrimônio comum, pode haver incidência tributária, conforme disponha a lei estadual ou municipal. Se houver excesso de meação atribuível a um dos cônjuges, é imprescindível a cessão de direitos, que pode ser feita no próprio ato.

O art. 35-A da Lei n. 11.977/2009 prevê que, nas hipóteses de dissolução de união estável ou divórcio, o título de propriedade do imóvel adquirido no âmbito do PMCMV – Plano habitacional Minha Casa, Minha Vida, na constância do casamento ou da união estável, com subvenções oriundas de recursos públicos será partilhado e registrado em nome da mulher ou a ela transferido, independentemente do regime de bens aplicável, excetuados os casos que envolvam recursos do FGTS.

32.6 RECUSA DO TABELIÃO

O tabelião pode se negar a lavrar a escritura de divórcio ou extinção de união estável se houver fundados indícios de fraude à lei, de prejuízo a um dos cônjuges ou em caso de dúvidas sobre a declaração de vontade, fundamentando a recusa por escrito.

32.7 RESTABELECIMENTO DA SOCIEDADE CONJUGAL

O restabelecimento da sociedade conjugal pode ser feito por escritura pública, ainda que a separação tenha sido judicial. Neste caso, é necessária e suficiente a apresentação de certidão da sentença de separação ou da averbação da separação no assento de casamento.

A sociedade conjugal não pode ser restabelecida com modificações, por exemplo, do regime de bens, devendo ser restaurada nas mesmas condições em que fora constituída. Na escritura pública de restabelecimento deve constar, de modo expresso, que em nada prejudicará o direito de terceiros, adquirido antes e durante o estado de separado, seja qual for o regime de bens.

No restabelecimento, as partes podem estar representadas por mandatário, desde que a procuração seja pública com poderes especiais. Estas procurações têm o prazo máximo de 30 dias, quando elaboradas no País, ou 90 dias, quando provenientes do exterior.

É recomendável na escritura pública de restabelecimento os procedimentos seguintes:

1. constar que as partes foram orientadas sobre a necessidade de apresentação de seu traslado no registro civil do assento de casamento, para a averbação devida;

2. anotar o restabelecimento à margem da escritura pública de separação consensual, quando esta for de sua serventia, ou, quando de outra, comunicar o restabelecimento, para a anotação necessária na serventia competente; e

3. comunicar o restabelecimento ao juízo da separação judicial, se for o caso. Há debate entre os tabeliães de notas sobre a possibilidade do restabelecimento da sociedade conjugal havendo filho menor, incapaz ou nascituro. A lei é silente. Entendemos pela possibilidade, uma vez que o restabelecimento da sociedade não interfere na proteção ou nos direitos do filho menor, incapaz ou nascituro. Justamente ao contrário, vem restabelecer o laço de família, o afeto entre pais e filho; fortalecer os hábitos familiares, tudo em prol do melhor interesse deles, cumprindo integralmente o comando do art. 227 da Constituição Federal.

32.8 CONSIDERAÇÕES FINAIS

O tabelião deve fazer constar nas escrituras públicas de restabelecimento a menção expressa de que a realização do ato não prejudica direitos de terceiros, adquiridos antes ou durante o estado de separado, seja qual for o regime de bens[7].

Nas escrituras de divórcio e extinção de união estável, as partes devem ser orientadas sobre a necessidade de apresentação de seu traslado ao registro civil no qual foi lavrado o assento de casamento, ou no livro "E", nos casos de união estável[8], para a averbação devida.

Para o atendimento das partes em escrituras de divórcio ou extinção de união estável, o tabelionato deve dispor de uma sala ou um ambiente reservado e discreto, onde as partes se sintam à vontade.

32.9 JURISPRUDÊNCIA SELECIONADA

Acesse a jurisprudência em https://www.26notas.com.br/blog/. Clique na lupa e insira o tema de interesse. Ex.: divórcio exterior.

---

7. Art. 1.577, parágrafo único, do Código Civil.
8. Provimento CNJ n. 37/2014 (integrado ao Código de Normas Nacional), que dispõe sobre o registro da união estável no Registro Civil das Pessoas Naturais.

33
Modelos

33.1 TRASLADO E CERTIDÃO ELETRÔNICOS

33.1.1 Traslado Notarial Digital (e-notariado)

(texto do ato)

O presente traslado, redigido e assinado digitalmente por [NOME], [CARGO], sob a forma de documento eletrônico (Provimento CNJ n. 149/2023), devendo, para sua validade, ser conservado em meio eletrônico como prova de sua autoria e integridade.

Matrícula Notarial Eletrônica: _____

Consulte a validade do ato notarial em www.docautentico.com.br/valida

33.1.2 Traslado Notarial Digital (ato em papel)

(texto do ato)

O presente traslado, redigido e assinado digitalmente por [NOME], [CARGO, sob a forma de documento eletrônico (Provimento CNJ n. 149/2023), devendo, para sua validade, ser conservado em meio eletrônico como prova de sua autoria e integridade.

Consulte a validade do ato notarial em www.docautentico.com.br/valida

33.1.3 Certidão Notarial Digital

Com fundamento no artigo 6º, inciso II, da Lei 8.935/94, a pedido da parte interessada, certifico que revendo os livros existentes neste Tabelionato, encontrei o ato lavrado no Livro [NÚMERO, às páginas [NÚMERO] e seguinte(s). A presente certidão, escrita e assinada digitalmente por [NOME], [CARGO], é reprodução autêntica do ato notarial, do que dou fé, sob a forma de documento eletrônico (Provimento CNJ n. 149/2023), devendo, para sua validade, ser conservado em meio eletrônico como prova de sua autoria e integridade.

Consulte a validade do ato notarial em www.docautentico.com.br/valida

(texto do ato)

Emolumentos:

(Cidade, data de expedição da certidão)

33.1.4 Certidão Notarial em Resumo Digital

Com fundamento no art. 6º, inc. II, da Lei 8.935/94 e art. 19, da Lei 6.015/73, a pedido da parte interessada conforme quesitos, certifico que revendo os livros de atos notariais deste Tabelionato, encontrei a [NOME ATO], lavrada em [DATA], no Livro [NÚMERO], às páginas [NÚMERO], e como segue em resumo, conforme quesitos. Esta certidão assinada digitalmente por [NOME], [CARGO], é reprodução parcial autêntica do ato notarial, dou fé, sob a forma de documento eletrônico (Provimento CNJ n. 149/2023), devendo, para sua validade, ser conservado em meio eletrônico como prova de sua autoria e integridade.

Consulte a validade do ato notarial em www.docautentico.com.br/valida

(texto do ato)

Emolumentos:

(Cidade, data de expedição da certidão)

33.2 MATERIALIZAÇÃO (AUTENTICAÇÃO DE CÓPIA DE DOCUMENTO ELETRÔNICO)

33.2.1 Impresso no tabelionato

O 26º Tabelião de Notas de São Paulo autentica esta cópia em papel de um documento eletrônico disponível no sítio (www...) que está conforme ao documento acessado e verificado. Dou fé. São Paulo, (data), (hora).

_____
(Nome)
(Cargo)

Este ato para a sua validade contém o selo de autenticidade. R$ 0,00 por página.

33.2.2 Impresso pela parte

O 26º Tabelião de Notas de São Paulo autentica que o código de verificação desta cópia em papel de um documento eletrônico disponível no sítio (www...) resultou válido. Dou fé. São Paulo, (data), (hora).

Código de Controle/Confirmação: (número)

_____
(Nome)
(Cargo)

Este ato para a sua validade contém o selo de autenticidade. R$ 0,00 por página.

33.2.3 Assinado digitalmente

O 26º Tabelião de Notas de São Paulo autentica esta cópia em papel de um documento eletrônico assinado digitalmente. Reconheço a autenticidade da assinatura digital de (nome), cujo *hash* da chave é (número *hash*). Dou fé. São Paulo, (data), (hora).

_____

(Nome)

(Cargo)

Este ato para a sua validade contém o(s) selo(s) de autenticidade.

Autenticação: R$ 0,00 por página.

Reconhecimento de assinatura: R$ 0,00.

33.3 ATOS DE AUTENTICAÇÃO DE CÓPIAS E DE ASSINATURAS

33.3.1 Autenticação

Autentico esta cópia que está conforme ao documento a mim apresentado. Dou fé. São Paulo, (data).

_____

(Nome)

(Cargo)

33.3.2 Reconhecimento de firma por semelhança

Reconheço e dou fé **por semelhança** a assinatura de: (nome parte). São Paulo, (data).

_____

(Nome)

(Cargo)

33.3.3 Reconhecimento de firma autêntica

Reconheço e dou fé **como autêntica** a firma de: (nome parte). São Paulo, (data).

_____

(Nome)

(Cargo)

33.3.4 Reconhecimento de firma autêntica (Termo de confirmação de Identidade, Capacidade e a Autoria para Reconhecimento de Firma por Autenticidade – TEC)

Reconheço e dou fé, como autêntica, a assinatura de: (nome parte), por meio de videoconferência realizada no sistema e-Notariado. São Paulo, (data).

_____
(Nome)
(Cargo)

33.3.5 Reconhecimento de sinal público

Reconheço e dou fé **por semelhança** o sinal público de: (nome parte). São Paulo, (data).

_____
(Nome)
(Cargo)

33.3.6 Reconhecimento por abono

Reconheço e dou fé, por **abono** de (nome do diretor), a assinatura de: (nome parte). São Paulo, (data).

_____
(Nome)
(Cargo)

Obs.: Algumas normas administrativas admitem este tipo de reconhecimento em certas situações. No documento, ao lado da assinatura da parte, constará a declaração do diretor do presídio que aquela assinatura é de fulano, bem como o carimbo próprio da unidade prisional.

33.4 CARTA DE SENTENÇA NOTARIAL

33.4.1 Divórcio

ATA NOTARIAL DE CARTA DE SENTENÇA
TERMO DE ABERTURA
CARTA DE SENTENÇA

Processo n.:	(NNNNNNN-DD.AAAA.J.TR.OOOO)
Classe – Assunto:	(Divórcio Consensual) – Direito Civil
Juiz(a):	(nome juiz)
Vara:	(vara)

Requerente:	(nome requerente)
Requerido:	(nome requerido)

Com fundamento no art. 6°, inciso III, da Lei n. 8.935/94, e no Cap. XVI das Normas de Serviço da CGJ de São Paulo, itens 214 a 219, a pedido da parte interessada, verifico nos autos do processo judicial (NNNNNNN-DD.AAAA.J.TR.OOOO), formado com (quantidade) peças, a ordem do juiz (nome juiz) para que se cumpra a sentença que transitou em julgado.

Em vista disso, expeço a presente **CARTA DE SENTENÇA** que, além deste termo de abertura e do termo de encerramento, contém _____ páginas, todas autenticadas por este tabelião, com os seguintes documentos:

I – petição inicial;

II – procurações outorgadas pelas partes;

III – decisões que tenham deferido o benefício da assistência judiciária gratuita;

IV – plano de partilha, se houver;

V – manifestação da Fazenda do Estado de São Paulo;

VI – manifestação do Município;

VII – sentença homologatória;

VIII – certidão de transcurso de prazo sem interposição de recurso (trânsito em julgado).

IX – peças processuais indicadas e requeridas pelo interessado que se mostram indispensáveis ou convenientes ao cumprimento da ordem.

O(a) MM. Juiz(a) de Direito, Dr(a). (nome magistrado(a)), manda que se cumpra e guarde esta **CARTA DE SENTENÇA** como se contém e declara, rogando às autoridades deste país que lhe deem inteiro cumprimento e justiça. Dou fé.

(cidade, data)

_____
(Nome)
(Cargo Tab. ou Sub.)
(peças)

ATA NOTARIAL DE CARTA DE SENTENÇA
TERMO DE ENCERRAMENTO E CONFERÊNCIA
CARTA DE SENTENÇA

Processo n.:	(NNNNNNN-DD.AAAA.J.TR.OOOO)
Classe – Assunto:	(Divórcio Consensual) – Direito Civil
Juiz(a):	(nome juiz)
Vara:	(vara)
Requerente:	(nome requerente)
Requerido:	(nome requerido)

Nada mais havendo para ser autenticado na presente **CARTA DE SENTENÇA**, constituída por _____ páginas autenticadas dos autos do processo acima, encerro. Dou fé.

(Cidade, data)

_____
(Nome)
(Cargo Tab. ou Sub.)

Emolumentos:
Certidão e Autenticação
Total: R$...

33.4.2 Inventário e partilha

ATA NOTARIAL DE CARTA DE SENTENÇA
TERMO DE ABERTURA
FORMAL DE PARTILHA

Processo n.: (NNNNNNN-DD.AAAA.J.TR.OOOO)
Classe – Assunto: (Inventário) – Inventário e Partilha
Juiz(a): (nome juiz)
Vara: (vara)
Requerente: (nome primeiro requerente)
Inventariado: (nome primeiro espólio)

Com fundamento no art. 6º, inciso III, da Lei n. 8.935/94, e no Cap. XVI das Normas de Serviço da CGJ de São Paulo, itens 214 a 219, a pedido da parte interessada, verifico nos autos do processo judicial (NNNNNNN-DD.AAAA.J.TR.OOOO), formado com (quantidade) peças, a ordem do juiz (nome juiz) para que se cumpra a sentença que transitou em julgado.

Em vista disso, expeço o presente **FORMAL DE PARTILHA** que, além deste termo de abertura e do termo de encerramento, contém _____ páginas, todas autenticadas por este tabelião, com os seguintes documentos:

I – petição inicial;

II – procurações outorgadas pelas partes;

III – decisões que tenham deferido o benefício da assistência judiciária gratuita;

IV – certidão de óbito;

V – plano de partilha;

VI – termo de renúncia, se houver;

VII – escritura pública de cessão de direitos hereditários, se houver;

VIII – auto de adjudicação, assinado pelas partes e pelo juiz, se houver;

IX – manifestação da Fazenda do Estado de São Paulo;

X – manifestação do Município;

XI – sentença homologatória da partilha;

XII – sentença ou decisão a ser cumprida;

XIII – certidão de transcurso de prazo sem interposição de recurso (trânsito em julgado).

XIV – peças processuais indicadas e requeridas pelo interessado que se mostram indispensáveis ou convenientes ao cumprimento da ordem.

O(a) MM. Juiz(a) de Direito, Dr(a). (nome magistrado(a)), manda que se cumpra e guarde este **FORMAL DE PARTILHA** como se contém e declara, rogando às autoridades deste país que lhe deem inteiro cumprimento e justiça. Dou fé.

(Cidade, data)

(Nome)
(Cargo Tab. ou Sub.)
(peças)

ATA NOTARIAL DE CARTA DE SENTENÇA
TERMO DE ENCERRAMENTO E CONFERÊNCIA
FORMAL DE PARTILHA

Processo n.:	(NNNNNNN-DD.AAAA.J.TR.OOOO)
Classe – Assunto:	(Inventário) – Inventário e Partilha
Juiz(a):	(nome juiz)
Vara:	(vara)
Requerente:	(nome primeiro requerente)
Inventariado:	(nome primeiro espólio)

Nada mais havendo para ser autenticado no presente **FORMAL DE PARTILHA**, constituído por _____ páginas autenticadas dos autos do processo acima, encerro. Dou fé.

(Cidade, data)

(Nome)
(Cargo Tab. ou Sub.)
(peças)

Emolumentos:
Certidão e Autenticação
Total: R$...

33.4.3 Autenticação das peças da carta de sentença

Autenticação processo papel

O 26º Tabelião de Notas de São Paulo autentica esta cópia que está conforme ao documento a mim apresentado. Dou fé. São Paulo, (data).

_____

(Nome)

(Cargo)

Este ato para a sua validade contém o selo de autenticidade. R$ 0,00 por página.

Autenticação processo digital

O 26º Tabelião de Notas de São Paulo autentica esta cópia em papel de um documento eletrônico disponível no sítio http://www.tjsp.jus.br que está conforme ao documento acessado, mediante aposição de senha pelo interessado, sem que eu visse, e verificado, dou fé. São Paulo, (data), (hora).

_____

(Nome)

(Cargo)

Este ato para a sua validade contém o selo de autenticidade. R$ 0,00 por página.

33.5 ATAS NOTARIAIS

33.5.1 Ata de autenticação eletrônica – Internet

Objeto: verificação de fatos na rede mundial de computadores – Internet

S A I B A M todos os que virem esta ata notarial que aos _____ dias do mês _____ do ano de _____ (_____/_____/_____), às ____ h ____ min ____ seg, na cidade de _____, Estado de _____, República Federativa do Brasil, no _____. Tabelionato de Notas de _____, eu, _____, tabelião, recebo a solicitação verbal de ZEUS, nacionalidade, profissão, estado civil, portador da cédula de identidade RG n. _____-SSP/_____, inscrito no CPF-MF sob n. _____._____._____-_____, domiciliado e residente na cidade de _____, Estado de _____, na Rua _____, n. ____, bairro _____, CEP _____-_____. Reconheço a identidade do presente e sua capacidade para o ato, dou fé. Através da conexão telefônica ao provedor que atende este Tabelionato, acesso os sítios (páginas ou *sites*) da rede de comunicação **INTERNET**, a seguir mencionados e verifico o seguinte: **PRIMEIRO:** A partir das ____ h ____ min ____ seg, a pedido do solicitante, acesso o endereço eletrônico www. xxxxxxxx.com.br e, em seguida, e de forma automática, o provedor me remete para o endereço eletrônico https://www.xxxxxxxx.com.br/, no qual constato haver os textos e imagens a seguir impressos (correspondente às imagens n. 01, 02 e 03 impressas nesta ata, do que dou fé). **SEGUNDO:** Nada mais havendo, pede-me o solicitante para arquivar os arquivos eletrônicos e imprimir as imagens das páginas acessadas nesta ata notarial, o que faço, imprimindo-as em cores. Para constar, lavro a presente ata, para os efeitos dos arts. 405 e 374, inciso IV, do Código de Processo Civil, de acordo com a competência exclusiva que me conferem a Lei n. 8.935, de 18 de novembro de 1994, em seus incisos III dos arts. 6º e 7º e o art. 384 do Código de Processo Civil. Ao final, esta ata é lida pelo solicitante, achada conforme e assinada por ele e por mim.

Solicitante(s) assina(m)

Escrevente(s) assina(m)

Tab. ou Sub. assina

Obs.: Seguem as imagens impressas das telas capturadas.

Assinada pelo solicitante. Dou fé.
Emolumentos: R$ 000,00

33.5.2 Ata de mensagens em aplicativo WhatsApp

Objeto: verificação da existência de mensagem de texto em aplicativo WhatsApp

S A I B A M todos os que virem esta ata notarial que aos _____ dias do mês _____ do ano de _____ (_____/_____/____), às ____ h ____ min ____ seg, na cidade de _____, Estado de _____, República Federativa do Brasil, no _____. Tabelionato de Notas de _____, eu, _____, tabelião, recebo a solicitação verbal de **ZEUS**, nacionalidade, profissão, estado civil, portador da cédula de identidade RG n._____-SSP/_____, inscrito no CPF-MF sob n._____._____._____-_____, domiciliado e residente na cidade de_____, Estado de_____, na Rua_____, n.___, bairro_____, CEP_____-_____. Reconheço a identidade do presente e sua capacidade para o ato, dou fé. Neste Tabelionato, pedira-me a solicitante para verificar e autenticar os seguintes fatos. Assim faço, verifico e presencio o seguinte: **PRIMEIRO**: A partir das____h_____min, o solicitante me exibe um aparelho de telefone móvel (celular), no qual constato haver os seguintes dados: marca___, modelo_____, número de série_____e IMEI_____. **SEGUNDO** – Na sequência, a pedido do solicitante, no referido aparelho, acesso o aplicativo denominado "WhatsApp", ato que faz surgir uma tela com diversas guias com nomes e textos próprios. Dentre estas, a pedido do solicitante, acesso a guia denominada "_____", ato que faz surgir uma tela com diversos balões de fala em formatos reduzidos, nas cores verde e branco, segundo informa o solicitante, os balões de fala na cor verde representam mensagens enviadas e os balões de fala na cor branco representam mensagens recebidas. Após, a pedido do solicitante, verifico haver dois balões de fala, localizados abaixo da data "XX DE XXX DE 20XX", cujos textos neles constantes transcrevo fielmente a seguir, inclusive com eventuais erros do vernáculo: "(balão de fala branco) _____; 10:00" e "(balão de fala verde) _____; 10:10", conforme pode ser aferido pela fotografia que tiro e imprimo sob o n. 1 nesta ata, do que dou fé. **Nada mais houve**. Para constar, lavro a presente ata, para os efeitos dos arts. 405 e 374, inciso IV do Código de Processo Civil, de acordo com a competência exclusiva que me conferem a Lei n. 8.935, de 18/11/1994, em seus incisos III, dos arts. 6º e 7º e o art. 384 do Código de Processo Civil. Ao final, esta ata é lida pelo solicitante, achada conforme e assinada por ele e por mim. Escrita pelo escrevente autorizado _____ e assinada pelo Tabelião Substituto _____. Dou fé.

33.5.3 Ata de autenticação eletrônica – *E-mail*

Objeto: verificação da existência de mensagem eletrônica – *E-mail*

S A I B A M todos os que virem esta ata notarial que aos ____ dias do mês de ____ do ano de ____ (____/____/____), na cidade de _____, Estado de _____, República Federativa do Brasil, neste ____. Tabelionato de _____, eu, _____, tabelião substituto, lavro a presente ata notarial em decorrência da solicitação verbal de **AFRODITE**, nacionalidade, profissão, estado civil, portadora da cédula de identidade RG n. _____-SSP/____, inscrita no CPF-MF sob n. ____.____.____-____, domiciliada e residente na cidade de _____, Estado de _____, na Rua _____, n. ____, bairro _____, CEP ____-____. No dia ____ do mês de ____ do ano de ____ (____/____/____), pediram-me a solicitante para verificar e autenticar os seguintes fatos. Assim faço, comparecendo em diligência à empresa denominada **CINE SA**, situada nesta Capital, na Rua _____, n. ____, bairro _____. Neste local, nesta data, entre as ____h____min (____) e ____h____min (____), verifico e presencio o seguinte: **PRIMEIRO**: Inicialmente, a solicitante me solicita esta ata para constatar a existência de uma mensagem eletrônica (*e-mail*) no computador de uso profissional de **TÍCIO OLIVEIRA**, nacionalidade, profissão, estado civil, capaz, portador da cédula de identidade RG n. _____-SSP/____, inscrito no CPF-MF sob n. ____.____.____-____, presente ao ato e cuja identidade e capacidade reconheço em vista do documento de identidade que me é apresentado. **SEGUNDO**: Às ____h____min, é-me apresentado um computador marca _____, modelo _____, com número de série _____. Neste computador, a pedido da solicitante, acesso o programa denominado "Outlook Express", cujo ícone de acesso está localizado na "Área de Trabalho". **TERCEIRO**: Aberto o aludido programa, constato haver no canto esquerdo um índice com diversas expressões que possibilitam o acesso a outros arquivos de mensagens. Dentre estas, a pedido da solicitante, clico e acesso a expressão "Caixa de entrada" e, em seguida, um arquivo se abre e nele constato haver diversas mensagens eletrônicas. Dentre estas, pede-me a solicitante para clicar e acessar a mensagem denominada nos campos: "De", "Assunto" e Recebido", respectivamente: "_____", "_____" e "____/____/____:____". Assim procedo, tendo o programa aberto a mensagem eletrônica, na qual constato haver os textos a seguir impressos (correspondente à imagem n. 01, do que dou fé). **QUARTO**: Por derradeiro, pede-me a solicitante para clicar sobre a expressão "Arquivo" localizada

na guia superior do programa "Outlook Express". Assim faço e, em seguida, e de forma automática, abre-se um índice com dez expressões. Dentre estas, pede-me a solicitante para clicar na expressão "Propriedades", tendo o programa aberto uma nova janela em formato reduzido. Nesta janela, a pedido da solicitante, clico sobre a aba denominada "Detalhes", na qual constato haver o seguinte texto, que é transcrito fielmente, inclusive com as expressões idiomáticas estrangeiras, os eventuais erros deste vernáculo e no qual preencho os espaços em branco com hifens e pontos (-.-.-.-.):
"Return-Path: (atas@Ynotas.com.br).-
Delivered-To: atas@Ynotas.com.br-.-.---.
Received: (qmail 30760 invoked from network); 7 Dec 2007 16:45:34 -0000-.-.-.-.-
Received: from unknown (HELO atasnotariais) (atas@Ynotas.com.br@............... 0.192)-.-.-.-.-.
 by gasec.Ynotas.com.br with SMTP; 7 Dec 2007 16:45:34 -0000-.--.-.-.-.-.-.-.-.-.
Message-ID: (004f01c838f1$344f1190$c000a8c0@atasnotariais) -.-.-...-.-.-.-.-.-.
From: "_____" (atas@Ynotas.com.br)-.-.-.-.-.-.-.-.-.-.-.-.-.-.-.-.-.-.-.-
To: "_____" (atas@Ynotas.com.br)-.-.-.-.-.-.-.-.-.-.-.-.-.-.-.-.-.-.-.-
Subject: modelo -.
Date: Fri, 7 Dec 2007 14:49:59 -0200-.-
MIME-Version: 1.0-.
Content-Type: multipart/alternative;-.-
boundary="--=_NextPart_000_004C_01C838E0.7077AC60" -.-.-.-.-.-.-.-.-.-.-.
X-Priority: 3-.--.-.-.-.-.-.-.-.-.-.-.-.-.-
X-MSMail-Priority: Normal -.
X-Mailer: Microsoft Outlook Express 6.00.2900.3138-.-.-.-.-.-.-.-.-.-.-.-.-.-.-.
Disposition-Notification-To: "_____" (atas@Ynotas.com.br)-.-.-.-.-.-.-.-.-.-
X-MimeOLE: Produced By Microsoft MimeOLE V6.00.2900.3198-.-.-.-.-.-.-.-.-.
X-Antivirus: avast! (VPS 071108-0, 08/11/2007), Outbound message-.-.-.-.-.-.-.-.-.
X-Antivirus-Status: Clean -.
X-Antivirus: avast! (VPS 071108-0, 08/11/2007), Inbound message-.-.-.-.-.-.-.-.-.-
X-Antivirus-Status: Clean" (correspondente à imagem n. 02, do que dou fé). QUINTO: Nada mais havendo, pede-me a solicitante para arquivar os arquivos eletrônicos e imprimir as imagens das telas do programa supra-acessado nesta ata notarial, o que faço, imprimindo-as em cores. Nada mais havendo, pede-me a solicitante para arquivar os arquivos eletrônicos e imprimir as imagens das páginas acessadas nesta ata notarial, o que faço, imprimindo-as em cores. Para constar, lavro a presente ata, para os efeitos dos arts. 405 e 374, inciso IV, do Código de Processo Civil, de acordo com a competência exclusiva que me conferem a Lei n. 8.935, de 18 de novembro de 1994, em seus incisos III dos arts. 6º e 7º e o art. 384 do Código de Processo Civil. Ao final, esta foi em lida em voz alta, achada conforme e assinada pela solicitante e por mim. Dou fé.

Solicitante(s) assina(m)
Escrevente(s) assina
Tab. Sub. assina

Obs.: Seguem as imagens impressas das telas capturadas.

Assinada pelo(s) solicitante(s). Dou fé.
Emolumentos: R$ 000,00

33.5.4 Ata de autenticação eletrônica – SMS

Objeto: verificação da existência de mensagem de texto em telefone móvel (celular)
S A I B A M todos os que virem esta ata notarial que aos ____ dias do mês de ____ do ano de ____ (____/____/____), às ____h____min, na cidade de _____, Estado de _____, República Federativa do Brasil, no ____. Tabelionato de Notas de _____, eu, _____, tabelião substituto, recebo a solicitação verbal da empresa denominada **ÁGUA LITORAL LTDA.**, com sede nesta Capital, na Rua _____, n. ____, conjunto ____, bairro _____ (CEP ____-____), inscrita no CNPJ/MF sob n. _____/_____-____, com o seu contrato social consolidado e registrado na JUCESP sob o n. _____, cujas fotocópias autenticadas ficam arquivadas nestas notas em pasta própria, neste ato representado na forma da cláusula ____. do seu contrato social, por sua representante, **ARES**, nacionalidade, profissão, estado civil, portador da cédula de identidade RG n. _____-SSP/____, inscrito no CPF-MF sob n. ____.____.____-____, domiciliado e residente na cidade de _____, Estado de _____, na Rua _____, n. ____, bairro _____, CEP ____-____. Reconheço a identidade do presente e sua capacidade para o ato, dou fé. A seguir, pede-me a solicitante para verificar e autenticar os seguintes fatos: **PRIMEIRO**: A solicitante me declara que solicita esta ata para constatar a existência de quatro mensagens de texto num telefone móvel (celular) simplesmente apresentado. **SEGUNDO**: Às ____h____min, a solicitante me apresenta um aparelho de telefone móvel (celular) marca _____, no qual constato haver uma etiqueta fixada no interior do referido aparelho com número de série _____. **TERCEIRO**: A pedido da solicitante, acesso a expressão "Menu", localizada ao lado direito. Uma nova tela se abre e nela constato haver diversos ícones com funções próprias. Dentre estes, pede-me a solicitante para acessar o ícone denominado "Mensagem". Assim faço, uma nova tela se abre e nela constato haver diversas expressões. Dentre estas, pede-me a solicitante para clicar e acessar a expressão "Caixa de entrada". Assim faço, uma nova tela se abre e nela constato haver diversas mensagens. Dentre estas, pede-me a solicitante para clicar e acessar as seguintes mensagens, denominadas a saber: "X", "Y", "XX" e "YY". Assim faço, em primeiro, clico e acesso a mensagem denominada "X", na qual constato haver o seguinte texto, que é transcrito fielmente, inclusive com eventuais erros do vernáculo: "_____". **QUARTO**: Em segundo, clico e acesso a mensagem denominada "Y", na qual constato haver o seguinte texto, que é transcrito fielmente,

inclusive com eventuais erros do vernáculo: "_____". **QUINTO:** Em terceiro, clico e acesso a mensagem denominada "XX", na qual constato haver o seguinte texto, que é transcrito fielmente, inclusive com eventuais erros do vernáculo: "_____". **SEXTO:** Em quarto, clico e acesso a mensagem denominada "YY", na qual constato haver o seguinte texto, que é transcrito fielmente, inclusive com eventuais erros do vernáculo: "_____". **SÉTIMO:** Por fim, a pedido da solicitante, comparece **ZEFIRO**, nacionalidade, profissão, estado civil, capaz, portador da cédula de identidade RG n. _____-SSP/____, inscrito no CPF-MF sob n. ____.____.____-____, domiciliado e residente na cidade de _____, Estado de _____, na Rua _____, n. ____, bairro _____, CEP ____-____, e declara, sob as penas da lei, que enviou por meio da internet as mensagens adrede mencionadas para o aparelho acima citado e que é titular do número telefônico 11 ____-____. *Nada mais*. Para constar, lavro a presente ata, para os efeitos dos arts. 405 e 374, inciso IV, do Código de Processo Civil, de acordo com a competência exclusiva que me conferem a Lei n. 8.935, de 18 de novembro de 1994, em seus incisos III dos arts. 6º e 7º e o art. 384 do Código de Processo Civil. Ao final, esta ata é lida em voz alta, achada conforme e assinada pelo solicitante e por mim. Dou fé. Escrita pelo tabelião substituto _____. Dou fé.

Solicitante(s) assina(m)

Escrevente(s) assina(m)

Tab. Sub. assina

Emolumentos: R$ 000,00

33.5.5 Ata de declaração

Objeto: declaração

S A I B A M todos os que virem esta ata notarial que aos ____ dias do mês de ____ do ano de ____ (____/____/____), em diligência à Rua _____, n. ____, ____. andar, bairro _____, às ____h____min, recebo a solicitação verbal de **EROS**, nacionalidade, profissão, estado civil, portador da cédula de identidade RG n. _____-SSP/____, inscrito no CPF-MF sob n. ____.____.____-____, domiciliado e residente na cidade de _____, Estado de _____, na Rua _____, n. ____, bairro _____, CEP ____-____. Reconheço a identidade do presente e sua capacidade para o ato, dou fé. E, por ele, sob as responsabilidades **civil** e **criminal** me foi dito que deseja fazer a seguinte declaração que passo a narrar: **PRIMEIRO:** Seu paciente, **ANTEROS**, portador do documento de identidade RG n. ____.____.____IFP-____ e CPF/MF sob n. ____.____.____-____, é portador de _____. **SEGUNDO:** Para tal enfermidade é indicado o transplante de _____ a realizar-se o mais breve possível, pelo risco de progressão da doença. **TERCEIRO:** Tendo em vista a longa espera na lista para transplante com doador-cadáver, é indicado o transplante de _____ intervivos. **QUARTO:** Não foi encontrado nenhum doador entre os familiares de **ANTEROS**. **QUINTO:** Foi avaliado **DEIMOS**, nacionalidade, profissão, estado civil, capaz, portador da cédula de identidade RG n. _____-SSP/____, inscrito no

CPF-MF sob n. ____.____.____-____, o qual é considerado apto do ponto de vista físico e laboratorial para a doação do órgão. **SEXTO:** Conhece os termos da Lei n. 9.434/1997, bem como o teor dos arts. 9º e 10 da referida Lei. **SÉTIMO:** Fez todos os aconselhamentos sobre a cirurgia de transplante e dos riscos do procedimento para o doador e o receptor, bem como a não garantia de êxito em relação ao resultado da cirurgia. Para constar, lavro a presente ata, para os efeitos dos arts. 405 e 374, inciso IV, do Código de Processo Civil, de acordo com a competência exclusiva que me conferem a Lei n. 8.935, de 18 de novembro de 1994, em seus incisos III dos arts. 6º e 7º e o art. 384 do Código de Processo Civil. Ao final, esta ata é lida em voz alta, achada conforme e assinada pelo solicitante e por mim. Dou fé.

Solicitante(s) assina(m)

Escrevente(s) assina(m)

Tab. Sub. assina

Emolumentos: R$ 000,00

33.5.6 Ata de presença, com assistente técnico

Objeto: verificação da coleta de material para fins de identificação genética e de fluidos biológicos

S A I B A M todos os que virem esta ata notarial que aos ____ dias do mês de ____ do ano de ____ (____/____/____), na cidade de _____, Estado de _____, República Federativa do Brasil, neste ____. Tabelionato de Notas de _____, eu, _____, tabelião substituto, lavro a presente ata notarial em decorrência da solicitação verbal de **FOBOS**, nacionalidade, profissão, estado civil, portador da cédula de identidade RG n. _____-SSP/____, inscrito no CPF-MF sob n. ____.____.____-____, domiciliado e residente na cidade de _____, Estado de _____, na Rua _____, n. ____, bairro _____, CEP ____-____. Reconheço a identidade do presente e sua capacidade para ato, dou fé. Inicialmente, o solicitante me declara que solicita esta ata, em representação da empresa denominada **CADEIRAS COMÉRCIO E INDÚSTRIA**, situada nesta Capital, na Rua dos ____, n. ____, ____. andar, bairro _____ (CEP ____-____). No dia ____ do mês de ____ do ano de ____ (____/____/____), pedira-me o solicitante para verificar e autenticar os seguintes fatos. Assim faço, comparecendo em diligência à Rua dos XX, n. XX, X. andar – Bairro XX (CEP XXXXX-XXX). Neste local, nesta data, entre as ____h____min (____) e as ____h____min (____), verifico e presencio o seguinte: **PRIMEIRO:** Por contratação feita pela empresa **CADEIRAS COMÉRCIO E INDÚSTRIA**, comparece **NÁIADES**, nacionalidade, profissão, estado civil, capaz, portadora da cédula de identidade RG n. _____-SSP/____, inscrita no CPF-MF sob n. ____.____.____-____, como declara, de profissão biomédica, cuja identidade e capacidade reconheço em vista do documento de identidade que me é apresentado. **SEGUNDO:** Após, pede-me o solicitante para verificar a coleta de material para fins de identificação genética e de fluidos biológicos e a presença das pessoas neste ato. **TERCEIRO:** Certifico e dou fé que estão presentes a este ato as seguintes pessoas: **NÁIADES**, já identificada, **FOBOS**, portador da cédula de identidade RG n. _____-SSP/____, **ANTEROS**, portador da cédula de identidade RG n. _____-SSP/____, **CRONOS**, portador da cédula de identidade RG n. _____-SSP/____, e **URANO**, portador da cédula de identidade RG n. _____-SSP/____, cujas identidades e capacidades reconheço em vista dos documentos de identidade que me são apresentados. **QUARTO**: Após, nos dirigimos até uma sala, segundo informa o solicitante, denominada "sala da diretoria executiva", onde me é apresentada uma cadeira com eixo de giro na cor predominante amarela, na qual constato haver uma etiqueta fixada no dorso inferior, com os dados XX. **QUINTO**: Nesta cadeira, mais precisamente sobre o tecido, constato haver manchas de aproximadamente 2 e 4 centímetros de comprimento. **SEXTO**: Após, a biomédica se prepara para a coleta do material (das manchas) com equipamentos e materiais próprios. Em seguida, com um bisturi, a biomédica faz duas incisões e retira dois pedaços do tecido de aproximadamente 1,5 e 4 centímetros e os coloca dentro de um tubo próprio, cujo fecho é de rosca. Após, a biomédica faz mais uma incisão e retira um pedaço do tecido de uma mancha mais clara, com aproximadamente 1,5 centímetro e coloca-o dentro de outro tubo, cujo fecho também é de rosca. **SÉTIMO**: A pedido da biomédica, o solicitante rubrica as duas etiquetas de papel fixadas nos tubos e, em seguida, ela apõe sobre essas etiquetas fita adesiva transparente. Por fim, os dois tubos são acondicionados em uma caixa de papel apropriada e lacrada com fita adesiva, aponho meu sinal público entre a fita e a caixa. *Nada mais*. Para constar, lavro a presente ata, para os efeitos dos arts. 405 e 374, inciso IV, do Código de Processo Civil, de acordo com a competência exclusiva que me conferem a Lei n. 8.935, de 18 de novembro de 1994, em seus incisos III dos arts. 6º e 7º e o art. 384 do Código de Processo Civil. Ao final, esta ata é lida em voz alta, achada conforme e assinada pelo solicitante, juntamente com a biomédica e por mim. Dou fé.

Solicitante(s) assina(m)

Escrevente(s) assina(m)

Tab. Sub. assina

Emolumentos: R$ 000,00

33.5.7 Ata para usucapião

I – Finalidade: Atestar a posse e outros requisitos para a usucapião extrajudicial.

II – Tabelionato: República Federativa do Brasil, SP, São Paulo, Praça João Mendes, n. 42, 1º andar, no 26º Tabelionato de Notas de São Paulo.

III – Data: (data lavratura)

IV – Partes presentes ao ato:

4.1) **Solicitantes**: (qualificação do solicitante) e (qualificação do cônjuge), a seguir indicados como Solicitantes.

4.1.1) Endereço eletrônico: (indicar) ou não há.

4.2) **Advogado(a)**: (qualificação do advogado), a seguir indicado como Advogado.

4.2.1) Endereço eletrônico: (indicar) ou não há.

4.3) **Engenheiro(a)**: (qualificação do engenheiro), com ART/CREA – Anotação de Responsabilidade Técnica sob n. (número anotação) e RRT/CAU – Registro de Responsabilidade Técnica sob n. (número registro), a seguir indicado como Responsável Técnico.

4.3.1) Endereço eletrônico: (indicar) ou não há.

4.4) **Proprietários**: (qualificação dos proprietários e qualificação dos cônjuges), a seguir indicados como Proprietários.

4.4.1) Endereço eletrônico: (indicar) ou não há.

4.5) **Confrontantes**:

(qualificação do confrontante 1), a seguir indicado como Confrontante 1.

4.5.1) Endereço eletrônico: (indicar) ou não há.

(qualificação do confrontante 2), a seguir indicado como Confrontante 2.

4.5.2) Endereço eletrônico: (indicar) ou não há.

(qualificação do confrontante Fundos), a seguir indicado como Confrontante Fundos.

4.5.3) Endereço eletrônico: (indicar) ou não há.

V – Solicitação: Os solicitantes requerem:

5.1) Atestar o tempo de posse no imóvel situado na (endereço do imóvel), adiante descrito;

5.2) Atestar a existência do contrato particular de cessão de posse de seus antecessores;

5.3) Verificar a existência do imóvel e da construção que fizeram no imóvel;

5.4) Verificar a existência de benfeitorias que fizeram, em especial, a construção de um muro;

5.5) Ouvir as declarações dos confrontantes sobre a sua posse;

5.6) Receber as declarações, planta e memorial descritivo realizados pelo Responsável Técnico.

VI – Fundamento legal: Usucapião constitucional e legal: (modalidade e fundamento legal da usucapião).

VII – Imóvel usucapiendo: (descrever o imóvel), que fica arquivada neste tabelionato.

7.1) (qualificação dos titulares do imóvel) ou Não há.

7.2) **Registro Imobiliário**: Referido imóvel está descrito e caracterizado na (matrícula ou transcrição), conforme se verifica pela certidão do Ofício de Registro Imobiliário desta Cidade, emitida em (data), cuja cópia fica arquivada neste tabelionato.

7.3) Este imóvel encontra-se lançado no cadastro da prefeitura deste Município sob n. (número), em nome dos solicitantes. Uma cópia do lançamento do IPTU – Imposto

Predial e Territorial Urbano, em nome dos solicitantes, ano (ano), fica arquivada neste Tabelionato.

7.4) O valor atribuído pela prefeitura para este imóvel é de R$ (valor).

VIII – Constatação primeira: (data lavratura) neste tabelionato, verifiquei e dou fé dos seguintes fatos:

8.1) **Declarações dos solicitantes:** Os solicitantes declaram, sob responsabilidade civil e penal:

8.1.1) Residem no imóvel descrito desde (data início resid.), tendo a posse plena, exercida diretamente, com a intenção de serem donos (*animus domini*);

8.1.2) Receberam a posse de (nome do cedente da posse), nesta data (data recebimento posse), tendo ali estabelecido a sua moradia, de forma mansa, pacífica e contínua;

8.1.3) Não são proprietários, cada um deles ou os dois, de imóvel urbano;

8.1.4) Atribuem a este imóvel, para fins de usucapião, o valor de R$ (valor atribuído para fins de usucapião).

8.2) **Origem e tempo da posse:** Os solicitantes me apresentam um contrato particular de cessão de posse, firmado por eles e por (nome cedente), (qualificar), em (data cessão posse). Neste contrato, verifico haver declarações de (nome do cedente) informando que tomou posse deste imóvel em (data receb. posse cedente), tendo ali estabelecido a sua moradia de forma mansa, pacífica e contínua, cedendo-a aos solicitantes por ato oneroso.

8.3) **Contas de consumo:** Os solicitantes me apresentam as seguintes contas de consumo que têm como consumidores um dos dois: (listar contas de consumo) (contas de luz emitidas pela Eletropaulo), com vencimento e quitadas, a primeira em (data início) e a última em (data término).

8.4) **Declarações dos proprietários:** Os proprietários declaram, sob responsabilidade civil e penal:

8.4.1) Não impugnam e consentem ao pedido dos solicitantes de reconhecimento da usucapião do imóvel descrito no item VII desta ata;

8.5) **Declarações do Confrontante 1:** O Confrontante 1 declara, sob responsabilidade civil e penal:

8.5.1) Reside no endereço indicado na sua qualificação desde (data início resid.), tendo sido vizinho de (nome do vizinho) e, desde (início), dos solicitantes;

8.5.2) Conhece os solicitantes desde esta data e garante que ambos ali têm a sua moradia, os quais possuem a posse plena, exercida diretamente por eles, com a intenção de serem donos (*animus domini*) e de forma mansa, pacífica e contínua, desde (data início);

8.5.3) Ajudou os solicitantes a construírem uma laje e um muro;

8.5.4) Reconhece os solicitantes como titulares deste imóvel e aceita os limites indicados na planta apresentada pelo Responsável Técnico.

8.6) Declarações do Confrontante 2: O Confrontante 2 declara, sob responsabilidade civil e penal:

8.6.1) Reside no endereço indicado na sua qualificação desde (data início resid.), tendo sido vizinho de (nome do vizinho) e, desde (início), dos solicitantes;

8.6.2) Conhece os solicitantes desde esta data e garante que ambos ali têm a sua moradia, os quais possuem a posse plena, exercida diretamente por eles, com a intenção de serem donos (*animus domini*) e de forma mansa, pacífica e contínua, desde (data início);

8.6.3) Informa que os solicitantes construíram uma laje e um muro;

8.6.4) Reconhece os solicitantes como titulares deste imóvel e aceita os limites indicados na planta apresentada pelo Responsável Técnico.

8.7) Declarações do Confrontante Fundos: O Confrontante Fundos, sob responsabilidade civil e penal:

8.7.1) Reside no endereço indicado na sua qualificação desde (data início resid.), tendo sido vizinho de (nome do vizinho) e, desde (início), dos solicitantes;

8.7.2) Conhece os solicitantes desde esta data e garante que ambos ali têm a sua moradia, os quais possuem a posse plena, exercida diretamente por eles, com a intenção de serem donos (*animus domini*) e de forma mansa, pacífica e contínua, desde (data início);

8.7.3) Informa que os solicitantes construíram uma laje e um muro;

8.7.4) Reconhece os solicitantes como titulares deste imóvel e aceita os limites indicados na planta apresentada pelo Responsável Técnico.

8.8) Declarações do responsável técnico: O Responsável Técnico declara, sob responsabilidade civil, penal e técnica que:

8.8.1) Elaborou o memorial descritivo e planta do imóvel usucapiendo que contém as seguintes características:

– Medidas perimetrais (descrever medidas P), perfazendo a área total de m², com ponto de amarração (descrever), tendo como confrontantes (descrever).

IX – Constatação segunda: Na (data lavratura), entre (horas e minutos) e as (horas e minutos) (hora legal brasileira), em diligência na Rua dos Primos, 8, São Paulo, SP, verifiquei e dou fé dos seguintes fatos:

9.1) Existe o imóvel usucapiendo, conforme indicado pelos solicitantes e pelo memorial descritivo. Tirei duas fotos externas (fotos 1 e 2) e quatro internas (fotos 3, 4, 5, 6), as quais podem ser aferidas pelas imagens que faço e imprimo em cores nesta ata notarial;

9.2) O imóvel tem as características de moradia familiar que tem, em sua frente, um muro contínuo que o separa da calçada de pedestres.

9.3) Os solicitantes lá estavam, com as chaves das duas portas externas.

X – Certidões e documentos apresentados e arquivados: Recebi, conferi e dou fé da apresentação dos seguintes documentos apresentados, que ficam arquivados nestas Notas em cópia digital:

10.1) Documentos de identificação e estado civil das partes indicadas, exceto as certidões de casamento do(s) Proprietário(s), do Confrontante 1, Confrontante 2, Confrontante Fundos, do Responsável Técnico e do advogado;

10.2) Planta e memorial descritivo assinados pelo Responsável Técnico;

10.3) Certidão do Ofício de Registro Imobiliário deste Município;

10.4) Lançamento do IPTU – Imposto Predial e Territorial Urbano, para o ano de 2015;

10.5) Lançamento do valor atribuído pelo Município, nesta data, para o imóvel usucapiendo;

10.6) Contrato particular de direitos de posse firmado pelos solicitantes e por um José Rodrigues em 16-6-2009;

10.7) As contas de consumo de eletricidade emitidas pela Eletropaulo e quitadas, a primeira vencida em 2-7-2009 e a última em 2-7-2015;

10.8) Seis fotos do imóvel usucapiendo;

10.9) Certidões negativas dos distribuidores cíveis da Justiça Estadual e Federal em nome dos solicitantes, (eventuais antecessores) e titulares de domínio, se houver.

XI – Declaração do responsável técnico: Concorda que as suas declarações e referências ao memorial descritivo e à planta do imóvel usucapiendo feitas nesta ata notarial são fiéis.

XII – Declaração do advogado: Sob responsabilidade profissional, civil e criminal, diz que concorda com os procedimentos realizados e estão de acordo com lei e que os fatos narrados estão de acordo com a solicitação feita nesta ata notarial.

XIII – Declaração dos proprietários: Os proprietários concordam que os fatos narrados estão de acordo com o que conhecem e com os demais termos desta ata notarial.

XIV – Declaração dos confrontantes: Os Confrontantes 1, 2 e Fundos concordam que os fatos narrados estão de acordo com o que conhecem e com os demais termos desta ata notarial.

XV – Declaração das partes: Os solicitantes concordam que os fatos narrados estão de acordo com o que conhecem e com os demais termos desta ata notarial.

15.1) Declaram que desconhecem a existência de ação possessória ou reivindicatória em trâmite envolvendo o imóvel usucapiendo.

XVI – Declaração de todas as partes: Todos declaram que esta ata foi lida integralmente a eles, cujos termos foram explicados pelo tabelião ou por seu escrevente. O ato foi integralmente compreendido por cada um, nada tendo a opor sobre a certeza do que aqui se expõe.

16.1) Aconselhamento notarial: As partes foram esclarecidas sobre as normas legais e os efeitos probatórios atinentes a esta constatação, em especial sobre as normas legais citadas nesta ata, declarando não ter restado dúvida e dando-se por satisfeitas.

XVII – Declarações do tabelião:

17.1) **Configuração da posse:** Diante dos elementos probatórios elencados, **atesto** a configuração da posse *ad usucapionem*, na espécie (modalidade da usucapião) e o tempo total da posse sobre o imóvel usucapiendo é de (anos) e (meses).

17.2) **Autenticação:** Reconheço a identidade e estado civil dos presentes, à vista dos respectivos documentos de identidade e do registro civil apresentados, bem como suas capacidades para o ato.

17.3) **Normas legais:** Foram cumpridas as exigências constantes da Lei Federal n. 6.015/73, arts. 216-A e seguintes. Esta ata é lavrada conforme previsão do Código de Processo Civil, art. 384, e da Lei n. 8.935/94, incisos III dos arts. 6º e 7º, bem como das demais normas atinentes ao serviço notarial.

17.4) Cientificou às partes que a declaração de domínio decorre de procedimento próprio perante o Oficial de Registro competente.

17.5) Informou às partes que a dúvida registral somente poderá ser suscitada por elas próprias.

17.6) Cientificou às partes que a ata notarial é um dos requisitos para a declaração de domínio perante o Oficial de Registro competente.

17.7) Informou às partes que a prestação de declaração falsa nesta ata notarial configura crime de falsidade sujeito às penas da lei.

17.8) Os seguintes escreventes participaram da elaboração deste ato, procedendo com a constatação de fatos, orientação das partes, coleta de informações e documentos, elaboração e impressão do texto, coleta de assinaturas e arquivamento: (nome completo) e (nome completo).

17.9) **Fé notarial:** Dou fé das declarações contidas neste instrumento, dos documentos apresentados e arquivados, ou não, das autenticações feitas e de que a ata foi lida e assinada pelo(s) solicitante(s).

Escreventes: (nome esc. resp.).

Tabelião/Substituto: (Nome tab./sub. ass.)

Emolumentos: R$ 000,00

Obs.: Para a ata, o comparecimento de advogado e engenheiro não é obrigatório, bem como o do proprietário e dos confrontantes.

33.5.8 Ata para adjudicação compulsória

I – **Finalidade:** Atestar o inadimplemento da obrigação de <OUTORGAR_OU_RECEBER> o título definitivo de propriedade e outros requisitos para a adjudicação compulsória.

II – **Local:** República Federativa do Brasil, (estado), (cidade), (endereço), no XXº Tabelionato de Notas de São Paulo.

III – **Data:** (data da lavratura).

IV – **Partes presentes ao ato:**

4.1) **Solicitante:** <QUALIFICAÇÃO DO PROMITENTE COMPRADOR ou CESSIONÁRIO> e <QUALIFICAÇÃO DO CÔNJUGE>, a seguir indicado como Solicitante.

4.1.1) **Endereço eletrônico:** <INDICAR> ou Não há.

4.2) **Advogado(a):** <QUALIFICAÇÃO DO ADVOGADO>, a seguir indicado como Advogado(a).

4.2.1) **Endereço eletrônico:** <INDICAR> ou Não há.

V – Solicitação: O solicitante requer:

5.1) Atestar a identificação do imóvel; o nome e a qualificação do promitente comprador ou vendedor, ou do cessionário, ou de seus sucessores;

5.2) Atestar a existência e a autenticidade do instrumento de promessa de compra e venda ou de cessão, ou de sucessão;

5.3) Atestar o pagamento integral do preço;

5.4) Atestar o inadimplemento caracterizado pela não celebração do título definitivo de transmissão da propriedade plena;

5.5) Atestar a inexistência de litígio envolvendo o contrato da promessa de compra e venda do imóvel objeto da contratação;

5.6) Atestar o pagamento do Imposto sobre a Transmissão de Bens Imóveis (ITBI), se for o caso.

VI – Fundamento legal: Código Civil, art. 1.418 e Lei n. 6.015/1973, art. 216-B.

VII – Registro Imobiliário e o Imóvel objeto da adjudicação: <DESCRICAO_DO_IMOVEL>, CEP <N°_DO_CEP>, no <N°_DO_SUBDISTRITO> Subdistrito –, <BAIRRO_DO_SUBDISTRITO>, no município de <MUNICIPIO>, <ESTADO>, inscrito no <N°_OFICIO_IMOBILIARIO> Ofício Imobiliário da cidade de <MUNICIPIO_DO_OFICIO>, descrito e caracterizado na matrícula n. <N°_DA_MATRICULA>, que fica arquivada neste tabelionato.

7.1) **Titulares do imóvel:** <QUALIFICACAO_DOS_TITULARES_DO_IMOVEL>.

7.2) **Ônus e gravames:** <INDICAR> ou não há.

7.3) **Aperfeiçoamento ou complemento a especialidade do imóvel:** <INDICAR> ou não há.

7.4) Este imóvel encontra-se lançado no cadastro da prefeitura deste Município sob n. <N°_DO_CONTRIBUINTE> em nome do solicitante. Uma cópia do lançamento do IPTU, Imposto sobre a propriedade territorial urbana, em nome do solicitante, ano <ANO_DO_IPTU>, fica arquivada neste Tabelionato.

7.5) O valor atribuído pela prefeitura para este imóvel é <VALOR_VENAL_DE_REFERENCIA_NUMERAL_E_EXTENSO>.

7.6) Atribuem a este imóvel, para fins de adjudicação compulsória, o valor de <VALOR_ATRIBUIDO_PARA_FINS_DE_ADJUDICACAO>.

VIII – Autenticação fática e documental: <DATA_lav5>, neste Tabelionato, verifiquei e dou fé dos seguintes fatos:

8.1) Declarações do solicitante: O solicitante declara, sob responsabilidade civil e penal:

8.1.1) Residem no imóvel descrito desde <DATA_DO_INICIO_DA_RESIDENCIA>;

8.1.2) Receberam em <DATA_RECEBIMENTO_DA_POSSE>, toda a posse, domínio, direitos, ações e obrigações, direitos estes até então exercidos sobre o imóvel pelos <NOME_DOS_VENDEDORES_OU_CEDENTES>, correndo por conta deles todos os impostos, taxas e demais despesas incidentes sobre o imóvel;

8.2) Instrumento contratual: É apresentado o <NOME_DO_INSTRUMENTO>, datado de <DATA_DO_INSTRUMENTO>, cuja autenticidade não se contesta, no qual verifico constar o Solicitante como promitente comprador / promitente cessionário e <QUALIFICACAO_DO_PROMITENTE_VENDEDOR_OU_CEDENTE>, como promitentes vendedores / promitentes cedentes, tendo por objeto o imóvel descrito no item VII desta ata, prometido a venda pelo preço certo de <VALOR_DA_PROMESSA>, de cujo contrato não consta cláusula de arrependimento.

8.2.1) Procedida em yy/xx/zzzz busca no CCN – Cadastro Único de Clientes do Notariado, a qual resultou negativa. <ou> Procedida busca no CCN – Cadastro Único de Clientes do Notariado, a qual resultou parcialmente <ou> totalmente positiva para as partes <NOMEs>, tendo a(s) assinatura(s) sido conferida(s) e é (são) semelhante(s).

8.3) Promitente comprador (ou vendedor): Os solicitantes, acima qualificados.

8.4) Cessionários: <INDICAR CADEIA DE CEDENTES> ou não há.

8.5) Sucessores: <INDICAR SUCESSSORES> ou não há.

8.6) Quitação do preço: O solicitante apresenta os <COMPROVANTES_DE_PAGAMENTO_COM_DATAS_DE_VENCIMENTO_XXXX>, indicando o integral pagamento do preço. <*****OU*****> Apresentam, também, documento com a quitação da promessa de compra e venda.

8.7) Atos ordinários pré-pedido de adjudicação para a transmissão da propriedade: O solicitante declara que tentou contato com <NOME_DOS_VENDEDORES> por meio telefônico e e-mail <SE_POR_OUTRO_MEIO,_INDICAR> para a <OUTORGA_OU_RECEBIMENTO> do título definitivo de propriedade, sem sucesso. Apresentam <INDICAR_OS_DOCUMENTOS,_SE_HOUVER._EXEMPLO:_EMAIL,_CARTA_REGISTRADA_...>.

8.8) Caracterização do inadimplemento: Através do instrumento <NOME_DO_INSTRUMENTO.> quitado, celebrado em <DATA_DE_CELEBRACAO> e não registrado no Ofício Imobiliário competente até esta data, o Solicitante se comprometeu a <****ADQUIRIR_DE****_OU_****VENDER_PARA****> <NOME_COMPLETO_DO_VENDEDOR/CEDENTE_OU_COMPRADOR/CESSIONARIO>, acima qualificado, o imóvel mencionado descrito e caracterizado no item VII desta ata.

8.8.1) Não tendo o Solicitante obtido até a presente data a escritura definitiva de compra e venda do imóvel descrito, como lhes foi prometido no instrumento <VENDA_OU_COMPRA>, este Tabelião enviou no endereço <fornecido pelo solicitante ou obtido no CCN – Cadastro Único de Clientes do Notariado>: <ENDERECO_DO_VENDEDOR_OU_CEDENTE_OU_COMPRADOR_OU_CESSIONARIO>, correspondência com aviso de recebimento <Nº_DO_AR>, que foi entregue em <DATA_DE_ENTREGA>, às <HORARIO_DE_ENTREGA>, para <NOME_CONSTANTE_NO_AR>, para comparecer(em) neste Tabelião em até 15 dias da data de recebimento e procurasse este escrevente, para o fim de outorgar a respectiva escritura de compra e venda do imóvel ao Solicitante ou contatar(ssem) pelo e-mail do escrevente guilherme@26notas.com.br com cópia para 26@26notas.com.br.

8.8.2) O escrevente aguardou a presença ou o contato do <VENDEDOR_OU_CEDENTE_OU_COMPRADOR_OU_CESSIONARIO_1>, pelo prazo indicado no item 8.8.1 desta ata, que não compareceu nem contatou.

8.8.3) Assim, verifico e atesto, neste ato, o não comparecimento e a ausência de contato do promitente <VENDEDOR_OU_CEDENTE_OU_COMPRADOR_OU_CESSIONARIO_3> no prazo indicado no item 8.8.1 desta ata, restando caracterizado o inadimplemento da obrigação de <OUTORGAR_OU_RECEBER> o título de propriedade.

8.9) **Inexistência de litígio:** À vista das certidões judiciais, atesto a inexistência de litígio em ação proposta na comarca da situação do imóvel e no domicílio do Solicitante e dos promitentes <VENDEDOR_OU_CEDENTE_OU_COMPRADOR_OU_CESSIONARIO_4> envolvendo o imóvel objeto identificado nesta ata e o instrumento contratual.

8.9.1) Inexistência de protesto de letras e títulos: À vista das certidões dos tabeliães de protestos, atesto a inexistência de protesto inscrito no tabelião de protesto da comarca da situação do imóvel e do domicílio do Solicitante e dos promitentes <VENDEDOR_OU_CEDENTE_OU_COMPRADOR_OU_CESSIONARIO_5> envolvendo o contrato ou tendo por objeto o imóvel identificado nesta ata e o instrumento contratual.

8.10) **Tributo:** Atesto o pagamento do Imposto sobre a Transmissão de Bens Imóveis (ITBI), arquivando cópia autenticada da guia neste Tabelionato. _OU_ O solicitante informa que fará o recolhimento do tributo por ocasião do registro junto ao registro de imobiliário.

8.11) **Central de Indisponibilidades:** Negativa – <CODIGOS>;

8.12) **Certidão Negativa de Débitos Trabalhistas:** Negativa – <CODIGOS_CNDT>;

IX) **Diligência até o imóvel:** No dia <DATA_DA_DILIGENCIA>, entre <HORAS_E_MINUTOS_CHEGADA> e às <HORAS_E_MINUTOS_DE_SAIDA> (hora legal brasileira), em diligência na <ENDERECO_DA_DILIGENCIA>, verifiquei e dou fé dos seguintes fatos:

9.1) Existe o imóvel a ser adjudicado, conforme indicado pelo solicitante. Tirei duas fotos externas (fotos 1 e 2) e quatro internas (fotos 3, 4, 5, 6), as quais podem ser aferidas pelas imagens que faço e imprimo em cores nesta ata notarial;

9.2) O imóvel tem as características de moradia familiar que tem, em sua frente, um muro contínuo que o separa da calçada de pedestres.

9.3) O solicitante lá estava, com as chaves das duas portas externas.

X – Certidões e documentos apresentados e arquivados: Recebi, conferi e dou fé da apresentação dos seguintes documentos apresentados, que ficam arquivados nestas Notas em cópia digital, no protocolo deste ato:

10.1) Documentos de identificação e estado civil do Solicitante e do(a) advogado(a);

10.2) Certidão do Ofício de Registro Imobiliário competente;

10.3) Lançamento do IPTU – Imposto predial e territorial urbano, para o ano de <ANO>;

10.4) Lançamento do valor atribuído pelo Município, nesta data, para o imóvel adjudicado;

10.5) Instrumento particular / público de promessa de venda ou de cessão firmado pelo Solicitante e pelo <NOME_COMPLETO_VENDEDOR/CEDENTE/COMPRADO/CESSIONARIO> em <DATA_DO_INSTRUMENTO>;

10.6) Cópia da correspondência enviada;

10.7) Cópia dos comprovantes de pagamento das parcelas contratuais;

10.8) Cópia da quitação do contrato;

10.9) Certidões negativas dos distribuidores Cível da Justiça Estadual e Federal em nome dos Solicitantes (eventuais antecessores) e dos promitentes vendedores (eventuais antecessores), do local do imóvel e do domicílio dos Solicitantes e dos promitentes vendedores;

10.10) Certidões negativas dos tabeliães de protesto em nome dos Solicitantes (eventuais antecessores) e dos promitentes vendedores (eventuais antecessores), do local do imóvel e do domicílio do solicitante e dos promitentes vendedores;

10.11) Cópia do comprovante de pagamento do Imposto sobre a Transmissão de Bens Imóveis (ITBI).

XI – Declaração do(a) advogado(a): O advogado concorda com os procedimentos realizados e que os fatos narrados nesta ata atendem o interesse do solicitante.

XII – Declaração das partes: O solicitante concorda que os fatos narrados estão de acordo com o que conhece e com os demais termos desta ata notarial.

12.1) Declaram que desconhecem a existência de ação possessória ou reivindicatória em trâmite envolvendo o imóvel descrito no item VII.

12.2) Declaram ter conhecimento que o deferimento da adjudicação independe de prévio registro dos instrumentos de promessa de compra e venda ou de cessão e da comprovação da regularidade fiscal do promitente vendedor.

12.3) Declaram a impossibilidade de se obter o registro pelas vias ordinárias.

XIII – Declaração de todas as partes: Todos declaram que esta ata foi lida integralmente a eles, cujos termos foram explicados pelo tabelião ou por seu escrevente. O ato foi integralmente compreendido por cada um, nada tendo a opor sobre a certeza do que aqui se expõe.

13.1) **Aconselhamento notarial:** As partes foram esclarecidas sobre as normas legais e os efeitos probatórios atinentes a esta constatação, em especial sobre as normas legais citadas nesta ata, declarando não ter restado dúvida e dando-se por satisfeitas.

XIV – Declarações do Tabelião:

14.1) **Autenticação:** Reconheço a identidade e estado civil dos presentes, a vista dos respectivos documentos de identidade e do registro civil apresentados, bem como suas capacidades para o ato.

14.2) **Normas legais:** Foram cumpridas as exigências constantes da Lei Federal n. 6.015/73, art. 216-B e seguintes. Esta ata é lavrada conforme previsão do Código de Processo Civil, art. 384, e da Lei 8.935/94, incisos III dos artigos 6º e 7º, bem como das demais normas atinentes ao serviço notarial.

14.3) Cientificou às partes que a declaração de domínio decorre de procedimento próprio perante o Oficial de Registro competente.

14.4) Informou às partes que a dúvida registral somente poderá ser suscitada por elas próprias.

14.5) Cientificou às partes que a ata notarial é um dos requisitos obrigatórios para o deferimento adjudicatório do domínio perante o Oficial de Registro competente, não tendo o valor de título de propriedade.

14.6) Informou às partes que a prestação de declaração falsa nesta ata notarial configura crime de falsidade sujeito às penas da lei.

14.7) Os seguintes auxiliares e escreventes participaram da elaboração deste ato, procedendo com a constatação de fatos, orientação das partes, coleta de informações e documentos, elaboração e impressão do texto, coleta de assinaturas e arquivamento: <NOME_COMPLETO> e <NOME_COMPLETO>.

14.8) **Fé notarial:** Dou fé das declarações contidas neste instrumento, dos documentos apresentados e arquivados, ou não, das autenticações feitas e de que a ata foi lida e assinada pelo(s) solicitante(s).

Escreventes: (nome esc. resp).

Tabelião/Substituto: (Nome tab./sub. ass.)

Emolumentos: R$ 000,00

33.6 PROCURAÇÕES

33.6.1 Procuração Pública (Geral)

I – Local: República Federativa do Brasil, SP, São Paulo, Praça João Mendes, n. 42, 1º andar, no 26º Tabelionato de Notas de São Paulo.

II – Data: (data lavratura).

III – Mandante: (qualificar mandante).

IV – Procurador: (qualificar procurador).

V – Finalidade: Geral.

VI – Validade: Prazo indeterminado.

VII – Onerosidade: Não.

VIII – Área de representação: Brasil e exterior.

IX – Poderes: Amplos, gerais e ilimitados poderes para o fim especial de gerir e administrar todos os seus bens e haveres, presentes ou futuros.

9.1) **Negociais:** Comprar, vender, compromissar, ceder, permutar, prometer comprar, vender ou ceder, hipotecar, arrendar, locar, dividir, dar e receber em pagamento ou penhor, demarcar, incorporar ou de qualquer outra forma adquirir, onerar, gravar e alienar bens móveis, imóveis, automóveis, telefones, créditos, direitos, quotas, ações, títulos e demais efeitos; assinar, aceitar doações, outorgar, inclusive escritura de renúncia de usufruto, anuir, rescindir, retificar e ratificar instrumentos públicos ou particulares, provisórios ou definitivos, inclusive assinar escrituras de conferência de bens; estabelecer preços, prazos, juros, multas, modo e local de pagamento e demais condições, mesmo penais; receber tudo o que lhe for devido, em quaisquer bancos, entidades financeiras, securitárias ou previdenciárias, inclusive PIS – Programa de Integração Social, FGTS – Fundo de Garantia do Tempo de Serviço e aposentadoria; pagar o que deve, passar recibos, dar e aceitar quitações; receber e transmitir posse, domínio, direitos e ações; responder e obrigar pela evicção legal; autorizar registros e averbações; dar e aceitar característicos e confrontações; assumir compromissos e obrigações, contrair empréstimos e financiamentos, confessar dívidas.

(9.1.1) Contém os poderes especiais (art. 661, º, do Código Civil) em relação a todos e quaisquer bens imóveis do mandante.

9.2) Representá-lo perante quaisquer repartições públicas federais, estaduais e municipais, autarquias, concessionários de serviços públicos, serviços notariais e registrais, quaisquer empresas públicas ou privadas, em especial Correios e Telégrafos, concessionários e em especial operadoras de telefonia, provedores, permissionários de serviços públicos, de serviços de água, esgoto, luz, gás, IPESP, INSS, INCRA, juntas comerciais, delegacias fiscais, institutos, bancos e entidades financeiras, públicas ou privadas, sistema financeiro da habitação e imobiliário e seus agentes financeiros, institutos e empresas de previdência ou securitização e onde mais for preciso, tudo assinando, promovendo ou requerendo, juntando e desentranhando documentos, holerites, assinar formulários e requerimentos, prestar informações e esclarecimentos, acompanhar processos administrativos, pagar as taxas devidas, aceitar recibos e quitações.

9.3) **Empresariais:** Constituir sociedades simples ou empresárias em nome do mandante, assinando todos e quaisquer contratos, distratos e alterações contratuais, bem como representá-lo na qualidade de dirigente; representá-lo na qualidade de sócio das empresas em que faça ou venha a fazer parte, podendo de conformidade com o contrato social das empresas, praticar todos os atos atribuídos ao mandante, nas condições e nos limites especificados do contrato, representando-o em todos os atos, contratos e assinaturas, como se o próprio mandante fosse, limitados os seus atos apenas pelo que for vedado no contrato social.

9.4) Bancários: Abrir, movimentar e encerrar contas e cadernetas, mesmo de poupança ou conta corrente que o mandante possui em conjunto ou separadamente em quaisquer estabelecimentos bancários, previdenciários ou securitários, inclusive no Banco do Brasil S/A, Caixa Econômica Federal, Banco Santander Brasil, Banco Itaú Unibanco, Banco Bradesco S/A, em quaisquer de seus órgãos ou departamentos, requisitar saldos, extratos e talões de cheques, solicitar e definir senhas e códigos de acesso, atuar pessoalmente ou via eletrônica, dar ordens e contraordens, reconhecer saldos, emitir, assinar, aceitar, avalizar, endossar, sacar, descontar, caucionar, reformar, registrar e protestar cheques, ordens de pagamento, letras de câmbio, notas promissórias e demais títulos de crédito; receber e resgatar notas promissórias; assinar e resgatar previdência privada; assinar e endossar cheques de viagem, prestar fianças, efetuar aplicações de capitais em nome do mandante em qualquer modalidade financeira, inclusive de renda fixa, ações, fundos mútuos, cadernetas de poupança etc., fazer remessas de numerários para o mandante no exterior.

9.5) Condominiais, acionistas e quotistas: Representá-lo em assembleias ou reuniões de acionistas, quotistas e condôminos, votar e ser votado, aprovar ou impugnar contas e relatórios, assinar livros, termos e atas, mesmo fiscais.

9.6) *Ad Judicia*: Representá-lo em juízo ou fora dele, constituir advogados e estipular honorários, bem como destituí-los com os poderes da cláusula *ad judicia* para o foro em geral, em qualquer juízo, instância ou tribunal, propor contra quem de direito as ações competentes e defendê-lo nas contrárias, seguindo umas e outras até final decisão, usar dos recursos legais cabíveis e acompanhando-os, podendo, para tanto, transigir, desistir, confessar, acordar, firmar termos e compromissos, dar e receber quitação, reivindicar, notificar e demais necessários, receber citação, intimação ou notificação judicial ou extrajudicial, mesmo inicial.

9.7) Substabelecimento: Pode substabelecer, no todo ou em parte, com ou sem reserva de iguais poderes. Se o procurador substabelecer sem reserva de poderes, tal ato configurará a renúncia por este procurador, dos poderes aqui indicados, permanecendo responsável perante o mandante, pelos atos praticados pelo novo procurador.

X – Documentos: São apresentados e ficam arquivados em cópia digital os seguintes documentos:

10.1) Documentos de identidade e estado civil das partes;

10.2) Central de Indisponibilidades: Negativa – (códigos).

XI – Declaração do mandante: A escritura foi lida e compreendida por mim (nós). Concordo(amos) integralmente com o teor deste ato, autorizando a sua redação, outorgando e assinando-a.

XII – Declaração do mandatário: O mandatário não está presente (ou o mandatário aceita os poderes aqui conferidos).

XIII – Declarações do tabelião:

13.1) Autenticação: Reconheço a identidade e o estado civil do(s) presente(s), à vista dos respectivos documentos de identidade e do registro civil apresentados, bem como sua(s) capacidade(s) para o ato.

13.2) Foram cumpridas as exigências documentais constantes da Lei federal n. 7.433, de 18 de dezembro de 1985, tal como regulamentada pelo Decreto n. 93.240/86 e pelas Normas de Serviço da Corregedoria-Geral de Justiça do Estado de São Paulo.

13.3) Aconselhamento notarial: As partes foram esclarecidas sobre as normas legais e os efeitos atinentes a este negócio, em especial sobre os artigos citados nesta escritura, declarando que as compreenderam e dando-se por satisfeitas com este serviço notarial.

13.4) Escreventes: Na lavratura desta escritura, participaram os escreventes abaixo indicados praticando as seguintes ações: recepção e aconselhamento das partes, identificação e verificação da capacidade, qualificação legal, elaboração do ato e sua redação, diligências indispensáveis ou convenientes ao ato, coleta de assinaturas.

13.5) Fé notarial: Dou fé das declarações contidas neste instrumento, dos documentos apresentados e arquivados, ou não, das autenticações feitas e de que a escritura foi assinada pelas partes presentes.

Mandante(s) assina(m)

Procurador(es) assina(m) (se estiver presente, recomendável que assine)

Escrevente(s) assina(m)

Tab. Sub. assina

Emolumentos: R$ 000,00

33.6.2 Procuração Pública (Bancária)

Procurador: (nome outorgado)
Mandante: (nome outorgante)
Finalidade: Movimentação de Contas

Válida até (validade)

S A I B A M todos os que virem esta escritura pública de mandato que (data lavratura), em São Paulo, SP, República Federativa do Brasil, nesta Notaria, perante mim, escrevente autorizado(a) pelo Tabelião, compareceu como mandante (qualificar outorgante). Reconheço a identidade do presente e sua capacidade para o ato, do que dou fé. E por ele me foi dito que por esta escritura pública de mandato, nos termos de direito, nomeia e constitui seu bastante procurador, (qualificar procurador). Confere a este procurador amplos, gerais e ilimitados poderes para o fim especial de representá-lo perante o (nome do banco), agência (número da agência), podendo movimentar a conta corrente n. (número da conta corrente), dele mandante, requisitar saldos, extratos, talões de cheques, dar ordens, contraordens, reconhecer saldos, emitir, assinar, aceitar, avalizar, endossar, sacar, depositar, descontar, caucionar, registrar e protestar cheques, ordens de pagamento, letras de câmbio, notas promissórias e demais títulos de crédito e documentos de dívida; solicitar e definir senhas e códigos de acesso, atuar pessoalmente ou via eletrônica, enfim, praticar todos os demais atos necessários ao fiel cumprimento do presente mandato. **ASSIM** diz, pede e lavro a presente que, lida em voz alta, acha em tudo conforme, aceita, outorga e assina. Dou fé.

Mandante(s) assina(m)

Procurador(es) assina(m) (se estiver presente, recomendável que assine)

Escrevente(s) assina(m)

Tab. Sub. assina

Emolumentos: R$ 000,00

33.6.3 Procuração Pública (*Ad Judicia*)

I – Local: República Federativa do Brasil, SP, São Paulo, Praça João Mendes, n. 42, 1º andar, no 26º Tabelionato de Notas de São Paulo.

II – Data: (data lavratura).

III – Mandante: (qualificar mandante).

IV – Procurador: (qualificar procurador).

V – Finalidade: *Ad judicia.*

VI – Validade: Prazo indeterminado.

VII – Onerosidade: Sim.

VIII – Área de representação: Brasil e exterior.

IX – Poderes:

9.1) Amplos poderes para o foro em geral com a cláusula *ad judicia*, para exercê-los em qualquer juízo, instância ou tribunal, mesmo administrativa, propor contra quem de direito as ações competentes e defendê-lo nas contrárias, seguindo umas e outras até o final da decisão, usando dos recursos legais cabíveis e acompanhando-os, podendo, para tanto, receber citação inicial, reconhecer a procedência do pedido, renunciar a direitos, transigir, desistir, confessar, acordar, firmar termos e compromissos, dar e receber quitação, especialmente para propor e acompanhar, até final decisão, a ação de alimentos em face de (ação).

9.2) **Substabelecimento:** Pode substabelecer, no todo ou em parte, com ou sem reserva de iguais poderes. Se o procurador substabelecer sem reserva de poderes, tal ato configurará a renúncia por este procurador, dos poderes aqui indicados, permanecendo responsável perante o mandante, pelos atos praticados pelo novo procurador.

X – Documentos: São apresentados e ficam arquivados em cópia digital os seguintes documentos:

10.1) Documentos de identidade e estado civil das partes;

10.2) **Central de Indisponibilidades:** Negativa – (código *hash*).

XI – Declaração do mandante: A escritura foi lida e compreendida por mim (nós). Concordo(amos) integralmente com o teor deste ato, autorizando a sua redação, outorgando e assinando-a.

XII – Declaração do mandatário: O mandatário não está presente (ou o mandatário aceita os poderes aqui conferidos).

XIII – Declarações do Tabelião:

13.1) **Autenticação:** Reconheço a identidade e o estado civil do(s) presente(s), à vista dos respectivos documentos de identidade e do registro civil apresentados, bem como sua(s) capacidade(s) para o ato.

13.2) Foram cumpridas as exigências documentais constantes da Lei federal n. 7.433, de 18 de dezembro de 1985, tal como regulamentada pelo Decreto n. 93.240/86 e pelas normas de Serviço da Corregedoria-Geral de Justiça do Estado de São Paulo.

13.3) **Aconselhamento notarial:** As partes foram esclarecidas sobre as normas legais e os efeitos atinentes a este negócio, em especial sobre os artigos citados nesta escritura, declarando que as compreenderam e dando-se por satisfeitas com este serviço notarial.

13.4) **Escreventes:** Na lavratura desta escritura, participaram os escreventes abaixo indicados praticando as seguintes ações: recepção e aconselhamento das partes, identificação e verificação da capacidade, qualificação legal, elaboração do ato e sua redação, diligências indispensáveis ou convenientes ao ato, coleta de assinaturas.

13.5) **Fé notarial:** Dou fé das declarações contidas neste instrumento, dos documentos apresentados e arquivados, ou não, das autenticações feitas e de que a escritura foi assinada pelas partes presentes.

Mandante(s) assina(m)

Procurador(es) assina(m) (se estiver presente, recomendável que assine)

Escrevente(s) assina(m)

Tab. Sub. assina

Emolumentos: R$ 000,00

33.6.4 Procuração Pública (Administrar Empresa)

Procurador:	(outorgado)
Mandante:	(outorgante)
Finalidade:	Administrar Empresa

Válida até (validade)

S A I B A M todos os que virem esta escritura pública de mandato que (data lavratura), em São Paulo, SP, República Federativa do Brasil, nesta Notaria, perante mim, escrevente autorizado(a) pelo Tabelião, comparece como mandante, (mandante), com sede (endereço), inscrita no CNPJ sob n. (inscr. CNPJ), com seu Contrato Social datado de (data contrato), registrado na Junta Comercial do Estado de São Paulo sob n. (n. registro) em (reg. JUCESP), neste ato representada conforme determina a (cláusula) de seu contrato social por seu administrador. Reconheço a identidade do presente e sua capacidade para o ato, do que dou fé. E, pelo mandante, na forma representada, me foi dito que, por esta escritura pública de mandato, nos termos de direito e como disposto no art. 1.018 do Código Civil, nomeia e constitui seu bastante procurador, (qualificar procurador). Confere a este procurador amplos, gerais e ilimitados poderes para gerir e administrar os negócios do mandante, representando-o nos atos e nos contratos de seu interesse, comprar e vender mercadorias, receber tudo que a qualquer título lhe for devido, pagar o que dever, passar recibos, dar e aceitar quitações, estabelecer preços, prazos, juros, multas, modo e local de pagamento e demais condições, mesmo penais; representando-a perante quaisquer repartições públicas federais, estaduais ou municipais, autarquias, Junta Comercial, serviços notariais ou registrais, concessionários de serviços públicos, Correios, delegacias fiscais e onde mais for preciso, tudo assinando, promovendo, requerendo, retirando, recebendo, pagando, dando e aceitando recibos e quitações, reclamando contra os indevidos, apresentando recursos e defesas em qualquer instância administrativa, dando vistas e cientes, juntando e desentranhando documentos; requerer isenção de direitos, receber a restituição de importâncias e de direitos pagos indevidamente e dar quitação, assinar termos de responsabilidade; abrir, movimentar e encerrar contas em quaisquer instituições financeiras ou de crédito, ou a elas equiparadas, inclusive no Banco do Brasil S/A, Banco Safra S/A, Caixa Econômica Federal ou outras, firmar os respectivos contratos de abertura de contas, requisitar saldos, extratos e talões de cheques, dar ordens e contraordens, reconhecer saldos, emitir, assinar, aceitar, endossar, sacar, descontar, caucionar, reformar, protestar quaisquer documentos de dívida, em especial, mas não limitada a cheques, ordens de pagamento, faturas, duplicatas, notas fiscais e demais títulos de crédito; assinar livros, termos e atas, mesmo fiscais; assinar toda a documentação referida em lei relativa ao FGTS – Fundo de Garantia do Tempo de Serviço e PIS – Programa de Integração Social, inclusive a relativa a abertura, movimentação e encerramento de contas vinculadas "AM"; admitir e demitir empregados consoante as leis trabalhistas, fixar salários e normas de trabalho, anotar e assinar Carteiras de Trabalho e Previdência Social; representá-lo perante o Ministério do Trabalho e da Previdência Social e suas Delegacias, INSS, órgãos de classe, sindicatos, Justiça do Trabalho em todas as suas instâncias e onde mais for preciso, tudo assinando, promovendo, requerendo, fazendo acordos e servindo como preposto perante os mesmos órgãos; constituir mandatários com amplos poderes para o foro em geral com a cláusula *ad judicia*, para exercê-los em qualquer juízo, instância ou tribunal, propor contra quem de direito as ações competentes e defendê-lo nas contrárias, seguindo umas e outras até final decisão, usando dos recursos legais cabíveis e acompanhando-os, podendo, para tanto, receber citação inicial, reconhecer a procedência do pedido, renunciar a direitos, transigir, desistir, confessar, acordar, firmar termos e compromissos, dar e receber quitação, enfim, praticar todos os demais atos indispensáveis ao cabal desempenho deste mandato, inclusive substabelecer (prazo). ASSIM diz, pede e lavro a presente que, lida em voz alta, acha em tudo conforme, aceita, outorga e assina. Dou fé.

Representante(s) assina(m)

Procurador(es) assina(m) (se estiver presente, recomendável que assine)

Escrevente(s) assina(m)

Tab. Sub. assina

Emolumentos: R$ 000,00

33.6.5 Procuração Pública (Venda de Imóvel)

I – Local: República Federativa do Brasil, SP, São Paulo, Praça João Mendes, n. 42, 1º andar, no 26º Tabelionato de Notas de São Paulo.

II – Data: (data lavratura).

III – Mandante: (qualificar mandante).

IV – Procurador: (qualificar procurador).

V – Finalidade: Venda de imóvel.

VI – Validade: Prazo indeterminado.

VII – Onerosidade: Não.

VIII – Área de representação: Brasil e exterior.

IX – Imóvel: (descrição do imóvel), CEP (n. CEP), no (n. subdistrito). Subdistrito – (bairro do subdistrito), descrito e caracterizado na matrícula n. (n. matrícula), do (n. do oficial). Oficial de Registro de Imóveis de (cidade do registro de imóveis), (estado).

X – Poderes:

10.1) Especiais para vender, compromissar a venda, permutar, ceder e transferir direitos ou obrigações, anuir ou de qualquer outra forma alienar, a quem convier, pelo preço e pelas condições que convencionar.

10.2) Assinar e outorgar as escrituras que forem necessárias, públicas ou particulares, provisórias ou definitivas, receber, passar recibos e dar quitações, estipular cláusulas e condições, estabelecer preços, forma e lbcal de pagamento, assinar recibos de sinal e princípio de pagamento, transmitir posse, domínio, direitos e ações, dar característicos, metragens e confrontações, autorizar registros e averbações, responder pela evicção legal.

10.3) Retificar, ratificar, rescindir.

10.4) Representá-lo perante quaisquer repartições públicas federais, estaduais e municipais, autarquias, concessionários de serviços públicos, serviços notariais e registrais, permissionários de serviços públicos, de serviços de água, esgoto, luz, gás e onde mais for preciso, tudo assinando, promovendo ou requerendo, juntando e desentranhando documentos, assinar formulários e requerimentos, prestar informações e esclarecimentos, acompanhar processos administrativos, pagar os tributos, taxas e emolumentos devidos, aceitar recibos e quitações, enfim, praticar todos os atos necessários ao fiel cumprimento do presente mandato.

10.5) *Ad Judicia*: Representá-lo em juízo ou fora dele em causas conexas com o imóvel objeto deste instrumento, constituir advogados e estipular honorários, bem como destituí-los com os poderes da cláusula *ad judicia* para o foro em geral, em qualquer Juízo, instância ou tribunal, mesmo administrativos, propor contra quem de direito as ações competentes e defendê-lo nas contrárias, seguindo umas e outras até final decisão, usar dos recursos legais cabíveis e acompanhando-os, podendo, para tanto, transigir, desistir, confessar, acordar, firmar termos e compromissos, dar e receber quitação, reivindicar, notificar e o demais necessário, receber citação, intimação ou notificação judicial ou extrajudicial, mesmo inicial, suscitar dúvida registral.

10.6) **Substabelecimento**: Pode substabelecer, no todo ou em parte, com ou sem reserva de iguais poderes. Se o procurador substabelecer sem reserva de poderes, tal ato configurará a renúncia por este procurador, dos poderes aqui indicados, permanecendo responsável perante o mandante, pelos atos praticados pelo novo procurador.

XI – **Documentos**: São apresentados e ficam arquivados em cópia digital os seguintes documentos:

11.1) Documentos de identidade e estado civil das partes;

11.2) Central de Indisponibilidades: Negativa – (código *hash*);

11.3) Certidão de propriedade da matrícula (matrícula) do (n. ofício) Ofício Imobiliário da cidade de (cidade), (UF).

XII – **Declaração do mandante**: A escritura foi lida e compreendida por mim (nós). Concordo(amos) integralmente com o teor deste ato, autorizando a sua redação, outorgando e assinando-a.

XIII – **Declaração do mandatário**: O mandatário não está presente (ou o mandatário aceita os poderes aqui conferidos).

XIV – **Declarações do tabelião**:

14.1) **Autenticação**: Reconheço a identidade e estado civil do(s) presente(s), à vista dos respectivos documentos de identidade e do registro civil apresentados, bem como sua(s) capacidade(s) para o ato.

14.2) Foram cumpridas as exigências documentais constantes da Lei federal n. 7.433, de 18 de dezembro de 1985, tal como regulamentada pelo Decreto n. 93.240/86 e pelas Normas de Serviço da Corregedoria-Geral de Justiça do Estado de São Paulo.

14.3) **Aconselhamento notarial**: As partes foram esclarecidas sobre as normas legais e os efeitos atinentes a este negócio, em especial sobre os artigos citados nesta escritura, declarando que as compreenderam e dando-se por satisfeitas com este serviço notarial.

14.4) **Escreventes**: Na lavratura desta escritura, participaram os escreventes abaixo indicados praticando as seguintes ações: recepção e aconselhamento das partes, identificação e verificação da capacidade, qualificação legal, elaboração do ato e sua redação, diligências indispensáveis ou convenientes ao ato, coleta de assinaturas.

14.5) **Fé notarial:** Dou fé das declarações contidas neste instrumento, dos documentos apresentados e arquivados, ou não, das autenticações feitas e de que a escritura foi assinada pelas partes presentes.

Mandante(s) assina(m)
Procurador(es) assina(m) (se estiver presente, recomendável que assine)
Escrevente(s) assina(m)
Tab. Sub. assina
Emolumentos: R$ 000,00

33.7 ESCRITURAS PÚBLICAS

33.7.1 Escritura Pública de Compra e Venda (Apartamento)

Vendedor:	(nome do vendedor)
Comprador:	(nome do comprador)
Valor Venda:	(valor da venda CAB)
Valor Fiscal:	(valor venal CAB)

I – **Local:** República Federativa do Brasil, SP, São Paulo, Praça João Mendes, n. 42, 1º andar, no 26º Tabelionato de Notas de São Paulo.

II – **Data:** (data lavratura).

III – **Partes:**

(1) **vendedor,** (qualificar vendedor);

(2) **comprador,** (qualificar comprador).

IV – **Representação ou mandado judicial:**

Comprador: Não há. (Ou comprador: nome e qualificação do procurador ou administrador. Procuração Contrato Social: Cartório, Cidade, UF, Livro, folhas, data de expedição/ artigo do contrato social que autoriza.)

Vendedor: Não há. (Ou vendedor: nome e qualificação do procurador ou administrador. Procuração/Contrato Social: Cartório, Cidade, UF, Livro, folhas, data de expedição/artigo do contrato social que autoriza.)

V – **Objeto:** O vendedor é legítimo proprietário do seguinte imóvel:

UF: (Unidade da Federação) **Município:** (município) CEP: (n. CEP)

Matrícula: (n. matrícula) **Ofício imobiliário:** (ofício imobiliário)

Imóvel: (descrição do imóvel sem confrontações, a menos que seja necessário para registro).

Contribuinte: (contribuinte)   **Valor fiscal:** (valor venal)   **Data:** (data da emissão do valor venal).

Outros dados do objeto: (incluir outros dados ou a expressão "não há").

Título aquisitivo: (natureza do negócio jurídico), (instrumento público ou particular), (Registro).

VI – Preço: (preço do negócio).

VII – Pagamento: (forma de pagamento).

VIII – Quitação: O vendedor dá plena, geral e irrevogável quitação do pagamento.

IX – Negócio: Compra e venda de unidade condominial.

X – Transmissão: O vendedor transfere o domínio do objeto descrito ao comprador.

XI – Posse, direitos e ações: O vendedor transmite ao comprador a posse, os direitos e ações (ajustar a posse se for posterior à lavratura da escritura).

XII – Tributos:

ITBI: (valor do ITBI).

Data do recolhimento: (data do recolhimento).

DOI – Declaração sobre Operações Imobiliárias: emitida.

XIII – Documentos: São apresentados e ficam arquivados em cópia digital os seguintes documentos:

(1) Documentos de identidade e estado civil das partes;

(2) Certidão de propriedade do imóvel – (data expedição);

(3) Guia de pagamento do ITBI;

(4) Certidão negativa de tributos imobiliários emitida pela Prefeitura do Município de (cidade) por processo informatizado – internet, às (hora):(minuto):(segundo) do dia (dia)/(mês/(ano) (hora e data de Brasília/DF), com código de controle n. _____._____._____._____;

(5) Certidão Negativa de Débitos Trabalhistas do vendedor – n. (n. da certidão), (data da expedição), (horário da expedição);

(6) Central de Indisponibilidades: Negativa – (códigos);

(7) Certidão Negativa de Débitos – (código *hash*).

XIV – Declarações:

(1) Declarações do vendedor:

(1.1) Não é empregador, não está sujeito às exigências da Lei n. 8.212/91, bem como nos dispositivos do Regulamento da Previdência Social, aprovado pelo Decreto n. 3.048/99 e posteriores alterações.

(1.2) O objeto do negócio está livre de ônus reais fiscais e outros judiciais ou extrajudiciais, inexistindo em relação a ele ações reais e pessoais reipersecutórias (Decreto federal n. 93.240/86, art. 1º, §§ 2º e 3º).

(1.3) O objeto do negócio está quite com todas as suas despesas condominiais.

(1.4) **Outras declarações:** Não há.

(2) **Declarações do comprador:**

(2.1) Dispensa as certidões fiscais e as certidões de feitos ajuizados e se responsabiliza por eventuais débitos de impostos e taxas incidentes sobre o imóvel (Decreto federal n. 93.240/86, art. 1º, §§ 2º e 3º).

(2.2) Recebe a posse do imóvel e se responsabiliza por sua guarda, conservação e tributos a partir da data da posse.

(2.3) **Outras declarações:** Não há.

(3) **Declarações das partes:**

(3.1) Autorizam o tabelião a representá-los e a proceder a quaisquer averbações decorrentes de alteração dos dados constantes no ofício imobiliário e provadas por documentos oficiais, inclusive as previstas pela Lei n. 6.015/73, art. 246 e parágrafos;

(3.2) Solicitam e autorizam o oficial de registro imobiliário a proceder a todos e quaisquer atos, averbações e registros necessários;

(3.3) Compreendem a informação do tabelião de que a dúvida registral somente poderá ser suscitada por elas próprias;

(3.4) A escritura foi lida e compreendida, sem que restassem dúvidas sobre o ato e seus efeitos. Concordam integralmente com o teor deste ato, autorizando a sua redação, outorgando e assinando-a;

(3.5) **Outras declarações:** Não há.

XV – **Declarações do tabelião:**

(1) **Autenticação:** Reconheço a identidade e estado civil dos presentes, à vista dos respectivos documentos de identidade e do registro civil apresentados, bem como suas capacidades para o ato.

(2) O tabelião informou às partes que, segundo a Lei n. 7.433/85, com a redação dada pela Lei n. 13.097/2015, não poderão ser opostas situações jurídicas não constantes da matrícula no cartório do registro de imóveis, inclusive para fins de evicção, ao terceiro de boa-fé que adquirir ou receber em garantia direitos reais sobre o imóvel, ressalvados o disposto nos arts. 129 e 130 da Lei n. 11.101/2005, e as hipóteses de aquisição e extinção da propriedade que independam de registro de título de imóvel. Por este motivo, não se apresentam as certidões de feitos ajuizados.

(3) Foram cumpridas as exigências documentais constantes da Lei federal n. 7.433, de 18 de dezembro de 1985, tal como regulamentada pelo citado Decreto n. 93.240/86 e pelas Normas de Serviço da Corregedoria-Geral de Justiça do Estado de São Paulo.

(4) As partes foram cientificadas que podiam obter a prévia Certidão Negativa de Débitos Trabalhistas (CNDT), nos termos do art. 642-A da CLT, com a redação dada pela Lei n. 12.440/2011, o que foi feito.

(5) Informou às partes que a propriedade decorre do registro no ofício exclusivo, orientando-as a registrarem esta escritura.

(6) Informou às partes que a dúvida registral somente poderá ser suscitada por elas próprias.

(7) **Aconselhamento notarial:** As partes foram esclarecidas sobre as normas legais e os efeitos atinentes a este negócio, em especial sobre os artigos citados nesta escritura, declarando que as compreenderam e dando-se por satisfeitas com este serviço notarial.

(8) **Escreventes:** Na lavratura desta escritura, participaram os escreventes abaixo indicados praticando as seguintes ações: recepção e aconselhamento das partes, identificação e verificação da capacidade, qualificação legal, elaboração do ato e sua redação, diligências indispensáveis ou convenientes ao ato, coleta de assinaturas.

(9) **Fé notarial:** Dou fé das declarações contidas neste instrumento, dos documentos apresentados e arquivados, ou não, das autenticações feitas e de que a escritura foi assinada pelas partes presentes.

Parte(s) assina(m)
Escrevente(s) assina(m)
Tab. Sub. assina
Emolumentos: R$ 000,00

33.7.2 Escritura Pública de Compra e Venda (Multipropriedade)

Vendedor: (nome do vendedor)
Comprador: (nome do comprador)
Valor Venda: (valor da venda)
Valor Fiscal: (valor venal)

I – Local: República Federativa do Brasil, SP, São Paulo, Praça João Mendes, n. 42, 1º andar, no 26º Tabelionato de Notas de São Paulo.

II – Data: (data lavratura).

III – Partes:

(1) **Vendedor,** (qualificar vendedor);

(2) **Comprador,** (qualificar comprador).

IV – Representação ou mandado judicial:

Comprador: Não há. (Ou comprador: nome e qualificação do procurador ou administrador. Procuração Contrato Social: Cartório, Cidade, UF, Livro, folhas, data de expedição/ artigo do contrato social que autoriza.)

Vendedor: Não há. (Ou vendedor: nome e qualificação do procurador ou administrador. Procuração/Contrato Social: Cartório, Cidade, UF, Livro, folhas, data de expedição/artigo do contrato social que autoriza.)

V – Objeto: O vendedor é legítimo proprietário da seguinte unidade periódica:

UF: (Unidade da Federação) **Município:** (município) **CEP:** (n. CEP)

Matrícula do imóvel: (n. matrícula)   Ofício imobiliário: (ofício imobiliário)

Matrícula da unidade periódica: (n. matrícula)

5.1. Unidade periódica: (descrever somente se não houver matrícula)

5.2. Período da propriedade: (informar o período de propriedade)

5.3. Tipo da propriedade: (informar o tipo de propriedade)

Contribuinte: (contribuinte) **Valor fiscal:** (valor venal) **Data:** (data da emissão do valor venal).

Outros dados do objeto: (incluir outros dados ou a expressão "não há").

Título aquisitivo: (natureza do negócio jurídico), (instrumento público ou particular), (Registro).

VI – Preço: (preço do negócio).

VII – Pagamento: (forma de pagamento).

VIII – Quitação: O vendedor dá plena, geral e irrevogável quitação do pagamento.

IX – Negócio: Compra e venda de unidade periódica (fração de tempo).

X – Transmissão: O vendedor transfere o domínio do objeto descrito ao comprador.

XI – Posse, direitos e ações: O vendedor transmite ao comprador a posse, os direitos e ações (ajustar a posse se for posterior à lavratura da escritura).

XII – Tributos:

ITBI: (valor do ITBI).

Data do recolhimento: (data do recolhimento).

DOI – Declaração sobre Operações Imobiliárias: emitida.

XIII – Documentos: São apresentados e ficam arquivados em cópia digital os seguintes documentos:

(1) Documentos de identidade e estado civil das partes;

(2) Certidão de propriedade do imóvel – (data expedição);

(3) Guia de pagamento do ITBI;

(4) Certidão negativa de tributos imobiliários emitida pela Prefeitura do Município de (cidade) por processo informatizado – internet, às (hora):(minuto):(segundo) do dia (dia)/(mês)/(ano) (hora e data de Brasília/DF), com código de controle n. _____._____._____._____;

(5) Certidão Negativa de Débitos Trabalhistas do vendedor – n. (n. da certidão), (data da expedição), (horário da expedição);

(6) Central de Indisponibilidades: Negativa – (códigos);

(7) Certidão Negativa de Débitos – (código *hash*).

XIV – Declarações:

(1) **Declarações do vendedor:**

(1.1) Não é empregador, não está sujeito às exigências da Lei n. 8.212/91, bem como nos dispositivos do Regulamento da Previdência Social, aprovado pelo Decreto n. 3.048/99 e posteriores alterações;

(1.2) O objeto do negócio está livre de ônus reais fiscais e outros judiciais ou extrajudiciais, inexistindo em relação a ele ações reais e pessoais reipersecutórias (Decreto federal n. 93.240/86, art. 1º, §§ 2º e 3º);

(1.3) O objeto do negócio está quite com todas as suas despesas condominiais.

(1.4) **Outras declarações:** Não há.

(2) **Declarações do comprador:**

(2.1) Dispensa as certidões fiscais e as certidões de feitos ajuizados e se responsabiliza por eventuais débitos de impostos e taxas incidentes sobre o imóvel (Decreto federal n. 93.240/86, art. 1º, §§ 2º e 3º);

(2.2) Recebe a posse do imóvel e se responsabiliza por sua guarda, conservação e tributos a partir da data da posse;

(3) **Declarações do comprador sobre a multipropriedade:**

(3.1) O comprador deverá informar esta alienação e sua qualificação ao administrador do condomínio em multipropriedade "XXXX";

(3.2) O comprador tem ciência dos direitos e das obrigações do multiproprietário, conforme incisos I a IV, do art. 1.358-I e I a IX, do art. 1.358-J, ambos do Código Civil;

(3.3) O comprador respeitará e fará cumprir todas as determinações constantes da convenção do condomínio em multipropriedade "XXXX".

(3.3) **Outras declarações:** Não há.

(4) **Declarações das partes:**

(4.1) Autorizam o tabelião a representá-los e a proceder a quaisquer averbações decorrentes de alteração dos dados constantes no ofício imobiliário e provadas por documentos oficiais, inclusive as previstas pela Lei n. 6.015/73, art. 246 e parágrafos;

(4.2) Solicitam e autorizam o oficial de registro imobiliário a proceder a todos e quaisquer atos, averbações e registros necessários;

(4.3) Compreendem a informação do tabelião de que a dúvida registral somente poderá ser suscitada por elas próprias;

(4.4) A escritura foi lida e compreendida, sem que restassem dúvidas sobre o ato e seus efeitos. Concordam integralmente com o teor deste ato, autorizando a sua redação, outorgando e assinando-a;

(4.5) **Outras declarações:** Não há.

XV – **Declarações do tabelião:**

(1) **Autenticação:** Reconheço a identidade e estado civil dos presentes, à vista dos respectivos documentos de identidade e do registro civil apresentados, bem como suas capacidades para o ato.

(2) O tabelião informou que:

(2.1) A multipropriedade é o regime de condomínio em que cada um dos proprietários de um mesmo imóvel é titular de uma fração de tempo, à qual corresponde a faculdade de uso e gozo, com exclusividade, da totalidade do imóvel, a ser exercida pelos proprietários de forma alternada.

(2.2) A transferência do direito de multipropriedade e a sua produção de efeitos perante terceiros não depende da anuência ou da cientificação dos demais multiproprietários.

(2.3) Não há direito de preferência na alienação de fração de tempo, salvo se estabelecido no instrumento de instituição ou na convenção do condomínio em multipropriedade em favor dos demais multiproprietários ou do instituidor do condomínio em multipropriedade.

(2.4) O comprador será solidariamente responsável com o alienante pelas obrigações, caso não obtenha a declaração de inexistência de débitos referente à fração de tempo no momento de sua aquisição.

(3) Com fundamento na Lei n. 7.433/85, com a redação dada pela Lei n. 13.097/2015, não poderão ser opostas situações jurídicas não constantes da matrícula no cartório do registro de imóveis, inclusive para fins de evicção, ao terceiro de boa-fé que adquirir ou receber em garantia direitos reais sobre o imóvel, ressalvados o disposto nos arts. 129 e 130 da Lei n. 11.101/2005, e as hipóteses de aquisição e extinção da propriedade que independem de registro de título de imóvel. Por este motivo, não se apresentam as certidões de feitos ajuizados.

(4) Foram cumpridas as exigências documentais constantes da Lei federal n. 7.433, de 18 de dezembro de 1985, tal como regulamentada pelo citado Decreto n. 93.240/86 e pelas Normas de Serviço da Corregedoria-Geral de Justiça do Estado de São Paulo.

(5) As partes foram cientificadas que podiam obter a prévia Certidão Negativa de Débitos Trabalhistas (CNDT), nos termos do art. 642-A da CLT, com a redação dada pela Lei n. 12.440/2011, o que foi feito.

(6) Informou às partes que a propriedade decorre do registro no ofício exclusivo, orientando-as a registrarem esta escritura.

(7) Informou às partes que a dúvida registral somente poderá ser suscitada por elas próprias.

(8) **Aconselhamento notarial:** As partes foram esclarecidas sobre as normas legais e os efeitos atinentes a este negócio, em especial sobre os artigos citados nesta escritura, declarando que as compreenderam e dando-se por satisfeitas com este serviço notarial.

(9) **Escreventes:** Na lavratura desta escritura, participaram os escreventes abaixo indicados praticando as seguintes ações: recepção e aconselhamento das partes, identificação e verificação da capacidade, qualificação legal, elaboração do ato e sua redação, diligências indispensáveis ou convenientes ao ato, coleta de assinaturas.

(10) **Fé notarial:** Dou fé das declarações contidas neste instrumento, dos documentos apresentados e arquivados, ou não, das autenticações feitas e de que a escritura foi assinada pelas partes presentes.

Parte(s) assina(m)

Escrevente(s) assina(m)

Tab. Sub. assina

Emolumentos: R$ 000,00

33.7.3 Escritura Pública de Compra e Venda (Imóvel Rural)

Vendedor:	(nome do vendedor)
Comprador:	(nome do comprador)
Valor Venda:	(valor da venda CAB)
Valor Fiscal:	(valor venal CAB)

S A I B A M todos os que virem esta escritura pública que (data lavratura), em São Paulo, SP, República Federativa do Brasil, no 26º Tabelionato de Notas, perante mim, escrevente autorizado pelo Tabelião, comparecem as partes entre si, justas e contratadas: como **vendedor** (qualificar vendedor) e como **comprador** (qualificar comprador). Reconheço a identidade dos presentes e suas capacidades para o ato, do que dou fé. A seguir as partes me declaram o seguinte: **PRIMEIRO: OBJETO** – O vendedor é legítimo proprietário do seguinte imóvel: (descrição do imóvel), CEP (n. CEP), no (n. subdistrito). Subdistrito – (bairro do subdistrito), no Município de (município), (estado), inscrito no (n. ofício). Ofício Imobiliário da cidade de (cidade), descrito e caracterizado na matrícula n. (n. matrícula). **SEGUNDO: PROCEDÊNCIA** – O imóvel foi adquirido por (forma de aquisição) feita a (nome do transmitente), nos termos da escritura lavrada no (n. tabelião). Tabelionato de Notas (local tabelião), Livro n. (livro), fls. n. (folha), em (data da lavratura) e registrada sob n. (n. registro), na matrícula n. (n. da matrícula), do (oficial). Ofício de Registro de Imóveis (local ofício). **TERCEIRO: DISPONIBILIDADE** – O vendedor declara que o objeto do negócio está livre de ônus reais fiscais e outros judiciais ou extrajudiciais, inexistindo em relação a ele ações reais e pessoais reipersecutórias, o que é declarado para os efeitos do Decreto federal n. 93.240/86, art. 1º, §§ 2º e 3º. **QUARTO: MUNICÍPIO** – Este imóvel está cadastrado pelo Instituto Nacional de Colonização e Reforma Agrária – INCRA por meio do n. (n. cadastro INCRA), denominado (nome chácara/fazenda), área total de (área em ha) ha, área tributável de (área tributável ha) ha, da terra nua de (valor terra nua), área aproveitável de (área aproveitável) ha, valor tributável de (valor tributável), área utilizada de (área utilizada) ha, alíquota de (alíquota em %) %, grau de utilização de (grau de utilização) %, imposto calculado de (valor imposto calculado), conforme declaração do ITR para o exercício de (ano do ITR), expedido pelo Ministério da Fazenda, em (data da expedição do MF).

QUINTO: PREÇO E PAGAMENTO – O objeto descrito é vendido pelo preço certo de (valor extenso), já integralmente recebido do comprador, motivo por que lhe é dada plena quitação. SEXTO: TRANSMISSÃO – Assim, o vendedor transfere o domínio do objeto descrito ao comprador, negócio que se complementará com o registro desta escritura no ofício imobiliário. O vendedor, desde já, transmite ao comprador a posse, os direitos e ações. SÉTIMO: TRIBUTOS – O imposto sobre transmissão de bens imóveis e de direitos a eles relativos (ITBI), devido pela presente, no valor de (valor do ITBI), foi recolhido na agência bancária. O vendedor declara que não sendo empregador, não está sujeito às exigências da Lei n. 8.212/91. O comprador dispensa as certidões fiscais e as certidões de feitos ajuizados e se responsabiliza por eventuais débitos de impostos e taxas incidentes sobre o imóvel *retro* descrito, de conformidade com o Decreto federal n. 93.240/86, art. 1º, §§ 2º e 3º. OITAVO: DOCUMENTOS – (1) Foram cumpridas as exigências documentais constantes da Lei federal n. 7.433, de 18 de dezembro de 1985, tal como regulamentada pelo citado Decreto n. 93.240/86 e pelas Normas de Serviço da Corregedoria-Geral de Justiça do Estado de São Paulo. (2) As partes foram cientificadas pelo tabelião que podiam obter a prévia Certidão Negativa de Débitos Trabalhistas (CNDT), nos termos do art. 642-A da CLT, com a redação dada pela Lei n. 12.440/2011, o que foi feito. As certidões ficam arquivadas em meio eletrônico neste Tabelionato. (3) Recebi, conferi e dou fé da apresentação dos documentos de identificação, estado civil e representação das partes, que ficam arquivados neste Tabelionato juntamente com os seguintes documentos: (3.1) Certidão de propriedade da matrícula n. (n. de matrícula), expedida em (data expedição); (3.2) A guia de pagamento do ITBI citada, autenticada mecanicamente em (data autenticação); (3.3) Certidão Negativa de Débitos Relativos ao Imposto sobre a Propriedade Territorial Rural, extraída pelo Ministério da Fazenda – Procuradoria-Geral da Fazenda Nacional – Secretaria da Receita Federal do Brasil, por acesso direto deste Tabelião, por meio de processo informatizado (via internet), às (horas): (minutos): (segundos) do dia (dia) de (mês) de (ano), válida até (dia val.) de (mês val.) de (ano val.), com base na Instrução Normativa RFB n. 735, de 2 de maio de 2007, com seu código de controle: ____.____.____.____; (3.4) Fotocópia autenticada do CCIR 2010/2011/2012 – Certificado de Cadastro de Imóvel Rural; (3.5) Fotocópia autenticada da última DITR – Declaração do Imposto sobre a Propriedade Rural; (3.6) Fotocópia autenticada dos comprovantes de quitação do imposto sobre a propriedade territorial rural dos últimos 5 (cinco) anos; (3.7) Certidão Negativa de Débitos Trabalhistas em nome de (nome), sob n. (n. da certidão), expedida em (data da expedição), às (horário da expedição), válida até (data de validade) – 180 (cento e oitenta) dias, contados da data de sua expedição. Esta certidão é expedida por meio de processo informatizado – internet – e com base no art. 642-A da Consolidação das Leis do Trabalho, acrescentado pela Lei n. 12.440, de 7 de julho de 2011, e na Resolução Administrativa n. 1.470/2011 do Tribunal Superior do Trabalho, de 24 de agosto de 2011. (4) A consulta à Central de Indisponibilidades, exigida pelo Prov. CNJ 39/2014, resultou negativa para as partes envolvidas na alienação ou oneração sob o(s) código(s) (código *hash*). NONO: OUTRAS DISPOSIÇÕES – (1) O tabelião informou às partes que, segundo a Lei

n. 7.433/85, com a redação dada pela Lei n. 13.097, de 19 de janeiro de 2015, não poderão ser opostas situações jurídicas não constantes da matrícula no cartório do registro de imóveis, inclusive para fins de evicção, ao terceiro de boa-fé que adquirir ou receber em garantia direitos reais sobre o imóvel, ressalvados o disposto nos arts. 129 e 130 da Lei n. 11.101, de 9 de fevereiro de 2005, e as hipóteses de aquisição e extinção da propriedade que independam de registro de título de imóvel. Por esse motivo, não se apresentam as certidões de feitos ajuizados. (2) As partes foram esclarecidas pelo tabelião sobre as normas legais e os efeitos atinentes a este negócio, em especial sobre os artigos citados nesta escritura. Ao final, as partes me declaram que concordam com esta escritura, autorizando o tabelião e o oficial do registro de imóveis competente a proceder a todos e quaisquer atos, registros ou averbações necessárias. Emitida a DOI – Declaração sobre Operações Imobiliárias – conforme previsão legal. Assim dizem, pedem e lavro a presente escritura, que feita e lida, aceitam, outorgam e assinam. Dou fé.

Parte(s) assina(m)

Escrevente(s) assina(m)

Tab. Sub. assina

Emolumentos: R$ 000,00

33.7.4 Escritura Pública de Compra e Venda de Imóvel, com Transação e Pacto Adjeto de sua Alienação Fiduciária em Garantia)

ESCRITURA PÚBLICA DE COMPRA E VENDA DE IMÓVEL, COM TRANSAÇÃO E PACTO ADJETO DE SUA ALIENAÇÃO FIDUCIÁRIA EM GARANTIA

Vendedor: <NOME_DO_VENDEDOR>
Comprador: <NOME_DO_COMPRADOR>
Valores –   Venda: <VALOR_DA_VENDA>
Alienação Fiduciária: <VALOR_ALIENACAO>
Valor Venal: <VALOR_VENAL>

I – Local e Data: República Federativa do Brasil, SP, São Paulo, Praça João Mendes, n. 42, 1º andar, no 26º Tabelionato de Notas de São Paulo, em <Data_lav1>.

II – Partes:

vendedor e, credor e fiduciário, <QUALIFICAR_VENDEDOR>, simplesmente indicado a seguir como vendedor.

comprador e devedor fiduciante, <QUALIFICAR_COMPRADOR>, simplesmente indicado a seguir como vendedor.

III – Autenticação do tabelião: Reconheço a identidade dos presentes e suas capacidades para o ato, do que dou fé.

IV – Venda e Compra:

1 – Objeto – Pelo vendedor, por seu legal representante, me foi dito que a justo título, é senhor e legítimo possuidor do seguinte imóvel: <DESCRICAO_DO_IMOVEL>, CEP <Nº_CEP>, no <Nº_SUBDISTRITO> Subdistrito – <BAIRRO_DO_SUBDISTRITO>, no município de <MUNICIPIO>, <ESTADO>, inscrito no <Nº_OFICIO> Oficial de Registro de Imóveis de <LOCAL_DO_OFICIO>, descrito e caracterizado na matrícula n. <Nº_MATRICULA>.

2 – Procedência: O imóvel foi adquirido por <FORMA_DE_AQUISICAO> feita a <NOME_DO_TRANSMITENTE>, nos termos da escritura lavrada no <Nº_TABELIAO> Tabelionato de Notas <LOCAL_TABELIAO>, Livro nº. <LIVRO>, folhas nº <FOLHA>, em <DATA_DA_LAVRATURA> e registrada sob n. <Nº_REGISTRO>, na matrícula n. <NUMERO_DE_MATRICULA>, do <OFICIAL> Ofício de Registro de Imóveis <LOCAL_OFICIO>.

3 – Disponibilidade: O vendedor declara que o objeto do negócio está livre de ônus reais fiscais e outros judiciais ou extrajudiciais, inexistindo em relação a ele ações reais e pessoais reipersecutórias, o que é declarado para os efeitos do Decreto Federal n. 93.240/1986, artigo 1º, § 3º. O vendedor declara que o imóvel está quite com todas as suas despesas condominiais. <se_nao_houver_despesas_condominiais,_retirar_o_texto>

4 – Município: Este imóvel está cadastrado pela prefeitura do município de <MUNICIP>, pelo contribuinte n. <Nº_CONTRIBUINTE>, com o valor venal para o exercício de <ANO_EXERCICIO> de <VALOR_VENAL>.

5 – Compra e Venda – Assim, O vendedor VENDE o imóvel acima descrito ao comprador, livre e desembaraçado de quaisquer ônus ou litígios judiciais, extrajudiciais e fiscais, tal como o possui.

6 – Do Preço, Saldo do Preço e Valor Principal da Dívida – O preço certo e ajustado para a venda e compra é de <VALOR_DA_COMPRA_E_VENDA>, dos quais <VALOR_SALDO_DO_PRECO> corresponde ao saldo do preço. O vendedor dá ao comprador plena e irrevogável quitação das importâncias já recebidas.

7 – O Saldo do Preço e Valor da Dívida – A quantia de <VALOR_SALDO_PRECO>, que O comprador, confessa e reconhece dever ao vendedor, como quantia líquida e certa, será paga em <Nº_PARCELAS> PARCELAS MENSAIS e consecutivas, que correspondem à dívida, no valor de <VALOR_DE_CADA_PARCELA> cada uma, vencendo-se a primeira em <DATA_VENCIMENTO>, e as demais no mesmo dia <DIA> dos meses subsequentes, até a final liquidação. Todas as parcelas acima estão acrescidas de juros calculados pelo sistema Tabela Price com incidência de reajustamento monetário e atualizadas mensalmente por índices idênticos aos depósitos de poupança livre para as pessoas físicas (TR) (ALTERAR O ÍNDICE SE FOR O CASO !!!).

8 – Transmissão da Posse, do Domínio e dos Direitos sobre o imóvel – Por força desta escritura, O vendedor, CEDE E TRANSFERE ao comprador o domínio resolúvel, posse e ações que exerce sobre o imóvel objeto desta escritura, para que O comprador dele use e livremente disponha, como proprietário fiduciante que passa a ser doravante, obrigando-se O vendedor, por si e seus sucessores, fazer esta venda sempre boa, firme e valiosa, e a responder pela evicção, tudo na forma da lei.

V – Regras de Pagamento:

1 – Condições para o parcelamento da dívida – O parcelamento da dívida é concedido mediante as seguintes condições essenciais: a) reposição integral da dívida com sua respectiva atualização; b) remuneração do saldo devedor nas condições convencionadas; c) contratação de seguro contra os riscos de morte, invalidez permanente, de crédito e de dano físico ao imóvel.

2 – Modo de pagamento – As parcelas do saldo do preço (da dívida) deverão ser pagas ao vendedor, ou a quem este indicar, através de boletos bancários enviados ao comprador, emitidos a título "pro solvendo". As parcelas do saldo devedor serão reajustadas pelos mesmos índices, juros e critérios previstos nesta escritura. Ficam vedados os pagamentos de prestações fracionadas, por meio de pix ou depósito não identificado na conta corrente do vendedor.

3 – Transação – A dívida ora confessada foi contraída quando da celebração da promessa de venda e compra firmada anteriormente, sujeita à legislação então vigente, e seu valor é ora somente consolidado. O comprador declara ter procedido ao cálculo da dívida confessada em conjunto com O vendedor, e que não tem qualquer dúvida em relação ao total apurado. Assim, o montante da dívida é fixado por meio de transação, para prevenir litígios, pelo que as partes se dão mutuamente plena, recíproca e irrevogável quitação em relação à quaisquer valores pagos ou recebidos anteriormente à presente escritura (salvo se existirem valores constantes em documento específico assinado por ambas e que faça expressa referência à presente escritura), para nada reclamar, conforme o disposto no artigo 840 e seguintes do Código Civil, de modo que a dívida é ora confessada como líquida e certa, insuscetível de contestação futura, quer no que se refere à sua origem, quer no que diz respeito à forma de apuração e atualização. Conforme o art. 849 do Código Civil, a presente transação faz coisa julgada entre as partes.

4 – Juros e Reajustes – As parcelas do saldo do preço (da dívida) estão sujeitas a juros de 12% (doze por cento) ao ano, calculados pela Tabela Price, e no seu valor já estão computados estes juros. 4.1. – Periodicidade de aplicação e cobrança dos reajustes – A aplicação e cobrança dos reajustes se dará mensalmente, a partir da data base deste contrato. 4.2. – Índice de reajuste – As parcelas correspondentes ao saldo do preço serão reajustadas mensalmente por índices idênticos aos depósitos de poupança livre para as pessoas físicas (TR) (ALTERAR SE FOR OUTRO ÍNDICE).

5 – Índices de referência para o cálculo do reajuste – O cálculo do reajuste dos valores contratuais será feito tomando por base o índice do mês de ..... mês base ...... e o índice do mês anterior ao pagamento das parcelas. O valor atualizado das prestações deverá ser de conhecimento do comprador, por cálculo próprio ou por meio de informação por ele colhida no endereço do vendedor, dispensada qualquer comunicação oriunda deste.

6 – **Índice Substitutivo** – Em caso de extinção ou restrição legal à utilização do índice eleito nesta escritura para o reajuste das prestações, estes serão feitos de acordo com a variação do índice substitutivo: <MENCIONAR_INDICE_SUBSTITUTIVO>. Tal substituição se processará sem qualquer solução de continuidade nos reajustes.

7 – **Antecipação de pagamentos** – O pagamento antecipado de qualquer das parcelas do saldo do preço (da dívida) somente poderá ser feito: (a) no dia de aplicação integral do índice, (b) com o valor reajustado "pro rata die" até aquela data, (c) desde que tenham sido pagas as parcelas vencidas anteriormente. Qualquer procedimento de pagamento total, parcial ou antecipado da dívida, mesmo se aplicado uma ou mais vezes, não representará novação ou modificação do presente instrumento.

8 – **Vencimento antecipado da dívida** – O inadimplemento de quaisquer das obrigações garantidas pela propriedade fiduciária faculta ao vendedor declarar vencidas as demais obrigações de que for titular garantidas pelo mesmo imóvel, inclusive quando a titularidade decorrer do disposto no art. 31 da Lei n. 9.514, de 1997.

9 – **Equilíbrio Econômico-Financeiro** – O parcelamento da dívida é feito no pressuposto de que se mantenha a estabilização da economia e de que seja possível a cobrança dos reajustes na forma e periodicidade pactuadas. Tendo em vista o propósito das partes de manter o equilíbrio econômico-financeiro do contrato até o seu final cumprimento, fica convencionado que a sistemática de reajustes prevista nesta escritura não se alterará pela superveniência de qualquer plano econômico.

VI – **Alienação Fiduciária em Garantia:**

1 – **Alienação Fiduciária** – Como garantia do pagamento das parcelas do saldo do preço (da dívida), O comprador aliena fiduciariamente o imóvel objeto desta escritura, transmitindo ao vendedor a propriedade resolúvel do mesmo, obrigando-se por si e por seus sucessores, a fazer esta alienação sempre boa, firme e valiosa e a responder pela evicção na forma da lei.

2 – **Prazo** – A alienação fiduciária em garantia vigorará pelo prazo necessário ao integral pagamento do crédito do vendedor, sujeitando-se às disposições desta escritura e da Lei n. 9.514, de 20 de novembro de 1.997. A garantia fiduciária ora contratada abrange o imóvel e todas as acessões e benfeitorias que lhe forem acrescidas e vigorará pelo prazo necessário à quitação integral da dívida.

3 – **Posse Direta e Posse Indireta** – Com a constituição da propriedade fiduciária, mediante o registro desta escritura no competente Registro de Imóveis, dar-se-á o desdobramento da posse, tornando-se os comprador, o possuidor direto, e O vendedor, o possuidor indireto do imóvel.

4 – **Utilização do Imóvel** – Fica assegurado ao comprador, enquanto estiver adimplente, a livre utilização, por sua conta e risco, do imóvel objeto desta escritura. Em caso de locação, O comprador obriga-se a informar ao locatário que: (a) o imóvel está alienado fiduciariamente, sob pena de responder pelas perdas e danos decorrentes de sua omissão, sem prejuízo do direito do vendedor promover a reintegração liminar na posse do imóvel, em caso de inadimplemento; (b) o valor de eventual indenização por benfeitorias, de qualquer natureza, integrará o valor do lance do

leilão; (c) inexistência de direito de preferência ou continuação da locação, se o imóvel for levado a leilão.

5 – Enquanto estiver na posse direta do imóvel, utilizando-o ou não, O comprador obriga-se a manter e conservar o imóvel em perfeitas condições de uso e habitabilidade, devendo tratar com o mesmo cuidado como seu e tomar todas as medidas necessárias para mantê-lo a salvo de turbações de terceiros. Obriga-se ainda O comprador, devedor e fiduciante a pagar pontualmente todos os tributos, impostos, taxas ou quaisquer contribuições, condomínios (verbas ordinárias e extraordinárias), foro ou despesas de qualquer natureza, sem exceção, que incidirem sobre o imóvel, além das despesas decorrentes da utilização, tais como, água, luz, telefone, gás, etc.

6 – **Cessão** – O fiduciante, com anuência expressa do fiduciário, poderá transmitir os direitos de que seja titular sobre o imóvel objeto da alienação fiduciária em garantia, assumindo o adquirente as respectivas obrigações.

7 – **Resolução da propriedade fiduciária** – Com o pagamento da dívida e seus encargos, resolve-se a propriedade fiduciária do imóvel objeto desta escritura.

8 – **Termo de Quitação** – No prazo de trinta dias a contar da data de liquidação da dívida, O vendedor, disponibilizará o respectivo termo de quitação ao comprador, que deverá retirá-lo na sede daquela. O não fornecimento do termo de quitação no prazo previsto acima acarretará multa ao fiduciário equivalente a 0,5% (meio por cento) ao mês, ou fração, sobre o valor do contrato, que se reverterá em favor daquele a quem o termo não tiver sido disponibilizado no referido prazo. À vista do termo de quitação, o oficial do Registro de Imóveis efetuará o cancelamento do registro da propriedade fiduciária, consolidando a plena propriedade do imóvel na pessoa dos compradores, devedores e fiduciantes.

VII – Mora e Intimação:

1 – **Mora** – O comprador, arcará com as penalidades decorrentes da falta de pagamento de qualquer despesa relativa ao imóvel. Se o atraso ocorrer em relação a qualquer parcela do saldo do preço (da dívida), será devida multa moratória de 2% (dois por cento) sobre os valores em atraso, inclusive os encargos, reajustados "pro rata die" até a liquidação.

2 – **Intimação** – Verificado o atraso de 3 (três) meses do pagamento de qualquer obrigação contratual ou de (3) três prestações mensais do saldo do preço (da dívida), O comprador, será intimado, a requerimento do vendedor, pelo oficial do competente Registro de Imóveis, a satisfazer, no prazo de 15 (quinze) dias, a(s) prestação(ões) vencida(s), e ainda, as prestações, os juros convencionais, as penalidades, os encargos legais e contratuais, os tributos, as contribuições condominiais imputáveis ao imóvel, que se vencerem até a data do pagamento, além das despesas de cobrança e de intimação.

2.1 – As partes estabelecem o prazo de carência, após o qual será expedida a intimação. (Ou As partes estabelecem que não há prazo de carência).

2.2 – A intimação far-se-á pessoalmente ao comprador, podendo ser promovida, por solicitação do oficial do Registro de Imóveis, por oficial de Registro de Títulos e Documentos da comarca da situação do imóvel ou do domicílio de quem deva recebê-la, ou pelo correio, com aviso de recebimento.

2.3 – Quando, por duas vezes, o oficial de registro de imóveis ou de registro de títulos e documentos ou o serventuário por eles credenciado houver procurado O comprador em seu domicílio ou residência sem o encontrar, deverá, havendo suspeita motivada de ocultação, intimar qualquer pessoa da família ou, em sua falta, qualquer vizinho de que, no dia útil imediato, retornará ao imóvel, a fim de efetuar a intimação, na hora que designar, aplicando-se subsidiariamente o disposto nos arts. 252, 253 e 254 da Lei no 13.105, de 16 de março de 2015 (Código de Processo Civil).

2.4 – Caso O comprador, ou seu representante legal ou procurador regularmente constituído, se encontrarem em local ignorado, incerto ou inacessível, o fato será certificado pelo encarregado da diligência e informado ao oficial de registro de imóveis. À vista da certidão, o oficial promoverá a intimação por edital publicado pelo período mínimo de 3 (três) dias em jornal de maior circulação local ou em jornal de comarca de fácil acesso, se o local não dispuser de imprensa diária, contado o prazo para purgação da mora da data da última publicação do edital..

2.5 – Nos condomínios edilícios ou outras espécies de conjuntos imobiliários com controle de acesso, a intimação de que trata o item 2.1 e 2.2 poderá ser feita ao funcionário da portaria responsável pelo recebimento de correspondência.

2.6 – É responsabilidade do devedor e, se for o caso, do terceiro fiduciante informar ao credor fiduciário sobre a alteração de seu domicílio.

2.7 – Presume-se que o devedor e, se for o caso, o terceiro fiduciante encontram-se em lugar ignorado quando não forem encontrados no local do imóvel dado em garantia nem no endereço que tenham fornecido por último, observado que, na hipótese de o devedor ter fornecido contato eletrônico no contrato, é imprescindível o envio da intimação por essa via com, no mínimo, 15 (quinze) dias de antecedência da realização de intimação editalícia.

2.8 – Considera-se lugar inacessível: I) aquele em que o funcionário responsável pelo recebimento de correspondência se recuse a atender a pessoa encarregada pela intimação; ou II – aquele em que não haja funcionário responsável pelo recebimento de correspondência para atender a pessoa encarregada pela intimação.

3 – **Purgação da Mora** – Purgada a mora no Registro de Imóveis, convalescerá a presente escritura com pacto adjeto de alienação fiduciária. O Oficial do Registro de Imóveis, nos 3 (três) dias seguintes à purgação da mora, entregará ao vendedor as importâncias recebidas, deduzidas as despesas de cobrança e intimação. Eventual diferença entre o valor objeto da purgação da mora e o devido no dia da purgação deverá ser paga pelo comprador juntamente com a primeira parcela que se vencer após a purgação da mora no Oficial de Registro de Imóveis.

VIII – **Inadimplemento:**

1 – **Vencimento Antecipado da Dívida** – A dívida objeto desta escritura vencer-se-á antecipadamente, ensejando a imediata cobrança de todos os valores vencidos e a vencer, nas seguintes hipóteses: a) atraso de 3 (três) meses do pagamento de qualquer

obrigação ou encargos contratuais, especialmente das despesas relativas ao imóvel; b) atraso de 3 (três) prestações mensais do saldo do preço (da dívida) e seus respectivos encargos; c) se o imóvel não for mantido em perfeito estado de conservação, segurança e habitabilidade, ou se forem realizadas no imóvel obras de demolição ou alteração, que venham a comprometer a manutenção ou realização da garantia dada; d) se houver infração a qualquer disposição desta escritura; e) em caso de falência, ou insolvência do comprador; f) se o comprador alienar ou ceder, a qualquer título, os direitos deste contrato a terceiro, sem anuência do vendedor.

2 – Consolidação da Propriedade – Vencida e não paga, no todo ou em parte, a dívida representada nesta escritura, e constituído em mora O comprador, consolidar-se-á a propriedade do imóvel em nome do vendedor. Decorrido o prazo para a purgação da mora, o oficial do competente Registro de Imóveis, certificando esse fato, promoverá, à vista da prova do pagamento, pelo vendedor, do ITBI (imposto de transmissão inter vivos) ou, se for o caso, o laudêmio, o registro, na matrícula do imóvel, da consolidação da propriedade em nome do vendedor.

3 – Dação em pagamento – O devedor pode, com a anuência do comprador, dar seu direito eventual ao imóvel em pagamento da dívida, dispensados os procedimentos previstos no art. 27 da Lei n. 9.514/97.

IX – Leilões:

1 – Uma vez consolidada a propriedade em seu nome, O vendedor, no prazo de 60 (sessenta dias) contados da data do respectivo registro, promoverá leilão público extrajudicial, para a alienação do imóvel, conforme o que segue.

1.1 – O primeiro leilão se realizará dentro de 60 (sessenta) dias contados da data do registro da consolidação da propriedade em nome do vendedor, e terá como base o valor de <VALOR_BASE> (VALOR IGUAL AO DA V/C), reajustado mensalmente até a data do leilão, pela variação do IGPM (Índice Geral de Preço de Mercado), publicado pela Fundação Getúlio Vargas, e depreciado à razão de 5% (cinco por cento) ao ano a partir da entrega das chaves.

1.2 – Se, no primeiro leilão, o maior lance oferecido for inferior ao valor reajustado do imóvel, indicado no item anterior, será realizado um segundo leilão, dentro de 15 (quinze) dias contados da data do primeiro.

1.3 – No segundo leilão, será aceito o maior lance oferecido desde que seja igual ou superior ao valor integral da dívida garantida pela alienação fiduciária mais antiga vigente sobre o bem, das despesas, inclusive emolumentos cartorários, dos prêmios de seguro, dos encargos legais, inclusive tributos, e das contribuições condominiais, podendo, caso não haja lance que alcance referido valor, ser aceito pelo vendedor, a seu exclusivo critério, lance que corresponda a, pelo menos, metade do valor de avaliação do bem.

1.4 – Nos 5 (cinco) dias que se seguirem à venda do imóvel no leilão, o vendedor entregará ao comprador a importância que sobejar, nela compreendido o valor da indenização de benfeitorias, depois de deduzidos os valores da dívida, das despesas e dos encargos de que trata o § 3º do art. 27, da Lei 9.514/97, o que importará em recíproca quitação, hipótese em que não se aplica o disposto na parte final do art. 516 da Lei n. 10.406, de 10 de janeiro de 2002 (Código Civil).

1.5 – Se o produto do leilão não for suficiente para o pagamento integral do montante da dívida, das despesas e dos encargos de que trata o § 3º do art. 27, da Lei 9.514/97, o devedor continuará obrigado pelo pagamento do saldo remanescente, que poderá ser cobrado por meio de ação de execução e, se for o caso, excussão das demais garantias da dívida, ressalvada a hipótese de extinção do saldo devedor remanescente prevista no § 4º do art. 26-A da Lei 9.514/97.

1.6 – Para fins do disposto nos §§ 1º e 2º do art. 27 da Lei 9.514/97, as datas, os horários e os locais dos leilões serão comunicados ao devedor e, se for o caso, ao terceiro fiduciante, por meio de correspondência dirigida aos endereços constantes do contrato, inclusive ao endereço eletrônico.

1.7 – Os leilões e a publicação dos respectivos editais poderão ser realizados por meio eletrônico.

1.8 – Responde o comprador pelo pagamento dos impostos, taxas, contribuições condominiais e quaisquer outros encargos que recaiam ou venham a recair sobre o imóvel, cuja posse tenha sido transferida para o vendedor, nos termos do art. 27 da Lei n. 9.514/97, até a data em que o devedor vier a ser imitido na posse.

2 – O vendedor, na qualidade de titular do domínio pleno, e não mais resolúvel, transmitirá ao licitante vencedor, dentro do prazo de 30 (trinta) dias contados da data da realização do leilão, o domínio e a posse do imóvel objeto desta escritura, correndo por conta deste todas as despesas com a transmissão.

3 – O fiador ou terceiro interessado que pagar a dívida ficará sub-rogado, de pleno direito, no crédito e na propriedade fiduciária

4 – **Valor de Leilão:** O valor para fins de leilão é de <VALOR_PARA_FINS_DE_LEILÃO>.

5 – Até a data da averbação da consolidação da propriedade fiduciária, é assegurado ao devedor e, se for o caso, ao terceiro fiduciante, pagar as parcelas da dívida vencidas e as despesas de que trata o inciso II do § 3º do art. 27 da Lei n. 9.514/97, hipótese em que convalescerá o contrato de alienação fiduciária.

6 – Outras disposições aplicáveis: (a) caso o valor do imóvel convencionado pelas partes para o leilão seja inferior ao utilizado pelo órgão competente como base de cálculo para a apuração do imposto sobre transmissão inter vivos exigível por força da consolidação da propriedade em nome dos credores, este último será o valor mínimo para efeito de venda do imóvel no primeiro leilão; (b) se no primeiro leilão público o maior lance oferecido for inferior ao valor reajustado do imóvel, conforme critério indicado nesta escritura, será realizado o segundo leilão nos quinze dias seguintes.

X – **Reintegração na Posse:**

1 – Uma vez consolidada a propriedade do imóvel em nome do vendedor, ou ainda, na hipótese de ocorrer a alienação do imóvel em leilão, O comprador, ou qualquer ocupante do imóvel, deverá desocupá-lo e devolvê-lo no prazo de 60 (sessenta) dias contados da consolidação da propriedade. A falta de desocupação ou devolução no

prazo assinalado, ensejará a reintegração do vendedor e a imissão do adquirente na posse, por mandado liminar, além da cobrança da verba de 1% (um por cento) sobre o valor do imóvel, a título de ressarcimento pela utilização do mesmo. Tal verba será devida desde a consolidação da propriedade em nome do vendedor, mesmo na pendência de eventual ação judicial. Em caso de falta de desocupação ou devolução no prazo assinalado, continuarão a correr por conta do comprador todas as verbas decorrentes de sua utilização, tais como, exemplificativamente: condomínio, impostos, taxas, água, luz, telefone, gás, etc., as quais são consideradas líquidas e certas e, se porventura não integrarem o valor da dívida e das despesas para efeito dos leilões, poderão ser cobradas pela via executiva. O imóvel deverá ser devolvido livre e desimpedido de pessoas e coisas. Caso não esteja em perfeito estado, correrão por conta do comprador as despesas necessárias para deixá-lo nessas condições, bem como os alugueres pelo período necessário às obras de reparação, verbas essas que serão compensadas ou cobradas em ação executiva.

2 – É assegurada ao vendedor, ao seu cessionário ou aos seus sucessores, inclusive ao adquirente do imóvel por força do leilão público de que trata os art. 27 da Lei n. 9.514/97, a reintegração na posse do imóvel, que será concedida liminarmente, para desocupação no prazo de 60 (sessenta) dias, desde que comprovada a consolidação da propriedade em seu nome.

3 – Arrematado o imóvel ou consolidada definitivamente a propriedade no caso de frustração dos leilões, as ações judiciais que tenham por objeto controvérsias sobre as estipulações contratuais ou os requisitos procedimentais de cobrança e leilão, excetuada a exigência de notificação do devedor e, se for o caso, do terceiro fiduciante, não obstarão a reintegração de posse e serão resolvidas em perdas e danos.

XI – Disposições Gerais:

1 – O comprador, declara receber o imóvel em perfeitas condições de construção, uso e habitabilidade, de acordo com o memorial descritivo.

2 – A outorga desta escritura definitiva de venda e compra dá por inteiramente cumpridas as obrigações do vendedor, assumidas por ocasião da celebração da promessa de venda e compra do imóvel, com plena, geral e irrevogável quitação de suas obrigações, passando o seu relacionamento a reger-se pelas normas atinentes à alienação fiduciária de coisa imóvel (Lei n. 9.514, de 20.11.97, e demais disposições legais aplicáveis).

3 – Seguros – Correrão por conta do comprador, e serão cobrados juntamente com o valor da parcelas, os prêmios dos seguros contra riscos de morte, invalidez permanente e de dano físico ao imóvel. Aplicam-se à propriedade fiduciária, no que couber, as disposições dos arts. 1359 e 1360 do Código Civil.

4 – Cessão – O vendedor fica autorizado a ceder, transferir, caucionar ou por qualquer forma negociar o crédito objeto desta escritura, inclusive mediante securitização de recebíveis, independente de anuência ou interveniência do comprador. Fica esclarecido que o parcelamento da dívida é feito no pressuposto de que O vendedor, fique habilitado a ceder e transferir o seu crédito, objeto desta escritura, a agentes financeiros ou companhia securitizadora, que, por sua vez, com base nos créditos

imobiliários derivados desta, emitirá Certificados de Recebíveis Imobiliários que serão livremente negociados, na forma prevista em lei.

5 – Em vista disso, caso se torne necessário para tal finalidade, O comprador obriga-se a assinar os documentos eventualmente exigidos pelos agentes financeiros ou companhia securitizadora, desde que estejam em consonância com as disposições da presente escritura. 4.1. – A cessão do crédito objeto da alienação fiduciária implicará a transferência, ao cessionário, de todos os direitos e obrigações inerentes à propriedade fiduciária em garantia.

6 – O comprador, com anuência expressa do vendedor, poderá transmitir os direitos de que seja titular sobre o imóvel objeto da alienação fiduciária em garantia, assumindo o adquirente as respectivas obrigações. Fica esclarecido que a anuência somente será dada se O comprador: (a) estiver em dia com o cumprimento de suas obrigações e (b) arcar com todas as despesas decorrentes, e ainda, (c) se os adquirentes não tiverem restrições de crédito. 5.1 – Qualquer cessão ou transferência por parte do comprador, com infração a esta cláusula, será considerada nula de pleno direito, permanecendo obrigado O comprador, para todos efeitos legais e contratuais.

7 – Fica esclarecido que, em vista da alienação fiduciária do imóvel que é ora contratada, nem O vendedor, e nem O comprador poderá constituir quaisquer ônus sobre o imóvel.

8 – **Terminologia** – Para os fins desta escritura, especialmente para o eventuais leilões, entende-se por:

a) dívida para fins do leilão: o saldo devedor da operação de alienação fiduciária, nele incluídos os juros convencionais, as penalidades e os demais encargos contratuais, calculados "pro rata die" até a data do leilão, bem como todos os tributos, impostos, taxas ou quaisquer contribuições, condomínios, foro, despesas decorrentes da utilização, tais como, água, luz, telefone, gás etc., ou de qualquer natureza que incidirem sobre o imóvel, sem exceção; b) despesas para fins dos leilões: a soma dos encargos, custas de intimação, ITBI recolhido pelo vendedor, e as demais necessárias à realização do público leilão, nestas compreendidas as relativas aos anúncios e à comissão do leiloeiro, e quaisquer outras despesas ou tributos previstas nesta escritura ou incorridas pelo vendedor credor e fiduciário em decorrência da realização do leilão ou do inadimplemento do comprador, bem como reparos necessários à reposição do imóvel em perfeito estado de conservação; c) encargos do imóvel: os prêmios de seguro e os encargos legais, inclusive tributos e contribuições condominiais; d) valor do imóvel para fins do leilão: é aquele que as partes estabelecem nesta escritura para esse fim, observada a sua revisão pelos critérios aqui estabelecidos; e) securitização de créditos imobiliários: é a operação pela qual tais créditos são expressamente vinculados à emissão de uma série de títulos de crédito mediante termo de securitização de créditos, lavrado por uma companhia securitizadora; f) companhia securitizadora de crédito imobiliário: é uma instituição não financeira que tem por finalidade a aquisição e securitização de créditos imobiliários e a emissão e a colocação, no mercado financeiro, de Certificados de Recebíveis Imobiliários, podendo emitir outros títulos de crédito, realizar negócios e prestar serviços compatíveis com suas atividades.

9 – **Desapropriação** – Na hipótese de desapropriação do imóvel, O vendedor, será o primeiro e principal beneficiário da indenização, aplicando-se em relação à importância recebida, as mesmas disposições previstas para o valor apurado no segundo leilão, ou seja, primeiramente, a dedução integral do saldo do preço (da dívida), nas condições previstas nesta escritura, e, depois, a entrega, ao comprador, da quantia que sobejar.

10 – **Insolvência do comprador:** Na hipótese de insolvência do comprador, fica assegurado ao vendedor a restituição do imóvel alienado fiduciariamente, na forma da legislação pertinente.

11 – **Boa-fé sobre o estado civil:** O comprador declara, sob as penas da lei, que o seu estado civil é aquele que consta na sua qualificação e que o imóvel objeto desta escritura não está sendo adquirido na constância de união estável. Obriga-se a informar ao vendedor qualquer mudança de seu endereço, sob pena de infração contratual.

12 – **Declaração do vendedor:** Pelo vendedor é dito, para os fins, efeitos e sob as penas da Lei Federal n. 7.433/85 e posteriores alterações regulamentadas pelo Decreto n. 93.240/86, que não existe feito ajuizado fundado em ação real ou pessoal sobre o imóvel aqui tratado.

13 – **Despesas da tradição e registro:** Correrão por conta do comprador, todas as despesas decorrentes desta escritura e do cancelamento do registro da propriedade fiduciária, sem exceção, tais como, exemplificativamente, despesas notariais e de registro, ITBI, certidões imobiliárias, mesmo que lançadas em nome do vendedor.
12. – Quaisquer despesas de responsabilidade do comprador, que venham a ser pagas pelo vendedor, deverão lhe ser reembolsadas, reajustadas, no prazo de 30 (trinta) dias contados da solicitação, sob pena de caracterizar infração contratual, sujeitando O comprador às penalidades previstas nesta escritura.

14 – Qualquer cláusula desta escritura que venha a ser declarada nula ou ilegal não invalidará a eficácia e exequibilidade das demais. Ocorrendo esta hipótese, a cláusula será substituída por outra que conduza as partes ao mesmo resultado econômico ou jurídico almejado.

15 – **Foro aplicável:** Para dirimir qualquer controvérsia decorrente da presente escritura, fica eleito o Foro Central da Comarca desta Capital, com expressa renúncia de qualquer outro.

XII – **Tributos:** O imposto sobre transmissão de bens imóveis e de direitos a eles relativos (ITBI), devido pela presente, no valor de <VALOR_ITBI>, foi recolhido na agência bancária. O vendedor e O comprador, como alienante, em caráter fiduciário declaram que não sendo empregadores, não estão sujeitos às exigências da Lei 8.212/91, bem como aos dispositivos do Regulamento da Previdência Social, aprovado pelo Decreto n. 3.048/99 e posteriores alterações. O comprador dispensa as certidões fiscais e as certidões de feitos ajuizados e se responsabiliza por eventuais débitos de impostos e taxas incidentes sobre o imóvel retro descrito, de conformidade com o Decreto Federal 93.240/86, artigo 1º.

XIII – Documentos: (1) Foram cumpridas as exigências documentais constantes da Lei Federal n. 7.433, de 18 de dezembro de 1985, tal como regulamentada pelo citado Decreto n. 93.240/86 e pelas normas de Serviço da Corregedoria Geral de Justiça do Estado de São Paulo. (2) A Certidão Negativa de Débitos do IPTU, exigida pela Lei n. 11.154/1991, com redação dada pela Lei n. 14.256/2006, deixa de ser apresentada por força da decisão liminar conferida ao processo 1035902-47.2014.8.26.0053, mandado de segurança, que tramita na 4ª. Vara da Fazenda Pública. (3) As partes foram cientificadas pelo tabelião que podiam obter a prévia Certidão Negativa de Débitos Trabalhistas (CNDT), nos termos do art. 642-A da CLT, com a redação dada pela Lei n. 12.440/2011, o que foi feito. As certidões ficam arquivadas em meio eletrônico neste Tabelionato. (4) Recebi, conferi e dou fé da apresentação dos documentos de identificação, estado civil e representação das partes, que ficam arquivados neste Tabelionato juntamente com os seguintes documentos: (4.1) Certidão de propriedade da matrícula n. <NUM_DE_MATRICULA>, expedida em <DATA_EXPEDICAO>; (4.2) A guia de pagamento do ITBI citada, autenticada mecanicamente em <DATA_AUTENTICACAO>; (4.3) Certidão Conjunta de Débitos de Tributos Imobiliários, extraída por acesso direto deste Tabelião através da rede internet, às <HORA> do dia <DATA>, sob código de controle da certidão n. ----.----.----.---- com base na Portaria Conjunta PGM/SF n. 4, de 12 de abril de 2017; (4.4) Certidão Negativa de Débitos Trabalhistas em nome de <NOME>, sob n. <Nº_DA_CERTIDAO>, expedida em <DATA_DA_EXPEDICAO>, às <HORARIO_DA_EXPEDICAO>, válida até <DATA_DE_VALIDADE> – 180 (cento e oitenta) dias, contados da data de sua expedição. Esta certidão é expedida através de processo informatizado – internet – e com base no art. 642-A da Consolidação das Leis do Trabalho, acrescentado pela Lei n. 12.440, de 7 de julho de 2011, e na Resolução Administrativa n. 1470/2011 do Tribunal Superior do Trabalho, de 24 de agosto de 2011. (5) A consulta à Central de Indisponibilidades, exigida pelo Prov. CNJ 39/2014, resultou negativa para as partes envolvidas na alienação ou oneração sob o(s) código(s) ....

XIV – Representação: Não há / O comprador/vendedor está representado por ....
....
....

XV – Declarações finais: (1) O tabelião informou às partes que, segundo a Lei 7.433/85, com a redação dada pela Lei 13.097, de 19.01.2015, não poderão ser opostas situações jurídicas não constantes da matrícula no cartório do registro de imóveis, inclusive para fins de evicção, ao terceiro de boa-fé que adquirir ou receber em garantia direitos reais sobre o imóvel, ressalvados o disposto nos art. 129 e art. 130 da Lei n. 11.101, de 9 de fevereiro de 2005, e as hipóteses de aquisição e extinção da propriedade que independam de registro de título de imóvel. Por este motivo, não se apresentam as certidões de feitos ajuizados. (2) As partes foram esclarecidas pelo tabelião sobre as normas legais e os efeitos atinentes a este negócio, em especial sobre os artigos citados nesta escritura.

XVI – Autorização: As partes autorizam o tabelião a representá-las perante o oficial do registro de imóveis competente, promovendo tudo que seja necessário para o registro da presente escritura, podendo requerer também averbações e retificações, se necessário for. As partes autorizam o tabelião a proceder a quaisquer averbações decorrentes de alteração dos dados constantes no ofício imobiliário e provadas por documentos apresentados ao tabelião, inclusive as previstas pela Lei 6.015/73, art. 246 e parágrafos. As partes solicitam e autorizam o oficial de registro imobiliário a proceder a todos e quaisquer atos, averbações e registros necessários. As partes declaram que foram informadas por este Tabelião que a dúvida registral somente poderá ser suscitada por elas próprias.

XVII – Declaração da(s) parte(s): Esta escritura foi lida e compreendida por mim (nós). Concordo(amos) integralmente com o teor deste ato, autorizo(amos) a sua redação, outorgo(amos) e assino(amos).

XVIII – DOI: Emitida a DOI – Declaração Sobre Operações Imobiliárias – conforme previsão legal.

XIX – Autores: Escrita pelo escrevente <Nome_esc_resp> e assinada pelo <Cargo_esc_ass> <Nome_esc_ass>.

XX – Fé notarial: Dou fé das declarações contidas neste instrumento, dos documentos apresentados e arquivados, ou não, e das autenticações que faço.

Parte(s) assina(m)

Escrevente(s) assina(m)

Tab. Sub. assina

Emolumentos: R$ 000,00

33.7.5 Escritura Pública de Hipoteca

ESCRITURA PÚBLICA DE HIPOTECA

Devedor Hipotecário:

Credor Hipotecário:

Valor da Hipoteca:

Valor Venal:

I – Local: República Federativa do Brasil, SP, São Paulo, Praça João Mendes, n. 42, 1º andar, no 26º Tabelionato de Notas de São Paulo.

II – Data: <DATA_dia_e> de <DATA_mes_e> de <DATA_ano_e> (<DATA_lav4>).

III – Partes:

1) **devedor hipotecário**, <QUALIFICAR_DEVEDOR>.

2) **credor hipotecário**, <QUALIFICAR_CREDOR>.

IV – Representação ou mandado judicial:

Devedor hipotecário: Não há. <ou_Comprador:_Nome_e_qualificacao_do_procurador_ou_administrador._Procuracao/Contrato_social:_Cartorio,_Cidade,_UF,_Livro,_folhas,_data_de_expedicao/_artigo_do_contrato_social_que_autoriza.>

Credor hipotecário: Não há. <ou_Vendedor:_Nome_e_qualificacao_do_procurador_ou_administrador._Procuracao/Contrato_social:_Cartorio,_Cidade,_UF,_Livro,_folhas,_data_de_expedicao/_artigo_do_contrato_social_que_autoriza.>

V – Objeto: O devedor hipotecário é legítimo proprietário do seguinte imóvel:

UF: <UNIDADE_DA_FEDERACAO> **Município:** <MUNICIPIO>   **CEP:**<NUMERO_DO_CEP>

Matrícula: <NUMERO_DA_MATRICULA>   **Ofício imobiliário:** <OFICIO_IMOBILIARIO>

Imóvel: <DESCRICAO_DO_IMOVEL_SEM_CONFRONTACOES,_A_MENOS_QUE_SEJA_NECESSARIO_PARA_REGISTRO>

Contribuinte: <CONTRIBUINTE> **Valor fiscal:** <VALOR_VENAL> **Data:**<DATA_DA_EMISSAO_DO_VALOR_VENAL>

Outros dados do objeto: <INCLUIR_OUTROS_DADOS_OU_A_EXPRESSAO_"NAO_HA">

Título aquisitivo: <NATUREZA_DO_NEGOCIO_JURIDICO>, <INSTRUMENTO_PUBLICO_OU_PARTICULAR>, <R.?>.

VI – Negócio: Hipoteca de unidade <RESIDENCIAL_OU_CONDOMINIAL>.

VII – Negócio Caucionado – O imóvel descrito no item primeiro é oferecido em garantia hipotecária em primeiro grau nos termos do disposto no artigo 1.487 do Código Civil em decorrência de <DESCRICAO_DO_MOTIVO>.

VIII – Valor do Crédito Garantido – <INFORME_O_VALOR_GARANTIDO_NUMERAL_E_EXTENSO>.

IX – Valor – Como previsto no artigo 1.484 do Código Civil, o credor e o devedor hipotecários convencionam que a base de preço para arrematações, adjudicações ou remições, será o valor de <VALOR_BASE>, devidamente atualizado, exceto se o credor preferir nova avaliação.

X – Hipoteca – A hipoteca constituída abrange todas as acessões, melhorias ou construções, concluídas ou não, existentes no imóvel, bem como quaisquer benfeitorias úteis, necessárias ou voluptuárias, introduzidas ou que a ele venha a ser agregadas.

XI – Prazo da garantia: <DATA_LIMITE_DA_GARANTIA>.

XII – Obrigações – O devedor hipotecário se obriga a manter a posse do imóvel hipotecado, defendendo-o de quaisquer turbações ou reivindicações, bem como promovendo o regular pagamento de todos os impostos, taxas e contribuições que incidam ou venham a incidir sobre o mesmo. Ocorrendo a alienação ou oneração do bem caucionado, o devedor hipotecário se obriga a oferecer idêntica garantia no prazo de 30 dias sob pena de vencimento antecipado do crédito.

XIII – Registro – A falta de registro desta escritura no prazo de 30 (trinta) dias, contados desta data, por ação ou omissão imputável ao devedor hipotecário, acarretará o automático e antecipado vencimento das obrigações garantidas. Da mesma forma, considerar-se-ão antecipadas e imediatamente exigíveis todas as obrigações assumidas, bem como o pagamento do débito total, independentemente de qualquer aviso, notificação ou interpelação do credor hipotecário ao devedor hipotecário, caso o pagamento das obrigações assumidas pelo devedor hipotecário não seja efetuado na forma prevista ou se ocorrer um dos motivos previstos no artigo 1.425 do Código Civil.

XIV – Inadimplemento – O não pagamento da dívida garantida, bem como o não cumprimento de todas as cláusulas, condições e demais obrigações assumidas no contrato que originou a presente, bem como as assumidas por esta escritura, responsabilizará o devedor hipotecário pelo pagamento de juros legais os quais serão estipulados conforme dispõe o art. 406 do Código Civil. Verificada a mora do devedor hipotecário, caracterizada pelo simples vencimento da obrigação garantida, o credor hipotecário poderá livremente executar a hipoteca constituída.

XV – Cláusula Penal – Em caso de descumprimento ou mora de qualquer das obrigações pactuadas, a parte inadimplente deverá pagar a outra 10% sobre o valor das obrigações, conforme o disposto no artigo 411 do Código Civil.

XVI – Execução Extrajudicial – Os créditos garantidos por esta hipoteca poderão ser executados extrajudicialmente, nos termos do artigo 9º da Lei 14.711/23.

(1) Vencida e não paga a dívida hipotecária, no todo ou em parte, o devedor e, se for o caso, o terceiro hipotecante ou seus representantes legais ou procuradores regularmente constituídos serão intimados pessoalmente, a requerimento do credor ou do seu cessionário, pelo oficial do registro de imóveis da situação do imóvel hipotecado, para purgação da mora no prazo de 15 (quinze) dias, observado o disposto no art. 26 da Lei n. 9.514, de 20 de novembro de 1997, no que couber.

(2) A não purgação da mora no prazo estabelecido no item (1) desta cláusula (º do art. 9º da Lei 14.711/23) autoriza o início do procedimento de excussão extrajudicial da garantia hipotecária por meio de leilão público, e o fato será previamente averbado na matrícula do imóvel, a partir do pedido formulado pelo credor, nos 15 (quinze) dias seguintes ao término do prazo estabelecido para a purgação da mora.

(3) No prazo de 60 (sessenta) dias, contado da averbação de que trata o item (2) desta cláusula (º do art. 9º da Lei 14.711/23), o credor promoverá leilão público do imóvel hipotecado, que poderá ser realizado por meio eletrônico.

(4) Para fins do disposto no item (3) desta cláusula (§3º do art. 9º da Lei 14.711/23), as datas, os horários e os locais dos leilões serão comunicados ao devedor e, se for o caso, ao terceiro hipotecante por meio de correspondência dirigida aos endereços constantes do contrato ou posteriormente fornecidos, inclusive ao endereço eletrônico.

(5) Na hipótese de o lance oferecido no primeiro leilão público não ser igual ou superior ao valor do imóvel estabelecido no contrato para fins de excussão, ou ao

valor de avaliação realizada pelo órgão público competente para cálculo do imposto sobre transmissão inter vivos, o que for maior, o segundo leilão será realizado nos 15 (quinze) dias seguintes.

(6) No segundo leilão, será aceito o maior lance oferecido, desde que seja igual ou superior ao valor integral da dívida garantida pela hipoteca, das despesas, inclusive emolumentos cartorários, dos prêmios de seguro, dos encargos legais, inclusive tributos, e das contribuições condominiais, podendo, caso não haja lance que alcance referido valor, ser aceito pelo credor hipotecário, a seu exclusivo critério, lance que corresponda a, pelo menos, metade do valor de avaliação do bem.

(7) Antes de o bem ser alienado em leilão, é assegurado ao devedor ou, se for o caso, ao prestador da garantia hipotecária o direito de remir a execução, mediante o pagamento da totalidade da dívida, cujo valor será acrescido das despesas relativas ao procedimento de cobrança e leilões, autorizado o oficial de registro de imóveis a receber e a transferir as quantias correspondentes ao credor no prazo de 3 (três) dias.

(8) Se o lance para arrematação do imóvel superar o valor da totalidade da dívida, acrescida das despesas previstas no item (7) desta cláusula (§7º do art. 9º da Lei 14.711/23), a quantia excedente será entregue ao hipotecante no prazo de 15 (quinze) dias, contado da data da efetivação do pagamento do preço da arrematação.

(9) Na hipótese de o lance oferecido no segundo leilão não ser igual ou superior ao referencial mínimo estabelecido no item (6) desta cláusula (§ 6º do art. 9º da Lei 14.711/23) para arrematação, o credor terá a faculdade de:

(9.1) apropriar-se do imóvel em pagamento da dívida, a qualquer tempo, pelo valor correspondente ao referencial mínimo devidamente atualizado, mediante requerimento ao oficial do registro de imóveis competente, que registrará os autos dos leilões negativos com a anotação da transmissão dominial em ato registral único, dispensadas, nessa hipótese, a ata notarial de especialização de que trata este artigo e a obrigação a que se refere o item (8) desta cláusula (§ 8º do art. 9º da Lei 14.711/23); ou

(9.2) realizar, no prazo de até 180 (cento e oitenta) dias, contado do último leilão, a venda direta do imóvel a terceiro, por valor não inferior ao referencial mínimo, dispensado novo leilão, hipótese em que o credor hipotecário ficará investido, por força da Lei 14.711/23, de mandato irrevogável para representar o garantidor hipotecário, com poderes para transmitir domínio, direito, posse e ação, manifestar a responsabilidade do alienante pela evicção e imitir o adquirente na posse.

(10) Nas operações de financiamento para a aquisição ou a construção de imóvel residencial do devedor, excetuadas aquelas compreendidas no sistema de consórcio, caso não seja suficiente o produto da excussão da garantia hipotecária para o pagamento da totalidade da dívida e das demais despesas previstas no item (7) desta cláusula (§ 7º do art. 9º da Lei 14.711/23), o devedor ficará exonerado da responsabilidade pelo saldo remanescente, hipótese em que não se aplica o disposto no art. 1.430 do Código Civil.

(11) Concluído o procedimento e havendo lance vencedor, os autos do leilão e o processo de execução extrajudicial da hipoteca serão distribuídos a tabelião de no-

tas com circunscrição delegada que abranja o local do imóvel para lavratura de ata notarial de arrematação, que conterá os dados da intimação do devedor e do garantidor e dos autos do leilão e constituirá título hábil de transmissão da propriedade ao arrematante a ser registrado na matrícula do imóvel.

(12) Aplicam-se à execução hipotecária realizada na forma prevista neste artigo as disposições previstas para o caso de execução extrajudicial da alienação fiduciária em garantia sobre imóveis relativamente à desocupação do ocupante do imóvel excutido, mesmo se houver locação, e à obrigação do fiduciante em arcar com taxa de ocupação e com as despesas vinculadas ao imóvel até a desocupação, conforme os §§ 7º e 8º do art. 27 e os arts. 30 e 37-A da Lei n. 9.514, de 20 de novembro de 1997, equiparada a data de consolidação da propriedade na execução da alienação fiduciária à data da expedição da ata notarial de arrematação ou, se for o caso, do registro da apropriação definitiva do bem pelo credor hipotecário no registro de imóveis.

(13) A execução extrajudicial prevista no caput do art. 9º da Lei 14.711/23 não se aplica às operações de financiamento da atividade agropecuária.

(14) Em quaisquer das hipóteses de arrematação, venda privada ou adjudicação, deverá ser previamente apresentado ao registro imobiliário o comprovante de pagamento do imposto sobre transmissão inter vivos e, se for o caso, do laudêmio.

XVII – **Tributos**: Não há

XVIII – **Documentos**: São apresentados e ficam arquivados em cópia digital os seguintes documentos:

(1) Documentos de identidade e estado civil das partes;

(2) Certidão de propriedade do imóvel – <DATA_EXPEDICAO>;

(3) Certidão negativa de tributos imobiliários - <HORA>:<MINUTO>:<SEGUNDO>, <DATA_DA_EXPEDIC>, código de controle n. ----.----.----.----;

(4) Certidão Negativa de Débitos Trabalhistas do vendedor – n. <Nº_DA_CERTIDAO>, <DATA_DA_EXPEDICAO>, <HORARIO_DA_EXPEDICAO>;

(5) Central de Indisponibilidades: Negativa – <CODIGOS>

XIX – **Declarações**:

(1) **Declarações do devedor hipotecário**: 1.1 – Não é empregador, não está sujeito às exigências da Lei 8.212/91, bem como nos dispositivos do Regulamento da Previdência Social, aprovado pelo Decreto n. 3.048/99 e posteriores alterações. 1.2 O objeto do negócio está livre de ônus reais fiscais e outros judiciais ou extrajudiciais, inexistindo em relação a ele ações reais e pessoais reipersecutórias (Decreto Federal n. 93.240/1986, artigo 1º, §§ 2º e 3º). 1.3 – O objeto do negócio está quite com todas as suas despesas condominiais. 1.4 – Renuncia expressamente aos benefícios da Lei n. 8.009, de 29/3/1990.

(2) **Declarações do credor hipotecário:**

2.1 – Dispensa as certidões fiscais e as certidões de feitos ajuizados e se responsabiliza por eventuais débitos de impostos e taxas incidentes sobre o imóvel (Decreto Federal n. 93.240/1986, artigo 1º, §§ 2º e 3º). **2.2 – Outras declarações**: Não há.

(3) **Declarações das partes:** 3.1 – Autorizam o tabelião a representá-los e a proceder a quaisquer averbações decorrentes de alteração dos dados constantes no ofício imobiliário e provadas por documentos oficiais, inclusive as previstas pela Lei 6.015/73, art. 246 e parágrafos; 3.2 – Solicitam e autorizam o oficial de registro imobiliário a proceder a todos e quaisquer atos, averbações e registros necessários; 3.3 – Compreendem a informação do tabelião de que a dúvida registral somente poderá ser suscitada por elas próprias; 3.4 – A escritura foi lida e compreendida, sem que restassem dúvidas sobre o ato e seus efeitos. Concordam integralmente com o teor deste ato, autorizando a sua redação, outorgando e assinando-a; 3.5 – Elegem o Foro desta Capital, com renúncia de qualquer outro, para nele serem dirimidas quaisquer dúvidas oriundas do presente, ficando, desde já, estipulada a multa contratual fixada em 10% (dez por cento) sobre o valor da causa, na qual incorrerá a parte vencida em pleito judicial.

XX – **Declarações do Tabelião:**

(1) **Autenticação:** Reconheço a identidade e estado civil dos presentes, a vista dos respectivos documentos de identidade e do registro civil apresentados, bem como suas capacidades para o ato.

(2) O tabelião informou às partes que, segundo a lei 7.433/85, com a redação dada pela Lei 13.097, de 19.01.2015, não poderão ser opostas situações jurídicas não constantes da matrícula no cartório do registro de imóveis, inclusive para fins de evicção, ao terceiro de boa-fé que adquirir ou receber em garantia direitos reais sobre o imóvel, ressalvados o disposto nos art. 129 e art. 130 da Lei n. 11.101, de 9 de fevereiro de 2005, e as hipóteses de aquisição e extinção da propriedade que independam de registro de título de imóvel. Por este motivo, não se apresentam as certidões de feitos ajuizados.

(3) Orientou as partes sobre a Lei 14.711/23 e a possibilidade da execução extrajudicial deste título.

(4) Orientou o devedor que o bem dado em garantia não tem o benefício da impenhorabilidade garantida pelo bem de família.

(5) Foram cumpridas as exigências documentais constantes da Lei Federal n. 7.433, de 18 de dezembro de 1985, tal como regulamentada pelo citado Decreto n. 93.240/86 e pelas normas de Serviço da Corregedoria Geral de Justiça do Estado de São Paulo.

(6) As partes foram cientificadas que podiam obter a prévia Certidão Negativa de Débitos Trabalhistas (CNDT), nos termos do art. 642-A da CLT, com a redação dada pela Lei n. 12.440/2011, o que foi feito.

(7) Orientou as partes a registrarem esta escritura.

(8) Informou às partes que a dúvida registral somente poderá ser suscitada por elas próprias.

(9) **Aconselhamento notarial:** As partes foram esclarecidas sobre as normas legais e os efeitos atinentes a este negócio, em especial sobre os artigos citados nesta escritura, declarando que as compreenderam e dando-se por satisfeitas com este serviço notarial.

(10) **Escreventes:** Na lavratura desta escritura, participaram os escreventes abaixo indicados praticando as seguintes ações: recepção e aconselhamento das partes, identificação e verificação da capacidade, qualificação legal, elaboração do ato e sua redação, diligências indispensáveis ou convenientes ao ato, coleta de assinaturas.

(11) **Fé notarial:** Dou fé das declarações contidas neste instrumento, dos documentos apresentados e arquivados, ou não, das autenticações feitas e de que a escritura foi assinada pelas partes presentes.

Escreventes: æNome_esc_resp>.

æCargo_esc_ass> æNome_esc_ass>.

33.7.6 Escritura Pública de Doação (residencial)

Doador: (nome doador)
Donatário: (nome donatário)
Valor Doação: (R$ 000,00)

Valor Avaliação: (R$ 000,00)

I – Local: República Federativa do Brasil, SP, São Paulo, Praça João Mendes, n. 42, 1º andar, no 26º Tabelionato de Notas de São Paulo.

II – Data: (data lavratura).

III – Partes:

(1) **Doador,** (qualificar doador);

(2) **Donatário,** (qualificar donatário).

IV – Representação ou mandado judicial:

Doador: Não há. (Ou comprador: nome e qualificação do procurador ou administrador. Procuração/Contrato Social: Cartório, Cidade, UF, Livro, folhas, data de expedição/artigo do contrato social que autoriza.)

Donatário: Não há. (Ou vendedor: nome e qualificação do procurador ou administrador. Procuração/Contrato Social: Cartório, Cidade, UF, Livro, folhas, data de expedição/artigo do contrato social que autoriza.)

V – Objeto: O doador é legítimo proprietário do seguinte imóvel:

UF: (Unidade da Federação)   **Município:** (município)   CEP:(n.CEP)
Matrícula: (n. da matrícula)   **Ofício imobiliário:** (ofício imobiliário)

Imóvel: (descrição do imóvel sem confrontações, a menos que seja necessário para registro)

Contribuinte: (contribuinte)

Valor fiscal: (valor venal)

Data: (data da emissão do valor venal)

Outros dados do objeto: (incluir outros dados ou a expressão "não há")

Título aquisitivo: (natureza do negócio jurídico), (instrumento público ou particular), (Registro n.).

VI – Valor atribuído: (valor atribuído para efeitos fiscais).

VII – Negócio: Doação de unidade residencial.

VIII – Doação: Possuindo o doador outros bens e meios necessários à sua sobrevivência, DOA, ao donatário, seu (grau de parentesco).

IX – Transmissão: O doador transfere o domínio do objeto descrito ao donatário.

X – Posse, direitos e ações: O doador transmite ao donatário a posse, os direitos e ações (ajustar a posse se for posterior à lavratura da escritura).

XI – Tributos:

ITCMD: (valor do ITCMD)

Data do recolhimento: (data do recolhimento)

(escolher entre a incidência ou a isenção, apagando o parágrafo que não interessar) O imposto sobre transmissão *causa mortis* e de doação de quaisquer bens imóveis e de direitos a eles relativos (ITCMD) **deixa de ser recolhido** em virtude de a presente doação enquadrar-se na **isenção prevista** na Lei estadual n. 10.705, de 28 de dezembro de 2000, Capítulo II, inciso II, art. 6º, *a*, alterada pela Lei n. 10.992, de 21 de dezembro de 2001, e regulamentada pelo Decreto estadual n. 46.655, de 1º de abril de 2002, e posteriores alterações. O donatário declara não ter recebido do doador outro bem, móvel ou imóvel, a título de doação, no âmbito judicial ou extrajudicial, do doador acima indicado, nos termos do art. 18 da Portaria CAT – 15, de 6 de fevereiro de 2003, Anexo XV, e, portanto, a doação, neste ano, não ultrapassa o limite legal de 2.500 UFESPS, ou seja, (valor da isenção).

XII – DOI – Declaração sobre Operações Imobiliárias: Emitida.

XIII – Documentos: São apresentados e ficam arquivados em cópia digital os seguintes documentos:

(1) Documentos de identidade e estado civil das partes;

(2) Certidão de propriedade do imóvel – (data expedição);

(3) Guia de pagamento do ITCMD;

(4) Certidão negativa de tributos imobiliários emitida pela Prefeitura do Município de (cidade) por processo informatizado – internet, às (hora):(minuto):(segundo) do dia (dia)/(mês/(ano) (hora e data de Brasília/DF), com código de controle n. _____._____._____._____;

(5) Certidão Negativa de Débitos Trabalhistas do vendedor – n. (n. da certidão), (data da expedição), (horário da expedição);

(6) Central de Indisponibilidades: Negativa – (código *hash*);

(7) Certidão Negativa de Débitos (Lei n. 11.154/91, com redação dada pela Lei n. 14.256/2006): (n. da certidão).

XIV – Declarações:

(1) **Declarações do doador:**

(1.1) A doação é feita da parte disponível (arts. 2.005 e 2.006 do Código Civil) e respeitada a legítima (art. 549 do Código Civil).

(1.2) Não é empregador, não está sujeito às exigências da Lei n. 8.212/91, bem como nos dispositivos do Regulamento da Previdência Social, aprovado pelo Decreto n. 3.048/99 e posteriores alterações.

(1.3) O objeto do negócio está livre de ônus reais fiscais e outros judiciais ou extrajudiciais, inexistindo em relação a ele ações reais e pessoais reipersecutórias (Decreto federal n. 93.240/86, art. 1º, §§ 2º e 3º).

(1.4) Não há contra ele nenhum feito ajuizado, fundado em ações reais ou pessoais reipersecutórias e que o mesmo está quite com todas as despesas com relação ao imóvel ora doado.

(1.5) **Outras declarações:** Não há.

(2) **Declarações do donatário:**

(2.1) Dispensa as certidões fiscais e as certidões de feitos ajuizados e se responsabiliza por eventuais débitos de impostos e taxas incidentes sobre o imóvel (Decreto federal n. 93.240/86, art. 1º, §§ 2º e 3º).

(2.2) Recebe a posse do imóvel e se responsabiliza por sua guarda, conservação e tributos a partir da data da posse.

(2.3) **Outras declarações:** Não há.

(3) **Declarações das partes:**

(3.1) Autorizam o tabelião a representá-los e a proceder a quaisquer averbações decorrentes de alteração dos dados constantes no ofício imobiliário e provadas por documentos oficiais, inclusive as previstas pela Lei n. 6.015/73, art. 246 e parágrafos.

(3.2) Solicitam e autorizam o oficial de registro imobiliário a proceder a todos e quaisquer atos, averbações e registros necessários.

(3.3) Compreendem a informação do tabelião de que a dúvida registral somente poderá ser suscitada por elas próprias.

(3.4) A escritura foi lida e compreendida, sem que restassem dúvidas sobre o ato e seus efeitos. Concordam integralmente com o teor deste ato, autorizando a sua redação, outorgando e assinando-a.

(3.5) **Outras declarações:** Não há.

XV – **Declarações do tabelião:**

(1) **Autenticação:** Reconheço a identidade e o estado civil dos presentes, à vista dos respectivos documentos de identidade e do registro civil apresentados, bem como suas capacidades para o ato.

(2) O tabelião informou às partes que, segundo a Lei n. 7.433/85, com a redação dada pela Lei n. 13.097, de 19 de janeiro de 2015, não poderão ser opostas situações jurídicas não constantes da matrícula no cartório do registro de imóveis, inclusive para fins de evicção, ao terceiro de boa-fé que adquirir ou receber em garantia direitos reais sobre o imóvel, ressalvados o disposto nos arts. 129 e 130 da Lei n. 11.101, de

9 de fevereiro de 2005, e as hipóteses de aquisição e extinção da propriedade que independam de registro de título de imóvel. Por este motivo, não se apresentam as certidões de feitos ajuizados.

(3) Foram cumpridas as exigências documentais constantes da Lei federal n. 7.433, de 18 de dezembro de 1985, tal como regulamentada pelo citado Decreto n. 93.240/86 e pelas Normas de Serviço da Corregedoria-Geral de Justiça do Estado de São Paulo.

(4) Os doadores foram esclarecidos pelo tabelião que a doação eventualmente superior à metade do patrimônio dos doadores é nula e insuscetível de convalidamento.

(5) As partes foram cientificadas que podiam obter a prévia Certidão Negativa de Débitos Trabalhistas (CNDT), nos termos do art. 642-A da CLT, com a redação dada pela Lei n. 12.440/2011, o que foi feito.

(6) Informou às partes que a propriedade decorre do registro no ofício exclusivo, orientando-as a registrarem esta escritura.

(7) Informou às partes que a dúvida registral somente poderá ser suscitada por elas próprias.

(8) **Aconselhamento notarial**: As partes foram esclarecidas sobre as normas legais e os efeitos atinentes a este negócio, em especial sobre os artigos citados nesta escritura, declarando que as compreenderam e dando-se por satisfeitas com este serviço notarial.

(9) **Escreventes**: Na lavratura desta escritura, participaram os escreventes abaixo indicados praticando as seguintes ações: recepção e aconselhamento das partes, identificação e verificação da capacidade, qualificação legal, elaboração do ato e sua redação, diligências indispensáveis ou convenientes ao ato, coleta de assinaturas.

(10) **Fé notarial**: Dou fé das declarações contidas neste instrumento, dos documentos apresentados e arquivados, ou não, das autenticações feitas e de que a escritura foi assinada pelas partes presentes.

Parte(s) assina(m)

Escrevente(s) assina(m)

Tab. Sub. assina

Emolumentos: R$ 000,00

33.7.7 Escritura Pública de Permuta (com reposição)

Primeiro Permutante: (nome primeiro Permutante)
Segundo Permutante: (nome segundo Permutante)
Valores: (R$ 000,00)

S A I B A M todos os que virem esta escritura pública que (data lavratura), em São Paulo, SP, República Federativa do Brasil, no 26º Tabelionato de Notas, perante mim, escrevente autorizado pelo Tabelião, comparecem as partes entre si, justas e contratadas: como **primeiro Permutante**, (qualificar primeiro Permutante), e, como

segundo Permutante, (qualificar segundo Permutante). Reconheço a identidade dos presentes e suas capacidades para o ato, do que dou fé. A seguir as partes me declaram o seguinte: **PRIMEIRO: IMÓVEL 1** – O primeiro Permutante é legítimo proprietário do seguinte imóvel: (descrição do imóvel), CEP (n. CEP), no (n. subdistrito). Subdistrito – (bairro do subdistrito), no município de (município), (estado), inscrito no (n. ofício). Ofício Imobiliário desta cidade, descrito e caracterizado na matrícula n. (n. matrícula). **SEGUNDO: IMÓVEL 2** – O segundo Permutante é legítimo proprietário do seguinte imóvel: (descrição do imóvel 2), CEP (n. CEP 2), no (n. subdistrito 2). Subdistrito – (bairro do subdistrito 2), no município de (município 2), (estado 2), inscrito no (n. ofício 2). Ofício Imobiliário desta cidade, descrito e caracterizado na matrícula n. (n. matrícula 2). **TERCEIRO: PROCEDÊNCIA** – Os imóveis foram adquiridos da seguinte forma: a) IMÓVEL 1: por (forma de aquisição) feita a (nome do transmitente), nos termos da escritura lavrada no (n. tabelião). Tabelionato de Notas (local tabelião), Livro n. (livro), fls. n. (folha), em (data da lavratura) e registrada sob n. (n. registro), na matrícula n. (n. matrícula), do (oficial). Ofício de Registro de Imóveis (local ofício), b) IMÓVEL 2: por (forma de aquisição 2) feita a (nome do transmitente 2), nos termos da escritura lavrada no (n. tabelião 2). Tabelionato de Notas (local tabelionato 2), Livro n. (livro 2), folhas n. (folha 2), em (data de lavratura 2) e registrada sob n. (n. registro 2), na matrícula n. (n. matrícula 2), do (oficial 2). Ofício de Registro de Imóveis (local ofício 2). **QUARTO: DISPONIBILIDADE** – Os permutantes declaram que os imóveis objetos do negócio estão livres de ônus reais fiscais e outros judiciais ou extrajudiciais, inclusive de despesas condominiais em atraso, inexistindo em relação a eles ações reais e pessoais reipersecutórias, o que é declarado para os efeitos do Decreto federal n. 93.240/86, art. 1º, §§ 2º e 3º. **QUINTO: MUNICÍPIO** – Esses imóveis estão cadastrados pela prefeitura do município de (município), respectivamente pelos contribuintes n. (n. contribuinte imóvel 1) e (n. contribuinte imóvel 2), com os valores venais para o exercício de (ano exercício) de (valor venal 1) para o imóvel 1 e (valor venal 2) para o imóvel 2. **SEXTO: PERMUTA** – Os permutantes **PERMUTAM** os referidos imóveis para que fique pertencendo ao primeiro Permutante o imóvel descrito no item segundo, ou seja, (descrever apenas imóvel), e ao segundo Permutante o imóvel descrito no item primeiro, ou seja, (descrever apenas imóvel). **SÉTIMO: VALOR** – Os permutantes estimam ditos imóveis em (valor total da permuta), correspondendo (valor do imóvel 1) ao imóvel descrito no item primeiro e (valor do imóvel 2) ao imóvel descrito no item segundo. **OITAVO: TRANSMISSÃO** – Assim, os permutantes transferem respectivamente, um ao outro, o domínio dos objetos descritos, negócio que se complementará com o registro desta escritura no ofício imobiliário. Os permutantes, desde já, transmitem a posse, os direitos e ações dos respectivos imóveis. Os permutantes dão-se mútua e recíproca quitação. **NONO: REPOSIÇÃO** – A diferença de valores entre os imóveis permutados, no montante de (diferença), já foi paga anteriormente pelo primeiro Permutante ao segundo Permutante, pelo que é dada plena, geral e irrevogável quitação. **DÉCIMO: TRIBUTOS** – Os impostos sobre a transmissão de bens imóveis e de direitos a eles relativos (ITBI), devidos pela presente, nos valores de (valor do ITBI) para o imóvel 1 e (valor do ITBI 2) para o imóvel 2, foram recolhidos na agência bancária. Os permutantes declaram que, não sendo empregadores, não estão sujeitos às exigências da Lei n. 8.212/91, bem como nos dispositivos do Regulamento da Previdência Social, aprovado pelo Decreto n. 3.048/99 e posteriores alterações. Os permutantes dispensam as certidões fiscais e as certidões de feitos ajuizados e se responsabilizam por eventuais débitos de impostos e taxas incidentes sobre os imóveis *retro* descritos, de conformidade com o Decreto federal n. 93.240/86, art. 1º, §§ 2º e 3º. **DÉCIMO PRIMEIRO: DOCUMENTOS** – São apresentados e ficam arquivados neste Tabelionato os seguintes documentos: (1) Certidão de propriedade da matrícula n. (n. de matrícula), expedida em (data expedição); (2) Certidão de propriedade da matrícula n. (n. de matrícula 2), expedida em (data de expedição 2); (3) As guias de pagamento dos ITBI citados, autenticadas mecanicamente em (data autenticação); (4) Certidão Negativa de Débitos Trabalhistas do permutantes n. (n. da certidão), (data da expedição), (horário da expedição); (5) Central de Indisponibilidades: Negativa – (código *hash*); (6) Certidão negativa de tributos imobiliários emitida pela Prefeitura do Município de (cidade) por processo informatizado – internet, às (hora):(minuto):(segundo) do dia (dia)/(mês/(ano) (hora e data de Brasília/DF), com código de controle n. _____. _____. _____. _____. **DÉCIMO SEGUNDO: OUTRAS DISPOSIÇÕES** – (1) O tabelião informou às partes que, segundo a Lei n. 7.433/85, com a redação dada pela Lei n. 13.097, de 19 de janeiro de 2015, não poderão ser opostas situações jurídicas não constantes da matrícula no cartório do registro de imóveis, inclusive para fins de evicção, ao terceiro de boa-fé que adquirir ou receber em garantia direitos reais sobre o imóvel, ressalvados o disposto nos arts. 129 e 130 da Lei n. 11.101, de 9 de fevereiro de 2005, e as hipóteses de aquisição e extinção da propriedade que independam de registro de título de imóvel. Por este motivo, não se apresentam as certidões de feitos ajuizados. (2) As partes foram esclarecidas pelo tabelião sobre as normas legais e os efeitos atinentes a este negócio, em especial sobre os artigos citados nesta escritura. (3) Foram cumpridas as exigências documentais constantes da Lei federal n. 7.433, de 18 de dezembro de 1985, tal como regulamentada pelo citado Decreto n. 93.240/86 e pelas Normas de Serviço da Corregedoria-Geral de Justiça do Estado de São Paulo. (4) As partes foram cientificadas que podiam obter a prévia Certidão Negativa de Débitos Trabalhistas (CNDT), nos termos do art. 642-A da CLT, com a redação dada pela Lei n. 12.440/2011, o que foi feito. Ao final, as partes me declaram que concordam com esta escritura, autorizando o tabelião e o oficial do registro de imóveis competente a proceder a todos e quaisquer atos, registros ou averbações necessárias. Emitida a DOI – Declaração sobre Operações Imobiliárias – conforme previsão legal. Assim dizem, pedem e lavro a presente escritura, que, feita e lida, aceitam, outorgam e assinam. Dou fé.

Parte(s) assina(m)

Escrevente(s) assina(m)

Tab. Sub. assina

Emolumentos: R$ 000,00

33.7.8 Escritura Pública de Instituição e Cessão Onerosa de Direito Real de Laje

Instituidor cedente: (nome)

Instituído cessionário: (nome)

I – Local: República Federativa do Brasil, SP, São Paulo, Praça João Mendes, n. 42, 1º andar, no 26º Tabelionato de Notas de São Paulo.

II – Data: (data de lavratura)

III – Partes:

1) **Instituidor cedente**, (qualificação instituidor).

2) **Instituído cessionário**, (qualificação instituído).

IV – Representação ou mandado judicial:

1) Instituidor cedente: Não há ou há (qualificar).

2) Instituído cessionário: Não há ou há (qualificar).

V – Negócio: Instituição e cessão onerosa do direito real de laje.

VI – Objeto: O instituidor cedente legítimo proprietário do seguinte imóvel:

UF: (unidade da federação) **Município**: (município) **CEP**: (número CEP)

Matrícula: (número)   **Ofício imobiliário**: (cartório)

Imóvel: (descrever)

Contribuinte: (número contribuinte)   **Valor fiscal**: (valor venal)   **Data**: (data de emissão)

Outros dados do objeto: (incluir outros dados) ou Não há.

Título aquisitivo: (descrever)

VII – Construção-Base: A construção-base que permanecerá na propriedade da INSTITUIDORA-CEDENTE é a seguinte: (descrever)

Matrícula: (número)   **Ofício imobiliário**: (cartório)

Contribuinte: (número)

Valor fiscal: (valor venal)   **Data**: (data de emissão)

VIII – Laje (Unidade imobiliária autônoma): A unidade imobiliária autônoma de laje que ora se institui e é cedida é a seguinte: (descrever)

Contribuinte: (número contribuinte)   **Valor fiscal**: (valor venal)   **Data**: (data de emissão)

IX – Preço: (valor do negócio).

X – Pagamento: (forma de pagamento).

XI – Quitação: instituidor cedente dá plena, geral e irrevogável quitação do pagamento.

XII – Instituição: O **instituidor cedente** institui o direito real de laje para a unidade autônoma construída no Pavimento Superior descrita e caracterizada no item "VIII" da presente escritura no estado em que se encontra.

XIII – Cessão – O instituidor cedente cede ao **instituído cessionário** o direito real de laje e a unidade autônoma construída no Pavimento Superior descrita e caracterizada no item "VIII" da presente escritura no estado em que se encontra.

XIV – Transmissão: O **instituidor cedente** cede ao **instituído cessionário** a posse, direitos e ações.

XV – Direitos e obrigações: Nos termos do art. 1.510-C do Código Civil, o **instituidor cedente** e o **instituído cessionário** acordam que as despesas necessárias à conservação e fruição das partes que sirvam a todo o edifício e ao pagamento de serviços de interesse comum serão partilhadas entre o proprietário da construção-base e o titular da laje na proporção de 50% para cada um, aplicando-se no que couber as normas relativas aos condomínios edilícios.

XVI – Direito de preferência: O **instituído cessionário** foi advertido que, na eventual e futura cessão do direito real de laje com alienação da unidade autônoma ora adquirida, deverá ser observado o direito de preferência do titular da construção-base, nos termos do art. 1.510-D do Código Civil.

XVII – Tributos:

ITBI: (valor ITBI).

Data do recolhimento: (data do recolhimento)

DOI – Declaração Sobre Operações Imobiliárias: emitida.

XVIII – Documentos: São apresentados e ficam arquivados em cópia digital os seguintes documentos:

(1) Documentos de identidade e estado civil das partes;

(2) Certidão de propriedade do imóvel – (data de emissão);

(3) Guia de pagamento do ITBI;

(4) Certidão negativa de tributos imobiliários emitida pela Prefeitura do Município de (cidade) por processo informatizado – internet, às (hora):(minuto):(segundo) do dia (dia)/(mês/(ano) (hora e data de Brasília/DF), com código de controle n. _____._____._____._____;

(5) Certidão Negativa de Débitos Trabalhistas do instituidor cedente – – n. (número da certidão), (horário de expedição);

(6) Certidão Negativa de Débitos Trabalhistas do instituído cessionário – n. (número da certidão), (data de expedição), (horário de expedição);

(7) Central de Indisponibilidades: Negativa – (códigos *hash*).

XIX – Declarações:

(1) **Declarações do instituidor cedente: 1.1 –** Não é empregador, não está sujeito às exigências da Lei n. 8.212/91, bem como nos dispositivos do Regulamento da Previdência Social, aprovado pelo Decreto n. 3.048/99 e posteriores alterações. **1.2 –** O objeto do negócio está livre de ônus reais fiscais e outros judiciais ou extrajudiciais, inexistindo em relação a ele ações reais e pessoais reipersecutórias (Decreto federal n. 93.240/1986, art. 1º, § 3º). **1.3 – Outras declarações:** Não há.

(2) **Declarações do instituído cessionário:** 2.1 – Dispensa as certidões fiscais e as certidões de feitos ajuizados e se responsabiliza por eventuais débitos de impostos e taxas incidentes sobre o imóvel (Decreto federal n. 93.240/86, art. 1º, § 2º). 2.2 – Recebe a posse do imóvel e se responsabiliza por sua guarda, conservação e tributos a partir da data da posse. 2.3 – **Outras declarações:** Não há.

(3) **Declarações das partes:** 3.1 – Têm ciência de que a instituição do direito real de laje não implica a atribuição de fração ideal de terreno ao titular da laje ou a participação proporcional em áreas já edificadas. 3.2 – Autorizam o tabelião a representá-los e a proceder a quaisquer averbações decorrentes de alteração dos dados constantes no ofício imobiliário e provadas por documentos oficiais, inclusive as previstas pela Lei n. 6.015/73, art. 246 e parágrafos; 3.3 – Solicitam e autorizam o oficial de registro imobiliário a proceder a todos e quaisquer atos, averbações e registros necessários, **em especial a abertura de matrícula própria para a unidade autônoma mencionada (Código Civil, art. 1.510-A, § 3º), bem como as averbações necessárias;** 3.4 – Compreendem a informação do tabelião de que a dúvida registral somente poderá ser suscitada por elas próprias; 3.5 – A escritura foi lida e compreendida, sem que restassem dúvidas sobre o ato e seus efeitos. Concordam integralmente com o teor deste ato, autorizando a sua redação, outorgando e assinando-a; 3.6 – **Outras declarações:** Não há.

XX – **Declarações do Tabelião:**

(1) **Autenticação:** Reconheço a identidade e estado civil dos presentes, à vista dos respectivos documentos de identidade e do registro civil apresentados, bem como suas capacidades para o ato.

(2) O tabelião informou às partes que, segundo a Lei n. 7.433/85, com a redação dada pela Lei n. 13.097, de 19 de janeiro de 2015, não poderão ser opostas situações jurídicas não constantes da matrícula no cartório do registro de imóveis, inclusive para fins de evicção, ao terceiro de boa-fé que adquirir ou receber em garantia direitos reais sobre o imóvel, ressalvados o disposto nos arts. 129 e 130 da Lei n. 11.101, de 9 de fevereiro de 2005, e as hipóteses de aquisição e extinção da propriedade que independam de registro de título de imóvel. Por este motivo, não se apresentam as certidões de feitos ajuizados.

(3) Foram cumpridas as exigências documentais constantes da Lei federal n. 7.433, de 18 de dezembro de 1985, tal como regulamentada pelo citado Decreto n. 93.240/86 e pelas normas de Serviço da Corregedoria Geral de Justiça do Estado de São Paulo.

(4) As partes foram cientificadas que podiam obter a prévia Certidão Negativa de Débitos Trabalhistas (CNDT), nos termos do art. 642-A da CLT, com a redação dada pela Lei n. 12.440/2011, o que foi feito.

(5) Informou às partes que a dúvida registral somente poderá ser suscitada por elas próprias.

(6) **Aconselhamento notarial:** As partes foram esclarecidas sobre as normas legais e os efeitos atinentes a este negócio, em especial sobre os artigos citados nesta escri-

tura, declarando que as compreenderam e dando-se por satisfeitas com este serviço notarial.

(7) **Escreventes:** Na lavratura desta escritura, participaram os escreventes abaixo indicados praticando as seguintes ações: recepção e aconselhamento das partes, identificação e verificação da capacidade, qualificação legal, elaboração do ato e sua redação, diligências indispensáveis ou convenientes ao ato, coleta de assinaturas.

(8) **Fé notarial:** Dou fé das declarações contidas neste instrumento, dos documentos apresentados e arquivados, ou não, das autenticações feitas e de que a escritura foi assinada pelas partes presentes.

Parte(s) assina(m) Escrevente(s) assina(m) Tab. Sub. assina

Emolumentos: R$ 000,00

33.7.9 Escritura de Pacto Antenupcial (Regime da Separação de Bens)

I – Local: República Federativa do Brasil, SP, São Paulo, Praça João Mendes, n. 42, 1º andar, no 26º Tabelionato de Notas de São Paulo.

II – Data: (data lavratura).

III – Partes:

(1) (qualificar primeiro nubente).

(2) (qualificar segundo nubente).

IV – Ato jurídico: Pacto antenupcial.

V – Regime de bens: Separação de bens (art. 1.687 do Código Civil).

VI – Declarações das partes:

(1) Os nubentes adotam o regime da mais completa e absoluta **SEPARAÇÃO DE BENS** de todos os bens, os direitos e as eventuais dívidas que os contraentes possuem, bem como todos e quaisquer bens, direitos e dívidas que eles venham a adquirir no futuro, no Brasil ou no exterior, seja a que título for, oneroso ou gratuito, e independentemente da espécie, natureza ou origem deles, incluindo-se aqueles decorrentes de doação ou sucessão, do trabalho de qualquer dos contraentes, bem como os frutos, rendimentos, dividendos, bonificações, valorizações ou benfeitorias pertinentes ao patrimônio particular de cada contraente, sem que, para tanto, sejam necessárias quaisquer prestações de contas.

(2) Serão incomunicáveis os bens e os direitos já existentes, assim como os aquestos. Qualquer bem ou direito de cada uma das partes não responderá, em hipótese alguma, por dívidas, débitos, hipotecas, penhoras, avais, arrestos, fianças, ônus ou gravames de qualquer natureza do outro nubente, em nenhum momento.

(3) **Domicílio:** O primeiro domicílio conjugal dos contraentes será nesta capital, na Rua (nome da rua), n. (número), apartamento (número), ficando autorizado o

Oficial do Registro de Imóveis competente a proceder a todos os atos que se fizerem necessários à perfeita consecução da presente escritura, após o matrimônio.

(4) As disposições deste pacto refletem fielmente a vontade dos contraentes, pelo que, eventual nulidade, anulabilidade ou ineficácia de qualquer cláusula ou previsão deverá ser interpretada da forma mais restrita possível, de modo que não afete as demais.

(5) Quaisquer tolerâncias dos contraentes na exigência dos seus direitos ou com relação aos atos do outro não será interpretada como renúncia, novação, retratação ou perdão do que aqui se pactua.

(6) A escritura foi lida e compreendida, sem que restassem dúvidas sobre o ato e seus efeitos. Concordam integralmente com o teor deste ato, autorizando a sua redação, outorgando e assinando-a.

(7) **Outras declarações:** Não há.

VII – Documentos: São apresentados e ficam arquivados em cópia digital: (1) documentos de identidade dos nubentes; (2) certidão de casamento matriculada sob n. (matrícula casamento), expedida pelo Oficial de Registro Civil das Pessoas Naturais do (n. do subdistrito). Subdistrito, (nome do subdistrito), com a averbação do divórcio (do nubente/da nubente).

VIII – Declarações do tabelião:

(1) **Autenticação:** Reconheço a identidade e o estado civil dos presentes, à vista dos respectivos documentos de identidade e do registro civil apresentados, bem como suas capacidades para o ato.

(2) **Base legal:** Código Civil, art. 1.639.

(3) Foram cumpridas as exigências documentais constantes da Lei federal n. 7.433, de 18 de dezembro de 1985, tal como regulamentada pelo citado Decreto n. 93.240/86 e pelas Normas de Serviço da Corregedoria-Geral de Justiça do Estado de São Paulo.

(4) **Regime de bens:** Código Civil, art. 1.687. Os bens de cada cônjuge permanecerão na administração exclusiva e respectiva de cada um, podendo ser livremente alienados ou gravados pelo proprietário.

(5) **Registro:** As partes foram esclarecidas sobre a necessidade do registro do pacto antenupcial no Ofício de Registro Imobiliário do primeiro domicílio dos nubentes após a realização do casamento.

(6) **Aconselhamento notarial:** As partes foram esclarecidas sobre as normas legais e os efeitos atinentes a este negócio, em especial sobre os artigos citados nesta escritura, declarando que as compreenderam e dando-se por satisfeitas com este serviço notarial.

(7) **Escreventes:** Na lavratura desta escritura, participaram os escreventes abaixo indicados praticando as seguintes ações: recepção e aconselhamento das partes, identificação e verificação da capacidade, qualificação legal, elaboração do ato e sua redação, diligências indispensáveis ou convenientes ao ato, coleta de assinaturas.

(8) **Fé notarial**: Dou fé das declarações contidas neste instrumento, dos documentos apresentados e arquivados, ou não, das autenticações feitas e de que a escritura foi lida e assinada pelas partes presentes.

Parte(s) assina(m)
Escrevente(s) assina(m)
Tab. Sub. assina
Emolumentos: R$ 000,00

33.7.10 Escritura Pública de União Estável (Regime da Comunhão Parcial de Bens)

I – **Local**: República Federativa do Brasil, SP, São Paulo, Praça João Mendes n. 42, 1º andar, no 26º Tabelionato de Notas de São Paulo.

II – **Data**: (data lavratura).

III – **Partes**:

(1) (qualificação do 1. companheiro).

(2) (qualificação do 2. companheiro).

IV – **Ato jurídico**: União estável – convivência *more uxório* com intenção duradoura, de conhecimento público e prazo indeterminado.

V – **Início da união**: (data do início da convivência).

VI – **Nomes**: Companheira: Inalterado (ou) (nome da companheira). Companheiro: Inalterado (ou) (nome do companheiro).

VII – **Regime de bens**: Comunhão parcial de bens (arts. 1.658 e 1.725 do Código Civil). Este regime vigora desde (data do início da união) (ou outra data escolhida).

VIII – **Primeiro domicílio**: Rua (nome da rua), n. (número), bairro (bairro), São Paulo, SP.

IX – **Representação e poderes em caso de morte**: Os companheiros outorgam-se reciprocamente poderes para, em caso de falecimento, o companheiro ou companheira sobrevivente obter junto a qualquer médico, clínica ou hospital a integralidade de seu prontuário médico, solicitar cópias ou obter quaisquer outras informações sobre seu tratamento de saúde e as causas da morte, em conformidade com o Código de Ética Médica vigente, art. 102, e com o Parecer CFM n. 6/2010 e eventuais alterações posteriores.

X – **Declarações das partes**:

(1) Compareçam e declaram que estão em perfeitas condições mentais e sem qualquer constrangimento ou induzimento.

(2) **Dependência econômica**: Contribuirão cada um com suas receitas para a vida em comum e familiar, sendo, portanto, mutuamente dependentes econômicos e beneficiários de convênio médico, pecúlio, pensões ou qualquer outra forma de auxílio para as quais eles conviventes contribuam ou venham a contribuir inclusive junto ao Instituto Nacional de Seguro Social – INSS.

(3) **Bens:** (nome do convivente) é possuidor e proprietário do (descrição do imóvel). (nome do convivente 2) não possui bens em seu nome.

(4) Se houver conversão em casamento, o regime de bens será o da comunhão parcial de bens.

(5) Caso ocorra algum acidente ou moléstia grave que impeça um dos companheiros de expressar sua vontade a respeito do tratamento e de providências médicas ou legais atinentes à sua saúde e vida, o companheiro que estiver são decidirá sobre as seguintes situações: a) o hospital de internação ou assistência; b) administração dos bens (como se casados fossem); c) em caso de morte, o direito à pensão para o convivente sobrevivente; d) garantia, caso um deles seja internado na UTI, de acompanhá-lo, como se membro da família fosse.

(6) As declarações e avenças constantes nesta escritura têm por objetivo expurgar de quaisquer desentendimentos o relacionamento dos companheiros, de forma a preservar o franco e bom entendimento hoje existente entre eles. Os companheiros desejam uma convivência em bases sólidas, harmônicas e duradouras, visando a construir um relacionamento afetivo e familiar verdadeiro e harmonioso.

(7) Exceto pela liberdade mútua e exclusiva de cada um dos companheiros em romper a união estável, as declarações, ajustes e acordos celebrados pela presente escritura são em caráter irrevogável e irretratável, obrigando-se os companheiros e seus sucessores pelo bom e fiel cumprimento das presentes estipulações, em todos os seus expressos termos.

(8) A escritura foi lida e compreendida, sem que restassem dúvidas sobre o ato e seus efeitos. Concordam integralmente com o teor deste ato, autorizando a sua redação, outorgando e assinando-a.

(9) **Outras declarações:** Não há.

XI – **Declarações do tabelião:**

(1) **Autenticação:** Reconheço a identidade e estado civil dos presentes, à vista dos respectivos documentos de identidade e do registro civil apresentados, bem como suas capacidades para o ato.

(2) **Base legal:** Constituição Federal, art. 226, § 3º; Código Civil, art. 1.723; e Lei n. 9.278, de 10 de maio de 1996.

(3) Foram cumpridas as exigências documentais constantes da Lei federal n. 7.433, de 18 de dezembro de 1985, tal como regulamentada pelo citado Decreto n. 93.240/86 e pelas Normas de Serviço da Corregedoria-Geral de Justiça do Estado de São Paulo.

(4) **Regime de bens:** Código Civil, art. 1.725. Serão responsáveis pelas dívidas e pelas obrigações um do outro, contraídas a qualquer título, durante a união. Os bens que sobrevierem ao casal, na constância da união, serão comunicáveis, exceto nas hipóteses estabelecidas em lei.

(5) **Registro:** É possível o registro desta escritura pública no Livro "E" do Oficial do Registro Civil das Pessoas Naturais localizado onde os companheiros têm o seu domicílio (CNJ, Provimento n. 37, art. 2º). Esse registro produzirá efeitos patrimoniais

entre os companheiros, não prejudicando terceiros que não tiverem participado da escritura pública (CNJ, Provimento n. 37, art. 5º).

(6) Não poderá ser promovido o registro da união estável de pessoas casadas, ainda que separadas de fato, exceto se separadas judicialmente ou extrajudicialmente, ou se a declaração da união estável decorrer de sentença judicial transitada em julgado.

(7) O registro não produz os efeitos da conversão da união estável em casamento.

(8) Qualquer dos companheiros, isoladamente, poderá dissolver esta união estável por denúncia unilateral, se houver recusa do outro companheiro em fazer a rescisão.

(9) **Aconselhamento notarial:** As partes foram esclarecidas sobre as normas legais e os efeitos atinentes a este negócio, em especial sobre os artigos citados nesta escritura, declarando que as compreenderam e dando-se por satisfeitas com este serviço notarial.

(10) **Escreventes:** Na lavratura desta escritura, participaram os escreventes abaixo indicados praticando as seguintes ações: recepção e aconselhamento das partes, identificação e verificação da capacidade, qualificação legal, elaboração do ato e sua redação, diligências indispensáveis ou convenientes ao ato, coleta de assinaturas.

(11) **Fé notarial:** Dou fé das declarações contidas neste instrumento, dos documentos apresentados e arquivados, ou não, das autenticações feitas e de que a escritura foi lida e assinada pelas partes presentes.

Parte(s) assina(m)
Escrevente(s) assina(m)
Tab. Sub. assina
Emolumentos: R$ 000,00

33.7.11 Escritura de União Estável (Homoafetiva)

S A I B A M todos os que virem esta escritura pública que (data lavratura), em São Paulo, SP, República Federativa do Brasil, no 26º Tabelionato de Notas, perante mim, escrevente autorizado(a) pelo Tabelião, comparecem como **companheiras**, (qualificação das companheiras). Reconheço a identidade das presentes e suas respectivas capacidades para o ato, do que dou fé. Então, por elas, me foi dito o seguinte: **PRIMEIRO: DO FUNDAMENTO LEGAL** – As companheiras invocam o Código Civil, art. 1.723, com interpretação fixada pelo Supremo Tribunal Federal nos autos da Ação Direta de Inconstitucionalidade (ADI) n. 4277 e da Arguição de Descumprimento de Preceito Fundamental (ADPF) n. 132, e demais princípios constitucionais aplicáveis, em especial os da igualdade, o da liberdade, do qual decorre também o princípio da autonomia da vontade, e o da dignidade da pessoa humana. **SEGUNDO: DA UNIÃO ESTÁVEL** – As companheiras vivem em **união estável** e mantêm uma **convivência pública contínua e duradoura** como uma **entidade familiar** desde (tempo de convivência). Por esta escritura, consagram mutuamente a vontade de manterem-se unidas, como entidade familiar permanente fundada sobre o amor (aqui é possível incluir outros valores que as partes queiram declarar) e o desejo de constituir família. **TERCEIRO: PACTO PATRIMONIAL** – **(3.1) Regime de bens:** Adotam para esta união estável o regime (regime adotado). Este regime vigora desde o início da convivência. **(3.2) Bens particulares anteriores à união estável:** São bens particulares de cada companheira, adquiridos antes desta união estável, os seguintes bens: (nome da companheira). 1): (descrever os bens). (nome da companheira). 2): (descrever os bens). **(3.3) Bens comuns:** As companheiras adquiriram, após o início da união estável que ora declaram, os seguintes bens: (descrever os bens – declarar se os bens adquiridos são comuns ou pertencem a um só companheiro e respectivas proporções). **QUARTO: DEPENDÊNCIA ECONÔMICA E FINS PREVIDENCIÁRIOS** – Contribuem cada uma com suas receitas para a vida em comum e familiar, sendo, portanto, mutuamente dependentes econômicas e beneficiárias de convênio médico, pecúlio, pensões ou qualquer outra forma de auxílio para as quais elas, companheiras, contribuam ou venham a contribuir, inclusive com o Instituto Nacional do Seguro Social – INSS e (descrever a previdência privada). **QUINTO: DECLARAÇÃO ANTECIPADA DE VONTADE EM CASO DE TRATAMENTO MÉDICO OU INCAPACIDADE** – Caso ocorra algum acidente ou moléstia grave que impeça uma das companheiras de expressar a sua vontade a respeito do tratamento e de providências médicas ou legais atinentes à sua saúde e vida, a companheira que estiver sã decidirá sobre as seguintes situações: a) o hospital de internação ou assistência; b) todo e qualquer procedimento de tratamento de saúde ou hospitalar, inclusive podendo autorizar ou restringir a doação ou a recepção de sangue e órgãos ou a amputação de membros de seu corpo; c) quem poderá acompanhar o paciente em caso de internação, inclusive no acesso à UTI ou qualquer outro setor de tratamento intensivo; d) sendo declarado por junta médica o quadro irreversível de melhora e, ainda, esgotadas todas as possibilidades de vida sem a ajuda de aparelhos, autorizar que sejam desligados os equipamentos que a mantêm viva, mantendo apenas a nutrição e hidratação artificial (Código de Ética Médica, art. 41, parágrafo único); e) administração dos bens, como se casadas fossem; f) em caso de morte, o direito de indicar como se dará o destino do corpo e as exéquias. **SEXTO: MANDATO** – Se uma das companheiras estiver impossibilitada de manifestar a sua vontade, elege (parentesco e nome do eleito) para decidir tudo o que seja relativo ao seu tratamento médico, às disposições relativas de sua saúde e vida, inclusive podendo autorizar o desligamento de aparelhos ou a suspensão e a interrupção de tratamentos degradantes ou inúteis, o que será apurado segundo decisão de seu mandatário. Este mandato deve sobrepor-se ou, mesmo, excluir o rol previsto no Código Civil, art. 12, parágrafo único, quando colidentes. **SÉTIMO: DIREITOS SUCESSÓRIOS** – Quanto aos direitos sucessórios, invocam a incidência do art. 1.829 do Código Civil, sem prejuízo de outras disposições testamentárias que venham a fazer. **OITAVO: DO SIGILO DA VIDA PRIVADA** – Esta escritura de união estável diz respeito estritamente à vida privada de ambas, motivo pelo qual solicitam ao tabelião que mantenha o sigilo, conforme dever imposto pela Constituição Federal, art. 5º, inciso X, e Lei n. 8.935/94, art. 30, inciso VI, expedindo certidões deste ato somente às próprias partes, a pessoas por elas autorizadas ou por ordem judicial. **NONO:** Em caso de dissolução desta união estável, por qualquer motivo, exceto a morte, as companheiras se obrigam a distratar a presente união estável com inventário do patrimônio em comum, créditos e débitos presentes e futuros e partilha dos bens. ASSIM dizem, pedem e lavro a presente que, lida em voz alta, acham em tudo conforme, aceitam, outorgam e assinam. Dou fé.

Parte(s) assina(m)

Escrevente(s) assina(m)

Tab. Sub. assina

Emolumentos: R$ 000,00

33.7.12 Escritura de Namoro

I – Local: República Federativa do Brasil, SP, São Paulo, Praça João Mendes, n. 42, 1º andar, no 26º Tabelionato de Notas de São Paulo.

II – Data: (data lavratura).

III – Partes:

(1) (qualificar namorada).

(2) (qualificar namorado).

IV – Ato jurídico: Escritura pública de namoro.

V – Declarações das partes:

(1) **Início:** Os outorgantes mantêm entre si um relacionamento afetivo que caracterizam como namoro, ou seja, uma relação fundada no amor, em progressão de conhecimento mútuo, desde (data de início). Os outorgantes não têm, no momento, o objetivo de constituir família ou união estável, tendo o interesse exclusivo de manter o relacionamento amoroso sem nenhum vínculo familiar ou sucessório.

(2) Os outorgantes entendem e concordam que este relacionamento afetivo de namoro pode prolongar-se por anos, sem que se altere a relação de namoro. Assim, acordam que somente a habilitação para o casamento ou uma nova escritura pública assinada por ambos será modificadora da relação.

(3) Se, apesar da vontade dos namorados, em decorrência do decurso do tempo, ou qualquer outro motivo, for proclamada por juízo ou tribunal a união estável, convencionam que o regime de bens a vigorar entre eles será o da **SEPARAÇÃO ABSOLUTA DE BENS**, inclusive quanto aos rendimentos e dividendos oriundos das rendas pessoais de trabalho ou investimentos advindos após o início do namoro.

(4) As disposições desta escritura refletem fielmente a vontade dos namorados, pelo que, eventual nulidade, anulabilidade ou ineficácia de qualquer cláusula ou previsão deverá ser interpretada da forma mais restrita possível, de modo que não afete as demais.

(5) Qualquer tolerância dos namorados na exigência dos seus direitos ou com relação aos atos do outro não será interpretada como renúncia, novação, retratação ou perdão do que aqui se pactua.

(6) A escritura foi lida e compreendida, sem que restassem dúvidas sobre o ato e seus efeitos. Concordam integralmente com o teor deste ato, autorizando a sua redação, outorgando e assinando-a.

(7) **Outras declarações:** Não há.

VI – Documentos: São apresentados e ficam arquivados em cópia digital: (1) documentos de identidade dos namorados; (2) certidão de casamento matriculada sob n. (matrícula casamento), expedida pelo Oficial de Registro Civil das Pessoas Naturais do (n. do subdistrito). Subdistrito, (nome do subdistrito), com a averbação do divórcio (do nubente/da nubente).

VII – Declarações do tabelião:

(1) **Autenticação:** Reconheço a identidade e estado civil dos presentes, à vista dos respectivos documentos de identidade e do registro civil apresentados, bem como suas capacidades para o ato.

(2) **Base legal:** Constituição Federal, art. 5º, incisos II e X, e Código Civil, art. 21.

(3) Os namorados foram cientificados que, apesar da vontade mútua aqui declarada, um juízo poderá interpretar a relação de modo diverso.

(4) **Aconselhamento notarial:** As partes foram esclarecidas sobre as normas legais e os efeitos atinentes a este negócio, em especial sobre os artigos citados nesta escritura.

(5) **Escreventes:** Na lavratura desta escritura, participaram os escreventes abaixo indicados praticando as seguintes ações: recepção e aconselhamento das partes, identificação e verificação da capacidade, qualificação legal, elaboração do ato e sua redação, diligências indispensáveis ou convenientes ao ato, coleta de assinaturas.

(6) **Fé notarial:** Dou fé das declarações contidas neste instrumento, dos documentos apresentados e arquivados, ou não, das autenticações feitas e de que a escritura foi lida e assinada pelas partes presentes.

Parte(s) assina(m)
Escrevente(s) assina(m)
Tab. Sub. assina
Emolumentos: R$ 000,00

33.7.13 Escritura de Testamento (com herdeiro necessário)

S A I B A M todos os que virem esta escritura pública que (data lavratura), às (hora lavratura extenso), nesta cidade de São Paulo, SP, República Federativa do Brasil, no 26º Tabelionato de Notas, instalado à Praça João Mendes, n. 42, 1º andar, perante mim, **Paulo Roberto Gaiger Ferreira**, tabelião, e das duas testemunhas adiante nomeadas e no final assinadas, comparece como testador (qualificação de testador).

Juntamente com as testemunhas, reconheço a identidade do presente e sua capacidade para o ato. E na presença destas testemunhas convocadas para este ato pelo testador, (nome testador), que está em seus perfeitos juízo e discernimento, claro entendimento e livre de toda e qualquer coação, sugestão ou induzimento, segundo o meu parecer e o das testemunhas, do que dou fé, me diz que faz o seu testamento declarando o seguinte: I) É natural de (local de nascimento), onde nasceu (data de nascimento); II) É filho de (nome dos pais), (vivos); III) É (Foi) casado com (nome cônjuge) sob o regime da (regime de bens); IV) Tem os seguintes filhos: (nome dos filhos); V) Ele testador, por ocasião de sua morte, deixa a totalidade da parte disponível de sua herança para (nome e qualificação do herdeiro); VI) **Substituição:** Se o herdeiro testamentário pré-falecer, ou houver comoriência com o testador, deverá substituí-lo na herança (substituto); VII) **Representação e poderes em caso de morte:** O testador outorga poderes para o seu cônjuge e seus filhos para, em caso de seu falecimento, em conjunto ou isoladamente, obterem junto a qualquer médico, clínica ou hospital a integralidade de seu prontuário de saúde, solicitarem cópias de documentos ou outras informações sobre o seu tratamento de saúde e as causas da morte, em conformidade com o Código de Ética Médica vigente, art. 88, e com o Parecer CFM n. 6/2010 e eventuais alterações posteriores; VIII) Nomeia para seu testamenteiro o herdeiro instituído e o dá por abonado em juízo e fora dele. Assim tem por feito o seu testamento, que considera bom, firme e valioso, revogando desde já em todos os seus termos qualquer outro anteriormente feito. Certifico haver sido observadas e cumpridas todas as formalidades prescritas pelo art. 1.864 do Código Civil. Assim diz, pede e lavro a presente escritura que, feita e lida por este tabelião, aceita, outorga e assina na presença das testemunhas que são: (qualificação de testemunha 1) e (qualificação de testemunha 2), ambas reconhecidas como as próprias em vista dos documentos de identidade apresentados e cuja capacidade eu reconheço. Escrita pelo tabelião. Dou fé.

Testador(a) assina
Testemunhas assinam
Tab. Sub. assina
Emolumentos: R$ 000,00

33.7.14 Escritura Pública de Diretivas Antecipadas de Vontade e Outras Disposições

PRIMEIRO – LOCAL: República Federativa do Brasil, São Paulo, SP, no ....
SEGUNDO – DATA: ....
TERCEIRO – DECLARANTE: Comparece como declarante (NOME) (QUALIFICAÇÃO)
QUARTO – OBJETO: Declarar a vontade a respeito dos direitos do corpo, da personalidade, da opção pela morte natural ou induzida sem sofrimento na eventualidade de estar em um quadro irreversível de sua saúde física ou psíquica, e sem possibilidade de manifestar a sua vontade. Orientar os profissionais médicos, clínicas ou hospitais

sobre as suas escolhas relativas aos procedimentos diagnósticos e terapêuticos, e para as situações clínicas irreversíveis e terminais, determinando ao médico os tratamentos que admite ou que devam ser evitados, como a realização de procedimentos diagnósticos e terapêuticos desnecessários, propiciando ao declarante todos os cuidados paliativos apropriados, evitando a dor e o sofrimento físico, moral e espiritual.

QUINTO – FUNDAMENTOS CONSTITUCIONAIS E LEGAIS: O declarante informa que, no exercício de sua autonomia, prevista na Constituição Federal (princípio implícito no art. 5º), busca preservar a sua dignidade como previsto pela Constituição Federal (art. 1º, inciso III), evitar e proibir o tratamento desumano (art. 5º, inciso III) ou que não queira (Código Civil, art. 15). Tem como fundamento, também, o Código de Ética Médica aprovado pela Resolução CFM n. 1.931, de 24 de setembro de 2009, que dispõe sobre as diretivas antecipadas de vontade dos pacientes (Dos Princípios Fundamentais, incisos XXI e XXII), e ainda pela Resolução CFM n. 1.995, de 9 de agosto de 2012.

SEXTO – VALORES E DESEJOS: O declarante informa que seus valores e desejos para a última parte de sua vida ou para a situação de perda da cognição são os seguintes: a) Entende que a morte é um fato da vida e aceita seu fim; b) Não deseja sofrer nos momentos finais da vida nem tampouco permanecer vivo em estado de doença ou demência que não lhe permita reconhecer os seus filhos e outras pessoas de sua relação; c) Prefere estar em sua casa, junto aos seus familiares; d) Aceita que a sua morte seja induzida para atender a estes valores; e) Viver estado de saúde com moléstia irreversível, sem a perspectiva de cura e com dor ou dependente de aparelhos, ou no denominado estado vegetativo persistente, ou ainda, com quadro de demência irreversível, significaria, para ele, a negação de sua vida, de sua dignidade, de sua honra, da imagem que deseja ter em vida e na posteridade; f) Deseja que sejam realizados todos e quaisquer procedimentos cuja finalidade seja prover conforto e amenizar a dor ou angústia, garantindo um final de vida tranquilo e digno; g) Confia no procurador a seguir indicado, informando que as decisões dele devem se sobrepor às de quaisquer membros de sua família ou amigos.

SÉTIMO – DECISÕES E ORIENTAÇÕES SOBRE O TRATAMENTO MÉDICO E O FIM DA VIDA: Se dois médicos entenderem que o declarante padece de uma das seguintes situações: VII.1 – Doença terminal, incurável e irreversível, sem perspectiva de cura ou de melhora, ou VII.2 – Demência em estado avançado e irreversível ou de uma enfermidade degenerativa do sistema nervoso ou muscular, em fase avançada e irreversível, pelas quais o declarante não esteja mais vivendo com lucidez ou afetividade com seus familiares, ou VII.3 – Estado vegetativo persistente, condição que a Medicina tem uma grande certeza de irreversibilidade, determina os procedimentos e medicamentos que não devem ser administrados ou realizados: a) Ressuscitação cardiopulmonar, entendida como a abstenção da equipe de saúde em reanimar o declarante caso pare de respirar e seu coração pare de bater; b) Respiração artificial; c) Grandes procedimentos cirúrgicos; d) Diálise; e) Quimioterapia; f) Radioterapia; g) Pequenas cirurgias que não oferecerão ao declarante cura, conforto ou alívio da dor; h) Exames invasivos; i) Antibióticos; j) Nutrição e hidratação artificiais, pois o declarante sabe que a Medicina já comprovou que em graus avançados de doenças terminais o paciente não sente fome nem sede e, muitas vezes, podem trazer mais desconforto; k) Outros: O procurador a seguir indicado poderá decidir sobre outras situações de saúde em que as diretrizes de saúde devam ser seguidas. Por outro lado, nas mesmas situações acima indicadas, o declarante deseja e autoriza que a sua vida seja abreviada pelos meios legais existentes, autorizando a ortotanásia e, a critério de suas procuradoras, a sua remoção para país que autorize a morte assistida.

OITAVO – MANDATO – PROCURADORA PARA CUIDADOS DE SAÚDE QUANDO NÃO PUDER SE MANIFESTAR OU NO FIM DA VIDA: Se for constatada alguma das três situações clínicas acima indicadas e se o declarante estiver impossibilitado de manifestar a sua vontade, nomeia e constitui como sua procuradora nos termos e limites informados neste ato: (NOME E QUALIFICAÇÃO) com telefone para contato n. (11) .... e e-mail .....@......

Se esta procuradora não for localizada, estiver incapacitada de tomar decisões ou se recusar a substituir o declarante, indica como substituta, com os mesmos poderes: (NOME E QUALIFICAÇÃO) com telefone de contato (11) ..... e e-mail ...@.....

8.1 – Poderes: Confere à procuradora poderes para decidir tudo o que seja relativo ao seu tratamento médico, às disposições relativas à sua saúde e vida. Esta procuradora deverá agir nos estritos termos deste ato, ou quando haja omissão, segundo os seus próprios critérios, podendo autorizar o desligamento de aparelhos ou a suspensão e interrupção de tratamentos degradantes ou inúteis, o que será apurado segundo decisão da própria procuradora. 8.2 – Este mandato deve sobrepor-se ou, mesmo, excluir o rol previsto no Código Civil, art. 12, parágrafo único, quando colidentes. 8.3 – A procuradora não poderá revogar ou expressar-se contra a vontade aqui manifestada. Pode e deve sanar dúvidas que porventura existam, decidir sobre a interrupção do esforço terapêutico e sobre questões não tratadas pelo declarante.

NONO – OUTRAS DISPOSIÇÕES DE SAÚDE: 9.1 – O declarante determina que sejam realizados todos e quaisquer procedimentos cuja finalidade seja prover conforto e amenizar a dor ou angústia, garantindo um final de vida tranquilo e digno. 9.2 – Material genético: O declarante autoriza a utilização de seu material genético para tratamento de seus familiares. 9.3 – Doação de órgãos: O declarante autoriza a doação de seus órgãos; 9.4 – Declaração aos familiares e amigos: Estas diretivas devem ser fielmente seguidas a despeito da opinião ou certeza dos familiares e amigos sobre a vontade ou princípios do declarante, ainda que segundo eles decorram de manifestações suas, por mais nobres que sejam os sentimentos contrários das pessoas ou mesmo que sobrevenham dificuldades de qualquer natureza. 9.5 – Local da morte: Diante da irreversibilidade do quadro médico, o declarante deseja ser levado para casa, a fim de desfrutar os últimos momentos de vida junto à família e no seu lar.

DÉCIMO – DIRETRIZES PARA A EQUIPE DE SAÚDE: 10.1 – **Ciência**: Este documento foi feito por uma pessoa em pleno gozo de sua capacidade civil, perante tabelião de notas com fé pública, de acordo com a Constituição e as leis brasileiras. O declarante conhece a Resolução 1995/2012 do Conselho Federal de Medicina, que lhe dá a faculdade de recusar procedimentos médicos que tenham a finalidade apenas de prolongar a vida biológica, sem garantir-lhe a qualidade de vida. **10.2** – Objeção de consciência: Se algum membro da equipe de saúde se utilizar de seu direito à objeção de consciência e, portanto, não puder cumprir as disposições aqui previstas por razão moral ou religiosa, deve encaminhar o declarante para outro profissional a fim de que estas diretivas sejam fielmente cumpridas.

DÉCIMO PRIMEIRO – PRAZO E REVOGAÇÃO: Estas diretivas antecipadas de vontade devem vigorar por prazo indeterminado. O declarante foi informado pelo tabelião que pode revogar esta diretiva antecipada de vontade a qualquer tempo e em qualquer local, perante tabelião ou por forma particular.

DÉCIMO SEGUNDO – MANDATO E PODERES EM FACE DE MÉDICOS, CLÍNICAS, HOSPITAIS E NECROTÉRIO: O declarante outorga poderes para as mandatárias já indicadas para, quando de seu falecimento, obter junto a qualquer médico, clínica ou hospital a integralidade de seu prontuário médico, solicitar cópias de documentos ou outras informações sobre o seu tratamento de saúde e as causas da morte, em conformidade com o Código de Ética Médica vigente, art. 102, e com o Parecer CFM n. 6/10 e eventuais alterações posteriores. Este procurador tem poderes também para agir visando a autorizar necropsia ou autópsia, ou, se possível, vedá-las, autorizar o transporte de seus restos mortais e liberar o corpo de hospitais ou necrotérios para os funerais.

DÉCIMO TERCEIRO – Poderes para a administração patrimonial: Se o declarante estiver impossibilitado de manifestar a sua vontade, ainda que não tenha sido declarada a sua interdição, ou mesmo que se tenha interditado o declarante, indica como seus procuradores (NOME E QUALIFICAÇÃO), investindo-os dos poderes a seguir outorgados, para gestores de seus negócios e patrimônio. Confere aos procuradores amplos, gerais e ilimitados poderes para o fim especial de gerir e administrar todos seus bens e haveres, presentes ou futuros, comprar, vender, compromissar, ceder, permutar, prometer comprar, vender ou ceder, doar, hipotecar, arrendar, locar, dividir, dar e receber em pagamento ou penhor, demarcar, incorporar ou de qualquer outra forma adquirir, onerar, gravar e alienar bens móveis, imóveis, automóveis, telefones, créditos, direitos, quotas, ações, títulos e demais efeitos; assinar, aceitar doações, outorgar, inclusive escritura de renúncia de usufruto, escritura definitiva decorrente de compromisso de compra e venda quitado, anuir, rescindir, retificar e ratificar instrumentos públicos ou particulares, provisórios ou definitivos, inclusive assinar escrituras de conferência de bens; estabelecer preços, prazos, juros, multas, modo e local de pagamento e demais condições, mesmo penais; receber tudo o que lhe devido, inclusive PIS – Programa de Integração Social, FGTS – Fundo de Garantia por Tempo de Serviço e aposentadoria; pagar o que dever, passar recibos, dar e aceitar quitações; receber e transmitir posse, domínio, direitos e ações; responder e obrigar pela evicção legal; autorizar registros e averbações; dar e aceitar característicos e confrontações; assumir compromissos e obrigações, contrair empréstimos e financiamentos, confessar dívidas; efetuar aplicações de capitais em nome do mandante em qualquer modalidade financeira, inclusive de renda fixa, ações, fundos mútuos, cadernetas de poupança etc., fazer remessas de numerários para o mandante no exterior; representá-lo perante quaisquer repartições públicas federais, estaduais e municipais, autarquias, concessionários de serviços públicos, serviços notariais e registrais, quaisquer empresas públicas ou privadas, em especial Correios e Telégrafos, concessionários e em especial operadoras de telefonia, provedores, permissionários de serviços públicos, de serviços de água, esgoto, luz, gás, IPESP, INSS, INCRA, FUNRURAL, empresas de seguro, juntas comerciais, delegacias fiscais, institutos, Caixas Econômicas Federal e Estaduais, sistema financeiro da habitação e imobiliário e seus agentes financeiros, institutos e empresas de previdência e onde mais for preciso, tudo assinando, promovendo ou requerendo, juntando e desentranhando documentos, holerites, assinar formulários e requerimentos, prestar informações e esclarecimentos, acompanhar processos administrativos, pagar as taxas devidas, aceitar recibos e quitações; constituir sociedades simples ou empresárias em nome da mandante, assinando todos e quaisquer contratos, distratos e alterações contratuais e estatutárias, bem como representá-lo na qualidade de dirigente das mesmas; representá-lo na qualidade de sócio ou acionista das empresas em que faça ou venha a fazer parte, podendo de conformidade com o contrato social ou estatuto das referidas empresas, praticar todos os atos que o mesmo atribui ao mandante, nas condições e nos limites lá especificados, representando-o em todos os atos ou negócios jurídicos como se o próprio mandante fosse, limitados seus atos apenas pelo que for vedado no contrato social ou estatuto; abrir, movimentar e encerrar contas e cadernetas, mesmo de poupança ou conta corrente que o mandante possui em conjunto ou separadamente em quaisquer estabelecimentos bancários, inclusive no Banco do Brasil S/A, Banco Bradesco S.A., Banco Santander S.A, ou em quaisquer de seus órgãos ou departamentos, requisitar saldos, extratos e talões de cheques, solicitar e definir senhas e códigos de acesso, atuar pessoalmente ou via eletrônica, dar ordens e contraordens, reconhecer saldos, emitir, assinar, aceitar, avalizar, endossar, sacar, descontar, caucionar, reformar, registrar e protestar cheques, ordens de pagamento, letras de câmbio, notas promissórias e demais títulos de crédito; assinar e endossar cheques de viagem, prestar fianças, representá-lo em assembleias ou reuniões de acionistas, quotistas e condôminos, votar e ser votado, aprovar ou impugnar contas e relatórios, assinar livros, termos e atas, mesmo fiscais; receber e resgatar notas promissórias; representá-lo em juízo ou fora dele, constituir advogados e estipular honorários, bem como destituí-los com os poderes da cláusula "ad-judicia" para o foro em geral, em qualquer Juízo, instância ou tribunal, propor contra quem de direito as ações competentes e defendê-lo nas contrárias, seguindo umas e outras até final decisão, usar dos recursos legais cabíveis e acompanhando-os, podendo para tanto, transigir, desistir, confessar, acordar, firmar termos e compromissos, dar e receber quitação, reivindicar, notificar e o demais necessário, receber citação intimação ou notificação judicial ou extrajudicial, mesmo inicial. Poderá praticar, enfim, todos os atos necessários ao fiel cumprimento do presente mandato, inclusive substabelecer, no todo ou em parte, com ou sem reserva de iguais poderes para si, declarando expressamente que todos os poderes ora conferidos, poderão ser exercidos em todo o território brasileiro ou em qualquer país do exterior. O presente mandato possui validade indeterminada.

DÉCIMO QUARTO – OUTRAS DISPOSIÇÕES DE CARÁTER GERAL: 14.1 – Autorização de acesso: O declarante autoriza os procuradores acima indicadas, ... ou ....., ademais de seus filhos e outros familiares a realizarem todos os atos necessários para adentrarem na sua residência, inclusive com arrombamento de portas e outras aberturas, quando sob exclusivo critério do familiar ou representante, entendam que seja necessária tal providência em defesa de sua saúde, integridade física ou qualquer outro direito de sua personalidade. **14.2** – Condição de validade e término dos mandatos – Os mandatos contidos neste documento têm como termo inicial a mudança de estado que inabilite o declarante a manifestar a sua vontade e exercer seus direitos de personalidade ou quaisquer atos da vida, condição que marca o seu início. Assim, não se confunda este termo inicial com o termo final previsto no Código Civil, art. 682, inc. III. O declarante declara que este mandato cessará quando houver uma das seguintes condições: a) morte; b) retorno do declarante ao pleno discernimento para os atos da vida. **14.3** – Doação de órgãos: O declarante deseja e autoriza que todos os seus órgãos que possam ser aproveitados em outras pessoas sejam doados. **14.4 – EXÉQUIAS**: O declarante determina que o seu corpo seja cremado após a sua morte. O destino de suas cinzas pode ser escolhido por seus filhos, sugerindo o declarante que as misturem nas areias da praia de Ipanema, sob o morro Dois Irmãos. O declarante solicita que a sua vontade seja cumprida com o mais absoluto rigor, sem qualquer possibilidade de sepultamento do seu corpo, qualquer que seja o motivo que venha a ser alegado, ficando a escolha da casa crematória a critério de seus filhos ou procuradoras.

DÉCIMO QUINTO – DECLARAÇÕES FINAIS DO DECLARANTE: O tabelião esclareceu-me sobre os princípios e normas legais citadas nesta escritura, tendo eu compreendido tudo sem restar qualquer dúvida. A escritura foi lida integralmente para mim e está conforme a minha vontade. Rubrico cada página deste documento e assino ao final.

DÉCIMO SEXTO – DECLARAÇÕES DO TABELIÃO: Atesto que identifiquei o declarante por seu documento de identidade tendo qualificado seu estado civil, profissão e endereço por suas declarações. Reconheço a capacidade do declarante. Fé notarial: Dou fé das declarações contidas neste instrumento, dos documentos apresentados e arquivados, ou não, e das autenticações que faço.

DÉCIMO SÉTIMO – AUTORES: Escrita pelo escrevente _____ e assinada pelo _____.

33.7.15 Escritura Pública de Diretivas Antecipadas de Vontade e Outras Disposições[1]

PRIMEIRO – LOCAL: República Federativa do Brasil, São Paulo, SP, no 26º Tabelionato de Notas, sito na Praça Dr. João Mendes, 42, 1º ao 3º andar.

SEGUNDO – DATA: _____.

---

1. DAV Saúde, não há aspecto negocial ou patrimonial.

TERCEIRO – DECLARANTE: _____

QUARTO – OBJETO: Declarar a vontade a respeito dos direitos do corpo, da personalidade, da opção pela morte natural ou induzida sem sofrimento na eventualidade de estar em um quadro irreversível de sua saúde física ou psíquica, e sem possibilidade de manifestar a sua vontade. Orientar os profissionais médicos, clínicas ou hospitais sobre as suas escolhas relativas aos procedimentos diagnósticos e terapêuticos, e para as situações clínicas irreversíveis e terminais, determinando ao médico os tratamentos que admite ou que devam ser evitados, como a realização de procedimentos diagnósticos e terapêuticos desnecessários, propiciando _____ declarante todos os cuidados paliativos apropriados, evitando a dor e o sofrimento físico, moral e espiritual.

QUINTO – FUNDAMENTOS CONSTITUCIONAIS E LEGAIS: _____ declarante informa que, no exercício de sua autonomia, prevista na Constituição Federal (princípio implícito no art. 5º), busca preservar a sua dignidade como previsto pela Constituição Federal (art. 1º, inciso III), evitar e proibir o tratamento desumano (art. 5º, inciso III) ou que não queira (Código Civil, art. 15). Tem como fundamento, também, o Código de Ética Médica aprovado pela Resolução CFM n. 2.217/2018, de 01 de novembro de 2018, que dispõe sobre as diretivas antecipadas de vontade dos pacientes (Dos Princípios Fundamentais, incisos XXI e XXII), e ainda nos artigos 31 e 41.

SEXTO – VALORES E DESEJOS: _____ declarante informa que seus valores e desejos para a última parte de sua vida são os seguintes: a) Entende que a morte é um fato da vida e aceita seu fim; b) Não deseja sofrer nos momentos finais da vida; c) Prefere estar em sua casa, junto aos seus familiares; d) Aceita que a sua morte seja induzida para atender a estes valores; e) Viver estado de saúde com moléstia irreversível, sem a perspectiva de cura e com dor ou dependente de aparelhos, ou no denominado estado vegetativo persistente, ou ainda, com quadro de demência irreversível, significaria, para _____, a negação de sua vida, de sua dignidade, de sua honra, da imagem que deseja ter em vida e na posteridade; f) Deseja que sejam realizados todos e quaisquer procedimentos cuja finalidade seja prover conforto e amenizar a dor ou angústia, garantindo um final de vida tranquilo e digno; g) Confia no procurador a seguir indicado, informando que as decisões dele devem se sobrepor às de quaisquer membros de sua família ou amigos.

SÉTIMO – DECISÕES E ORIENTAÇÕES SOBRE O TRATAMENTO MÉDICO E O FIM DA VIDA: Se dois médicos entenderem que o declarante padece de uma das seguintes situações: VII.1 – Doença terminal, incurável e irreversível, sem perspectiva de cura ou de melhora, ou VII.2 – Demência em estado avançado e irreversível ou de uma enfermidade degenerativa do sistema nervoso ou muscular, em fase avançada e irreversível, pelas quais o declarante não esteja mais vivendo com lucidez ou afetividade com seus familiares, ou VII.3 – Estado vegetativo persistente, condição que a Medicina tem uma grande certeza de irreversibilidade, determina os procedimentos e medicamentos que não devem ser administrados ou realizados: a) Ressuscitação cardiopulmonar, entendida como a abstenção da equipe de saúde em reanimar o declarante caso pare de respirar e seu coração pare de bater; b) Respiração artificial; c) Grandes procedimentos cirúrgicos; d) Diálise; e) Quimioterapia; f) Radioterapia; g) Pequenas cirurgias que não oferecerão o declarante cura, conforto ou alívio da dor; h) Exames invasivos; i) Antibióticos; j) Nutrição e hidratação artificiais, pois o declarante sabe que a Medicina já comprovou que em graus avançados de doenças terminais o paciente não sente fome nem sede e, muitas vezes, podem trazer mais desconforto; k) Outros: O procurador a seguir indicado poderá decidir sobre outras situações de saúde em que as diretrizes de saúde devam ser seguidas.

OITAVO – MANDATO – PROCURADOR PARA CUIDADOS DE SAÚDE NO FIM DA VIDA: Se for constatada alguma das três situações clínicas acima indicadas e se _____ declarante estiver impossibilitado de manifestar a sua vontade, nomeia e constitui _____ seus procuradores nos termos e limites informados neste ato:

_____ (qualificação do procurador, inclusive telefones de contato).

Se este procurador não for localizado, estiver incapacitado de tomar decisões ou se recusar a substituir _____ (nome dos declarantes), indica como substituto, com os mesmos poderes:

_____ (qualificação do procurador, inclusive telefones de contato).

8.1 – **Poderes:** Confere ao procurador poderes para decidir tudo o que seja relativo ao seu tratamento médico, às disposições relativas à sua saúde e vida. Este procurador deverá agir nos estritos termos deste ato, ou quando haja omissão, segundo os seus próprios critérios, podendo autorizar o desligamento de aparelhos ou a suspensão e interrupção de tratamentos degradantes ou inúteis, o que será apurado segundo decisão do próprio procurador. 8.2 – Este mandato deve sobrepor-se ou, mesmo, excluir o rol previsto no Código Civil, art. 12, parágrafo único, quando colidentes. 8.3 – O procurador não poderá revogar ou expressar-se contra a vontade aqui manifestada. Pode e deve sanar dúvidas que porventura existam, decidir sobre a interrupção do esforço terapêutico e sobre questões não tratadas pelo declarante. 8.4 – Condição de validade e término dos mandatos – Os mandatos contidos neste documento têm como termo inicial a mudança de estado que inabilite o declarante a manifestar a sua vontade e exercer seus direitos de personalidade ou quaisquer atos da vida, condição que marca o seu início. Assim, não se confunda este termo inicial com o termo final previsto no Código Civil, art. 682, inc. III. O declarante declara que este mandato cessará quando houver uma das seguintes condições: a) morte; b) retorno do declarante ao pleno discernimento para os atos da vida.

NONO – OUTRAS DISPOSIÇÕES DE SAÚDE: 9.1 – O determina que sejam realizados todos e quaisquer procedimentos cuja finalidade seja prover conforto e amenizar a dor ou angústia, garantindo um final de vida tranquilo e digno. 9.2 – **Gravidez:** Se porventura for constatada gravidez, todos os procedimentos devem ser tomados para salvar o feto, inclusive com a suspensão destas diretivas. Após o nascimento, ou perda do feto, as diretrizes previstas devem ser aplicadas. 9.3 – **Material genético:**

O declarante (não) autoriza a utilização de seu material genético para tratamento de seus familiares. **9.4 – Possibilidade de fecundação:** O (não) autoriza a utilização de seu sêmen, já depositado em banco próprio, para fecundação com óvulo de sua esposa, podendo a gestação ser feita por outra pessoa, desde que familiar, até o prazo de dois anos. **9.5 – Declaração aos familiares e amigos:** Estas diretivas devem ser fielmente seguidas a despeito da opinião ou certeza dos familiares e amigos sobre a vontade ou princípios o declarante, ainda que segundo eles decorram de manifestações suas, por mais nobres que sejam os sentimentos contrários das pessoas ou mesmo que sobrevenham dificuldades de qualquer natureza. **9.6 – Local da morte:** Diante da irreversibilidade do quadro médico, o declarante deseja ser levado para casa, a fim de desfrutar os últimos momentos de vida junto à família e no seu lar.

DÉCIMO – DIRETRIZES PARA A EQUIPE DE SAÚDE: 10.1 – Ciência: Este documento foi feito por uma pessoa em pleno gozo de sua capacidade civil, perante tabelião de notas com fé pública, de acordo com a Constituição e as leis brasileiras. O declarante conhece a Resolução 2.217/2018 do Conselho Federal de Medicina, que lhe dá a faculdade de recusar procedimentos médicos que tenham a finalidade apenas de prolongar a vida biológica, sem garantir-lhe a qualidade de vida. **10.2 – Objeção de consciência:** Se algum membro da equipe de saúde se utilizar de seu direito à objeção de consciência e, portanto, não puder cumprir as disposições aqui previstas por razão moral ou religiosa, deve encaminhar o declarante para outro profissional a fim de que estas diretivas sejam fielmente cumpridas.

DÉCIMO PRIMEIRO – PRAZO E REVOGAÇÃO: Estas diretivas antecipadas de vontade devem vigorar por prazo indeterminado. O declarante foi informado pelo tabelião que pode revogar esta diretiva antecipada de vontade a qualquer tempo e em qualquer local, perante tabelião ou por forma particular.

DÉCIMO SEGUNDO – DECLARAÇÕES FINAIS DO DECLARANTE: O tabelião esclareceu-me sobre os princípios e normas legais citadas nesta escritura, tendo eu compreendido tudo sem restar qualquer dúvida. A escritura foi lida integralmente para mim e está conforme a minha vontade. Rubrico cada página deste documento e assino ao final.

DÉCIMO TERCEIRO – DECLARAÇÕES DO TABELIÃO: Atesto que identifiquei o declarante por seu documento de identidade tendo qualificado seu estado civil, profissão e endereço por suas declarações. Reconheço a capacidade o declarante. Fé notarial: Dou fé das declarações contidas neste instrumento, dos documentos apresentados e arquivados, ou não, e das autenticações que faço.

DÉCIMO QUARTO – AUTORES: Escrita pelo escrevente _____ (nome) e assinada pelo _____ (cargo).

33.7.16 Escritura de Inventário e Partilha do Espólio de (nome do falecido)

I – Local: República Federativa do Brasil, SP, São Paulo, Praça João Mendes, n. 42, 1º andar, no 26º Tabelionato de Notas de São Paulo.

II – Data: (data lavratura).

III – Partes:

3.1) **Viúva(o) meeira(o)**: (qualificação da viúva).

3.2) **Herdeiros filhos**: (qualificação dos filhos).

3.3) **Advogado(a)**: (qualificação do advogado).

IV – Declarações Iniciais: Então, pelas partes, acompanhadas de seu(sua) advogado(a) constituído(a), me foi requerido sejam feitos o inventário e a partilha dos bens deixados pelo falecimento de (nome do falecido) e declaram o que segue.

V – Do Autor da Herança:

5.1) **Qualificação**: (nome do falecido) era (nacionalidade), (profissão), portador da cédula de identidade RG (número e órgão expedidor), inscrito no CPF/MF sob n. (n. do CPF), era filho de (nome do pai) e (nome da mãe) e nasceu em (cidade de nascimento), (estado), no dia (data do nascimento).

5.2) **Estado Civil**: O autor da herança era casado em (única/segunda) núpcias, sob o regime da (regime de bens) com (nome da esposa), acima qualificada(o), em (data do casamento), conforme certidão de casamento n. (termo), Livro B-(livro), fls. (folhas), expedida pelo Oficial de Registro Civil das Pessoas Naturais do (n. do subdistrito). Subdistrito – (subdistrito), desta Capital, razão pela qual é sua(seu) meeira(o).

5.3) **Falecimento**: Faleceu no dia (data do falecimento), em (cidade), e residia em (cidade residência), (endereço), conforme certidão de óbito expedida aos (data de expedição do óbito), pelo Oficial do Registro Civil das Pessoas Naturais do (n. do subdistrito). Subdistrito – (nome do subdistrito), desta Capital, registrado no Livro C-(livro), fls. (folhas), termo n. (n. do termo).

VI – Da inexistência de testamento: O autor da herança não deixou testamento, tendo sido apresentada a informação negativa de existência de testamento expedida pelo Colégio Notarial do Brasil – seção de São Paulo, responsável pelo Registro Central de Testamentos do Estado de São Paulo emitida aos (data da expedição da certidão). As partes declaram desconhecer a existência de qualquer testamento do autor da herança.

VII – Herdeiros: De seu casamento com (nome esposa), o autor da herança possuía (número de filhos) filhos, (nome dos filhos), que são seus únicos herdeiros.

VIII – Nomeação de inventariante: De comum acordo, os herdeiros nomeiam inventariante do espólio de (nome falecido), a(o) viúva(o) meeira(o) (nome da(o) viúva(o)), nos termos do art. 617 do Código de Processo Civil, conferindo-lhe todos os poderes que se fizerem necessários para representar o espólio em juízo ou fora dele, podendo praticar todos os atos de administração dos bens que possam eventualmente estar fora deste inventário e que serão objeto de futura sobrepartilha, nomear advogado em nome do espólio, ingressar em juízo, ativa ou passivamente, constituir mandato com poderes gerais e especiais, podendo enfim praticar todos os atos que se fizerem necessários à defesa do espólio e do cumprimento de suas eventuais obrigações formais, tais como outorga de escrituras de imóveis já vendidos e quitados, inclusive receber e dar quitação. O inventariante tem também poderes para, em nome de todas as partes, solicitar e assinar eventuais escrituras de retirratificação deste ato. O presente mandato é conferido por prazo indeterminado. A(O) nomeada(o) declara que aceita este encargo, prestando compromisso de cumprir eficazmente seu mister, comprometendo-se desde já, a prestar contas aos herdeiros, se por eles solicitadas. A(O) inventariante declara estar ciente da responsabilidade civil e criminal pela declaração de bens e herdeiros e pela veracidade de todos os fatos aqui relatados.

IX – Bens: No momento da sucessão, o autor da herança tinha os bens a seguir descritos.

9.1) Bens particulares: O autor da herança possuía os seguintes bens particulares:

9.1.1) Bens imóveis: A) (descrição do imóvel), CEP (n. CEP), no (n. subdistrito). Subdistrito – (bairro do subdistrito), no município de (município), (estado), inscrito no (n. ofício). Oficial de Registro de Imóveis de (local registro A), descrito e caracterizado na matrícula n. (n. matrícula). **A.1) Aquisição:** O imóvel foi adquirido pelo autor da herança e sua(seu) mulher(marido), em (data de aquisição A1), pelo valor de (valor da aquisição A1), conforme consta no (n. do registro na matrícula A1) da matrícula n. (n. da matrícula A1) do (n. do registro A1) Oficial de Registro de Imóveis (local do registro A1). **A.2) Cadastro e Valor:** O imóvel encontra-se cadastrado na Prefeitura do Município de (município A1), sob n. (contribuinte A1), com valor venal atribuído para o exercício de (ano A1) de (valor venal A1). As partes atribuem a este imóvel, para fins fiscais, o valor de (valor atribuído A1 – fins fiscais).

9.1.2) Bens móveis: (descrever os bens móveis).

9.2) Bens do casal: O autor da herança possuía, em comum com sua(seu) esposa(marido), os seguintes bens:

9.2.1) Bens imóveis: A) (descrição do imóvel A), CEP (n. CEP A), no (n. subdistrito A). Subdistrito – (bairro do subdistrito A), no município de (município A), (estado A), inscrito no (n. ofício A). Oficial de Registro de Imóveis (local registro A), descrito e caracterizado na matrícula n. (n. matrícula A). **A.1) Aquisição:** O imóvel foi adquirido pelo autor da herança e sua(seu) mulher(marido), em (data de aquisição A), pelo valor de (valor da aquisição A), conforme consta no (n. registro na matrícula A) da matrícula n. (número da matrícula A) do (número do registro A) Oficial de Registro de Imóveis (local do registro A). **A.2) Cadastro e Valor:** O imóvel acha-se cadastrado na Prefeitura do Município de (município A), sob n. (contribuinte A), com valor venal atribuído para o exercício de (ano A) de (valor venal A). As partes atribuem a este imóvel, para fins fiscais, o valor de (valor atribuído A – fins fiscais). **B)** (descrição do imóvel B), CEP (n. CEP B), no (n. subdistrito B). Subdistrito – (bairro do subdistrito B), no município de (município B), (estado B), inscrito no (n. ofício B). Oficial de Registro de Imóveis (local do registro B), descrito e caracterizado na matrícula n. (n. matrícula B). **B.1) Aquisição:** O imóvel foi adquirido pelo autor da herança e sua(seu) mulher(marido), em (data de aquisição 2), pelo valor de (valor da aquisição 2), conforme consta no (n. registro na matrícula 2) da matrícula n. (número da matrícula 2) do (número do registro 2) Oficial de Registro de Imóveis (local do registro 2). **B.2) Cadastro e Valor:** O imóvel acha-se cadastrado na Prefeitura do Município de (município 2), sob n. (contribuinte 2), com valor venal atribuído para o exercício de (ano 2) de (valor venal 2). As partes atribuem a este imóvel, para fins fiscais, o valor de (valor atribuído – fins fiscais 2). **C)** (descrição do imóvel rural), CEP (n. CEP C), no (n. subdistrito C). Subdistrito – (bairro do subdistrito C), no município de (município C), (estado C), inscrito no (n. ofício C). Oficial de Registro de Imóveis de (local de registro C), descrito e caracterizado na matrícula n. (n. matrícula C). **C.1) Cadastro:** O imóvel acha-se matriculado sob n. (matrícula rural) do (número do registro – rural). Oficial de Registro de Imóveis de (local do registro – rural), está cadastrado pelo Instituto Nacional de Colonização e Reforma Agrária – INCRA por meio do n. (número cadastro INCRA), denominado (nome chácara/fazenda), com módulo fiscal de (módulo fiscal), conforme CCIR (Certificado de Cadastro de Imóvel Rural) relativo aos anos de 2003, 2004 e 2005, sob n. (número CCIR), expedido pelo Ministério da Fazenda, em (data da expedição pelo MF) com número da Secretaria da Receita Federal (número da receita), área total de (área em ha) ha, área tributável de (área tributável ha) ha, valor da terra nua de (valor terra nua), área aproveitável de (área aproveitável) ha, valor tributável de (valor tributável), área utilizada de (área utilizada) ha, alíquota de (alíquota em %) %, grau de utilização de (grau de utilização) %, imposto calculado de (valor imposto calculado) conforme declaração do ITR para o exercício de (ano do ITR). **C.2) Aquisição e Avaliação:** Este imóvel foi adquirido pelo(a) autor(s) da herança e sua(seu) mulher(marido), em (data aquisição imóvel rural), pelo valor de (valor aquisição imóvel rural), conforme (número registro na matrícula – rural) da matrícula n. (número matrícula rural) do (número do registro de imóveis). Registro e Imóveis de (local do registro – rural), (estado – rural), e as partes avaliam para efeitos fiscais em (valor atribuído pelas partes – efeitos fiscais – rural).

9.2.2) Bens Móveis: D) Automóvel: (marca), combustível (combustível), cor (cor), placa (placa), categoria particular, ano de fabricação (ano fabricação), modelo (ano modelo), chassis (chassis), inscrito no RENAVAM sob número (n. RENAVAM), licenciado pelo DETRAN (**CIRETRAN – DEMUTRAN** etc.), de (órgão da licença), no município de (município), avaliado pela FIPE – Fundação Instituto de Pesquisas Econômicas pelo valor de (valor avaliação). **E) Saldo Bancário e Aplicações Financeiras: E1)** No (banco), agência (agência), na conta corrente n. (número conta corrente), o saldo de (saldo) e mais aplicações financeiras vinculadas à referida conta, no total de (valor total das aplicações). **E2)** No Banco (banco 2), agência (agência 2), na conta poupança n. (conta poupança), o saldo de (saldo poupança). **F)** (descrever outros bens). **G)** Direito à Restituição de Imposto de Renda de (ano), ano-base (ano), no valor de (valor da restituição).

X – Débitos e obrigações: O autor da herança, na ocasião da abertura de sua sucessão, não possuía débitos e obrigações.

XI – Monte-mor: O total do monte-mor é de (informar soma de todos os créditos) assim distribuídos:

11.1) Bens particulares: (informar soma dos bens particulares);

11.2) Bens do casal: (informar soma dos bens comuns).

XII – Colação: O cônjuge supérstite e os demais herdeiros perguntados pelo tabelião sobre a existência de doações anteriores que devam ser trazidas à colação declararam não haver.

XIII – Partilha: O total dos bens e haveres do espólio monta em (valor total dos bens). A(O) viúva(o) e os demais herdeiros, todos concordes, ajustam a partilha assim:

13.1) Bens particulares: Os bens particulares são atribuídos aos filhos herdeiros assim: a) Para (nome do filho 1), o valor de (valor filho 1); b) Para (nome do filho 2), o valor de (valor ao filho 2).

13.2) Bens do casal: Os bens do casal são partilhados assim:

13.2.1) Meação da(o) viúva(o): À(Ao) viúva(o) meeira(o) caberá uma quota parte ideal de metade do patrimônio líquido, correspondente ao valor de (valor do patrimônio destinado à(ao) viúva(o)).

13.2.2) Herança dos filhos: A cada um dos (número dos filhos – herdeiros) filhos caberá (parte cabível aos filhos) do patrimônio líquido, correspondente ao valor de (valor do quinhão de cada um), para cada um(uma).

XIV – Do pagamento dos quinhões: A(O) viúva(o) e os demais herdeiros, todos concordes, ajustam o pagamento dos quinhões assim:

14.1) A(O) viúva(o), (nome da(o) viúva(o) meeira(o)), receberá em pagamento de sua meação a metade ideal de cada um dos imóveis mencionados no item (número do item), letras A, B e C, nos valores de (valor do imóvel A), (valor do imóvel B) e (valor do imóvel C), o automóvel (marca do automóvel) mencionado no item (item do automóvel), no valor de (valor do automóvel), o direito de receber a restituição de imposto de renda mencionado no item (n. item), no valor de (valor da restituição IRPF) e mais (valor recebido em dinheiro) em dinheiro, totalizando o valor de (valor total da(o) meeira(o));

14.2) O herdeiro (nome do herdeiro) receberá uma (parte recebida 2) parte dos bens imóveis mencionado no item (número do item 2), letras A, B e C, nos valores de (valor do imóvel A), (valor do imóvel B) e (valor do imóvel C) e mais (valor em dinheiro 2) em dinheiro, totalizando o seu quinhão o valor de (valor total do filho 1);

14.3) O herdeiro (nome do herdeiro 3) receberá uma (parte recebida 3) parte dos bens imóveis mencionado no item (número do item 3), letras A, B e C, nos valores de (valor do imóvel A), (valor do imóvel B) e (valor do imóvel C), e mais (valor em dinheiro 3) em dinheiro, totalizando o seu quinhão o valor de (valor total filho 2);

14.4) O herdeiro (nome do herdeiro 4) receberá uma (parte recebida 4) parte dos bens imóveis mencionado no item (número do item 4), letras A, B e C, nos valores de (valor do imóvel A), (valor do imóvel B) e (valor do imóvel C) e mais (valor em dinheiro 4) em dinheiro, totalizando o seu quinhão o valor de (valor total do filho 3).

XV – Tributos: ITCMD (Imposto de Transmissão *Causa Mortis* e Doação): As partes apresentaram a declaração de bens isentos e tributáveis do imposto *causa mortis*, conforme disciplina a Secretaria da Fazenda do Estado de São Paulo, e o respectivo imposto de transmissão foi recolhido no dia (data do recolhimento ITCMD), na rede Bancária, conforme guia de valores de (valores das guias). Este Tabelião atesta a veracidade dos valores dos bens e dos direitos informados na respectiva declaração, como determinam as Normas Administrativas da Secretaria da Fazenda Estadual (Decreto estadual n. 56.693/2011 e posterior regulamentação).

XVI – Certidões e documentos apresentados e arquivados: Os documentos apresentados ficam arquivados nestas notas em cópia digital. Recebi, conferi e dou fé da apresentação dos documentos de identificação, estado civil e representação das partes, que ficam arquivados neste Tabelionato juntamente com os seguintes documentos:

16.1) Documentos de identidade e estado civil do autor da herança e das partes;

16.2) Certidão de propriedade dos imóveis mencionados no item (número do item dos imóveis), matrícula n. (n. matrícula 1), letra A, matrícula n. (n. matrícula 2), letra B, matrícula n. (n. matrícula 3), letra C;

16.3) Certificado de propriedade do veículo mencionado no item (número do item do automóvel);

16.4) Extratos bancários das contas mencionadas no item (número do item dos extratos);

16.5) Cópia autenticada da declaração do Imposto de Renda;

16.6) Cópia autenticada do título do crédito mencionado no item (item do título de crédito);

16.7) Certidão negativa de tributos municipais: **Imóvel Letra A**: (horas):(minutos):(segundos) do dia (dia)/(mês)/(ano), código de controle n. (número); **Imóvel Letra B**: (horas 2):(minutos 2):(segundos 2) do dia (dia 2)/(mês 2)/(ano 2), código de controle n. (número); **Imóvel Letra C**: Certidão Negativa de Débitos Relativos ao Imposto sobre a Propriedade Territorial Rural – (horas 3):(minutos 3):(segundos 3) do dia (dia 3) de (mês 3) de (ano 3), válida até (dia 3 val.) de (mês 3 val.) de (ano 3 val.), com seu código de controle (número);

16.8) Cópia autenticada do CCIR 2011/2012/2013/2014/2015 imóvel letra C, item (n. item imóvel rural);

16.9) Cópia das declarações do ITR (ano do ITR) – imóvel letra C, item (n. item ITR);

16.10) Cópias autenticadas dos 5 (cinco) últimos pagamentos do ITR;

16.11) Certidão Negativa de Débitos Relativos aos Tributos Federais e à Dívida Ativa da União – (horas 4):(minutos 4):(segundos 4), (dia 4)/(mês 4)/(ano 4), válida até (dia 4 val.)/(mês 4 val.)/(ano 4 val.), código de controle da certidão (1). (2). (3). (4);

16.12) Certidão negativa de testamento;

16.13) Guia(s) de ITCMD;

16.14) Certidão Negativa de Débitos Trabalhistas em nome de (nome), sob n. (n. da certidão), expedida em (data da expedição), às (horário da expedição), válida até (data de validade) (Consolidação das Leis do Trabalho, art. 642-A e Resolução Administrativa n. 1.470/2011 do TST, de 24 de agosto de 2011);

16.15) Central de Indisponibilidades: Negativa – (código hash).

XVII – DOI: Emitida a DOI – Declaração sobre Operações Imobiliárias – conforme previsão legal.

XVIII – Declaração das partes:

18.1) Esta escritura foi lida e compreendida por nós. Concordamos integralmente com o teor deste ato, autorizamos a sua redação, outorgamos e assinamos.

18.2) Autorizam o tabelião e os oficiais dos registros de imóveis competentes a procederem a todos e quaisquer atos, registros ou averbações necessárias.

18.3) Os imóveis ora partilhados se encontram livres e desembaraçados de quaisquer ônus, dívidas, tributos de quaisquer naturezas e débito condominial.

18.4) Não existem feitos ajuizados fundados em ações reais ou pessoais reipersecutórias que afetem os bens e os direitos partilhados.

18.5) O autor da herança não era, e eles(as) próprios(as) não são empregadores(as) rurais ou urbanos(as) e não estão sujeitos(as) às prescrições da lei previdenciária em vigor.

18.6) Variação de aplicações financeiras, contas bancárias, parcelas de devolução do imposto de renda e outros quaisquer valores: se houver variação no rendimento de aplicações financeiras, contas bancárias, devolução do imposto de renda ou crédito de outros quaisquer valores do autor da herança nas contas bancárias mencionadas neste inventário, as partes autorizam o inventariante a fazer a indispensável redução ou majoração dos valores partilhados em idêntica proporção da partilha realizada. O inventariante é investido nos poderes necessários a este fim, podendo sacar os títulos ou os valores eventualmente existentes em instituições financeiras ou não e nos bancos autorizados pela Secretaria da Receita Federal.

XIX – Declarações do advogado: Pelo(a) advogado(a), (nome do advogado), me foi dito, sob responsabilidade profissional, civil e criminal, que assessorou e aconselhou seus constituintes, tendo conferido a correção da partilha e seus valores de acordo com a Lei.

XX – Declarações do tabelião:

20.1) Autenticação: Reconheço a identidade e estado civil dos presentes, à vista dos respectivos documentos de identidade e do registro civil apresentados, bem como suas capacidades para o ato.

20.2) Este tabelião esclareceu os herdeiros sobre o art. 1.992 do Código Civil que diz o seguinte: "**O herdeiro que sonegar bens da herança**, não os descrevendo no inventário quando estejam em seu poder, ou, com o seu conhecimento, no de outrem, ou que os omitir na colação, a que os deva levar, ou que deixar de restituí-los, **perderá o direito que sobre eles lhe cabia**".

20.3) Informou às partes que, segundo a Lei n. 7.433/85, com a redação dada pela Lei n. 13.097, de 19 de janeiro de 2015, não poderão ser opostas situações jurídicas não constantes da matrícula no cartório do registro de imóveis, inclusive para fins de evicção, ao terceiro de boa-fé que adquirir ou receber em garantia direitos reais sobre o imóvel, ressalvados o disposto nos arts. 129 e 130 da Lei n. 11.101, de 9 de fevereiro de 2005, e as hipóteses de aquisição e extinção da propriedade que independdam de registro de título de imóvel. Por esse motivo, não se apresentam as certidões de feitos ajuizados. Ainda assim, o tabelião recomenda que as partes obtenham as certidões de feitos ajuizados, o que foi dispensado pelas partes.

20.4) Ficam ressalvados os eventuais erros, omissões ou direitos de terceiros.

20.5) As partes receberam juntamente com o traslado desta escritura os documentos necessários para a lavratura deste ato, exceto aqueles cujo arquivamento é exigido por lei.

20.6) Foram cumpridas as exigências documentais constantes da Lei federal n. 7.433, de 18 de dezembro de 1985, tal como regulamentada pelo citado Decreto n. 93.240/86 e pelas Normas de Serviço da Corregedoria-Geral de Justiça do Estado de São Paulo.

20.7) As partes foram cientificadas que podiam obter a prévia Certidão Negativa de Débitos Trabalhistas (CNDT), nos termos do art. 642-A da CLT, com a redação dada pela Lei n. 12.440/2011, o que foi feito.

20.8) Informou às partes que a propriedade decorre do registro no ofício exclusivo, orientando-as a registrarem esta escritura.

20.9) Informou às partes que a dúvida registral somente poderá ser suscitada por elas próprias.

20.10) Aconselhamento notarial: As partes foram esclarecidas sobre as normas legais e os efeitos atinentes a este negócio, em especial sobre os artigos citados nesta escritura, declarando que as compreenderam e dando-se por satisfeitas com este serviço notarial.

20.11) Escreventes: Na lavratura desta escritura, participaram os escreventes abaixo indicados praticando as seguintes ações: recepção e aconselhamento das partes, identificação e verificação da capacidade, qualificação legal, elaboração do ato e sua redação, diligências indispensáveis ou convenientes ao ato, coleta de assinaturas.

20.12) Fé notarial: Dou fé das declarações contidas neste instrumento, dos documentos apresentados e arquivados, ou não, das autenticações feitas e de que a escritura foi lida e assinada pelas partes presentes.

Parte(s) assina(m)
Escrevente(s) assina(m)
Tab. Sub. assina
Emolumentos: R$ 000,00

33.7.17 Escritura de Indicação e Compromisso de Inventariante do Espólio de (nome do espólio)

I – Local: República Federativa do Brasil, SP, São Paulo, Praça João Mendes, n. 42, 1º andar, no 26º Tabelionato de Notas de São Paulo.

II – Data: (Data lavratura).

III – Partes:

3.1) A(o) **viúva(o) meeira(o)**, (qualificação da(o) viúva(o)),

3.2) Os **herdeiros filhos**, (qualificação dos filhos).

3.3) **Advogado(a)**, (qualificação do(a) advogado(a)).

IV – Autenticação do tabelião: Reconheço as identidades dos presentes à vista de seus documentos de identidade apresentados e suas capacidades para o ato, do que dou fé.

V – Declarações Iniciais: Então, pelas partes, acompanhadas de seu(sua) advogado(a) constituído(a), me foram requeridos a escritura de inventário e partilha e o compromisso de inventariante do espólio de (nome do falecido). Para tanto, declaram o que segue.

VI – Do (autor) da herança:

6.1) Qualificação: (nome do falecido) era (nacionalidade), (profissão), portador da cédula de identidade RG n. (número e órgão expedidor), inscrito no CPF/MF sob n. (número do CPF), era filho de (nome do pai) e (nome da mãe) e nasceu em (cidade de nascimento), (estado), no dia (data do nascimento).

6.2) Estado civil: O autor da herança era casado em (únicas/segundas) núpcias, sob o regime da (regime de bens) com (nome da esposa), acima qualificada(o), em (data do casamento), conforme certidão de casamento n. (termo), Livro B-(livro), fls. (folhas), expedida pelo Oficial de Registro Civil das Pessoas Naturais do (número). Subdistrito – (nome do subdistrito), desta Capital, razão pela qual é sua(seu) meeira(o).

6.3) Falecimento: Faleceu no dia (data do falecimento), em (cidade), e residia em (cidade de residência), (endereço), conforme certidão de óbito expedida aos (data de expedição do óbito), pelo Oficial do Registro Civil das Pessoas Naturais do (número). Subdistrito – (nome do subdistrito), desta Capital, registrado no Livro C-(livro), fls. (folhas), termo n. (número do termo).

VII – Da inexistência de testamento: O autor da herança não deixou testamento, tendo sido apresentada a informação negativa de existência de testamento expedida pelo Colégio Notarial do Brasil – seção de São Paulo, responsável pelo Registro Central de Testamentos do Estado de São Paulo emitida aos (data da expedição da certidão). As partes declaram desconhecer a existência de qualquer testamento do autor da herança.

VIII – Herdeiros: De seu casamento com (nome esposa), o autor da herança possuía (número de filhos) filhos, (nome dos filhos), que são seus únicos herdeiros.

IX – Nomeação de inventariante: Nos termos do art. 617 do Código de Processo Civil, de comum acordo, a viúva e os herdeiros nomeiam inventariante do espólio de (nome falecido), a(o) viúva(o) meeira(o) (nome da(o) viúva(o)), conferindo-lhe todos os poderes que se fizerem necessários para representar o espólio em juízo ou fora dele, podendo praticar todos os atos de administração dos bens do espólio e que serão objeto de futura partilha, nomear advogado em nome do espólio, ingressar em juízo, ativa ou passivamente, constituir mandato com poderes gerais e especiais, requerer extratos e obter toda e qualquer informação sobre as disponibilidades financeiras e outros ativos, mobiliários ou imobiliários do autor da herança, podendo enfim praticar todos os atos que se fizerem necessários à defesa do espólio e do cumprimento de suas eventuais obrigações formais, tais como outorga de escrituras de imóveis já vendidos e quitados, inclusive receber e dar quitação. A nomeada tem poderes para fazer o levantamento de quantias para pagamento do Imposto devido (ITCMD) e dos emolumentos do inventário (Art. 11, § 2º, Resolução n. 452, de 22.04.2022).

X – Aceite: O(A) nomeado(a) declara que aceita este encargo, prestando compromisso de cumprir eficazmente seu mister, comprometendo-se, desde já, a prestar contas à viúva e aos herdeiros, se por eles solicitado. O(A) inventariante declara estar ciente da responsabilidade civil e criminal pela declaração de bens e herdeiros e pela veracidade de todos os fatos aqui relatados. O(A) inventariante está dispensado(a) de prestar caução.

XI – Certidões e documentos apresentados e arquivados: Os documentos apresentados ficam arquivados nestas Notas em cópia digital. Recebi, conferi e dou fé da apresentação dos documentos de identificação, estado civil e representação das partes, que ficam arquivados neste Tabelionato juntamente com os documentos de identificação do autor da herança e da Certidão negativa de testamento.

(Caso haja procuração, mencionar os dados de expedição e validade.)

XII – Declarações do advogado: Pelo(a) advogado(a), me foi dito, sob responsabilidade profissional, civil e criminal, que assessorou e aconselhou seus constituintes, tendo conferido os termos da presente.

XIII – Declarações Finais:

13.1) Este tabelião esclareceu os herdeiros sobre o art. 1.992 do Código Civil que diz o seguinte: "O herdeiro que sonegar bens da herança, não os descrevendo no inventário quando estejam em seu poder, ou, com o seu conhecimento, no de outrem, ou que os omitir na colação, a que os deva levar, ou que deixar de restituí-los, **perderá o direito que sobre eles lhe cabia**";

13.2) As partes receberam juntamente com o traslado desta escritura os documentos necessários para a lavratura deste ato, exceto aqueles cujo arquivamento é exigido por lei;

13.3) As partes foram esclarecidas pelo tabelião sobre as normas legais e os efeitos atinentes a este ato, em especial sobre os artigos citados nesta escritura.

XIV – Declaração das partes: Esta escritura foi lida e compreendida por nós. Concordamos integralmente com o teor deste ato, autorizamos a sua redação, outorgamos e assinamos.

XV – Autores: Escrita pelo(s) escrevente(s) (nome esc. resp.). Assinada pelo (cargo esc. ass.) (nome esc. ass.).

XVI – Assinaturas das partes: As assinaturas das partes foram realizadas perante um dos escreventes autores.

XVII – Fé notarial: Dou fé das declarações contidas neste instrumento, dos documentos apresentados e arquivados, ou não, e das autenticações que faço.

33.7.18 Escritura de Inventário Negativo do Espólio de (nome do falecido)

I – **Local**: República Federativa do Brasil, SP, São Paulo, Praça João Mendes, n. 42, 1º andar, no 26º Tabelionato de Notas de São Paulo.

II – **Data**: (data lavratura).

III – **Partes**:

3.1) **Viúva(o) meeira(o)**: (qualificação da viúva).

3.2) **Herdeiros filhos**: (qualificação dos filhos).

3.3) **Advogado(a)**: (qualificação do advogado(a)).

IV – **Declarações iniciais**: Então, pelas partes, acompanhadas de seu(sua) advogado(a) constituído(a), me foi requerido seja feito o inventário negativo de (nome do falecido) e declaram o que segue.

V – *De cujus*:

5.1) **Qualificação**: (nome do falecido) era (nacionalidade), (profissão), portador da cédula de identidade RG (número e órgão expedidor), inscrito no CPF/MF sob n. (número do CPF), era filho de (nome do pai) e (nome da mãe) e nasceu em (cidade de nascimento), (estado), no dia (data do nascimento).

5.2) **Estado civil**: O falecido era casado em (únicas/segundas) núpcias, sob o regime da (regime de bens) com (nome da esposa), acima qualificada(o), em (data do casamento), conforme certidão de casamento n. (termo), Livro B-(livro), fls. (folhas), expedida pelo Oficial de Registro Civil das Pessoas Naturais do (n. do subdistrito). Subdistrito – (subdistrito), desta Capital.

5.3) **Falecimento**: Faleceu no dia (data do falecimento), em (cidade), e residia em (cidade de residência), (endereço), conforme certidão de óbito expedida aos (data de expedição do óbito), pelo oficial do registro civil das pessoas naturais do (n. do subdistrito). Subdistrito – (subdistrito), desta Capital, registrado no Livro C- (livro), fls. (folhas), termo n. (n. do termo).

VI – **Da inexistência de testamento**: O falecido não deixou testamento, tendo sido apresentada a informação negativa de existência de testamento expedida pelo Colégio Notarial do Brasil – Seção de São Paulo, responsável pelo Registro Central de Testamentos do Estado de São Paulo emitida aos (data da expedição da certidão). As partes declaram desconhecer a existência de qualquer testamento do falecido.

VII – **Herdeiros**: De seu casamento com (nome esposa), o falecido possuía (número de filhos) filhos, (nome dos filhos), que são seus únicos herdeiros.

VIII – **Nomeação de inventariante**: De comum acordo, os herdeiros nomeiam inventariante do espólio de (nome falecido), a(o) viúva(o) meeira(o) (nome da(o) viúva(o)), nos termos do art. 617 do Código de Processo Civil, conferindo-lhe todos os poderes que se fizerem necessários para representar o espólio em juízo ou fora dele, podendo praticar todos os atos de administração dos bens que possam eventualmente estar fora deste inventário e que serão objeto de futura sobrepartilha, nomear advogado em nome do espólio, ingressar em juízo, ativa ou passivamente, constituir mandato com poderes gerais e especiais, podendo enfim praticar todos os atos que se fizerem necessários à defesa do espólio e do cumprimento de suas eventuais obrigações formais, tais como outorga de escrituras de imóveis já vendidos e quitados, inclusive receber e dar quitação. O inventariante tem também poderes para, em nome de todas as partes, solicitar e assinar eventuais escrituras de retirratificação deste ato. O presente mandato é conferido por prazo indeterminado. A(O) nomeada(o) declara que aceita este encargo, prestando compromisso de cumprir eficazmente seu mister, comprometendo-se desde já, a prestar contas aos herdeiros, se por eles solicitadas. A(O) inventariante declara estar ciente da responsabilidade civil e criminal pela declaração de bens e herdeiros e pela veracidade de todos os fatos aqui relatados.

IX – Inexistência de bens: O(A) viúvo(a) meeiro(a) e o herdeiro declaram, sob responsabilidade civil e penal, que no momento da abertura da sucessão, o *de cujus* não possuía bens.

X – Débitos e obrigações: O *de cujus*, na ocasião da abertura de sua sucessão, não possuía débitos e obrigações.

XI – Colação: O herdeiro perguntado pelo tabelião sobre a existência de doações anteriores que devam ser trazidas à colação declarou não haver.

XII – Certidões e documentos apresentados e arquivados: Os documentos apresentados ficam arquivados nestas notas em cópia digital. Recebi, conferi e dou fé da apresentação dos documentos de identificação, estado civil e representação das partes, que ficam arquivados neste Tabelionato juntamente com os seguintes documentos:

12.1) Documentos de identidade e estado civil do(a) autor(a) da herança, da(o) viúva(o) e do(a) advogado(a);

12.2) Certidão Conjunta Negativa de Débitos Relativos a Tributos Federais e à Dívida Ativa da União, expedida pela Secretaria da Receita Federal, às (horas 4):(minutos 4):(segundos 4) do dia (dia 4)/(mês 4)/(ano 4), válida até (dia 4 val.)/(mês 4 val.)/(ano 4 val.), com código de controle da certidão (1). (2). (3). (4);

12.3) Certidão negativa de testamento;

12.4) Certidão Negativa de Débitos Trabalhistas em nome de (nome), sob n. (n. da certidão), expedida em (data da expedição), às (horário da expedição), válida até (data de validade) – 180 (cento e oitenta) dias, contados da data de sua expedição. Esta certidão é expedida por processo informatizado – internet – e com base no art. 642-A da Consolidação das Leis do Trabalho, acrescentado pela Lei n. 12.440, de 7 de julho de 2011, e na Resolução Administrativa n. 1.470/2011 do Tribunal Superior do Trabalho, de 24 de agosto de 2011;

12.5) Central de indisponibilidades: Negativa – (código *hash*).

XIII – Declaração das partes:

13.1) Esta escritura foi lida e compreendida por nós. Concordamos integralmente com o teor deste ato, autorizamos a sua redação, outorgamos e assinamos.

13.2) Autorizam o tabelião e os oficiais dos registros de imóveis competentes a procederem a todos e quaisquer atos, registros ou averbações necessárias.

13.3) O autor da herança não era, e eles(as) próprios(as) não são, empregadores(as) rurais ou urbanos(as) e não estão sujeitos(as) às prescrições da lei previdenciária em vigor.

XIV – Declarações do advogado: Pelo(a) advogado(a), (nome do advogado), me foi dito, sob responsabilidade profissional, civil e criminal que assessorou e aconselhou seus constituintes, tendo conferido o presente inventário negativo.

XV – Declarações do tabelião:

15.1) Autenticação: Reconheço a identidade e o estado civil dos presentes, à vista dos respectivos documentos de identidade e do registro civil apresentados, bem como suas capacidades para o ato.

15.2) Este tabelião esclareceu os herdeiros sobre o art. 1.992 do Código Civil que diz o seguinte: "**O herdeiro que sonegar bens da herança**, não os descrevendo no inventário quando estejam em seu poder, ou, com o seu conhecimento, no de outrem, ou que os omitir na colação, a que os deva levar, ou que deixar de restituí-los, **perderá o direito que sobre eles lhe cabia**".

15.3) Ficam ressalvados os eventuais erros, omissões ou direitos de terceiros.

15.4) As partes receberam juntamente com o traslado desta escritura os documentos necessários para a lavratura deste ato, exceto aqueles cujo arquivamento é exigido por lei.

15.5) Foram cumpridas as exigências documentais constantes da Lei federal n. 7.433, de 18 de dezembro de 1985, tal como regulamentada pelo citado Decreto n. 93.240/86 e pelas Normas de Serviço da Corregedoria-Geral de Justiça do Estado de São Paulo.

15.6) As partes foram cientificadas que podiam obter a prévia Certidão Negativa de Débitos Trabalhistas (CNDT), nos termos do art. 642-A da CLT, com a redação dada pela Lei n. 12.440/2011, o que foi feito.

15.7) Aconselhamento notarial: As partes foram esclarecidas sobre as normas legais e os efeitos atinentes a este negócio, em especial sobre os artigos citados nesta escritura, declarando que as compreenderam e dando-se por satisfeitas com este serviço notarial.

15.8) Escreventes: Na lavratura desta escritura, participaram os escreventes abaixo indicados praticando as seguintes ações: recepção e aconselhamento das partes, identificação e verificação da capacidade, qualificação legal, elaboração do ato e sua redação, diligências indispensáveis ou convenientes ao ato, coleta de assinaturas.

15.9) Fé notarial: Dou fé das declarações contidas neste instrumento, dos documentos apresentados e arquivados, ou não, das autenticações feitas e de que a escritura foi lida e assinada pelas partes presentes.

Parte(s) assina(m)
Escrevente(s) assina(m)
Tab. Sub. assina
Emolumentos: R$ 000,00

33.7.19 Escritura Pública de Restabelecimento de Sociedade Conjugal

Outorgantes e reciprocamente outorgados: (nome das partes)
Assistente jurídico: (nome do advogado)

S A I B A M todos os que virem esta escritura pública que em (data), em São Paulo, SP, República Federativa do Brasil, no 26º Tabelionato de Notas, perante mim, escrevente autorizado pelo Tabelião, comparecem, **como partes**, o primeiro outorgante e reciprocamente outorgado (qualificar o primeiro outorgante), adiante denominado simplesmente outorgante, e, como segunda outorgante e reciprocamente outorgada (qualificar a segunda outorgante), adiante denominada simplesmente outorgante. Comparece também, como assistente jurídico, (qualificar advogado). Reconheço a identidade dos presentes e suas respectivas capacidades para o ato, do que dou fé. Então, pelas partes, acompanhadas de seu advogado constituído, o ora assistente jurídico, me foi dito que desejam realizar o restabelecimento de sua sociedade conjugal. **PRIMEIRO:** Os outorgantes contraíram matrimônio no dia (data), conforme assento feito sob n. (número), às fls. (folhas), do Livro (livro), nos termos da certidão emitida em (data da emissão prazo), do Registro Civil das Pessoas Naturais do (número subdistrito). Subdistrito – (nome do subdistrito), (município do registro civil), sob o regime patrimonial da (regime de bens), a qual fica arquivada nestas notas na pasta própria. **SEGUNDO: DOS FILHOS** – Os outorgantes não possuem filhos comuns. **TERCEIRO: DA SEPARAÇÃO** – Por sentença proferida pelo MM. Juiz de direito, (nome do juiz), em (data da sentença), processo n. (número do processo), regularmente transitado em julgado, os outorgantes e reciprocamente outorgados se separaram consensualmente, voltando a separanda a usar o nome de solteira, ou seja, (nome de solteira), cuja averbação encontra-se à margem do termo sob número (n. termo av.), Livro B-(livro av.), às fls. (folhas av.), em data de (data da averbação da separação), expedida pelo Oficial de Registro Civil das Pessoas Naturais do (número do subdistrito) – (nome do subdistrito). **QUARTO: DO ACONSELHAMENTO E ASSISTÊNCIA JURÍDICA** – Pelo assistente jurídico, advogado constituído pelos dois outorgantes, foi dito que, tendo ouvido ambas as partes, aconselhado e advertido das consequências deste ato, propôs a reconciliação. As partes em comum acordo aceitaram a proposta de reconciliação e declararam perante o assistente jurídico e este Tabelião estarem convictas de que desejam o restabelecimento da sociedade conjugal, que é a melhor solução para ambos. **QUINTO: DO RESTABELECIMENTO** – Assim, em cumprimento ao pedido e vontade dos outorgantes e reciprocamente outorgados, atendidos os requisitos legais, pela presente escritura, nos termos dos arts. 1.577 do Código Civil e 733 do Código de Processo Civil, fica **restabelecida a sociedade conjugal dos outorgantes e reciprocamente outorgados**, que passam a ter o estado civil de casados no regime da (regime de bens), na vigência da Lei n. 6.515/77. **SEXTO: DO NOME DAS PARTES** – A esposa volta a adotar o seu nome de casada, qual seja, (nome de casada). **SÉTIMO: DOS BENS** – As partes declaram ter, nesta data, os seguintes bens particulares: (nome do primeiro outorgante): (descrever os bens); (nome da segunda outorgante): (descrever os bens). **OITAVO: DECLARAÇÕES DAS**

PARTES – Os outorgantes e reciprocamente outorgados declaram expressamente sob as penas da lei e responsabilidade civil e criminal que o presente restabelecimento da sociedade conjugal em nada prejudica o eventual direito de terceiros, adquirido antes ou durante o estado civil de separados, conforme dispõe o parágrafo único do art. 1.577 do Código Civil. **NONO: OUTRAS DISPOSIÇÕES** – As partes afirmam sob responsabilidade civil e criminal que os fatos aqui relatados e declarações feitas são a exata expressão da verdade. As partes foram orientadas pelo tabelião sobre a necessidade de apresentação do traslado desta escritura no registro civil do assento de casamento para a necessária averbação. As partes requerem e autorizam o Oficial de Registro Civil das Pessoas Naturais do (número subdistrito). Subdistrito – (local do subdistrito), (município do registro) a efetuar a averbação necessária para que conste o presente restabelecimento de sociedade conjugal, passando as partes ao estado civil de casadas. As partes foram esclarecidas pelo tabelião sobre as normas legais e os efeitos atinentes a este ato, em especial sobre os artigos citados nesta escritura. ASSIM dizem, pedem e lavro a presente escritura que, lida em voz alta, acham em tudo conforme, aceitam, outorgam e assinam. Escrita pelo escrevente (nome esc. resp.) e assinada pelo (cargo esc. ass.) (nome esc. ass.). Dou fé.

33.7.20 Escritura de Divórcio Consensual com Partilha de Bens

I – Local: República Federativa do Brasil, SP, São Paulo, Praça João Mendes, n. 42, 1º andar, no 26º Tabelionato de Notas de São Paulo.

II – Data: (data lavratura).

III – Partes:

3.1) Divorciando (qualificação do divorciando),

3.2) Divorcianda (qualificação da divorcianda).

3.3) Advogado(a): (qualificação do advogado).

IV – Declarações iniciais: Então, pelas partes, acompanhadas de seu(sua) advogado(a) constituído(a), me foi dito que desejam realizar o seu divórcio consensual e partilha dos bens.

V – Casamento: Contraíram matrimônio no dia (data), conforme assento feito sob n. (número assento), às fls. (folhas), do livro (livro), nos termos da certidão emitida em (data da emissão – prazo de 90 dias), do Registro Civil das Pessoas Naturais do (n. subdistrito). Subdistrito – (subdistrito), sob o regime patrimonial da (regime de bens), a qual fica arquivada nestas notas na pasta própria.

VI – Filhos: Os outorgantes não possuem filhos comuns.

VII– Requisitos do divórcio: Por motivos pessoais não desejam mais permanecer casadas e declaram, de sua espontânea vontade, livre de qualquer coação, sugestão ou induzimento, que desejam realizar o seu divórcio consensual. Declaram ainda que o divórcio que ora requerem e realizam preserva os interesses dos cônjuges e não prejudica o interesse de terceiros.

VIII – Aconselhamento e assistência jurídica: Pelo(a) advogado(a) constituído(a) pelos dois outorgantes, foi dito que, tendo ouvido ambas as partes, aconselhou e advertiu das consequências do divórcio. As partes declararam perante o(a) advogado(a) e este tabelião estarem convictas de que a dissolução do casamento é a melhor solução para ambas.

IX – Divórcio: Assim, em cumprimento ao pedido e vontade dos outorgantes, atendidos os requisitos legais, pela presente escritura, nos termos do art. 733 do Código de Processo Civil e da Emenda Constitucional n. 66, de 13 de julho de 2010, fica dissolvido o vínculo conjugal entre eles, que passam a ter o estado civil de divorciados.

X – Efeitos do divórcio: Em decorrência deste divórcio ficam extintos todos os deveres do casamento, exceto os deveres em relação aos filhos.

XI – Nome das partes: A esposa volta a adotar o seu nome de solteira, qual seja: (nome de solteira).

XII – Pensão alimentícia: O direito a alimentos não será exercido por nenhum dos outorgantes em razão de terem meios próprios suficientes para se manterem.

XIII – Bens: Adquiriram, durante seu casamento, os seguintes bens comuns, que totalizam o valor de (valor total dos bens): **A)** (descrição do imóvel A), CEP (n. CEP A), no (n. subdistrito A). Subdistrito – (bairro do subdistrito A), no Município de (município A), (estado A), inscrito no (n. ofício A). Oficial de Registro de Imóveis desta cidade, descrito e caracterizado na matrícula n. (n. matrícula A). **A.1) Aquisição:** O imóvel foi adquirido pelas partes em (data de aquisição A), pelo valor de (valor da aquisição A), conforme consta no (n. registro na matrícula A) da matrícula n. (n. da matrícula A) do (n. do registro A) Oficial de Registro de Imóveis (local do registro A). **A.2) Cadastro e Valor:** O imóvel acha-se cadastrado na Prefeitura do Município de (município A), sob n. (contribuinte A), com valor venal atribuído para o exercício de (ano A) de (valor venal A). As partes atribuem a este imóvel, para fins fiscais, o valor de (valor atribuído A – fins fiscais). **B)** (descrição do imóvel B), CEP (n. CEP B), no (n. subdistrito B). Subdistrito – (bairro do subdistrito B), no Município de (município B), (estado B), inscrito no (n. ofício B). Oficial de Registro de Imóveis desta cidade, descrito e caracterizado na matrícula n. (n. matrícula B). **B.1) Aquisição:** O imóvel foi adquirido pelas partes, em (data de aquisição 2), pelo valor de (valor da aquisição 2), conforme consta no (n. registro na matrícula 2) da matrícula n. (n. da matrícula 2) do (n. do registro 2) Oficial de Registro de Imóveis (local do registro 2). **B.2) Cadastro e Valor:** O imóvel acha-se cadastrado na Prefeitura do Município de (município 2), sob n. (contribuinte 2), com valor venal atribuído para o exercício de (ano 2) de (valor venal 2). As partes atribuem a este imóvel, para fins fiscais, o valor de (valor atribuído – fins fiscais 2). **C)** (descrição do imóvel rural), CEP (n. CEP C), no (n. subdistrito C). Subdistrito – (bairro do subdistrito C), no Município de (município C), (estado C), inscrito no (n. ofício C). Oficial de Registro de Imóveis de (local de registro C), descrito e caracterizado na matrícula n. (n. matrícula C). **C.1) Cadastro:** O imóvel acha-se matriculado sob n. (matrícula rural) do (n. do registro – rural). Oficial de Registro de Imóveis de (local do registro – rural), está cadastrado pelo Instituto Nacional de Colonização e Reforma Agrária

– INCRA por meio do n. (número cadastro INCRA), denominado (nome chácara/fazenda), com módulo fiscal de (módulo fiscal), conforme CCIR (Certificado de Cadastro de Imóvel Rural) relativo aos anos de (anos do CCIR), sob n. (n. CCIR), expedido pelo Ministério da Fazenda, em (data da expedição pelo MF) com número da Secretaria da Receita Federal (n. da receita), área total de (área em ha) ha, área tributável de (área tributável em ha) ha, valor da terra nua de (valor terra nua), área aproveitável de (área aproveitável) ha, valor tributável de (valor tributável), área utilizada de (área utilizada) ha, alíquota de (alíquota em %) %, grau de utilização de (grau de utilização) %, imposto calculado de (valor imposto calculado) conforme declaração do ITR para o exercício de (ano do ITR). **C.2) Aquisição e Avaliação:** Este imóvel foi adquirido pelo autor(a) da herança e sua(seu) mulher(marido), em (data aquisição imóvel rural), pelo valor de (valor aquisição imóvel rural), conforme (n. registro na matrícula – rural) da matrícula n. (n. matrícula rural) do (n. do registro de imóveis). Registro e Imóveis de (local do registro – rural), (estado – rural), e as partes avaliam para efeitos fiscais em (valor atribuído pelas partes – efeitos fiscais rural). **D) Automóvel:** (marca), combustível (combustível), cor (cor), placa (placa), categoria particular, ano de fabricação (ano fabricação), modelo (ano modelo), chassis (chassis), inscrito no RENAVAM sob n. (n. RENAVAM), licenciado pelo DETRAN **(CIRETRAN – DEMUTRAN etc.)** de (órgão da licença), no Município de (município), avaliado pela FIPE – Fundação Instituto de Pesquisas Econômicas pelo valor de (valor avaliação). **E) Saldo Bancário e Aplicações Financeiras:** Saldo de aplicações financeiras no Banco (banco), agência (agência), no valor de (valor da aplicação).

XIV – Partilha: Os outorgantes resolvem partilhar seus bens comuns, da seguinte forma:

14.1) Ao primeiro outorgante caberão os seguintes bens: (bens do primeiro outorgante), totalizando seu quinhão o valor de (valor total 1º).

14.2) À segunda outorgante caberão os seguintes bens: (bens da segunda outorgante), totalizando seu quinhão o valor de (valor total 2ª).

14.3) Tendo em vista que os valores dos quinhões atribuídos importam na totalidade do patrimônio e são idênticos, não haverá reposições. Pela partilha dos bens, as partes se outorgam mútua e reciprocamente a irrevogável e plena quitação.

XV – Tributos:

15.1) ITCMD (Imposto de Transmissão *Causa Mortis* e Doação): As partes apresentaram a declaração de bens isentos e tributáveis do imposto de doação, conforme disciplina da Secretaria da Fazenda do Estado de São Paulo e o respectivo imposto de transmissão foi recolhido no dia (data do recolhimento ITCMD), na rede bancária, conforme guia de valores de (valores das guias). Este Tabelião atesta a veracidade dos valores dos bens e dos direitos informados na respectiva declaração, como determinam as Normas Administrativas da Secretaria da Fazenda Estadual (Decreto estadual n. 56.693/2011 e posterior regulamentação) (ou) (Em virtude de os quinhões serem idênticos, não havendo reposição gratuita ou onerosa, não há incidência de ITBI ou ITCMD.)

15.2) DOI – Declaração sobre Operações Imobiliárias: Emitida.

XVI – Certidões e documentos apresentados e arquivados: Os documentos apresentados ficam arquivados nestas notas em cópia digital:

16.1) Documentos de identidade e estado civil das partes;

16.2) Certidões de propriedade dos imóveis expedidas em (data expedição);

16.3) Certificado de propriedade do veículo;

16.4) Extratos bancários das contas;

16.5) Cópia autenticada da declaração do Imposto de Renda;

16.6) Cópia autenticada do título do crédito;

16.7) Certidão negativa de tributos municipais: **Imóvel letra A:** (hora):(minuto):(-segundo) do dia (dia)/(mês)/(ano), código de controle n. (número); **Imóvel letra B:** (hora 2):(minutos 2):(segundos 2) horas do dia (dia 2)/(mês 2)/(ano 2), código de controle n. (número); **Imóvel letra C:** Certidão Negativa de Débitos Relativos ao Imposto sobre a Propriedade Territorial Rural – (hora 3):(minutos 3):(segundos 3) do dia (dia 3) de (mês 3) de (ano 3), válida até (dia 3 val.) de (mês 3 val.) de (ano 3 val.), com seu código de controle: (número);

16.8) Cópia autenticada do CCIR 2011/2012/2013/2014/2015 imóvel letra C, item (n. item imóvel rural);

16.9) Cópia das declarações do ITR (ano do ITR) – imóvel letra C, item (n. item ITR);

16.10) Cópia autenticada dos 5 (cinco) últimos pagamentos do ITR;

16.11) Certidão Negativa de Débitos Relativos aos Tributos Federais e à Dívida Ativa da União – (hora 4):(minutos 4):(segundos 4), (dia 4)/(mês 4)/(ano 4), válida até (dia 4 val.)/(mês 4 val.)/(ano 4 val.), código de controle da certidão (1). (2). (3). (4);

16.12) Guia de ITCMD;

16.13) Central de Indisponibilidades: Negativa – (código *hash*);

16.14) Certidão Negativa de Débitos Trabalhistas em nome de (nome), sob n. (n. da certidão), expedida em (data da expedição), às (horário da expedição), válida até (data de validade) (Consolidação das Leis do Trabalho, art. 642-A, e Resolução Administrativa n. 1.470/2011 do TST, de 24 de agosto de 2011).

XVII – Declarações das partes:

17.1) As partes recusaram a reconciliação.

17.2) As partes declaram que o cônjuge virago não se encontra em estado gravídico, ao que saibam.

17.3) Os imóveis ora partilhados se encontram livres e desembaraçados de quaisquer ônus, dívidas, tributos de quaisquer naturezas e débito condominial.

17.4) Não existem feitos ajuizados fundados em ações reais ou pessoais reipersecutórias que afetem os bens e direitos partilhados.

17.5) Não são empregadores rurais ou urbanos e não estão sujeitos às prescrições da lei previdenciária em vigor.

17.6) Afirmam **sob responsabilidade civil e criminal** que os fatos aqui relatados e declarações feitas são a exata expressão da verdade.

17.7) Requerem e autorizam o Oficial de Registro Civil das Pessoas Naturais do (n. do subdistrito). Subdistrito – (subdistrito), (município do registro civil) a efetuar a averbação necessária para que conste o presente divórcio consensual, passando as partes ao estado civil de divorciadas.

17.8) Requerem ainda aos Oficiais de Registro de Imóveis competentes a efetuarem os registros e as averbações necessárias.

17.9) Requerem, como previsto na Lei n. 8.935/94, art. 30, inciso VI, confidencialidade a respeito desta escritura.

17.10) A escritura foi lida e compreendida, sem que restassem dúvidas sobre o ato e seus efeitos. Concordam integralmente com o teor deste ato, autorizando a sua redação, outorgando e assinando-a.

XVIII – Declarações do tabelião:

18.1) **Autenticação:** Reconheço a identidade e estado civil dos presentes, à vista dos respectivos documentos de identidade e do registro civil apresentados, bem como suas capacidades para o ato.

18.2) O tabelião informou às partes que, segundo a Lei n. 7.433/85, com a redação dada pela Lei n. 13.097, de 19 de janeiro de 2015, não poderão ser opostas situações jurídicas não constantes da matrícula no cartório do registro de imóveis, inclusive para fins de evicção, ao terceiro de boa-fé que adquirir ou receber em garantia direitos reais sobre o imóvel, ressalvados o disposto nos arts. 129 e 130 da Lei n. 11.101, de 9 de fevereiro de 2005, e as hipóteses de aquisição e extinção da propriedade que independam de registro de título de imóvel. Por este motivo, não se apresentam as certidões de feitos ajuizados.

18.3) Foram cumpridas as exigências documentais constantes da Lei federal n. 7.433, de 18 de dezembro de 1985, tal como regulamentada pelo citado Decreto n. 93.240/86 e pelas Normas de Serviço da Corregedoria-Geral de Justiça do Estado de São Paulo.

18.4) Cientificou as partes de que podiam obter a prévia Certidão Negativa de Débitos Trabalhistas (CNDT), nos termos do art. 642-A da CLT, com a redação dada pela Lei n. 12.440/2011, o que foi feito.

18.5) Orientou sobre a necessidade de apresentação do traslado desta escritura no registro civil do assento de casamento para a necessária averbação.

18.6) Informou às partes que o ato e esta escritura não têm sigilo (CNJ, Resolução n. 35, art. 42).

18.7) Esclareceu sobre as normas legais e os efeitos atinentes a este negócio, em especial sobre os artigos citados nesta escritura.

18.8) **Escreventes:** Na lavratura desta escritura, participaram os escreventes abaixo indicados praticando as seguintes ações: recepção e aconselhamento das partes, identificação e verificação da capacidade, qualificação legal, elaboração do ato e sua redação, diligências indispensáveis ou convenientes ao ato, coleta de assinaturas.

18.9) Fé notarial: Dou fé das declarações contidas neste instrumento, dos documentos apresentados e arquivados, ou não, das autenticações feitas e de que a escritura foi lida e assinada pelas partes presentes.

Parte(s) assina(m)

Escrevente(s) assina(m)

Tab. Sub. assina

Emolumentos: R$ 000,00

33.7.21 Escritura de Extinção de União Estável

I – Local: República Federativa do Brasil, SP, São Paulo, Praça João Mendes, n. 42, 1. andar, no 26. Tabelionato de Notas de São Paulo, em diligência na Rua Joaquim Floriano n. 72, conjunto 145, Itaim Bibi.

II – Data: (data lav.)

III – Partes:

3.1) (qualificar o primeiro outorgante).

3.2) (qualificar a segunda outorgante).

3.3) **Advogada:** (qualificar a advogada).

IV – Declarações iniciais: Então, pelas partes, acompanhadas de sua advogada constituída, me foi dito que desejam realizar a sua extinção de união estável.

V – Constituição da união: Em (data) iniciaram uma união estável de convivência pública, contínua e duradoura, sob o regime da (regime de bens), constituindo, assim, uma entidade familiar, reconhecida como tal pela Lei n. 9.278, de 10 de maio de 1996, que veio a regular o § 3º do art. 226 da Constituição Federal, conforme consta na escritura declaratória de união estável lavrada no (número). Tabelião de Notas desta Capital, em (data), Livro (número), fls. (número).

VI – Filhos: Os outorgantes não possuem filhos comuns.

VII – Aconselhamento e assistência jurídica: Pela advogada constituída pelos dois outorgantes foi dito que, tendo ouvido ambas as partes, aconselhou e advertiu das consequências da extinção da união estável. As partes declararam perante a advogada e este tabelião estarem convictas de que a extinção da união estável é a melhor solução para ambos.

VIII – Efeitos da dissolução: Em decorrência desta dissolução ficam extintos todos os deveres da união.

IX – Pensão alimentícia: As partes, de livre e espontânea vontade, renunciam ao direito à prestação de pensão alimentícia, de maneira irrevogável e irretratável, por possuírem bens e meios próprios suficientes para se manterem.

X – Bens: As partes declaram não possuir bens a serem partilhados. Reconhecem, ainda, não haver qualquer crédito ou direito de um em relação ao outro (ou descrever partilha).

XI – Certidões e documentos apresentados e arquivados: Os documentos apresentados ficam arquivados nestas notas em cópia digital:

11.1) Documentos de identidade das partes e escritura declaratória de união estável.

XII – Declarações das partes:

12.1) As partes declaram que a companheira não se encontra em estado gravídico, ao que saibam.

12.2) Afirmam **sob responsabilidade civil e criminal** que os fatos aqui relatados e declarações feitas são a exata expressão da verdade.

12.3) A escritura foi lida e compreendida, sem que restassem dúvidas sobre o ato e seus efeitos. Concordam integralmente com o teor deste ato, autorizando a sua redação, outorgando e assinando-a.

XIII – Declarações do tabelião:

13.1) **Autenticação:** Reconheço a identidade e o estado civil dos presentes, à vista dos respectivos documentos de identidade apresentados, bem como suas capacidades para o ato.

13.2) Foram cumpridas as exigências documentais constantes da Lei federal n. 7.433, de 18 de dezembro de 1985, tal como regulamentada pelo citado Decreto n. 93.240/86 e pelas Normas de Serviço da Corregedoria-Geral de Justiça do Estado de São Paulo.

13.3) Esclareceu sobre as normas legais e os efeitos atinentes a este ato, em especial sobre os artigos citados nesta escritura, bem como o art. 733 do Código de Processo Civil.

13.4) **Registro:** Se houve o registro da escritura de união estável no Livro "E" do Oficial do Registro Civil das Pessoas Naturais localizado onde os companheiros tinham o seu domicílio (CNJ, Provimento n. 37, art. 2º), as partes devem proceder a averbação da presente extinção no referido Oficial do Registro Civil das Pessoas Naturais (CNJ, Provimento n. 37, art. 7º, § 1º).

13.5) **Escrevente:** Na lavratura desta escritura, participou a escrevente abaixo indicada praticando as seguintes ações: recepção e aconselhamento das partes, identificação e verificação da capacidade, qualificação legal, elaboração do ato e sua redação, diligências indispensáveis ou convenientes ao ato, coleta de assinaturas.

13.6) **Fé notarial:** Dou fé das declarações contidas neste instrumento, dos documentos apresentados e arquivados, ou não, das autenticações feitas e de que a escritura foi lida e assinada pelas partes presentes.

Escrita pelo(a) escrevente (nome esc. resp.) e assinada pelo (cargo esc. ass.) (nome esc. ass.). Dou fé.

33.7.22 Ata Retificativa

S A I B A M todos os que virem esta ata que (data lavratura), em São Paulo, SP, República Federativa do Brasil, no 26º Tabelionato de Notas, eu, (nome escrevente), tabelião substituto, lavro a presente ata retificativa para declarar expressamente e sob as penas da Lei o seguinte: **PRIMEIRO:** Por escritura lavrada nestas Notas, em (data da escritura), no Livro (n. do livro), às fls. (n. página), ainda não registrada, (nome outorgantes), vendeu(venderam) a (nome do outorgado) o imóvel matriculado sob n. (n. matrícula) no (n. oficial) Ofício de Registro de Imóveis de (local). **SEGUNDO:** Para viabilizar o ingresso da escritura no registro imobiliário competente, realizamos a necessária e consequente ata retificativa, exclusivamente para deixar expresso que (texto correto). **Isenta de emolumentos e tributos, conforme nota 9.3 do anexo da Lei n. 11.331/2002.** Do que para constar, foi lavrada a presente ata retificativa. Dou fé.

Escrevente(s) assina(m)

Tab. Sub. assina

Emolumentos: R$ 000,00

33.7.23 Escritura Pública de Retificação e Ratificação

S A I B A M todos os que virem esta escritura pública que (data lavratura), em São Paulo, SP, República Federativa do Brasil, no 26º Tabelionato de Notas, perante mim, escrevente autorizado pelo Tabelião, comparecem as partes entre si, justas e contratadas, como outorgantes e reciprocamente outorgados: **1)** (qualificação dos outorgantes) e **2)** (qualificação dos outorgados). Reconheço a identidade dos presentes e suas capacidades para o ato, do que dou fé. Então, me dizem eles que por escritura lavrada nestas notas, em (data da escritura a retificar), no livro (livro), às fls. (folhas), ainda não registrada, o primeiro nomeado vendeu ao segundo nomeado o imóvel matriculado sob n. (n. da matrícula), no (n. registro de imóveis). Serviço de Registro de Imóveis desta Capital. Pela presente escritura, eles vêm retificar como de fato ora retificam a citada escritura, para declarar que (inserir o que deseja retirratificar) e não como consta naquela escritura. Retificada a escritura nesta parte, ratificam-na em todos os seus demais termos e dizeres, autorizando o oficial do registro de imóveis competente a proceder todos os registros e averbações necessárias. Assim dizem, pedem e lavro a presente escritura que, lida e achada conforme, aceitam, outorgam e assinam. Dou fé.

Parte(s) assina(m)

Escrevente(s) assina(m)

Tab. Sub. assina

Emolumentos: R$ 000,00

Referências

(Destacadas com *** as obras que recomendamos como essenciais para o estudo visando a aprovação em concurso público.)

AHUALLI, Tânia Mara; BENACCHIO, Marcelo (Coords.); SANTOS, Queila Rocha Carmona dos (Org.) *Direito Notarial e Registral*: homenagem às Varas de Registros Públicos da Comarca de São Paulo. São Paulo: Quartier Latin, 2016.

ALMEIDA JUNIOR, João Mendes. *Órgãos da fé pública*. São Paulo: Saraiva, 1963.

ALVES, José Carlos Moreira. *Direito romano*. 4. ed., rev. e acrescentada. Rio de Janeiro: Forense, 1978. v. 4.

AMARAL, Sylvio do. *Falsidade documental*. 4. ed., rev., atual. e complementada por Ovídio Rocha Barros Sandoval. Campinas: Millennium, 2000.

ARMELLA, Cristina Noemí (Directora). *Tratado de derecho notarial, registral e inmobiliario*. Buenos Aires: Villela, 1998. t. II.

ARRUDA ALVIM. *Manual de direito processual civil*. 10. ed. São Paulo: RT, 2006. v. 2.

ASSUMPÇÃO, Letícia Franco Maculan. *Função notarial e de registro*: concurso público, regime jurídico e responsabilidade civil. Porto Alegre: Núria Fabris Ed., 2011.

ASSUMPÇÃO, Letícia Franco. *A usucapião extrajudicial após a Lei 13465/2017 e a escritura de justificação notarial*. Disponível em: <http://www.notariado.org.br/index.php?pG=X19leGliZV9ub3RpY2lh-cw==&in=MTAxMzE=>. Acesso em: 13 out. 2017.

AZEVEDO, José Mário Junqueira de. *Manual dos tabeliães*. São Paulo: Saraiva, 1975.

BRANDELLI, Leonardo. Atas notariais. In: BRANDELLI, Leonardo (Coord.). *Ata notarial*. Porto Alegre: Sergio Antonio Fabris Editor, 2004.

BRANDELLI, Leonardo. *Teoria Geral do direito notarial*. 4. ed. São Paulo: Saraiva, 2011.

BRITO, Rodrigo Azevedo Toscano de. *Incorporação imobiliário à luz do CDC*. São Paulo: Saraiva, 2002.

BUENO, Eduardo. *A coroa, a cruz e a espada* – lei, ordem e corrupção no Brasil-Colônia. Rio de Janeiro: Objetiva, 2006.

BUENO, Eduardo. *Náufragos, traficantes e degredados*: as primeiras expedições ao Brasil. Rio de Janeiro: Objetiva, 2006.

BUENO, Eduardo. *A viagem do descobrimento*: a verdadeira história da expedição de Cabral. Rio de Janeiro: Objetiva, 2006.

*** CAHALI, José Francisco; HERANCE FILHO, Antônio; ROSA, Karen Regina Rick; FERREIRA, Paulo Roberto G. *Escrituras públicas* – separação, divórcio, inventário e partilhas consensuais – análise civil, processual civil, tributária e notarial. 2. ed. São Paulo: RT, 2008.

CAMPILONGO, Celso Fernandes. *Função social do notariado*: eficiência, confiança e imparcialidade. São Paulo: Saraiva, 2014.

CARNELUTTI, Francesco. *Lezione di diritto processuale civile*. Padova: Cedam, 1926. v. 1. Apud SANTOS, Sandra Aparecida Sá dos. *A inversão do ônus da prova*. 2. ed., rev., atual. e ampliada. São Paulo: RT, 2006.

*** CASSETARI, Christiano. *Separação, divórcio e inventário por escritura pública* – teoria e prática. 5. ed. São Paulo: Método, 2012.

CASTRO, Sylvio Brantes de. *Novo manual dos tabeliães (teoria e prática)*. 4. ed., comentada, aumentada e atualizada. São Paulo: Edições e publicações Brasil, 1960.

CENEVIVA, Walter. A ata notarial e os cuidados que exige. In: BRANDELLI, Leonardo (Coord.). *Ata notarial*. Porto Alegre: Sergio Antonio Fabris Editor, 2004.

CHALHUB, Melhim Namem. *Curso de Direito Civil, Direitos Reais*. Rio de Janeiro: Ed. Forense, 2003.

CHIOVENDA, Giuseppe. *Instituições de direito processual civil*. 2. ed. São Paulo: Saraiva, 1965. v. 3.

COELHO, Rita de Cássia Mello. *Divórcio e inventário* – procedimentos extrajudiciais. Porto Alegre: Nuria Fabris, 2012.

CRESPÍ, José Antonio Carbonell. *Los documentos de voluntades anticipadas*. Valencia: Tirant lo Blanch, 2010.

DE PLÁCIDO E SILVA, O. J. *Vocabulário jurídico*. 21. ed., atualizada por Nagib Slaibi Filho e Gláucia Carvalho. Rio de Janeiro: Forense, 2003.

DECKERS, Eric. *Função notarial e deontologia*. Coimbra: Almedina, 2005.

DEL GUERCIO NETO, Arthur, Lucas Barelli et. al. *O direito notarial e registral em artigos*. São Paulo: YK Ed., 2018. v. I.

DELGADO, Mário Luiz e ALVES, Jones Figueiredo (Coords.) et. al. *Novo código civil, questões controvertidas*: responsabilidade civil. São Paulo: Método, 2006.

DICIONÁRIO JURÍDICO. Academia Brasileira de Letras Jurídicas. 7. ed. Rio de Janeiro: Forense Universitária, 2001.

DINAMARCO, Cândido Rangel. *Instituições de direito processual civil*. 5. ed. São Paulo: Malheiros, 2006. v. 3.

DIP, Ricardo. Certidões integrais do registro imobiliário: da prevalência do meio reprográfico. *Revista de Direito Imobiliário*. Disponível em: <www.irib.org.br/rdi/rdi21-037.asp>. Acesso em: 1º jun. 2012.

DIP, Ricardo. *Registro de imóveis (princípios)*. São Paulo: Editora Primus, 2017. t. I.

EGUREN, Rafael Arnáiz. In: DIP, Ricardo (Coord.). *Estudos em homenagem a Gilberto Valente da Silva*. Porto Alegre: Safe, 2005.

*** ERPEN, Décio Antonio. A atividade notarial e registral: uma organização social pré-jurídica. *Revista de Direito Imobiliário*. São Paulo: Revista dos Tribunais, 1995.

ESCUTI, Ignacio A. *Títulos de crédito*: letra de cambio, pagaré y cheque obligación cambiaria letra hipotecaria y "securitización" pagarés hipotecario y prendario endoso garantías cheques común y de pago diferido (ley 24.452) acciones y excepciones régimen internacional. 4. ed., actualizada y ampliada. Buenos Aires: Astrea, 1995.

FARIAS, Gisela. *Muerte voluntaria*. Buenos Aires: Editorial Astrea, 2007.

FERREIRA, Aurélio Buarque de Holanda. *Novo Aurélio século XXI*: o dicionário da língua portuguesa. 3. ed., totalmente revista e ampliada. Rio de Janeiro: Nova Fronteira, 1999.

FERREIRA, Paulo Roberto G. O papel está morto. *Revista de Direito Imobiliário*, São Paulo: RT, n. 50, ano 24, jan./jun. 2001.

FERREIRA, Paulo Roberto G. O sigilo profissional do notário no Brasil. *Revista de Direito Notarial*, São Paulo: Quartier Latin, n. 1, ano 1, jul./set. 2009.

*** FERREIRA, Paulo Roberto G.; RODRIGUES, Felipe Leonardo. *Ata notarial* – doutrina, prática e meio de prova. São Paulo: Quartier Latin, 2010.

FERREIRA, Paulo Roberto G. e RODRIGUES, Felipe Leonardo. *Ata notarial, doutrina, prática e meio de prova*. 4. ed. São Paulo: Ed. JusPodivm, 2023.

FERREIRA, Paulo Roberto G. e Rodrigues, Felipe Leonardo. *Tabelionato de Notas*. 6. ed. Indaiatuba: Ed. Foco, 2023.

FIGUEIREDO, Ivanildo. *Aquisição de imóveis por estrangeiro*. Disponível em: <http://www.anoregms.org.br/index.php?p=detalhe_noticia&id=2029>. Acesso em: 24 jun. 2012.

FIGUEIREDO, Ivanildo. *Direito imobiliário*. São Paulo: Atlas, 2010.

FIGUEIREDO, Ivanildo. *Teoria crítica da empresa*. São Paulo: IASP, 2018.

FIORANELLI, Ademar. *Usufruto e bem de família* – Estudos de direito registral imobiliário. São Paulo: Quinta editorial, 2013.

FIRMO DA SILVA, Antonio Augusto. *Compêndio de temas sobre direito notarial*. São Paulo: [s.n.], 1977.

*** FOLLMER, Juliana. *A atividade notarial e registral como delegação do Poder Público*. Porto Alegre: Norton Editor, 2004.

GALEANO, Eduardo. *12 de octubre, el "descubrimiento" de América y la historia oficial...* Disponível em: <http://www.cronicadigital.cl/modules.php?name=News&file= print&sid=5644>. Acesso em: 3 dez. 2007.

GATTARI, Carlos Nicolás. *Manual de derecho notarial*. 2. ed. Buenos Aires: Depalma, 2004.

GATTARI, Carlos Nicolás. *Práctica notarial*: donación dación en pago el notario, creador de derecho. 2. ed. Buenos Aires: Depalma, 1996. v. 4.

GOMIDE, Alexandre Junqueira. *Resolução contratual, ata notarial e as recentes alterações advindas da lei 14.711/2023 (Novo marco legal das garantias)*. Disponível em: <https://www.migalhas.com.br/arquivos/2024/1/0E68713FC98985_edilicias.pdf>.

GONÇALVES, Luiz da Cunha. *Princípios de direito civil luso-brasileiro*. São Paulo: Max Limonad, 1951. v. 1.

HERANCE FILHO, Antonio. *Manual da DOI*. São Paulo: INR, 2015.

JUSTINIANUS, Flavius Petrus Sabbatius. *Institutas do imperador Justiniano*. Tradução de J. Cretella Jr. e Agnes Cretella. São Paulo: RT, 2000.

KOLLET, Ricardo Guimarães. *Manual do tabelião de notas para concursos e profissionais*. Rio de Janeiro: Forense, 2008.

LAGO, Ivan Jacopetti do. *A ata notarial de constatação do implemento das condições (Lei 8.935/1994, art. 7º-A, I) e seu ingresso no registro de imóveis*. Disponível em: <https://www.migalhas.com.br/coluna/migalhas-notariais-e-registrais/399099/a-ata-notarial-deconstatacao-do-implemento-das-condicoes>.

LOPES, João Batista. *A prova no direito processual civil*. 3. ed., rev., atual. e ampl. São Paulo: RT, 2007.

LOUREIRO FILHO, Lair da Silva e LOUREIRO, Claudia Regina Magalhães. *Notas e registros públicos*. São Paulo: Saraiva Editora, 2004.

MARINONI, Luiz Guilherme; ARENHART, Sergio Cruz. *Curso de processo civil*. 6. ed. São Paulo: RT, 2007. v. 2.

MARINS, Graciela Iurk. *Produção antecipada de prova*. São Paulo: RT, 2004.

MARQUES, José Frederico. *Instituições de direito processual civil*. Atualizada e complementada por Ovídio Rocha Barros Sandoval. Campinas: Milennium, 2000. v. 3.

MARTINS, Cláudio. *Direito notarial:* teoria e técnica. Fortaleza: Imprensa Universitária da Universidade Federal do Ceará, 1974.

MATOS, Juliana Aparecida. *Tabelionato de notas: a ascensão jurídica e social do serviço notarial na comunidade*. Porto Alegre: Norton ed., 2010.

MEIRA, Sílvio Augusto de Bastos. *Curso de direito romano:* história e fontes. São Paulo: Saraiva, 1975.

MELLO, Marcos Bernardes de. *Teoria do fato jurídico:* plano da existência. 12. ed. São Paulo: Saraiva, 2003.

MENDES, Lamartine Bizarro. Documentoscopia. In: TOCHETTO, Domingos (Org.). *Tratado de perícias criminalísticas*. Porto Alegre: Sagra Luzzatto, 1999.

MESSINEO, Francesco. *Manual de derecho civil y comercial:* apéndice legislativo – índices generales. Buenos Aires: Ediciones Jurídicas Europa – América, 1979. t. VIII.

MESSINEO, Francesco. *Manual de derecho civil y comercial:* doctrinas generales. Buenos Aires: Ediciones Jurídicas Europa – América, 1979. t. II.

MESSINEO, Francesco. *Manual de derecho civil y comercial:* introducción Código Civil italiano. Buenos Aires: Ediciones Jurídicas Europa – América, 1979. t. I.

MIRON, Rafael Brum. *Notários e registradores no combate à lavagem de dinheiro*. Rio de Janeiro: Lumen Juris, 2018.

MODANEZE, Jussara Citroni; TIERI, Perla Caroline Gargalac; TIERI, Thomaz Mourão. *Curso & Concurso – Direito Notarial e Registral*. São Paulo: Saraiva, 2011.

MONIZ DE ARAGÃO, Egas Dirceu. *Exegese do Código de Processo Civil*. Rio de Janeiro: Aide, 1984. v. 4, t. I.

NEGRÃO, Theotonio; GOUVÊA, José Roberto Ferreira. *Código de Processo Civil e legislação processual em vigor*. 35. ed. São Paulo: Saraiva, 2003.

NERI, I. Argentino. *Hechos y derechos en el instrumento público*. La Plata: Ed. Universidad Notarial Argentina, 1968.

NERI, I. Argentino. *Hechos y derechos en el instrumento público*. La Plata: Ed. Universidad Notarial Argentina, 1968.

*** NERI, I. Argentino. *Tratado teórico y práctico de derecho notarial:* parte general. 1. ed., 2. tir. Buenos Aires: Depalma, 1980. v. 1.

NERI, I. Argentino. *Tratado teórico y práctico de derecho notarial:* instrumentos. 1. ed., 2. tir. Buenos Aires: Depalma, 1980. v. 2.

NERI, I. Argentino. *Tratado teórico y práctico de derecho notarial:* escrituras y actas. 1. ed., 2. tir. Buenos Aires: Depalma, 1980. v. 3.

NERY JUNIOR, Nelson e NERY, Rosa Maria de Andrade. *Código de processo civil comentado*. 16. ed., rev., atual. e ampl. São Paulo: RT, 2016.

O ESTADO DE S. PAULO. *Manual de redação e estilo*. Organizado e editado por Eduardo Martins. São Paulo, 1990.

OLIVEIRA, Carlos E. Elias. *Resolução contratual e a desnecessidade de decisão judicial*. Disponível em: <https://www.migalhas.com.br/arquivos/2023/11/62F8456B964A81_Resolucaocontratualedesnecessi.pdf>.

ORLANDI NETO, Narciso. A ata notarial e os cuidados que exige. In: BRANDELLI, Leonardo (Coord.). *Ata notarial*. Porto Alegre: Sergio Antonio Fabris Editor, 2004.

PAULIM, Victor Bosa. *Metamorfose ambulante*: a necessária superação da velha opinião formada sobre a resolução dos contratos de compra e venda de imóveis. Disponível em: <https://www.migalhas.com.br/depeso/401114/necessaria-superacao-da-velha-opiniao-sobre-contratos-de-imoveis>.

*** PELOSI, Carlos A. *El documento notarial*. 1. ed., 3. tir. Buenos Aires: Astrea, 1997.

POISL, Carlos Luiz. *Em testemunho da verdade*: lições de um notário. Porto Alegre: Sergio Antonio Fabris Editor, 2006.

PONDÉ, Eduardo Bautista. *Tríptico notarial:* naturaleza jurídica de la fe notarial, fe de individualización, y no fe de conocimiento el notario no es funcionario público. Buenos Aires: Depalma, 1977.

PONTES DE MIRANDA. *Comentários ao Código de Processo Civil:* tomo IV: arts. 282 a 443. 3. ed., rev. e aumentada por Sergio Bermudes. Rio de Janeiro: Forense, 1997.

PONTES DE MIRANDA. *Comentários ao Código de Processo Civil:* tomo V: arts. 444 a 475. 3. ed., revista e aumentada por Sergio Bermudes. Rio de Janeiro: Forense, 1997.

PONTES DE MIRANDA. *Comentários ao Código de Processo Civil:* tomo IV: arts. 282 a 443. 3. ed., rev. e aumentada por Sergio Bermudes. Rio de Janeiro: Forense, 1997.

PONTES DE MIRANDA. *Tratado de direito privado:* tomo I: parte geral, introdução, pessoas físicas e jurídicas. 2. ed., atualizada por Vilson Rodrigues Alves. Campinas: Bookseller, 2000.

PONTES DE MIRANDA. *Tratado de Direito Privado*. Campinas: Ed. Bookseller, 2003. t. 1, 14, 23, 24, 25.

RAWLS, John. *A Theory of Justice*. 6. ed., rev. Massachusetts: Harvard, 2003.

REVISTA NOTARIUS INTERNATIONAL 3-4/2001. Deustches Notar-institut, Wüurburg, Alemanha, 2003.

RODRIGUES, Felipe Leonardo. *A ata notarial e os arquivos digitais. Diário das Leis Imobiliário – DLI*, v. 12, 2005.

RODRIGUES, Felipe Leonardo; CAMPOS, José Fernando dos Santos. O *reconhecimento de firma, letra, chancela e da autenticação de Cópias*. Disponível em: <http://www.notariado.org.br/artigos/flr02.htm>. Acesso em: 1º jun. 2012.

RODRÍGUEZ, Cristina de Amunátegui. *Incapacitación y mandato*. Madrid: Ed. La Ley, 2008.

SAMPAIO, Rogério Marrone de Castro. *Direito civil:* contratos. 5. ed. São Paulo: Atlas, 2004. v. 2.

SANCHEZ, Cristina López. *Testamento vital y voluntad del paciente*. Sevilla: Dyckinson S.L., 2003.

SANTOS, Jacintho Ribeiro dos. *Manual dos tabeliães*. Rio de Janeiro: Jacintho Ribeiro dos Santos, 1919.

SANTOS, Moacyr Amaral. *Primeiras linhas de direito processual civil*. 11. ed. São Paulo: Saraiva, 1987. v. 2.

SANTOS, Sandra Aparecida Sá dos. *A inversão do ônus da prova*. 2. ed., rev., atual. e ampl. São Paulo: RT, 2006.

SARMENTO FILHO, Eduardo Sócrates Castanheira. *Direito registral imobiliário*. Curitiba: Juruá, 2018. v. I.

SARMENTO FILHO, Eduardo Sócrates Castanheira. *Direito registral imobiliário*. Curitiba: Juruá Editora, 2018. v. II.

SCHNEIER, Bruce. *Mentirosos e Desajustados*. Viabilizando a confiança que a sociedade precisa para prosperar. Rio de Janeiro: Alta Books, 2014.

SIDOU, J. M. Othon. In: *Dicionário jurídico da Academia Brasileira de Letras Jurídicas*. 7. ed. Rio de Janeiro: Forense Universitária, 2001.

SILVA, João Teodoro da. Ata notarial. In: BRANDELLI, Leonardo (Coord.). *Ata notarial*. Porto Alegre: Sergio Antonio Fabris Editor, 2004.

SILVA, José Afonso da. *Curso de direito constitucional positivo*. 29. ed., rev. e atual. São Paulo: Malheiros, 2007.

SILVA, Ovídio Batista da. *Curso de processo civil*. 6. ed. São Paulo: RT, 2002. v. 1.

SIRI GARCIA, Julia. *Cuestiones de técnica notarial en materia de actas*. 5. ed., actualizada. Montevideo: Asociación de Escribanos del Uruguay, 2000.

TENA ARREGUI, Rodrigo. *El documento notarial*. Su valor añadido y el valor económico de la seguridad jurídica. Disponível em: <http://www.elnotario.com/egest/noticia.php?id=772&seccion_ver=0>. Acesso em: 4 jan. 2007.

TERESA, Luis Carral y De. *Derecho notarial y derecho registral*. 9. ed. México: Porrúa, 1986.

THEODORO JUNIOR, Humberto. A garantia fundamental do devido processo legal e o exercício do poder de cautela no direito processual, *Revista dos Tribunais*, São Paulo, v. 665, 11-22 mar. 1991.

THEODORO JUNIOR, Humberto. *Comentários ao novo Código Civil*. Rio de Janeiro: Forense, 2003. v. 3, t. 2.

THEODORO JUNIOR, Humberto. *Curso de direito processual civil*. 44. ed. Rio de Janeiro: Forense, 2006. v. 1.

TORQUATO, Luis Francisco Avolio. *Provas ilícitas, interceptações telefônicas e gravações clandestinas*. 2. ed. São Paulo: RT, 1999.

TORTAJADA, Patricia Escribano. *El patrimonio protegido de las personas con discapacidad*. Valencia: Tirant lo Blanch, 2012.

*** VELOSO, Zeno. *Direito hereditário do cônjuge e do companheiro*. São Paulo: Saraiva, 2011.

VELOSO, Zeno. *Direito hereditário do cônjuge e do companheiro*. São Paulo: Saraiva, 2010.

*** VELOSO, Zeno. *Testamento de acordo com a Constituição de 1988*. Belém: Cejup, 1993.

VENOSA, Sílvio de Salvo. *Direito civil*. 4. ed. São Paulo: Atlas, 2004. v. VII.

VENOSA, Sílvio de Salvo. *Direito civil*: teoria geral das obrigações e dos contratos. São Paulo: Atlas, 2004.

ZINNY, Mario Antonio. *El acto notarial*: dación de fe. 2. ed., corregida y ampliada. Buenos Aires: Depalma, 2000.

ZINNY, Mario Antonio. *Fé Pública Notarial (Dación de fe)*. Trad. Daisy Ehrhardt. Rio de Janeiro: Lumen Juris, 2018.

Anotações